汽车实习指导驾驶员岗位培训教材编委会 编

谭 颖 周广侠 主编

汽车实习指导驾驶员
岗位培训教材

高级
技师篇

江苏大学出版社
JIANGSU UNIVERSITY PRESS

汽车实习指导驾驶员岗位培训教材

编委会

主　　任：谭　颖　周广侠

委　　员：吕建国　杨小平　杨庆国

　　　　　杨春华　蒋志伟

统　　稿：姚　新　张则雷

执　　笔：杨庆国　姚　新　张则雷

　　　　　郑　军　王　扬　凌　晨

　　　　　孙长禄

前 言

近年来,随着我国汽车工业的日益发展,各种新技术、新结构、新工艺不断在汽车上应用,这对汽车驾驶从业人员提出了更高的要求。为了提高行业汽车驾驶员的技术素质和服务质量,进一步规范各类单位汽车驾驶员技师培训考核工作,江苏省人力资源和社会保障厅组织了有关专家、学者,按照有关汽车驾驶员国家职业资格标准,在充分调研的基础上,结合江苏省机关事业单位汽车驾驶员技师培训考核实际,编写了这本教材。

本书总结了江苏省机关事业单位汽车驾驶员培训和考核的教学经验,注重以提升学员技术素质为导向,以增强服务能力为本位,教材内容适应汽车驾驶岗位对技能型人才的要求。本书具有以下特点:

(1) 按照汽车驾驶职业技能规范和国家职业资格标准构建教材体系。本书的十个单元对应了国家职业资格标准中对汽车驾驶员二级、三级技能规范的要求,为贯彻国家职业资格标准,提高参培人员的技术素质和服务质量奠定了良好的基础。

(2) 本书注重实用性,体现先进性,保证科学性,突出实践性,贯穿可操作性,反映了汽车工业的新知识、新技术、新工艺和新标准。

(3) 本书体现了二级、三级汽车驾驶员应知应会的知识技能要求,更注重结合汽车驾驶员的职业特点,强化了对汽车新结构、新技术的学习运用,突出了对车辆的使用、维护和性能检测及特殊条件下和复杂道路上驾驶等知识、技能的学习提高。

(4) 本书对贯彻职业资格标准中提出的二级、三级驾驶员必须具备的培训与指导能力有新的突破。除介绍教育学、心理学的基本知识外,本书还就教学设计、教学活动的组织、教学计划和教案的编写、教学评价等培训、指导能力及知识进行了介绍。

(5) 针对技师论文写作和答辩的客观要求,本书就技师的论文撰写方法、规范、格式要求和答辩技巧等进行了详细介绍,有效地指导驾驶员技师的论文写作。

(6) 本书文字简洁,通俗易懂,以图代文,图文并茂,形象直观,形式生动,容易激发学员的学习兴趣,提高学习效果。

本书在编写过程中参考了大量著作和文献资料,在此向有关作者、编者表示真诚的感谢。

由于编者的水平有限,书中难免存在不妥和错误之处,敬请广大读者批评指正,以便再版修订时改正。

编 者
2011 年 4 月

目录 Contents

第一单元　职业道德

在社会中,人人都是服务对象,人人又都为他人服务。社会对人的关心、社会的安宁和人与人之间关系的和谐,同各个岗位上的服务态度和服务质量是密切相关的。一个人对社会贡献的大小,主要体现在职业实践中。在构建和谐社会的新形势下,大力加强社会主义职业道德建设具有十分重要的意义。然而,在改革开放和社会主义市场经济的发展进程中,驾驶员出现了各种纷繁复杂、纵横交错的职业心理,部分驾驶员职业道德意识淡薄,已远远不能适应新形势下驾驶员的职业要求,严重影响到行车安全,亟待引起重视。

第一章　道德与职业道德

一、道　德

1. 道德的定义

道德是一种社会意识,是人们社会行为规范和准则的总和,是调整个人与个人之间、个人与社会之间关系的准则。

首先,道德对人们起作用的方式与其他行为规范不同,它是通过人们的内心信念、传统习惯和社会舆论对人起作用的;其次,它作为一种特有的行为规范,具有与其他行为规范相同的社会作用,即调整个人与个人之间以及个人与社会之间的关系;第三,它是评价人们思想行为是非、善恶、荣辱的标准。

2. 道德的特点

(1) 产生方式:道德是人们在日常生活中自然形成的内心信念和行为准则。

(2) 作用方式:道德建立在自我内在道德信念、良心和外在社会舆论基础上,并最终通过人的内心信念和良心对人起作用。

(3) 作用范围:道德是其他行为规范起作用的基础,道德无时不在、无处不有。只要人类存在一天,道德就会存在一天,道德与人类社会始终相随。

(4) 存在方式:道德通过人们的口头语言和行为模仿而历代流传,以传统、风俗和习惯的方式存在着。

(5) 心理倾向:道德偏重于主观情感。

3. 道德对社会的能动作用

道德与其他社会意识一样,一经产生,就会积极地以自己特有的方式作用于社会经济基础。道德对于经济基础的反作用有革命或进步、反动或保守的区别。当道德所代表的生产关系适合生产力发展的需要时,它对社会的发展起着积极的促进作用,否则,就对社会发展起阻碍作用。

(1) 道德的认识作用。

道德作为一种社会意识,以原则、规范的形式反映现实生活,是人类认识世界的一种方式。道德的认识作用主要表现在道德不仅能够使人们正确认识自己与他人、集体与国家之间的关系,以及自己应承担的社会责任和义务,还能帮助人们提高觉悟,正确地选择自己的行为方式和人生道路。

(2) 道德的调节作用。

在社会生活中,人们之间形成多种多样的交际关系和多种多样的利益关系,道德就发挥着协调这些关系的社会功能,以维护社会生活的正常进行。道德的这种调节作用,除了表现在协调各种人际关系之外,最主要表现在协调个人与个人、个人与社会之间的利益关系上,尤其是个人、集体、国家之间的利益关系。

(3) 道德的教育作用。

思想道德素质作为个人整体素质的一个重要组成部分,其形成、发展过程就是对人的一种特殊教育作用。一个人经历了家庭、学校、社会(主要是职业)等各种途径的道德教育后,就有了一定的道德意识、道德情感、道德意志、道德信念,从而逐步形成自己的道德人格特征。

二、职业道德

(一) 职业

1. 职业的定义

职业是指人们在不同的社会生活中对社会所承担的一定职责和所从事的专门业务。职业是每一个社会成员对社会所承担的一种职责和工作,具有一定的社会责任性。职业产生于社会分工,随着生产力的发展,新的职业不断产生。在现实生活中,人们习惯于把每个人在社会中所从事的并作为主要生活来源的工作称为职业。

按照《中华人民共和国职业分类大典》,我国职业分为 8 个大类,66 个中类,413 个小类,共 1 838 个职业。

2. 职业的三项功能

(1) 谋生的手段——基础。

(2) 为社会作贡献的岗位——灵魂。

(3) 实现人生价值的舞台——结果。

3. 职业的要素

(1) 具有职业名称。

(2) 具有工作对象、内容和劳动方式。

(3) 具有承担职业所需要的资格和能力。

(4) 具有工作取得的各种报酬。

(5) 在工作中存在与部门和社会成员的人际关系。

4. 职业资格证书制度

职业资格证书制度是指按照国家职业标准,通过政府认定的考核鉴定机构,对劳动者的技能水平和从业资格进行评价和认证的国家证书制度。职业资格证书制度由从业资格证书制度和执业资格证书制度两部分组成。

其中，职业资格证书是反映劳动者具备某种职业所需要的专门知识和技能的证明。从业资格证书是在从业资格确认的基础上，由省、自治区、直辖市人事部门会同业务主管部门组织实施从业资格确认工作，通过学历认定或考试取得的证明。执业资格证书是由国家授予的证明执业资格考试合格的证书。

（二）职业道德

1. 职业道德的定义

职业道德是同人们的职业活动紧密联系的符合职业特点所要求的道德准则、道德情操与道德品质的总和。

职业道德是社会上占主导地位的道德或阶级道德在职业生活中的具体体现，是人们在履行本职工作的过程中所遵循的行为准则和规范的总和。它既是对本职人员在职业活动中行为的要求，同时又是职业对社会所负的道德责任与义务。

2. 职业道德的主要内容

职业道德的主要内容为爱岗敬业、诚实守信、办事公道、服务群众、奉献社会。

3. 职业道德的含义

(1) 职业道德是一种职业规范，受到社会的普遍认可。

(2) 职业道德是长期以来自然形成的。

(3) 职业道德没有确定形式，通常体现为观念、习惯、信念等。

(4) 职业道德依靠文化、内心信念和习惯，通过员工的自律实现。

(5) 职业道德大多没有实质的约束力和强制力。

(6) 职业道德的主要内容是对员工义务的要求。

(7) 职业道德标准多元化代表了不同企业可能具有不同的价值观。

(8) 职业道德承载着企业文化和凝聚力，影响深远。

4. 职业道德的特点

(1) 职业道德具有适用范围的有限性。每种职业都担负着一种特定的职业责任和职业义务。各种职业的职业责任和义务不同，从而形成各自特定的职业道德的具体规范。

(2) 职业道德具有发展的历史继承性。职业具有不断发展和世代延续的特征，不仅其技术世代延续，其管理员工及与服务对象交流的方法也有一定历史继承性，如"有教无类"、"学而不厌，诲人不倦"等，从古至今始终是教师的职业道德。

(3) 职业道德的表达形式多种多样。由于各种职业道德的要求都较为具体、细致，因此其表达形式多种多样。

(4) 职业道德兼有强烈的纪律性。纪律也是一种行为规范，但它是介于法律和道德之间的一种特殊的规范。它既要求人们能自觉遵守，又带有一定的强制性。就前者而言，它具有道德色彩；就后者而言，又带有一定的法律色彩。也就是说，遵守纪律一方面是一种美德，另一方面又带有强制性，具有法令的要求。例如，工人必须执行操作规程和安全规定；军人要有严明的纪律；等等。因此，职业道德有时又以制度、章程、条例的形式表达，让从业人员认识到职业道德又具有纪律的规范性。

5. 职业道德的社会作用

职业道德是社会道德体系的重要组成部分，它一方面具有社会道德的一般作用，另一方

面又具有自身的特殊作用,具体表现在以下几个方面:

(1) 调节职业交往中从业人员内部以及从业人员与服务对象间的关系。职业道德的基本职能是调节职能。一方面,职业道德可以调节从业人员内部的关系,即运用职业道德规范约束职业内部人员的行为,促进职业内部人员的团结与合作,如职业道德规范要求各行各业的从业人员都要团结、互助、爱岗、敬业,齐心协力地为发展本行业、本职业服务;另一方面,职业道德又可以调节从业人员和服务对象之间的关系,如职业道德规定了制造产品的工人要怎样对用户负责,营销人员要怎样对顾客负责,医生要怎样对病人负责,教师要怎样对学生负责,等等。

(2) 有助于维护和提高本行业的信誉。一个行业、一个企业的信誉,即它们的形象、信用和声誉,是指企业及其产品和服务在社会公众中的被信任程度。提高企业的信誉主要靠产品的质量和服务质量,而较高的从业人员职业道德水平是产品质量和服务质量的有效保证。若从业人员职业道德水平不高,则很难生产出优质的产品和提供优质的服务。

(3) 促进本行业的发展。行业、企业的发展有赖于较高的经济效益,而高的经济效益源于较高的员工素质。员工素质主要包括知识、能力、责任心 3 个方面,其中责任心是最重要的。职业道德水平高的从业人员其责任心是极强的,因此,职业道德能促进本行业的发展。

(4) 有助于提高全社会的道德水平。职业道德是整个社会道德的主要内容。一方面,职业道德涉及每个从业者如何对待职业,如何对待工作,因此它是一个从业人员的生活态度、价值观念的表现,同时也是一个人的道德意识、道德行为发展的成熟阶段,具有较强的稳定性和连续性;另一方面,职业道德也是一个职业集体,甚至一个行业全体人员的行为表现,如果每个行业、每个职业集体都具备优良的职业道德,将对整个社会道德水平的提高起到有力的推动作用。

第二章　汽车驾驶员职业道德

汽车驾驶员职业道德是指汽车驾驶人员在汽车驾驶工作中必须遵循的职业道德准则和行为规范。

汽车驾驶员肩负着安全运输和保障道路畅通的重任,良好的职业道德必然带来行车安全和较高的经济效益。驾驶员的职业道德具体体现在道路驾驶活动中的职业行为规范和准则等方面。

一、汽车驾驶员职业行为要求

(1) 持有效的行驶证、道路运输证、驾驶证和从业资格证驾驶道路运输车辆。

(2) 遵章守法,规范操作。

(3) 文明行车,依法经营,自觉加强职业道德修养,不断提高操作技术水平。

(4) 遵守车辆维护和检测制度,认真做好车辆日常维护工作,确保车辆行车安全和技术状况良好。

（5）按规定完成相应的运输工作。

二、汽车驾驶员职业道德主要内涵

1. 遵纪守法,安全行车

交通法规是用无数人的鲜血写成的,字里行间凝聚着一代又一代交通参与者的血和泪。谁不遵守它,谁就将被它碰得头破血流。自觉遵守交通法规是每个交通参与者,特别是机动车驾驶员应尽的义务。只有遵守交通法规,才能做到安全行车。每个驾驶员都要树立遵章守纪光荣、违章肇事可耻的思想。驾驶员不但要遵守交通法规,还要遵守国家的其他法律、法规。

2. 文明驾驶,礼貌待人

中国是一个具有五千年文明史的国家,是礼仪之邦。驾驶员作为祖国大家庭的一员,作为传播社会主义精神文明的使者,更应该讲文明、讲礼貌。驾驶员从坐进驾驶室的那一刻起,就应想到如何把旅客和货物安全、准时地送达目的地,而文明驾驶则是安全行车的前提和基础。

文明驾驶首先表现在驾驶员的遵章守纪方面。机动车辆驾驶员要做到"十不":(1) 不闯红灯;(2) 不闯单、禁行线;(3) 不酒后开车;(4) 不违章超车;(5) 不超速行驶;(6) 不违章超载;(7) 不违章鸣号;(8) 不违章掉头;(9) 不乱停放车辆;(10) 不违章占道行车。其次表现在驾驶员的道德行为方面。驾驶员中常见的不良道德行为有:肇事逃逸、开故障车、酒后驾车、疲劳驾车、严重超载、长时间占用超车道、夜间行车交会不关闭远光灯、违章超车或交会、不讲社会公德、开赌气车等。驾驶员要坚决摒弃上述不道德行为。

3. 尊客爱货,优质服务

把旅客和货物安全、准时地送达目的地,是每个驾驶员应尽的责任。在市场经济条件下,对搞运输的驾驶员来说,旅客和货主是上帝。因此,驾驶员要树立旅客至上、货主至上的美德,答应别人什么时候送、什么时候送到,就要按时送达。但是有些驾驶员不尊重旅客,不尊重货主,不爱惜货物,不按照事先约定的价格,任意抬高价码,甚至有个别驾驶员利欲熏心,对旅客和货主进行敲诈勒索;这些都是要坚决反对的。

尊客爱货,优质服务,主要表现在以下几个方面:(1) 不欺客宰客;(2) 不得对旅客或货主敲诈勒索;(3) 不得对旅客或货主吃、拿、卡、要。

4. 救死扶伤,弘扬正气

救死扶伤是中华民族的传统美德,是每个公民应尽的义务。机动车驾驶员作为驾驶一定交通工具(如汽车、摩托车、拖拉机等)的人,无论出车前遇到突发性的伤病员,还是行车途中遇到交通事故中的伤员,或遇到路边挥手要求搭车抢救的伤病员,都应该立即停车,将伤病员送至就近的医院进行抢救治疗。这一有利条件是其他职业无法比拟的,必须十分珍惜。

5. 严格保守职务秘密

由于驾驶员的工作特性不同,驾驶员的信誉除了来自自觉遵章守纪和安全行车外,更重要的一个因素是能严格保守职务秘密。一个小小的驾驶室或车厢也是社会生活的一个组成部分,它不亚于一间会议室或办公室。作为一名驾驶员,能否严格保守职务秘密,是衡量其驾驶职业道德的一个重要方面,也是树立良好信誉的前提条件之一。

6. 互相尊重,公平竞争

互相尊重是驾驶员应该具备的职业道德修养之一,是与同行建立正常关系的基础。互相尊重,就是以同行为友,互相学习,真诚对待,通力协作,取长补短,共同提高技术水平。互相尊重要求驾驶员在任何时候、任何场合都应谦虚谨慎,不能盛气凌人、自视高人一等。

竞争是市场经济的必然产物,有市场经济必然就有竞争。我们要提倡公开、平等的竞争。公平竞争是指驾驶员在开展业务的过程中自觉遵守职业道德规范,遵守诚信原则,进行公平、平等的竞争。根据职业特点,公平竞争多表现在服务效率、服务质量、服务态度和社会信誉等方面;而不正当竞争多表现为拉货源、降低运费等方面的竞争。因此,应提倡公平竞争,坚决反对贬低同行、抬高自己,金钱至上、损人利己,以及弄虚作假、互相拆台的不正当竞争。

7. 廉洁自律,注重自身修养

在市场经济的大潮中,驾驶员队伍容易受到金钱观念的冲击,特别是在国家机关内从事驾驶工作的人。因此我们要提倡从业清廉,注重自身修养,维护驾驶员群体的良好形象。从业清廉、不受贿赂,是驾驶员最起码的职业道德品质。面对各种腐败现象,驾驶员要防微杜渐,自觉抵制不正之风的侵袭,洁身自爱,廉洁奉公,不徇私情,不谋私利。

8. 勤于学习,努力提高服务水平

随着我国改革开放的不断深入,特别是我国社会主义市场经济的建立发展,国家的政策和法律、法规不断完善。如果驾驶员不认真学习、不勤于思考,将会跟不上时代前进的步伐,适应不了交通运输业迅速发展的需要。

驾驶员首先要加强交通法规的学习。交通法规是广大驾驶员的行动准则,不学习就不会懂。不懂交通法规,遵守交通法规就无从谈起,而不遵守交通法规的后果是可想而知的。因此,要加强新的《中华人民共和国道路交通安全法》、《交通安全法实施条例》和《道路交通事故处理办法》的学习,运用法律的武器来保护自己。

同时,驾驶员还要了解以下相关知识:

(1) 掌握一定的卫生救护常识,一旦自己发生意外或他人发生意外,都能采取正确的现场急救措施。

(2) 了解一些保险知识。驾驶员发生交通事故后的保险索赔工作也很重要。如果没有一定的保险知识,驾驶员自己的正当利益就有可能得不到保障。

(3) 根据岗位的不同,有选择地学习一些其他知识。例如,如果在"三资"企业开车,经常与外国人接触,就应该学一点外语,具有一定的外语水平,能进行一些简单的对话或翻译;如果驾驶出租车、旅游车,那么应该学一些导游方面的知识。在市场经济条件下,广大驾驶员将接受市场的考验,面临市场的竞争。实践证明,那些知识面广、技术精湛、遵章守纪、安全行车的驾驶员有强大的竞争力,普遍受到用人单位的欢迎;而那些知识面狭窄、技术素质低、经常违章肇事的驾驶员,将会在竞争中落败,甚至被淘汰。

三、新形势下提高驾驶员职业道德水平的措施

1. 新形势下驾驶员职业道德意识淡薄的原因

(1) 思想认识不足。部分驾驶员认为目前已经有良好的交通环境、完善的行车安全控制办法和管理措施约束自己,只要搞好行车安全和经济效益就行了,讲职业道德是一种过时的行为,没必要花过多精力,忽视甚至放弃了职业道德建设,或者把职业道德当作口号嘴上喊喊,应付了事;于是导致安全行车意识、交通法规意识淡薄,是非、善恶、美丑界限混淆,诚信意识不足,服务质量低,职业道德标准混乱。

（2）价值观念取向务实。在讲竞争、求效益的市场经济条件下,部分驾驶员的利益观念发生了偏移,奉献意识淡化,价值观念由讲奉献、比作为向讲价钱、比收入转变,认为搞市场经济就是要多赚钱,只要将经济效益搞上去了,职业道德自然会好转,市场经济靠的是讲竞争讲效益,按职业道德办事就会吃亏。因此,有些驾驶员过分强调和追求个人利益,受经济利益驱动,在行车过程中争抢客、货源,强超抢会,以强欺弱,开疲劳车、英雄车、斗气车,宰客、甩客、超速、超载现象普遍存在,严重影响了行车安全。

（3）爱岗敬业意识淡化。一部分驾驶员受市场经济带来的一些负面因素的影响,嫌工作风险大,生活没规律,所以对工作要求不高,认识不到自己工作的重要意义,缺乏对工作高层次目标的追求,存在着轻视自己职业、不安心本职工作的思想。他们将主要精力不是用在学习不断发展、日益复杂的车辆构造和提高操作技能上,而是花费在满足消遣娱乐方面的要求上;对待工作懒懒散散、随随便便,为了个人私利,不顾国家安全法规,在车辆驾驶过程中任意违章,麻痹大意,有利可图的事抢着干,无利可图的事不愿干。

（4）主人翁地位下降。面对社会格局发生的变化,有些驾驶员在各种诱惑面前不能保持清醒的头脑,经受不住改革开放、经济搞活形势的考验。他们认为自己整天在行车中奔忙,工作流动分散,单位难以直接管理,遇到各种情况都是自己独立处理,社会大环境不好,靠自己一个人讲职业道德解决不了问题,坚持职业道德就是束缚自己,职业道德差一点无所谓。因此,他们在行车过程中很少顾及全局利益,而是用手中的工具谋取私利,不是通过诚实的劳动获取正当的利益,而是靠欺诈勒索旅客、货主发家致富,看到同行的不正之风和车上的坏人坏事不闻不问。

2. 新形势下提高驾驶员职业道德的措施

驾驶员职业道德存在的上述问题危害极大,它不仅会给服务对象带来负面影响,产生相当大的社会负效应,稍有疏忽还会造成人民生命财产的巨大损失,给国家、单位和个人带来不应有的损失。驾驶员应从以下几个方面加强职业道德建设:

（1）必须树立高度的安全责任感。安全行车是驾驶员最基本、最重要的职业要求。在行车中,乘客、货物以及第三者的安全都系在驾驶员的身上,驾驶员任何一个失职行为都有可能引发事故,造成人身和财产的损失。能否做到安全行车不仅关系到驾驶员的经济效益、服务质量、工作效率和社会信誉,而且影响到家庭幸福和社会稳定,甚至危及国家和人民的生命财产安全。因此,驾驶员必须树立高度的社会责任心,增强事故防范意识,牢固树立“安全第一”的思想,把“安全第一、谨慎操作”的道德要求落实到具体行动中,凡不利于安全行车的行为和观念要坚决清除、无情抵制,要时刻把人民群众的安危放在心上,随时保持冷静、清醒的头脑,处处防止意外情况的发生。

（2）严格遵守交通法规和安全制度。道路交通法规和安全制度是驾驶员安全行车的基本保证和职业道德的具体要求,对违章行为具有强制性、约束性和规范性作用。由于驾驶工作的特殊性,作为一名驾驶员应比一般人员具有更强的法制观念和更严格的组织性、纪律性。所以每一位驾驶员都要认真学习交通法规和安全制度,熟记和掌握其内容,在行车中要认真了解道路交通法规的基本原则,熟悉交通管理的具体条款和各项措施,自觉杜绝违章行为的发生,做到白天和晚上一个样,有人检查与无人检查一个样,交警在场与不在场一个样,把遵守交通法规和安全制度建立在高度自觉的道德意识基础上。

（3）培养良好的驾驶作风和职业习惯。良好的驾驶作风和职业习惯是驾驶员在长期行车中总结的实践经验,所以驾驶员在行车中必须严格遵守安全行车操作规程,不随心所欲、自我发挥,坚持文明驾驶、礼貌行车,做到路好人稀不能飞、车多路孬不能急、遇人违章不能气;要坚持礼让三先,谨慎驾车,不开英雄车,不开赌气车,不开斗气车;要能及时控制不利于行车安全的动作和有失理智的行为,心平气和地按照安全操作规程办事。

(4)努力掌握和提高安全驾驶操作技能。驾驶员没有过硬的驾驶技术,就难以胜任车辆驾驶工作,具备过硬的驾驶操作技能和提高应急应变能力是一个驾驶员实现安全行车的基础。如果没有这个基础,遇到意外情况时就会心发慌、手发抖、腿发软、措施失当,安全行车就会成为一句空话。要成为一名合格的驾驶员,必须掌握日益复杂的车辆构造原理;熟练掌握操作要领和安全驾驶方法;熟悉交通情况,掌握天气、道路、人、车及环境特性,时刻牢记党和人民嘱托,用职业道德来约束自己,以对人民群众生命安全高度负责的态度勤学苦练,不断提高安全操作驾驶技能水平。

(5)精心维护车辆,确保行车安全。确保车辆设施齐全、性能良好,这是行车安全的一个很重要的物质基础和必要条件。为保持车况处于良好的工作状态,驾驶员要对车辆加强日常维护,提高车辆完好率,发现故障要及时排除,做到一日三查,即出车前查、行车中查、收车后查。保证常规保养不脱期,季节保养不忘记,确保车辆不因发生机件故障而发生行车事故。

第二单元　现代交通管理与车辆技术管理

第一章　交通特性

道路交通是一个复杂的、以交通流为中心的动态系统,它主要由人(如驾驶人、行人、乘客等)、车(如汽车、自行车等)、道路和环境等交通要素组成。

道路交通作为一个具有特定功能(即达到"行"的目的)的系统,在正常营运和维修条件下能安全地完成预期的客、货运输任务,其必要且充分的条件是:系统各个基本要素(人、车、道路、环境)本身性能可靠及各要素之间相互协调。

(1)人(主要指驾驶人)。驾驶人必须具备合格的操作技能、丰富的驾驶知识和经验、良好的习惯和情绪,以及充沛的体力,在复杂的道路交通条件下才不致发生交通事故。

(2)车辆(主要指汽车)。车辆应具有良好的技术性能(主要是操纵性和稳定性),保证操作(如启动、制动、转向、加速等)灵活、可靠。

(3)道路。道路应具有较高的质量,保证车辆不至于因道路线形不良、路面滑溜或结构物失稳破坏而造成交通事故。

(4)环境(主要包括社会环境和道路环境)。道路环境应适应驾驶人的视觉心理特征,保证行车安全;社会环境应形成人人懂得交通法规、遵守交通法规的良好社会风气,为道路交通系统的正常运行创造一个良好的外部条件。

上述各个要素相辅相成,只有在各要素相互协调时,系统才能维持平衡,交通的通畅和安全才能得到保证。若系统中某一要素出现问题,与其他要素不相协调,则系统即失去平衡,导致交通不畅和交通事故的发生。

人们常说:"道路是交通的基础,车辆是交通的工具,人是交通的主导,而环境则是交通的外部条件。"各要素的特性如何,如何有机地协调它们之间的空间和时间关系,则是交通工程学研究的主要内容。本章主要介绍人、车与道路的交通特性。

第一节　驾驶人的交通特性

一、驾驶人的任务及信息处理过程

1. 驾驶人的任务

驾驶人是道路交通系统中"会思考"的部分,其主要任务有以下 3 种:

(1)沿着选定的路线驾驶车辆,完成从起点到终点的运输过程,以实现人员和货物在空间上的移动。

（2）遵守交通法规,正确理解信号、标志和标线的含义,服从交通警察的指挥,自觉维护交通秩序,以保证交通的安全和通畅。

（3）遇到不利情况及时调整车速或改变车辆的位置和方向,必要时停车,以避免交通事故的发生。

以上3种任务中,后两项任务决定着车辆运行的可靠性和安全程度。

2. 驾驶人的信息处理过程

车辆行驶时,驾驶人通过视觉、听觉和触觉等感觉器官感知车内外的各种行车信息,这些信息通过选择,其中一部分以较深刻的印象进入驾驶人的大脑神经中枢,并结合驾驶人以往的经验进行加工,加工的结果是作出相应的判断和决策,最后通过“反应器”(如手、脚等)操纵车辆。此时如果“反应器”在反应上有偏差,必将导致车辆运动与驾驶人的实际期望不符,此时应把信息及时返回到神经中枢进行修正,然后传递到“反应器”,“反应器”执行修正后的命令。这个过程可以抽象成如图2-1-1所示的信息处理过程。

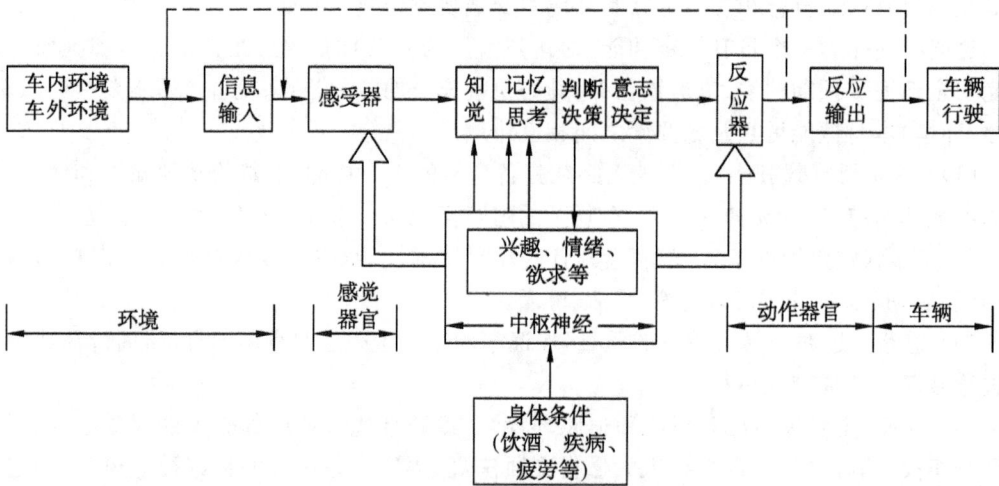

图 2-1-1 驾驶人的信息处理过程

概括来说,驾驶人行车的过程实际上就是感知、判断决策和操纵3个阶段不断循环往复的过程。感知是驾驶人通过视觉、听觉和触觉等感觉器官来感知行车的环境、条件和信息,如道路线形、交通标志、人和车等。判断决策是驾驶人在感知信息的基础上,结合驾驶经验和技能,经过分析后作出判断,确定有利于汽车安全顺畅地行驶的措施。操纵是驾驶人依据判断决策所作出的实际反应和行动,具体是指手、脚对汽车实施的控制,如加速、制动和转向等。

二、驾驶人的视觉特性和反应特性

1. 视觉特性

视觉就是外界光线经过刺激视觉器官在大脑中所引起的生理反应。视觉在辨别外界物体的明暗、颜色、形状等物理特性,以及区分物体的大小、远近等空间属性上都起着重要的作用。在行车过程中,驾驶人需要及时感知各种交通信息。根据统计分析,各种感觉器官给驾驶人提供交通信息的比例如下:视觉占80%、听觉占10%、触觉占2%、味觉占2%。可见,眼睛是驾驶人信息输入最重要的器官。因此,对视觉机能的考核和研究是驾驶人特性研究的重要内容。对于驾驶人的视觉机能,主要从以下几个方面来考查。

(1) 视力。

视力就是眼睛分辨两物点之间最小距离的能力。根据眼睛所处的状态和时间不同,又有静视力、动视力和夜间视力之分。

静视力是站在视力表前 5 m 处,依次辨认视标所测定的视力。视力共分 12 级,我国驾驶人体检时要求视力两眼各为 0.7 以上,或两眼裸视力不低于 0.4,但矫正视力必须达到 0.7 以上,无红、绿色盲。日本的驾驶人考核标准规定为:大客车的驾驶人视力不应小于 0.5;小汽车的驾驶人视力不小于 0.4。

动视力是处在运动中观察物体的视力。动视力与汽车行驶的速度有关,随着车速的提高,动视力明显下降。例如,以 60 km/h 的速度行驶,驾驶人能看清车前 240 m 的标志。而以 80 km/h 的速度行驶,则在接近 160 m 处才能看清车前标志。车速提高 33%,视认距离反而减少 36%。此外,动视力还随着驾驶人年龄的不同而有所差异,年龄越大,动视力降低的幅度越大。

夜间视力受光照度、背景亮度等诸多因素的影响。光照度增加,则视力增加,光照度在 0.1~1 000 lx 范围内,光照度与视力之间近乎为直线关系。黄昏时间对驾驶人行车最为不利,原因是在黄昏时刻,前灯的照度与周围景物的光亮度相近,驾驶人难以看清周围的车辆和行人,容易发生事故。

(2) 视觉适应。

视觉适应是视觉器官对于光亮程度突然变化而引起的感受性适应过程。由明亮处进入暗处,眼睛习惯后视力恢复,称为暗适应;由暗处到明亮处,眼睛习惯后视力恢复,称为明适应。暗适应时间较明适应所需时间长,如果进入暗室,眼睛习惯所需时间约为 15 min,30~40 min 才能完全适应,而明适应则可在 1 min 内完成。

一般情况下,当由隧道外进入没有照明条件的隧道内,大约会发生 10 s 的视觉障碍;夜晚在城区和郊区交界处,照明条件的改变也会使驾驶人产生视觉障碍,从而影响行车安全。所以设置照明设施时应考虑此因素。

此外,黄昏时路面的明亮度急速降低(特别是秋天的黄昏),但天空还比较明亮,视觉的暗适应较困难,而此时正是驾驶人和行人都感到疲劳的时候,事故发生率较高,因此应从多方面予以重视。再者,对于不同年龄的驾驶人来说,暗适应能力也有明显不同,研究结果表明,20~30 岁,暗适应能力是不断提高的,40 岁以后就开始逐渐下降,而 60 岁时的暗适应能力仅为 20 岁人的 1/8。因此,了解驾驶人暗适应的变化特点,对预防交通事故的发生是十分必要的。

(3) 眩目。

若视野内有强光照射,颜色不均匀,会使人的眼睛产生不舒适感,形成视觉障碍,这就是眩目。夜间行车,对向来车的前灯强光照射,最易使驾驶人产生眩目现象。这种现象有连续与间断之分。夜间行车多半是间断性的眩目,当受到对向车灯强烈照射时,不禁要闭目或移开视线,这种现象称为生理性眩目。若路灯照明反射所产生的眩光而使驾驶人有不愉快的感觉,这种现象称为心理性眩目。眩目是由眩光产生的,眩光会使人的视力下降,下降的程度取决于光源的强度、视线与影响光之间的夹角、光源周围的亮度、眼的适应性等多种因素。

强光照射中断以后,视力从眩目影响中恢复过来所需要的时间,从亮处到暗处大约需要 6 s,从暗处到亮处大约需要 3 s,视力恢复时间的长短与刺激光的亮度、持续时间、受刺激人的年龄有关。

为了避免眩光影响,可采取交通工程措施,如改善道路照明,设道路中央分隔带并种植绿篱或设置防眩板、防眩网来遮蔽迎面来车的灯光,前灯用偏振玻璃做灯罩,使用双光束前照灯,戴防眩眼镜,驾驶人内服药物等。

与眩光有关的另一种现象是消失现象,即某一物体(如行人等)因同时受到对向车的车灯照射,而他人在某一相对距离内完全看不清该物,该物在视觉上呈消失状态。一般行人站在路中心线时,若双向车距行人约 50 m,此时行人呈现消失现象,车中的人将辨认不出行人。因此在夜间横过马路时,站在马路中心处是很危险的。

(4)视野。

当两眼注视某一目标时,注视点两侧可以看到的范围称为视野。将头部与眼球固定,同时能看到的范围为静视野。若将头部固定,眼球自由转动,同时看到的范围为动视野。动视野比静视野大,左右约宽 15°,上方约宽 10°,下方无变化。

视野受到视力、速度、颜色、体质等多种因素影响。随着车速增大,驾驶人的视野明显变窄,注视点随之前移,两侧景物变得模糊,如表 2-1-1 所示。

表 2-1-1　驾驶人视野与行车速度的对应关系

行车速度/(km·h⁻¹)	注视点在汽车前方/m	视野/(°)
40	183	90～100
72	377	60～80
105	610	40

(5)色视觉。

色视觉在可见波长范围内,不同波长的感觉阈限不同。可见的颜色在从短波的紫色到长波的红色之间。

颜色有 3 个属性,分别为色相、明度和彩度。色相是指反映各种具体色彩面貌的属性。色相决定于物体反射光的波长,是物体颜色在质方面的特性。红、黄、蓝为彩色的基本色。明度为彩色的明暗程度。就视觉反应而言,可将明度理解为反射光引起视觉刺激的程度,如浅红、深红、暗红、灰红等明度变化。彩度是指颜色的纯度。当一种颜色的色素含量达到极限时,正好发挥其色彩的固有特性,此时是该色相的标准色。

不同的颜色会对驾驶人产生不同的生理、心理作用,如红色显近,青色显远;明亮度高的物体视之较大,显轻;明亮度低者,视之较小,显重等。

我国交通标志使用 6 种颜色,分别为红、黄、蓝、绿、黑和白。红色波长最长,传播最远,使人产生"火"和"血"的联想,对人的视觉和心理有一种危险感和强烈刺激,多用于禁令标志。黄色具有明亮和警戒感觉,用于注意危险的警告类标志。蓝色和绿色使人产生宁静、和平和舒适的感觉,多用于指示、指路标志。夜间人眼的识别能力降低,白色识别度最好,黑色识别度最差。

2. 反应特性

反应是由外界因素的刺激而产生的知觉—行为过程。它包括驾驶人从视觉产生认识后,将信息传到大脑知觉中枢,经判断后由运动中枢给手脚发出命令,开始动作,直至动作生效。知觉—反应时间是控制汽车行驶性能最重要的因素,如图 2-1-2 所示。

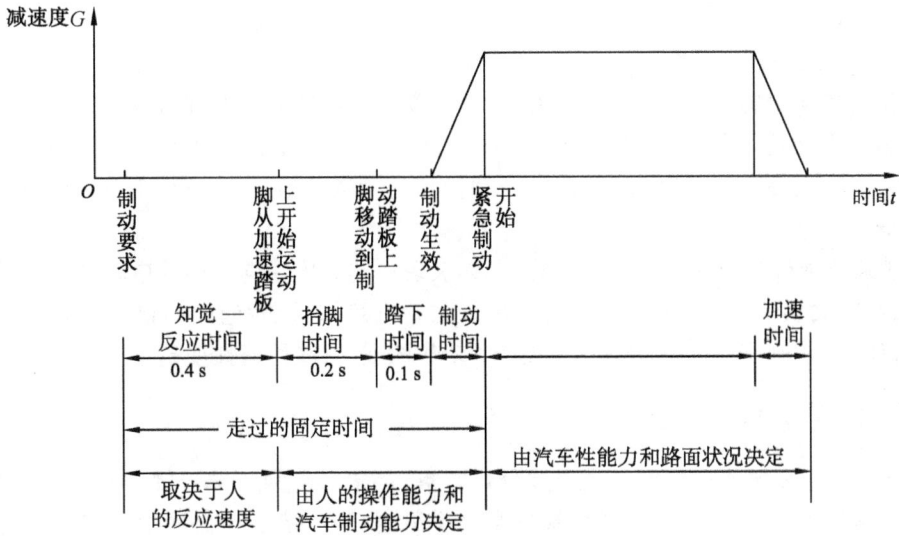

图 2-1-2　反应时间和制动操作示意图

驾驶人开始制动前最少需要 0.4 s 知觉—反应时间,产生制动效果需要 0.3 s 时间,共计 0.7 s。根据美国公路工作者协会规定:判断时间为 1.5 s,作用时间为 1 s,故从感知、判断、开始制动到制动生效的全部时间通常按 2.5～3 s 计算。道路设计中以此作为制动距离的基本参数。反应时间的长短取决于驾驶人的素质、个性、年龄、对反应的准备程度及工作经验等。

三、疲劳驾驶

1. 疲劳驾驶的定义与危害

驾驶人疲劳是指由于驾驶作业而引起的身体上的变化、心理上的疲劳及客观测定驾驶人能力低落的总称。

驾驶汽车是一项脑力劳动与体力劳动并重、神经比较紧张的技术性工作。驾驶人驾车超过一定的时间便会产生疲劳,此时人的感觉、知觉、判断、意志决定与运动等都会受到疲劳的影响。

2. 影响驾驶疲劳的因素

(1)驾驶人的生活情况。

驾驶人每天的睡眠是否充足,与家庭、同事的关系是否和睦,家庭生活负担是否过重等,都会影响到驾驶的疲劳程度。如睡眠不足开车,一定时间后就会打瞌睡。在一般情况下,一天行车超过 10 h 以上,前一天睡眠时间不足 4.5 h 者,事故率高。驾驶人家庭生活负担过重,家庭关系、同事关系不和睦,则在驾车时易走神、烦闷,或因过度劳累而产生疲劳。

(2)车内外的环境。

车内环境包括温度、湿度、噪声、振动、照明、气味、坐椅的舒适度、与同乘者关系的融洽状况等。这些因素的一项或多项的不利状态长时间作用于驾驶人,易使驾驶人产生疲劳。

车外环境包括时间(昼或夜)、天气(晴、雨、雪、雾)、道路线形、路面状况、沿线设施及交通情况(车流畅通或拥挤)等。夜间、雨天、雾天、雪天驾车较辛苦且较易疲劳。道路线形单调或视线不良、路面颠簸不平或太光滑、沿线设施繁杂或设置不当、车流太拥挤或车流速度反复变化等,都会使驾驶人的身体和神经由于劳累、枯燥或过度紧张而产生疲劳。

(3) 驾驶人的自身特性。

驾驶人的自身特性包括年龄、性别、身体状况、性格取向与驾驶技术等。年轻驾驶人与老年驾驶人相比,既易产生疲劳,也易消除疲劳。女性驾驶人在相同行车条件下比男性驾驶人易产生疲劳。身体健康、性格开朗愉快的驾驶人在同等条件下驾车产生疲劳的程度较低。

驾驶疲劳对安全行车有很大的影响,具体表现在驾驶人在驾车中反应时间增长、操作能力下降、判断失误增多等。根据对疲劳驾驶人的检查可知,此时他们的视力下降,注意力不集中,对环境、高度、距离等判断易发生错误,动作的准确性、协调性变差。

四、饮酒与驾驶

饮酒后不可驾驶车辆。酒的主要成分是酒精(化学名称为乙醇),酒的烈性程度是指所含酒精浓度的大小。人饮酒后,酒精被胃肠黏膜迅速吸收,溶解于血液中,通过血液循环流遍全身,渗透到体内组织。由于酒精与水有融合性,所以体内含水量高的组织和器官(如大脑和肝脏等)的酒精含量也高。

酒精具有麻醉作用。它作用于高级神经中枢,最初使人有些轻松,减弱了对运动神经的约束,四肢活动敏捷,但随着脑与其他神经组织内酒精浓度的增高,中枢神经活动便逐渐迟钝,先使人的判断力发生障碍,而后四肢活动也变得迟缓了。

饮酒对精神和心理的影响比对身体的影响更大,其主要表现为:① 情绪不稳定;② 理性被麻痹,对各种事物的注意力下降;③ 意识面变窄;④ 信息处理能力下降,影响其选择面;⑤ 预测的正确度和自制能力下降;⑥ 危机感被麻痹,脾气变大,喜欢超速和超车等,安全程度显著变低;⑦ 记忆力下降。

由于饮酒对人的生理和心理能产生上述影响,所以,饮酒后驾驶人的驾驶机能会不同程度地下降。实验证明,体内酒精浓度为 8% 时,驾驶能力有所下降;浓度为 10% 时,下降 15%;浓度为 15% 时,下降 39%。《中华人民共和国治安管理处罚条例》第二十七条规定:饮酒后不准驾驶车辆。如违反规定,除依照本规定处罚外,还可以并处吊扣 6 个月以下驾驶证;情节严重的,可以并处吊扣 6 个月以上 12 个月以下驾驶证。

五、驾驶人的差异及外界因素的影响

1. 驾驶人的差异

在拟定道路设计标准、汽车结构尺寸,对事故进行分析并采取安全措施时,要考虑驾驶人的各种特点,如性别、年龄、气质、知识水平、驾驶技术熟练程度、精神状态等。设计取值一般根据满足 85% 的驾驶人的需要为度,对其余 15% 驾驶人的变化只予以适当考虑。驾驶人的差异主要体现在性别差异、年龄差异、气质差异等方面。

2. 外界因素对驾驶人的影响

驾驶人的上述有关交通特性除受自身生理、心理素质、婚姻状况、精神状态等条件影响外,还受以下外界因素的影响:

(1) 道路条件。

道路线形设计欠妥,可能使视线失去诱导,使驾驶人产生错觉,增加驾驶人的心理紧张程度并导致驾驶疲劳。

（2）车辆状况。

车辆的结构尺寸、仪表位置、操纵系统及安全设备等都对驾驶有影响。

（3）交通环境。

交通标志的设置会约束驾驶人的行为；道路周围若有吸引人注意的干扰点，驾驶人的注意力会分散；若沿途播放轻音乐，可加快车速；路上行人过多，会使驾驶人心理紧张等。

总之，驾驶人应具备以下职业特点：身体健康，能从危险中选择最危险的情况；正确、冷静、迅速而稳定地作出反应；在黄昏时有必要的视力；对眩光不敏感；有判断速度、距离的能力；对方向盘和踏板能施加不同的力；能判别不同的颜色；准确行车、技术熟练、反应机敏；对工作有兴趣；与同事和睦相处；遵守交通法规等。

第二节　行人与乘客的交通特性

步行交通是与人类生活密不可分的一项活动。步行能够使个人与环境及他人直接接触，达到生活、工作、交往、娱乐等各种目的。为了满足步行者的生理、心理和社会需要，并保证他们不消耗过多的体力、不受其他行人的干扰、不发生交通事故，就必须提供必要的设施。

这些设施的规划、设计和实施都需要对行人的交通特性有很好的认识和理解。通过对交通事故的分析可知，行人交通事故所占比例很大。在交通系统中，行人是弱者，最容易受伤害，因此对行人交通应进行管制。其中包括设人行道、人行过街横道、专用行人过街信号、照明、护栏、安全带、安全岛、行人过街地道和天桥及相关法规等。

一、行人交通特性

行人交通特性表现在行人的速度、对个人空间的要求、步行时的注意力等方面。这些特性与行人的年龄、性别、素养、心境、体质及出行目的等因素有关，也与行人所处的区域、周围的环境、街景与交通状况等有关，总结起来如表 2-1-2 所示。

表 2-1-2　行人交通特性及相关因素分析

特性\因素	行人速度	个人空间	行人注意力
年龄	成年人正常的步行速度为 $1.0 \sim 1.3$ m/s，儿童的步行速度随机性较大，老年人较慢	成年人步行时个人空间要求 $0.9 \sim 2.5$ m²/人，儿童个人空间要求比较小，老年人则要求比较大	成年人比较重视交通安全，注意根据环境调整步伐和视线，儿童喜欢任意穿梭
性别	男性比女性快	男性大，女性小	相当
目的	工作、事务性出行，步行速度较快，生活性出行较慢	复杂	工作、事务性出行，注意力比较集中；生活性出行，注意力分散
文化及素养	复杂	文化教育程度高的人一般要求高，为自己，也为别人；反之，则要求低，也不太顾及他人	受文化教育程度高的人一般比较注意文明走路、交通安全

特性\因素	行人速度	个人空间	行人注意力
心境	心情闲暇时速度正常,心情紧张、烦恼时速度较快	心情闲暇时个人空间要求正常,心情紧张时要求较小,烦恼时要求较大	心情闲暇时注意力容易分散,紧张时比较集中
街景	街景丰富时速度放慢,单调时速度加快	街景丰富时个人空间小,单调时个人空间大	街景丰富时注意力分散,单调时集中
交通状况	拥挤时,速度放慢	拥挤时,个人空间变小	拥挤时,注意力集中
生活区域	城里人的生活节奏快,步行速度高;乡村人生活节奏慢,步行速度慢	复杂	城里人步行时注意力比较集中,乡村人比较分散

二、儿童交通特点

汽车交通的发展给儿童的生活带来了很大影响,使得他们的活动空间变小了。儿童在道路上玩耍,在上学及回家的路上和广场上活动等都有可能与汽车发生碰撞事故。因儿童而导致的交通事故所占比例也不小。以日本大阪为例,1979 年交通死亡 321 人,其中步行者和骑自行车的死亡人数占一半,而儿童又约占其中的 1/3。

儿童的活动有其特点。6 岁以下的儿童,活动半径很小,距住地一般不超过 100 m。倘若看护不周,儿童突然跑到街上去玩,就很有可能发生事故。幼儿园的儿童及小学低年级学生,心智还未成熟,缺乏交通知识,易酿成事故。随着年龄的增长,小学高年级学生及初中学生,活动范围增大,骑车上学,可能因骑车技术不熟练或速度过快而发生交通事故。

为了保护儿童,应从小就对儿童进行交通安全教育。日本小学一年级学生的第一堂课就是教怎样过人行横道,全日本大城市中设有儿童交通公园 200 多处;在小学、幼儿园所在范围的方圆 500 m 地区的道路上都标有"学校区"的牌子,以引起驾驶人注意。

三、乘客交通特性

乘客交通特性的共同要求是安全、迅速与舒适。因此,线形设计、交通工具配备与交通设施都应考虑到这些要求。

当汽车在弯道上行驶时,若横向力系数大于 0.2,乘客就会有不稳定感;若横向力系数大于 0.4,乘客就会站立不住,有倾倒的危险。当曲线半径较小时,如果汽车由直线直接转入圆曲线,并且车速较快,乘客就会感到不舒服。所以在线形设计标准中对平曲线的最小半径及缓和曲线的长度都有规定。

在山区道路上或在陡边坡高填土道路上行车,乘客看不到坡脚,会产生害怕心理。如果在这种路段的路肩上设置护栏或放缓边坡,可以消除不安心理。

道路美学与交通安全之间存在着微妙的关系。采用顺畅连续的线形、宽阔的带弧形的边沟、平缓的边坡等都有助于道路美化和增加交通安全。这样,道路本身比较安全,驾驶人和乘客看起来也比较安全。无论道路多么优美,若没有安全感,在美学上就不能认为是满意的。

乘客都希望缩短出行时间,尽快到达目的地。例如,人们经常见到的挤车现象,就是这种心理状态的具体表现。已在车上的乘客,希望中途一站不停,直达目的地;对于要乘车的旅客,希望出门就有车站,每辆车都停靠,来车就能上去。乘车时间过长,容易产生烦躁情绪。为此,路线的布设应考虑到美学要求,应尽量利用名胜古迹、自然景物组成优美的道路交通环境,使乘客在旅途中能观赏风光,感到心旷神怡。同时沿线设置一些休息场地,使需要停驻的车辆稍停片刻,以便乘客下车活动、伸展肌肉、减轻疲劳。

由于体力、心理、生活、就业等方面的原因,城市居民对日常出行时间的容忍性是有一定限度的,如表 2-1-3 所示。如果他们的居住地离市中心的距离超出了可容忍的最大出行时间,则他们对自己居住地的位置及交通系统服务是不会满意的。

表 2-1-3 不同出行目的的出行容忍时间   min

出行目的	理想的出行时间	不计较的出行时间	能忍受的出行时间
就 业	10	25	45
购 物	10	30	35
游 憩	10	30	85

乘客在长途旅行中会产生了解沿途情况的心情,如沿途经过哪些地方、各有什么特点、前方到达哪个车站、已走了旅途的多少里程、距目的地还有多远等。因此,沿路应设立一些指示标志和里程碑,以缓解旅客悬念。

第三节 车辆的交通特性

车辆的交通特性在确定道路线形标准中能起很大作用。车辆可分机动车和非机动车两种。机动车是指各种汽车、电车、电瓶车、摩托车、拖拉机、轮式专用机械车等。非机动车是指自行车、三轮车、人力车、畜力车等。车辆的尺寸会影响到道路线形、交通结构物的净空、停车场地等交通设施的设计。车辆的各种性能(如动力性能、制动性能等)与使用这些性能的驾驶人结合在一起,又会影响到交通流的特性和交通安全。

一、车辆的设计外廓尺寸

车辆尺寸与道路设计、交通工程有密切关系。例如,制定公共交通规划时要使用到公共汽车额定载客量的参数,研究道路通行能力时要使用车辆长度等数据,而车辆宽度影响着车行道宽度设计等。在我国《公路工程技术标准》(JTG B01−2003)和《城市道路设计规范》(CJJ 37−1990)中都规定了机动车辆外廓尺寸界限,如表 2-1-4 和表 2-1-5 所示。

表 2-1-4 《公路工程技术标准》(JTG B01−2003)规定的设计车辆外廓尺寸   m

车辆类型	总长	总宽	总高	前悬	轴距	后悬
小客车	6	1.8	2	0.8	3.8	1.4
载重汽车	12	2.5	4	1.5	6.5	4
鞍式列车	16	2.5	4	1.2	4+8.8	2

表 2-1-5 《城市道路设计规范》(CJJ 37－1990)规定的设计车辆外廓尺寸   m

车辆类型	项目					
	总长	总宽	总高	前悬	轴距	后悬
小型汽车	5	1.8	1.6	1.0	2.7	1.3
普通汽车	12	2.5	4.0	1.5	6.5	4.0
铰接车	18	2.5	4.0	1.7	5.8及6.7	3.8

二、机动车的交通特性

1. 汽车的动力性能

汽车动力性能通常用 3 个指标来评定,即最高车速、加速度或加速时间与爬坡能力。

(1) 最高车速。

汽车的最高车速是指在良好的水平路段上,汽车所能达到的最高行驶车速,单位为km/h。

(2) 加速时间。

加速时间有原地起步加速时间和超车加速时间之分。原地起步加速时间是指汽车由一挡起步,以最大的加速度逐步换至高挡后达到某一预定的距离或车速所需要的时间。超车加速时间大多是用高挡或次高挡由 30 km/h 或 40 km/h 全力加速至某一高速度所需的时间来表示。

(3) 爬坡能力。

爬坡能力用汽车满载时一挡在良好的路面上的最大爬坡度表示。小汽车的最高车速大,加速时间短,又在平坦路面上行驶,所以一般不强调其爬坡能力。货车经常要在各种路面上行驶,所以要求其具有足够强的爬坡能力。

2. 制动性能

汽车制动性能主要体现在制动距离或制动减速度上。制动距离 L 计算公式为

$$L = \frac{v^2}{254(\varphi + i)}$$

式中,v 为汽车制动开始的速度,km/h;i 为道路纵坡度(上坡为正,下坡为负),%;φ 为轮胎与路面之间的附着系数,与路面种类、路面表面状况、轮胎花纹、轮胎气压、车速等因素有关。

驾驶人从发现障碍物开始采取措施到制动器生效需要一段时间,这段时间统称为反应时间,其长短因人而异。在确定安全停车距离时可取反应时间为 1.5~2.0 s。因此,在安全停车距离中应包括制动距离 L 和在反应时间内汽车行驶的距离。

汽车的制动性能还体现在制动效能的稳定性和制动时汽车的方向稳定性上。制动过程实际上是把汽车行驶的动能通过制动器吸收转化为热能的过程。所以温度升高后,能否保持在冷状态下的制动效能是必须考虑的重要问题。恒定的制动效能对于高速时制动和长下坡连续制动都是至关重要的。

方向稳定性是指制动时不产生跑偏、侧滑及失去转向能力的性能。制动跑偏与侧滑,特别是后轴侧滑,是造成事故的主要原因。

三、自行车的交通特性

自行车交通是目前我国城市交通的一大特点，除个别城市自行车不多外，在大、中、小等不同规模城市出行方式构成中自行车出行均占有很大的比例。一般大城市自行车出行量占总出行量的 35%～55%；中等城市占 45%～65%；小城市更高，有的甚至超过 80%。因此，研究自行车的交通特性，对于治理城市交通、保障交通安全具有重要的意义。

概括起来，自行车主要有以下基本特性：

（1）短程性。

自行车是骑车人利用自己的体力转动车轮，因此其行驶速度直接受骑车人的体力、心情和意志的控制，行、止、减速与制动也取决于骑车人的操纵。同时，它还受到路线纵坡度、平面线形、车道宽度、车道划分、气候条件与交通状况的直接影响。个人的体力虽有强、弱之分，但总是很有限的。因此，自行车只适用于短距离出行，一般在 5～6 km 以内（或骑行时间为 20 min 左右）。

（2）行进稳定性。

自行车静态时直立不稳，当以一定速度前进时，则可保持行进的稳定性。只要不受突然出现的过大横向力的干扰，它是可以稳定向前而不致侧向倾倒的。

（3）动态平衡。

自行车在骑行过程中重心较高，因比，如何保持平衡，特别是在自行车转向或通过小半径弯道时，就必须借助于人体的变位或重心倾斜以维持骑行中的动态平衡。

（4）动力递减性。

自行车前进的原动力是人的体力，是两脚蹬踏之力。一般成年男子，10 min 以上可能发挥的功率愈小，车速亦随之减小。这就是动力递减的结果，一般自行车出行不宜超过 10 km。

（5）爬坡性能。

由于自行车的动力递减，普通无变速装置的自行车不能爬升大坡与长坡，也不宜爬陡坡，否则容易控制不住自行车而酿成危险。对纵坡为 2.5%，3% 与 4% 的坡道，其坡长限制分别为 300 m，200 m 和 150 m。当然，对于北方冰雪地区，其坡度与坡长更应减小，否则冬天无法骑车。

（6）制动性能。

自行车的制动性能对于行车安全与通行能力具有重要意义，并与反应时间一起决定纵向安全间距，即纵向动态净空距离（$L_{净}$）。根据国内外的研究资料，提供纵向动态净空距离的计算值如表 2-1-6 所示。

表 2-1-6　纵向动态净空距离

自行车速度/(km·h^{-1})	5	10	15	20	25	30
$0.14\,V_{max}$	0.7	1.4	2.1	2.8	3.5	4.2
$0.009\,2\,V_{min}^2$	0.23	0.92	2.07	3.68	5.75	8.28
$L_{净}=1.9+0.14\,V_{max}+0.009\,2\,V_{min}^2$	2.83	4.22	6.07	8.38	11.15	14.38

第四节　道路的交通特性与类型

道路是供车辆行驶和行人步行的设施的统称。道路按照其所处的地区不同,可以分为公路、城市道路、厂矿道路、林区道路、乡村道路等。

一、道路的交通特性

1. 道路的几何线形设计

道路几何组成部分的范围包括道路平面、纵断面、横断面等,这些组成部分的设计称为线形设计。至于路基、路肩、路面等通常作为路体结构,以示区别。

道路几何线形的设计方针是必须保证行人和车辆畅通、安全,其决定因素是某条线路的重要程度、地形情况、车辆体积与速度以及交通量的大小等。根据需要,汽车、自行车、行人可以分道行驶。

2. 道路的参数

(1) 道路的横断面。

道路的横断面是垂直于道路中心线方向的断面。它由车道(一个或几个)、分隔带、停车带、路肩、自行车道和人行道等构成。

(2) 机动车道的宽度。

机动车道的宽度是指成列的汽车能安全、流畅地行驶,且路呈带状。在道路上提供单向每一纵列车辆安全行驶的路称为一个车道。每条车道的宽度主要取决于行驶车辆本身的宽度和横向安全距离。一般一个车道宽度为 3.5 m,如果车道设计过宽,则有些驾驶员可能试图利用富余的宽度超车,反而易发生事故。一个车道的通过能力按其车道数就可以测定。因此,如果预定了一条道路的计划交通量和每条车道的交通量,就可以确定出需要的车道数。

3. 道路率和道路网密度

(1) 道路率。

道路率又称道路面积率,是指一个国家、地区或城市的道路面积与各自行政区域的面积之比。道路率是衡量一个城市的道路状况好坏的指标之一。但这只能是一般的概略性的评价,因为道路率除了与道路多少有关外,还与行政区划分有关。

(2) 道路网密度。

道路网密度是在城市用地单位面积上的道路总长度。道路网密度又分一般道路系统的道路网密度和干道系统的道路网密度。从理论上分析,干道系统密度越大,交通联系也就越方便;但密度过大,交叉路口就会增多,则又影响行车速度和通行能力,同时也造成城市用地不经济,道路建设投资增加,并给居民生活环境带来很大干扰。而道路网密度小,会使客货运交通绕行或穿越街道,增加居民出行时间。因此,应从公共交通客运网的规划要求、城市用地的经济合理性和对街道通行能力的影响等方面综合考虑确定道路网密度。国内大、中城市干道之间的适当距离为 $700 \sim 1\,100$ m,即干道系统的密度为 $1.8 \sim 2.8$ km/km^2。

4. 铺装率

铺装率又称铺装普及率,是铺装路面(包括混凝土道路和沥青混凝土道路)的长度与道路总长度之比,它是衡量一个国家道路好坏的重要标志。

5. 人均道路占有率

人均道路占有率为城市道路总面积与城市人口总人数之比,是综合反映一个城市的道路交通设施供应水平和交通拥挤程度的指标。

二、道路的类别与等级

(一)公路的技术等级

通常把位于城市郊区以外的道路称为公路。在我国《公路工程技术标准》(JTG B01—2003)中,根据功能和适应的交通量可以把公路分为以下 5 个等级。

1. 高速公路

高速公路为专供汽车分向、分车道行驶,并应全部控制出入的多车道公路。

(1)四车道高速公路应能适应将各种汽车折合成小客车的年平均日交通量 25 000～55 000 辆。

(2)六车道高速公路应能适应将各种汽车折合成小客车的年平均日交通量 45 000～80 000 辆。

(3)八车道高速公路应能适应将各种汽车折合成小客车的年平均日交通量 60 000～100 000 辆。

2. 一级公路

一级公路为供汽车分向、分车道行驶,并可根据需要控制出入的多车道公路。

(1)四车道一级公路应能适应将各种汽车折合成小客车的年平均日交通量 15 000～30 000 辆。

(2)六车道一级公路应能适应将各种汽车折合成小客车的年平均日交通量 25 000～55 000 辆。

3. 二级公路

二级公路为供汽车行驶的双车道公路。双车道二级公路应能适应将各种汽车折合成小客车的年平均日交通量 5 000～15 000 辆。

4. 三级公路

三级公路为主要供汽车行驶的双车道公路。双车道三级公路应能适应将各种汽车折合成小客车的年平均日交通量 2 000～6 000 辆。

5. 四级公路

四级公路为主要供汽车行驶的双车道或单车道公路。双车道四级公路应能适应将各种汽车折合成小客车的年平均日交通量 2 000 辆以下。单车道四级公路应能适应将各种汽车折合成小客车的年平均日交通量 400 辆以下。

(二)公路的行政等级

我国《公路管理条例实施细则》规定:公路分为国家干线公路(简称国道),省、自治区、直辖市干线公路(简称省道),县公路(简称县道),乡公路(简称乡道)和专用公路 5 个行政等级。

(三)城市道路的类别

位于城市范围以内的道路称为城市道路。城市道路是城市交通的主要组成部分。城市道路网有各种不同的类型,如辐射形、方格形、放射形、环形及其他形式等。在《城市道路设计规范》(CJJ 37—1990)中,按照道路在道路网中的地位、交通功能及对沿线建筑物的服务功能等,可将城市道路分为以下 4 类。

1. 快速路

当特大城市和大城市的交通量特别大,又要求快速和连续行车时,就有必要设置快速路。它是城市客货流快速运输的主要道路,其设计车速为 80 km/h,一般设 4 个以上机动车车道,并用中央分隔带分隔对向车流。

为保证安全高速行驶,应尽量减少与其他道路的平面交叉。快速路与高速公路、快速路、主干路相交时应采用立体交叉;与次干路相交时可采用平面交叉,但要有严格的交通管制;快速路与支路不能直接相交。

快速路上的人行道和自行车道应与汽车道有宽阔连续的草地或绿带隔离,严禁闯入汽车道,以保证汽车安全快速行驶。环城道多属快速路。

2. 主干路

主干路是城市道路系统的骨架,其路线经过市中心地区,联系着全市公共活动场所、主要交通枢纽和工矿企业,并与市区内环路联结,因此属于全市性公共干道。在路段上,机动车、非机动车和行人采取分流形式,如与三块板型次干路或支路相交时,以信号控制平面交叉为主,特殊情况也有立体交叉。交叉口之间距离一般为 800～1 200 m,沿线两侧不宜修建过多的行人和车辆出入口。

3. 次干路

次干路是联系主干路之间的辅助性干道。由于它分布在市区内务分区,常称为区域性干道。次干路承担着分散全市性干道交通及区域内主要交通运输和客运的任务,一般均有公共交通线路通过。次干道两侧允许布置有较多人流的公共建筑物。

4. 支路

支路是区域次干道,包括居住区道路,且为城市小区内主要道路的联络线。支路只有少量机动车和较多的自行车混合行驶,车流密度不大,一般严禁过境车辆穿行。

第五节　平面交叉路口与立体交叉路口

道路与道路交叉的部位称为道路交叉口。根据相交道路的主线标高是否相等,可以把交叉路口分为平面交叉和立体交叉两大类。

一、平面交叉

当相交道路的主线标高相等时,称为平面交叉(如图 2-1-3 所示)。平面交叉的形式有:四路交叉的十字形和 X 字形(如图 2-1-3a,b 所示);三路交叉的 T 字形和 Y 字形(如图 2-1-3c 和 e 所示);错位交叉(如图 2-1-3d 所示);多路交叉(如图 2-1-3f 所示)。

1. 平面交叉路口的交错点

进入交叉路口的车辆,由于行驶方向不同,相互交错的方式有以下 3 种。

(1)分流点:来自同一方向的车辆向不同方向行驶时的分叉点;

(2)合流点:来自不同方向的车辆向同一方向行驶时的汇合点;

(3)冲突点:来自不同方向的车辆向不同方向行驶时的交叉点。

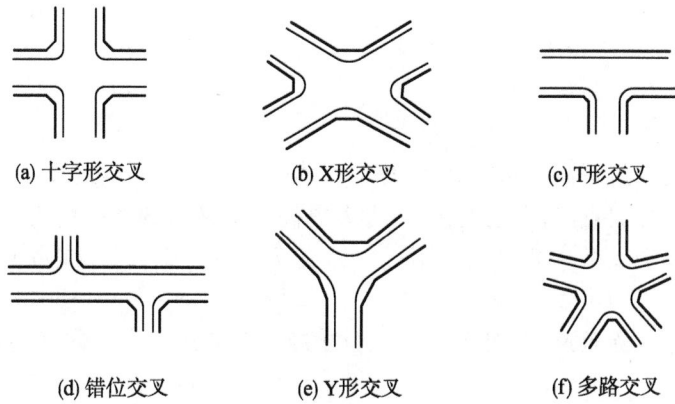

(a) 十字形交叉　　(b) X形交叉　　(c) T形交叉

(d) 错位交叉　　(e) Y形交叉　　(f) 多路交叉

图 2-1-3　平面交叉的形式

在这 3 种交错点中,以冲突点最危险,交织的合流点次之。冲突点包括直行与直行的冲突点、直行与左转弯的冲突点、左转弯与左转弯的冲突点。冲突点的数目随着交叉口道路条数的增加而迅速增加。三岔口只有 3 个冲突点,四岔口增加到 16 个,五岔口更增加到 50 个。

为了减少以至消灭冲突点,可采用以下 3 种途径:

(1) 在交叉口施行交通管制。这是指用交通信号或者由交警指挥,控制由不同方向驶来的左转弯或直行车辆,在时间上错开通行,以减少冲突点。

(2) 对交叉口施行渠化交通管理。这是指在交叉路口通过设置交通岛、分隔带或画上分道线,使车辆按规定的车道行驶,尽可能地将冲突点转换成合流点。

(3) 改用立体交叉。这是指将不同方向道路的主线标高错开,一上一下,各行其道,互不干扰,这就从根本上消灭了冲突点。

2. 渠化交通

在道路上划分道线或用分隔带、交通岛来分隔车道,使不同方向的车辆顺着规定的车道行驶,它称为渠化交通。

(1) 渠化的定义。

采用物理设施将同一平面内不同方向的车流分离,称为平面交叉口的交通渠化。交叉口交通渠化就是渠化交通组织,即对于同一平面上行驶的各方向车流采用路面标线、交通标志、交通岛和扩大交叉口等各种措施予以分离,使各种不同类型、不同方向及不同速度的车辆分合有序、各行其道,而不致相互碰撞和冲突,顺着指引的方向互不干扰地顺畅通行。因此,平面交叉口的交通渠化投资较少而收效很大,并能显著提高平面交叉口的通行能力和服务水平,有利于交通安全。

(2) 交通渠化的主要作用。

① 疏导交通,提高车速。利用导流车道、分隔带和交通岛等方式将直行、左转弯和右转弯车辆分道行驶,使主要的转弯交通优先,保护转弯和交叉的车辆,阻止车辆在禁止方向上行驶,从而使驾驶员容易辨明行驶方向,使车辆有秩序地以较高的速度通过交叉口,减少交通阻塞。

② 减少冲突点,改变冲突角,提高交通安全。利用交通岛的不同布置形式来减少或消除冲突点和分离交通流,以改变车辆间的冲突角,使交通流保持适当的交叉与合流角度。

③ 限制超车超速,保护行人过街。利用交通岛,限制车道宽度,控制车辆速度,防止超车,防止车辆因交叉口转错车道,并利用交通岛作为行人过街的避车安全岛。

二、立体交叉

当相交道路的主线标高不相同时,它称为立体交叉。由于立体交叉在空间中上下错开,因此在交叉口没有冲突点,行车畅通无阻,大大提高了交叉口的通行能力,这就是高速公路沿线全部采用立体交叉的主要原因。不过立体交叉与平面交叉相比,占地面积大,建筑成本高。

立体交叉根据有无匝道(如图 2-1-4 所示)连接上下道路可分为分离式立交和互通式立交两种。

1. 分离式立体交叉(如图 2-1-5 所示)

分离式立体交叉只能供车辆直行,不能在交叉口转弯到另一条道路上去,它既可以用于道路间交叉,又可以广泛用于道路与铁路、渠道、管线等的交叉。

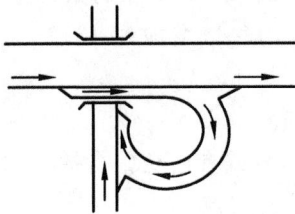

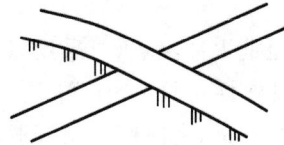

图 2-1-4　匝道　　　　　图 2-1-5　分离式立体交叉

2. 互通式立体交叉(如图 2-1-6 所示)

互通式立体交叉除跨线桥外,还用匝道将上下道路连通,能使车辆从一条道路转弯行驶到另外一条道路上去。

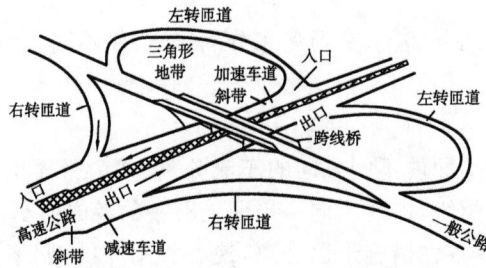

图 2-1-6　互通式立体交叉的组成

3. 互通式立交的基本形式(如图 2-1-7 所示)

互通式立交有 3 种基本形式:三路连接的喇叭形(如图 2-1-7a,b 所示),三路连接的半定向形(如图 1-7c 所示)和三路连接的全定向形(如图 2-1-7d 所示)。

四路连接有 6 种形式:菱形(如图 2-1-7e 所示);苜蓿叶形(如图 2-1-7f 所示);半苜蓿叶形(如图 2-1-7g 所示);环行(如图 2-1-7h 所示);涡轮定向形(如图 2-1-7i 所示)和半定向形(如图 2-1-7j 所示)。

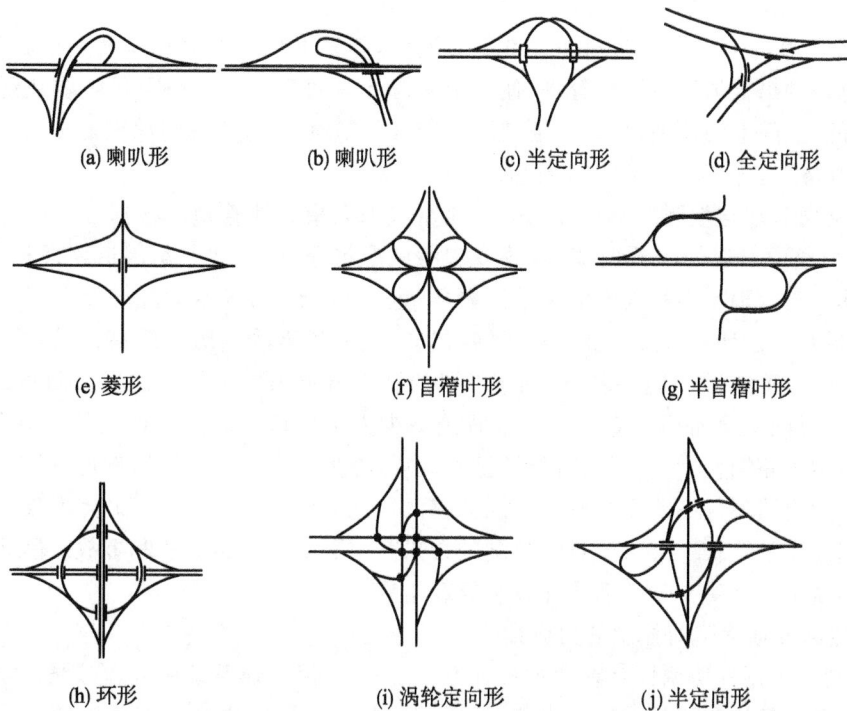

(a) 喇叭形　　　　(b) 喇叭形　　　　(c) 半定向形　　　　(d) 全定向形

(e) 菱形　　　　　(f) 苜蓿叶形　　　　　(g) 半苜蓿叶形

(h) 环形　　　　　(i) 涡轮定向形　　　　(j) 半定向形

图 2-1-7　互通式立体交叉的基本形式

第二章　道路交通管理与控制

第一节　道路交通管理与控制的内容及法规

一、道路交通管理与控制的必要性

1. 道路交通管理与控制的概念

道路交通管理与控制是道路交通工程的一个重要组成部分。国内外大量的实践已经证明,只有具备科学的管理与控制条件,现代化的道路交通建设才能得到良好的效果。现代交通管理与控制简称"管制",包括交通管理和交通控制两大部分内容。交通管理即执行交通法规,按有关法规和要求合理地引导、限制与组织交通流;交通控制即采用人工或电子技术,如信号灯、监视器、检测器、通信系统等科学方法与手段,对动态交通流实行控制。交通管理与控制应使交通中的人、车、货物能在安全、迅速、畅通的条件下运行,从而获得最好的安全率、最高的运输效率、最大的通行能力、最少的交通延误、最低的营运费用,以取得良好的运输经济效益和社会效益。

2. 道路交通管理与控制的作用和必要性

现代交通管理与控制应具有指导性与协调性,即根据现有的道路网及其设施和出行分布状况,对各种出行加以指导性管理,使整个系统从时间和空间分布上尽可能地得到协调,以减少时间、空间上的冲突,从而保证交通的安全与畅通,充分发挥道路网的作用。

(1) 道路交通管理与控制的指导性。

道路交通管理与控制的指导性是对交通需求加以指导性管理。根据分析,国内外一些城市道路交通中出现的车辆拥塞、事故多和污染严重等情况,并非都因道路面积不够所产生,而实际上与管理不善有很大的关系。在 20 世纪 60 年代,日本为配合经济起飞,实施了大规模的道路兴建计划,但到 20 世纪 70 年代初,其交通事故创历史最高纪录,25% 的道路和 40% 的时间都发生交通拥塞。美国洛杉矶的城市道路用地尽管超过城市面积的 1/3,但仍有 1/3 的时间交通拥挤不堪。近年来我国不少大中城市曾利用巨额投资兴建与改建道路,不断增加道路网密度,但仍出现交通拥塞、事故增加的问题。上述诸例证明,单纯地兴建与改建、扩建道路不仅不能完全解决交通拥塞的问题,在某些情况下反而会刺激、吸引交通流,加剧交通量的增长。交通流重新分配的结果产生了新的交通拥挤和事故。因此,需通过交通管制,从根本上对交通的需求加以引导和指导。

(2) 道路交通管理与控制的协调性。

道路交通管制的协调性旨在通过各种方法,协调道路交通系统中人、车、路、环境等各个要素,以充分发挥道路网的作用。为此,可通过控制出行量以协调供需总量的矛盾;通过控制出行时间以协调供需方在时间上的矛盾;通过控制信号的联动以协调红绿灯显示与车辆到达之间的矛盾;通过设置各种标志、标线以协调道路和环境实际状况与交通使用者之间的识别、判断的矛盾等。

当前,我国许多大、中城市道路及其出入口干道和高等级公路正处于不断的新建和改建、扩建中。由于种种原因,在某些道路上拥塞的产生和事故的多发已影响到人们的生产、生活与生命安全。而在众多原因中,管制不善是一个重要、不可忽视、亟待解决的问题。事实表明,加强管制是一种花费少、效率高的办法。所以,为了适应道路交通发展的需要,就必须深入地对道路交通管制的内容与途径进行研究。

二、道路交通管理与控制的内容

1. 技术管理

(1) 各种技术规章的执行监督。

(2) 交通标志、标线的设置、管理与维护。

(3) 信号及专用通信设施的设计、安装、管理与维护。

(4) 建立各种专用车道与交通组织方案。

(5) 安全防护及照明设施的安装与管理。

2. 行政管理

(1) 规划组织单向交通与建立合理的管理体制。

(2) 禁止某种车辆、运行方式。

(3) 实行错时上下班或组织可逆性行车。

(4) 对于某些交通参与者(如老、幼、病、残人员等)予以特殊照顾。

(5) 决定交叉口的管理或控制方式。

3．法规管理

（1）严格执行交通法规。

（2）建立驾驶人员的管理制度。

（3）建立各种违章与事故处理法规并监督实施。

（4）制订各种临时、局部的交通管理措施。

4．交通安全教育与培训考核

（1）交通警察的培训与考核。

（2）驾驶人员的培训与考核。

（3）对驾驶人员进行经常性的安全教育。

（4）对人民群众特别是青少年进行交通法制与安全教育。

（5）对各种违章的教育与处罚。

5．交通控制

（1）交叉口控制。

（2）线路控制。

（3）区域控制。

三、道路交通法规

1．交通法规的概念

所谓交通法规，是指以在交通管理中所形成的各种社会关系为调节对象的法律、规定的总称，是调整交通过程中人、车、路相互关系的法律规范和依据。

交通法规属于国家行政法的范畴，具体来讲是行政法的一个分支。行政法的一个重要特征是其规范的内容散见于宪法、法律、行政法规、行政规章和地方性法规之中。也就是说，不能认为交通法规仅仅是指"交通法规"（或交通管理条例）。宪法、法律、行政法规、行政规章和地方性法规中所有涉及交通管理的内容都是交通法规的组成部分。例如，《刑法》中关于交通肇事罪的规定，《治安管理处罚条例》中对违反交通管理行为的处罚规定，虽然它们从性质上看是由全国人民代表大会和全国人民代表大会常务委员会制定的法律，而且也没有直接写进交通法规中，但它仍属于交通法规的内容。从这一法学原理出发，可以看到交通法规的法律形式（又称法律渊源）应该包括：(1) 宪法，它是国家的根本大法，是制定一切法律、法规的依据；(2) 法律，它是由全国人民代表大会及其常务委员会制定的规范性文件；(3) 行政法规，它是由国务院制定的规范性文件；(4) 行政规章，它是由公安部、交通运输部等国家部、委制定的规范性文件；(5) 地方性法规，它是由地方人民代表大会和人民政府制定颁布的规范性文件。

交通法规根据其规定的内容和所执行的职能，可以从不同角度加以分类。根据行政法的一般原理，可以把调整交通管理关系的交通法规分为：(1) 交通管理组织法，即规定由谁来管理交通，其管理权是什么，管理系统是怎样的；(2) 交通管理作用法，即规定交通管理机关管理交通的具体内容，主要包括对道路、机动车辆、驾驶员、行人的管理等；(3) 交通管理处罚法，即规定哪些行为是违反交通管理的行为，对违法行为给予什么样的处罚；(4) 交通诉讼程序法，即规定一旦发生交通事故，产生交通纠纷、争议，应按照什么程序进行调解、裁决等。当然，对于交通法规的分类还可以从其他角度、按照其他不同的标准进行。需要说明的是，这里所说的"交通法规"是指整个交通管理法律规范，而不是仅指某一个交通法规。也就是说,这几类规范可以蕴涵在一个交通法规之中,也可以散见于其他法律、法规之中。

2. 交通法规的作用

交通法规制定和实施的根本作用是为了建立和维护有利于广大人民利益的交通秩序和在交通管理活动中形成的各种社会关系。其规范作用主要是以下几点:

(1) 指引作用。

交通法规作为一种社会规范,为人们的交通行为提供了某种行为法规或行为模式,它告诉人们可以、不能、必须做什么。

(2) 评价作用。

交通法规具有判断、衡量他人的交通行为是否合法的作用。

(3) 预测作用。

与交通法规的指引作用、评价作用相联系的是它的预测作用,也就是说,人们可以通过交通法规预测到或预见到自己的交通行为是否合法,会产生什么样的法律后果。交通法规本身为人们的交通行为提供了一定的标准和方向,遵守或违反它必然会带来合法或违法的法律后果。

(4) 教育作用。

交通法规的教育作用表现为通过法律的实施,对一般人今后的交通行为发生影响,即通过法律制裁或法律褒奖,使人们从中受到教育,告诉人们应当怎样进行交通行为或不应当发生怎样的交通行为。

(5) 强制作用。

交通法规的强制作用不仅对违法者给予一定的法律制裁,而且它能对企图越轨的人产生一种心理强制,迫使其按照法律的规定行事,从而起到一种预防的作用。

交通过程有其固有的特定矛盾,这些矛盾的内容通常是人与人、人与车、人与路、车与车、车与路,以及人与环境、车与环境的矛盾等。这些矛盾在交通活动中每时每刻都在产生。如果这些矛盾得不到及时处理,就会转化成交通混乱、交通事故,以致给人们的正常工作和生活带来不幸,人民的生命财产受到损失,正常的工作秩序和日常生活受到干扰。

综上所述,交通法规的上述作用,旨在约束所有交通参与者或每个社会成员的交通行为,以协调、统一各种交通矛盾。这是因为交通法规的内容反映了道路交通的基本规律,反映了人、车、路、环境的内在联系。它能够实现对行人、车辆的统一指挥,合理地利用现有道路,减少行人、自行车、机动车之间的相互干扰,实现对道路交通的科学管理。诚然,法律并不是万能的,要建立一种良好的社会秩序,仅靠法律的强制还是不够的。建立和维护良好的交通秩序,既要加强交通立法,增强人们的法制观念,提高人们遵守交通法规的自觉性,又要对人们进行思想道德等方面的教育,提高全体人民的道德水准。

第二节　道路交通标志与标线

一、道路交通标志的定义

1. 道路交通标志的定义

道路交通标志是用图形符号和文字等向驾驶人及行人传递法定信息,用以管制、警告和引导交通的安全设施,它在现代道路交通管理中发挥着重要的作用。

2. 旧标志和新标志

我国过去采用的是《道路交通标志和标线》(GB 5678—1986)(以下简称旧标志),随着我国经济和道路交通事业的发展,国家质量技术监督局组织对旧标志进行了全面的修订,于1999年4月5日批准发布了《道路交通标志和标线》(GB 5768—1999)(以下简称新标志或新标线)强制性国家标准,从1999年6月1日起实施。

旧标志将交通标志分为主标志和辅助标志两大类,共计100种、153个图式。主标志有以下4种:(1)警告标志:警告车辆和行人注意危险地点的标志,共计有23种、35个图式。(2)禁令标志:禁止或限制车辆、行人交通行为的标志,共计有35种、43个图式。(3)指示标志:指示车辆、行人行进的标志,共计有17种、25个图式。(4)指路标志:传递道路方向、地点和距离信息的标志,共计有20种、50个图式。辅助标志是附设在主标志下,起辅助说明作用的标志。

新标志有如下的变化:警告标志增加了衬底色,新增图形9个;禁令标志增加了衬底色,新增图形7个;指示标志增加了衬底色,调整为29个图形;指路标志增加了很多内容,有一般道路指路标志24种、66个图形,高速公路指路标志38种、80个图形,共有指路标志146个图形。另外,新标志增加了旅游标志,分为指引标志和旅游符号标志两大类,共17个。其他的一些变化可参见《道路交通标志和标线》(GB 5768—1999)。以下内容除非特殊说明外,均指新标志(或新标线)。

二、交通标志的三要素

要充分发挥交通标志的作用,必须使驾驶人在一定的距离内迅速而准确地辨认出标志形状、文字和符号,从而掌握交通信息和管制要求。因此,交通标志要有最好的视认性。决定交通标志视认性好坏的主要因素是标志的颜色、形状和符号,它们被称为交通标志的三要素。

1. 交通标志的颜色

颜色可分为彩色和非彩色两类。黑、白色系列称为非彩色,黑、白色系列以外的各种颜色为彩色。不同颜色有不同的光学特性,如对比性、远近性、视认性等。相邻区域的不同颜色之间的相互影响称为颜色的对比性。有的色彩对比效果强烈,有的则对比效果较差。例如,把绿色纸片放在红色纸片上,绿色显得很绿,红色显得更红;若把绿色纸片放到灰色纸片上,对比效果就差,而且会妨碍视认。远近性的表现是,等距离放置的几种颜色使人有距离不等的感觉。例如,红色与青色放在等距离处,红色比青色感觉近。红色、黄色为显近色,绿色、青色为显远色。颜色的视认性是指在同样距离内,可见光的颜色能看清楚程度的特性。例如,红色的易见性最高,橙黄色、绿色次之,即以光的波长为序,光波长的颜色的视认性高于光波短的颜色。

表2-2-1为从4.5 km远的地方来辨别各种颜色的光所需要的亮度。

从表中可以看出:无论是白天还是黑夜,认知红色光所需要的亮度只有绿色光的一半,这说明红色光的视认性最好。所以,在交通信号中将红色灯作为禁行信号是有科学依据的。

表 2-2-1 　不同气候条件下辨认各种光所需要的亮度 lx

气候条件		红	橙	白	绿
夜晚	晴天	1.0	2.0	2.5	2.8
	小雨	1.2	2.1	3.0	3.2
	阴天/有雾	3.2	4.1	3.1	5.6
	大雨	8.9	33.5	132.0	33.5
	小雪	222.0	835.0	1 556.0	573.0
	阴天/有雾	2 000.0	2 111.0	3 222.0	4 000.0
白天	晴天	4 778.0	7 556.0	11 111.0	10 000.0

根据心理学的研究,不同颜色会使人有不同的联想,产生不同的心理感觉。因此,可利用颜色的不同特性,制成不同功能的标志。根据不同颜色的特点,新标志对标志的颜色有如下规定:

(1)红色,用于禁令标志的红圈、红斜杠,"停车让行"标志,"禁止进入"标志,"国道编号"标志的底色及铁路叉形符号等。

(2)蓝色,用于指示标志、一般道路标志和施工标志的底色。

(3)绿色,用于高速公路和城市快速路的指路标志的底色。

(4)黄色,用于警告标志的底色,如高速公路"终点提示"、"追尾危险"、"确认车距"标志的底色,"省道编号"标志的底色,施工区标志的图形底色等。

(5)棕色,用于旅游区标志的底色。

(6)白色,用于辅助标志的底色和绝大多数标志的图形或文字说明等。

(7)黑色,用于警告标志、辅助标志等的图形或文字。

2. 交通标志的形状

交通标志上要记载各种文字和符号,故应选择比较简单的形状。根据研究,同等面积的物体其视认性随着几何图形形状的不同而不同。在一般情况下,具有锐角的物体外形容易辨认。在同等面积、同样距离、同样照明条件下,容易识别的外形顺序是:三角形、长方形、圆形、正方形、五边形、六边形。交通标志的基本形状就是按此顺序选用的三角形、长方形和圆形。

(1)三角形:最引人注目,即使在光线条件不好的地方,也比其他形状容易发现,是视认性最好的外形。因此,国际上把三角形作为"警告"标志的几何形状。

(2)圆形:在同样的面积下,圆形内画的图形显得比其他形状内的图形大,看起来清楚。所以,国际上把圆形作为"禁令"标志的几何形状。如果圆形内有"＼",即"×"的一半,则为禁止标志。

(3)方形和矩形:长方形给人一种安稳感,同时也有足够的面积来写文字说明和画图形,所以用作特殊要求的"指示"标志。

最近的一些研究表明:倒置的正三角形(三角形的顶点朝下)的视觉辨认效果好于所有现有的标志形状。印度学者曾对不同形状和颜色编码的警告标志进行了道路现场试验,试验标志的形状为等边三角形、菱形和矩形上加一个小三角形,每种形状都有红边和黑边、白背景和黄背景的颜色编码,符号均为黑色。结果表明:菱形标志的可读距离最大,约比等边三角形大 16%,比矩形大 34.3%,黄色背景优于白色背景。

新标志对标志的形状有如下规定:正等边三角形,用于警告标志;倒等边三角形,用于"减速让行"标志;八角形,用于"停车让行"标志;圆形,用于禁令标志和指示标志;长方形(含正方形),用于指路标志、指示标志中的"干路先行"、"会车先行"、"车道行驶方向"、"转角车道"等,以及旅游区标志、施工标志和辅助标志等;箭头形,用于指路标志中"地点识别"标志;特殊形状,用于国道编号、省道编号、县道编号标志;菱形(顶角朝上的四方形),用于分流、合流诱导标志。

3. 交通标志的符号

交通标志的具体含义,即规定的具体内容,最终要由图形符号或文字来表达。研究证明,在困难的视觉条件下(如低亮度、快速显示等),图形符号信息无论是在辨认速度还是在辨认距离上均比文字信息优越。用图形符号来表示信息的另一优点是不受语言、文字的限制,只要设计的图案形象、直观,不同国家、民族、语言文字的驾驶人均可理解、认读。因此,以符号为主的标志受到联合国的推荐,并已被世界上绝大多数国家采用。

新标志对标志的图形符导及文字有如下规定:

(1)标志上的图形符号应严格按标准制作,不得任意修改图案。

(2)标志上的汉字、拉丁字母和阿拉伯数字应采用新标志规定的字体。

(3)指路标志采用中英文对照时,汉字应置于英文之上,英文字母的高度为汉字高度的1/2,小写字母的高度为其大写字母高度的3/4。

三、交通标志的文字尺寸和视认距离

标志牌的大小应能保证在距标志牌一定距离内,可以清楚地识别标志上的图形和符号文字,故符号及文字的大小应满足必要的距离条件,由此决定标志牌的大小尺寸,此距离称为视认距离。视认距离、行驶速度及指路标志上汉字高度之间的关系见表 2-2-2。文字尺寸应与车辆行驶速度相适应,并应按设置地点的交通量、车道宽度、地形、线形情况和周围环境的不同而有所变化。计算行车速度与指路标志上汉字高度的关系见表 2-2-3。

表 2-2-2　视认距离、行车速度及指路标志上汉字高度之间的关系

行车速度/(km·h^{-1})	<50	60	70	80	90	100
视认距离/m	240 h	239 h	236 h	227 h	209 h	177 h

注:h 为文字的高度,m。表中所列为白天数值,夜间高度为白天的 60%～70%。

表 2-2-3　计算行车速度与指路标志上汉字高度的关系

计算行车速度/(km·h^{-1})	汉字高度 h/cm	计算行车速度/(km·h^{-1})	汉字高度 h/cm
>100	40	60～40	20
90～70	30	<30	10

四、交通标志设置的原则

为了充分发挥交通标志的使用效果,交通标志的设置应遵循以下原则:

(1)道路标志的设置应通盘考虑、整体布局。标志布设应做到连贯性和一致性,给道路使用者提供全面的资讯,满足各种道路交通信息的需要。

（2）道路标志的设置应确保行驶的安全、快捷与通畅。标志的布设应以完全不熟悉周围路网体系的外地驾驶人为对象，通过标志的引导，能顺利、快捷地抵达目的地，不允许发生错向行驶。

（3）道路标志应能给道路使用者提供正确、及时的信息，避免提供过多的信息，防止信息过载，重要的信息应给予重复显示的机会。

（4）道路标志的位置应根据标志的类别分别计算确定，应充分考虑道路使用者对标志感知、识别、理解、行动的特性，根据速度和反应时间确定合适的设置地点。

（5）道路附属设施（如上跨桥、照明设施、监控设施等）及路上构造物（如电线杆、电话、消火栓、广告牌、门架等）对标志视认性的影响要给予高度重视。在标志布设时要随时注意上述设施对标志板面的遮挡，以免影响标志的视认性。在行道树及中央带绿篱枝叶生长茂密的季节，必须注意枝叶对标志视认性的影响。

（6）静态的交通标志应该与可变标志相辅相成、互相配合、统一布局、形成整体。

（7）应避免交叉口标志林立，妨碍驾驶员视野。交叉口以设置指路标志和禁令标志为多。对于指路标志，可采用前置预告的方法，把位置错开。驾驶人通过路口后，可以看到确认标志，使驾驶人知道其现在行驶的方向是否正确。禁令标志可采用组合方式或采用加辅助标志的方法，以减少标志数量。

（8）道路标志是交通管理设施，具有法律效力。因此，设置标志是一件严肃、认真的工作，必须尽力避免由于标志设置不当对交通流造成影响或给管理上带来麻烦。为此，应根据交通管理法规及有关标准，正确、合理地设置交通标志。

（9）道路标志的设置不得侵占建筑界限，应保证侧向余宽。标志牌不应侵占人行道有效宽度和净空高度。

五、路面标线

道路交通标线是以规定的线条、箭头、文字、立面标记、突起路标或其他的导向装置，画设于路面或其他设施上，用以管理和引导交通的设施。驾驶人在道路上安全、高速地行驶，有赖于道路线向的轮廓分明。在路面标线和视线诱导设施的指引下，建立行进方向的参照系，驾驶人对其视野范围更远的道路走向树立信心。因此，路面标线是引导驾驶人视线、管制驾驶人驾车行为的重要手段。它可以确保车流分道行驶，导流交通行驶方向，指引车辆在汇合或分流前进入合适的车道，加强车辆行驶纪律和秩序，更好地保证交通畅道。正确设置交通标线能合理地利用道路有效面积，改善车流行驶条件，增加道路通行能力，减少交通事故。

道路交通标线按功能可分为指示标线、禁止标线和警告标线三大类。

1. 指示标线

指示标线是指示车行道、行车方向、路面边缘、人行道等设施的标线。指示标线又可分为以下3类。

（1）纵向标线：包括双向车道路面中心线、车行道分界线、车行道边缘线等。

（2）横向标线：包括人行横道线、距离确认线等。

（3）其他标线：包括高速公路出入口标线、停车位标线、港湾或停靠站标线、收费站标线、导向箭头、路面文字标记等。

2. 禁止标线

禁止标线是告示道路交通的遵行、禁止、限制等特殊规定，车辆驾驶人及行人需要严格遵守的标线。禁止标线可分为以下 3 类。

（1）纵向禁止标线：包括禁止超车线、禁止变换车道线、禁止路边停放线等。

（2）横向禁止标线：包括停止线、停车让行线、减速让行线等。

（3）其他禁止标线：如非机动车禁驶区标线、导流线、网状线、专用车道线、禁止掉头线等。

3．警告标线

警告标线是促使车辆驾驶人及行人了解道路上的特殊情况，提高警惕，准备防范应变措施的标线。警告标线可分以下 3 类。

（1）纵向标线：如车行道宽度渐变段标线、路面障碍物标线、近铁路平交道口标线等。

（2）横向标线：如减速标线、减速车道线等。

（3）其他标线：如立面标线等。

第三节 平面交叉口和交通信号的管理与控制

一、平面交叉口交通管理与控制

（一）平面交叉口交通管理与控制的原则

在一般道路上，平面交叉口占绝大多数，立体交叉口只是少数。这些平面交叉路口犹如瓶颈，成为道路的咽喉要道，它关系到车流的速度与畅通。人们对平面交叉口的要求是既要安全又要畅通。因此，采取从时间上把交叉口的交通冲突点分开的办法，按不同道路性质、等级与交通情况采取不同的管制措施，使车流能安全、高效地通过。

平面交叉口交通管理与控制一般应遵循以下原则：

（1）减少冲突点。

保证交叉口交通安全的基本方法是减少冲突点，可采用单行线、禁止左转弯，或在交通拥挤的平面交叉口排除左右转弯等方法。

（2）控制相对速度。

可采用严格控制车辆进入交叉口的速度等方法。对于右转弯或左转弯应严格控制其合流角，以小于 30°为佳，必要时可设置一些隔离设施（如隔离墩或导向岛等），以减小合流角。

（3）重交通流和公共交通优先。

重交通流是指较大交通流量的交通流（如干道或主干道上的交通流等）。重交通流通过交叉口时应给予优先权。其方法是在轻交通流方向（支路）上设置让路标志，或是延长在重交通流方向上的绿灯时间。对公共交通也可采取类似优先控制的方式。

（4）分离冲突点和减小冲突区。

交叉口上的交通流是复杂的，各种车辆在合流与分流的过程中所产生的车辆交叉运动，有的路径太接近甚至重叠，有的偏离过大，导致交叉口上冲突点增多和冲突区扩大，安全性大大降低。此时，运用分离冲突点和减小冲突区的原则能收到较好的效果。例如，左转弯时规定机动车小迂回，而非机动车大迂回；画上自行车左转弯标示线（有条件设置隔离墩），防止自行车因急拐弯而加大冲突区；在路段某些部分画上禁止车辆进入的标示线，限定车辆通行区域；在交叉口上设置左、右转弯专用线，以及在交叉口邻近处（约至停车线 50 m 的范围内）严禁设置公共电话、汽车站或允许停车等，这些都是分离冲突点、减小冲突区的有效办法。

（5）选取最佳周期以提高绿灯利用率。

在有固定周期自动交通信号机的交叉口处，应常调查各方向的交通流，根据流量大小计算最佳周期，以提高绿灯利用率，减少车辆在交叉口的延误。

（6）其他一些交叉口交通管制原则。

对不同的交通流采取分离；对机动车和非机动车画出各行其道的车道线；较多行人横过道路（超过 15 m）时在路中央设置安全岛，都是常用且行之有效的管理原则。具体运用上述原则时，应注意综合考虑、灵活应用。

（二）平面交叉口变通管理与控制方式的种类

现在常用的平面交叉口的交通管理与控制有以下几种方式。

1. 交通信号控制

交通信号控制按控制的范围，可分为以下 3 种基本类型：

（1）点控制。它是指个别独立交叉口的信号灯控制，此法又可分为单点定时信号控制和感应式控制两种，感应式控制又可分为全感应式和半感应式。

（2）线控制。它是指对一条主干道相邻交叉口的信号实行协调自动控制，亦称绿波通行带或绿波控制。

（3）面控制。它是指对城市中某区域的所有交叉路口的交通信号，用电子计算机实行统一协调的自动控制。

2. 停车控制

停车控制是指车流进入或通过交叉路口时，必须先停车，观察到达路口的车流情况后再进入或通过。停车控制一般又分为以下两种：

（1）多路停车法。它是指在交叉口所有引道入口的右方设立停车标志，让所有到达交叉口的车辆必须先停车而后等待出现空当再通过，此法又称为全向停车或四路停车，多为临时措施。

（2）二路停车法。它是指在次要道路进入交叉口的引道上设立停车标志，使次要道路的来车必须先停车，等候间隙出现再通过，此法亦称单向停车或两路停车法。

3. 让路法

它是在次要路口或车辆较少的引道入口处设让路标志，使驾驶人放慢车速，看清相交道路有无来车，估计有适当间隙可以通过时再加速通过。

4. 自行调节法

它采用中央岛，让各路进入车辆按逆时针方向统一、连续行驶通过的环形交叉。

5. 不设管制

交通量很小的交叉口一般不设管制，如居民区内部的交叉口等。

（三）交通管理与控制方式的选择

1. 影响交通管理与控制方式选择的因素

交叉口管理与控制方式的选择是一个涉及多因素的问题，如设施、营运的经济性及相交道路的性质、等级、车流量大小、组成、方向分布、设计车速、安全保障、行人和自行车多少及环境与当地自然条件等，但主要影响因素是设计小时交通量、相交道路性质、安全保障及不同控制方式可能提供的通行能力和可能取得的最小延误等。

2. 交通管理与控制方式的选择方法

我国目前对交通管理与控制方式选择的研究还有待深入，需借鉴国外的成果与国内局部地区的经验。建议用下列指标作为选择方式的参数。

（1）按相交道路性质与类型选择。

根据快速路、主干路、次干路及支路4类相互交叉情况进行选择，不同类型交叉口的管制方式可参考表2-2-4进行。

表2-2-4　按相交道路性质选择管制方式

序号	交叉口类型	可能的管制方式
1	快速干道与次干道	信号
2	快速干道与支路	二路停车或信号
3	主干道与主干道	信号
4	主干道与次干道	二路停车或信号
5	主干道与支路	二路停车
6	次干道与次干道	信号、多路停车、二路停车或让路
7	次干道与支路	二路停车或让路
8	多于4条道路交叉口或畸形交叉口	环形交叉或信号
9	支路与支路	二路停车、让路或不设管制

（2）按交通量和事故情况选择。

按交叉口交通量的大小和事故情况进行选择，参数见表2-2-5。交通量以小汽车计，若为其他车型，则需换算为小汽车。

表2-2-5　按交通量和事故情况选择管制方式

项目			管制类型				
			不设管制	让路	二路停车	多路停车	交通信号
交通量	主要道路/(辆·h^{-1})					300	600
	次要道路/(辆·h^{-1})					200	200
	合计	辆·h^{-1}	100	100～300	300	500	800
		辆·d^{-1}	≤1 000	<3 000	≥3 000	5 000	8 000
每年直角碰撞（或人身伤害）事故次数			<3	≥3	≥3	≥5	≥5

二、交通信号管理与控制

（一）交通信号管理与控制的作用、含义与方式

1. 交通信号管理与控制的作用

解决交叉口的交通冲突理论上有两种方法：一种是空间分离，如渠化、立交等；另一种是时间分离，如信号控制法、多路停车法及让路法等。在此主要讨论时间分离法中的信号控制法。

交通信号的作用是从时间上将相互冲突的交通流予以分离，使其在不同时间通过，以保证行车安全，同时交通信号对于组织、指挥和控制交通流的流向、流量、流速及维护交通秩序等均具有重要的作用。

2. 信号灯的种类

在道路上用来传达具有法定意义的指挥交通流通行或停止的光、声、手势等，都是交通信号。道路上常用的交通信号有灯光信号和手势信号。灯光信号通过交通信号灯的灯色来指挥交通；手势信号则由交通管理人员通过法定的手臂动作姿势或指挥棒的指向来指挥交通。手势信号现在仅在信号灯出现故障时或无交通信号灯的地方使用。

从设置地点来看，除交叉口交通信号灯外，还有人行横道信号灯、车道信号灯和红色信号灯等灯光信号。车道信号灯悬挂在多车道道路的上空，有绿色箭头灯，箭头指向所对应的车道，此灯亮时表示该车道可通行。车道信号灯一般多用在高速道路、大桥、隧道及有可逆方向车道的道路上。红色信号灯亮时，指示该车道前方不能通行，在该车道上行驶的车辆必须立即更换车道。在此主要讨论交叉口交通信号灯。

交通信号灯及其控制技术随交通的发展而发展。初期的信号灯仅红、绿两色，绿灯表示允许通行，红灯表示不准通行，十分简单，用在交叉口中，由人工操作。哪条路上先来车就为其亮绿灯，指挥来车通过；同时给相交的横向路亮红灯，指挥该路上的来车暂停，等候绿灯通行，以维持车辆通过交叉口的秩序。

1918 年，在美国纽约街头出现了红、黄、绿三色信号灯，后来这种信号灯被普遍采用。随着交通的发展，在交叉口上各方向的车—车冲突、车—人冲突越来越复杂，对车流、人流需要更为严密的时间分离。为适应这种发展的要求，信号配时技术的研究不断进步，相继出现了各种时间分离的方法；同时，由于电子技术的发展适应需要的信号控制机与交通检测器也应运而生，相应地就产生了符合多种时间分离方法的多样化的现代化信号灯。

现代信号灯除了原来红、黄、绿三色基本信号灯外，又增加了以下两种信号灯：

（1）箭头信号灯。箭头信号灯是在灯头上加一个指示方向的箭头，可有左、直、右 3 个方向。它是专门为分离各种不同方向交通流，并对其提供专用通行时间的信号灯。这种信号灯当然只在设有专用转弯车道的交叉口上使用才能有效。在一组灯具上，具备左、直、右 3 个箭头信号灯时，就可取代普通的绿色信号灯。

（2）闪烁灯。普通红、黄、绿或绿色箭头灯，在启亮时按一定的频率闪烁，以补充其他灯色所不能表达的交通指挥意义。

我国有些城市安装了一种附有灯色显示倒计时间的信号灯，可以告诉驾驶人正在显示的灯色所余留的时间，以随时掌握自己的驾车动作。

3. 交通信号的含义与基本规定

随着信号灯种类的发展，各国使用信号灯的方法差别也越来越大，各自给各种信号灯赋予了不同的含义，使国际上的交通往来发生很多混乱，特别是在欧洲，这种情况比较严重。在各方呼吁下，1968 年，联合国综合各国对交通信号灯含义的规定，曾讨论颁发过《道路交通标志和交通信号协定》，对各种信号的含义作过一个基本统一的规定。1974 年，欧洲各国交通部长联席会议又协议商订了《欧洲道路交通标志和信号的协定》，参加会议的有欧洲 18 个国家，以及美国、加拿大、澳大利亚、日本等国。该会议要求各国在协议生效后 10 年内，逐步统一使用规定信号。《欧洲道路交通标志和信号的协定》对信号灯含义的规定摘要如下：

（1）非闪灯。

① 绿灯：表示车辆可以通行，在平面交叉口中，面对绿灯的车辆可以直行、左转或右转，左右转弯车辆必须让合法通行的其他车辆和人行横道线内的行人先行。但是如果在该绿灯所允许通行的方向上，交通非常拥挤，以致进路口车辆在灯色改变之后还是通不过，这时即

使亮绿灯,车辆也不得通行。

②红灯:表示不允许车辆通行,面对红灯的车辆不能超过停车线。

③黄灯:表示即将亮红灯,车辆应该停止。除非黄灯刚亮时,已经接近停车线且无法安全制动的车辆可以开出停车线。

(2)闪灯。

①红闪灯:警告车辆不准通行。

②黄闪灯或两个黄灯交替闪亮:表示车辆可以通行,但必须特别小心。

(3)箭头灯。

①绿色箭头灯:表示车辆只允许沿箭头所指的方向通行。

②红色或黄色箭头灯:表示仅对箭头所指的方向起红灯或黄灯的作用。

(4)专用于自行车的信号灯。

专用于自行车的信号灯应在信号灯上加有自行车的图形。

除此以外,各国交通信号灯的含义基本上是在上述协定的基础上进行统一规定,再加上一些独特的补充规定而形成的。

我国对信号灯的含义作了详细的规定,基本上与国际规定一致。另外我国有一条规定:"右转弯车辆和 T 形交叉口右边无人行横道的直行车辆,遇黄灯或红灯时,在不妨碍被放行的车辆和行人通行的情况下,可以通行。"这条规定当然只在不用箭头灯时才适用。

4. 交通信号控制装置的基本方式

目前我国使用的交通控制装置主要有以下几种:

(1)手动单点信号装置,从 100 多年前在伦敦开始使用,直到目前为止,还有不少城市仍然使用,且为数不少。

(2)定时(周期)自动信号装置,自 1916 年在美国正式开始使用之后,现在已为各国普遍采用。

(3)车辆感应式控制装置,又分为全感应式或半感应式两种,最早于 1928 年在巴尔的摩使用。

(4)线控联动信号装置,亦称为绿波系统,自 1917 年在美国盐湖城开始使用,现在在各国已受到普遍重视。

(二)设置信号灯的依据

合理设置信号控制的交叉口,其通行能力比设有停车或让路标志的交叉口大。设有停车或让路标志的交叉口的交通量接近其通行能力时,车流就会不畅通而大大增加车辆的停车与延误时间,特别是次要道路上的车辆,停车、延误更加严重。这时,把设有停车或让路标志的交叉口改为信号控制的交叉口也许就能解决此问题,从而可改善次要道路上的通车,减少其停车与延误。如果交通量没有达到需要设置信号灯的时候,不合理地将停车标志交叉口改为信号控制交叉口,其结果就可能适得其反。这里从正反两方面来说明不合理设置信号控制的弊端。

(1)将停车、让路标志交叉口改为信号控制交叉口,消除了原停车或让路标志交叉口的优点。在设有停车或让路标志的交叉口上,对主要道路上的车辆是保证畅通无阻的,可以看成没有这个交叉口一样,因此,主要道路上的车辆延误很少。改为信号控制交叉口之后,就要为少量次要道路的车辆亮绿灯,这势必给主要道路上的车辆增加许多不必要的红灯,从而使主要道路上的车辆产生大量的停车与延误。而在次要道路上,由于车辆少,有些时候亮着绿灯却无车通行,这在我国各地也是屡见不鲜的事实。这些被迫产生的停车与延误导致了显著而又无谓的能耗和运行费用的浪费。

(2) 交通控制信号的主要功能是在道路上的车辆相交处分配车辆通行权,但不应把交通控制信号看成是主要的安全设施。虽然交通安全公认是交通管理的一个重要方面,但它不是信号控制的主要目标。实际上,正确设计、合理设置和运行交通控制信号,是可以兼有改善交通安全的效果的,但这只是交通控制信号主要目标的一个副产品。交通控制信号的主要目标是使各类、各向交通工具有秩序、高效率畅通。

(3) 如果交通控制信号被看成是一种交通安全设施,仅为交通安全而在交叉口盲目设置,那么大量的交通事故恰恰发生在不合理设置信号灯的地方又说明了什么呢?由于主要道路上驾驶人遇红灯而停车,但其在相当长的时间内并未看到次要道路上有车通行,就往往会引起故意或无意地闯红灯。因此,信号控制交叉口的交通事故往往多发生在交通量较低的交叉口上,或是交通量较低的时段内。不少事故记录表明,最惊人和最危险的事故往往就发生在这种交叉口上。因此,研究制定合理设置交通信号灯的依据是十分必要的。在技术上,使设置信号灯有据可依,可避免乱设信号灯现象的发生;在经济上,也可避免无谓的投资浪费。

第四节 交通事故的预防及处理

一、道路交通事故概述

1. 道路交通事故的定义

道路交通事故(以下简称交通事故)是指车辆在道路上因过错或意外造成的人身伤亡或者财产损失的事件。

2. 交通事故的基本要素

(1) 车辆。车辆是指机动车和非机动车。机动车是指以动力装置驱动或者牵引,上道路行驶的供人员乘用或者用于运送物品以及进行工程专项作业的轮式车辆。车辆是交通事故的前提条件,事故各方当事人中至少有一方使用车辆。

(2) 道路。道路是指公路、城市道路和虽在单位管辖范围但允许社会机动车通行的地方,包括广场、公共停车场等用于公众通行的场所。在道路以外通行时发生的事故,公安机关交通管理部门接到报案的,参照《道路交通安全法》有关规定办理。

(3) 运行。事故各方当事人中,至少有一方车辆处于运动状态。

(4) 过错或意外。造成交通事故的原因是人为的过错或意外,而不是主观的故意,是依法追究其肇事责任、以责论处及依法予以处罚的必要条件。

(5) 后果。交通事故的后果即造成的人身伤亡或财产损失,是构成交通事故的本质特征。

二、交通事故的预防

交通事故是在特定的交通条件下,由人、车、路、环境诸要素配合失调而引发的。为了保证行车安全,避免交通事故的发生,安全工作的重点必须以预防为主。一切人力、物力、财力应该放在交通事故的预防上,而不要放在交通事故的处理上。当然绝对杜绝交通事故的发生是不可能的,所以应当采取切实有效的预防措施,把事故率降到最低。

1. 提高机动车驾驶员的素质

在道路交通事故中,驾驶员的因素占70%以上。为达到"安全优质、高效低耗"的目的,主要应从以下几个方面着力提高机动车驾驶员素质。

(1) 提高法律与道德素质。根据交通事故的原因分析得知,违章是造成交通事故的主要原因。而造成违章的原因主要是驾驶员不懂法律、法规或知法犯法,故意违章,对违章的后果认识不足等。因此,机动车驾驶员必须提高法制观念,养成自觉遵章守法的良好作风,以保证行车安全。同时有些驾驶员只图自己方便而横冲直撞,夜间会车不按规定使用灯光,违章抢道,斗气驾车等,这些行为都是缺乏道德修养的表现。因此,驾驶员要有崇高的职业道德和高度的责任心。

(2) 提高身体素质。机动车驾驶员必须加强体育锻炼,保证充足的休息时间,培养良好的生活习惯。

(3) 提高技术素质。机动车驾驶员要有熟练的驾驶操作技能,并且虚心学习,善于及时总结经验教训,不断提高操作技术水平。

(4) 做好车辆维护工作。保证车辆技术状况的完好,除国家公安与交通部门应加强对机动车的检验和提高保修质量外,机动车驾驶员也必须贯彻各项车辆检查制度。主要工作有:① 对自己所驾车辆必须做到勤检查,勤维护,发现故障及时修复;② 认真切实地做好三检工作,即出车前、行车中、收车后的检查,发现异样或故障,应及时修复,不开"带病"车。

(5) 严格把好驾驶员的"入口"关。美国马克弗伦德的调查表明:未经过正规培训的驾驶员,其肇事次数是受过正规培训的2倍左右。因此必须做好科学的培训工作,特别是要严格把关,不允许培训不合格或不适合从事驾驶工作的人员进入驾驶员队伍。

2. 做好交通安全宣传教育工作

交通安全宣传教育工作是整个交通管理工作的重要组成部分,也是整个交通管理工作的基础。道路交通越发展,交通管理的科学化、法制化水平越高,就越要做好社会面的宣传教育工作。因此,各种媒体、各种渠道的宣传教育工作和指导驾驶员的安全帮教工作十分重要,对此须高度重视。

其中针对驾驶员宣传教育的主要内容是:交通管理法规及相关规定;交通安全意识;安全行驶常识;驾驶技能培训;车辆维护的基础知识;职业道德教育;紧急救护知识的教育等。

针对驾驶员宣传教育的形式是:依靠机关单位进行组织落实;依靠社会组织进行落实;建立培训基地;交通管理部门要做好重点驾驶员的工作和违章驾驶员的工作,真正做到有法可依,执法必严,违法必究,有力促进交通安全管理工作。

3. 强化道路交通中的科学管理

所谓科学管理,就是按照交通事故发生和变化过程中所反映出来的客观规律性,用科学的方法来减少或预防交通事故发生的一种方法。实践证明,科学管理能收到事半功倍的效果。在条件许可的情况下,应该做好以下工作:

(1) 建立、健全全国交通管理网络系统。建立网络系统的主要目的是加强对机动车驾驶员和机动车辆的管理,互通信息,相互监督,高效运行,保证交通安全。

(2) 对于交通事故多发地段,建立速度监测系统,以便及时掌握情况,及时教育处理违章驾驶员,减少交通事故的发生。

(3) 逐步建立城市智能化交通管理和高速公路智能化管理体系,以增强综合控制力,减少阻塞,形成直通流,提高机动车管理能力,从而达到安全、迅速、快捷的目的。

4. 做好高速公路交通事故的预防工作

高速公路交通事故的主要特点是:事故率低,但其后果严重,如追尾事故多、进出口匝道事故多、疲劳驾车事故多、翻车事故多及变换车道事故多等。高速公路交通事故的预防措施主要有以下几方面。

(1) 加强安全意识宣传。

大力宣传高速公路行车时的注意事项,通过媒体宣传、集中培训和考核等手段使每个驾驶员都了解以下注意事项:

① 进入高速公路的车辆,技术状况应良好,安全机件应齐全有效;

② 车辆进入高速公路前驾驶员的精神状态应良好,情绪应正常,不得喝酒;

③ 进入高速公路匝道后逐渐加速,打开右转向灯并瞭望主车道上是否有车驶来,注意避让主车道上的车辆;

④ 进入快车道后应注意掌握车速,并注意保持前后车安全距离,看清交通标志;

⑤ 在高速公路变换车道时,必须先打开左转弯灯,待有空间距离时,再驶入超车道;在驶回主车道时必须开右转弯灯,在确保安全的前提下驶回主车道;

⑥ 在高速公路上遇到紧急情况需要停车的,不要紧急制动,更不要猛打转向盘;

⑦ 装载不要超宽、超高,并将货物捆扎牢固;

⑧ 凡在高速公路上行驶的车辆,车上所乘人员(特别是前排人员)应按规定系上安全带;

⑨ 在停车时,要靠边停在停车带上,如果车有故障启动不了不能靠边停放,应动员人员将车推到路边,并报告警察及时排除或用拖车将故障车拖至安全地方;

⑩ 在高速公路上驾车一旦发生事故,要尽快打开安全警报灯,并立即拦车抢救伤员,如遇死者须做好标记抬到路边,防止连锁事故发生。

(2) 严格管理。

① 加强对进入高速公路车辆的监督与检查,严防不符合规定的车辆进入高速公路;

② 加强动态管理,实施流动巡逻,随时纠正违章,确保畅通;

③ 建立完善的高速公路信息体系,汽车监控系统、监测系统、监视系统、信息广播以及传呼通讯系统等要配套。

④ 严格执法,管理严格、公平、公正,违章必纠,肇事必惩。

三、交通事故的处理

根据我国 2008 年颁布实施的国家公安部 104 号令《道路交通事故处理程序规定》的有关规定,对各类交通事故应进行规范及时的处理。具体交通事故实际处理情况可参照以下不同几种处理原则:

1. 发生交通事故后,车辆驾驶人处理原则

《中华人民共和国道路交通安全法》中第七十条第一款规定,在道路上发生交通事故,车辆驾驶人应当立即停车,保护现场。也就是说,司机发生交通事故,不论损失大小,首先必须要停车,以保护现场,然后根据损失的大小确定下一步应当做什么。

2. 对于未造成人身伤亡的交通事故的处理原则

《中华人民共和国道路交通安全法》中第七十条第二、三款规定,在道路上发生交通事

故,未造成人身伤亡,当事人对事实及成因无争议的,可以即行撤离现场,恢复交通,自行协商处理损害赔偿事宜;不即行撤离现场的,应当迅速报告执勤的交通警察或者公安机关交通管理部门。在道路上发生交通事故,仅造成轻微财产损失,并且基本事实清楚的,当事人应当先撤离现场再进行协商处理。例如,北京市公安局根据《中华人民共和国道路交通安全法》的有关规定精神,专门制定了《关于快速处理交通事故的通告》。该通告第二条规定:"本通告所称的快速处理交通事故,是指在本市道路范围内依法由交通警察按照简易程序处理或者由当事人自行协商处理的交通事故。仅造成车物损失或者人体伤情轻微的交通事故,可由一名交通警察按照简易程序处理。机动车之间仅造成车辆损失且车辆尚能行驶的交通事故,当事人可自行协商处理,但有本通告第八条中第三十四(无驾驶资格驾车的)、三十五(酒后驾车的)、三十六(单方发生交通事故的)项情形的,不适用自行协商处理。"

3. 对于造成人身伤亡的交通事故处理原则

《中华人民共和国道路交通安全法》中第七十条第一款规定,造成人身伤亡的,车辆驾驶人应当立即抢救受伤人员,并迅速报告执勤的交通警察或者公安机关交通管理部门。因抢救受伤人员变动现场的,应当标明位置。乘车人、过往车辆驾驶人、过往行人应当予以协助。也就是说,司机发生交通事故造成人员受伤或者死亡的,必须报警(拨打报警电话122,急救电话120)并保护现场。如果事故发生地确属偏远或者找不到电话报警,受伤人员必须立即治疗,而又找不到其他车辆协助运送,当事人可以利用发生事故的车辆送伤者到医院救治,但在移动现场前,必须将因移动现场后无法确定的车辆、人员倒地位置等进行标注。当事人可以利用石块、砖头、白灰等物品在地面进行明显标注。

4. 交通事故当事人之间对事故事实无争议时的处理原则

《中华人民共和国道路交通安全法实施条例》第八十六条规定:"机动车与机动车、机动车与非机动车在道路上发生未造成人身伤亡的交通事故,当事人对事实及成因无争议的,在记录交通事故的时间、地点、对方当事人的姓名和联系方式、机动车牌号、驾驶证号、保险凭证号、碰撞部位,并共同签名后,撤离现场,自行协商损害赔偿事宜。当事人对交通事故事实及成因有争议的,应当迅速报警。"

《中华人民共和国道路交通安全法实施条例》第八十七条规定:"非机动车与非机动车或者行人在道路上发生交通事故,未造成人身伤亡,且基本事实及成因清楚的,当事人应当先撤离现场,再自行协商处理损害赔偿事宜。当事人对交通事故事实及成因有争议的,应当迅速报警。"

北京市《关于快速处理交通事故的通告》规定,各方当事人对交通事故事实及成因无争议的,可以即行撤离现场,恢复交通,自行协商处理损害赔偿事宜;对于仅造成轻微财产损失,并且基本事实清楚的,当事人应当先撤离现场再进行协商处理。当事人自行协商处理的交通事故,可以先行书面记录交通事故基本事实后撤离现场。不即行撤离现场或者只有一方当事人发生的交通事故,应当迅速报告执勤的交通警察或者公安机关交通管理部门,等候处理。

发生交通事故,当事人向执勤的交通警察或者公安机关交通管理部门报案的,或者当事人自行撤离现场后经协商未达成协议的,可以由交通警察按照简易程序对交通事故实施快速处理。

5. 交通肇事当事人之间对事故事实有争议时的处理原则

事故当事人之间对事故事实有争议的,应当保护现场,立即报警等候交通警察处理,同时必须做好自身安全维护。

第五节　交通运输环境保护

环境是指大气、水、土地、矿藏、森林、草原、野生动植物、水生生物、名胜古迹、风景游览区、温泉、疗养区、自然保护区、生活居住区等与人类生存关系最密切的客观条件。道路交通环境就是人们借助道路进行交通运输的客观条件。

道路交通对环境的负面影响首先反映在道路建设过程中，而后行驶在道路上的车辆对环境的影响则更大。汽车在给予人们便利的同时，也给周边的环境带来了负面影响。车辆行驶中会发出噪声，排放有害气体并产生振动，该影响超过某种程度则被视为公害，对环境将产生破坏。汽车保有数量少，则对环境影响也小，然而随着汽车社会的到来，该问题已经成为很大的社会问题。

我国正处于国民经济高速发展时期，汽车已经逐渐进入百姓家庭，汽车保有量增长速度惊人，因此人们必须以可持续发展的眼光，借鉴国外经验来制定相关政策，确保汽车和环保的协调发展。近年来我国已经开始重视交通环境的保护，并出台了相应的法规。

道路的建设、维护和管理是贯穿道路经营管理始终的项目，而与环境的协调发展是最为重要的课题。无论是在市区还是在资源丰富的其他区域，道路建设在创造环境、保护环境和形成新的景观等方面都起到至关重要的作用，如以可持续发展的眼光进行道路景观设计，处理好道路建设与自然保护的关系，同时尽可能地不破坏原有的生态环境，为动物提供穿越道路的通道等。

一、交通噪声的污染与控制

（一）噪声的特点与危害

所谓噪声，就是指令人感觉不舒服的声音。由于噪声影响正常人的心理和生理健康，因此被视为公害之一。但由于对噪声用物理的测定值进行判断时很困难，噪声发生源也多种多样，因此制订统一的对策也很困难。

道路交通噪声是在汽车行驶过程中发生的，主要有发动机噪声、冷却系统噪声、进气系统噪声、排气系统噪声和轮胎噪声等。在交通噪声中主要是发动机噪声和轮胎噪声，并且当汽车低速行驶时发动机噪声显著高于轮胎噪声，高速行驶时轮胎噪声明显高于发动机噪声，大型车发动机噪声通常很明显。

我国城市道路交通噪声主要来源于汽车喇叭声。上海市曾对几条公共交通线路做过调查，该调查表明：按喇叭次数平均 50 次/km 以上，行驶条件差的路线按喇叭次数为163 次/km。北京市曾做过喇叭声与车辆行驶噪声的对比试验，结果表明：当行车道宽度小于 15 m 时，喇叭的平均噪声级较车辆行驶的平均噪声级大 10～15 dB，道路行驶条件越好，喇叭声越小。随着城市道路条件的改善和管理水平及人们素质的提高，这一情况将得到改善。

1. 道路交通噪声的特点

道路交通噪声源具有流动性，噪声本身具有随机性和非稳定性，并受到道路和交通条件的影响，概括起来主要有以下几个特点：

（1）道路交通噪声的分布与道路网分布一致，其影响范围主要是道路两侧一定范围内的居民及其建筑物等。

（2）道路交通噪声与路面纵坡、路面平整度、路面粗糙度、路段位置等因素有关。道路坡度越大，发动机负荷越大，噪声就越大，对于大型车影响尤为明显，其修正值见表 2-2-6。路面粗糙度越大，噪声也越大，特别是对于小型车影响较明显，小型车的行驶噪声级按表 2-2-7进行修正。

表 2-2-6　路面纵坡噪声级修正值

纵坡/%	噪声级修正值/dB
≤3	0
4~5	+1
6~7	+3
>7	+5

表 2-2-7　路面粗糙度噪声级修正值

粗糙度/mm	噪声级修正值/dB
<0.4	−2
0.4~0.7	0
0.7~1.0	+2
1.0~1.3	+4
>1.3	+6

（3）道路交通噪声与道路具体交通条件关系密切。噪声随着交通量增加而增大，但车流量的增加只对本底噪声和平均噪声影响较大，而对噪声峰值影响较小。当车流量增加到 2 000 辆/h 时，噪声峰值基本不增加。而噪声峰值的主要影响因素是载重车辆的数量，载重车辆所占比例越大，噪声就越大。随着车辆加减速的频繁程度，噪声也会发生变化。交通噪声的时间分布规律与交通流量的时间分布规律很接近。

2. 道路交通噪声的危害

（1）造成听觉疲劳和听力损伤。当噪声达到 50 dB（A）时，将会开始影响脑力劳动；80 dB（A）以下只能保持长期工作而不致耳聋；在 90 dB（A）条件下，只能保证 80% 的人不会耳聋；即使在 85 dB（A），还会造成 10% 的人产生噪声性耳聋。人耳听力损失的频率从 4 000 Hz开始，有时虽然没有达到噪声性耳聋的程度，但很可能已有听力损失。

（2）干扰人们正常生活。睡眠对人是极其重要的，它能够使新陈代谢得到调节，大脑得到休息，从而恢复体力和消除疲劳。噪声会影响人的睡眠质量和数量。40 dB 的连续噪声可使 10% 的人睡眠受到影响，70 dB 将会影响到 50% 的人；而突发性的噪声在 40 dB 时，可使 10% 的人惊醒，在 60 dB 时可使 70% 的人惊醒。

（3）影响人体生理健康。噪声会引起神经衰弱、失眠、疲劳、头晕、记忆力衰退等疾病。当噪声超过 140 dB 时，甚至会引起眼球振动，视觉模糊，呼吸、脉搏、血压波动、血管收缩等。

（二）道路交通噪声防治对策

作为汽车交通所引起的噪声公害对策，可从图 2-2-1 所示的各个方面考虑采取相应对策。道路交通噪声主要来自汽车，而汽车噪声的强度与汽车类型、发动机功率、车速、车流密度、道路纵坡大小、交叉口间的距离、路面等级与状况、标志标线的设置等有关。发动机功率、交通量大小起决定作用，也与地形、驾驶技术、载重情况有关。因此，为有效控制道路交通噪声，首先必须制定环境噪声法规和噪声标准。

近年来，我国相继制定了《环境保护法》、《城市环境噪声控制法》和《城市区域环境噪声标准》。目前大部分城市已分别制定了《交通噪声管理条例》。

我国颁布的《城市区域环境噪声标准》（GB 3096－1993）规定了城市 5 类区域的环境噪声最高限值，乡村村庄等居住区可参照该标准执行。各类环境噪声标准值见表 2-2-8。

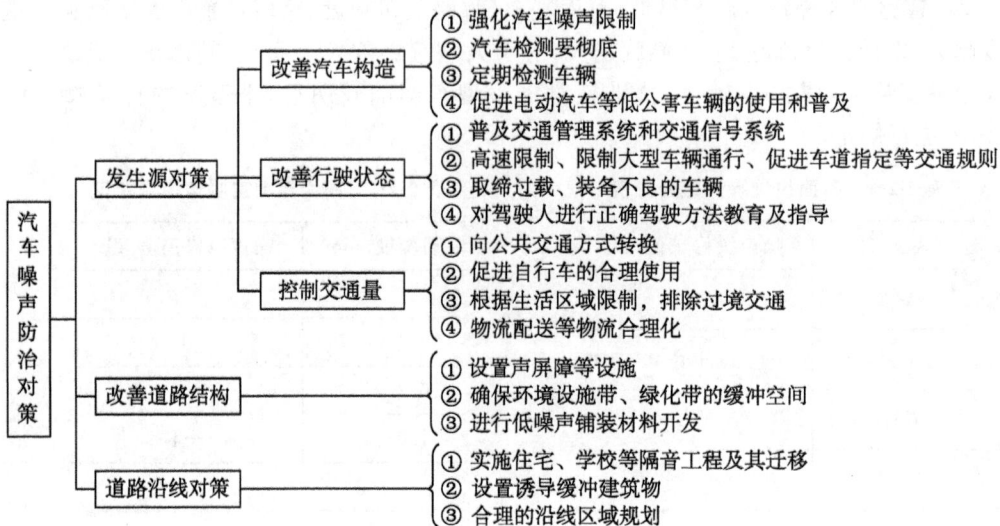

图 2-2-1　汽车噪声对策体系图

表 2-2-8　城市区域环境噪声标准 dB

类别	适用区域	昼间	夜间
0	疗养区、高级别墅区、高级宾馆区等特别需要安静的区域。位于城郊和乡村的这一类区域分别按严于 0 类标准 5 dB 执行	50	40
1	以住宅、文教机关为主的区域,乡村居住环境可参照执行该标准	55	45
2	居住、商业、工业混杂区	60	50
3	工业区	65	55
4	城市道路交通干线道路两侧区域、穿越城区的内河航道两侧区域。穿越城区的铁路主、次干线两侧区域的背景噪声限值执行 4 类标准	70	55

注:夜间突发的噪声,其最大值不准超过标准值 15 dB。

　　汽车噪声防治主要从以下几个方面考虑:交通流对策主要从强化交通管制和车辆进入控制等方面入手;道路对策须考虑环状环保道路、迂回道路的建设、低噪声路面铺装和声屏障、绿化带设置等方面;道路沿线对策主要是从干线道路协调的街道设施规划、沿线区域规划的方案及实施住宅隔音工程等方面着手考虑。

二、道路交通废气污染与防治

(一)道路交通废气的危害

1. 道路交通污染

　　道路交通污染对大气的污染是指在交通运输过程中,车辆所排放的烟、尘和有害气体的数量及持续时间都超过大气的自然净化能力和允许标准,使人类和生物等蒙受损害。它是人为因素中造成大气污染的主要污染源之一。我国不同地区的监测数据表明,环境空气的污染物中车辆排放量占有很高的比例,如一氧化碳(CO)为 $65\%\sim80\%$;氮氧化物(NO_x)为 $50\%\sim60\%$;碳氢化合物(HC)为 $80\%\sim90\%$。随着目前我国车辆保有量的迅速增加,上述各项污染物的排放量还会继续上升。

2. 交通污染物的危害

(1) 一氧化碳(CO)。

一氧化碳为无色、无臭、无刺激性的窒息性气体。当一氧化碳随空气被人体吸入后,经肺泡进入血液循环,与血红蛋白结合,形成碳氧血红蛋白,妨碍血液正常输氧功能,造成体内缺氧。一氧化碳浓度较低时,也会引起头痛、头晕、眼花、全身乏力、两腿发软,并伴有恶心、呕吐等症状。当一氧化碳浓度较高时,会使人昏迷,甚至死亡。即便在一氧化碳大量存在的情况下,它也不易为人们所察觉,因此具有特殊的危险性。

(2) 氮氧化物(NO_x)。

高浓度的氮氧化物进入呼吸道深部,对呼吸道和肺部组织产生强烈的刺激和腐蚀作用,增加毛细血管的通透性,形成肺水肿。氮氧化物慢性作用可致呼吸道、支气管炎症。而汽车排放废气中的氮氧化物和烯烃反应会产生硝化烯烃,人长期吸入后易致癌。

(3) 二氧化硫(SO_2)。

二氧化硫是具有强烈刺激性的无色气体,易被黏膜的湿润表面吸收而形成亚硫酸。长期吸入低浓度的二氧化硫,会引起头晕、头痛、全身无力,并引起鼻炎、咽喉炎、支气管炎、嗅觉味觉减退等症状,少数人会诱发支气管哮喘。如果吸入高浓度的二氧化硫,还会引起肺炎,甚至肺水肿及中枢麻痹。二氧化硫也会妨碍植物正常生长,使农作物减产,甚至使各种植被和树木坏死。

(4) 碳氢化合物(HC)。

碳氢化合物又称为烃,种类繁多,多数是由燃料燃烧不充分而产生的。各种碳氢化合物对人体影响不同,通常会损害中枢神经系统,引起头痛、记忆力衰退、失眠、易疲倦、食欲减退等疾病,其中碳氢化合物中的苯并芘有很强的致癌作用。

(5) 光化学烟雾。

光化学烟雾是指由交通工具、工厂等排入大气的碳氢化合物和氮氧化物等污染物经日光照射发生光化学反应而产生的二次污染物,如臭氧(O_3)等污染物。它在特殊的气象条件(如强烈日光、气温逆增、无风或微风等)和地理条件(如盆地、山谷等)下不易扩散,而在大气中大量聚集,形成光化学烟雾。光化学烟雾对眼、鼻、咽喉、呼吸道黏膜有强烈的刺激作用,能使人发生急性中毒,表现为眼睛红肿、呼吸困难、血压下降,甚至昏迷等。

(6) 颗粒物。

悬浮在空气中,空气动力学当量直径小于 $10~\mu m$ 的颗粒物,称为可吸入颗粒物。颗粒物的危害包括:颗粒物随空气经呼吸道进入人体会引起慢性炎症、支气管反射性痉挛、黏液分泌增多等症状,增加呼吸道阻力,影响肺的换气功能,造成慢性支气管炎等呼吸道疾病,有时甚至引起肺癌等疾病。悬浮在空气中的颗粒物会影响阳光射到地面的强度,并吸收其中具有杀菌作用的紫外线。因此,颗粒物污染严重的地区,借空气媒介传播的疾病易于流行。颗粒物飘落在植物上能堵塞植物呼吸孔,妨碍叶绿素合成,使植物吸收营养成分发生障碍,影响植物生长。

(二) 大气污染的防治措施

1. 汽车与地球变暖问题

近年来全球性的环境问题越来越突出,到处存在由于地球变暖而出现的异常气候现象。海平面上升而出现的高潮水害增加,因干旱所引起的粮食危机、生态系统受到的影响、传染病的流行等给人们留下了许多悬念,这些问题综合形成了人类所面临的最大问题,即环境问题。

导致地球温室效应的主要是二氧化碳、甲烷、一氧化二氮及氟利昂类气体,其中起主导作用的是二氧化碳。日本比较不同生产部门所排放的二氧化碳数据得出,2000 年日本运输部门的排放量占 21％左右,特别是在大城市,该比例更高;而运输部门所排放的二氧化碳中,汽车排放占了近 90％,因此控制汽车尾气排放是非常重要的课题。

2. 防治大气污染的对策

防治汽车尾气排放造成大气污染的措施要从不同的侧面进行,主要有发生源对策、交通量/交通流对策及沿线环境对策等,具体内容见表 2-2-9。

表 2-2-9　防止大气污染的对策

发生源对策	强制实行汽车尾气排放标准,促进使用满足排放标准的车辆
交通量/交通流对策	吸引人们的出行方式向公共交通转移,建立完善的路网结构和停车换乘系统,进入市中心地区车辆收费,货物运送合理化,经济的运输工具,合理的交通堵塞对策,并提供完善的道路信息
沿线环境对策	设置环境设施带,沿线环保设施建设(公园、绿地等)

三、道路交通振动的危害与防治

(一)道路交通振动的产生与危害

道路交通振动是伴随汽车通过道路时所产生的振动,该振动沿地面传递并逐渐衰减,当传播到周边居民居住地时将产生振动公害。

道路交通振动会对居民的心理和生理造成影响,主要表现为降低舒适度、增加疲劳度、降低工作效率、影响健康及降低身体素质等。道路交通振动对人体的危害程度因振动的强度、频率、方向和持续时间的不同而不同。

(二)道路交通振动防治对策

道路交通振动与汽车行驶速度、车辆重量、交通量、车辆行驶的位置、路面状况等因素有关。另外振动传播时,其衰减距离也因地基条件的不同而不同。道路交通振动的防治对策主要分为振动源和传播途径方面的对策。

1. 振动源对策

(1) 对车辆行驶速度和交通量,特别是对大型车辆的通行进行限制,严格控制车辆过载现象。

(2) 确保路面完好,道路与桥梁等结构物的顺接不出现跳车现象,经常对道路进行修缮。

2. 传播途径对策

(1) 道路沿线及车道间增设环境设施。

(2) 对地基进行减振或不易振动改良。

(3) 加设声屏障或隔音墙装置。

总之,无论采取什么措施,都应从经济性、施工的难易程度、耐久性和易维护管理等方面加以考虑。

第三章　车辆技术管理

第一节　车辆基础管理

一、车辆技术管理概述

1. 车辆技术管理的目的

车辆技术管理的根本目的是为运输生产提供安全、优质、高效、低耗、及时、舒适的运输力,确保汽车在整个寿命期内,以最低的耗费维持并充分发挥汽车的固有性能,从而获取最佳的综合效益(经济效益、社会效益和环境效益)。

2. 车辆技术管理的任务

车辆技术管理的对象是所有运输车辆(汽车和挂车),包括各种隶属关系的从事营运和非营运的车辆。其具体内容如下:

(1) 制定技术管理制度,贯彻有关技术标准、规范、工艺和操作规程。

(2) 采取有效措施,使车辆经常处于良好的技术状况。

(3) 保证安全行车,减少交通事故,减轻对环境的污染危害。

(4) 及时、完整、准确地建立、健全汽车技术档案。

(5) 积极推广新技术、新工艺、新材料、新设备,加强技术科学研究和技术革新。

(6) 依靠科学进步,采用现代化管理方法,总结交流推广先进经验,开源节流,降低使用成本。

(7) 加强职工的法制教育、安全文明生产教育和专业技术培训,全面提高职工素质。

3. 车辆技术管理的基本原则

《汽车运输业车辆技术管理规定》规定:车辆技术管理应坚持预防为主、技术与经济相结合的原则,对汽车实行择优选配,正确使用,定期检测,强制维护,视情修理,合理改造,适时更新和报废的全过程综合管理。

二、车辆使用的前期管理

新车(大修车)在接收和使用前应做到:

(1) 按合同和使用说明书规定,对照车辆清单或装箱单进行验收,清点随车工具和附件。

(2) 新车在投入使用前应进行一次全面检查,并根据制造厂的规定进行清洗、润滑、紧固,视具体情况进行必要的调整。

(3) 新车在使用前应建立车辆档案,配备必要的附属装备和安全装置。

(4) 新车在投入使用前,应组织驾驶员和维修工进行培训,在掌握车辆启动、使用和维修方法后再投入使用。

（5）严格按磨合规范，做好车辆的磨合。

（6）按制造厂要求选择燃料、润滑剂和工作液。

（7）按《汽车维护、检测、诊断规范》（GB/T 18344－2001）要求，制定新车的维护工艺规范。

三、车辆的装备

车辆的经常性装备应符合《机动车运行安全技术条件》（GB 7258－2004）、《汽车及挂车外部照明和信号装置的安装规定》（GB 4785－1998）和交通部《公路客运车辆通用技术条件》（JT 3111－1985）、《货运全挂车通用技术条件》（JT 3105－1982）及《货运半挂车通用技术条件》（JT 3115－1982）的有关规定，并保证齐全、完好，不得随意增减。车辆在特殊运行条件下使用时，应根据需要，配备保温、预热、防滑、牵引、淋水等临时性装备。车辆运输超长、超宽、超高或保鲜等特殊货物时，应根据需要增加临时性装备。运输危险货物的车辆装备，应符合交通部《汽车危险货物运输规则》（JT 3130－1988）的有关规定。

四、车辆的技术档案

1. 车辆技术档案的作用

车辆的技术档案是指从新车购置直至报废的全过程中，记载车辆基本情况、主要性能、运行使用、检测维修及机件事故等内容的车辆资料的历史档案。通过汽车的技术档案，可以了解车辆性能，技术状况的动态、运行材料、维修材料和维修工时的消耗，汽车在运行期的经济效益；掌握车辆使用、维修规律，为车辆的维护、改造和配件储备提供科学依据；为汽车制造厂提高产品质量进行信息反馈。

2. 车辆技术档案的内容

（1）车辆的基本情况和主要性能：记载车辆的装备、技术性能和规格、总成改装和变动等情况。

（2）车辆的运行使用情况：记载车辆的行驶里程、运输周转量、燃料消耗、轮胎使用等情况。

（3）车辆的检测维修情况：记载车辆的检测时间、检测内容、检测结果；记载车辆各级维护和小修情况；记载车辆和总成大修情况。

（4）车辆事故处理情况：主要记载车辆机件事故发生的状况、原因、损失、解决和处理情况等。

（5）车辆的技术状况：记载车辆技术等级评定日期和评定等级。

3. 车辆技术档案的格式

车辆技术档案一般由各省、自治区、直辖市交通厅（局）统一制订，由车队的技术人员负责填写和管理。技术管理部门应定期进行检查。

五、车辆的停驶、封存与租赁

车辆的停驶、封存与租赁也是车辆技术管理的一项经常性工作，对于运输企业之间及运输企业内部调节运力、保护运力和避免运力浪费具有重要意义。

1. 车辆停驶

停驶的车辆包括：因物流、客流原因，需调整运力的车辆；部分总成部件严重损坏，在较长时间内配件无法解决又不符合报废条件的车辆；车型老旧无配件供应但尚有改造价值的车辆等。停驶的车辆由车辆使用管理单位作出技术鉴定，按车型、数量、停驶原因和日期报请有关部门批准。

经批准停驶的车辆，应安排专人负责妥善保管，并积极创造条件修复，以恢复运力。车辆在停驶期间，应当选择地点集中停放，原车机件不得拆借、丢失。

2. 车辆的封存

凡技术状况良好，因其他原因（如运力过剩、驾驶员不足、燃料短缺等非技术原因）需要在较长时间（半年以上）停驶的车辆，按规定办理审批手续后方可进行封存处理，并报上级主管部门、公路运管部门、公安交通管理部门备案。封存时间不进行效率指标考核，但一定要做好停驶技术处理，妥善保管，定期做好必须的维护，保持车况完好。

营运停驶、封存车辆情况应记录在车辆技术档案和维修卡上，停驶、封存车的交通规费缴稽卡、营运证应交回公路运管部门，车辆号牌、行驶证应交回公安交通管理部门，并结具有关交通规费，否则不予办理有关手续。

营运停驶、封存车辆在恢复行驶前应进行一次维护作业，经检验合格，到公路运管部门、公安交通管理部门办理复驶手续后方可参加营运。

3. 车辆的租赁

车辆租赁作为车辆的一种特殊经营方式，有着其特定的市场份额。车辆租赁分为长期租赁和短期租赁。长期租赁一般以一个大修期为宜，短期租赁则随行就市，少则一个班次，多则1～2个月。

加强租赁车辆的经营管理是车辆技术管理的一个重要环节，对维持良好的技术状况具有重要作用。车辆租赁时，应认真审核承租方的有关法定资质，协商有关费用，签订租赁合同；按规定填写车辆技术档案，认真执行车辆检测诊断与维修制度，保持汽车技术状况良好。租赁车辆的技术档案、技术经济指标完成情况和技术等级情况（包括租赁期满后的车况要求）等考核内容，由出租与承租双方记录和考核，并在签订租赁协议时予以明确。

第二节 车辆技术等级鉴定

对车辆实施技术等级鉴定制度是车辆全过程管理的重要环节，它体现了车辆管理应实行定期检测的管理原则。

一、车辆技术状况的变化规律

汽车技术状况变化规律是指汽车技术状况与汽车行驶里程或行驶时间的关系。零件是汽车的基本组成单元。零件或配合件磨损后，汽车的技术状况随即发生变化，因此，汽车技术状况的变化规律可用零件的磨损规律描述。零件的自然损坏主要是磨损引起的，而零件在正常情况下的磨损是有规律的。汽车配合件的磨损规律如图2-3-1所示，此曲线分为3个阶段。

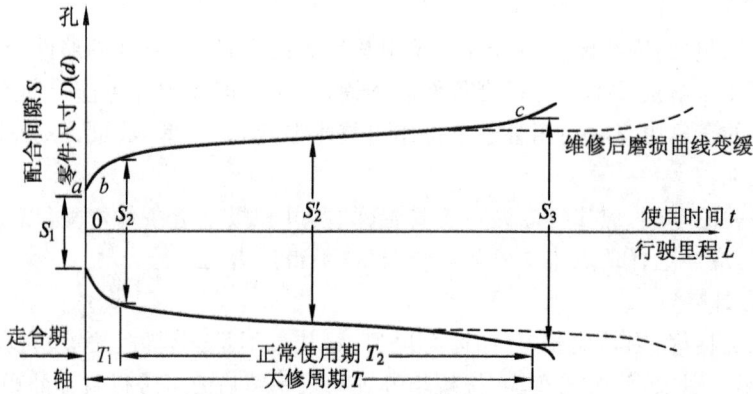

图 2-3-1 汽车配合件的磨损规律

第Ⅰ阶段（曲线 ab）称为走合期或磨合期。新装配的配合件表面比较粗糙,几何形状也不理想。在正确的走合过程中,粗糙表面的突峰很快被磨掉,因而间隙增加(孔、轴的尺寸变化)较快,在短期内配合间隙由装配间隙 S_1 增加到初始间隙 S_2,所经历的时间 T_1 称为走合时间。

第Ⅱ阶段（曲线 bc）称为正常使用期。经走合后的配合件,其表面粗糙度和几何形状达到较为理想的状态,载荷分布均匀;加之合适的配合间隙有利于润滑油膜形成,因而磨损缓慢,间隙的增长率很小并趋于稳定。

在正常使用期汽车故障少,动力足,油耗低,技术状况最佳,运行效率、经济效益均处于最佳状态。如何延长正常使用期,即延长汽车的使用寿命,降低运输成本,提高运行效益,是汽车运用的根本目的和任务。

第Ⅲ阶段称为事故性损坏期或故障高发期。由于间隙增长到了极限值,载荷分布不均匀,润滑油膜不能形成,加之冲击、过热等因素使间隙急剧增长,此时若不对汽车及主要总成进行维护修理,则致使汽车故障频率增高,经常发生机件损坏或引发交通事故。

二、车辆技术等级鉴定的意义

随着车辆行驶里程的增加和使用年限的延长,车辆的动力性、安全可靠性、经济性、舒适性以及排放污染程度都会随车辆技术状况的变化而日趋降低。所以应及时了解和掌握车辆的技术状况,适时确定车辆能否安全运行并确定修理项目;对在用车辆实行定期的检测,通过检测确定技术等级。这些做法不仅有利于行业管理部门随时了解和掌握本区域内车辆的分布情况及车辆技术状况的动态,为科学合理地编制车辆更新计划提供有效依据,而且对车辆使用者亦可实行有效的监督。实施车辆技术等级鉴定制度,也使车辆使用者便于及时了解车辆技术状况,做到合理维护和及时修理。

车辆技术等级鉴定须采取定期检测的制度,即采用科学手段和现代化检测器具对车辆进行综合性能的检测,通过检测而确定的车辆技术等级可以客观、正确地反映车辆的实际技术状况。较之过去的耳听、手摸凭经验判别车辆技术状况的做法更具有科学性和权威性。

三、车辆技术等级的划分、评定标准和鉴定周期

1. 车辆技术等级的划分

《汽车运输业技术管理规定》(交通部第 13 号令)中规定:在用车辆技术状况等级按其技

术性能情况及行驶里程或时间的长短分为 4 类：即一级车(完好车)、二级车(基本完好车)、三级车(需修车)和四级车(停驶车)。

车辆技术等级的评价标准依据《汽车技术等级评定标准》(交通部 JT/T 198－95)，采用汽车使用年限、关键项和项次合格率等参数来衡量，分为一级车、二级车和三级车。因该标准适用于在道路上行驶的在用汽车，故不再考虑停驶车。除车辆使用年限条件外，根据所评定车辆的动力性、燃料经济性、制动性、转向操纵性、前照灯及喇叭噪声、废气排放、汽车防雨密封性、整车与外观等各项指标的合格率依下列公式计算核定，即

$$B=N/M\times100\%$$

式中，B 为项次合格率；N 为检测合格的项次数之和；M 为检测的项次数之和。

式中的项次为标准中所列的所有应检测项目，其中分设关键项和一般项，在关键项中设分级项目和不分级项目。

2. 车辆技术等级的分级标准

(1) 一级车。

一级车的分级标准为：使用年限在 7 年以内；关键项分级的项目达到一级，关键项不分级的项目为合格；项次合格率不小于 90%；在运行中无任何保留条件。一级车应符合以下 3 个条件：① 使用年限从新车投入运行起不得超过 7 年；② 技术状况良好，即完好车；③ 在运行中无任何保留条件。

(2) 二级车。

二级车的分级标准为：使用年限超过 7 年；关键项分级的项目达到二级以上，关键项不分级的项目为合格；项次合格率不小于 80%；在运行中无任何保留条件。

二级车的标准略低于一级车，它的技术性能和技术状况较一级车低，但应符合《机动车运行安全技术条件》(GB 7258－2004)中的相关规定。它应符合以下 3 个条件：① 使用年限已超过 7 年；② 技术状况尚好，属基本完好车；③ 在运行中无任何保留条件，可随时参加运行。

(3) 三级车。

三级车是指达不到二级车技术等级标准的车辆，送大修前最后一次二级维护后的车辆，以及正在大修或待更新尚在行驶的车辆。

三级车的分级标准为：① 凡技术状况和性能较差、不再计划作二级维护作业、即将送厂大修的车辆；② 正在进行大修的车辆；③ 车辆技术状况和性能变坏，预计近期更新但仍还在行驶的车辆。

3. 车辆技术等级鉴定周期

根据交通部《汽车运输业车辆技术管理规定》(交通部第 13 号令)，车辆技术等级鉴定由各地交通运输管理部门组织实施，在各检测站进行，至少每半年进行一次。

第三节 车辆使用技术管理

一、车辆走合期的使用

车辆走合期的使用正确与否，直接关系到新车后期的工作可靠性和经济性。使用不正确会使汽车早期损坏或缩短发动机使用寿命。当前，汽车在走合期通常应遵守下列规定：

（1）发动机刚启动时，不要猛踩油门急剧增加其转速。当发动机冷却水的水温上升到50～60 ℃时再平稳起步。避免在高速或低速状态下连续运转发动机，以中等转速运转为宜。

（2）汽车在行驶中，不允许长时间地高速行驶或在低速挡时加速行驶，不要以单一速度长时间快速或慢速行驶，也不要在高速挡情况下缓慢驾驶。

（3）尽量选择良好的路面行驶。根据道路的不同条件及时换挡，充分估计发动机动力，提前换低速挡，不要勉强用高速挡行驶，以免发动机负荷过大。同时，汽车在走合期早期阶段（约500～800 km），其承载量不宜满载。

（4）控制车速，注意路面状态，避免紧急制动，以免损坏机件。缓和地使用制动能较好地磨合并延长其使用寿命。

（5）保持发动机工作温度在一定范围（80～90 ℃）。

（6）选用品质好的燃油和润滑油。新车使用的机油必须要按照厂家规定的标号选用。

（7）加强各润滑部位润滑，及时对螺栓、螺母松动进行紧固。

以上海桑塔纳轿车为例，新车1 000 km范围内变速器各挡不可超过以下速度：一挡30 km/h、二挡55 km/h、三挡80 km/h、四挡110 km/h，发动机最大转速要小于4 200 r/min。当新车行驶到1 000～1 500 km时，车速和发动机转速可逐渐提高到最大值，走合期发动机最大转速为6 300 r/min。

二、车辆使用期的索赔及理赔

车辆的使用期是一个较漫长的时间阶段，它分为车辆的使用前期、使用中期和使用后期。就一般规律和实践经验看，车辆的使用前期，尤其是车辆使用的走合期，所发生的质量纠纷率最高，大体占到整个使用期的60%～80%。由此而引发的车辆索赔及理赔事例不在少数，应引起车辆使用管理部门的高度重视，并列入车辆技术管理的议事日程。

一般说来，厂方在自己产品的使用说明书或服务手册中会列出以下一些承诺：(1)质量保证期。车辆在售出后一定的时间阶段或限定的一定行驶里程内发生的产品质量或装配质量问题时，厂方负责赔偿。(2)理赔的委托单位。这是指车辆驻地或该车型的就近服务维修站点。(3)载明不属于理赔的范围。属于用户使用不当所造成的车辆损坏不予理赔。(4)要求提供相关资料和实物。(5)其他特别约定。这是指供需双方自行签订的有法律约束效力的合同文本等。车辆的维护或修理竣工出厂后的保用条件也类似于上述条款，在发生质量纠纷时，用户可要求索赔。

为确保消费者的权益不受侵害，消费者在索赔时应做好以下工作：(1)在车辆投入使用前，应认真阅读所用车型的使用说明书，详细了解该车的结构和特征，避免因使用失误造成车辆损坏；(2)在车辆使用前期，尤其车辆走合期，由于发生的质量问题最易暴露，所以要密切注意车辆的动静态情况，经常进行观察和查验；(3)认真研读车辆使用说明书或用户手册，了解厂方的质量保证条件或合同的特别约定，避免因概念的混淆而陷入被动；(4)应注意收集车辆运行初期的使用技术资料，包括开始运行时间、运行里程、故障发生部位、现象、损坏情况等，为分析故障提供依据；(5)提供详细的技术资料和实物，包括车辆技术管理部门的鉴定结论、实物图片或实物的原始状态；(6)提出索赔申请，包括欲索赔车（或机件）的一般情况、损坏情况、技术分析结论、要求索赔的理由及金额等；(7)在车辆发生质量损坏时，应在厂方派员在场的情况下进行拆解，或征得厂方同意后自行拆解，以求得客观和公正；

（8）在发生索赔和理赔的重大纠纷时，可报请上一级机构或技术监督部门仲裁解决直至求助法律。

三、车辆运行技术检验

运行车辆的技术检验是车辆使用的重要环节，它不仅关系到车辆能否正常运行，而且关系到行车安全的重大问题。运行车辆技术检验包括出车前、行驶中、收车后的"三检"制度，前两项是由驾驶员完成的，而收车后的技术检验则是由专职检验员进行的。

1. 完好车的概念

（1）发动机容易启动，运转均匀，动力性和加速性能良好，无异常响声，温度和压力正常，点火、燃料供给、润滑、冷却、排气系统机件齐全，性能良好；

（2）离合器分离彻底，接合平稳可靠，无异常响声；

（3）转向装置调整适当，操纵轻便灵活，工作可靠；

（4）驻车、行车制动器调整适当，效能良好，不跑偏，制动距离符合要求；

（5）各齿轮箱和传动机件无异常响声，无过热现象；

（6）仪表照明、信号及附属装置齐全，性能良好；

（7）全车线路齐全，连接固定可靠，全车清洁无漏气、漏水、漏油、漏电现象；

（8）空气滤清器、机油滤清器清洁完好；

（9）蓄电池固定可靠，电解液密度及液面高度适当，符合技术要求；

（10）底盘各部调整适当，管路固定牢固，无干涉，汽车滑行性能好，钢板弹簧和减振器性能良好。

2. 运行车辆技术检验标准（人工检视方法）

（1）车辆内部清洁，外观整洁，各零部件完好，连接紧固无缺损，并且有正常的技术性能，车辆的牌照号、放大号字迹清楚；

（2）发动机动力性能良好，运转平稳，无异响，怠速稳定，机油压力正常，废气排放符合国家有关标准；

（3）转向盘应转动灵活，操纵轻便，无阻滞现象，转向节及臂、转向横直拉杆及球销应无损伤，并且球销不得松弛，锁销锁止可靠；

（4）制动阀、制动气室、驻车制动操纵杆固定牢靠，制动操纵机构应灵活可靠，制动踏板的自由行程应符合原厂规定，制动性能应符合国标《机动车运行安全技术条件》（GB 7258－2004）制动系的有关规定；

（5）离合器应接合平稳，分离彻底，不得有异响、抖动、打滑现象，踏板自由行程应符合原厂规定；

（6）变速器操纵机构应灵活可靠，无脱挡和严重异响现象；

（7）传动轴中间轴承、万向节、钢板弹簧U形螺栓应坚固牢靠，钢板弹簧不得有断裂、缺片和移位现象，减振器工作正常；

（8）安全防护装置齐全有效，主、挂车的连接装置应坚固耐用，安全防护装置完备，后视镜安装适宜，雨刮器工作正常，燃油箱通气口畅通，装备灭火器；

（9）车辆各主要部位不应漏油、漏气、漏水、漏电，但油、水密封结合面允许有不致形成滴状的浸迹；

（10）轮胎胎面无夹石、铁屑等异物，气压应符合规定。

四、车辆报废

汽车经过长期使用,车型老旧,性能低劣,物料消耗严重,维修费用过高,继续使用不经济、不安全,则应予以报废。车辆报废应根据车辆报废的技术条件,提前报废会浪费,过迟报废则又增大运输成本,影响运力更新。

1. 车辆报废的一般规定

1997 年我国修订的《汽车报废标准》规定,凡在我国境内注册的民用汽车,属于以下情况之一的应当报废:

(1) 轻、微型载货汽车(含越野型)、矿山作业专用车累计行驶 30 万公里,重、中型载货汽车(含越野型)累计行驶 40 万公里,特大、大、中、轻、微型客车(含越野型)、轿车累计行驶 50 万公里,其他车辆累计行驶 45 万公里。

(2) 轻、微型载货汽车(含越野型)、带拖挂的载货汽车、矿山作业专用车及各类出租汽车使用 8 年,其他车辆使用 10 年。

(3) 因各种原因造成严重损坏或技术状况低劣、无法修复的汽车。

(4) 车型淘汰、已无配件来源的汽车。

(5) 经长期使用,耗油量超过国家定型车出厂标准值 15% 的汽车。

(6) 经修理和调整仍达不到国家对机动车运行安全技术条件要求的汽车。

(7) 经修理和调整或采用排放污染控制技术后,排放污染物仍超过国家规定的汽车排放标准的汽车。

除 19 座以下出租车和轻、微型载货汽车(含越野型)外,对达到上述使用年限的客、货车辆,经公安车辆管理部门依据国家机动车安全排放有关规定严格检验,性能符合规定的可延长期不得超过上述第(2)条规定的一半,即 4 年或 5 年。对于吊车、消防车、钻探车等从事专门作业的车辆,还可根据实际使用和检验情况再延长使用年限。所有延长使用年限的车辆,都需按公安部门规定增加检验次数,不符合国家有关汽车安全排放规定的应当强制报废。

运输单位或个人的运输车辆需要报废时,由其主管部门鉴定、审批,并报交通运输管理部门备案;对需要报废而尚未批准的车辆,需妥善保管,严禁拆卸或挪用其任何零部件和总成;对于已经批准或确定报废的车辆,交通运输管理部门应及时吊销营运证,报废车辆不得转让或移作他用,严禁用报废车辆的总成或零部件拼装车辆。凡经批准报废的车辆要在车辆技术档案上记录报废原因、批准文号、车辆折旧(净值)等项内容。车辆报废手续应按当地车辆管理部门有关规定办理。

2. 国家汽车报废新标准

根据国家经济贸易委员会、国家发展计划委员会、公安部、国家环境保护总局《关于调整汽车报废标准若干规定的通知》(国经贸资源〔2000〕1202 号)和公安部《关于实施〈关于调整汽车报废标准若干规定的通知〉有关问题的通知》(公交管〔2001〕2 号)精神,1997 年制定的汽车报废标准中,非营运载客汽车和旅游载客汽车的使用年限及办理延缓报废的标准调整如下:

(1) 9 座(含 9 座)以下非营运载客汽车(包括轿车、含越野型)使用 15 年。达到报废标准后要求继续使用的,不需要审批,经检验合格后可延长使用年限,每年定期检验 2 次,超过 20 年的,从第 21 年起每年定期检验 4 次。

（2）旅游载客汽车和9座以上非营运载客汽车使用10年。达到报废标准后要求继续使用的按现行规定程序办理,但可延长使用年限最长不超过10年。延缓报废使用的旅游载客汽车每年定期检验4次;延缓报废使用的9座以上非营运载客汽车每年定期检验2次,超过15年的,从第16年起每年定期检验4次。

（3）营运大客车的使用年限调整为10年,达到报废标准后要求继续使用的按现行规定程序办理。延缓报废使用不超过4年;延长使用期间每年定期检验4次。

（4）上述车辆定期检验时,一个检验周期连续3次检验都不符合国家标准《机动车运行安全技术条件》(GB 7258-2004)规定的,收回号牌和行驶证,通知机动车所有人办理注销登记手续。达到报废标准后,不得办理注册登记和转籍过户登记手续。

（5）营运车辆转为非营运车辆及非营运车辆转为营运车辆,一律按营运车辆的规定年限(8年)报废。

（6）没有调整的内容和其他类型的汽车,仍按照国家经贸委等部门《关于发布〈汽车报废标准〉的通知》(国经贸经〔1997〕456号)和《关于调整轻型载货汽车报废标准的通知》(国经贸经〔1998〕407号)执行(轻型载货汽车是指厂定总质量为1.8～6 t的载货汽车)。右置方向盘汽车报废的管理,按照公安部《关于加强右置方向盘汽车管理的通知》(公交管〔2000〕183号)执行。

（7）对按规定需办理审批手续的延缓报废车辆,仍按现行规定程序办理;对原已办理延缓报废手续,但未达到新的报废标准的,按普通正常车辆管理,重新打印行驶证副证,并按规定办理年检签章,不再加盖延缓报废检验合格印章;对按照原报废标准应当报废但未办理完毕注销登记手续的车辆,按照新规定执行。

第四节　车辆维修制度

《汽车运输业车辆技术管理规定》要求车辆技术管理应坚持预防为主、技术与经济相结合的原则,对汽车实行择优选配、正确使用、定期检测、强制维护、视情修理、合理改造、适时更新和报废的全过程综合管理。车辆维护和修理是在车辆检测诊断的基础上,对车辆技术状况进行鉴定,根据检测诊断的结果,确定维护或修理作业的性质和范围。

车辆的检测诊断是指在不解体情况下,判断汽车或总成的技术状况、查明故障部位及原因的技术。近年来,汽车检测诊断技术在汽车制造厂、汽车运输部门、汽车维修行业、车辆安全管理部门得到了广泛应用。汽车新产品的性能鉴定、在用汽车技术等级的评定、维修过程中的检测诊断、维修竣工后的验收及维修质量检测、车辆安全性能年度审验等,都离不开汽车检测诊断技术。

汽车维修是指在汽车使用过程中,为维持和恢复汽车的技术状况、保持汽车的工作能力所采取的技术措施。汽车维修具体可分为汽车维修和汽车修理。汽车的维修思想和维修工艺组织是否科学、维修装备是否先进、维修技术和规范是否合理都对汽车的维修质量有重大影响;而汽车维修质量的高低对于汽车使用技术状况的好坏和使用寿命的长短也具有决定性作用。

由此可见,车辆的检测诊断和维修是保证运行车辆技术状况的重要手段,也是实现车辆运输行业管理的关键。对车辆实行定期、不定期检测,认真做好车辆的维护和修理工作,对保持运输行业车辆技术状况良好,降低零部件和总成故障率,延长车辆使用寿命,减少维修费用,保证安全运输生产,提高经济效益、社会效益、环境效益,有着十分重要的作用。因此,加强车辆检测诊断和维护修理的管理,是各级交通运输管理部门和各运输、维修单位不可忽视的重要工作,要高度重视、切实抓好。

车辆检测和维修应贯彻预防为主和技术、经济相结合的原则,实行"定期检测、强制维护、视情修理"的方针。

一、车辆的检测诊断

1. 车辆检测诊断的作用和主要内容

运用车辆检测诊断技术,就是应用必要的仪器设备,准确、迅速地确定车辆的技术状况和工作能力,查明故障的部位及原因,用以代替几十年来的人工经验判断方法,达到科学、高效、正确的目的。因而,推广车辆检测诊断技术是检查、鉴定车辆技术状况,监督车辆正确使用和维修质量的重要手段,是促进维修技术发展、实现视情修理的重要保证,是推进汽车运输现代化管理的一项重要措施和能否真正推行汽车运输行业技术管理的关键。

为了推进汽车运输业现代化管理,各地交通运输管理部门和运输单位都应积极组织推广检测诊断技术。交通运输管理部门组织推广检测诊断技术,应面向汽车运输业,以提高社会效益为主要宗旨。运输单位应视其规模和能力大小,首先立足于适应本单位车辆检测诊断的需要,通过对车辆的检测诊断,对症采取各种有效措施,以保持车辆技术状况良好,保证安全生产,充分发挥运输车辆的效能和降低运行消耗,在提高企业经济效益的同时增进社会效益。大中型汽车运输单位应积极创造条件,配备检测诊断设备;小型运输单位没有条件时,也可与其他单位合作。

车辆检测诊断的主要内容包括:汽车的安全性(制动、侧滑、转向、前照灯等)、可靠性(异响、磨损、变形、裂纹等)、动力性(车速、加速性能、底盘输出功率、发动机功率、转矩、燃油供给系统、点火系统状况等)、经济性(燃油消耗)及噪声和废气排放状况等。

对车辆进行上述全部或多种性能检测,统称综合性能检测。能承担车辆综合性能检测的检测站即为综合性能检测站,只测定某种性能的检测站为单一性能检测站。在车辆检测诊断工作中所用的设备称为检测诊断设备。检测诊断设备与一般检测仪具的基本区别主要为能否在汽车或者总成不解体状况下确定其工作能力和技术状况,并查明故障或隐患的部位和原因。

2. 车辆技术状况监控体系的建立

汽车运输业车辆检测制度的制定和汽车综合性能检测站的建设是车辆技术状况监控体系的重要内容。

(1) 车辆检测制度的制定。

根据《汽车运输业车辆技术管理规定》的规定,各省、自治区、直辖市交通运输厅(局)应负责制定本地区的汽车运输业车辆检测制度,并在车辆全过程综合管理工作中推广检测诊断技术,实行定期检测,建立车辆技术状况监控体系。这也是贯彻预防为主和技术与经济相结合原则的重要环节。

为保证汽车检测诊断技术能够被广泛采用,充分发挥已有检测诊断设备的功能,并为社会所承认,必须发挥政府主管部门的管理职能并形成制度。因此,各交通运输厅(局)应从辖区实际情况出发,根据运输单位从事运输的性质,区别营运车与非营运车、载客车与载货车、专业运输车、机关单位车与个体运输车,并考虑这些车辆的使用条件和强度以及老旧程度等多种因素,建立适合本地区情况的车辆行业管理检测制度,以确保车辆技术状况良好。

检测制度可以规定:对营运车按行驶里程或行驶时间实行定期或不定期检测;对非营业性运输车辆实行不定期检测;对维修车辆实行质量抽检。检测项目应满足综合性能检测的要求,并要建立管理制度,严格执行检测标准。

(2)汽车综合性能检测站的建设。

建设汽车综合性能检测站是加强车辆技术管理的重要措施。各省、自治区、直辖市交通运输厅(局)是汽车综合性能检测站的主管部门,负责规划、管理和监督,以使汽车综合性能检测站与车辆检测诊断工作协调发展,布局合理,避免盲目性;制定本地区的行业检测标准和检测制度,以及对汽车综合性能检测站的检测条件、检测质量和管理水平等进行管理和监督。

各省、自治区、直辖市交通厅(局)应对汽车综合性能检测站进行认定。经认定后的检测站可代表交通运输管理部门对车辆行驶质量进行监控。目前,我国已初步形成了全国性的车辆综合性能检测网络,为适应车辆综合性能检测的要求,交通厅(局)应根据《汽车综合性能检测站能力的通用要求》(GB/T 17993－2005)的有关规定,对已经建成的汽车综合性能检测站进行认定。对认定合格后的检测站,由当地交通厅(局)颁发检测许可证。

经汽车综合性能检测站认定后,交通运输管理部门应根据运输车辆检测制度组织对运输和维修车辆进行检测。各交通运输管理部门要充分发挥汽车综合性能检测站的作用,以保证公路运输车辆技术状况良好,使运输单位和个人能取得良好的经济效益和社会效益。汽车综合性能检测站应积极配合,完成交通运输管理部门下达的车辆检测任务。经认定的汽车综合性能检测站在车辆检测后,应提供检测结果证明。在交通运输管理部门的行业管理工作中,审批经营资格的一项重要依据,就是运输单位投入营运的车辆技术状况是否良好,以及维修车辆的维修质量是否合格。因此,交通运输管理部门应将经认定的汽车综合性能检测站签发的检测结果证明,作为发放或吊扣营运证和确定维修经营资格的一项主要依据,从而达到对运输单位和维修单位实行行业管理的目的。

二、车辆的维护

汽车维护是保持车容整洁、及时发现和消除故障及其隐患、防止车辆早期损坏的技术作业。通过汽车的技术维护,应使车辆达到下列要求:(1)汽车经常处于技术状况良好的状态,可以随时出车。(2)在使用合理的前提下,不致因中途损坏而停车,或因机械故障而影响行车安全。(3)在运行过程中,降低燃料、润滑油以及配件和轮胎的消耗。(4)各总成的技术状况应尽量保持均衡,以延长汽车大修间隔里程。(5)减轻车辆噪声和排放污染物对环境的污染。

1. 汽车维护的原则

根据《汽车运输业车辆技术管理规定》的规定,车辆维护应贯彻预防为主、强制维护的原则,即车辆维护必须遵照交通运输管理部门规定的行驶里程或间隔时间,按期强制进行车辆维护,不得拖延,并在维护作业中遵循车辆维护分级和作业范围的有关规定,保证维护质量,从而防止运输单位或个人因盲目追求眼前利益,不及时进行维护,从而导致车辆技术状况严重下降,影响运输生产的正常进行和运输车辆效益的发挥,使运行消耗增加。强制维护是在计划预防维护的基础上进行状态检测的维护制度,即在计划预防维护基础上增加状态检测的内容,以确定附加维护作业项目,使计划维护结合状态检测进行。

2. 汽车维护的分级和作业内容

车辆维护作业包括清洁、检查、补给、润滑、紧固、调整等,除主要总成发生故障必须解体外,不得对其进行解体。

车辆维护分为日常维护、一级维护和二级维护等。日常维护是日常性作业,由驾驶员负责执行,其作业中心内容是清洁、补给和安全检视。日常维护是驾驶员保持车辆正常工作状况的经常性工作。一级维护由专业维修工负责执行,其作业中心内容除日常维护作业外,以清洁、润滑、紧固为主,并检查制动、操纵等安全部件。也就是说,在车辆经过较长里程的运行后,要特别注意对车辆的安全部件进行检视维护。二级维护由专业维修工负责执行,其作业中心内容除一级维护作业外,以检查、调整为主,包括拆检轮胎、进行轮胎换位。这是因为车辆在经过更长里程的运行后,必须对车况进行较全面的检查、调整,维持其使用性能,以保证车辆的安全性、动力性和经济性达到使用要求。车辆二级维护前,应进行检测诊断和技术评定,了解和掌握车辆技术状况以及磨损情况,据此确定附加作业或小修项目,一般结合二级维护一起进行。每年 4 月至 5 月、10 月至 11 月进入夏、冬季运行时,应进行汽车的季节性维护,并更换润滑油(脂),一般结合二级维护一起进行。

车辆的维护必须遵照交通运输管理部门规定的行驶里程或间隔时间,按期强制执行。由于我国幅员广阔,各地区的运行条件差异较大,所以各级维护周期(行驶里程或间隔时间)难以统一。各省、自治区、直辖市交通运输厅(局)可按车型结合本地区具体情况提出统一的维护周期,并制定车辆维护技术规范,以保证车辆维护质量。对各级维护作业项目和周期的规定,必须根据车辆结构性能、使用条件、故障规律、配件质量及经济效果等情况综合考虑。某种车型的维护项目和周期经各级交通运输管理部门确定后,不得任意更动。随着运行条件的变化,新工艺、新技术的采用,维护项目周期经论证及交通运输管理部门同意后,可及时进行调整。

运输单位和个人的运输车辆应在交通运输管理部门认定的维修厂(场)进行维护,建立维护合作关系,确保车辆按期维护。维修厂(场)必须认真进行维护作业,确保维护质量。车辆维护后,应将车辆维护的级别、项目等填入车辆技术档案,并签发合格证。

三、车辆的修理

汽车修理是消除故障及其隐患、恢复汽车的工作能力和良好技术状况的技术作业。

1. 汽车修理的原则

根据《汽车运输业车辆技术管理规定》,车辆修理应贯彻视情修理的原则,即根据车辆检测诊断和技术鉴定的结果,视情按不同作业范围和深度进行,既要防止拖延修理造成车况恶化,又要防止提前修理造成浪费。

"视情修理"是根据检测诊断技术的发展和维修市场的变化而提出来的。过去的"计划修理"往往因计划不周或执行不彻底而造成修理不及时或提前修理的问题,其结果可能导致车况急剧恶化,或造成不必要的浪费。"视情修理"必须经过检测诊断和技术鉴定,而不能只凭车辆所有者或者使用者的意见来随便确定修理时间和项目。为实现"视情修理",运输单位必须积极创造车辆检测诊断和技术鉴定的条件,尤其大、中型运输单位应积极配备检测诊断设备和有经验的技术人员,不具备上述条件的小型运输单位和个体运输户,可由其主管部门或交通运输管理部门委托有条件的单位进行检测诊断和技术鉴定。同时,交通运输管理部门应创造便利条件,对运输车辆进行定期检测。"视情修理"的实质为:(1)由原来以行驶里程为基础确定车辆修理方式,改为以车辆实际技术状况为基础的修理方式。(2)车辆修理的作业范围是通过检测诊断后确定的,检测诊断技术是实现视情修理的重要保证。(3)视情修理体现了技术与经济相结合的原则。

2. 汽车修理的分类

车辆修理按作业范围可分为车辆大修、总成大修、车辆小修和零件修理。

(1)车辆大修是新车或经过大修后的车辆,在行驶一定里程(或时间)后,经过检测诊断和技术鉴定,用修理或更换车辆任何零部件的方法,恢复车辆的完好技术状况,完全或接近完全恢复车辆寿命的恢复性修理。

(2)总成大修是车辆的总成经过一定使用里程(或时间)后,用修理或更换总成任何零部件(包括基础件)的方法,恢复其完好技术状况和寿命的恢复性修理。

(3)车辆小修是用修理或更换个别零件的方法,保证或恢复车辆工作能力的运行性修理,主要是消除车辆在运行过程或维护作业过程中发生或发现的故障或隐患。

(4)零件修理是对因磨损、变形、损伤等而不能继续使用的零件进行修理。对于运输单位和个人的运输车辆,应根据其修理作业范围,送交通运输管理部门认定的修理厂进行修理。车辆修理必须根据国家和交通部发布的有关规定和修理技术标准进行,车辆修理厂应严格执行,以确保修理质量。交通运输管理部门应根据有关汽车修理的规定和技术标准对车辆维修质量进行监督,以不断提高修理质量。

3. 汽车和总成大修送修标志

要确定车辆及其总成是否需要大修,必须掌握车辆和总成大修的大修标志。

(1)汽车大修送修标志。客车以车厢为主,结合发动机总成;货车以发动机总成为主,结合车架总成或其他两个总成符合大修条件。

(2)挂车大修送修标志有以下两点:

① 挂车车架(包括转盘)和货厢符合大修条件。

② 定车牵引的半挂车和铰接式大客车,按照汽车大修的标志与牵引车同时进厂大修。

(3)总成大修送修标志有以下7点:

① 发动机总成。气缸磨损,圆柱度达到 $0.175\sim0.250$ mm 或圆度已达到 $0.050\sim0.063$ mm(以其中磨损量最大的一个气缸为准);最大功率或气缸压力较标准降低 25% 以上;燃料和润滑油消耗量显著增加。

② 车架总成。车架断裂、锈蚀、弯曲、扭曲变形逾限,大部分铆钉松动或铆钉孔磨损,必须拆卸其他总成后才能进行校正、修理,或重铆方能修复。

③ 交速器(分动器)总成。壳体变形、破裂,轴承承孔磨损逾限,变速齿轮及轴恶性磨损、损坏,需要彻底修复。

④ 后桥(驱动桥、中桥)总成。桥壳破裂、变形,半轴套管承孔磨损逾限,减速器齿轮恶性磨损,需要校正或彻底修复。

⑤ 前桥总成。前轴裂纹、变形,主销承孔磨损逾限,需要校正或彻底修复。

⑥ 客车车身总成。车厢骨架断裂、锈蚀、变形严重,蒙皮破损面积较大,需要彻底修复。

⑦ 货车车身总成。驾驶室锈蚀、变形严重、破裂,或货厢纵、横梁腐朽,底板、栏板破损面积较大,需要彻底修复。

4. 车辆和总成送修及修竣出厂的有关规定

(1)车辆和总成的送修规定。

① 车辆和总成送修时,承修单位与送修单位应签订合同,商定送修要求、修车日期和质量保证等。合同签订后必须严格执行。

② 车辆送修时,应具备行驶功能,装备齐全,不得拆换。

③ 总成送修时,应在装合状态,附件、零件均不得拆换和短缺。

④ 肇事车辆或因特殊原因不能行驶、或零部件短缺的车辆,在签订合同时应作出相应的规定和说明。

⑤ 车辆和总成送修时,应将车辆和总成的有关技术档案一并送承修单位。

(2) 修竣车辆和总成的出厂规定。

① 送修车辆和总成修竣检验合格后,承修单位应签发出厂合格证,并将技术档案、修理技术资料和合格证移交送修单位。

② 车辆或总成修竣出厂时,不论送修时的装备(附件)状况如何,均应按照有关规定配备齐全。发动机应安装限速装置。

③ 接车人员应根据合同规定,就车辆或总成的技术状况和装备情况等进行验收,如发现确有不符合竣工要求的情况,承修单位应立即查明,及时处理。

④ 送修单位必须严格执行车辆走合期的规定,在保证期内因修理质量发生故障或提前损坏时,承修单位应优先安排,及时排除故障,免费修理。如发生纠纷,应由维修管理部门组织技术分析,进行仲裁。

第五节　车辆运输安全技术管理

交通安全是公路运输企业永恒的主题。交通事故不仅给人民的生命财产带来巨大损失,而且极易引发社会问题。因此,车辆运输安全必须引起各级人民政府,尤其是运输企业及经营者的重视。坚持做好安全管理工作、强化运输企业的安全技术管理具有非常重要的现实意义。

一、安全技术管理体系及职责

"安全第一、预防为主"是交通运输必须贯彻的方针。企业安全技术管理的任务就是通过认真贯彻、执行国家有关汽车安全的法规、条例,建立、健全有效的行车安全管理机构和制度,对职工进行安全教育、培训,实施汽车安全监督、检查及奖惩,以达到降低事故频率、减少人员伤亡和财产损失、杜绝重特大汽车事故发生的目的。

1. 安全技术管理体系

(1) 交通安全委员会。

运输企业安全管理工作均实行企业第一行政领导负责制,即由企业一把手负责,组成由企业主管安全领导、安全机构(处、科、股)、基层安全成员、技术科室负责人等人员参与的交通安全委员会。有关本企业汽车安全方面的一切重大决策、方案及奖惩措施等均由交通安全委员会决定。同时,交通安全委员会还要负责协调企业各部门,实现对行车安全管理工作的综合治理。

(2) 安全管理机构(如安全处、科、股)职责。

① 贯彻上级下达的有关行车安全的法规、条例;

② 制定、修改、充实本企业行车安全管理的有关规定;

③ 督促各项安全制度的落实;

④ 检查本企业车辆的安全技术状况;

⑤ 负责本企业行车事故的处理、统计和上报;

⑥ 负责组织对驾乘人员的安全培训和教育;

⑦ 负责本企业车辆和驾驶员的年度审验工作;

⑧ 对驾乘人员的录用、辞退有权提出建议,对不利于行车安全的规定、命令、生产安排等有否决权。

(3) 基层(车队)安全员职责。

① 具体贯彻落实国家及有关部门下达的安全法规、条例和本企业制定的安全制度;

② 负责本单位行车事故的处理、统计和上报;

③ 负责组织并会同有关部门开展各项安全活动;

④ 监督、检查车辆的安全技术状况;

⑤ 负责运行车辆的上路检查;

⑥ 参与本企业车辆和驾驶员年度检验工作;

⑦ 对不利于行车安全的命令、生产安排等有制止和向上级反映的权力。

2. 安全技术管理制度

(1) 安全档案制度主要包括有关行车安全的法规、条例、规章制度、文件及驾驶员行车安全档案、行车事故档案等。

(2) 行车安全监督、检查制度主要包括安全检查、监督的网络安排,定期或不定期检查时间及监督检查详细内容记录等。

(3) 安全工作例会制度主要包括安全例会的时间、内容及会议记录等。

(4) 安全岗位责任制主要包括安全管理部门及其负责人、安全员、车辆检查人员的岗位责任等。

(5) "安全活动"制度主要包括每周的"安全活动日"及不同形式的"安全竞赛",如"百日安全赛"等。

3. 安全教育及培训

安全教育及培训针对岗位的不同其培训内容也有所不同。(1) 安全员:交通安全法规、条例;安全检测设备使用常识;行车事故一般规律及汽车事故的分析处理;行车安全管理基础知识;车辆技术状况等级划分及职业道德教育等。(2) 驾驶员:交通安全法规、条例;安全操作规范及安全驾驶经验;紧急救险常识;汽车构造及维护常识;行车事故的一般规律及防范要求;汽车故障分析与排除及职业道德教育。(3) 乘务员:交通安全法规、条例;乘务员服务规范;紧急救险常识及职业道德。(4) 车况检查人员及维修工:汽车构造维修知识;汽车维修技术标准;汽车技术状况检测方法及检测设备使用常识。

4. 安全考核

(1) 汽车运输企业行车安全考核指标。

① 事故频率<3 次/百万车公里;

② 事故责任死亡率<0.3 人/百万车公里;

③ 事故伤亡率<1.6 人/百万车公里。

(2) 驾驶员考核指标(按安全行驶里程)。

① 特级安全驾驶员:150 万公里以上;

② 一级安全驾驶员:120～150 万公里;

③ 二级安全驾驶员:100～120 万公里;

④ 安全驾驶员:60～100 万公里。

二、机动车运行安全技术条件

公路交通安全管理法规很多,涉及安全管理的各个方面。《机动车运行安全技术条件》是运输企业安全技术管理的基础文件,也是机动车安全运行的物质基础和技术保障。

《机动车运行安全技术条件》以 GBP 7258—2004 国家标准的形式发布,它规定了机动车的整车及发动机、转向系、制动系、照明与信号装置、行驶系、传动系、车身、安全防护装置等有关安全和排气污染物控制,车内噪声和驾驶员耳旁噪声控制的基本技术要求及检验方法等。

1. 发动机

(1) 动力性能良好,运转平稳,怠速稳定,无异响。发动机功率不得低于原标定功率的 75%。

(2) 应有良好的启动性能,不得有"回火"、"放炮"现象,柴油机停机装置必须灵活有效。

(3) 发动机点火、燃料供给、润滑、冷却和排气等系统的机件应齐全,性能良好。

2. 转向系

(1) 机动车的转向盘应转动灵活,操纵方便,无阻滞现象。机动车应设置转向限位装置。车轮转向过程中,不得与其他部件有干涉现象。

(2) 机动车转向轮转向后应能自动回正,以便机动车具有稳定的直线行驶能力。

(3) 机动车转向盘的最大自由转动量(即从中间位置向左或向右转角)具体规定为:最大设计车速大于或等于 100 km/h 的机动车,其最大自由转动量小于或等于 10°;最大设计车速小于 100 km/h 的机动车(三轮农用车除外),其最大自由转动量小于或等于 15°。

(4) 机动车在平坦、硬实、干燥和清洁的道路上行驶不得跑偏,其转向盘不得有摆振、路感不灵或其他异常现象。

(5) 机动车转向桥轴载质量大于 4 000 kg 时,必须采用转向助力装置。装有转向助力装置的车辆,当转向助力器失效后,仍应具有用转向盘控制车辆的能力。

(6) 机动车(摩托车、轻便摩托车和三轮农用运输车除外)转向轮的横向侧滑量,用侧滑仪(包括双板和单板侧滑仪)检测时侧滑量应不大于 5 m/km。

(7) 转向节臂,转向横、直拉杆及球销应无裂纹和损伤,并且球销不得松旷。对车辆进行改装或修理时,横、直拉杆不得拼焊。

(8) 机动车前轮定位值应符合各车型有关技术条件。

3. 制动系

(1) 机动车应具有行车制动功能、应急制动功能和驻车制动功能。汽车行车制动、应急制动和驻车制动的各系统以某种方式相连,它们应能保证当其中一个或两个系统的操纵机构的任何部件失效时,仍具有应急制动功能。

(2) 采用真空助力的行车制动系,当真空助力器失效后,制动系统仍能保持一定的制动性能。

(3) 液压行车制动在达到规定的制动效能时,踏板行程(包括空行程,下同)不得超过踏板全行程的 3/4;制动器装有自动调整间隙装置的车辆的踏板行程不得超过踏板全行程的 4/5,且座位数小于或等于 9 的载客汽车不得超过 120 mm,其他类型车辆不得超过 150 mm。

(4) 应急制动必须在行车制动系统有一处管路失效的情况下,在规定的距离内将车辆停住。应急制动系统可以使行车制动系统具有应急特性,或是与行车制动分开的独立系统。

(5) 采用气压制动的机动车在气压升至 600 kPa 且不使用制动的情况下,停止空气压缩机 3 min 后,其气压的降低值应不大于 10 kPa。在气压为 600 kPa 的情况下,将制动踏板踩到底,待气压稳定后观察 3 min,单车气压降低值不得超过 20 kPa;列车气压降低值不得超过 30 kPa。

(6) 采用液压制动的机动车在踏板力为 700 N 并保持 1 min 时,踏板不得有缓慢向地板移动的现象。

(7) 气压制动系统必须装有限压装置,确保贮气筒内气压不超过允许的最高气压。采用气压制动系统的机动车,发动机在 75% 的标定功率转速下,4 min(汽车、列车为 6 min,城市铰接公共汽车和无轨电车为 8 min)内气压表的指示气压应从零开始升至起步气压。

(8) 汽车、无轨电车和四轮农用运输车的行车制动必须采用双管路或多管路,当部分管路失效时,剩余制动效能仍能保持原规定值的 30% 以上。

(9) 机动车在运行过程中,不应有自行制动现象。当挂车(由轮式拖拉机牵引的载质量为 3 t 以下的挂车除外)与牵引车意外脱离后,挂车应能自行制动,牵引车的制动仍然有效。

(10) 贮气筒的容量应保证在调压阀调定的最高气压下,且在不继续充气的情况下,机动车在连续 5 次踩到底的全行程制动后,气压不低于起步气压(未标起步气压者,按 400 kPa 计);采用气压制动的机动车,当制动系统的气压低于空气压缩机调压器限制压力至少一半的规定压力时,报警装置应能连续向驾驶员发出容易听到或看到的报警信号;制动距离和制动稳定性应符合规定。

4. 照明及信号装置

(1) 机动车的灯具应安装牢靠,完好有效,不得因车辆振动而松脱、损坏、失去作用或改变光照方向;所有灯光的开关应安装牢固,开关自如,不得因车辆振动而自行开关。

(2) 前照灯光束照射位置要求:机动车在检验前照灯的近光光束照射位置时,前照灯在距离屏幕 10 m 处,光束明暗截止线转角或中点的高度应为 0.6～0.8H(H 为前照灯基准中心高度),其水平方向位置向左向右偏均不得超过 100 mm。

(3) 机动车的前后转向信号、危险报警闪光灯及制动灯白天距 100 m 可见,侧转向信号灯白天距 30 m 可见;前后位置灯、示廓灯和挂车标志灯夜间好天气距 300 m 可见;后牌照灯夜间在好天气距 20 m 能看清牌照号码。制动灯的亮度应明显大于后位灯。

(4) 机动车喇叭声级在距车前 2 m、离地高 1.2 m 处测量时,其值应为 90～11.5 dB(A)。

5. 行驶系

(1) 轮胎的磨损:轿车、摩托车、轻便摩托车和挂车轮胎胎冠上花纹深度不得小于 1.6 mm;其他机动车转向轮的胎冠花纹深度不得小于 3.2 mm;其余轮胎胎冠花纹深度不得小于 1.6 mm。

(2) 轮胎的胎面和胎壁上不得有长度超过 25 mm 或深度足以暴露出轮胎帘布层的破裂和割伤。轮胎胎面不得因局部磨损而暴露出轮胎帘布层。

(3) 机动车转向轮不得装用翻新的轮胎。

(4) 车轮总成的横向摆动量和径向跳动量:总质量小于或等于 4.5 t 的汽车不得大于

5 mm;摩托车和轻便摩托车不得大于 3 mm;其他车辆不得大于 8 mm。

（5）车架不得有变形、锈蚀和裂纹，螺栓和铆钉不得缺少或松动。

（6）前、后桥不得有变形和裂纹。

（7）车桥与悬架之间的各种拉杆和导杆不得变形，各接头和衬套不得松旷和移位。

6. 传 动 系

（1）机动车离合器应接合平稳，分离彻底，工作时不得有异响、抖动和不正常打滑等现象。

（2）换挡时齿轮啮合灵便，互锁和自锁装置有效，不得有乱挡和自行跳挡现象。运行中无异响。换挡时变速杆不得与其他部件干涉。

（3）传动轴在运转时不得发生振抖和异响，中间轴承和万向节不得有裂纹和松旷现象。

（4）离合器踏板自由行程应符合整车技术条件的有关规定。

第三单元 高速公路和特殊条件下驾驶

第一章 高速公路驾驶

第一节 高速公路知识

高速公路(如图 3-1-1 所示)是全封闭、多车道、具有中央分隔带、立体交叉、集中管理、控制出入、限制上路车种、安全服务设施配套齐全、专供机动车高速行驶的公路。

一、高速公路的基本构成

高速公路由主线、立交、收费站和服务区等部分组成。

1. 主线

主线由行车道、中央分隔带、路肩、护栏、隔离栅、加速车道、减速车道、应急停车带等部分组成。

2. 立交

道路与道路在不同的水平面上的交叉称为立体交叉。高速公路与其他公路交叉时,全部采用立体交叉,避免了车辆相互干扰、冲突乃至碰撞的问题,并限制了交叉路口车辆的出入,从而使行驶速度和安全性大大提高,这也是高速公路区别于一般公路的一大特征。高速公路立体交叉的形式很多,按交通功能的不同可分为分离式立体交叉和互通式立体交叉两类。在空间上把交叉的交通进行分离,并用匝道将上下相交的道路加以连接,这样的交叉口称为互通式立体交叉,因其不致产生交通堵塞和冲突,被高速公路广泛采用。

3. 沿线设施

高速公路沿线有安全设施、交通管理设施、服务性设施、环境美化设施等。

(a)

(b)

图 3-1-1 高速公路实景

安全设施一般包括标志(如警告、限制、指示标志等)、标线(以文字或图形来指示行车)、护栏(如刚性护栏、半刚性护栏、柔性护栏等)、隔离设施(对高速公路进行隔离封闭的人工构造物的统称,如金属网、常青绿篱等)、照明及防眩设施(为保证夜间行车安全所设置的照明灯、车灯灯光防眩板等)、视线诱导设施(为保证驾驶员视觉及心理上的安全感所设置的全线设置轮廓标等)等。

交通管理设施一般包括高速公路入口控制、交通监控设施(如检测器监控、工业电视监控、通讯联系电话、巡逻监视等)等。

服务性设施一般有综合性服务区(包括停车场、加油站、修理厂、餐厅、旅馆、邮局、休息室、厕所、小卖部等)、小型休息点(以加油为主,附设厕所、电话、小块绿地、小型停车场等)、停车场等。

环境美化设施是保证驾驶员高速行驶时在视觉、心理上协调的重要环节。因此高速公路在设计、施工、养护、管理的全过程中,除应满足工程和交通的技术要求外,都要以美学观点进行调校,经过多次调整、修改,使高速公路与当地的自然风景协调,成为优美的彩带。

二、高速公路的主要特点

高速公路与一般公路相比,具有以下特点:

(1) 行驶速度快。《中华人民共和国高速公路交通管理办法》规定:行人、非机动车、拖拉机、农用运输车、电瓶车、轮式专用机械车、全挂牵引车,以及设计最高时速低于 70 km/h 的机动车辆,不得进入高速公路;机动车在高速公路上正常行驶时,最低时速不得低于 50 km/h。由于限制了低速车辆的驶入,缩小了行驶车辆的速度差异,降低了行驶中的纵向干扰,车速得到充分发挥。

(2) 通行能力大。高速公路路面宽、车道多,在一些特殊地段还设置爬坡、加速、减速等车道,使一些车辆在局部路段分离,减少了干扰,道路通行能力大大提高。

(3) 完善的安全、服务设施。高速公路沿线设有完善的交通安全设施(标志、标线、护栏、隔离设施、照明及防眩设施等),并提供完善的服务设施(停车场、加油站、修理厂、餐厅等)。

(4) 交通事故少。由于高速公路具有立体交叉控制出入、分隔行驶、限制最低与最高车速以及较完善的交通设施等特点,因此交通事故大大减少,其事故率只有一般公路的 1/3 左右。

(5) 运输成本低。高速公路完善的道路设施条件使主要行车消耗——燃油与轮胎消耗、车辆磨损及事故赔偿损失降低,从而使运输成本大幅度降低。

(6) 操作单调,易疲劳。高速公路驾驶过程轻松且单调,整个驾驶过程平淡,容易产生意识松懈和视神经疲劳。因此,驾驶员在高速公路上较长时间驾驶时会提前产生疲倦,以致反应能力下降。

第二节　高速公路行驶特性

一、高速公路行驶对驾驶员的影响

汽车在高速公路上的行驶速度一般可达 100 km/h 左右,这样高的行驶速度对驾驶员的心理和生理都会产生一定的影响,主要表现在以下几个方面:

1. 驾驶员视觉特征

(1) 动视力下降。据统计,与行车有关的各种信息中有80%~90%以上是通过视觉获得的。实践证明,驾驶员在运行中的视力(动视力)一般要比静止的视力低,而且随车速的提高,视力也明显下降。例如,以60 km/h的速度行驶时,能看清车前240 m的标志,而以80 km/h的速度行驶时,则在接近160 m处才能看清同一标志。

(2) 有效视野变窄。车速越快,越要注视远方,因而使视野相对变窄,视野周围的景物在驾驶员的眼内停留的时间相应缩短,甚至一闪而过,以致无法发现有用的信息,只有正前方附近的区域尚能看得清楚。有效视野的缩小妨碍了驾驶员对近处情况的观察,有时漏掉了必要的安全信息,这对安全行车极为不利。

(3) 速度判断错误。在高速行驶一段时间以后,驾驶员对道路环境已经习惯,因而导致精神逐渐松弛,注意力开始分散,这种驾驶适应性会使驾驶员的判断能力下降。有关专家曾做试验:让3组年龄、驾驶技能基本相同的驾驶员都加速到110 km/h,行驶不同时间后要求驾驶员凭自己的主观感觉把车速降到65 km/h。结果各组驾驶员对实际车速的判断都偏低,而且等速行驶阶段越长,判断误差越大。这样在准备驶出高速公路的出口匝道上就可能有碰撞护栏的危险,因此驾驶员应以车速表为准,不应过分相信自己的感觉。

(4) 距离判断错误。人对距离的感知主要依靠视觉系统提供的信息完成。视觉信息中又以双眼立体视力最为重要,通过立体视力,驾驶员可以感知物体的相对距离。随着车速的提高,驾驶员判断的车距往往比实际要小,且随着车速的继续提高,判断距离的加大,判断误差也增大。

2. 驾驶员意识特征

驾驶员意识特征主要表现在其意识水平的高低,即驾驶员头脑的清醒程度上,这对及时准确收集行驶信息、正确地分析判断、处理行车情况有重要意义。驾驶员的意识水平受到多方面因素的影响,如身体状况、道路环境、车辆状况等。在高速公路上,驾驶员不必担心平面交叉或混合交通的横向干扰,精神比一般公路上舒畅得多。但由于行车中外界刺激信息减少,行车速度提高,这些因素对驾驶员的意识水平将产生一定的影响。

(1) 无意识占有现象。注意是心理活动对一定事物的集中和指向。正是由于这种集中和指向,驾驶员才能够清楚地收集和处理各种信息,作出正确的判断,采取相应的动作和措施。但是在驾驶过程中,若注意过于集中指向某一点,就会忽视其他方面甚至对其他交通情况视而不见,这对交通安全极为不利。在平坦直线的高速公路上发生的连续碰撞事故往往是由于这些无意识占有现象引起的。

(2) 意识水平低沉。行驶中节奏的振动也起催眠作用。这便使驾驶员随着驾驶时间的延长,大脑逐渐进入近乎打瞌睡的"机械"状态。这时驾驶员意识模糊,只是机械地握着转向盘,跟着前方的目标行驶。一旦遇到紧急情况,即使驾驶员已经发现,但正常的认识判断过程恢复不了或判断中止,不知不觉就造成了事故。

3. 驾驶员应采取的措施

由于在高速行驶条件下,驾驶员视觉、意识特征的变化对安全行车有着以上的影响,因此,驾驶员在行车中应采取以下针对性的措施:

(1) 应正确判断行车速度,及时观察车速表修正判断误差,充分利用道路上设置的距离确认标志进行行车间距的确定,以保持足够的反应时间。

(2) 在高速公路上行驶时,要合理地分配注意力,不能把注意力集中到某一点,应该有意识地注意周围情况,接受环境的刺激,始终保证意识处于清醒状态。

(3)应安排适宜的行车时间和停车休息,减轻因行车时间过长而引起的各种器官疲劳,使驾驶员保持充沛的精力,具有良好的视觉特征,始终处于积极的意识状态,确保高速公路的行车安全。

二、高速公路行驶对车辆性能的影响

由于行驶速度的提高,高速公路行车,对车辆技术性能也有着很大影响,尤其体现在汽车的制动性和操纵稳定性上,主要表现为制动停车距离延长、转弯行驶离心力加大、轮胎性能下降等方面。

1. 制动停车距离延长

高速公路行车,由于车速的增高,驾驶员的制动反应距离显著增加,车辆的制动停车距离也大幅度地延长,这使得车辆制动非安全区域扩大,制动效果变差,汽车行驶的安全性大大降低。

2. 转弯行驶离心力加大

汽车在行驶中转弯做曲线运动时,必然要产生离心力。离心力大小与车速平方成正比,车速越高,产生的离心力越大,车辆的操纵稳定性急剧下降,汽车极易发生侧滑或横向侧翻而造成事故。

3. 轮胎性能下降

由于长时间高速行驶,车辆轮胎温度上升,造成轮胎气压增高,轮胎强度下降,使轮胎爆胎的可能性增大,汽车失控引发交通事故的可能性提高。

当汽车在具有一定厚度水膜的高速公路路面上行驶时,由于轮胎的高速旋转和积水的惯性作用,且轮胎与路面间的积水不能及时排除,水的阻力便会使车轮上浮,严重时轮胎会产生水膜滑溜现象,可使汽车的驱动力、制动力和方向操纵完全失灵,严重威胁行车安全。

由于高速行驶对车辆性能具有以上影响,因此驾驶员行车中应充分认识制动距离、离心力与速度的倍数关系,选择恰当的行驶速度和保持足够的行车间距,充分估计到汽车制动停车距离,遇有特殊情况提前减速,降低通过弯道时的车速。雨天行车,如感觉转动方向用力变小,应降低车速,不要急转方向盘。正确选择和使用轮胎,应尽量使用子午线轮胎。因为子午线轮胎具有使用寿命长、滚动阻力小、油耗低、承载能力大、减振性能好等优点。另外,子午线轮胎上标有轮胎的最高速度级别,在高速公路行驶的汽车应当选用大于或等于该车最高时速的轮胎,严格按规定装载,严格按标准掌握好轮胎气压,切忌过高或过低。长距离高速行驶,发生轮胎温度过高时,应停车休息后再行驶,切忌采用放气、泼凉水等方法。

第三节　高速公路安全行车

高速公路具有良好的交通环境,完善的交通安全、控制和管理设施,常常使人感到行车很安全。但从以上高速公路行驶特征分析可以看到,如果忽视了汽车高速条件下行车特性,不能很好地掌握高速公路行车要求及驾驶操作要领,随时都有发生重大事故的可能性。因此,必须从驶入高速公路开始,就严格遵守《中华人民共和国高速公路交通管理办法》等有关法规和操作规程,严格按规定乘载,注意行车中的每一个环节,确保高速公路安全行车。

一、高速公路行车规则

高速公路上行车速度较快,车辆较多,所有车辆都应按规定的要求行驶,否则将很容易造成行车事故。

(1) 遵守行车速度的要求。高速公路上一般有两种限速标志:一是固定限速标志,二是可变限速标志,前者适用于常规道路条件下,后者适用于自然环境不良的道路条件下。因此,驾驶员不仅要知道固定限速标志的规定车速,还要注意恶劣天气环境下在高速公路上行车时可变限速标志的速度规定。

(2) 遵守不驶越中央分隔带规则。要求所有车辆不得驶越中央分隔带,或在中央分隔带停车、驻车或调头。若需要调头,必须在规定的立体交叉道上进行。

(3) 遵守顺行、严禁逆行的规则。要求所有车辆必须遵照标线指示,在适当的车道内顺行,不得压线或作"S"形行驶,更不得在正常行驶道、超车道、匝道、桥梁、路肩或其他车道上逆行。

(4) 遵守不随意停车的规则。不得在正常行驶道、超车道、匝道、桥梁、路肩或其他竖有禁止停车标志的地方停车或驻车。

(5) 不得在高速公路非停车处任意停车、上下乘客或装卸货物。

(6) 乘员不得站立,不准向车外抛弃物品。

(7) 驾乘人员应系好安全带。

二、驶入高速公路前的准备及检查

1. 驶入高速公路前的准备

驾驶车辆驶入高速公路前应做好以下准备工作:

(1) 要熟知高速公路的有关法律、法规和规定,掌握高速公路的安全行车方法。

(2) 制订合理的行车计划,根据任务内容确定行车时间、起止点、路线及休息地点等,同时还要注意气象预报和高速公路预报,做到心中有数。

(3) 如果是第一次驶入的高速公路,需要了解驶入高速公路行驶区间的出入口、行驶路经地、沿途服务设施等情况,并确定好自己行驶的入口和出口。

(4) 注意休息,保持旺盛的精力,切忌服用含镇静剂、催眠剂或兴奋剂的药物。

(5) 带齐途中需要的工具、用具、生活用品等,尤其是故障警告标志牌、灭火器、手电筒等必备用品。

2. 驶入高速公路前的车辆检查

车辆在高速公路行驶时,由于较高的速度和较长的距离增加了发生机械故障的可能性,因机械故障造成事故的后果和损失要比普通道路严重得多。因此,应该在驶入高速公路前对车辆进行以下必要的检查:

(1) 制动、转向、传动、灯光信号装置是否安全、有效。

(2) 轮胎气压是否正常,轮胎有无裂纹损坏。

(3) 散热器是否有充足的冷却水,风扇皮带张紧力是否标准,有无破损情况。

(4) 燃油、润滑油、制动液是否充足。

(5) 货物及人员乘载情况。

三、安全驶入高速公路

在收费口交费或取卡后，就具备了在高速公路行驶的资格。车辆必须按照高速公路的有关规定和要求行驶。

1. 匝道行驶

高速公路的入口大多采用立体交叉形式，一般有两条不同方向的匝道。如果不注意指路标志，往往会驶错方向。

(1) 选择匝道时应注意观察路标，根据指路标志确定开往自己目的地的行驶方向，确定进入的匝道，因为一旦行驶错了方向就不会再有退路。

(2) 确定行驶的匝道后，及时驶入并尽快提高车速，但不能将匝道当成加速车道，应严格按标志规定的速度行驶。前方有行驶的车辆时，要保持足够的安全间距。

(3) 有弯道和坡道的匝道一般都要限制速度，应注意警告标志，按标志规定的速度行驶。

2. 加速车道行驶

车辆在驶入行车道前必须在加速车道上提速，尽管行车道上的车辆很少，也应充分利用加速车道尽快提高车速驶入行车道。否则，车辆进入行车道时会影响在行车道正常行驶的车辆，甚至会发生追尾事故。

(1) 在进入加速车道时，打开左转向灯示意。

(2) 沿加速车道行驶，并将车速尽快提高到 60 km/h 以上。

(3) 如果是尾随前车行驶，还要注意观察前车的行驶速度和加速情况，并保持一段能够在加速车道上充分提速的距离。

(4) 在加速车道上行驶时，要随时注意观察行车道上行驶的车辆，选择插入时机。

3. 驶入行车道

从加速车道安全驶入行车道，应认真观察行车道上行驶车辆的速度、间距，在不妨碍行车道车辆正常行驶的情况下，安全平顺地汇入行车道正常行驶的车流。

(1) 看清行车道上行驶车辆的情况，并通过后视镜观察左后方行车道上的车辆。

(2) 正确估计行车道车流的速度，调整和控制好车速，根据车流情况确定尾随哪辆车后面驶入行车道。

(3) 行车道上的车辆较少时，在不妨碍其他车辆行驶的情况下驶入行车道，并应尽量避免抢在正常行驶车辆前驶入。

(4) 当行车道上的车流密度较大，车辆相距较近或以车队状态行驶时，要考虑所驾驶车辆的加速性能和首车的速度。

首车速度较慢，可在不影响首车正常行驶的情况下加速从首车前方驶入行车道；首车速度较快，其他尾随车距离有近有远，可在首车后选择 1 辆与前车距离较远且速度较慢的车辆前驶入行车道，但是不能影响其正常行驶；首车速度较快，其他尾随车距离较近，应控制车速，在所有车辆通过后再驶入行车道。

四、行车道安全驾驶

车辆进入行车道后，因无交通信号灯和道路平面交叉，又无行人、非机动车和其他低速车辆的干扰，使车辆具备了可以充分发挥其速度性能的条件。由于在高速公路上行驶的车辆速度比一般道路高,它对驾驶员的要求也就不同于一般道路。因此,在行车道行驶如果不懂得高速公路行驶规定和行车方法而盲目行车,势必扰乱高速公路的正常行驶秩序,埋下事故隐患。

1. 速度的确认和控制

(1)由于路面宽阔、固定参照物少、车流速度高,驾驶员凭感觉或估计判断车速往往会造成车速过高,尤其是刚从一般道路进入高速公路后,这种感觉更为明显。

(2)行车速度确认应依据车速表,切不可过分地相信对速度的主观判断。车速已经很快,驾驶员却常常感觉不到,很可能会一味地加速,一旦交通状况发生变化,很可能因来不及作充分的反应而措手不及。

(3)机动车在高速公路上正常行驶时,最低时速不得低于 60 km/h;小型载客汽车最高车速不得超过 120 km/h,其他机动车最高车速不得超过 100 km/h。

(4)最高时速和最低时速是指天气及交通良好的情况下适用的行驶速度,遇大风、雨、雪、雾天气或路面结冰时,必须减速行驶。

2. 速度的选择

(1)车辆进入行车道后,应严格遵守行车道最高时速和最低时速规定,无论是正常行驶,还是超车或让车,都不能超出规定范围。超车时不得超过最高时速,超过最高时速每超越一辆正常行驶的机动车,高速公路上就可能会增加一次交通事故;让车时不能低于最低时速,低于最低时速行驶,会加大车辆之间的速度差,增加变更车道的次数,反而更危险。

(2)在高速公路上行驶时要注意限速标志,按照标志要求限速行驶。在有限速标志的路段,应及时将车速控制到限速标准以内,不得超过限定车速驶过该路段。道路限速标志标明的车速与规定车道行驶车速不一致时,按照道路限速标志标明的车速行驶。

3. 分道行驶

机动车在高速公路上通行时,应当在行车道上行驶,且必须严格遵守分道行驶、各行其道的原则,不得随意穿行越线,不准骑、压分界线行驶。

(1)同方向有两条车道的,在左侧车道行驶时的最低车速为 100 km/h,右侧车道行驶时的最低车速为 60 km/h。

(2)同方向有 3 条以上车道的,在最左侧车道行驶时的最低车速为 110 km/h,中间车道行驶时的最低车速为 90 km/h,最右侧车道行驶时的最低车速为 60 km/h。

4. 安全行车间距

高速公路上的行车间距是指行驶中两辆车间的前后距离和超车时两辆车平行行驶瞬间的左右距离。这两个距离对于高速安全行车事关重要,如果保持不好,很容易发生追尾和刮碰事故。因此,机动车在高速公路上正常行驶时,同一车道的后车与前车必须保持足够的安全行车间距。

(1)正常情况下,当车速为 100 km/h 时,纵向行车间距(两车间的前后距离)为 100 m以上;车速为 70 km/h 时,纵向行车间距为 70 m 以上;遇大风、雨、雪、雾天或者路面结冰时,应当减速行驶,纵向行车间距应适当加大 1~1.5 倍。

(2)正常情况下超车时,当车速为 100 km/h 时,横向行车间距为 1.5 m 以上;车速为70 km/h 时,横向行车间距为 1.2 m 以上;遇大风、雨、雪、雾天或者路面结冰时,应在减速行驶的同时适当加大横向行车间距。

5. 安全超车

（1）在高速公路超车需变更车道时，应判断前方车辆是否在超车或前车有无超车意图。通过后视镜观察左侧车道有无后续车辆、有无车辆意图超越。

（2）确认进入的车道前、后方车辆均有不影响变更车道的安全间距后，开启左转向灯，夜间还需变换使用远、近光灯；再一次确认后方确无车辆超越，保持与前、后车辆均有足够的安全距离。

（3）在距前车 70 m 左右时，向左适量平顺地转动转向盘，以较大的行车轨迹加速驶入需要进入的车道，保持足够的横向安全间距加速超越。

（4）超车后，开启右转向灯，在不影响被超车辆正常行驶的前提下，驶回原行车道。

（5）超车时只允许使用相邻的车道，不准在匝道、加速车道或减速车道上超车。

6. 安全变更车道

（1）车辆在高速公路上遇一条行车道上有障碍、事故造成堵塞、道路施工占道、自然灾害造成前方路段损坏时，应提前减速，做好变更车道准备。

（2）变更车道时，要注意观察道路上设置的标志或警示牌，按照标志或警示牌上的要求行驶；同时，提前减速并开启转向灯，确认安全后再驶入指定的车道。

7. 弯道安全行驶

高速公路由于地形或设计要求等原因，间隔一段距离设置了弯道。行至弯道处，视野的注视点将投向弯道外侧远方的地点，容易造成对距离和弯度判断的失误。如果速度控制不当，将会发生冲撞防护栏或中央隔离带、追尾相撞等事故。

因此，驶入弯道时应适当降低车速。为了避免因转小弯与侧面车辆剐碰，禁止在弯度小的弯道上超车；在左转弯道行驶时，由于视距会变短，应尽量避免超车。

8. 坡道安全行驶

高速公路的坡道坡度较缓，加速和减速不明显，尤其下坡时不易感到速度过快而发生危险。

夜间行驶时，光线不良，下坡行驶时发生事故的可能性更大。如果不注意控制车速，对速度估计不足，就使得车速过高，造成驶出车道、碰撞防护栏或中央分隔带、车辆侧滑引发追尾相撞等事故。

行车中应注意坡道的存在，通过观察道路标志和警告牌，并根据道路的实际情况控制行车速度。下坡时应控制速度，不要过分依赖感觉对车速的估计，要注意观察车速表显示，确定速度在安全范围内。在下坡转弯路段禁止变更车道。

在设有爬坡车道的上坡路段，车速较慢的大型客车、载货汽车及其他车辆在爬坡车道上行驶，速度较快的小型车及其他车辆不可随意驶入爬坡车道。

9. 通过隧道的安全驾驶

高速公路上的隧道，即便是照明条件好的隧道，隧道内与隧道外的光线也有差异，尤其在白天驶入、驶出隧道都对视觉有很大的刺激。若反应迟缓，易造成因车速、行车间距的判断不准确或失误而导致事故。隧道是高速公路上行车最危险的路段之一。

（1）驶入隧道前，注意隧道口的信号灯指示，选择亮绿灯的隧道口作为入口。在离隧道入口 50 m 左右，开启前照灯、示廓灯、尾灯，以便观察前方情况并引起后方车辆的注意。

（2）进入隧道时，注意观察车速表，按照隧道口标志上规定的速度调整车速。注意车辆的装载高度是否在标志限定的高度之内，以确保车辆能安全通过。

（3）进入隧道后，将注视点放到隧道前方的远处，不要看两侧的隧道壁，以避免强烈的速度感；同时控制好车速，注意保持足够的安全行车间距。

（4）双向行驶的隧道内禁止使用远光灯；在隧道内不宜鸣喇叭，以防噪声影响其他车辆行驶；严禁在隧道内变更车道、超车和随意停车。

（5）驶出隧道前，通过车速表确认行车速度，不能凭直觉判断车速；驶到出口时，应握稳转向盘，以防隧道口处的横向风引起车辆偏离行驶路线。

（6）驶出隧道后，在亮度适应过程中切勿盲目加速，以免因不适应视力瞬时下降而造成危险。

10. 安全通过立体交叉桥的方法

高速公路上的立体交叉形式很多，结构复杂，其通过方法与平面交叉不同。若掌握通过常见的较为复杂的立体交叉桥的方法，可顺利通过高速公路的立体交叉桥。

（1）通过立体交叉桥前注意观察指路标志，在临近转弯的立交桥前要根据右侧标志确认出口位置、行驶车道和行驶路线。

（2）改变行驶路线时，应距立交桥指路标志 500 m 开始逐渐减速，根据预告标志适时地向右完成车道的变更，平顺地驶入预定车道。

（3）在距出口 50～100 m 时，打开右转向灯，按照指路标志的要求进入匝道。

（4）按照从匝道进入行车道的方法，驶入新行驶方向的行车道。

11. 安全停车

在高速公路上行驶的车辆除遇障碍、发生故障或其他特殊情况外，不准随意停车。如果必须停车时，应根据具体情况采取安全有效的方式，尽量在不影响正常行驶车辆的前提下，选择紧急停车带或右侧路肩停车。

（1）车辆因故障必须停车时，切不可采用紧急制动的方法，更不能在行车道直接停车。应控制好车速，看清车前、车后的交通情况，打开右转向灯。

（2）尽快驶离行车道后，逐渐减速停在紧急停车带或路肩上。停车后，在车后方 150 m 处设置故障警告标志，并开启危险报警闪光灯，夜间还需开启示廓灯和尾灯。

（3）车辆修复后需返回行车道时，在路肩或紧急停车带提高车速至 60 km/h 以上，开启左转向灯，认真观察行车道上车流的情况，在不妨碍其他车辆正常行驶的情况下驶入行车道。

（4）如果因故障不能离开行车道，必须立即开启危险报警灯。在行驶方向后方 150 m 处设立警告标志，在夜间还需开启示宽灯和尾灯；同时向高速公路管理中心或交通警察报警。

（5）车上人员迅速离开车辆，转移到路肩或紧急停车带等安全的地方，等候救援。

五、安全驶离高速公路

1. 驶离行车道

（1）高速公路每一个出口前 2 km，1 km，500 m 及出口处都设有预告下一出口标志。当看到要驶出的下一出口第一预告标志时，根据预告标志指示的下一路口的距离及时做好驶出的准备。

（2）如果在内侧车道上行驶，应在不影响其他车辆正常行驶的前提下提前逐渐变更至最外侧车道，以便驶离行车道。

2. 驶入减速车道

(1) 驶离行车道的最佳时机是行至离出口 500 m 处,开启右转向灯,适当调整车速,逐渐平顺地从减速车道始端驶入减速车道。

(2) 如果驶过出口,只能继续向前行驶至立体交叉桥调头,或者在下一出口驶离。

3. 减速车道行驶

(1) 驶入减速车道后,关闭转向灯。注意观察车速表,并逐渐减速,使车辆在进入匝道前减至限定的速度。

(2) 不允许未经减速车道减速,直接从行车道驶入匝道;不准在减速车道上超车、调头。

4. 匝道行驶

(1) 进入匝道后,根据匝道的弯度掌握好转向盘,并将车速控制在限定的时速 40 km/h 以下;同时注意从其他车道合流的车辆。

(2) 不准在匝道上超车、调头。

第二章　山区道路安全驾驶

全国绝大部分省都有海拔高度不同的山地,而广大山区的工农业生产物资和人民生活用品又主要靠公路运输。因此,对驾驶员来说,了解山区公路的行车特点和注意事项,掌握山区公路驾驶的操作方法,对安全驾驶、提高运输效率具有相当重要的意义。

一、山区公路的特点

山区的公路大都是根据自然地理条件修筑,有的更是修筑在崇山峻岭之中,从行车的角度来看,一般具有下列特点:

(1) 坡长而陡。

我国青藏、川藏、西兰等干线公路,翻越高山峻岭,边疆的上下坡路普遍达十余公里,最长的达数十公里。而且有些地段坡度较陡,汽车上山时常需要用低速挡长时间行驶,而下山时则需长时间运用制动。

(2) 路窄弯急。

由于修筑的难度大,耗资多,路幅一般较窄。登山公路多为盘山绕行或环山傍水,弯道曲折且连续不断。转向盘运用频繁,变速器的挡位不断变换,操作费力,加之弯道视线不良,须提前减速,常作避让和停车的准备,这些因素使驾驶员思想常处于戒备状态,精力消耗大。

(3) 气候多变。

山地的气候取决于当地的纬度、海拔高度、区域的地形及季节变化等因素。有的山地气候湿润,经常处于云雾笼罩之下;有的山地气候干燥,常年风沙不断;有的山地,山下骄阳似火,热不可挡,而在上山途中,气温犹如春秋,待到山顶却像进入寒冬,有"一日四季"之称;有的山地,阳面道路坚实干燥,阴面却是湿滑泥泞;有的山地,昼夜温差悬殊;所有这些情况均对汽车的动力性和安全行车造成了一系列不利的影响。

（4）险情较多。

在雨季，有的山地山洪较多，坍山塌方、桥涵冲断经常发生；有的山地有冰川和泥石流活动；有的山地经常有风化的石块滚落路面。诸如此类险情往往会使公路遭到破坏，交通中断，给行车增加困难。

二、山区道路行车方法

1. 进入山区道路前的准备
（1）准备必要的物品（随车工具、防雨防滑设备等）。
（2）检查车辆。
（3）了解山区气候。
（4）确定最佳行车路线。
（5）注意休息。

2. 山区险路驾驶的方法
（1）上下坡保持匀速。
（2）下急坡要多减一挡。
（3）悬崖处会车，要给对面来车留出通道。
（4）慎防路肩坍塌，必要时下车察看。
（5）下陡坡切忌超车。
（6）加大车间纵向距离。

三、坡道驾驶

1. 短而陡的坡道驾驶
采用冲坡法，在驶近坡顶时提前松开加速踏板，利用车的惯性冲过坡顶，以便控制车速，防止对面的视线盲区突然出现车辆而措手不及。

2. 长坡驾驶
（1）上长坡时，要提前观察路况、坡道长度，使车辆保持充足的动力。
（2）下长坡时，要适当控制车速，多减一挡，充分利用发动机的制动作用。

3. 山路弯道驾驶
通过山路弯道时，要按照"减速、鸣号、靠右行"的规则，提前降低车速。避免在转弯时换挡，以确保双手能有效地控制转向盘。

4. 跟车、超车和会车的驾驶
（1）跟车：与前车一定要适当加大安全距离；视线不清，路段不明时要加大跟车距离。
（2）超车：要尽量选择宽敞地段、开转向灯、提前鸣喇叭，不得强行超车；在有禁止超车标志或法规不允许超车的路段，严禁超车。
（3）会车：应主动选择安全地段减速或停车与来车会车。

四、汽车在山路下坡时的制动方法

山区道路大都路幅狭窄，坡陡弯急，长而陡的坡道较多。下坡时因车辆质心前移，车速会越来越快，驾驶员在控制车速时若频繁使用制动踏板，会感到腿部乏力、疲劳，车轮制动鼓和制动蹄摩擦片也会过热，轻者使制动效能降低，重者使制动失效。因此，山路下坡如何使用制动,确实需要一定的技术。山路下坡时,应根据坡道的陡缓情况以及车载质量的大小,挂上适合所需车速的挡位,充分利用发动机的牵阻作用控制车速,这样可避免过多地使用脚制动器。

气压制动的车辆制动时要保证气压在安全标准以上,一般不宜过多地将制动踏板随踩随放,避免过快降低气压,而应根据所需的制动强度,适当踩下制动踏板。当车速过快需增大制动力时,可继续踩下一段行程;当车速慢需减小制动力时,稍放松制动踏板。在下长而陡的坡道时,只要气压能满足需要,可采用适当的间歇制动,这样有利于制动鼓和制动蹄摩擦片的冷却。当车速达到道路情况所不允许的限度时,要适当增大制动力,使车速均匀降低;当车速降至符合要求时,稍放松制动踏板,这样可保证车速均匀稳定。

液压制动的车辆制动时,应将制动踏板踩两次后用脚压住踏板,使踏板处于较高的临近制动位置。需要增强制动力时,往下踩点;需要减小制动力时,稍放一点。制动踏板逐渐降低后可再踩两次,使踏板重新升高,以保证车辆制动的及时和灵敏。在下长而陡的坡道时(特别是在炎热的气候条件下),液压制动汽车由于使用制动器的时间长,制动鼓过热,常需停车休息,但休息后再起步行驶时往往会发生制动失效的现象。这是由于停车休息时,分泵活塞和皮碗停止不动所致。因为分泵过热而使皮碗外圈接触面干燥,密封性降低,制动时漏油,引起制动失效。因此,停车休息时应不断地踩动制动器,使皮碗往复运动,防止外圈表面干燥,这样既可使皮碗保持较好的密封性,又能使制动液冷却得快些。

下坡中途,脚制动器发生意外故障而突然失效时,可用"抢挡"的方法降到最低挡,利用发动机的牵阻作用降速,同时要掌握好方向,用手制动器控制转动机件旋转。用手制动时,手制动杆不可一次拉紧不放,也不可拉得太慢。一次拉紧,容易将手制动盘"抱死",损坏传动机件,丧失制动力;拉得太慢,会使制动盘摩擦过热烧蚀制动摩擦片而失去制动作用。正确的方法是:拉一下、松一下,再拉一下、松一下,反复进行。当车辆接近停住时,再拉紧手制动杆。

第三章 通过凹凸道路、障碍物、桥梁、铁路、隧道和涵洞的安全驾驶

一、通过凹凸道路

通过凹凸道路时要谨慎驾驶。第一,要保持正确的驾驶姿势,上身稍贴坐椅靠背,两手握紧转向盘,防止由于身体随车跳动而失去对车辆的控制。第二,要根据路面情况,使用以下通过方法:

(1) 遇短而小的凹凸道路可空挡滑行通过。

(2) 遇连续的小凹凸或"搓板"路,要适当减速匀速通过。

(3) 遇凸起较大的障碍物,可用低速挡缓慢通过(必要时可在障碍前停车,重新启动通过)。当车前轮将要上障碍物时应加速,到障碍物最高点时可抬起加速踏板,使汽车溜下障碍物。要注意车辆通过时,防止前桥壳擦碰凸形地面。

（4）遇凹形较大的横断路时，应抬起加速踏板，使车速降到一定程度，并利用车辆的惯性使前轮溜下凹形沟底时再稍加速，待后轮到凹形沟边时抬起加速踏板，后轮溜下沟底时再加速。同时要注意防止车辆前、后端与凹形地面碰撞。

二、通过障碍物

发现路面有障碍物时，应及时降低车速，注意观察障碍物的形状和位置，以确定通过方法。驾驶轿车时，因其离地间隙较小，决不能贸然采取骑跨障碍物的方法通过，以免车辆受损。具体通过方式有以下几种：

（1）如果障碍物位于道路中间，其两侧均可通过车辆，应选择较安全的一侧通过。

（2）如果障碍物位于道路中间，高度低于汽车最小离地间隙、宽度小于轮距，可使车辆左右轮居于障碍物两侧缓慢通过。

（3）若障碍物的最高点超过汽车最小离地间隙，且宽于轮距，应换入低速挡，使一侧车轮压在障碍物较低的一面上，另一侧车轮压在平路上缓慢通过。

三、通过桥梁

1. 通过水泥桥

水泥桥建筑结构坚固，桥面平整且承受能力较好，便于车辆通过。汽车通过水泥桥时，如水泥桥为双车道，可按正常的驾驶情况通过；遇桥面不平或狭窄时，应减速通过。注意车辆不要过于靠近桥边护栏。

2. 通过拱形桥

拱形桥多为石料砌筑，拱度较大常会使驾驶员视线受阻。汽车通过拱形桥时，应减速、鸣喇叭、靠右行驶，并随时注意对面来车。驶近桥顶时要做好制动的准备，以便从容处理突然出现的情况，切忌盲目高速冲过拱桥。

3. 通过漫水桥

漫水桥面多有积水，通过漫水桥时应使用中速挡，按照固定路线通过，尽量避免中途停车、变速和转向。汛期时通过漫水桥，应探明水情，若水流过急、过深，千万不要冒险通过。

4. 通过木桥、吊桥、浮桥和便桥

木桥、吊桥、浮桥和便桥牢固性差，承载能力低。通过这些桥梁时，应提前减速，换入低速挡，以平稳速度通过，避免在过桥途中制动、变速和停车，以减少对桥梁的冲击。遇年久失修的木桥，应先下车察看桥梁的牢固程度，采取必要的措施，在确定桥梁能承受的情况下缓缓上桥。过桥途中随时注意桥梁受压后的情况，在听到桥梁发出断裂声时，应加速行驶，切勿中途停车；发现桥面松动时，要避免露出的铁钉划破轮胎。桥面有冰雪和泥浆时，汽车易发生侧滑，应铺垫一些石、土、草袋等物并谨慎驾驶。

四、通过铁路道口

1. 通过无人看管的铁路道口

通过无人看管的铁路道口，应提前减速，到达停车线时要立即停车，确认安全后再低速通过，做到"一看、二慢、三通过"，千方不能贸然通过或与火车抢行。

2. 通过有信号灯（或栏杆）控制的铁路道口

通过铁路道口遇红灯亮和信号灯交替闪烁时，应将汽车依次停在停车线以外等候。当道口绿灯亮时,准许汽车缓慢通过,但也要注意避让非机动车和行人。

五、通过隧道

隧道分为单行道和双行道。隧道内一般比较狭窄,有时路面还比较湿滑。短隧道可从入口看到出口,驶进时开近光灯;长隧道或中途有弯的隧道无法从入口看到出口,进入隧道前应打开车灯,遇绿色信号灯时方可驶入。

1. 驶入隧道

(1)驶入单行隧道,应观察对面有无来车,有条件通过时应先适当鸣喇叭或开启示宽灯,再缓慢通过;如发现对面有车驶入隧道或有停车信号,应及时靠右侧停车,待来车通过或见有放行灯光信号后再驶入隧道。

(2)驶入双车道隧道应开启近光灯,靠道路右侧以中速通过。隧道内一般不宜鸣喇叭,尤其在距离较长,车辆流量较大的隧道内更需注意,以免增加隧道内的噪声。

2. 驶出隧道

驶出隧道时,要提防出口处有较强的气流干扰。此时应握紧转向盘,适当抬起加速踏板降低车速,但不得脱挡滑行。由于隧道两侧是视线死角,无法观察到隧道外的情况,应在出口处及时鸣喇叭,预防发生事故。

3. 注意事项

(1)进入隧道前应注意交通标志和文字提示,特别要注意高度限制标志,提前打开车灯。

(2)进出隧道应减速慢行,注意行车安全。

(3)不准在隧道内超车、停车、倒车、起步和调头,以防发生交通堵塞。

(4)在隧道内尾随行车,要保持充分的车距;若路面潮湿,车距应相应增大。

六、通过涵洞

通过涵洞前必须注意交通标志,了解有关规定。涵洞的特点是高度有限制、洞内狭窄、视线不清。通过时必须适当减速,必要时还要停车察看,决不可冒险通过。车辆通过积水的涵洞后,必须轻踏制动踏板缓行一段距离,使制动毂水分蒸发,恢复良好的制动效能后再正常行驶。

第四章 恶劣天气安全驾驶

第一节 雨天安全驾驶

雨天行车的道路状况比晴好天气要复杂,容易出现各种意外情况,存在许多安全隐患。如果驾驶员缺乏雨天行车经验,不能针对雨天的特殊情况驾驶车辆,就容易引起交通事故。

因此,作为驾驶员必须熟悉雨天道路状况,努力增强安全意识,做好出车前的安全检查和车辆维护工作,同时提高在雨天行车过程中出现特殊情况的应急处理能力,熟悉车辆在下雨天的性能等。

一、雨天的交通特点

(1) 路况发生变化。久旱初雨或蒙蒙细雨时,雨水和路面上的积土、油污、轮胎橡胶粉末混合在一起会形成润滑剂,使路面状况变差;久雨或特大暴雨会造成路肩松软,有的地段会出现塌方、路基塌陷以及路面积水等。

(2) 视线产生影响。细雨易造成挡风玻璃挂满水珠,视线模糊,只能靠雨刮器进行改善;大雨或暴雨时,挡风玻璃上形成溪水,有时靠雨刮器也难以改善视线;雨刮器片在雨中左右摆动,视线不良。

(3) 驾驶员易疲劳。雨中行车,视线障碍较大,眼睛易疲劳,观察情况困难;长时间在雨中行车,身体易疲劳,精力消耗大,心理上会产生压抑感,对正确判断来往车辆和行人以及正确选择行车路线均带来极大的困难。

(4) 行人行为混乱。阵雨、暴雨来临之际,往往是乌云笼罩,电闪雷鸣,狂风大作,尘埃飞扬,昏天黑地,视线不清。此时,行人往往只顾埋头急奔,寻找避雨处,目标不一,方向不定;路边有晾晒衣物等的地方,必然出现抢收、抢盖等情况;在蒙蒙细雨中的行人和骑车者,因头戴雨帽,致使视觉、听觉都受到限制;一手握车把,一手拿伞者更是左右摇晃,对交通情况不易看清,易突然转向或滑倒。

二、雨天行车前的检查与维护

(1) 检查雨刮器。如果雨刮器的扫水能力严重下降,雨天驾车行驶就十分困难。一旦车速加快,雨刮器很容易向上浮起,使扫水能力下降。特别夜里光线暗,没有刮净的雨滴在灯光下产生各种反射光,使前方视野极度模糊。

(2) 轮胎要充压。有人认为把胎压降低一些,能使轮胎和地面的摩擦面积增大,进而增加附着力,其实这样做适得其反。胎压过低会加剧打滑程度,因此靠降低胎压来增加接地面积的方法不可行,反之适当增加胎压,制动反而好一点。故在雨天必须按照标准气压进行充气,保持较高的胎压比较安全。

(3) 检查制动液位。检查各分泵是否有漏油现象,一旦分泵漏油,往往会造成车辆制动性能下降,特别是在雨天容易造成重大事故。因此,要养成经常检查轮鼓及轮胎上是否有油渍出现的良好习惯。

(4) 保持前挡风玻璃的清洁是每天出车前必须做好的一件重要的事。只有前挡风玻璃清洁明亮,才能有更佳的行车视野,行车才更安心。同时还必须检查前后窗的除雾装置是否正常,为了防止雨水打进来,车窗大多是紧闭的,因此车厢里的雾气会使前后玻璃看不清楚,也就影响了视线。

三、雨天行车注意事项

(1) 行车中应将车速控制在规定的范围内,并根据实际需要调整车速;能见度在 50 m 以内时,最高时速不得超过 30 km/h。

(2) 遇到大暴雨或特大暴雨,雨刮器的作用不能满足能见度要求时,不可冒险行驶,应选择安全地点停车,并打开示宽灯,待雨小或雨停时再继续行驶。

（3）根据车辆和道路的情况,特别是通过容易引起滑转的道路时,应严格控制车速;如果发生车辆横滑或侧滑情况,切不可急转方向或紧急制动,应利用发动机制动减速。

（4）雨中遇到行人时,要提前减速、鸣喇叭,严禁争道强行,不要从行人身边急速绕过,须与其保持一定的安全距离,以免溅起的泥水弄脏行人的衣服。

（5）雨中跟车、超车、会车时,与车辆及道路边缘适当加大安全距离;在傍山路、堤坝路或沿河路上,不宜沿路边缘行驶;久雨天气或大雨中行车,要注意路基是否疏松和是否出现坍塌的情况,尽量选择道路中间坚实的路面行驶。

第二节　雾天安全驾驶

秋冬是雾的高发季节,雾水不仅会使路面湿滑,而且还会影响驾驶员的视线。多种环境因素中,雾天是最为恶劣的气候条件,雾天发生交通事故的概率要比平常高出几倍,甚至几十倍。因浓雾造成几十辆车辆连续追尾的事故屡见不鲜,损失惨重。因此,保证雾中行车安全显得尤为重要。

一、雾天的交通特点

（1）路况发生变化。雾天由于空气湿度大,道路潮湿,路面摩擦系数往往不足 0.6。

（2）视线产生影响。雾刚发生时,浓度在不知不觉中逐渐增加,视线虽然能逐渐适应,但能见度却在渐渐地降低。雾气使风窗玻璃外形成小水珠,驾驶室内的热气同样使风窗玻璃内凝成水珠,影响视线,且浓雾时能见度更低。低洼的路面上分布着一层厚度为 1 mm 左右的浓雾时,虽不影响透视距离,但却不能看清路面上的石块、沟坎、凹坑等障碍物。

（3）驾驶员易产生错觉。在雾中,帮助驾驶员判断方向和车速的路标以及树木等参照物变得难以看清,驾驶员的速度感迟钝,其主观判断的车速往往要比实际车速低,受尽快冲出浓雾包围的急切心理支配,又会无意中提高车速。由于路边参照物模糊不清,与前方车辆保持的距离往往会太近,驾驶员甚至会误将前车停车开着的尾灯误认为是行驶车辆的尾灯,因紧跟而导致撞车。

二、雾天行车前的准备

在雾天行车前应检查车辆安全性能状况,特别是制动、灯光、雨刮器等是否工作正常。雾天湿度大,水汽极易凝结在挡风玻璃表面,这样会使已经不良的视线雪上加霜,因此应当将挡风玻璃、车头灯和尾灯擦拭干净。另外,在车内一定要携带三角警示牌或其他警示标志,遇到突发故障停车检修时,要在车后 30 m 处摆放警示牌,提醒其他车辆注意。

三、雾天行车注意事项

（1）控制车速、保持车距。雾中行车时,首先一定要严格控制车速,并与前车保持足够的安全车距,切不可跟得太近。雾越大,可视距离越短,车速就必须越低。建议当能见度为 100～200 m 时,时速不得超过 40 km;能见度为 50～100 m 时,时速不得超过 20 km;能见度在 30 m 以内时,时速应控制在 10 km 以下。

（2）正确使用灯光。雾天行驶时,打开前后防雾灯、示宽灯和近光灯,利用灯光来提高能见度,看清前方车辆及行人与路况,也让别人容易看到自己。需要特别注意的是,雾天行车不要使用远光灯,这是由于远光灯光轴偏上,射出的光线会被雾气反射,在车前形成白茫茫的一片,反而看不清前方,极易引发事故。

(3)不要紧急制动或猛打方向盘。气温较低时,极易形成薄霜,路面光滑。在雾天的结霜路面上行车时,一般不要猛踩或者快松加速踏板,千万不能紧急制动和急打转向盘。如果认为确需降低车速,应先缓缓放松加速踏板,然后连续几次轻踩制动,达到控制车速的目的,防止追尾事故的发生。

(4)勤按喇叭。在雾天视线不好的情况下,勤按喇叭可以起到警告行人和其他车辆的作用,当听到其他车辆的喇叭声时,应当立刻鸣笛回应,提示自己的行车位置。两车交会时应按喇叭提醒对面车辆注意,同时关闭防雾灯,以免给对方造成眩目感。如果对方车速较快,应主动减速让行。

(5)切忌盲目超车和抢行。如果发现前方车辆停靠在右边,不可盲目绕行,要考虑此车是否在等让对面来车。超越路边停放的车辆时,要在确认其没有起步的意图而对面又无来车后,适时鸣喇叭,从左侧低速绕过。另外,须注意盯住路中的分道线,不能轧线行驶,否则会有与对面来车相撞的危险。在弯道和坡路行驶时,应提前减速,避免中途变速、停车或熄火。

(6)适时靠边停车。如果雾太大或车发生了故障,应当打开雾灯、近光灯和双跳灯,紧靠路边停车,在距车尾 30 m 以外放置警示牌。停车后应从右侧下车,离公路尽量远一些,千万不要坐在车里,以免被其他车辆撞到。

第三节　冰雪道路安全驾驶

寒冷地区冬季的冰雪比较多,在冰雪路面上行车容易滑溜。尤其是在刮风飘雪行车时,视野差,驾驶操作困难,制动效能差,这些都有碍行车安全。

一、冰雪道路的交通特点

(1)路况发生变化。雪路面即降雪后被碾压形成紧缩雪块的道路面层,雪路面可分为松软雪路面与压实雪路面。松软雪路面是未被碾压或碾压较轻雪层的道路面层,此路面与车轮间附着系数值为 0.20~0.40,易打滑,不易启动,因此车速不能太快。压实雪路面是被碾压较实的雪层的道路面层,此路面与车轮间附着系数值为 0.15~0.50,易打滑,车辆操纵性更差。冰路面即雪被碾压后,外界条件使雪融化或雨雪冻成的道路面层,按外观颜色的不同可分为白色冰路面、灰色冰路面与黑色冰路面。此路面在气温为零下时与车轮间附着系数值为0.08~0.20,车辆操作性、制动性与驱动性明显降低。

(2)视线产生影响。积雪路行车过久,由于雪对阳光的反射,驾驶员容易晕眩、双目畏光、流泪、视力下降(即雪盲症),因而行车途中应戴上有色防护眼镜,并注意休息。

二、冰雪道路行车前的准备

对车辆制动、转向、行驶所涉及气路管道、水路管道、油路管道等各部件进行全面检查维护,为车辆装备必要的防冻装置,按规定添加机油、齿轮油。

(1)防冻液。车辆在日常维护过程中,若在防冻液中加入过普通水,则必须更换防冻液。冷却液不足的要补足,否则会使发动机水温过高,导致发动机机件的损坏。更换防冻液要严格按产品使用方法操作,关键是注意尽可能排完气,不产生"气阻",且尽可能加足。待发动车辆运转一会后再观察情况,适量补足,做到勤检查、勤补充。

(2) 蓄电池保暖及充电。汽车的蓄电池多为铅酸电池,在严寒的环境里往往会因受冻导致功效降低,可采取适当措施为蓄电池保暖和充电。

(3) 注意检查轮胎。冬季气温寒冷,橡胶在低温环境里相对较硬、较脆,因此气压是否合适直接影响轮胎寿命和行车安全。气压过低会使轮胎壁折曲度增大,再加上低温很容易使胎壁橡胶发生断裂;气压过高会使轮胎抓地力降低。要注意检查各个轮胎的充气是否均衡,也可以考虑在冬季将车辆轮胎更换为冬季轮胎。

(4) 冰雪天气安装防滑链。冰雪天气,应在出行之前安好防滑链,不要在遇到冰雪路面之后再安装,因为临时停车安装防滑链比提前安装麻烦,也不利于安全。安装、拆卸前要将车辆停放在安全地带。如在繁忙的路上,则需要设置必要的交通警示标志。安装防滑链后,行驶速度一般不要超过 50 km/h,并注意尽可能避免突然加速或减速,同时也可考虑携带铁锹、铁镐等防滑工具。

三、冰雪道路行车注意事项

车辆在冰雪路上行驶,由于冰雪路面附着力小,车轮容易产生打滑、侧滑、空转,方向失控、制动距离增大,从而导致交通事故。冰雪天行车,首要要慢,其次要和前车保持足够的距离。行驶中注意前方和 3 个后视镜,以及左右两侧的车辆。冰雪天气行车应注意以下事项:

(1) 在冰雪路面上长时间停车时,轮胎会与地面冻结,起步前应先用十字镐挖开轮胎周围的冰雪,不得强行起步,防止损坏轮胎和传动机件。汽车若没有安装防滑链,可以采用比平常起步高一级的挡位起步,利用离合器半联动和轻踏加速踏板的方法,使发动机在不熄火的情况下尽量输出较小动力,以适应冰雪路面较小的附着力,避免驱动轮滑转。若驱动轮打滑,应铲除车轮下的冰雪,并在驱动轮下撒些干沙、煤渣、柴草等物,或用铁镐将路面刨成"X"形或"人"形槽,以提高路面的附着系数,便于汽车起步。

(2) 驾驶员在冰雪路上行车时,一定要控制车速,特别是在转弯或下坡时必须将车速控制在能随时停车为宜;需加速或减速时,应缓慢踏下或抬起加速踏板,以防驱动轮因突然增速或减速而导致汽车侧滑、甩尾。

(3) 减速应利用发动机的制动作用降低车速,不得使用紧急制动,也不能采取急转向的方法躲避,以免发生侧滑或转向失控。行车中车辆发生侧滑时,应立即缓慢、适当地向后轮侧滑的方向转动转向盘,可连续数次回转转向盘,以便调整车身。冰雪路面附着系数低,为防止由于制动不当造成的侧滑或甩尾,无论汽车是否安装有制动防抱死装置(ABS),制动时都要握稳转向盘,尽量保持直线行驶时制动,并轻踏制动踏板,避免紧急制动。

(4) 由于冰雪路面的附着系数很小,只有干燥沥青路面的 1/4,因而制动非安全区大大增大。若跟车过近,当前车减速制动时,后车不能及时控制住车速将会造成追尾撞车事故。因此,驾驶员应根据地形、车速、装载等情况,与前车拉开的安全距离应为正常道路行驶时安全距离的 2 倍以上。

(5) 在冰雪道路上应尽可能避免超车,若非超车不可,一定要选择宽敞平坦、冰雪较少的路段,但不得强行超车。

(6) 会车时应选择平坦、宽阔的路段,保持两车有足够的横向安全距离,并且不要太靠近路边。若路面狭窄,有条件的一方应主动停车礼让;若路面积雪较深,应下车试探积雪下面的路况后再进行会车。

(7)车辆需转向时,一定要最大限度提前降低车速,握稳转向盘,慢转慢回,在不影响对面来车的情况下,尽量加大转弯半径,以减小转弯时的离心力。切勿快速急转猛回,以防汽车侧滑、甩尾,造成事故。

(8)山区冰雪道路上行车,发现前车正在爬坡时,后车应选择适当地点停车,等前车通过后再爬坡;在山区低等级冰雪道路遇坡道时,上坡车应当让下坡车先行。

(9)降雪量超过车轴且前方又无车辙时,不能勉强行驶。遇有较大雪堆,要清除后前进,切不可冒险通过。

(10)积雪覆盖的道路,有时沟壑被积雪掩盖,道路的轮廓难以辨别。在雪地行车时应根据道路两旁的树木、电线杆等参照物判断行驶路线,低速行驶,有车辙的路段应循车辙行驶。

(11)需要在冰雪路面上停车时,应选择朝阳避风、平坦干燥处停放,不得紧靠建筑物、电线杆或其他车辆,以防车辆起步时侧滑与其产生碰撞。在冰雪路面上停车时,为防止轮胎冻结于地面,可在车轮下铺垫沙石、柴草、木板等物。若在坡道上停车,应挂上挡,拉紧手制动,并在车轮下填塞三角木、石块等,以防车辆溜坡。

第四单元　汽车发动机原理与汽车理论

第一章　发动机工作过程和性能指标

第一节　热力学基础知识

工程热力学是一门重要的技术基础课程,是研究热能和其他形式能量(特别是机械能)相互转换规律以及提高能量利用经济性的一门学科。工程热力学基础主要涉及热力学基础、工质的热力性质、热力过程及热力循环等基本知识。

一、基本概念

1. 工质

热力学中,一般将能实现热能和机械能相互转换的媒介物质称为工质,汽车发动机采用的工质均为气体。

2. 热力系统

凡是能将热量从一种物质传递到另一种物质的系统,称为热力系统。

在热力学研究中,系统作为分析对象选取的某特定范围内的物质或空间。系统以外的物质或空间称为外界。系统与外界之间的界限称为分界面。分界面可以是真实的或假想的、固定的或移动的,如图 4-1-1 所示。

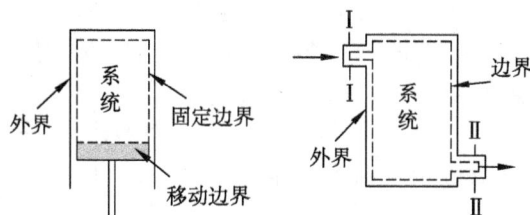

图 4-1-1　热力系统

3. 热力状态

热力状态是指热力学中热力系统在某一瞬间所处的某种宏观物理状态,简称状态。描述工质所处热力状态的物理量称为工质的热力状态参数,简称状态参数,如压力、温度和比热容等。

4. 热力过程

热力学中,热力系统中的工质从某一状态变化到另一状态所经历的过程称为热力过程。

二、基本状态参数

在发动机原理中,一般将工质的温度(T)、压力(p)和比体积(v)3 个可测量的状态参数称为工质的基本状态参数。

1. 温度

温度是表明物体冷热程度的物理量,它的高低反映物体内部分子无规则运动的剧烈程度,是物体状态的基本参数之一。温度是分子平均平动动能的标志,是状态量。

工程上常用的还有摄氏温度,摄氏温度符号为 t,单位是摄氏度,符号为℃。摄氏温度与热力学温度的关系为

$$t(℃) = T(K) - 273.15$$

换算关系式简化为

$$t = T - 273$$

注意:只有开氏温度才是状态参数,开氏温度均为正值。

2. 压力

单位面积上所受的垂直作用力称为压力,即压强,用 p 表示,其方向垂直于受力物体表面并指向受力物体,其作用点在物体的接触面上。

在国际单位制中,压力的单位是帕斯卡,简称帕,符号为 Pa,这是为了纪念科学家帕斯卡而命名的。1 Pa=1 N/m²,工程上常用千帕(kPa)、兆帕(MPa)作单位。

$$1 \text{ kPa} = 10^3 \text{ Pa}, \ 1 \text{ MPa} = 10^6 \text{ Pa}$$

(1)绝对压力。

容器中的气体作用于容器内壁的真实压力,称为绝对压力。绝对压力 p 是气体的状态参数之一。

压力测量仪表通常处于大气环境中,因此仪表指示的并非气体的真实压力,而是其与大气压力的差值,因此,绝对压力一般通过压力换算得到。

(2)表压力。

当绝对压力高于大气压力时,压力测量仪表所指示的是绝对压力超出大气压力的部分,称为表压力(p_B)。

表压力的计算公式为 $p_B = p - p_0$(p_0 为大气压力)。

当气体的绝对压力低于大气压力时,真空计所指示的是绝对压力低于大气压力的部分,称为真空度(p_c)。真空度为 $p_c = p_0 - p$(p_0 为大气压力)。

绝对压力、表压力、真空度和当地大气压力的关系如图 4-1-2 所示。

注意:只有绝对压力才是气体的状态参数。

3. 比体积

比体积是单位质量的物质所占的体积,用符号 v 表示,单位为 m³/kg。

若质量为 m 的物质所占容积为 V,则比体积为

$$v = \frac{V}{m}$$

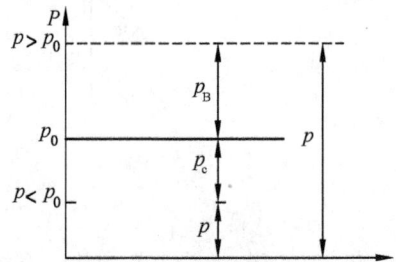

图 4-1-2　绝对压力、表压力与真空度的相互关系

式中，m 为气体的质量，kg；V 为气体的总容积，m^3。

单位容积的质量称为密度，用符号 ρ 表示，则有

$$\rho = \frac{m}{V} = \frac{1}{v}$$

即物质的比体积与密度互为倒数。

三、理想气体状态方程

对于 1 kg 的理想气体，其状态方程式为

$$pV = RT$$

式中，R 为气体常数，其数值取决于气体的性质，单位为 J/(kg·K)。

在理想气体状态方程中，任意状态下的温度 T、压力 p 和比体积 v，三个状态参数之间的相互关系可用压力-比体积坐标图即 p-v 图表示，如图 4-1-3 所示。

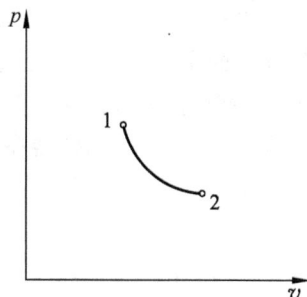

图 4-1-3 p-v 图

四、热力学第一定律

能量转换与守恒定律是自然界的基本规律之一，热力学第一定律是对能量守恒和转换定律的一种表述方式。热可转化为功，功也可转化为热，如 Q 表示转变为功的热量，W 表示热所转换的功，则 $Q = W$。

热力学第一定律指出，自然界中一切物质都具有能量，能量不可能被创造，也不可能被消灭；但能量可从一种形态转变为另一种形态，热能可以从一个物体传递给另一个物体，也可以与机械能或其他能量相互转换，在传递和转换过程中能量的总值不变。

热力学第一定律明确指出，不消耗能量而得到机械功的第一类永动机是不可能造成的。许多人幻想制造出能不断做功而无需任何燃料和动力的机器，它是能够无中生有、源源不断提供能量的机器。显然，第一类永动机违背能量守恒定律。

五、热力学第二定律

热力学第二定律常有两种表述方法。

（1）开尔文-普朗克表述。

"不产生其他影响"是指除由单一热源吸热并将所吸取的热量用来做功以外，不产生任何其他变化。也就是说，自然界中任何形式的能都可以变成热，而热却不能在不产生其他影响的条件下完全变成其他形式的能。比如，蒸汽机等热机可以连续不断地将热转化为机械能，但一定伴有热量的损失，即从单一热源不断地吸取热量而将它全部转换成机械能的第二类永动机是不可能制成的。

（2）德国物理学家克劳修斯表述。

热量可以自发地从较热物体传递至较冷物体，但不能自发地由较冷物体传递至较热物体，但要实现自发地由较冷物体传递至较热物体，就必须花费一定的代价。例如，压缩制冷装置就是以消耗机械能为代价，以实现热从低温物体转移到高温物体。

第二节 发动机的实际循环和性能指标

一、四冲程发动机的实际循环

在发动机的实际工作中,燃料燃烧的热能通过工质的膨胀转化为机械能,这种连续不断地把热能变为机械能的循环,称为发动机的实际循环。

常将气缸内工质的压力 p 随气缸容积 V(曲轴转角 θ)变化的图形称为示功图,用其表示发动机的实际循环。示功图有两种基本形式:以气缸工作容积为独立变量的称为 p-v 示功图;以曲轴转角为独立变量的称为 p-θ 示功图,也称展开示功图。示功图是研究实际循环的依据,一般由专门的仪器在发动机工作时直接测得。

图 4-1-4 为四冲程非增压发动机实际循环 p-v 图和 p-θ 图。

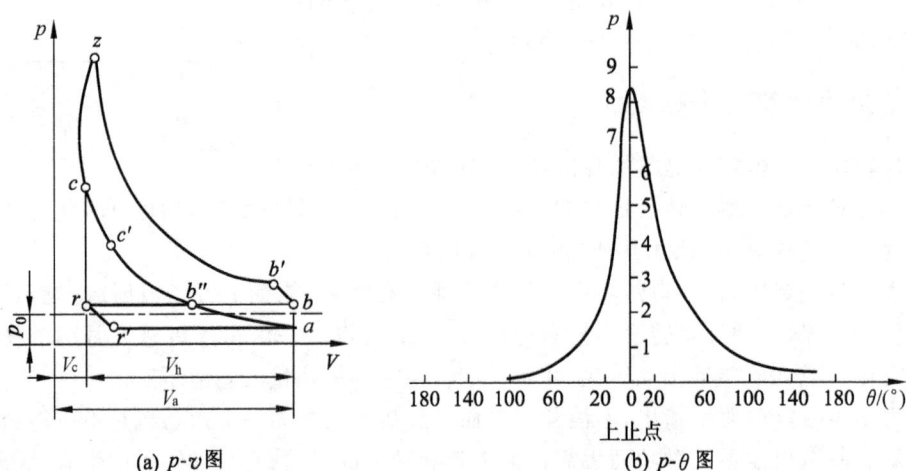

(a) p-v 图   (b) p-θ 图

p_0—大气压力;V_c—燃烧室容积;V_h—气缸工作容积;V_a—气缸总容积

图 4-1-4 四冲程非增压发动机实际循环图

四冲程发动机曲轴旋转两圈完成一个工作循环,发动机的实际循环是由进气、压缩、燃烧、膨胀、排气等 5 个过程组成。通常用缸内的气体压力 p 随气缸工作容积 V 而变化的图形表示工质在气缸中的实际工作情况,即用 p-v 图表示。

1. 进气过程

图 4-1-4a 中 r-a 线即表示发动机的进气过程。发动机将新鲜的空气或混合气吸入气缸,为热功转换做准备。

进气过程中,活塞由上止点向下止点移动,进气门在活塞到达上止点前开启,排气门在活塞到达上止点后关闭。由于上一循环燃烧室容积内仍有残余废气,排气终了时气缸内压力 p_r 高于大气压 p_0;随着活塞下行,在压力差的作用下新鲜气体被吸入气缸,直到活塞到达下止点后的进气门关闭为止,进气过程结束。

由于进气系统有阻力,故进气终了的压力 p_a 仍要低于大气压 p_0。新鲜气体受到发动机高温零件和残余废气的加热,使得进气终了的温度 T_a 总高于大气温度 T_0。

汽油机进气终了时有

$$p_a = (0.80 \sim 0.95)p_0 \qquad T_a = 310 \sim 340 \text{ K}$$

柴油机进气终了时有

$$p_a = (0.75 \sim 0.90)p_0 \qquad T_a = 370 \sim 400 \text{ K}$$

在发动机的实际工作过程中,进气门的滞后关闭角对发动机性能影响最大。

2. 压缩过程

图 4-1-4a 中 a-c 线表示发动机的压缩过程。压缩过程使气缸内气体的温度和压力急剧升高,为着火燃烧创造有利条件。压缩比计算式为

$$\varepsilon = \frac{V_a}{V_c} = \frac{V_c + V_h}{V_c} = 1 + \frac{V_h}{V_c}$$

式中,V_c 为燃烧室容积;V_h 为气缸工作容积;V_a 为气缸总容积。

压缩比是发动机的重要结构参数之一。汽油机常常为了提高热效率希望加大压缩比,但它受到汽油机爆燃及表面点火的限制。在柴油机中,为保证喷入气缸的燃料能及时自燃及冷启动时可靠着火,必须有较高的压缩比。

发动机压缩比的一般数据为:汽油机的压缩比 $\varepsilon = 8 \sim 12$,柴油机的压缩比 $\varepsilon = 14 \sim 22$,增压柴油机的压缩比 $\varepsilon = 12 \sim 15$。

汽油机和柴油机在压缩终了时的温度与压力一般为

汽油机: $\qquad p_c = 0.80 \sim 2.00 \text{ MPa} \qquad T_c = 600 \sim 750 \text{ K}$

柴油机: $\qquad p_c = 3.00 \sim 5.00 \text{ MPa} \qquad T_c = 750 \sim 950 \text{ K}$

3. 燃烧过程

图 4-1-4a 中 c-z 线表示发动机的燃烧过程。燃烧过程的作用是将燃料的化学能转变为热能,使气体的压力及温度升高,为膨胀创造条件。

燃烧过程发生在活塞位于上止点前后,进气门、排气门均关闭。燃烧过程中气缸内的容积变化很小,汽油机的燃烧过程接近等容加热循环,见图 4-1-5b 中 c-z' 线。柴油机的燃烧过程接近混合加热循环,喷油器在上止点前喷油,在高温高压下吸热、蒸发混合而自燃。开始燃烧时接近等容加热,见图 4-1-5a 中 c-z' 线;此后一边喷油一边燃烧,燃烧接近等压加热,如图 4-1-5b 所示。

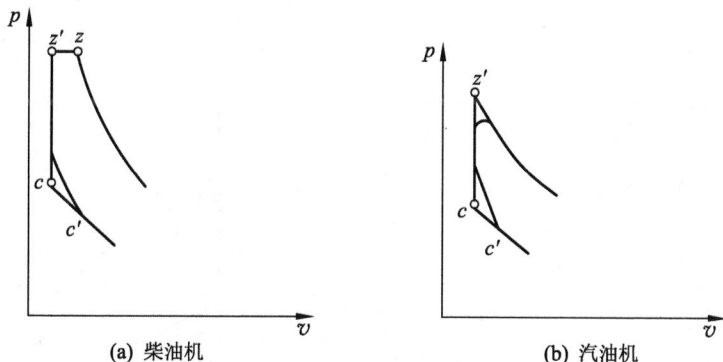

(a) 柴油机   (b) 汽油机

图 4-1-5 发动机实际循环的燃烧过程

实际燃烧过程中不仅有散热损失、燃烧不完全损失,而且无论汽油机还是柴油机,燃烧都不是瞬时完成的,而是需要一定时间,因此还存在非瞬时燃烧损失,见图 4-1-5a 中 z'-z 线。汽油机和柴油机在燃烧时的最高温度和压力一般为

汽油机: $\qquad p_z = 3.00 \sim 6.00 \text{ MPa} \qquad T_z = 2\,200 \sim 2\,800 \text{ K}$

柴油机：　　　　　　$p_z = 6.00 \sim 9.00$ MPa　　　　$T_z = 1\,800 \sim 2\,200$ K

4. 膨胀过程

图 4-1-4a 中 z-b 线即表示发动机的膨胀过程。当活塞接近上止点时，气体燃烧放出大量的热能，高温高压的燃气推动活塞从上止点向下止点运动，进排气门均关闭，气体边燃烧边做功。

发动机的膨胀过程与压缩过程情况相似，并非绝热过程，不仅有散热损失、漏气损失，还有补燃和高温热分解，因此实际膨胀过程也是多变过程。

膨胀过程终了 b 点的压力和温度越低，说明气体膨胀和热量利用越充分。膨胀终了时柴油机的温度和压力较汽油机低，热效率也高。汽油机和柴油机在膨胀终了时的温度和压力一般为

汽油机：　　　　　　$p_b = 0.30 \sim 0.60$ MPa　　　　$T_b = 1\,500 \sim 1\,700$ K

柴油机：　　　　　　$p_b = 0.20 \sim 0.50$ MPa　　　　$T_b = 1\,000 \sim 1\,400$ K

5. 排气过程

图 4-1-4a 中 b'-b-r 线表示发动机的排气过程。排气过程是排出燃烧废气，为下一循环做准备。

膨胀过程接近终了时（见图 4-1-4a 中的 b' 点），排气门提前开启，首先靠废气的压力进行自由排气，活塞由下向上移动时进行强制排气。活塞到达上止点附近时排气行程结束，但由于气流流动存在惯性，排气门在活塞到达上止点之后关闭。发动机排气系统存在阻力，使排气终了的压力略高于大气压，汽油机和柴油机在排气终了的温度和压力一般为

汽油机：$p_r = 0.105 \sim 0.120$ MPa $= (1.05 \sim 1.20) p_0$　　　$T_r = 900 \sim 1\,200$ K

柴油机：$p_r = 0.105 \sim 0.120$ MPa $= (1.05 \sim 1.20) p_0$　　　$T_r = 700 \sim 900$ K

二、实际循环与理论循环的对比分析

通过上述实际循环的 5 个过程分析，可以看出发动机的实际循环与理想循环有很大差别，主要存在各种损失，如图 4-1-6 所示。

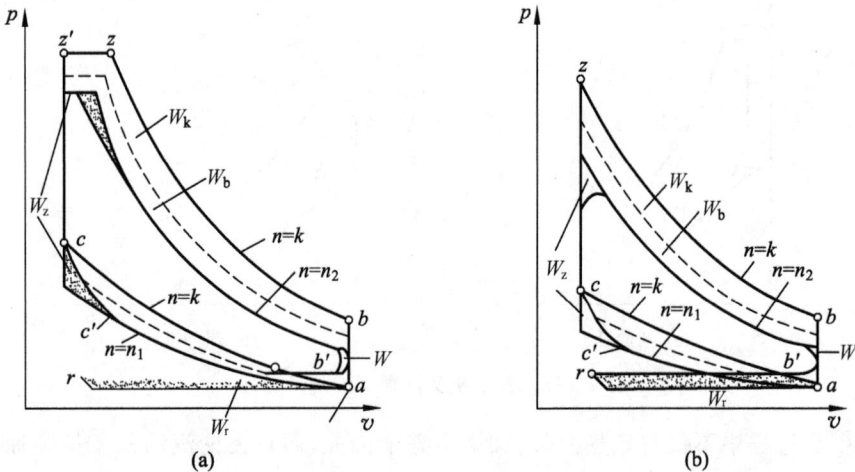

图 4-1-6　发动机实际循环与理想循环的比较

1. 实际工质的损失

实际循环中的工质并非理想气体,理想循环中假设工质比热容是定值,而实际气体比热容是随温度的升高而上升的。在发动机工作时,工质发生了物理与化学变化,同时工质的成分和数量也都发生变化,结果使实际气体与理想气体相比存在着损失。

2. 换气损失 W_r

为使循环重复进行,则必须更换工质,燃烧废气的排出和新鲜空气的吸入使循环得以重复进行,由此而消耗的功称为换气损失。理想循环中忽略换气,并假设排气过程为定容放热,而实际循环排出的废气要带走一部分热量也产生损失。

3. 燃烧损失

燃烧损失包括非瞬时燃烧损失 W_z 和不完全燃烧损失。实际发动机的燃烧过程不可能在瞬间完成,由此产生非瞬时燃烧损失和补燃损失。

当混合气浓或混合不良时,部分燃料由于缺氧产生不完全燃烧损失。另外,在高温下存在部分燃烧物质分解而吸热,产生燃烧损失。

4. 传热损失 W_b

理想循环中将压缩过程和膨胀过程视为绝热过程,实际发动机工作时工质与燃烧室壁、气缸壁面之间始终存在着热交换,且大多数时间都是工质向外放热,因此压缩与膨胀过程都不是绝热的,其产生的损失称为传热损失,实际循环热效率低于理论循环的热效率。

因此实际循环的指示功比理想循环的指示功要小,实际循环的热效率也小于理想循环的热效率。

三、发动机的性能指标

(一)定义

发动机性能指标是评定发动机性能好坏的各种物理量的总称。发动机的性能指标主要有动力性能指标(功率、转矩和转速)、经济性能指标(燃料与润滑油消耗率)、运转性能指标(冷启动性能、噪声和排气品质)。

(二)分类

根据建立指标体系的基础不同,发动机的性能指标可分为指示性能指标、有效性能指标、发动机强化指标和发动机的其他指标等。

1. 指示性能指标

指示性能指标以工质对活塞所做的功为基础指标,用来评定发动机工作循环的状况。

(1)平均指示压力。

平均指示压力是指发动机单位气缸工作容积在每一循环内所做的指示功,用符号 p_i 表示,单位为 kPa,则

$$p_i = W_i / V_h$$

式中,W_i 为循环指示功,J;V_h 为气缸工作容积,L。

循环指示功是指每循环内工质对活塞所做的有用功,其大小为示功图上有用功的面积减去泵气损失的面积,如图 4-1-7 所示。

发动机每次循环所做的功与气缸工作容积有关。平均指示压力愈高,则同样大小的气缸工作容积的利用程度就越好,因此用平均指示压力能更准确地评定发动机循环动力性的好坏。

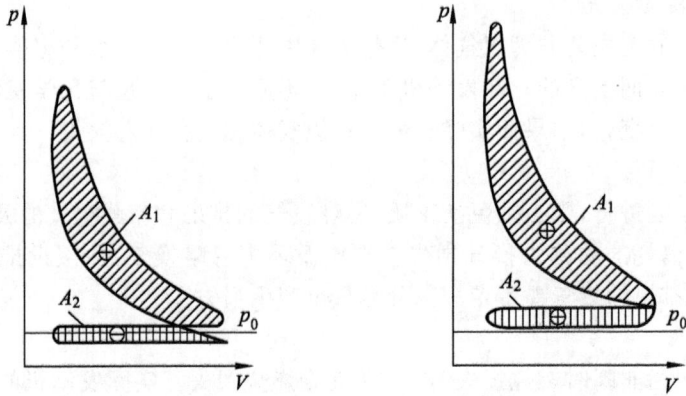

(a) 四冲程非增压发动机 $W_i = A_1 - A_2$ (b) 四冲程增压发动机 W_i

图 4-1-7 发动机示功图

平均指示压力一般为

汽油机：$p_i = 700 \sim 1\,300$ kPa

柴油机：$p_i = 650 \sim 1\,100$ kPa

（2）指示功率。

指示功率是指发动机在单位时间内所做的指示功，用符号 P_i 表示，单位是 W，工程上常用 kW 为单位。指示功是针对一个气缸而言，而指示功率则是针对整个发动机而言。

设一台发动机的气缸数为 i，每个气缸工作容积为 V_h，转速为 n，平均指示压力为 p_i（单位 kPa），则发动机每个工作循环所做指示功为

$$W_i = i p_i V_h$$

每秒的工作循环次数为 $k = \dfrac{2n}{60\tau}$

发动机指示功率为

$$P_i = \frac{W_i}{t} = \frac{p_i V_h i n}{30\tau} \times 10^{-3}$$

式中，V_h 为气缸工作容积，L；W_i 为循环指示功，J；p_i 为平均指示压力，kPa；n 为转速，r/min；i 为气缸数；τ 为冲程数。

（3）指示燃油消耗率。

指示燃油消耗率是指单位指示功的耗油量，又称为指示比油耗，通常以每千瓦小时指示功的耗油量表示。它是评定发动机实际循环经济性的重要指标之一，其数值一般为

$$g_i = \frac{G_T}{P_i} \times 10^3$$

式中，G_T 为每小时耗油量，kg/h；P_i 为指示功率，kW。

（4）指示热效率。

指示热效率 η_i 是指发动机实际循环指示功与所消耗燃料热量之比，即

$$\eta_i = \frac{W_i}{Q_i}$$

式中，Q_i 为得到 W_i(kJ) 所消耗燃料的热量(kJ)。

若测得一台发动机的指示功率为 P_i(kW) 和每小时耗油量为 G_T(kg/h)，则

$$\eta_i = \frac{3.6 \times 10^3 P_i}{G_T H_u}$$

式中,G_T 为每小时耗油量,kg/h;3.6×10^3 为 1 kW·h 功的热当量,即 1 kW·h=3.6×10^3 kJ;H_u 为所用燃料的低热值,kJ/kg。

η_i 与 g_i 之间的关系为

$$\eta_i = \frac{3.6}{g_i H_u} \times 10^6$$

g_i 和 η_i 是评定发动机实际工作循环经济性能的重要指标。其一般统计数值范围如表4-1-1 所示。

表 4-1-1　发动机实际工作循环经济性能指标

类型	η_i	$g_i/[\text{g}/(\text{kW} \cdot \text{h})]$
汽油机	0.25～0.40	230～340
柴油机	0.43～0.50	170～200

2. 有效性能指标

有效性能指标是以发动机曲轴上输出的净功率为基础建立起来的指标体系,可用来评定整个发动机工作性能的好坏。

(1) 有效功率。

有效功率是指从发动机曲轴上输出的净功率,用符号 P_e 表示,单位为 kW。有效功率在数值上为指示功率 P_i 与机械损失功率 P_m 的差值,即

$$P_e = P_i - P_m$$

机械损失功率是指发动机在内部传递动力的过程中损失的功率,主要包括摩擦损失、驱动附件损失和泵气损失。机械损失功率和有效功率均可通过试验方法确定。

(2) 有效转矩。

有效转矩是指发动机曲轴上输出的转矩,用符号 M_e 表示,单位是 N·m。在实际工作中,一般通过台架试验直接测量发动机的有效转矩和转速,以此计算发动机的有效功率 P_e:

$$P_e = M_e \frac{2\pi n}{60} \times 10^{-3} = \frac{M_e n}{9\,550}$$

式中,M_e 为有效转矩,N·m;n 为转速,r/min。

(3) 平均有效压力。

平均有效压力是指发动机单位气缸工作容积输出的有效功,用符号 p_e 来表示,单位为 kPa。它从发动机实际输出功的角度评定气缸工作容积的利用率。

比较平均指示压力 p_i 与指示功率 P_i 的关系时,可列出平均有效压力 p_e 和有效功率 P_e 的关系

$$P_e = \frac{p_e V_h i n}{30\tau} \times 10^{-3}$$

由上式得

$$p_e = \frac{30\tau P_e}{V_h i n} \times 10^3$$

将 $P_e = \dfrac{M_e n}{9\,550}$ 代入上式得

$$p_e = \frac{30 M_e \tau}{9\,550 V_h i} \times 10^3 = 3.14 \frac{M_e \tau}{V_h i}$$

由此可见,对于气缸工作容积总和($V_h i$)一定的发动机而言,p_e 正比于 M_e。平均有效压力越高,有效转矩越大,发动机的动力性好。

平均有效压力 p_e 一般为

汽油机:$\qquad\qquad\qquad p_e = 650 \sim 1\,200 \text{ kPa}$

柴油机:$\qquad\qquad\qquad p_e = 600 \sim 950 \text{ kPa}$

(4) 有效燃油消耗率。

有效燃油消耗率是指单位有效功的耗油量,又称有效比油耗,用符号 g_e 来表示,常用单位为 g/(kW·h)。设发动机的有效功率为 P_e,每小时耗油量为 G_T,则有效燃油消耗率为

$$g_e = \frac{G_T}{P_e} \times 10^3$$

式中,G_T 为每小时耗油量,kg/h;P_e 为有效功率,kW。

有效燃油消耗率是评定发动机实际循环经济性的重要指标之一,其数值一般为

汽油机:$\qquad\qquad\qquad g_e = 270 \sim 410 \text{ g/(kW·h)}$

柴油机:$\qquad\qquad\qquad g_e = 215 \sim 285 \text{ g/(kW·h)}$

(5) 有效热效率。

有效热效率是指发动机实际循环有效功与所消耗热量之比,即

$$\eta_e = \frac{W_e}{Q_i}$$

与 η_i 类似,也有

$$\eta_e = \frac{3.6}{g_e H_u} \times 10^6$$

有效热效率 η_e 也是评定发动机整机经济性能的重要指标,其数值一般为

汽油机:$\qquad\qquad\qquad \eta_e = 0.2 \sim 0.3$

柴油机:$\qquad\qquad\qquad \eta_e = 0.3 \sim 0.4$

由此可见,柴油机的热效率比汽油机高,经济性也比汽油机好。

第三节　发动机换气过程

发动机的换气过程包括排气过程和进气过程,其任务是在尽可能小的换气损失前提下排净缸内废气,吸足新鲜空气或混合气。对换气过程的要求是:进气充分,排气彻底,换气损失小。

一、四冲程发动机的换气过程

四冲程发动机的换气过程是指从排气门开始开启到进气门完全关闭的全过程。换气过程占 385°~495°曲轴转角。

根据气体流动的特点,换气过程由排气过程和进气过程两个阶段组成。排气过程又可分为自由排气和强制排气两个阶段。

(一) 排气过程

排气过程是指从排气门开始开启到排气门完全关闭的这段时间,由于排气门的提前开

启和延迟关闭,排气过程超过一个活塞行程,占 $220°\sim290°$ 曲轴转角。

1. 自由排气阶段

(1) 定义:从排气门开始开启到气缸内压力接近于排气管内压力的这段时间,由于气缸内压力高于排气管内压力,废气是因气缸内压力高于大气压经排气门自动排出缸外的,所以称之为自由排气阶段。

(2) 排气提前角:从排气门开始开启到活塞运行至下止点这段曲轴转角,称为排气提前角,一般为 $40°\sim80°$ 曲轴转角。

(3) 排气迟后角:自由排气结束,一般为下止点后 $10°\sim30°$ 曲轴转角。

2. 强制排气阶段

活塞由下止点向上止点运动强制推出缸内废气的阶段,称为强制排气阶段。

在强制排气阶段中,由于受排气系统阻力的影响,气缸内平均压力略高于排气管内平均压力约 10 kPa。实际发动机工作中,排气门都是在活塞到达上止点之后关闭,实现惯性排气。

活塞从上止点到排气门完全关闭这段曲轴转角,称为排气迟后角,一般为 $10°\sim30°$ 曲轴转角。

（二）进气过程

(1) 定义:进气过程是指从进气门开始开启到进气门完全关闭的这段时间。由于进气门的提前开启和延迟关闭,进气过程占 $220°\sim290°$ 曲轴转角。

(2) 进气提前角:从进气门开始开启到活塞运行至上止点这段曲轴转角,称为进气提前角,一般为 $10°\sim30°$ 曲轴转角。

(3) 进气迟后角:活塞从下止点到进气门完全关闭这段曲轴转角,称为进气迟后角,一般为 $40°\sim80°$ 曲轴转角。

（三）配气相位

进气门、排气门的实际开、闭时刻持续时间所对应的曲轴转角,称为配气相位。

为了最大限度地吸进新鲜空气或混合气并排出废气,必须设法延长进气、排气的时间。因此,进气门、排气门都应提前开启,延迟关闭,使进气充分,排气彻底。四冲程内燃机配气相位如图 4-1-8 所示。

（四）气门重叠

由于进气门的提前开启和排气门的迟后关闭,在排气行程上止点附近进气门、排气门重叠开启的角度,称为气门重叠角。气门重叠角等于进气提前角与排气迟后角之和,一般非增压发动机为 $20°\sim60°$ 曲轴转角,增压发动机为 $80°\sim160°$ 曲轴转角。

二、四冲程发动机的换气损失

换气过程中不仅发生工质的交换,而且存在功的转换和能量损失。换气损失由排气损失和进气损失两部分组成。

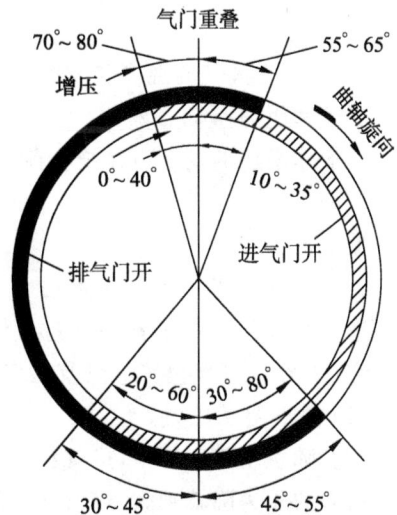

图 4-1-8 四冲程发动机配气相位

1. 排气损失

排气损失是从排气门开始开启直至进气行程开始,缸内气体压力达到进气管内压力之前循环功的损失。它可分为提前排气损失和强制排气损失两部分。

排气提前角对排气损失有着重要影响。在发动机转速和气门升程等结构因素一定时,随着排气提前角增大,提前排气损失增加,强制排气损失减小。

发动机的最佳排气提前角并不是固定不变的。随着发动机转速的提高,在下止点之前自由排气时间缩短,排出的废气量减少,气缸内压力下降少,这些虽然使提前排气损失减小,但使强制排气损失也大大增加。因此,应随着发动机转速的提高适当地增大排气提前角。

2. 进气损失

进气损失主要是指进气过程中克服进气系统阻力所消耗的功,以及进气过程中所吸入的新鲜充量的多少。与排气损失相比,进气损失相对较小,对发动机功率和热效率影响不大。但进气过程对进气量的影响是非常重要的,尤其是进气迟后角。

三、发动机的充气效率

1. 定义

在发动机进气过程中,实际进入气缸的新鲜充量与在进气状态下充满气缸工作容积的新鲜充量的比值,称为充气效率,用符号 η_v 表示,即

$$\eta_v = \frac{\Delta G}{\Delta G_0} = \frac{\Delta m}{\Delta m_0}$$

式中,ΔG,Δm 分别为实际进入气缸的新鲜充量的重量、质量;ΔG_0,Δm_0 为进气状态下充满气缸工作容积的新鲜充量的重量、质量。

进气状态是指空气滤清器后进气管内的气体状态。为方便测量,在非增压发动机上一般都采用当时的大气状态。在增压发动机上采用增压器出口状态。

充气效率的一般表达式为

$$\eta_v = \frac{1}{\varepsilon - 1} \cdot \frac{T_0}{p_0} \left(\varepsilon \frac{p_a}{T_a} - \frac{p_r}{T_r} \right)$$

式中,T_0,p_0 为大气的温度和压力;T_a,p_a 为进气终了时的气体温度和压力;T_r,p_r 为残余废气的温度和压力;ε 为压缩比。

一般非增压的发动机在全负荷工况工作时,η_v 数值的大致范围为

汽油机:$\qquad\qquad\qquad\qquad \eta_v = 0.75 \sim 0.85$

柴油机:$\qquad\qquad\qquad\qquad \eta_v = 0.75 \sim 0.90$

2. 影响发动机充气效率的因素

影响充气效率的因素包括进气终了的压力 p_a 和温度 T_a、排气终了的压力 p_r 和温度 T_r、大气压力 p_0 和温度 T_0 以及压缩比 ε 等,其中影响最大的是进气终了压力 p_a。

(1) 进气终了压力。

在实际发动机工作中,进气终了压力受进气系统阻力的影响。进气系统的阻力越大,进气时引起的压力降就越大,进气终了的压力就越低。

进气系统阻力取决于进气系统的结构,包括空气滤清器、进气管、进气道及进气门等。实际使用中,当汽油机的负荷减小时,节气门开度减小,进气阻力增加,进气终了压力降低,充气效率下降,如图 4-1-9 所示。

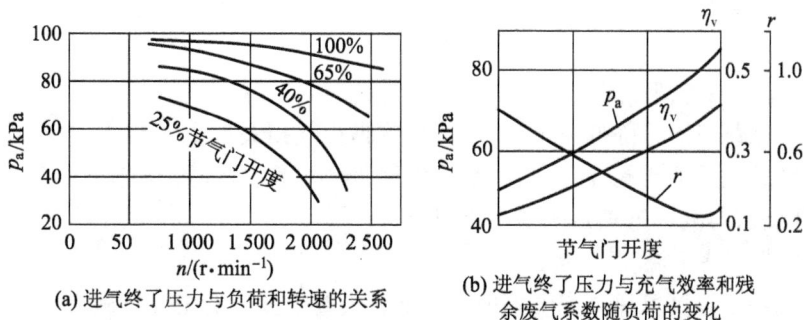

图 4-1-9　汽油机的负荷对排气终了压力和充气效率的影响

对柴油机而言,负荷的调节是通过改变喷油量来实现的,负荷变化对进入气缸的空气量基本没有影响,所以进气终了压力和充气效率与负荷无关。

发动机工作时进气流速越大,发动机进气压力降就越大,进气流速取决于发动机转速的高低,因此随着转速的提高,进气终了压力和充气效率迅速下降,如图 4-1-10 所示。

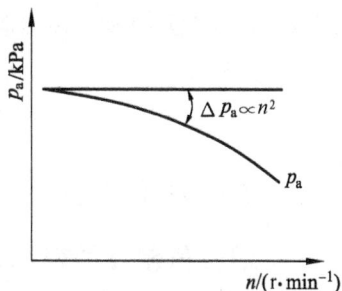

图 4-1-10　转速对 p_a 的影响

（2）进气终了温度。

随着进气终了温度的提高,充气效率将下降。在实际使用中应注意对冷却系统加强维护,保证发动机的冷却强度,防止发动机过热,保持发动机的正常工作温度,以降低进气终了温度,提高充气效率。

（3）排气终了压力和温度。

随着排气终了压力和温度的提高,充气效率将下降。因为在其他参数一定时,排气终了压力越高,残余废气量越多,能够进入气缸的新鲜充量就随之减少,所以充气效率降低。

（4）大气压力和温度。

根据充气效率的表达式可看出,随着大气压力的降低和温度的升高,充气效率将提高。

（5）压缩比。

随着压缩比的增加,燃烧室容积相对减小,使汽缸内残余废气量相对下降,所以充量效率有所提高。

（6）配气相位。

配气相位直接影响进气、排气是否充分,即影响实际进气量和残余废气量,所以会对充气效率产生影响。配气相位中对充气效率影响最大的是进气迟后角,其次是排气迟后角。

3. 提高发动机充气效率的措施

提高充气效率是提高发动机动力性能的先决条件,影响充气效率的因素很多,因此提高的措施也有多种途径。

（1）减小进气系统阻力。

减小进气系统阻力是减小进气损失、提高充气效率的重要措施。减小进气系统阻力主要是在结构上采取措施,减小进气系统各段的阻力。

（2）合理选择配气相位。

在发动机工作时,配气相位角度直接影响换气过程进行的好坏,对发动机动力性、经济性有很大影响。在配气相位角度中,对换气过程影响最大的是进气迟后角,其次是排气门提前角和气门重叠角。

（3）减小排气系统阻力。

减小排气系统阻力是降低残余废气系数、减小排气损失的重要措施。减小排气系统阻力主要是在结构上采取措施,减小排气系统各段的阻力系数,包括排气门、排气管道、排气消声器等,具体要求与减小进气系统基本相同。

（4）降低进气终了温度。

降低进气终了温度可提高充气效率。降低进气终了温度的主要措施之一就是在结构布置上减少进气管受热,如采用进气管、排气管分置方案,使进气管远离排气管。但汽油机混合气的形成主要是在汽缸外部的进气管内进行的,进气温度对混合气的形成有重要影响,有时废气对进气预热可提高冷启动性能,因此降低进气温度受到限制。

第四节　发动机燃烧过程

发动机燃烧过程进行的好坏对发动机动力性、经济性影响很大。

一、混合气浓度的表示方法

1. 过量空气系数 α

将 1 kg 燃料完全燃烧,实际进入气缸的空气量 L 与理论上需要进入气缸的空气量 L_0 之比,称为过量空气系数,用 α 来表示,即

$$\alpha = \frac{L}{L_0}$$

当 $\alpha = 1$ 时,实际供给的空气量等于理论空气量,称为标准混合气;当 $\alpha < 1$ 时称为浓混合气;当 $\alpha > 1$ 时称为稀混合气。

汽油机 α 值变化范围较小,一般 α 为 $0.85 \sim 1.1$。

柴油机的 α 值总是大于 1。柴油机在全负荷时 α 的一般数值:低速柴油机 α 为 $1.8 \sim 2.0$;高速柴油机 α 为 $1.2 \sim 1.5$;增压柴油机 α 为 $1.7 \sim 2.2$。

2. 空燃比

在燃烧过程中,空气和燃料之间的混合存在一定的浓度比例,两者的质量之比称为空燃比,用 $\frac{A}{F}$ 来表示。

理论上 1 kg 汽油完全燃烧需要 14.7 kg 空气,则汽油机空燃比 14.7：1 为标准混合气。

二、汽油机的燃烧过程

1. 电控汽油喷射发动机混合气的形成

在电控汽油喷射系统中,喷油量的控制是通过对喷油器喷油时间的控制来实现的。发动机的计算机电子控制单元(ECU)根据空气流量信号和发动机转速信号确定基本喷油时间(喷油量),再根据其他传感器的信号对喷油时间进行修正,并按确定的喷油时间向喷油器发出指令,使喷油器喷油或断油,以获得最佳的混合气浓度,提高发动机的动力性、经济性和

排放性。常用的 L 型电控汽油喷射系统组成原理如图 4-1-11 所示。

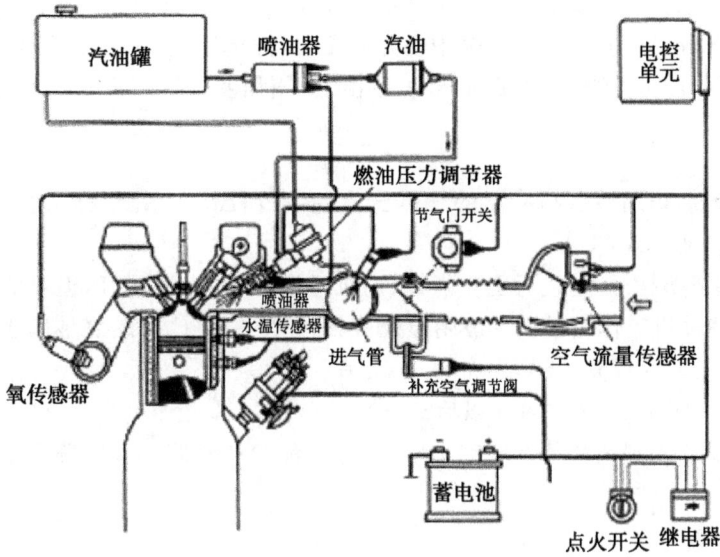

图 4-1-11　电控汽油喷射系统组成原理图

2. 正常燃烧过程

图 4-1-12 为汽油机燃烧过程,它以发动机曲轴转角为横坐标,气缸内气体压力为纵坐标。图中虚线表示只压缩不点火的压缩线。为方便分析,将汽油机的燃烧过程分成 3 个阶段。

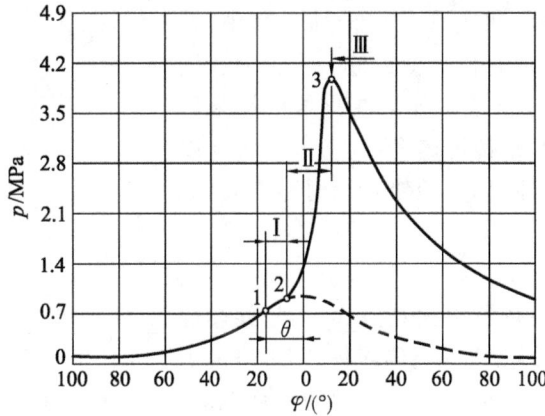

Ⅰ—着火延迟期　Ⅱ—明显燃烧期　Ⅲ—补燃期

1—开始点火;2—形成火焰中心;3—最高压力点

图 4-1-12　汽油机的燃烧过程

(1) 着火延迟期(图 4-1-12 中 1~2 段)。

着火延迟期是指从火花塞跳火开始到形成火焰核心的阶段。从火花塞跳火开始到活塞运行至上止点的曲轴转角,称为点火提前角,用 θ 表示。

着火延迟期的长短,与燃料本身的分子结构和理化性质、过量空气系数(α 为 0.8~0.9 时最短)、点火时气缸内温度和压力、残余废气量、气缸内混合气的运动、火花能量大小等因素有关。

（2）明显燃烧期（图 4-1-12 中 2～3 段）。

它是指从火焰核心形成到气缸内出现最高爆发压力为止的阶段。火焰中心形成后，火焰前锋以 20～30 m/s 的速度，从火焰中心开始逐层向四周的未燃混合气传播，压力、温度迅速上升，常用平均压力升高率 λ_p 表征压力变化的急剧程度，即

$$\lambda_p = \frac{\Delta p}{\Delta \varphi}$$

式中，Δp 为明显燃烧期始点和终点的气体压力差，kPa；$\Delta \varphi$ 为明显燃烧期始点和终点相对于上止点的曲轴转角差，°CA。

很明显，燃烧期越短，越接近上止点，汽油机经济性、动力性越好，但可能导致压力升高率 λ_p 过大，使汽油机工作粗暴。一般明显燃烧期占 20～30°CA，燃烧最高压力在上止点后 12～15°CA 出现，$\lambda_p = 175～250$ kPa/(°CA) 为宜。

（3）补燃期（图 4-1-12 中点 3 以后部分）。

从最高压力出现到燃料基本上完全燃烧为止，称为补燃期。人们普通希望补燃期越短越好。

3．不正常燃烧

（1）爆震燃烧。

在汽油机燃烧过程中，当火花塞点火后、正常火焰传来之前，末端混合气即自燃并急速燃烧，产生爆炸性冲击波和尖锐的金属敲击声的现象，称为爆燃。

① 汽油机爆燃时常见外部特征：发出金属敲击声；冷却水过热，气缸盖温度上升。轻微爆震时，发动机功率略有增加，强烈爆震时，发动机功率下降，油耗增加，冒烟带火星。

② 爆震产生的原因：在正常火焰传播过程中，处于最后燃烧位置上的末端混合气受到进一步压缩和辐射的热作用，加速了先期反应。如果在火焰前锋未到之前便形成火焰中心，火焰传播速度可达 1 000 m/s 以上，使局部温度、压力迅速上升，并伴有压力冲击波（见图 4-1-13）。

（2）表面点火。

在汽油机中，凡是不依靠电火花点火，而是靠燃烧室内炽热表面（排气门头部、火花塞绝缘体、零件表面炽热的沉积物）点燃混合气而引起的不正常的燃烧现象，称为表面点火。

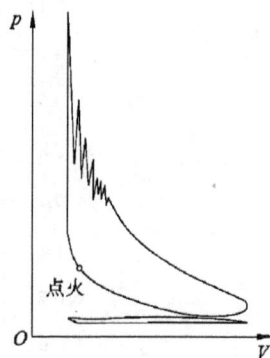

图 4-1-13　汽油机爆燃时的示功图

表面点火根据发生的时间不同，可分为早火和后火。表面点火发生在正常点火时刻之前，称为早火；表面点火发生在正常点火时刻之后，称为后火。

降低缸内温度、减少缸内沉积物的产生是防止表面点火的主要措施。

4．使用因素对燃烧过程的影响

（1）混合气的浓度。

混合气浓度对火焰传播的影响如图 4-1-14 所示。

① 功率混合气（α 为 0.85～0.95），火焰传播速度最快。

② 经济混合气（α 为 1.05～1.15），火焰传播速度仍较高，且此时空气相对充足，燃油能完全燃烧，热效率最高。

（2）点火提前角。

不同点火提前角的示功图如图 4-1-15 所示。

① 点火提前角过大（点火过早）：压缩功增加，有效功率下降，工作粗暴程度增加，敲缸，爆燃倾向增加。

② 点火提前角过小（点火过迟）：散热损失增多，最高压力降低，且膨胀不充分，使排气温度过高，发动机过热，功率下降，耗油量增多。

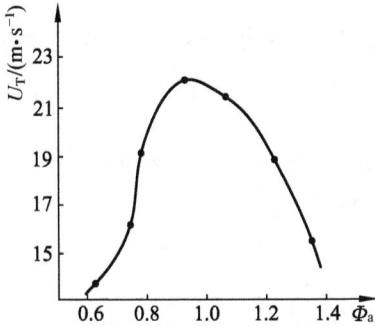

图 4-1-14 混合气浓度对火焰传播的影响

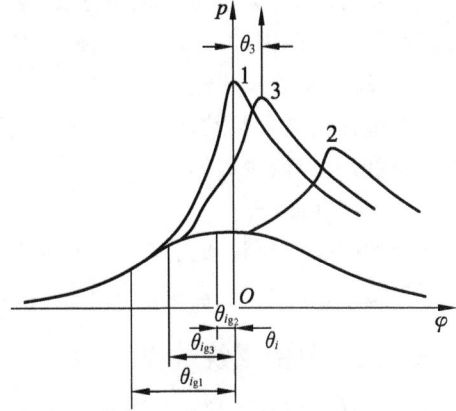

图 4-1-15 不同点火提前角的示功图

（3）发动机转速。

发动机转速增加，火焰传播速度加快（如图 4-1-16 所示），爆燃的倾向下降。虽然以时间计的燃烧速度加快，但以曲轴转角计的燃烧延续角仍然过大，因此汽油机转速提高后应将点火提前角加大，以保证燃烧过程在上止点附近完成。

（4）发动机负荷。

图 4-1-17 为发动机在不同节气门开度时的示功图。为保证燃烧过程在上止点附近完成，应该随着负荷的减少而增大点火提前角，它靠真空提前点火装置来调节。

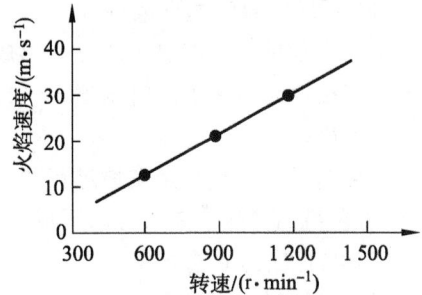

图 4-1-16 火焰传播速度随转速的变化

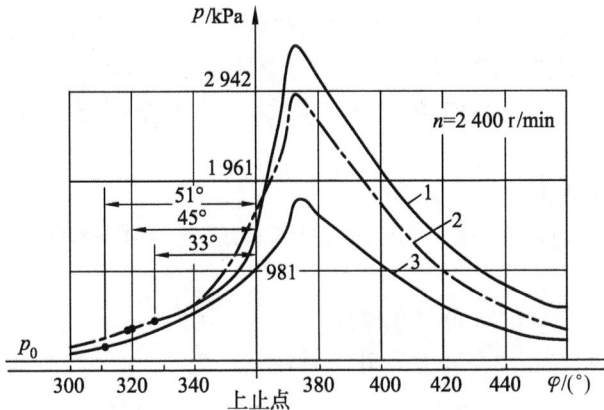

图 4-1-17 发动机不同节气门开度时的示功图

负荷减少时,由于气缸中残余废气稀释作用的增加,气缸内的温度、压力下降,故爆燃倾向减小。因此发生爆燃时,可以采用放松油门踏板的方法,以临时消除爆燃。

5. 压缩比

提高压缩比,可提高压缩行程终了混合气的温度、压力,加快火焰传播速度;但提高压缩比会增加未燃混合气自燃的倾向,容易产生爆燃,所以汽油机不可能像柴油机那样采用高压缩比。

6. 气缸直径

气缸直径增大,火焰传播距离延长,从火焰核心形成到火焰传播至末端混合气的时间增长,爆燃倾向增加,因此一般无大缸径的汽油机。

7. 气缸盖和活塞材料

铝合金比铸铁导热性好,气缸盖、活塞采用铝合金材料,可使燃烧室表面温度降低,热负荷明显降低,并可减少爆燃倾向。

8. 燃烧室的形状

不同的燃烧室形状和火花塞布置会使发动机有不同的压缩比、面容比、混合气的涡紊流和燃烧速度,直接影响发动机的抗爆性、经济性、动力性和排放性能。

三、柴油机的燃烧过程

柴油机的燃烧过程与汽油机相比有着本质的不同。在柴油机的工作过程中,混合气形成和燃烧是一个主要过程,对柴油机的特性影响最大。

1. 可燃混合气的形成

(1)可燃混合气的形成特点。

柴油机是采用内部混合的方式形成可燃混合气,也就是借助喷油设备(喷油泵、喷油器)将燃油在接近压缩终了的时刻喷入气缸,经过一系列物理化学准备形成可燃混合气,然后自行着火燃烧。

混合气形成与燃烧是重叠进行的。柴油喷入气缸后由于缸内温度远高于柴油的自燃温度,所以在喷油器喷油结束之前形成了边喷油、边雾化、边混合、边燃烧的特点。

(2)混合气的形成方式。

混合气的形成方式可分为空间雾化混合和油膜蒸发混合两种。

① 空间雾化混合:其特点是喷油器将柴油以一定压力、一定射程和一定雾化质量喷向燃烧室的整个空间,与高温高压空气混合形成可燃混合气。

② 油膜蒸发混合:它将大部分燃油喷射到燃烧室壁面上,形成一层油膜。油膜在强烈的空气涡流作用下,受热汽化蒸发并与空气混合形成较均匀的可燃混合气。

车用柴油机工作时,两种混合方式兼而有之,通常以空间雾化混合方式为主要混合形式。

2. 柴油机的燃烧过程

柴油机的燃烧过程通常分为着火延迟期、速燃期、缓燃期和补燃期 4 个阶段,如图 4-1-18 所示。

(1)着火延迟期(图 4-1-18 的 AB 段)。

从喷油开始(A 点)到压力开始急剧升高时(B 点)为止,这一段时间称为着火延迟时期或滞燃期。

着火延迟期以"曲轴转角"表示,可以从示功图上直接测定。滞燃期时间虽短,但对整个燃烧过程影响很大,它直接影响第 Ⅱ 阶段的燃烧。

(2) 速燃期(图 4-1-18 的 BC 段)。

速燃期是指从燃烧始点 B 到气缸内的最大压力点 C 之间所对应的曲轴转角。

在这一阶段中,由于在着火延迟期内喷入气缸的燃料几乎一起燃烧,而且是在活塞靠近上止点附近、气缸容积较小的情况下燃烧,因此气缸中压力升高特别快。一般用平均压力升高率 $\Delta p / \Delta \varphi$ 来表示压力升高的急剧程度,即

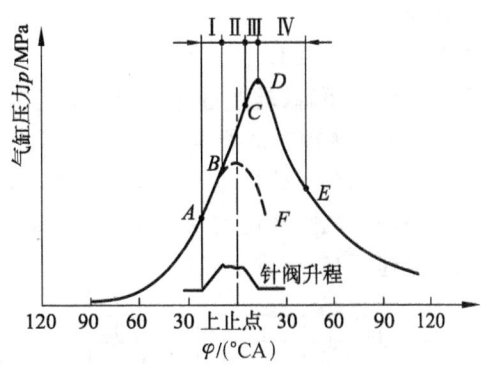

图 4-1-18　柴油机燃烧过程示功图

$$\frac{\Delta p}{\Delta \varphi} = \frac{p_C - p_0}{\varphi_C - \varphi_B}$$

速燃期直接影响柴油发动机的动力性、经济性和排放性。为保证柴油机运转的平稳性,平均压力升高率不宜超过 0.4~0.6 MPa/(°CA)。如果压力升高率太大,则柴油机工作粗暴。

(3) 缓燃期(图 4-1-18 的 CD 段)。

从压力急剧升高的终点(C 点)起到压力开始急剧下降的 D 点为止,称为缓燃期。

这一阶段的燃烧是在气缸容积不断增加的情况下进行的,所以燃烧速度必须很快才能使气缸压力稍有上升或几乎保持不变。

(4) 补燃期(图 4-1-18 的 DE 段)。

从缓燃期的终点(D 点)到燃料基本完全燃烧时(E 点)为止,称为补燃期。

在柴油机中,补燃期的终点很难确定,一般规定放热量达到循环放热量的 95%~97% 时,即可认为补燃期结束。补燃期应尽量缩短。

3. 影响燃烧过程的因素

(1) 燃料性质的影响。

影响燃料燃烧过程的主要指标是柴油的发火性及蒸发性等指标。

① 发火性是指燃油的自燃能力。柴油机工作时,发火性好的柴油备燃期短,有利于启动。柴油的发火性用"十六烷值"表示,十六烷值越高,发火性越好。

② 蒸发性是由燃油的蒸馏试验确定的。需要测定的馏程是 50% 馏出温度、90% 馏出温度及 95% 馏出温度。同一相对蒸发量的馏出温度越低,表明柴油蒸发性越好。

(2) 负荷的影响。

当负荷增加时,循环供油量增加(空气量基本不变),过量空气系数减小,单位容积内混合气燃烧放出的热量增加,引起缸内温度上升,缩短着火延迟期,使柴油机工作柔和。图 4-1-19 为负荷对着火延迟期的影响。负荷过大,α 值太小,因空气不能满足需要,燃烧恶化,排气冒黑烟,柴油机经济性会进一步下降。

柴油机在低速、小负荷工况下运转时,由于缸内温度和压力低,使着火延迟期延长,尽管其喷油量不多,也会使压力升高率较大,并产生较强的燃烧噪声。在实际使用中,应尽量使柴油机维持中等负荷工况,减少小负荷和全负荷运转的时间。

(3) 转速的影响。

转速增加将使空气的涡流运动加强，有利于燃油蒸发、雾化和空气混合。转速过高时会因充气效率的下降和循环供油量的增加，而使 α 减小，燃烧过程所占曲轴转角可能加大，最终导致热效率下降；转速过低也会因空气涡流减弱而使热效率降低。

（4）供油提前角的影响。

供油提前角对柴油机性能有很大影响，如图 4-1-20 所示。不适宜地增加供油提前角，燃料将被喷入压力和温度都不够高的压缩空气中，使着火延迟期增大，柴油机工作粗暴，并且使得怠速不良，也难于启动。

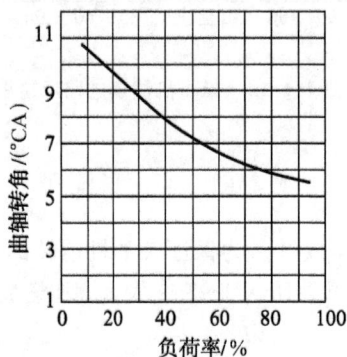

图 4-1-19　负荷对着火延迟期的影响

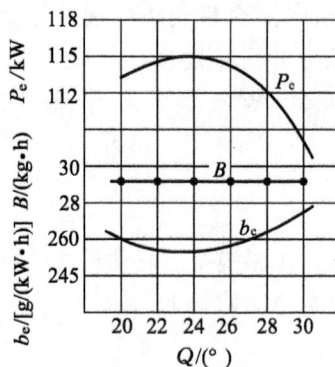

图 4-1-20　6120 型柴油机的供油提前角
调整特性（$n=2\,000$ r/min）

第二章　发动机特性

发动机特性是指发动机性能指标随着调整情况及运转工况变化而变化的关系。以曲线形式直观显示发动机特性的曲线，称为发动机特性曲线。

发动机性能指标随调整情况而变化的关系，称为调整特性。调整特性包括柴油机供油提前角调整特性、汽油机点火提前角调整特性和汽油机化油器调整特性等。

性能指标随着发动机工况而变化的关系，称为性能特性。发动机的性能特性包括负荷特性、速度特性、万有特性、空转特性等，其中速度特性又包括外特性和部分速度特性。

第一节　汽油机特性

发动机节气门位置不变时，其性能指标随转速而变化的关系称为发动机速度特性。速度特性包括全负荷速度特性（即外特性）和部分负荷速度特性。

分析发动机的速度特性时，一般用发动机台架试验测取一系列数据，并以发动机转速 n 作为横坐标，发动机的有效功率 P_e、有效转矩 M_e、有效燃油消耗率 g_e 或单位时间耗油量 G_T 等作为纵坐标，绘制成速度特性曲线。通过分析发动机的速度特性，确定发动机最佳工作时的转速范围。

一、汽油机的速度特性

1. 定义

当汽油机的燃料供给系与点火时间调整最佳,节气门开度不变时,其有效功率 P_e、有效转矩 M_e、耗油率 g_e 等性能指标随转速变化而变化的关系,称为速度特性。

2. 速度特性的分类

速度特性包括外特性和部分速度特性。外特性是指节气门全开时所测得的速度特性,它代表发动机所能达到的最高动力性和经济性,是发动机的重要特性。部分速度特性指节气门部分开启时所测得的速度特性。

3. 外特性曲线分析

汽油机的外特性曲线如图 4-2-1 所示。

(1) 有效转矩 M_e 曲线。

由公式 $M_e = k_2 \eta_v \eta_i \eta_m / \alpha$ 知,有效转矩 M_e 随转速的变化取决于 $\eta_v \eta_i \eta_m / \alpha$ 随转速的变化。η_v,η_i,η_m 随 n 的变化关系如图 4-2-2 所示。

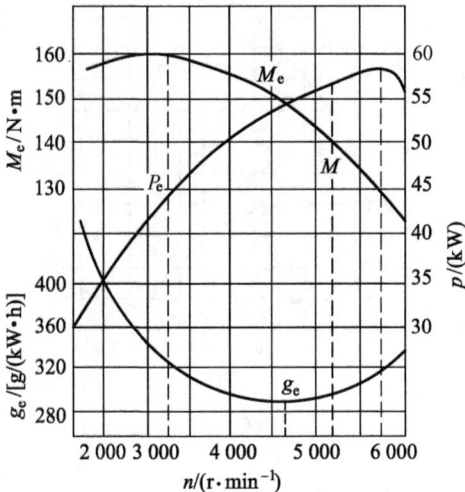

图 4-2-1　BJ-492Q 汽油机外特性

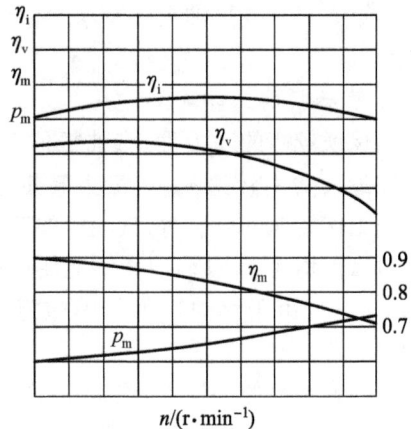

图 4-2-2　汽油机 η_i,η_v,P_e 和 η_m 随转速 n 的变化趋势

① 充气效率 η_v:节气门开度固定,在某一转速(即在设计工况)时 η_v 最高,低于或高于设计工况时 η_v 都较低。

② 指示热效率 η_i:汽油机在某一转速时,指示热效率 η_i 有最高值。当转速低时,燃烧室的空气涡流弱,火焰传播速度减慢,可燃混合气燃烧速度小,同时在转速低时气缸的漏气多、散热快,指示热效率 η_i 低;转速过高时,以曲轴转角计燃烧延续时间长,燃烧效率低,指示热效率 η_i 也降低。但 η_i 曲线变化平坦,对有效转矩 M_e 的影响较小。

③ 机械效率 η_m:当转速提高时,因机械损失大,机械效率 η_m 降低。

在节气门开度一定时,α 值基本不随转速变化。

综上所述:转速由低逐渐升高,指示热效率 η_i、充气系数 η_v 均上升,虽然机械效率 η_m 略有下降,但总趋势是 M_e 上升,到某一点取得最大值。随着转速继续上升,由于 η_i、η_m、η_v 均下降,致使有效转矩 M_e 迅速下降,变化较陡。

（2）有效功率 P_e 曲线。

在 $M_e < M_{emax}$ 的范围内，转速增加，转矩也增加，故 P_e 增加较快；此后，当 n 增加时，因 M_e 有所下降，故 P_e 的增长速度减慢，直至某一转速时，M_e 与 n 之积达最大值，使 P_e 达最大功率 P_{emax}；若 n 再增加，由于 M_e 的下降已超过了 n 升高的影响，故 P_e 下降。

（3）耗油率 g_e 曲线。

综合 η_i、η_m 的变化，g_e 在中间某一转速时最低。当转速高于此转速时，η_i 与 η_m 随转速上升同时下降，g_e 增加。当转速低于此转速，因 η_i 上升不能弥补 η_m 的下降，g_e 也上升。总之 b_e 曲线变化不大，较平坦。

4．部分负荷速度特性

汽车一般是在部分负荷下工作，节气门开度减小，节流损失增大，进气终了压力 P_e 下降，引起 η_v 降低。随着转速的提高，η_v 迅速下降，故节气门开度越小，M_e 随着转速降低得越快，而且最大转矩、最大功率及其所对应的转速向低速方向移动。图 4-2-3 为某汽油机节气门分别在全开、75%开度、50%开度和25%开度时，有效功率 P_e、有效转矩 M_e、有效燃油消耗率 g_e 随转速 n 的变化规律。

5．汽油机的工作范围

为保证较高的动力性，汽油机的工作转速范围应在最大功率转速 n_P 与最大转矩转速 n_m 之间。当工作转速 $n > n_P$ 时，汽油机的动力性、经济性和可靠性均大大下降，因而不能使用；当工作转速 $n < n_m$ 时，由于汽油机工作不稳定，也不可能使用。

为保证较高的经济性，汽油机工作的最有利转速范围应介于最大功率转速 n_P 和最低燃油消耗率转速 n_g 之间。

二、汽油机的负荷特性

（1）发动机负荷特性。

发动机负荷特性是指发动机工作时，若转速保持一定，其经济指标随负荷而变化的关系。

负荷特性曲线一般以发动机的负荷（有效功率 P_e、有效转矩 M_e 或平均有效压力 p_e）作为横坐标，以表示性能参数的经济性指标作为纵坐标。通过分析负荷特性曲线，可以了解发动机在各种负荷情况下工作时的经济性以及最低燃油消耗率时的负荷状态。

（2）汽油机的负荷特性。

当汽油机的燃料供给系与点火系调整到最佳，保

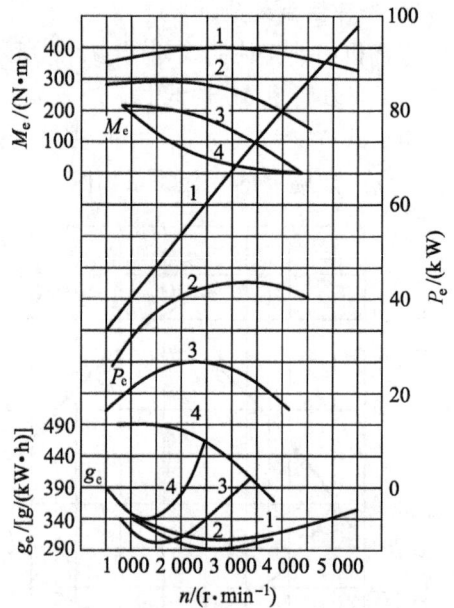

1—全负荷；2—75%负荷；
3—50%负荷；4—25%负荷

图 4-2-3 汽油机部分负荷速度特性

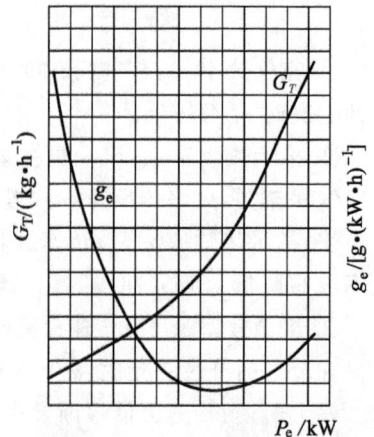

图 4-2-4 汽油机的负荷特性

持在某一转速下工作时,逐渐改变节气门开度以适应外界负荷,每小时耗油量 G_T 和燃油消耗率 g_e 随有效功率 P_e(或有效转矩 M_e、有效平均压力 p_e)而变化的关系,称为汽油机负荷特性。汽油机的负荷可通过改变节气门开度进行调节,此种负荷调节方式称为量调节,负荷特性又称节流特性。图 4-2-4 为汽油机在某一转速下的负荷特性曲线。不同的转速有不同的负荷特性曲线。

① G_T 曲线。

当汽油机转速一定时,每小时燃油消耗量 G_T 主要取决于节气门开度和混合气成分。节气门开度由小逐渐加大时,充入气缸的混合气量逐渐增加,G_T 随之上升;当节气门开度增大到约为全开度 80% 时,开始加浓工作,混合气变浓,G_T 上升的速度加快,曲线变陡。

② g_e 曲线。

由于 g_e 与指示热效率、机械效率的乘积成反比关系,因此 g_e 随负荷的变化规律取决于 η_i 和 η_m 随负荷的变化规律,如图 4-2-5 所示。

汽油机怠速运转时,其指示功率完全用于克服机械损失功率,机械效率 η_m 为零,故 g_e 为无穷大。指示效率 η_i 随负荷增加而上升,故 g_e 迅速下降,直至降到最低值。当负荷继续增加,节气门开度增大到全开度 80% 左右时,燃料供给系供给发动机较浓的功率混合气,燃烧不完全,η_i 下降,结果 g_e 又有所上升。

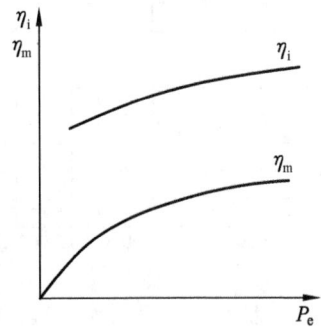

图 4-2-5 η_i 和 η_m 随负荷的变化关系

第二节 柴油机特性

一、柴油机的速度特性

1. 定义

当喷油泵的油量调节机构(油门拉杆或齿条)位置固定不动时,柴油机的性能指标 M_e、P_e、G_T、g_e 等随转速 n 的变化的关系,称为柴油机的速度特性。

2. 分类

(1) 标定功率速度特性(又称外特性)。

油量调节机构(油门拉杆)固定于标定功率循环供油量位置时测得的速度特性,称为标定功率速度特性。它代表该柴油机在使用中允许达到的最高性能。所有柴油机均需标明标定功率速度特性。

(2) 部分速度特性。

油量调节机构固定在小于标定工况循环供油量位置时测得的速度特性,称为部分速度特性。

3. 外特性曲线分析

柴油机外特性如图 4-2-6 所示。

(1) M_e 曲线。

柴油机的有效转矩 M_e 主要取决于每次循环供油 Δg、指示热效率 η_i 和机械效率 η_m。

η_i，η_m，Δg 随 n 的变化如图 4-2-7 所示。每次循环供油量 Δg 随柴油机转速变化的情况由喷油泵的速度特性决定。指示热效率 η_i 和机械效率 η_m 随转速的变化规律与汽油机基本相同，只是 η_i 变化较平坦，而柴油机每次循环的供油与充气效率无关。

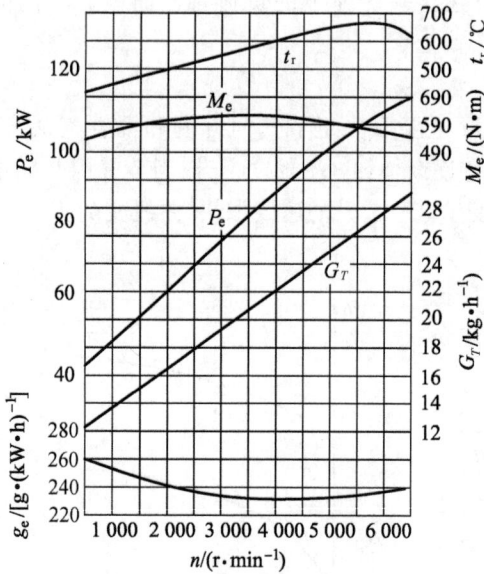

图 4-2-6　柴油机的外特性

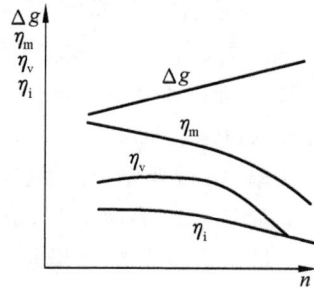

图 4-2-7　柴油机 η_i，η_m，η_v，、Δg 随 n 的变化

与汽油机相比，柴油机指示热效率 η_i 随转速的变化较平坦，且在较高转速范围内，随着转速的提高，Δg 也在增加，对 η_i 和 η_m 的下降有补偿作用，所以转矩 M_e 随 n 的变化也比汽油机相对平坦。转矩储备系数 μ 比汽油机的小，只在 5%～10% 的范围。

（2）功率 P_e 曲线。

由于不同转速时 M_e 变化不大，在一定转速范围内 P_e 几乎随 n 的提高成正比增加。

柴油机的最高转速由调速器限制。循环供油量过多会使燃烧严重恶化，并出现排气严重冒黑烟现象。因此，车用柴油机的标定功率受冒烟界限的限制。

（3）燃油消耗率 g_e。

柴油机外特性的 g_e 变化趋势与汽油机相似，也是一条凹形曲线。η_i 随 n 的变化比较平坦，使曲线凹度较小。由于柴油机的压缩比高，其燃油消耗率比汽油机低 20%～30%。

4. 部分速度特性

汽车发动机经常在部分负荷下工作，因此在进行发动机性能试验时还应该做标定功率的 90%，75%，55% 的部分速度特性试验。图 4-2-8 为柴油机部分负荷速度特性，其中 t_r 为排气温度。当喷油泵油量调节机构固定在油量较小位置时，循环供油量减少，Δg 随 n 变化的趋势由油泵速度特性决定。柴油机部分速度特性曲线与外特性相似，但比外特性低。

5. 喷油泵的速度特性及校正

当油量控制机构位置不变时，循环供油量随转速变化的特性称为喷油泵的速度特性。常用柱塞式喷油泵的速度特性表明，由于柱塞副进、回油孔的节流作用，当发动机转速升高时，将使供油持续时间延长，供油量随之增加，发动机转矩增加。

喷油泵的速度特性不能满足汽车对柴油机转矩特性的要求。此外，发动机的充气效率

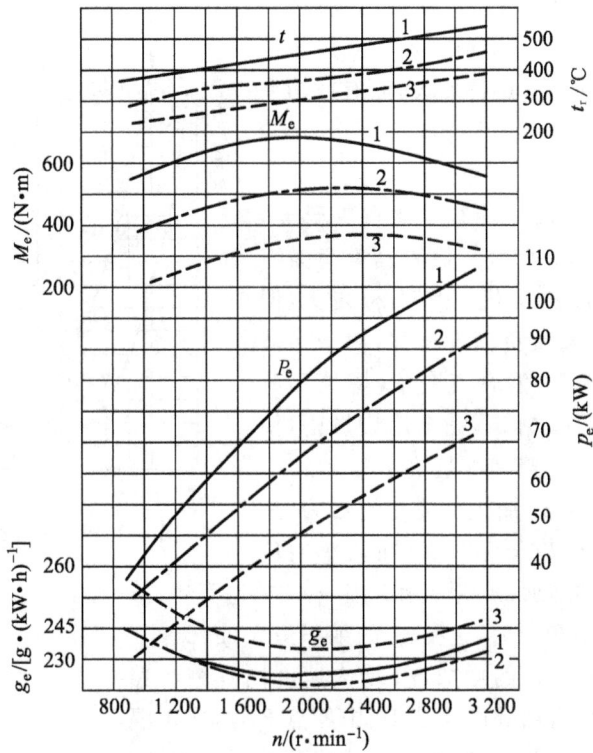

1—90%；2—75%；3—55%

图 4-2-8　柴油机部分负荷速度特性

随转速下降而提高，而供油量却随转速下降而减少，这种油泵速度特性必然造成低速时气缸中的空气将不能充分利用，不能输出较大转矩，其潜力得不到充分发挥。因此，必须使油泵的速度特性与充气效率随转速变化的特性相一致。图 4-2-9 为按这种要求确定的油泵速度特性。在一定转速范围（一般由标定功率时的转速起，如图 4-2-9 中的 BA 段），供油量应随转速的下降而较快增加，以提高柴油机适应外界阻力变化的能力。为使柱塞式喷油泵的速度特性满足最佳喷油泵速度特性，常用出油阀校正和弹簧校正两种方法进行校正。

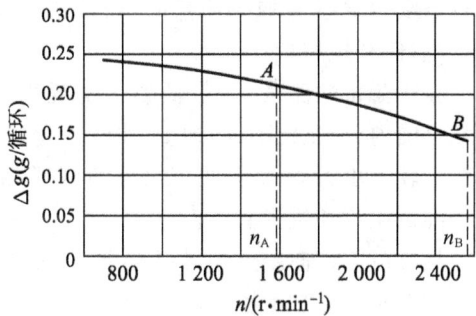

图 4-2-9　最佳喷油泵速度特性

二、柴油机的负荷特性

1. 定义

每小时燃油消耗量 G_T、有效燃油消耗率 g_e 随 P_e（或 M_e，P_e）变化而变化的关系，称为柴油机负荷特性。当柴油机转速一定时，充入气缸的空气量基本不变，调节负荷时只是改变每次循环供油量，便改变了混合气浓度。此种负荷调节方式称为质调节，如图 4-2-10 所示。

2. 每小时燃油消耗量 G_T

发动机转速一定时，每小时燃油消耗量 G_T 主要取决于每循环供油量 Δg。当负荷小于

85%时,随着负荷的增加,循环供油量加大;当负荷继续增加超过85%后,随负荷增加,Δg过多使混合气过浓,燃烧恶化,G_T迅速增大,而有效功率增加缓慢,甚至下降。

3. 燃油消耗率g_e

由$g_e = k_3 \eta_i \eta_m$可知,g_e曲线变化取决于η_i、η_m的变化,如图4-2-11所示。柴油机负荷为零时,$\eta_m = 0$,随着负荷的增加,机械效率η_m增大,但增长速度逐渐缓慢。随着负荷的增加,由于循环供油量Δg增加,α减少,混合气变浓,燃烧不完全;当α降低到一定程度时,不完全燃烧加剧,使η_i降低,且负荷越大,η_i下降速度越快。

受η_i和η_m的影响,g_e曲线的变化情形为:怠速时,由于η_m为零,g_e趋于无穷大;在较小的负荷范围内,随着负荷的增加,η_m增大速度比η_i减小速度快,故g_e降低,直到某一中等负荷时,η_i和η_m的乘积最大,g_e最小;在大负荷范围内,随着负荷的增加,η_m增大速度比η_i减小速度慢,使g_e增加;负荷增加到图4-2-10中的点2时,由于混合气过浓,不完全燃烧显著增加,柴油机排气开始冒黑烟,随着负荷的增加,g_e增加将越来越快;负荷增加到点3以后,由于燃烧条件极度恶化,g_e仍继续增加,P_e反而下降。

对应图4-2-10中点2的循环供油量称为"烟度界限",超过该限值继续增加供油量时,柴油机将出现大量黑烟,污染环境,使补燃增加。

在负荷特性曲线上,最低燃油消耗率g_{emin}越小,在负荷较宽范围内g_e变化不大,即g_e曲线变化较平坦,经济性越好。柴油机的经济性较好,且曲线变化较平坦,具有较宽的经济负荷区域,部分负荷时低油耗区比汽油机宽,故在部分负荷下柴油机比汽油机更省油。

从负荷特性曲线上还可以看出,低负荷区的有效燃油消耗率g_e较高,随着负荷的增加,g_e值迅速降低,在接近全负荷时,g_e达到最小值。

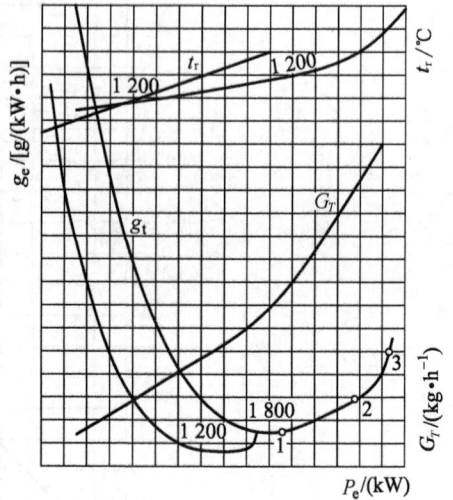

图 4-2-10　柴油机负荷特性曲线

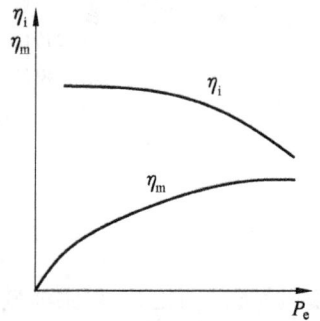

图 4-2-11　柴油机η_i和η_m随负荷变化情况

三、柴油机的调整特性

1. 柴油机喷油提前角调整特性

在柴油机转速和喷油泵油量调节机构位置不变的条件下,柴油机有效功率和有效燃油消耗率随喷油提前角的变化关系,称为喷油提前角调整特性。

由图4-2-12可知,测定柴油机喷油提前角调整特性时,由于柴油机的转速和喷油泵油量调节机构的位置不变,所以每小时耗油量G_T值为常数,喷油提前角的改变对G_T没有影响。

对应每一种工况,均有一个最佳的喷油提前角θ_0。此时有效功率最大,有效燃油消耗率最低。

当喷油提前角过大时，着火延迟期增长，造成速燃期的压力升高率过大，导致柴油机工作粗暴，使 P_e 下降和 G_T 增加。

当喷油提前角过小时，燃烧将推迟至膨胀过程中进行，因而使压力升高率降低，最高压力大大降低，排气温度升高，热损失增加，热效率显著下降，也使 P_e 下降和 G_T 增加。

柴油机在一定负荷下以不同转速工作时，其最佳喷油提前角也是不同的，一般应随转速的提高适当增大喷油提前角。为满足上述要求，传统的柴油机燃料供给系通常装有离心式喷油提前角调节装置。

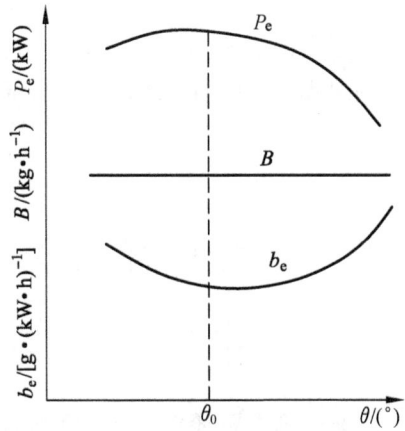

图 4-2-12　柴油机喷油提前角调整特性

2. 柴油机的调速特性

柴油机在运转过程中负荷变化范围大，为了保持转速稳定，需要装置调速器。

发动机稳定性比较如图 4-2-13 所示。柴油机由于转矩曲线比汽油机转矩曲线平坦，转矩储备系数低，所以当阻力矩由 R_1 增大到 R_2 时，柴油机转速将从 n_1 降到 n_2（汽油机由 n_1' 降到 n_2），变化范围较大。

在实际使用中，为防止高速飞车和怠速熄火，必须装配调速器。

（1）全程式调速器的调速特性。

柴油机装置全程式调速器后，在所有的转速范围

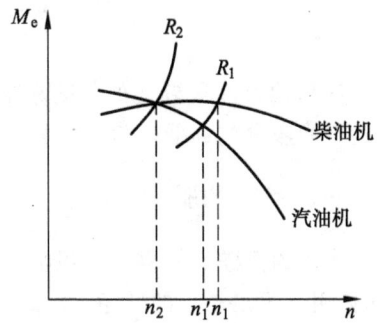

图 4-2-13　发动机稳定性比较

内，调速器都能根据外界负荷的变化，通过转速感应元件自动调节喷油泵供油量，保证在驾驶员选定的任何转速下使柴油机在极小的转速变化范围内稳定运转。

装有全程式调速器的柴油机调速特性如图 4-2-14 所示。当柴油机在某一工况下稳定运转时，若外界阻力矩减少，由于转速上升，调速器将带动供油量调节装置使供油量减少，柴油机输出有效转矩迅速减小；若外界阻力矩增加，由于转速下降，调速器使循环供油量增加，柴油机输出的有效转矩迅速增加。

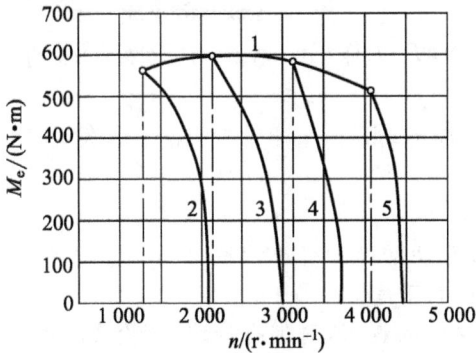

1—外特性；2～5—不同负荷时的调速特性

图 4-2-14　装有全程式调速器的柴油机调速特性

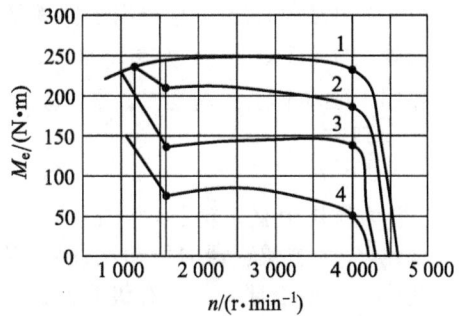

1～4—不同负荷时的调速特性

图 4-2-15　装有两极式调速器的柴油机调速特性

（2）两极式调速器的调速特性。

根据使用情况,两极式调速器只在柴油机最低转速和最高转速时起作用,以防止怠速熄火和高速飞车。中间转速由驾驶员根据需要直接操纵油量调节机构,如图 4-2-15 所示。

第三章　汽车行驶基本原理

汽车理论主要研究作用于汽车的各种外力和汽车的动力性、制动性、燃油经济性、操纵稳定性、平顺性和通过性等。

第一节　汽车的驱动力

汽车动力性是指汽车在良好路面上直线行驶时,由汽车受到的纵向外力决定的、所能达到的平均速度的高低。汽车行驶时作用于汽车上的外力包括驱动力与行驶阻力。

一、汽车的驱动

汽车的行驶是依靠发动机输出动力而实现的。发动机输出的转矩经传动系传到驱动轮上,作用于驱动轮上的转矩 T_t,使车轮对路面产生一个圆周力 F_0,此力是驱动轮对路面的作用力,路面则对驱动轮产生一个反作用力 F_t,两力大小相等、方向相反且作用在两个物体上,从而使汽车运动。

二、汽车的驱动力

驱动力是由发动机的转矩经传动系传至驱动轮上得到的,如图 4-3-1 所示。F_t 是驱动汽车的外力,此外力称为汽车的驱动力,单位为 N。驱动力 F_t 的计算公式为

$$F_t = -F_0 = \frac{T_t}{r}$$

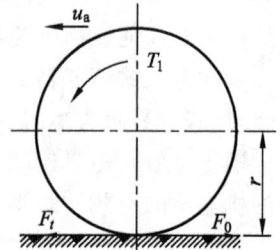

图 4-3-1　汽车的驱动力

式中,F_t 为驱动力,N;F_0 为作用于路面的圆周力,N;T_t 为作用于驱动轮的转矩,N·m;r 为车轮半径,m。

作用于驱动轮上的转矩 T_t 是由发动机产生并经传动系传至驱动轮上的。若发动机转矩为 T_{tg},则有

$$T_t = T_{tg} i_g i_0 \eta_T$$

式中,T_t 为作用于驱动轮上的转矩,N·m;T_{tg} 为发动机输出的有效转矩,N·m;i_g 为变速器的传动比;i_0 为主减速器的传动比;η_T 为传动系的机械效率。

此公式适用于具有手动有级变速的一般传动系统的汽车,对装有分动器、轮边减速器、液力传动等其他传动装置的汽车,还应考虑相应的传动比和机械效率,此时驱动力 F_t 为

$$F_t = -F_0 = \frac{T_t}{r} = \frac{T_{tg} i_g i_0 \eta_T}{r}$$

由此公式可知,汽车的驱动力与发动机输出的有效转矩、传动系统的传动效率、车轮半径、传动系的传动比有关。

第二节　汽车的行驶阻力

汽车在水平道路上等速行驶时,必须克服来自地面的滚动阻力和来自空气的空气阻力。滚动阻力以 F_f 表示,空气阻力以 F_w 表示。当汽车在坡道上行驶时,还必须克服汽车重力沿坡道的分力(称为坡度阻力,用 F_i 表示)。汽车直线加速行驶时,还需要克服惯性力(称为加速阻力,用 F_j 表示)。因此汽车行驶总阻力为

$$\sum F = F_f + F_w + F_i + F_j$$

一、滚动阻力

滚动阻力是指汽车车轮在路面上滚动所引起的阻力的总称,通常用 F_f 表示。

车轮滚动时,轮胎与路面的接触区域产生相互作用力,轮胎和支承路面发生相应的变形。车轮在地面上滚动产生轮胎变形或者路面变形,由于轮胎内部摩擦产生弹性迟滞损失,使轮胎变形时对它做的功不能全部回收。

图 4-3-2 为轮胎在硬路面上受径向载荷时的变形曲线。图中 OCA 为加载变形曲线,面积 $OCABO$ 为加载过程中对轮胎做的功。ADE 为卸载变形曲线,面积 $ADEBA$ 为卸载过程中轮胎恢复变形时放出的能量。由图 4-3-2 可知,两面积之差 $OCADEO$ 即为加载与卸载过程之能量损失。最后转化为热能而散失在大气中,称为轮胎的弹性迟滞损失。

轮胎的弹性迟滞损失表现为阻碍车轮滚动的一种阻力偶。当车轮静止时,地面对车轮的法向反作用力的分布是前后对称的,合力通过车轮中心;而当车轮滚动时,在法线 $n-n'$ 前后相对应点 d 和 d' 变形量相同,如图 4-3-3a 所示。由于存在弹性迟滞现象,处于压缩过程前部 d 点的地面法向反作

图 4-3-2　轮胎的径向变形曲线

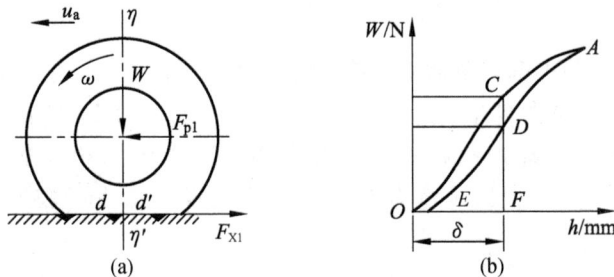

用力就会大于处于恢复过程后部 d' 点的地面法向反作用力。设同一变形为 δ,压缩时的受力为 CF,恢复时受力为 DF,而 CF 大于 DF。这样就使地面法向反作用力的分布前后并不对称,而使它们的合力 F_z 相对于 $n-n'$ 的法线向前移了一个距离 a(见图 4-3-4a),这个距离随弹性迟滞损失的增大而变大。合力 F_z 与法向载荷 W 大小相等,方向相反,即 $F_z = W$。由于 F_z 的作用点前移了一个距离 a,形成一个滚动阻力偶矩 $T_f = F_z a$,阻碍车轮滚动。

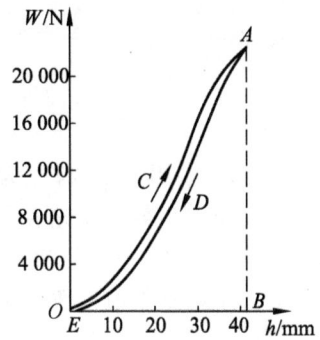

图 4-3-3　弹性车轮在硬质路面上的滚动

图 4-3-4 为从动车轮在硬质路面上滚动时的受力情况。

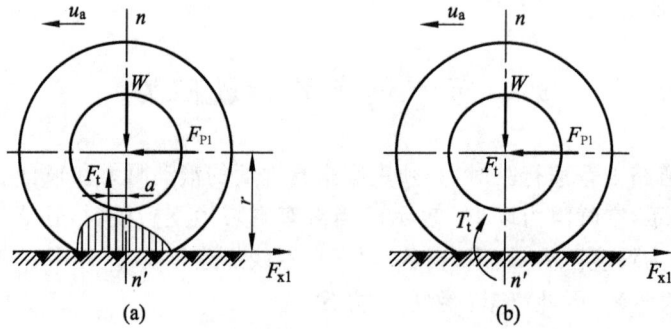

图 4-3-4 从动车轮在硬质路面上滚动时受力情况

由图 4-3-4 可知,要使从动轮在硬路面上等速滚动,必须在车轮中心施加一个推力 F_{P1},此推力与地面切向反作用力 F_{X1} 构成一个力偶矩,以克服滚动阻力偶矩。由平衡条件得

$$F_{P1}r_k = T_f$$

则

$$F_{P1} = \frac{T_f}{r_k} = F_z\frac{a}{r_k} = W\frac{a}{r_k}$$

令 $f = \dfrac{a}{r_k}$,则

$$F_{P1} = Wf \text{ 或 } f = \frac{F_{P1}}{W}$$

式中,f 为滚动阻力系数;r_k 为轮胎变形后的滚动半径。

滚动阻力系数是车轮在一定条件下滚动时所需的推力与车轮载荷之比,即单位汽车重力所需的推力。换言之,滚动阻力等于滚动阻力系数与车轮载荷的乘积,即

$$F_f = \frac{T_f}{r} = Wf$$

图 4-3-5 是驱动轮在硬路面上等速滚动时的受力图。图中 F_{X2} 为驱动力矩 T_t 所引起的道路对车轮的切向反作用力,W 为驱动轮上的垂直载荷,F_{P2} 为驱动轴作用于车轮的水平力。法向反作用力 F_z 由于轮胎的弹性迟滞现象,其作用

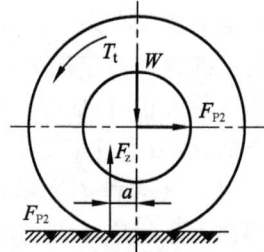

图 4-3-5 驱动轮在硬质路面上滚动时的受力情形

点向前偏移了一个距离 a,即在驱动轮上也作用着滚动阻力偶矩 T_f。根据力矩平衡方程有

$$F_{X2} \cdot r = T_t - T_f$$

$$F_{X2} = \frac{T_t}{r} - \frac{T_f}{r} = F_t - F_f$$

由此可见,汽车行驶中真正驱动汽车前进的外力 F_{X2} 等于汽车的驱动力 F_t 与驱动轮上的滚动阻力 F_f 之差,它是真实存在的,而驱动力 F_t 和滚动阻力 F_f 都是定义的力。

滚动阻力系数由试验确定。滚动阻力系数与路面的种类、行驶车速以及轮胎的构造、材料、气压等有关。表 4-3-1 给出了汽车在某些路面上以中低速行驶时,滚动阻力系数的数值。

表 4-3-1 滚动阻力系数 f 的数值

路面类型	滚动阻力系数	路面类型	滚动阻力系数
良好的沥青或混凝土路面	0.010~0.018	雨后压紧土路	0.050~0.150
一般的沥青或混凝土路面	0.018~0.020	泥泞土路	0.100~0.250
碎石路面	0.020~0.025	干砂路面	0.100~0.300
良好的卵石路面	0.025~0.030	湿沙路面	0.060~0.150
坑洼的卵石路面	0.035~0.050	结冰路面	0.015~0.030
干燥压紧土路	0.025~0.035	压紧雪道	0.030~0.050

滚动阻力系数的数值也可以用经验公式大致估算。在一般较平坦的硬路面上,轿车的滚动阻力系数可按

$$f = f_0 \left(1 + \frac{u_a^2}{19\ 440} \right)$$

进行计算。式中,良好沥青或混凝土路面的 f_0 为 0.014,卵石路面的 f_0 为 0.025,砂石路面的 f_0 为 0.020;u_a 为行驶车速,km/h。

货车轮胎气压高,滚动阻力系数可按下式计算:

$$f = 0.007\ 6 + 0.000\ 056 u_a$$

对滚动阻力系数影响最大的是路面的类型、表面状态和力学物理性质等。因此,车轮在松软路面上滚动时,倘若路面极其松软将导致路面变形大,而车轮的变形小,其与路面的变形量相差很悬殊,即类似刚性车轮在松软路面上滚动的情况,如图 4-3-6所示。此时,地面对车轮的反作用力垂直于支撑面并沿车轮半径指向车轮中心,该反作用力 R 可分解为垂直分力 R′和水平分力 F_f。F_f 即为滚动阻力,其滚动阻力矩等于零。车轮陷入路面越深,则滚动阻力越大。

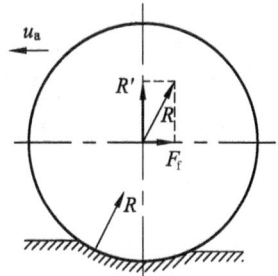

图 4-3-6 刚性轮在软路面上的滚动

滚动阻力是指车轮在路面上滚动时,由于轮胎与路面之间的相互作用而引起的能量损失。这些能量损失主要包括以下几部分,即消耗于轮胎变形和路面变形的能量损失,轮胎与支承面间的摩擦损失,路面不平导致汽车振动而引起的能量损失。

车轮在硬路面上的滚动损失绝大部分是轮胎变形的能量损失,即表现为弹性迟滞损失的轮胎橡胶、帘布等材料内的分子摩擦损失,以及内胎与外胎、轮胎与轮辋、橡胶与帘布层等轮胎各组成件之间的机械摩擦损失。

车轮在软路面上的滚动损失大部分是消耗于土壤变形损失,即土壤变形时其微粒间的机械摩擦损失。

汽车在路面高低凹凸不平的硬路面上行驶时,汽车振动引起的能量损失所占比例较大。

二、空气阻力

将汽车直线行驶时受到的空气作用力在行驶方向上的分力称为空气阻力,通常用 F_w 表示。

空气阻力分为摩擦阻力和压力阻力两部分。摩擦阻力是由于空气的黏滞性在车身表面产生的切向力的合力在汽车行驶方向上的分力。压力阻力是作用在汽车外形表面上的法向压力的合力在行驶方向上的分力,压力阻力分为形状阻力、干扰阻力、内循环阻力和诱导阻力等 4 个部分。

图 4-3-7 为空气环绕汽车流过的情况,图 4-3-8 为车身外形的变化对空气阻力的影响。

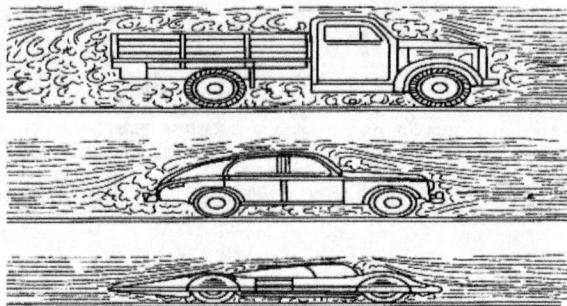

图 4-3-7　空气环绕汽车流过的情况

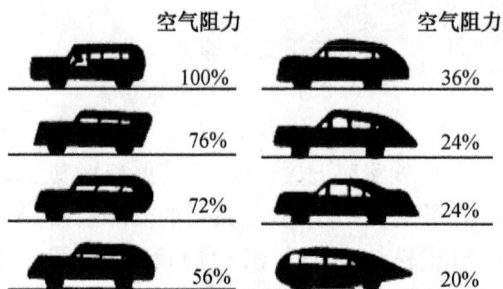

图 4-3-8　车身外形变化对空气阻力的影响

在一般轿车中,形状阻力占 58%,干扰阻力占 14%,内循环阻力占 12%,诱导阻力占 7%,摩擦阻力占 9%。

在汽车行驶范围内,空气阻力 F_w 为

$$F_w = \frac{1}{2} C_D A \rho u_r^2$$

式中,F_w 为空气阻力,N;C_D 为空气阻力系数;ρ 为空气密度,一般取 $\rho = 1.225\ 8\ \text{kg/m}^3$;$A$ 为汽车迎风面积,即汽车行驶方向的投影面积,m^2;u_r 为汽车与空气的相对速度,m/s。

对于 u_r 而言,无风时,$u_r =$ 汽车行驶速度(u_a);顺风时,$u_r =$ 汽车行驶速度(u_a)-风速;逆风时,$u_r =$ 汽车行驶速度(u_a)+风速。

如果汽车无风时运动,u_r 即为汽车行驶速度 u_a,单位以 km/h 计,则空气阻力为

$$F_w = \frac{C_D A u_a^2}{21.15}$$

式中,F_w 为空气阻力,N;C_D 为空气阻力系数;A 为迎风面积,m^2;u_a 为汽车行驶速度,km/h。

空气阻力与汽车相对速度的平方成正比,相对速度越高,空气阻力越大。空气阻力与空气阻力系数 C_D、汽车迎风面积 A 成正比。汽车迎风面积 A 受到乘坐使用空间的限制不易进一步减少,汽车与空气的相对速度 u_r 受汽车运输效率的限制也不易减少,因此降低空气

阻力系数 C_D 是降低空气阻力的主要手段。

空气阻力系数可由道路试验、风洞试验等方法测得。一般汽车的空气阻力系数和迎风面积见表 4-3-2。

表 4-3-2　汽车的空气阻力系数和迎风面积

车型	迎风面积 A	空气阻力系数
轿车	1.4~1.9	0.32~0.5
货车	3~7	0.6~1.0
客车	4~7	0.5~0.8

三、坡道阻力

汽车在上坡行驶时,汽车重力沿坡道的分力与汽车行进的方向相反,该分力称为上坡阻力,通常用 F_i 表示;下坡时,汽车重力沿坡道的分力与汽车行进的方向相同,形成了下坡阻力,通常取其值为负值。汽车的坡度阻力受力情形如图 4-3-9 所示。

表示坡度阻力可按

$$F_i = G\sin \alpha = mg\sin \alpha$$

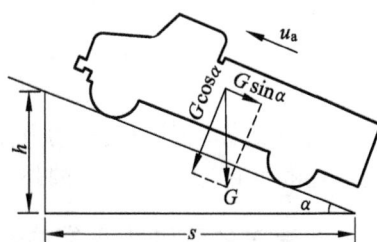

图 4-3-9　汽车的坡度阻力

进行计算。式中,F_i 为坡度阻力,N;G 为汽车的重力,N;α 为坡道的倾角,(°);g 为重力加速度,m/s^2;m 为汽车的质量,kg。

道路坡度 i 是以坡高与相应的水平距离之比来表示的,道路坡度与坡道角度的关系为

$$i = \frac{h}{s} \times 100\% = \tan \alpha (\%)$$

图 4-3-10 表示了坡度与坡道角的关系。

根据我国的公路路线的设计规范,高速公路平原微丘区最大纵坡为 3%;一级汽车专用公路平原微丘区最大坡度为 4%,一般四级公路平原微丘区最大坡度为 5%,山岭重丘区为 9%。一般公路上极少有坡度超过 15% 的,而当 $\alpha<(10°\sim15°)$ 时,有

$$\sin \alpha \approx \tan \alpha \approx i$$

则坡道阻力 F_i 可表示为汽车重力与坡度值的乘积,即

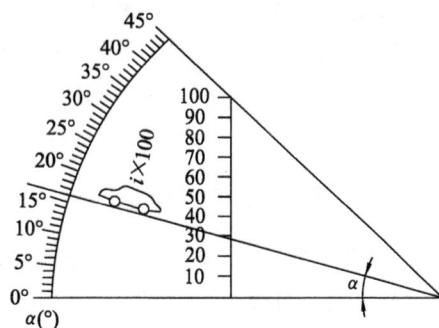

图 4-3-10　坡度 i 与道路坡道角 α 的换算图

$$F_i \approx Gi$$

值得注意的是,该计算公式只适用于坡度值较小的情形[即 $\alpha<(10°\sim15°)$ 时],否则将导致计算误差过大。

四、加速阻力

汽车加速行驶时,需要克服汽车质量加速运动时的惯性力,这就是加速阻力 F_j。汽车的质量分为平移质量和旋转质量两部分。为了计算方便,通常把旋转质量的惯性力偶矩转

化为平移质量的惯性力,计算时用系数 δ 作为计入旋转质量惯性力偶矩后的汽车旋转质量换算系数。因此,汽车加速时的加速阻力为

$$F_\mathrm{j}=\delta m\frac{\mathrm{d}u}{\mathrm{d}t}$$

式中,F_j 为加速阻力,N;δ 为汽车旋转质量换算系数;m 为汽车质量,kg;$\frac{\mathrm{d}u}{\mathrm{d}t}$ 为行驶加速度,$\mathrm{m/s^2}$。

其中,汽车旋转质量换算系数 δ 主要与汽车飞轮、离合器、车轮等部件的转动惯量以及汽车传动系的传动比有关。在进行汽车动力性一般计算时,可以按经验公式

$$\delta=1+\delta_1+\delta_2 i_\mathrm{g}^2$$

式中,δ_1 为车轮旋转质量换算系数,轿车 δ_1 为 0.05~0.07,货车 δ_1 为 0.04~0.05;δ_2 为飞轮旋转质量换算系数,δ_2 为 0.03~0.05;i_g 为变速器传动比。

第三节 汽车的驱动和附着条件

理论和实践均证明,汽车动力性能不仅受到汽车驱动力的限制,而且还受到轮胎与路面附着条件的限制,作用于汽车的外力要互相平衡,即驱动力和行驶阻力的平衡。

一、汽车的驱动力平衡方程

汽车行驶时,作用于汽车的外力有驱动力和行驶阻力,它们互相平衡时可得到汽车的驱动力平衡方程,即

$$F_\mathrm{t}=F_\mathrm{f}+F_\mathrm{w}+F_\mathrm{i}+F_\mathrm{j}$$

或

$$\frac{T_\mathrm{tg}i_\mathrm{g}i_0\eta_\mathrm{T}}{r}=Gf+Gi+\frac{C_\mathrm{D}Au_\mathrm{a}^2}{21.15}+\delta m\frac{\mathrm{d}u}{\mathrm{d}t}$$

上式表明了汽车行驶时驱动力和外界阻力之间相互关系的普遍情况。当发动机的转速特性、变速器的传动比、主减速比、传动效率、车轮半径、空气阻力系数、汽车迎风面积以及汽车质量等初步确定后,便可利用此式分析在附着性能良好的典型路面(如混凝土、沥青路面等)上的行驶能力,即确定汽车在节气门全开时可能达到的最高车速、加速能力和爬坡能力。

二、汽车行驶的驱动条件

由汽车驱动力平衡方程可知,$F_\mathrm{t}=F_\mathrm{f}+F_\mathrm{w}+F_\mathrm{i}$ 时,汽车将等速行驶;$F_\mathrm{t}>F_\mathrm{f}+F_\mathrm{w}+F_\mathrm{i}$ 时,汽车将加速行驶;$F_\mathrm{t}<F_\mathrm{f}+F_\mathrm{w}+F_\mathrm{i}$ 时,汽车无法起步,行驶中的汽车将减速直至停车。

行驶中的汽车当驱动力等于滚动阻力、坡度阻力和空气阻力之和时,汽车等速行驶;当驱动力大于滚动阻力、坡度阻力与空气阻力之和时,汽车才能起步和加速行驶;当驱动力小于滚动阻力、坡度阻力与空气阻力之和时,则汽车无法起步,行驶中的汽车将减速直至停车。

因此,汽车行驶的驱动条件(或称必要条件)即第一个条件为

$$F_\mathrm{t}\geqslant F_\mathrm{f}+F_\mathrm{w}+F_\mathrm{i}$$

三、汽车行驶的附着条件

为了满足汽车的驱动条件,我们可以采用增加发动机转矩、加大传动比等办法来增大汽

车驱动力。但是增大驱动力有时会使驱动轮与路面发生滑转现象,即驱动汽车的外力受轮胎与路面之间附着条件的限制。汽车行驶除满足驱动条件外,还要满足轮胎与地面的附着条件。

轮胎与路面之间附着条件可用附着力来表示,附着力越大,附着条件越好。地面对轮胎切向反作用力的极限值称为附着力 F_φ。对一定的轮胎和路面,附着力与驱动轮法向反作用力 F_z(或垂直载荷 W)成正比,即

$$F_{Xmax} = F_\varphi = F_z \varphi$$

式中的 φ 称为附着系数,附着系数由路面和轮胎的情况决定。地面切向反作用力不能大于附着力,否则会发生驱动轮滑转现象。因此,汽车行驶的附着条件为

$$F_{X2} = \frac{T_t}{r} - \frac{T_f}{r} = F_t - F_f \leqslant F_\varphi = F_z \varphi$$

即

$$F_t \leqslant F_z \varphi + F_f = F_z \varphi + Wf = F_z \varphi + F_z f$$

$$F_t \leqslant F_z (\varphi + f)$$

因为与附着系数相比,滚动阻力系数 f 值较小,所以可以近似写为

$$F_t \leqslant F_z \varphi$$

式中,F_z 为作用于所有驱动轮上的地面法向反作用力。

对于前轮驱动的汽车,$F_z = F_{z1}$;对于后轮驱动的汽车,$F_z = F_{z2}$;对于全轮驱动汽车,$F_z = F_{z1} + F_{z2}$。

这是汽车行驶的第二个条件——附着条件,它是汽车行驶的充分条件,即

$$F_f + F_w + F_i \leqslant F_t \leqslant F_\varphi = F_z \varphi$$

上述关系称为汽车行驶的驱动与附着条件,也是汽车行驶的充分与必要条件。

四、附着系数

附着系数主要取决于路面的种类和表面状况,还与轮胎结构、胎面花纹以及使用条件等因素有关,行驶车速对附着系数也有影响。

车轮在硬路面上滚动时,轮胎的变形比路面变形大,使车轮与路面有较好的附着能力。当路面覆盖有尘土时,附着系数则降低。在潮湿的路面上,附着性能显著下降。

车轮在软路面上滚动时,土壤变形比轮胎变形大,轮胎花纹的凸起部分嵌入土壤,这时附着系数的数值不仅取决于轮胎与土壤间的摩擦,同时取决于土壤的抗剪强度。

轮胎的结构及材料对附着系数也有着显著影响。具有细而浅花纹的轮胎在硬路面上有较好的附着能力,而宽深花纹的轮胎则在软土壤上得到较大的附着系数。花纹纵向排列的轮胎所能传递的侧向力较大;而横向或“人”字形排列的花纹的轮胎则传递切向力的能力较高。轮胎材料不同,附着系数也不同,合成橡胶轮胎附着系数比天然橡胶轮胎高。轮胎气压不同,附着系数也不同(见图 4-3-11)。低气压、宽断面和子午线轮胎与地面的接触面积较大,附着系数比一般轮胎高。

汽车行驶速度对附着系数也有显著影响(见图 4-3-12)。在硬路面上增加行驶速度,附着系数有所降低。在潮湿路面上如果行驶速度过高,附着系数会显著地降低。在软土壤上车速过高,附着系数可显著下降。

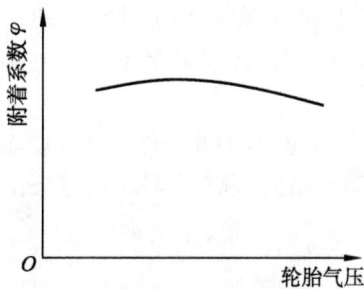

図4-3-11 附着系数与轮胎气压的关系

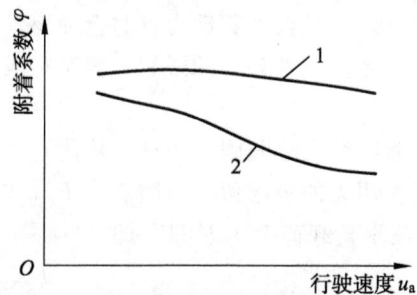

1—干燥路面；2—潮湿路面

图4-3-12 附着系数与行驶速度的关系

表4-3-3为不同轮胎在各种路面上测试的附着系数。

表4-3-3 不同轮胎在各种路面上测试的附着系数

路面类型	滚动阻力系数	路面类型	滚动阻力系数
良好的沥青或混凝土路面	0.010～0.018	雨后压紧土路	0.050～0.150
一般的沥青或混凝土路面	0.018～0.020	泥泞土路	0.100～0.250
碎石路面	0.020～0.025	干砂路面	0.100～0.300
良好的卵石路面	0.025～0.030	湿沙路面	0.060～0.150
坑洼的卵石路面	0.035～0.050	结冰路面	0.015～0.030
干燥压紧土路	0.025～0.035	压紧雪道	0.030～0.050

第四章　汽车的动力性

汽车动力性是汽车最基本、最主要的性能之一，它是指汽车在良好的路面上直线行驶时由汽车受到的纵向外力决定的、所能达到的平均行驶速度。

第一节　汽车的动力性与驱动平衡

一、汽车的动力性指标

汽车平均行驶速度是评价汽车动力性的总指标，汽车的动力性主要应由汽车的最高车速、汽车的加速时间和汽车的最大爬坡度三方面的指标来评定。

1. 汽车的最高车速

汽车的最高车速是指满载时，在风速≤3 m/s的条件下，在水平良好的路面（混凝土或沥青）上汽车能达到的最高行驶速度，用u_{amax}表示，单位为km/h。一般轿车最高车速为130～200 km/h，客车最高车速为90～130 km/h，货车最高车速为80～110 km/h。

2. 汽车的加速时间

汽车的加速时间表示汽车的加速能力,它对平均行驶车速有着很大影响,特别是轿车对加速时间更加重视。常用原地起步加速时间和超车加速时间来表示汽车的加速能力。汽车的加速时间用 t 表示,单位为 s。

原地起步加速时间指汽车由一挡或二挡起步,并以最大的加速强度(包括选择恰当的换挡时机)逐步换至最高挡后到某一预定的距离或车速所需的时间。

超车加速时间指用最高挡或次高挡由某一较低车速全力加速至某一高速所需的时间。

3. 汽车最大爬坡度

汽车的最大爬坡度是指汽车满载(或某一载质量)以最低挡位在良好路面上行驶所能爬上的最大坡度,它反映汽车的爬坡能力。爬坡度可用角度 α 表示,也常用每 100 m 水平距离内坡道的升高 h 与 100 m 之比值 i 来表示,即

$$i = \frac{h}{100} \times 100\% = \tan \alpha$$

各种车辆的爬坡能力不同。轿车最高车速大,加速时间短,一般不强调它的爬坡能力,但它的一挡加速能力大,故爬坡能力也强。而货车需在各种地区的各种道路上行驶,尤其在满载的情况下功率储备不大,所以必须具有足够的爬坡能力。一般它的最大爬坡度在 30% 即 16.7° 左右。越野汽车需要在坏路或无路条件下行驶,必须具备很强的爬坡能力,因而爬坡能力是一个很重要的指标。一般越野汽车的最大爬坡度可达 60% 即 31° 或更高。

二、汽车的驱动平衡

汽车正常行驶就要保持驱动平衡,也就是说主驱动力和行驶阻力必须互相平衡,汽车发动机功率和汽车行的阻力功率也应互相平衡。

1. 汽车的驱动力平衡

汽车起步时,驱动力 F_t 克服汽车静止时所受的阻力,使驱动轮沿路面滚动,并同时通过行驶系推动从动轮沿路面滚动,从而使汽车起步。驱动力是从轮胎下边缘传给汽车车轴,同时克服阻力使车轴向前移动,从而推动驱动轮沿路面滚动。

汽车起步后,其行驶情况取决于驱动力与行驶总阻力之间的关系。当驱动力大于汽车行驶总阻力时,汽车将加速行驶,其动能也将加大。同时由于车速的增加,空气阻力和行驶总阻力也急剧增加,汽车速度只能增大到驱动力和行驶总阻力达到新的平衡为止,此后汽车便以较高的速度等速行驶。当驱动力小于行驶总阻力时,汽车将减速行驶,其动能也随之降低。由于车速的降低,空气阻力和行驶总阻力也将随之减小,车速减小到驱动力和行驶总阻力达到又一个新的平衡为止,此时汽车则以较低的速度等速行驶。倘若随车速的降低,驱动力始终不能与降低的行驶总阻力达到新的平衡,则汽车将减速至停车。汽车的驱动力平衡方程式为

$$F_t = F_f + F_w + F_i + F_j$$

或

$$\frac{T_{tq} i_g i_0 \eta_T}{r} = Gf + Gi + \frac{C_D A u_a^2}{21.15} + \delta m \frac{du}{dt}$$

当无风时,汽车与空气的相对速度等于汽车行驶速度,即 $u_r = u_a$。

该平衡方程式表明了汽车行驶时驱动力和外界阻力之间相互关系。当发动机的速度特性、变速器的传动比、主减速比、传动效率、车轮半径、空气阻力系数、汽车迎风面积以及汽车

质量等初步确定后,便可利用此式分析汽车的行驶能力,即确定汽车在节气门全开时可能达到的最高车速、加速能力和爬坡能力。

图解法就是在汽车驱动力图中再绘制汽车行驶中经常遇到的滚动阻力和空气阻力曲线,作出汽车驱动力-行驶阻力平衡图,并以此来确定汽车的动力性。

图 4-4-1 为某一具有四挡变速器汽车的驱动力-行驶阻力平衡图,图中既有各挡的驱动力,又有滚动阻力以及滚动阻力和空气阻力叠加后得到的行驶阻力曲线。

(1)最高车速的确定。

从图 4-4-1 可以清楚地看出不同车速时驱动力和行驶阻力之间的关系。根据汽车最高车速的定义,最高挡位的驱动力曲线与行驶阻力($F_f + F_w$)曲线的交点

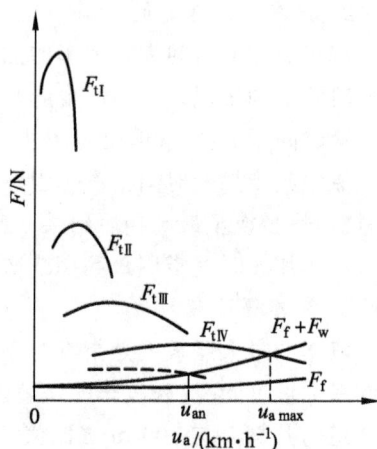

图 4-4-1　汽车的驱动力-行驶
阻力平衡图

所对应的车速即为汽车的最高车速 u_{amax}。汽车达到最高车速时,加速阻力 F_j 和坡道阻力 F_i 应为零,则 $F_t = F_f + F_w$。因此,汽车以最高车速行驶时,驱动力全部用于克服滚动阻力和空气阻力,无多余的驱动力来爬坡或加速,此时汽车处于相对稳定的平衡状态。

在图 4-4-1 中由 F_{tIV} 曲线与($F_f + F_w$)曲线的交点便可得到汽车以最高挡行驶时的最高车速 u_{amax}。若汽车在水平路面上的实际车速还未达到 u_{amax},此时驱动力大于行驶阻力,则汽车仍可加速至 u_{amax};若车速已经超过 u_{amax},由于此时驱动力已小于行驶阻力,则汽车必然会减速至 u_{amax},所以汽车的最高车速 u_{amax} 只能是一个稳定值。此时驱动力和行驶阻力相等,汽车处于相对稳定的平衡状态。

汽车在某一速度行驶时,其相对应的驱动力与阻力的差值越大,则汽车的剩余牵引力越大,那么汽车能产生的加速度也就越大,能用于克服坡道阻力的潜力也越大,换言之,汽车的储备动力越大。

(2)加速能力的确定。

汽车的加速能力通常用其在水平良好路面上行驶时所能产生的最大加速度或最短加速时间来表示。

① 汽车的加速度。

由汽车的驱动力平衡方程式,可得

$$\frac{\mathrm{d}u}{\mathrm{d}t} = \frac{1}{\delta m}[F_t - (F_f + F_w)] \quad (\text{设 } F_i = 0)$$

由图 4-4-1 可计算出各挡节气门全开时的加速度曲线,见图4-4-2。高挡位时的加速度要小些,Ⅰ挡的加速度最大。但是有的越野汽车Ⅰ挡 δ 值甚大,Ⅱ挡的加速度可能比Ⅰ挡的加速度还大。

② 加速时间。

实际中常用加速时间来表明汽车的加速能力。例如用直接挡行驶时,由最低稳定速度加速到一定距离或 $80\% u_{amax}$ 所需的时间表明汽车的加速能力。

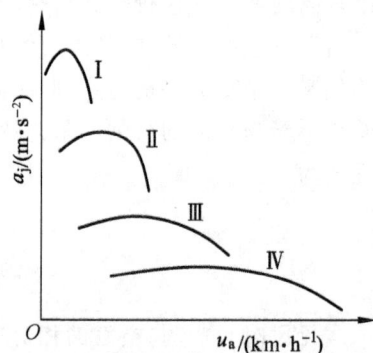

图 4-4-2　汽车的行驶加速度曲线

根据不同行驶速度的驱动力和行驶阻力可计算各挡油门全开时的加速度曲线(见图 4-4-2)。根据加速度曲线可以进一步求得由某一车速 u_1 加速至另一较高车速 u_2 所需的时间。

由运动学可知

$$dt = \frac{1}{a}du$$

$$t = \int_0^t dt = \int_{u_1}^{u_2} \frac{1}{a}du = A$$

加速时间可用积分计算或用图解积分法求出。用图解积分法时,将加速度与车速曲线,即 $a - u_a$ 曲线(见图 4-4-2)转化成 $\frac{1}{a} - u_a$ 曲线(见图 4-4-3a)。曲线下两个速度区间的面积就是通过此速度区间的加速时间。例如求某一挡位下由某一车速 u_1 加速至另一较高车速 u_2 的加速时间,常将速度区间分为若干区间,通过确定面积 $\Delta_1, \Delta_2, \cdots$ 来计算总的加速时间(见图 4-4-3b)。

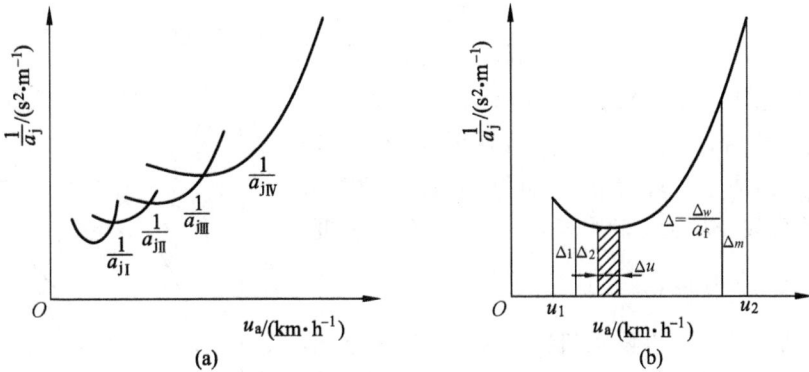

图 4-4-3 汽车加速度倒数曲线

③ 爬坡能力的确定。

汽车的爬坡能力,是指汽车等速行驶在良好路面上克服滚动阻力和空气阻力后所剩的动力全部用于克服坡度阻力时所能爬上的坡度,所以 $\frac{du}{dt}=0$,因此

$$F_i = F_t - (F_f + F_w)$$

一般汽车最大爬坡度达 30% 左右,汽车以较低挡位行驶时,能爬过的坡道角度较大,由于 $F_t = G\sin \alpha$,所以汽车的爬坡度应根据汽车的驱动力-行驶阻力平衡图按

$$\alpha = \arcsin \frac{F_t - (F_f + F_w)}{G}$$

$$i = \tan \alpha$$

进行求解。

根据汽车驱动力-行驶阻力平衡图求出汽车能爬上的坡道角,相应地根据 $i = \tan \alpha$ 就可以求出坡度值。汽车最大爬坡度 i_{max},为 I 挡时的最大爬坡度。但是直接挡最大爬坡度 i_{0max} 也是一项重要指标,因为汽车经常以直接挡行驶,i_{0max} 过小,汽车在遇到不大的坡度时就要经常换挡。这样就会影响汽车的平均行驶速度,如图

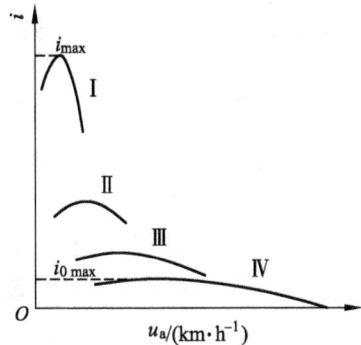

图 4-4-4 汽车的爬坡度图

4-4-4 所示。

直接挡最大爬坡度 $i_{0\max}$ 为

$$i_{0\max}=\tan\alpha\approx\sin\alpha=\frac{F_t-(F_f+F_w)}{G}$$

式中，F_t 为直接挡时的最大驱动力。

2. 汽车的功率平衡

汽车行驶时，汽车发动机功率和汽车行驶的阻力功率也总是平衡的。所谓汽车的功率平衡，就是指发动机发出的有效功率在各种阻力间的分配。汽车运动阻力所消耗的功率有滚动阻力功率 P_f、空气阻力功率 P_w、坡度阻力功率 P_i 及加速阻力功率 P_j。设定发动机输出功率为 P_e，机械传动效率为 η_T，则驱动轮所得到的功率为（$P_e\eta_T$），根据能量守恒定律，可得汽车功率平衡方程式

$$P_e\eta_T=P_f+P_w+P_i+P_j$$

经换算可得

$$P_e=\frac{1}{\eta_T}\left(\frac{Gfu_a}{3\ 600}+\frac{C_DAu_a^3}{76\ 140}+\frac{Giu_a}{3\ 600}+\frac{\delta mu_a}{3\ 600}\frac{\mathrm{d}u}{\mathrm{d}t}\right)$$

式中，P_e 为发动机功率，kW；η_T 为传动系效率；G 为作用于汽车上的重力，N；f 为滚动阻力系数；i 为道路坡度；C_D 为空气阻力系数；A 为迎风面积，m²；δ 为汽车旋转质量换算系数；m 为汽车质量，kg；u_a 为汽车速度，km/h；$\dfrac{\mathrm{d}u}{\mathrm{d}t}$ 为汽车加速度，m/s²。

汽车的功率平衡图以发动机的功率 P_e 为纵坐标，以汽车行驶速度 u_a 为横坐标，将各挡的 P_e-u_a 曲线以及汽车在平直良好路面上等速行驶所遇到的阻力功率 $\dfrac{1}{\eta_T}(P_f+P_w)$ 与车速 u_a 的关系曲线绘出，即可得汽车的功率平衡图，如图 4-4-5 所示。

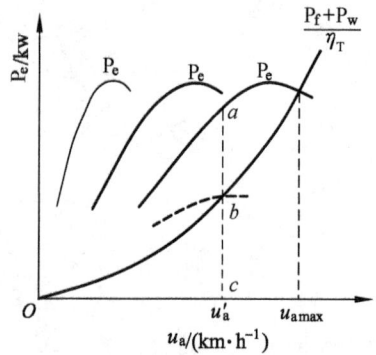

图 4-4-5　汽车功率平衡图

根据发动机功率曲线并将发动机转速转换成车速 $u_a=0.377\dfrac{rn}{i_gi_0}$，便可得到不同挡位的发动机功率与车速（$P_e$-$u_a$）的关系曲线。在不同挡位下，各条曲线的起始点、终点及峰值的发动机功率 P_e 是一致的，但各挡发动机功率曲线所对应的车速位置不同，高挡时车速高，所占速度变化区域宽；低挡时车速低，所占速度变化区域窄。

$\dfrac{P_f+P_w}{\eta_T}$-u_a 阻力功率曲线是一条斜率越来越大的曲线。这是因为汽车行驶速度增加后，汽车要克服的空气阻力越来越大。

高挡时，发动机功率曲线与阻力功率曲线相交点的车速，就是在良好水平路面上汽车的最高车速 $u_{a\max}$。当汽车在良好水平路面上以较低速度 u_a' 等速行驶时，驾驶员应减小节气门的开度，使发动机以部分负荷速度特性工作，其功率曲线如图 4-4-5 中的虚线所示，以维持汽车等速行驶。此时，汽车的阻力功率 $\dfrac{1}{\eta_T}(P_f+P_w)$ 为 bc 段所对应功率。若发动机在汽车行驶速度 u_a' 时，节气门全开，则发动机发出的功率为 ac 段所对应功率。于是

$$P_e - \frac{1}{\eta}(P_f + P_w) = P_{ac} - P_{bc} = P_{ab}$$

这部分功率称为汽车的后备功率,它可用于加速或爬坡。因此,在一般情况下维持汽车等速行驶所需的发动机功率并不大,发动机节气门开度可减小。汽车的后备功率愈大,汽车的动力性愈好。

第二节　汽车的动力特性及其应用

一、汽车的动力特性

利用汽车的驱动力-行驶阻力平衡图,可以确定一辆汽车的最高车速、加速能力和上坡能力,可以评价同一类型汽车的动力性,但它不能用于评价不同类型汽车的动力性。因为汽车的道路阻力和加速阻力均与汽车重力成正比,空气阻力则与汽车外形等因素有关,所以不能单纯根据汽车驱动力的大小,简单地判定汽车的动力性。

在图 4-4-6 中,第一辆汽车(总重为 63.7 kN)的各挡驱动力均较第二辆汽车要大,但不能由此断定第一辆汽车的加速和爬坡性能(即动力性)较第二辆好。因为第一辆汽车在行驶中与总重成正比的滚动阻力和加速阻力要比第二辆汽车要大,且与汽车外形有关的空气阻力在它们间也可能存在很大的差异。因此,需要有一个既考虑驱动力又包括汽车重力和空气阻力的综合性参数。评价不同类型汽车的动力性参数称为动力因数。

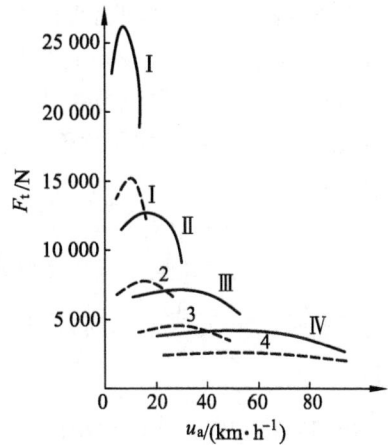

图 4-4-6　两辆总重不同汽车的驱动力图

二、汽车的动力平衡方程式和动力特性的指标

汽车行驶动力方程为

$$F_t = F_f + F_w + F_j + F_i$$

$$F_t - F_w = Gf + \delta \frac{G}{g}\frac{du}{dt} + Gi = G(f+i) + \delta \frac{G}{g}\frac{du}{dt}$$

令 $\Psi = f + i$,Ψ 为道路阻力系数,两边除以重力得

$$\frac{F_t - F_w}{G} = \Psi + \frac{\delta}{g}\frac{du}{dt}$$

现设 $D = \dfrac{F_t - F_w}{G}$,D 为汽车的动力因数,则

$$D = \Psi + \frac{\delta}{g}\frac{du}{dt}$$

上式为汽车的动力平衡方程式。它表明不论汽车自重等参数有什么不同,只要有相同的动力因数 D,便能具有同样的加速和爬坡能力。因此,可将动力因数 D 作为表征汽车动力特性的指标。

三、动力特性图分析及其应用

汽车在各挡位的动力因数与车速的关系曲线称为动力特性图,如图4-4-7所示。将汽车滚动阻力系数随车速变化关系曲线,以同样的比例尺绘制在动力特性图上,人们就可以方便地求解汽车的动力特性。

汽车各挡时的动力因数与车速的关系曲线图称为动力特性图。

汽车的动力特性图是指在各挡下的动力因数与汽车行驶速度的关系曲线。分析图4-4-7可知,动力因数和滚动阻力系数之间出现的差值可以使汽车加速、爬坡或牵引挂车,这一差值通常称为汽车的剩余动力因数。将汽车滚动阻力系数 f 随汽车行驶速度

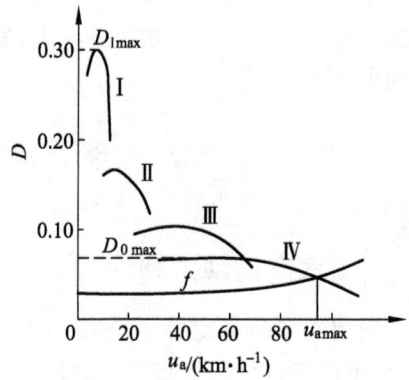

图 4-4-7　汽车的动力特性图

u_a 变化的关系曲线,以相同比例尺绘制在动力特性图上,就可以方便地求解汽车动力性评价指标。

1. 最高车速的确定

汽车的最高车速是汽车在良好水平路面上满载等速行驶达到的最高车速。当汽车达到最高车速时,$\Psi = f$,$\dfrac{\mathrm{d}u}{\mathrm{d}t} = 0$,所以根据动力平衡方程可得

$$D = f$$

在动力特性图上作出滚动阻力系数和车速 $f-u_a$ 的关系曲线,那么 $D-u_a$ 曲线与直接挡 $f-u_a$ 曲线的交点所对应的车速,就是汽车的最高车速。

2. 加速能力的确定

要使汽车在各种条件下达到最大加速能力,应有 $i=0$,即 $\Psi = f$,所以,根据动力平衡方程可得

$$D = f + \frac{\delta}{g}\frac{\mathrm{d}u}{\mathrm{d}t}$$

$$\frac{\mathrm{d}u}{\mathrm{d}t} = \frac{g}{\delta}(D - f)$$

因此,$D-u_a$ 曲线与 $f-u_a$ 曲线间距离的 $\dfrac{g}{\delta}$ 倍就是各挡的加速度。

3. 爬坡能力的确定

汽车在各挡位爬越最大坡度时,加速度为零$\left(\text{即}\dfrac{\mathrm{d}u}{\mathrm{d}t}=0\right)$,则在此条件下动力平衡方程式为

$$D = \Psi = f + i$$
$$i = D - f$$

因此,$D-u_a$ 曲线之间的距离表示了汽车的爬坡能力,但 I 挡时的坡度较大,计算误差较大,不能用此方法。I 挡时的最大爬坡度按

$$D = f\cos\alpha_{\max} + \sin\alpha_{\max}$$

进行计算。

用 $\cos\alpha_{max}=\sqrt{1-\sin^2\alpha_{max}}$ 代入整理得

$$\alpha_{max}=\arcsin\frac{D_{Imax}-f\sqrt{1-D_{Imax}^2+f^2}}{1+f^2}$$

按 $\tan\alpha=i$ 可求出坡度值。若将 I 挡最大动力因数 D_{Imax} 和滚动阻力系数 f 代入上式，就可直接求出最大爬坡度 i_{max}。

第三节　影响汽车动力性的主要因素

影响汽车动力性的主要因素有发动机参数、传动系统参数、汽车质量、空气阻力、轮胎尺寸与形式及使用因素等。

一、发动机参数的影响

1. 发动机的最大功率

发动机功率愈大,其后备功率也愈大,汽车的动力性也愈好,汽车的加速能力和爬坡能力也就越好。但发动机功率过大会导致发动机的剩余牵引力过大,这不但会使汽车的燃油经济性降低,而且汽车的驱动力还会受到附着条件的限制。

单位汽车总质量所具有的发动机净功率,即发动机最大净功率与机动车最大允许总质量之比称为发动机比功率。发动机功率的选择取决于车辆满载时的最高车速,常用比功率指标表示不同总质量汽车的动力性。

不同类型的汽车由于对动力性的要求不同,其比功率都有一个大致的范围。表 4-4-1 为几种车辆的比功率参数。

表 4-4-1　几种车辆的比功率参数

车型	满载总质量/kg	发动机功率/kW	比功率/(kW·t^{-1})
昌河 CH1018 微型车	1 400	25.7	16.52
解放 CA1040L 轻型货车	3 805	65	15.37
解放 CA1091 中型货车	9 310	99	9.57
东风 EQ1140F 重型货车	13 770	120	7.84
斯太尔 14-28/K29 自卸货车	32 000	206	5.79
依维柯 A40.10 轻型客车	4 020	76	17.01
沈飞 SFQ6982 客车	10 800	99	8.25
北京 BJ2021 切诺基越野车	2 010	74.2	33.22
桑塔纳 LX	1 460	63	38.84
奥迪 Audi100	1 660	66	35.78
通用凯迪拉克	3 277	104	28.56
福特·林肯马克Ⅳ轿车	2 165	167	69.42
奔驰 560SEL	2 310	220	85.71

2. 发动机的最大扭矩

发动机的最大扭矩越大,在主减速器传动比 i_0 和变速器传动比 i_g 一定时,最大动力因数越大,汽车的加速和上坡能力也越强。

3. 发动机的特性

发动机特性受其结构形式的影响,不同种类的发动机有不同的特性。图 4-4-8 为 3 种最大功率相等但不同类型发动机的特性曲线,图 4-4-8a 为一般活塞式发动机外特性曲线;图 4-4-8b 为一种假想的能在不同转速下发出等功率的发动机特性曲线;图 4-4-8c 为活塞式蒸汽机的特性曲线。将这 3 种发动机分别装在汽车上,并保证汽车的总质量、变速比、最高车速均相同,在这一前提下可根据 3 种发动机特性曲线绘制汽车的功率平衡图与驱动力-行驶阻力平衡图。

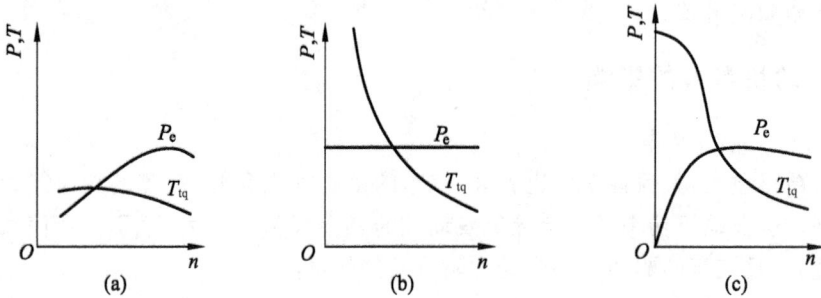

图 4-4-8　几种发动机的特性曲线

从图 4-4-9 可以看出,活塞式发动机、活塞式蒸汽机与等功率发动机具有同一最大功率,但活塞式发动机汽车在车速较低时能提供的驱动力很小。其原因是该发动机在低转速时功率较小,后备功率也较小,若不配备变速器,它只能通过很小的坡度。蒸汽机汽车可以克服 30% 以上的坡度。等功率发动机汽车可以克服更大的坡度。由此可见,活塞式发动机的外特性远不如活塞式蒸汽机好,更不如等功率发动机。等功率发动机的特性曲线为理想的汽车发动机特性。

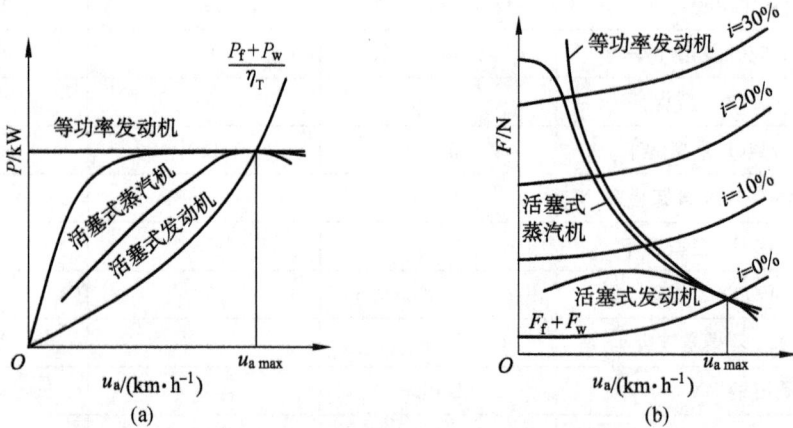

图 4-4-9　汽车的功率平衡图与驱动力-行驶阻力平衡图

汽车上配备的发动机的功率越大,则汽车的动力性越好,但功率过大会使经济性降低,此时可用汽车的比功率评价汽车的动力性能。发动机所发出的转矩随转速的降低而增大的程度对发动机的工作性能甚为重要,通常以发动机的适应性系数来表征发动机的这种工作

性能,发动机适应系数 K 是指最大转矩 T_{tqmax} 与最大功率时的转矩 T_{tqP} 的比值,即

$$K = \frac{T_{tqmax}}{T_{tqP}}$$

汽车发动机的转矩特性对汽车动力性有很大影响。对于低速发动机,其转矩变化较大,适应性系数较高,在低速范围内具有较大的转矩,但转速低将导致功率下降,降低了高速行驶时的汽车动力性。对于高速发动机,其转矩变化较小,适应性系数较低,但选择适当的传动系统后可使转矩随转速增加而缓慢下降,因此现在汽车发动机多朝高速方向发展。

二、传动系统参数的影响

1. 传动效率 η

传动损失功率可表示为 $P_T = P_e - P_e \eta_T$,可见机械效率 η_T 越高,则传动系的损失功率 P_T 越小,发动机就能有更多的有效功率转变为驱动力并用于克服汽车的行驶阻力。目前可采用提高加工精度、在润滑油中加入减摩添加剂和选用黏度适当且受温度影响小的润滑油等措施来提高传动效率。

2. 主减速器传动比

汽车装用的发动机和变速器等均相同时,其动力性可因改变主减速器传动比而有所变化。图 4-4-10 为不同主减速器传动比对汽车动力性的影响,其中 $i_0''' > i_0'' > i_0'$。

由图 4-4-10 可知,随着 i_0 的增大,功率曲线向左移动,在一定行驶车速时的后备功率增大,所以汽车的爬坡能力和加速能力提高。此外,汽车的最大行驶速度 u_{amax} 也随着的 i_0 增大而发生变化。当主传动比为 i_0'' 时,阻力功率曲线交发动机外特性曲线于最大功率处,此时汽车的最高车速 u_{amax} 最高。当主传动比大于或小于 i_0'' 时,汽车的最高车速 u_{amax} 均有所降低。由此可见,为提高汽车的动力性和加速性,应在保证最高车速的前提下,尽可能选择较大的主减速器传动比。

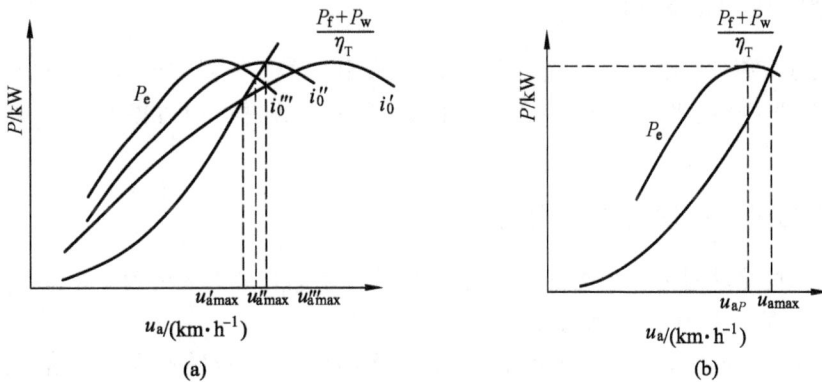

图 4-4-10　主传动比对汽车动力性的影响

应当注意的是,若主减速传动比过分增大,不仅会使汽车的最高车速 u_{amax} 减小,也会使发动机经常以较高转速工作,对发动机的使用寿命和燃料经济性均会产生不利的影响。此外,增大主减速器传动比,相应地加大主减速器外形尺寸,将使结构过于复杂,并减小了驱动桥的离地间隙,影响汽车的通过性。图 4-4-10 为主减速器传动比为 i_0'' 的发动机功率曲线与阻力功率曲线的位置关系。两车速的比值一般为 $\frac{u_{amax}}{u_{aP}} = 1.1 \sim 1.25$,其中 u_{aP} 是相当于最大功率时的行驶速度(见图 4-4-10b),但此时燃油经济性较差。

3. 变速器参数

为了使发动机的转矩变化范围扩大,克服活塞式发动机特性曲线上的缺陷,汽车必须在传动系统中采用变速器,才能使汽车的驱动功率与驱动力矩接近等功率发动机,改善汽车的动力性。影响汽车动力性的变速器参数有变速器挡数及各挡传动比。

（1）变速器挡数。

变速器挡数对汽车动力性有很大影响,变速器挡数越多,它越接近等功率发动机;若变速器挡数无限增多,即采用无级变速器,则活塞式发动机就可能总是在最大功率 P_{emax} 下工作。

增加变速器挡数,在不同行驶条件下选择最佳的挡位,可使发动机输出最大功率,提高汽车的后备功率,使汽车具有较强的加速能力和爬坡能力。在汽车上采用无级变速器是解决上述矛盾的最佳选择。

（2）变速器传动比。

变速器传动比应分别考虑最低挡传动比和各挡传动比。最低挡传动比对汽车动力性有重大影响,最低挡传动比越大,汽车所能克服的道路阻力越大,但应考虑驱动轮与道路之间的附着情况,驱动轮上的最大驱动力不能大于驱动轮与道路之间的附着力。变速器各挡传动比之间的分配对汽车动力性也有影响,各挡传动比要合理分配,否则将使换挡困难,影响汽车的动力性。

三、汽车总质量的影响

汽车总质量对汽车的动力性有很大影响。除了空气阻力以外,所有运动阻力都与汽车总质量有关。在其他条件相同的情况下,汽车总质量增加,则汽车动力性能下降。因此,行驶阻力与汽车总质量成正比。在其他条件相同的情况下,动力因数与汽车总质量成反比。为减轻汽车的质量,汽车尽可能选用一些轻质材料。

四、空气阻力的影响

空气阻力系数 C_D、迎风面积 A 及车速 u_a 取决于汽车空气阻力的大小。汽车高速行驶时,空气阻力和车速的平方成正比,因而其在汽车行驶阻力总值中占很大比例,对汽车动力性影响较大。

五、轮胎对汽车动力性的影响

减小轮胎的滚动阻力能提高汽车的动力性;增大轮胎与地面间的附着系数,可以使驱动力得到充分发挥,有利于汽车动力性的提高。

在其他条件相同时,驱动力与轮胎半径成反比,而汽车的行驶速度与轮胎半径成正比。这说明轮胎半径对与动力性有关的驱动力和车速的影响是矛盾的。

轮胎形式、花纹和气压对汽车动力性也有影响。为提高汽车动力性,应尽量减小汽车轮胎的滚动阻力,同时增加道路与轮胎间的附着力。一般硬路面上行驶的汽车,应用子午线胎、小而浅的花纹、较高的轮胎气压;在软路面上行驶的汽车,应用大而深的花纹、较低的轮胎气压,这对提高汽车动力性和通过性有较好的作用。

六、使用因素对汽车动力性的影响

汽车的动力性还在不同程度上受到汽车运行条件的影响,如道路、气候、海拔高度、驾驶技术、技术保养与调整、交通规则与运输组织等。在汽车使用过程中加强保养维护,采用正确的驾驶方法、合理的运输组织,改善道路和交通条件,这些均有利于提高汽车的平均行驶速度,充分发挥汽车的动力性能,以提高汽车运输效率。

1. 发动机技术状况

发动机技术状况是保证汽车动力性的关键。因此,加强对汽车的日常维护,注重修理质量,是保证发动机具备应有的功率和转矩、确保动力性的发挥、防止汽车动力性下降的有力措施。

2. 汽车底盘的技术状况

确保汽车传动系各轴承的紧固与润滑、前轮定位角度、轮胎气压、制动器的调整、离合器的调整以及传动系润滑油的质量等,是提高汽车的机械传动效率、降低行驶阻力、使汽车动力性得到充分发挥的前提。

3. 驾驶员操作技术

熟练地驾驶、适时和迅速地换挡、正确选择挡位,能最大限度地发挥和利用汽车的动力性。例如,驾驶员充分利用汽车的惯性进行冲坡,可以使汽车通过比使用说明书中的最大坡度更大的陡坡。

4. 汽车的行驶条件

路面和气候条件也影响着汽车的动力性。道路状况直接影响到汽车的行驶阻力和附着力;气候条件对发动机功率的发挥及汽车行驶时的附着力也有着一定的影响。

5. 运输的组织

不同类型的汽车具有不同的性能特点。能否合理进行运输组织、合理利用汽车的性能特点,对汽车动力性的充分发挥有着较大的影响。例如,后备功率较小的车辆在良好路面上行驶时,能发挥其应有的动力性;而将之选派去从事山区运输任务,则会因爬坡能力和加速能力低而影响汽车动力性的充分发挥,影响运行效率。

第五章　汽车的燃油经济性

在保证动力的条件下,汽车以尽量少的燃油消耗量完成经济行驶的能力,称为汽车的燃油经济性。汽车的燃油经济性是汽车的主要性能之一。

汽车的燃油经济性与汽车的日常使用成本息息相关。在汽车的运输成本当中,燃油消耗的费用占到总费用的 30%～40%。燃油经济性的提高就意味着汽车运输成本的下降和经济效益的提高。

第一节　汽车燃油经济性的评价指标

一、汽车燃油经济性的评价指标

汽车的燃油经济性通常用一定运行工况下汽车行驶百公里燃油消耗量或一定燃油量能

使汽车行驶的里程来衡量。

在我国及欧洲,燃油经济性的指标是汽车每行驶百公里消耗的燃油升数,单位是 L/100 km。而在美国,衡量汽车燃油经济性的指标是每加仑燃油所能行驶的英里数,单位为 MPG,即 mile/USgal(1 USgal=4.546 L,1 mile=1.609 km)。

百公里燃油消耗量分为等速行驶百公里燃油消耗量和循环工况行驶百公里燃油消耗量。

1. 等速行驶百公里燃油消耗量

等速行驶百公里燃油消耗量是比较常用的一种评价指标,指汽车在一定载荷(我国标准规定轿车为半载、货车为满载)下,以最高挡在水平良好路面上等速行驶 100 km 的燃油消耗量。测试时,通常是用最高挡在平直路面上每隔 10 km/h 或 20 km/h 测出汽车的等速百公里燃油消耗量,然后在图上(以行驶速度为横坐标,以百公里燃油消耗量为纵坐标)连成曲线,这样就得到了汽车的等速百公里燃油消耗曲线图(见图 4-5-1)。曲线最低点相对应的车速就被称为经济车速。

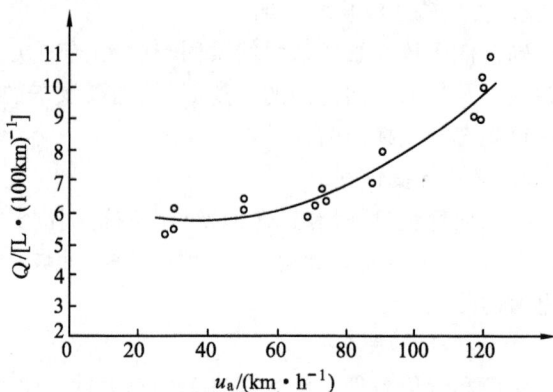

图 4-5-1　汽车等速百公里燃油消耗量曲线

2. 循环工况行驶百公里燃油消耗量

等速行驶百公里燃油消耗量不能准确地评定汽车的燃油经济性,特别是在市区行驶。因此,世界各国都制订了一些典型的循环行驶试验工况来模拟实际汽车的运行状况,并以其百公里燃油消耗量,即循环工况行驶百公里燃油消耗量来评定汽车的燃油经济性。

循环工况至少要规定等速、加速和减速 3 种工况,复杂的还要计入启动和急速等多种工况,并且规定了一定的行驶规范,如何时换挡、何时制动以及行车的速度和加速度等数值。

我国有 6 工况循环油耗(货车)和城市 4 工况循环油耗(客车)(见图 4-5-2),并规定以等速百公里燃油消耗量和最高挡全油门行驶 500 m 的加速油耗作为单项评价指标,以循环工况油耗作为综合性评价指标。

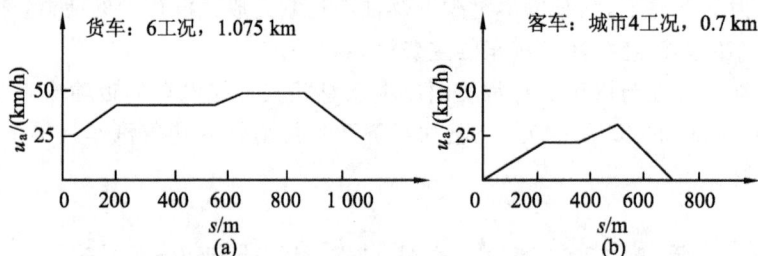

图 4-5-2　我国汽车燃油经济性的行驶工况

欧洲经济委员会(ECE)规定,应测量车速为 90 km/h 和 120 km/h 的等速百公里油耗和按 ECE-R.15 循环工况的百公里油耗,并各取 1/3 相加作为混合百公里油耗评价指标。

美国环境保护局(EPA)规定,要测量市内循环工况(UDDS)以及公路循环工况(HWFET)

的燃油经济性(单位为每加仑燃油汽车行驶的英里数,mile/USgal),并按

$$综合燃油经济性 = \cfrac{1}{\cfrac{0.55}{城市循环工况燃油经济性} + \cfrac{0.45}{公路循环工况燃油经济性}}$$

计算综合燃油经济性(单位为 mile/USgal),以此作为燃油经济性的综合评定指标。

二、汽车在各工况下的燃油消耗

在汽车的设计与开发中,估算汽车燃油经济性的一般依据为发动机台架试验得到的万有特性图与汽车功率平衡图。

1. 等速行驶燃油消耗量的计算

图 4-5-3 为汽油发动机的万有特性曲线。在万有特性图上有等燃油消耗率曲线。根据这些曲线可以确定发动机在一定转速 n,发出一定功率 P_e 时的燃油消耗率 g_e。

计算时,应将发动机转速 n 按汽车等速行驶时的最高挡转换成行驶车速,并画在横坐标上。此外,还要计算出等速行驶时为克服滚动阻力与空气阻力的汽车阻力功率 $\dfrac{1}{\eta_T}(P_f + P_w)$,即汽车发动机发出的功率。根据等速行驶车速 u_a 及阻力功率 P,可在万有特性图上用插值法确定相应的燃油消耗率 g_e。这样就可以计算出该汽车等速行驶时单位时间内的燃油消耗量 Q_t 为

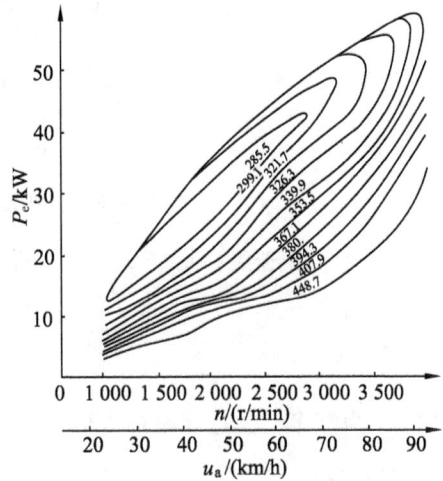

图 4-5-3 汽车发动机万有特性曲线

$$Q_t = \frac{P g_e}{367.1 \rho g}$$

式中,Q_t 为单位时间燃油消耗量,mL/s;P 为阻力功率,kW,$P = \dfrac{1}{\eta_T}(P_f + P_w)$;$g_e$ 为燃油消耗率,g/(kW·h);ρ 为燃油的密度(汽油可取为 0.71~0.73 kg/L,柴油可取为 0.81~0.83 kg/L);g 为重力加速度,m/s²。

整个等速过程行驶 s 行程的燃油消耗量 Q 为

$$Q = \frac{P b s}{102 u_a \rho g}$$

式中,u_a 为行驶速度,km/h。

折算成等速百公里燃油消耗量 Q_s(单位为 L/100 km)为

$$Q_s = \frac{P b}{1.02 u_a \rho g}$$

2. 等加速行驶燃油消耗量的计算

汽车加速行驶时,发动机除克服滚动阻力和空气阻力外,还要提供为克服加速阻力所消耗的功率。若加速度为 $\dfrac{du}{dt}$,则发动机提供的功率 P 应为

$$P = \frac{1}{\eta_T}\left(\frac{G f u_a}{3\,600} + \frac{C_D A u_a^3}{76\,140} + \frac{\delta m u_a}{3\,600} \cdot \frac{du}{dt}\right)$$

式中，P 为阻力功率，kW；G 为汽车总重力，N；u_a 为汽车行驶速度，km/h；A 为迎风面积，m^2；m 为汽车总质量，kg；$\dfrac{du}{dt}$ 为汽车加速度，m/s^2。

计算汽车由 u_{a1} 以等加速度行驶至 u_{a2} 的燃油消耗量（见图 4-5-4）时，可根据相应的发动机发出的功率与燃油消耗率求得 $Q_t = \dfrac{Pb}{367.1\rho g}$。

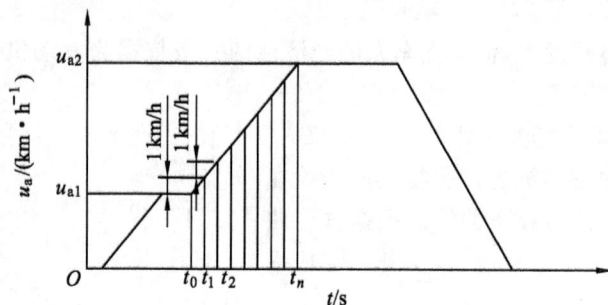

图 4-5-4　等加速工况的燃油消耗量的计算

而汽车行驶速度每增加 1 km/h，所需时间为

$$\Delta t = \frac{1}{3.6\,\dfrac{du}{dt}}$$

式中，Δt 为汽车行驶速度增加 1 km/h 所需时间，s；$\dfrac{du}{dt}$ 为行驶速度增加 1 km/h 期间汽车的加速度，m/s^2。

汽车以行驶初速度 u_{a1} 加速至（$u_{a1}+1$ km/h）所需燃油量为

$$Q_1 = \frac{1}{2}(Q_{t0} + Q_{t1})\Delta t$$

式中，Q_{t0} 为汽车行驶初速为 u_{a1} 时，即 t_0 时刻的单位时间燃油消耗量，mL/s；Q_{t1} 为车速为（$u_{a1}+1$ km/h）时，即 t_1 时刻的单位时间燃油消耗量，mL/s。

同理可知，车速由（$u_{a1}+1$ km/h）再增加 1 km/h 所需的燃油量为

$$Q_2 = \frac{1}{2}(Q_{t1} + Q_{t2})\Delta t$$

式中，Q_{t2} 为车速为（$u_{a1}+2$ km/h）时，即 t_2 时刻的单位时间燃油消耗量，mL/s。

依此类推，其他各个区间的燃油消耗量为

$$Q_3 = \frac{1}{2}(Q_{t2} + Q_{t3})\Delta t$$

$$\vdots$$

$$Q_n = \frac{1}{2}(Q_{t(n-1)} + Q_{tn})\Delta t$$

式中，Q_{t3}，Q_{t4}，$\cdots$，Q_{tn} 为 t_3，t_4，$\cdots$，t_n 各个时刻的单位时间燃油消耗量，mL/s。

整个加速过程的燃油消耗量（mL/s）为

$$Q_a = \sum_{i=1}^{n} Q_i = Q_1 + Q_2 + \cdots + Q_n$$

或

$$Q_a = \frac{1}{2}(Q_{t0} + Q_{tn})\Delta t + \sum_{i=1}^{n-1} Q_{ti}\Delta t$$

式中,Q_a 为整个加速过程的燃油消耗量,mL/s。

整个加速区段内汽车行驶的距离为

$$s_a = \frac{u_{a2}^2 - u_{a1}^2}{25.92\dfrac{\mathrm{d}u}{\mathrm{d}t}}$$

式中,s_a 为加速区段内汽车行驶距离,m;u_{a2} 为汽车加速终了的行驶速度,km/h;u_{a1} 为汽车加速起始的行驶速度,km/h;$\dfrac{\mathrm{d}u}{\mathrm{d}t}$ 为汽车加速度,m/s^2。

3. 等减速行驶燃油消耗量的计算

汽车减速时,油门松开,发动机处于强制怠速工作状态,其燃油消耗量即为正常怠速时的燃油消耗量。因此,等减速工况燃油消耗量为怠速燃油消耗率与减速行驶时间的乘积。

减速时间 t 为

$$t = \frac{u_{a2} - u_{a3}}{3.6\dfrac{\mathrm{d}u}{\mathrm{d}t}}$$

式中,t 为减速时间,s;u_{a2} 为等减速行驶的起始车速,km/h;u_{a3} 为等减速行驶的终了车速,km/h;$\dfrac{\mathrm{d}u}{\mathrm{d}t}$ 为减速度,m/s^2。

所以,等减速过程燃油消耗量为

$$Q_d = \frac{u_{a2} - u_{a3}}{3.6\dfrac{\mathrm{d}u}{\mathrm{d}t}}Q_i$$

式中,Q_d 为等减速过程燃油消耗量,mL;Q_i 为怠速燃油消耗率,mL/s。

减速区段内汽车行驶的距离为

$$s_d = \frac{u_{a2}^2 - u_{a3}^2}{25.92\dfrac{\mathrm{d}u}{\mathrm{d}t}}$$

4. 怠速停车时的燃油消耗量

如果怠速停车时间为 t_s(s),则怠速停车时的燃油消耗量 Q_{id}(mL)为

$$Q_{id} = Q_i t_s$$

式中,Q_i 为怠速燃油消耗率,mL/s。

5. 整个循环工况的百公里燃油消耗量

对于由等速、等加速、等减速、怠速停车等行驶工况组成的循环工况,如 ECE-R.15 和我国货车 6 工况法等,其整个试验循环的百公里燃油消耗量(L/100 km)为

$$Q_s = \frac{\sum Q}{s} \times 100$$

式中,Q_s 为整个循环工况的百公里燃油消耗量,L/100 km;$\sum Q$ 为所有过程油耗量之和,mL;s 为整个循环的行驶距离 m。

第二节　提高燃油经济性的措施

一、影响汽车燃油经济性的主要因素

为了改善汽车燃油经济性,必须对影响燃油经济性的有关因素进行研究。影响汽车燃油经济性的因素主要有汽车结构和汽车使用两个方面。

（一）汽车结构对燃油经济性的影响

1. 汽车的尺寸和质量对燃油经济性的影响

研究结果表明:对于轿车来说,大而重的轿车比小而轻的轻型或微型轿车的油耗要高出很多。如果一辆轿车的质量减少10%,油耗则可降低3%～4%。

对于货车来说,发动机的负荷率、质量利用系数与油耗有很大的关系,而质量利用系数越大,制造中消耗的成本就越少,运输过程中的油耗和成本都得以降低。

2. 汽车发动机对燃油经济性的影响

发动机是对汽车燃油经济性影响最大的部件。目前,提高发动机燃油经济性的途径主要有以下几种:

（1）提高现有汽油发动机的热效率和机械效率。目前的轿车发动机都是高速汽油发动机,发动机的热效率越高,燃油利用率越高。现在轿车汽油发动机压缩比一般在9.3～10.5。同时,还采用配气系统可变装置(可变气门升程、可变凸轮轴转角、可变进气管长度等)和稀燃技术,从而达到节油目的。

（2）扩大柴油发动机的应用范围。

（3）增压化。发动机增压后的燃油经济性比自然吸气发动机更好。

（4）电子计算机控制技术的广泛应用。如CBR(可控燃烧速率)、VVT(可变气门正时)、DGI(汽油缸内直喷)以及高压共轨式供油系统等电控技术都能提高汽车的燃油经济性。

3. 传动系对燃油经济性的影响

汽车传动系对燃油消耗的影响取决于传动系效率、变速器的挡位数与传动比。

4. 汽车外形与轮胎对燃油经济性的影响

改善汽车的外形、降低空气阻力系数有利于提高汽车的燃油经济性,尤其对于高速行驶的汽车来说,燃油经济性的改善效果将更为明显。

合理选用轮胎有利于减小汽车的滚动阻力系数,从而提高汽车的燃油经济性。现在公认子午线轮胎的综合性能最好。试验表明,大型货车装用子午线轮胎后,其滚动阻力可减小15%～30%,节油5%～8%;轿车装用子午线轮胎后的节油率为6%～9%。

（二）汽车使用对燃油经济性的影响

汽车使用方面影响燃油经济性的主要因素为保持汽车完好的技术状况与正确的驾驶操作。

1. 保持汽车良好的技术状况

（1）发动机的技术状况。

发动机是汽车上直接消耗燃油的总成,在发动机的结构因素一定的前提下,保持其良好的技术状况是减少燃油消耗的技术基础。

（2）底盘技术状况。

汽车底盘方面应加强对各总成的维护与调整，以保持适当的滑行能力，减少燃油消耗量。汽车的滑行能力常用滑行距离来评价，滑行距离又可用于检查底盘的技术状况。

2. 驾驶操作技术

汽车驾驶技术也是影响汽车燃油经济性的主要因素之一。正确的驾驶操作可大大降低汽车的燃料消耗量。

（1）正确选用行车速度。

汽车在行驶过程中采用中速行驶是最经济的。因为汽车中速行驶时燃油消耗量最低，所以速度过高或过低都会造成燃油消耗量的增加。

（2）正确使用挡位。

汽车行驶的道路条件相同时，使用不同的挡位行驶，其燃油消耗量是不一样的。在同一道路条件与车速下，发动机发生的功率相同，在低挡位时后备功率较大，发动机的负荷率低，燃油消耗率高，高挡时则相反，因此要尽可能使用高速挡行驶。

（3）正确使用制动和滑行。

在汽车行驶中，在保证行车安全的情况下尽量少用制动。汽车在行驶时的惯性能量是由燃料燃烧产生的化学能转换而来的。汽车在制动时，通过摩擦消耗惯性能量也就意味着浪费燃料。

此外，驾驶汽车时要轻踩加速踏板，缓慢加油，不乱踩加速踏板。在加速过程中要做到"缓加速"。车辆出现故障，应及时修理。

3. 合理组织运输

在使用汽车时要尽量发挥运输工作人员的主观能动性，努力采取各种措施以减少单位运输工作的燃油消耗量。

二、提高燃料经济性的主要措施

（1）政策性措施。它包括燃料价格政策、燃料与道路的税收政策、燃料分配与奖励政策、燃料的管理制度、能源的开发等。

（2）改进车辆的结构措施。它包括提高压缩比，改进进、排气系统，采用稀混合气，减少强制怠速油耗，汽车轻量化，减少滚动阻力和空气阻力，选择最佳传动比。

（3）改进驾驶技术。它包括发动机的启动升温、汽车的起步加速、加速踏板的运用、挡位的合理选择与运用、汽车的行驶速度、离合器的合理运用、车温的掌控、合理运用滑行。

（4）加强维护，保持技术状况良好。

（5）加强节能汽车的研究。

第六章　汽车的制动性

汽车的制动性是汽车主要性能之一。制动性的好坏直接影响行车安全，也关系到汽车动力性的有效发挥。

汽车的制动性是指汽车行驶时能在短距离内停车且维持行驶方向的稳定性和在下长坡时能维持一定车速的能力,即行车制动性和驻车制动性。

第一节 汽车的制动性评价指标及制动时车轮的受力

一、汽车制动性评价指标

一般用三方面的指标评价汽车的制动性:制动效能、制动效能的恒定性和制动时的方向稳定性。

1. 制动效能

制动效能包括制动距离和制动减速度。具体讲,制动效能是指汽车迅速减速直至停车的能力,即在良好路面上,汽车以一定的初速度制动到停车的制动距离或制动时汽车的减速度。它是制动性能最基本的评价指标。

2. 制动效能的恒定性

制动效能的恒定性是指抵抗制动效能的热衰退和水衰退的能力。制动效能的抗热衰退性是指汽车在高速行驶或下长坡连续制动时制动效能保持的程度。因为汽车的制动过程实际上是把汽车行驶的动能通过制动器吸收转换为热能的过程。制动器自身温度升高以后,摩擦副摩擦系数下降,摩擦力矩下降,制动力矩下降,制动减速度减小,制动距离增大,称之为制动器的热衰退。制动效能降低的程度用热衰退率 η_t 表示,即

$$\eta_t = \frac{j_冷 - j_热}{j_冷} \times 100\% = \frac{s_热 - s_冷}{s_热} \times 100\%$$

式中,$j_冷$ 为冷状态(制动起始温度在 100 ℃以下)下的制动减速度,m/s^2;$j_热$ 为制动器温度升高以后的制动减速度,m/s^2;$s_冷$ 为冷状态(制动起始温度在 100 ℃以下)下的制动距离,m;$s_热$ 为制动器温度升高以后的制动距离,m。

抗水衰退能力,是指汽车在潮湿的情况下或涉水行驶后制动效能保持的程度。制动器表面水膜作用将造成摩擦系数降低,制动力减小。在实际过程中可以通过踩刹车来解决水衰退问题。

3. 制动时的方向稳定性

制动时汽车方向的稳定性,常用制动时汽车按给定路径行驶的能力来评价。它是制动时不发生跑偏(制动时汽车偏驶,但后轮沿前轮的轨迹运动)、侧滑(制动时汽车一轴或双轴发生横向滑动,前、后轮轨迹不重合)或失去转向能力(如前轮抱死拖滑,汽车将失去转向能力)而按驾驶员给定方向行驶的性能。

表 4-6-1 为一些国家轿车制动规范对行车制动器制动性的部分要求。

表 4-6-1 轿车制动规范对行车制动性的部分要求

项目	中国 ZBT 24007—89	欧洲经济共同体 (EEC)71/320	中国 GB 7258—1998	美国 联邦 135
试验路面	干水泥路面	附着良好	$\varphi \geqslant 0.7$	Skid no81
载重	满载	一个驾驶员或满载	任何负载	轻满载

项目	中国 ZBT 24007—89	欧洲经济共同体 （EEC)71/320	中国 GB 7258—1998	美国 联邦 135
制动初速度	80 km/h	80 km/h	50 km/h	96.5 km/h (60 mile/h)
制动时的稳定性	不许偏出 3.7 m 通道	不抱死跑偏	不许偏出 2.5 m 通道	不抱死偏出 (12 ft)
制动距离或 制动减速度	≤50.7 m	≤50.7 m ≥5.8 m/s²	≤20 m	≤65.8 m (216 ft)
踏板力	<500 N	<490 N	<500 N	66.7～667 N (15～150 lb)

二、汽车制动时车轮的受力分析

汽车只有受到与行驶方向相反的外力时,才能从一定的速度制动到较小的车速或直至停车。一般将地面提供的这种使汽车减速至停车的力,称为地面制动动力。当汽车质量一定时,地面制动动力越大,制动减速度越大,制动距离也越短。

1. 地面制动力

汽车在良好路面上制动时,车轮受力情况如图 4-6-1 所示。图中滚动阻力偶矩和减速时的惯性力、惯性力偶矩均忽略不计,T_μ 是车轮制动器中摩擦片与制动鼓或盘相对滑转时的摩擦力矩,单位为 N·m;F_{xb} 为地面制动力,单位为 N;W 为车轮法向载荷,单位为 N;T_p 为车轴对车轮的推力,单位为 N;F_z 为地面对车轮的法向反作用力,单位为 N。

显然,从力矩平衡分析得到

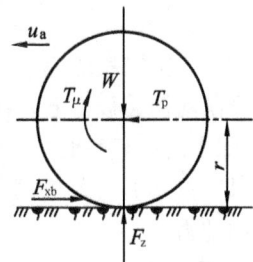

图 4-6-1　车轮在地面制动
时的受力分析

$$F_{xb} = \frac{T_\mu}{r}$$

式中,F_{xb} 为地面制动力;T_μ 为车轮制动器的摩擦力矩;r 为车轮半径。

地面制动力是使汽车制动而减速或停车的外力,它的产生源于制动力矩 T_μ。在 T_μ 的作用下,地面反作用于车轮使汽车减速或停车的外力。地面制动力的大小取决于两个摩擦副的摩擦力:一个是制动器内制动摩擦片与制动鼓或制动盘间的摩擦力,一个是轮胎与地面间的摩擦力——附着力。

2. 制动器制动力

图 4-6-2 为汽车架离地面后某一车轮在旋转过程中制动时的受力分析。

图 4-6-2 中忽略了惯性力偶矩,F_z 为支架对车轮的法向反力;W 为车轮的垂直载荷;T_μ 为车轮制动器中摩擦片与制动鼓或盘相对滑转时的摩擦力矩,单位为 N·m,在车轮周缘为克服制动器摩擦力矩所需施加的切向力称为制动器制动力,以符号 F_μ 来表示,单位 N。若车轮半径为 r,单位为 m,则有

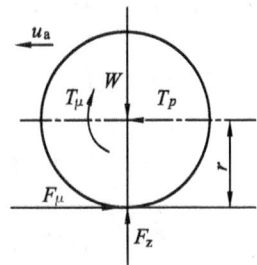

图 4-6-2　车轮架离地面
时制动的受力分析

$$F_\mu = \frac{T_\mu}{r}$$

由上式可知,制动器制动力是由制动系统的设计参数所决定的,仅取决于制动器的摩擦力矩,即取决于制动器的形式、结构尺寸、车轮半径、摩擦副的摩擦系数、制动传动系统的油压或气压(即制动踏板力),在结构参数一定的情况下,制动器制动力一般与制动系统的油压或气压成正比。

3. 地面制动力、制动器制动力与附着力之间的关系

汽车制动时,车轮的运动可简单地考虑为减速滚动和抱死拖滑动两种状态。此时地面制动力、制动器制动力及地面附着力之间的关系如图 4-6-3 所示。

(1) 车轮作减速滚动。

当制动踏板力较小时,制动器摩擦力矩不大,车轮滚动时的地面制动力就等于制动器制动力,且随踏板力增大而成正比地增大。但地面制动力是滑动摩擦的约束反力,其值不能超过附着力,即

$$F_{xb} \leqslant F_\varphi = F_{z\varphi}$$

或最大地面制动力

$$F_{xbmax} = F_{z\varphi}$$

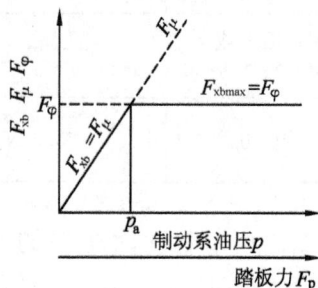

图 4-6-3　地面制动力、制动器制动力及地面附着力之间的关系

(2) 车轮抱死滑拖。

当制动器踏板力上升到某一值时,车轮抱死不转而出现拖滑现象。制动器制动力继续上升,但如作用在车轮上的法向载荷不变,则地面制动力 F_{xb} 达到地面附着力的值后不再增大。

只有汽车具有足够的制动器制动力,同时地面又能提供高的附着力时,才能获得足够的地面制动力。

4. 硬路面上的附着系数

汽车的制动过程实际上并不只是包含滚动和抱死拖滑两种状态,而是一个从车轮滚动到抱死拖滑的渐变的连续过程,车轮在路面上的运动是一个边滚边滑的过程。通过观察制动过程中轮胎留在地面上的印痕(见图 4-6-4),可以发现轮胎印痕基本分 3 个阶段。

(1) 车轮印痕的形状与轮胎胎面花纹基本一致,车轮接近于纯滚动,可以认为

$$u_\omega = r_{r0}\omega_\omega$$

式中,u_ω 为车轮中心的速度;ω_ω 为车轮的角速度;r_{r0} 为无地面制动力时的车轮滚动半径。

(2) 车轮边滚动边滑动,此时印痕内花纹渐趋模糊,车轮运动不只是纯滚动,发生一定程度的相对滑动,此时

$$u_\omega > r_{r0}\omega_\omega$$

且随着制动强度的增大,滑动成分越来越大,即

$$u_\omega \gg r_{r0}\omega_\omega$$

(3) 车轮纯滑动,此时车轮抱死拖滑,印痕粗黑,看不出轮胎花纹,因此

$$\omega_\omega = 0$$

可以看出,随着制动强度的增加,车轮滚动成分越来越少,而滑动成分越来越多。一般用滑动率 s 来说明这个过程中滑动成分的多少。滑动率被定义为

$$s = \frac{u_\omega - r_{r0}\omega_\omega}{u_\omega} \times 100\%$$

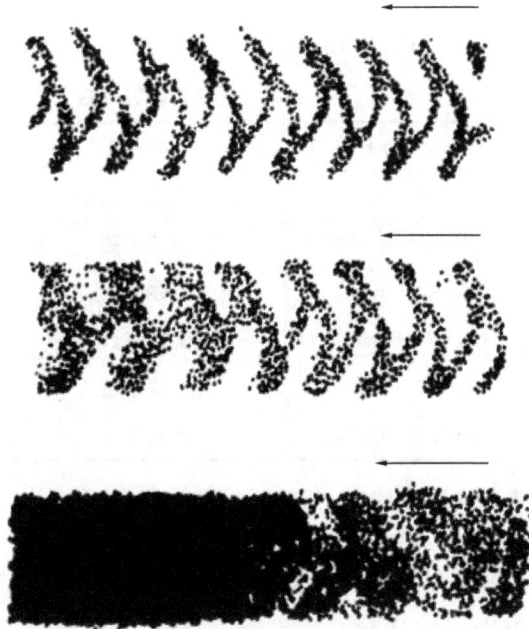

图 4-6-4　制动时轮胎留在地面上的印痕

从以上公式可以看出,当车轮作纯滚动时,$s=0$;车轮抱死作纯滑动时,$s=100\%$;边滚动边滑动时,$0<s<100\%$。

若车轮的地面制动力与车轮垂直载荷之比为车轮与路面间的纵向附着系数 φ_x,则 φ_x 应随滑动率 s 而变;若令车轮的侧向力与车轮垂直载荷之比为车轮与路面间的侧向附着系数 φ_y,则 φ_y 也应随滑动率 s 而变化,如图 4-6-5 所示。

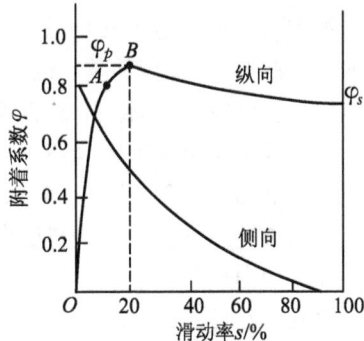

图 4-6-5　附着系数随滑动
率变化的关系

对于纵向附着系数曲线来说,曲线的 OA 段近似于直线。φ_x 随着 s 的增大而迅速增大,虽有一定的滑动率,但轮胎与地面没有发生真正的相对滑动($s>0$)。这是由于有地面制动力的作用时,轮胎前面即将与地面接触的胎面受到拉伸而有微量的伸长,车轮滚动半径 r 随地面制动力的增大而增大,故 $u_\omega=r_r\omega_\omega>r_{r0}\omega_\omega$ 或 $s>0$。车轮滚动半径随地面制动力成正比增加,故 φ-s 曲线 OA 段近似于直线。

曲线至 A 点后,纵向附着系数增长渐缓,这是由于轮胎接触地面中出现局部相对滑动的缘故。在 B 点 φ 取最大值 φ_p,称为峰值附着系数。φ_p 一般出现在 s 为 $15\%\sim20\%$ 时。B 点以后,纵向附着系数逐渐下降,直至滑动率为 100%。当 s 为 100% 时,附着系数降至最小,称为滑动附着系数 φ_s。在干燥路面上,φ_s 和 φ_p 的差别不大,而在湿路面上差别较大。

对于侧向附着系数曲线来说,随着滑动率的升高,侧向附着系数逐渐减小,轮胎保持转向和防止侧滑的能力逐渐下降。侧向附着系数曲线是有侧向力作用而发生侧偏时,侧向力系数(侧向附着系数)与滑动率 s 的关系曲线。侧向力系数(侧向附着系数)为侧向力与法向载荷之比。该曲线表明,滑动率愈低,同一侧偏角条件下的侧向力附着系数愈大,即轮胎保持转向、防止侧滑的能力愈大。

各种路面上的平均峰值附着系数和滑动附着系数见表 4-6-2。

表 4-6-2　各种路面上的平均附着系数

路面类型	滚动阻力系数	路面类型	滚动阻力系数
良好的沥青或混凝土路面	0.010～0.018	雨后压紧土路	0.050～0.150
一般的沥青或混凝土路面	0.018～0.020	泥泞土路	0.100～0.250
碎石路面	0.020～0.025	干砂路面	0.100～0.300
良好的卵石路面	0.025～0.030	湿沙路面	0.060～0.150
坑洼的卵石路面	0.035～0.050	结冰路面	0.015～0.030
干燥压紧土路	0.025～0.035	压紧雪道	0.030～0.050

附着系数的数值主要取决于道路的材料、路面的状况、轮胎结构、胎面花纹、材料以及汽车运动的速度等因素。

影响纵向附着系数和侧向附着系数的因素可归纳为 4 类：轮胎因素 T、汽车因素 V、路面因素 R 和制动工况因素 M，即

$$\varphi_x = f_x(T,V,R,M,s)$$
$$\varphi_y = f_y(T,V,R,M,s)$$

轮胎因素包括轮胎的径向、切向、侧向刚度，轮胎尺寸及其比例，帘布层结构，胎压，胎面花纹及其磨损程度，轮胎类型（四季型、夏季型、冬季型）等。

汽车因素包括整车质心位置、轴距、车轮外倾角，整车质量、悬挂质量、前后轮距，每个车轮的动态载荷，车身绕其质心的转动惯量，各个车轮的转动惯量、转换到驱动轮上的转动惯量，悬挂装置的类型和性能，转向系统的类型和性能，制动系统的类型和性能等。

路面因素包括路面宏观不平度、路面微观粗糙度、路面基础、路面材料、路表面的覆盖物（如灰尘、油污、水、雪、冰等）、路面曲率、路面横向坡度等。

制动工况因素包括车辆行驶路迹、风速及其作用方向、车速、制动踏板动作速度、侧向力和制动器的温度等。

当汽车行驶时，上述因素随时在改变。

只有当以上这些因素确定时，纵向和侧向附着系数才能表达成车轮滑动率 s 的函数，即

$$\varphi_x = f_x(s)$$
$$\varphi_y = f_y(s)$$

其变化趋势如图 4-6-6 所示。

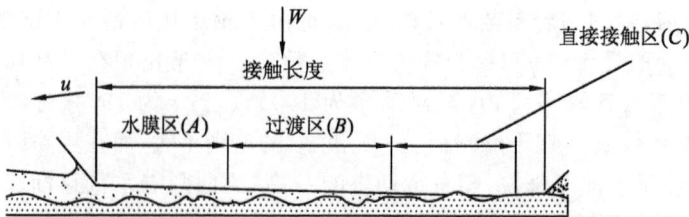

图 4-6-6　路面有积水层时轮胎接触地面中的 3 个区域

汽车行驶时可能遇到两种附着能力很小的危险情况：一是刚开始下雨，路面上只有少量的雨水，附着性能大为下降，平滑的路面变得像冰雪路面一样滑；另一种情况是高速行驶的汽车经过有积水层的路面时出现"滑水现象"。

轮胎在有积水层的路面上滚动时，其接触情况如图 4-6-6 所示。其中 A 区是水膜区，C 区是轮胎面与路面直接接触产生附着力的主要区域；B 区是介于 A 区与 C 区之间的过渡区，是部分穿透的水膜区，只有路面突出部分与胎面接触并提供部分附着力。轮胎低速滚动时，由于水的粘滞性，接触面前部的水需要一定时间才能挤出，所以接触面中轮胎胎面前部将越过楔形水膜（即 A 区）滚动。车速提高后，高速滚动的轮胎迅速排挤水层，由于水的惯性的影响，接触区的前部产生与车速的平方成正比的动水压力。该动水压力使胎面与地面分开，即随着车速的增加，A 区水膜在接触区中向后扩展，B 区、C 区相对缩小。当车速达到某一值，在胎面下的动水压力的升力等于垂直载荷时，轮胎将完全漂浮在水膜上面而与路面毫不接触，B 区、C 区不复存在。这就是滑水现象。

第二节　汽车制动效能的恒定性

汽车的制动效能是指汽车迅速降低车速直至停车的能力。评定制动效能的指标是制动距离 s(m) 和制动减速度 j(m/s^2)。

一、制动距离与制动减速度

制动距离是指汽车速度为 u_0 时，从驾驶员开始操纵制动控制装置（制动踏板）到汽车完全停住为止所驶过的距离，制动距离与许多因素有关。

制动减速度是制动时车速对时间的导数，即 $\dfrac{\mathrm{d}u}{\mathrm{d}t}$。地面制动力的大小与制动器制动力（车轮滚动时）及附着力（车轮抱死拖滑时）有关。

在不同路面上，由于地面制动力为

$$F_{xb} = \varphi G$$

故汽车所能达到的减速度(m/s^2)最大值为

$$j_{max} = \varphi g$$

若允许汽车的前、后车轮同时抱死，则

$$j_{max} = \varphi_s g$$

但汽车制动时，一般不希望任何车轴上的制动器抱死，故

$$j_{max} < \varphi_s g$$

若装有理想的制动防抱装置来控制汽车的制动，则制动减速度为

$$j_{max} = \varphi_p g$$

制动减速度一般控制在 $j < (0.4 \sim 0.5)g$，点制动时 $j = 0.2\,g$。当 $j = (0.7 \sim 0.9)g$ 时，将有害于人员和货物的安全。制动减速度与制动力有直接关系，即地面制动力是使汽车强制减速直至停车的最本质因素。

二、制动距离分析

从驾驶员接受到制动信号开始，直至制动停车的制动全过程中，制动减速度与制动时间

的关系曲线如图 4-6-7 所示。

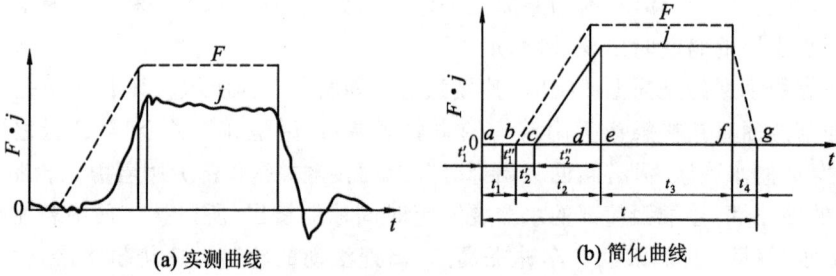

图 4-6-7　汽车的制动过程

1. 制动过程分析

图 4-6-7a 是实际测得的制动踏板力与制动减速度及制动时间的关系曲线;图 4-6-7b 是经过简化后的曲线。该图反映了从驾驶员接受紧急制动信号开始到制动结束的全过程。现结合图 4-6-7b 对制动全过程进行粗略的分析。

(1) 驾驶员反应时间 t_1。

图中 a 点表示出现危险信号,此时开始计算时间。驾驶员接到紧急停车信号时,要经过 t'_1 后才意识到应进行紧急制动并移动右脚,再经过 t''_1 后踩着制动踏板(对应图中的 b 点)。从 a 点到 b 点所经过的时间 $t_1 = t'_1 + t''_1$ 称为驾驶员反应时间,这段时间一般为 0.3~1.0 s。

(2) 制动系协调时间(即制动器的作用时间)t_2。

b 点之后,随着驾驶员踩踏板的动作,踏板力迅速增大,到 d 点时达到最大值。不过由于制动蹄是由回位弹簧拉着,蹄片与制动鼓间存在间隙,所以经过 t'_2 即至 c 点,地面制动力才起作用。由 c 点到 e 点是制动器制动力增长过程所需的时间 t''_2。$t_2 = t'_2 + t''_2$ 称为制动系协调时间(又称制动器作用时间)。制动系协调时间一方面取决于驾驶员踩踏板的速度,更重要的是受制动系结构形式的影响。t_2 一般为 0.2~0.8 s。

(3) 持续制动时间 t_3。

由 e 点到 f 点为持续制动时间 t_3,驾驶员保持制动踏板力不变,制动减速度基本保持不变。

(4) 制动释放时间 t_4。

到 f 点驾驶员松开踏板,但制动力的消除还需要一段时间。这段时间 t_4 称为制动释放时间。t_4 一般为 0.2~0.8 s。《机动车安全技术条件》规定,机动车制动完全释放时间(指从松开踏板到制动力完全消除所需时间)不得大于 0.8 s。

2. 制动距离 s

制动距离是检验汽车制动效能的最基本指标之一,也是最直观的指标。

制动的全过程包括驾驶员反应时间、制动系协调时间、持续制动时间和制动系释放时间 4 个阶段。影响制动过程的因素主要是 t_2 和 t_3。一般所指制动距离是从驾驶员刚踩着制动踏板起到完全停车为止汽车所驶过的距离,因此制动距离为

$$s = s_2 + s_3$$

(1) 制动系协调时间(即制动器的作用时间)内驶过的距离 s_2 如图 4-6-7b 所示。制动系协调时间又可分为消除制动系间隙时间 t'_2 和制动力增长时间 t''_2。因此,在 t_2 时间内的制动距离为

$$s_2' = s_2' + s_2'' = u_0 t_2' + u_0 t_2'' - \frac{1}{6} j_{max} t_2''^2 = u_0 t_2 - \frac{1}{6} j_{max} t_2''^2$$

（2）持续制动阶段驶过的距离 s_3（拖印长度）。

此阶段内汽车以 j_{max} 作匀减速运动，其初速度为 u_0，末速度为 0，故

$$s_3 = \frac{u_0^2}{2 j_{max}} - \frac{u_0 t_2''}{2} + \frac{j_{max} t_2''^2}{8}$$

（3）总制动距离 s。

$$s = s_2 + s_3 = \left(t_2' + \frac{t_2''}{2} \right) u_0 + \frac{u_0^2}{2 j_{max}} - \frac{j_{max} t_2''^2}{24}$$

因 t_2'' 很小，略去二阶微量 $\frac{j_{max} t_2''^2}{24}$，且车速单位为 km/h，则

$$s = \frac{1}{3.6} \left(t_2' + \frac{t_2''}{2} \right) u_0 + \frac{u_0^2}{25.92 j_{max}}$$

上式是从评价汽车制动效能的角度得出的计算制动距离的基本公式。在实际汽车行驶中，驾驶员的反应时间 t_1 直接影响安全制动距离。因此，保证制动安全所需最小距离应为

$$s' = s_1 + s_2 + s_3 = \frac{1}{3.6} \left(t_1 + t_2' + \frac{t_2''}{2} \right) u_0 + \frac{u_0^2}{25.92 j_{max}}$$

将 $j_{max} = g\varphi$、制动系协调时间取平均值代入上式进行整理，可得汽车以初速度 u_0（km/h）在附着系数为 φ 路面的紧急制动距离为

$$s = \frac{u_0}{3.6} \left(t_1 + \frac{t_2}{2} \right) + \frac{u_0^2}{259\varphi}$$

决定汽车制动距离的主要因素是制动器起作用的时间、最大制动减速度（或最大制动器制动力）和制动的起始车速。

由制动距离的理论公式可知，制动初速度稍有不同，制动距离会相差很大，其经验公式见表 4-6-3。

表 4-6-3　各种车型制动距离的经验公式

车型	装置	t_1/s	t_2/s	$J_{max}/(\mathrm{m \cdot s^{-2}})$	经验公式
小型车,总质量	空	0.03	0.30	7.4	$s = 0.05 u_0 + u_0^2/190$
<4.5 t	满	0.03	0.34	7.4	$s = 0.055 u_0 + u_0^2/190$
中型车,总质量	空	0.05	0.30	6.2	$s = 0.055 u_0 + u_0^2/160$
4.5~12 t	满	0.05	0.34	6.2	$s = 0.06 u_0 + u_0^2/160$
大型车,总质量	空	0.05	0.34	5.5	$s = 0.06 u_0 + u_0^2/142$
>12 t	满	0.05	0.40	5.5	$s = 0.07 u_0 + u_0^2/142$
方向盘式拖拉机带挂车	空	0.08	0.40	4.0	$s = 0.08 u_0 + u_0^2/108$
	满	0.08	0.64	4.0	$s = 0.11 u_0 + u_0^2/105$

三、制动效能的恒定性

制动效能因使用环境的不同而发生改变，制动效能的恒定性是指抗制动效能下降的能力。

1. 热衰退

制动器的制动力矩是由其摩擦副产生的摩擦力形成的,摩擦衬片对摩擦性能起决定性作用。制动器温度常在 300 ℃以上,有时高达 600~700 ℃。制动器温度上升后,摩擦力矩常会显著下降,这种现象称为制动器的热衰退。热衰退严重时,制动蹄表面会烧焦,即使冷却下来,摩擦系数也不能恢复。用于评价制动器热衰退程度的指标是热衰退率。衡量抗热衰退性能一般以连续制动时制动效能占冷制动效能的百分数作为评价指标。

不同结构类型的制动器在不同摩擦系数下,其制动器效能因数的变化如图 4-6-8 所示。

摩擦因数的微小改变能引起制动效能大幅度变化,即制动器的稳定性差。盘式制动器的制动效能没有鼓式制动器大(一般盘式制动器常加装真空助力器,以增大制动效能),但其稳定性好;反应时间短且不会因为热膨胀而增加制动间隙。

制动器发生热衰退后,汽车经过一段时间的行驶和一定次数的缓制动使用,由于散热作用而使制动器的温度下降,摩擦材料表面得到磨合,制动器的制动力可重新提高,称为热恢复。盘式制动器的散热效果好,热恢复也较快。

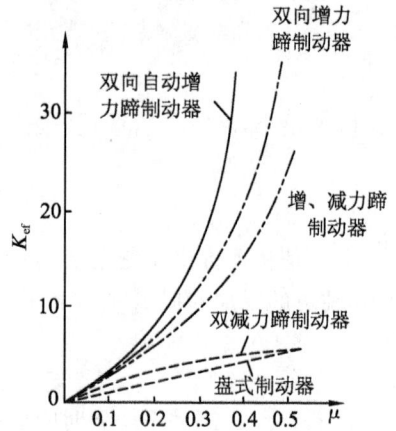

图 4-6-8 制动效能因数曲线

2. 水衰退

汽车涉水后制动效能的变化是制动效能稳定性的内容之一。涉水后由于制动器被水浸湿,制动器摩擦副的摩擦系数会降低,制动效能也会降低,这种现象称为水衰退现象。

汽车制动时产生的热量可使摩擦片干燥,汽车涉水后应多踩几次制动踏板(一般为 5~15 次),有意识地提高制动器温度,使水分迅速蒸发。经过若干次制动后,制动器可逐渐恢复浸水前的性能,称为水恢复。

图 4-6-9 标出了鼓式制动器和盘式制动器在浸水后制动效能的下降程度及经过若干次制动后制动效能恢复的情况。由此可见,鼓式制动器的水衰退影响比盘式制动器要大,效能的恢复也较慢。

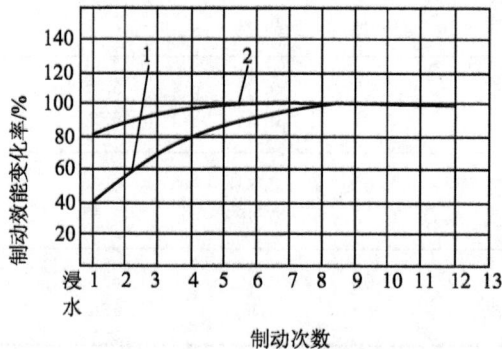

1—鼓式制动器;2—盘式制动器

图 4-6-9 制动器的水衰退及恢复

除上述对制动效能稳定性的影响因素外,在液压制动系统中,制动液在高温下会汽化,在制动管路形成气泡,它能影响液压能的传递,使制动效能降低,甚至造成制动失效。这种现象称为气阻,在汽车下长坡或多次连续使用制动后易发生。

第三节　汽车制动时的方向稳定性

汽车制动时的方向稳定性是指在制动过程中汽车按驾驶员给定的轨迹行驶的能力,即保持直线行驶或按预定弯道行驶的能力。

一、制动跑偏

在汽车制动时,汽车自动偏驶的现象称为制动跑偏。

汽车制动跑偏的原因主要是由于左、右轮(尤其是前轴左、右轮)制动器制动力不相等。制动跑偏的程度可用横向位移或航向角来评价,横向位移是指汽车制动后车身最大的横向移动量,航向角是指制动后汽车的纵向轴线与原行驶方向的夹角。

(1) 汽车左、右车轮,特别是左、右转向轮制动器制动力不相等。

由于左、右转向轮制动力不相等引起的汽车跑偏为制动跑偏,其受力分析如图 4-6-10 所示。设前左轮的制动器制动力大于前右轮的,即地面制动力 $F_{x1l} > F_{x1r}$。此时,前、后轴分别受到地面侧向反力 F_{y1} 和 F_{y2} 的作用。显然 F_{x1l} 绕主销的力矩大于 F_{x1r} 绕主销的力矩,虽然方向盘固定不动,但因转向系各处的间隙及零部件的弹性变形,转向轮仍会向左偏转一角度,使汽车

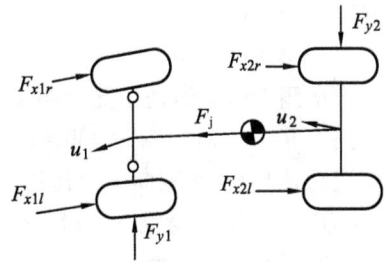

图 4-6-10　制动跑偏时的受力图

有轻微的向左偏驶,即产生跑偏。同时,主销有后倾也使 F_{y1} 对转向轮产生同一方向的偏转力矩,从而增大了向左转的角度。

试验证明,前轴左、右制动轮制动力之差超过 5%,后轴左、右制动轮制动力之差超过 10%,将引起制动跑偏现象。跑偏的方向总是在制动力较大的一侧。若左、右轮主销的内倾角不等,即使制动力相等,也会向主销内倾角较小的一侧跑偏。

(2) 悬架导向杆系和转向系拉杆的运动不协调。

悬架导向杆系与转向系拉杆发生运动干涉,且跑偏的方向不变,这一般是由设计造成的。

二、制动侧滑

制动侧滑是指制动时汽车的某一轴车轮或全部车轮发生横向移动的现象。制动侧滑影响汽车的操纵稳定性,侧滑与跑偏是有联系的,严重的跑偏有时会引起后轴侧滑,易于发生侧滑的汽车也有加剧跑偏的趋势。

车轮侧滑的原因是侧向力超过了侧向附着力。在汽车制动时,随着车轮滑移率的增大,侧向附着系数减小,侧滑的可能性增大。当车轮被抱死拖滑(滑移率为 100%)时,侧向附着系数几乎为零,稍有侧向力就会引起侧滑。

制动时发生侧滑,特别是后轴侧滑,会使汽车行驶方向改变很大,甚至发生汽车调头或剧烈回转的现象。由试验与理论分析得知,制动时若后轴车轮比前轴车轮先抱死拖滑,就有

可能发生后轴侧滑。若能使前、后轴车轮同时抱死,或前轴车轮先抱死,后轴车轮再抱死、不抱死,则能防止后轴侧滑,但是前轴车轮抱死后将失去转向能力。

1. 车辆侧滑的条件

制动过程中车轮侧滑受力如图 4-6-11 所示。该轮所受的垂直载荷为 W,地面垂直反力为 F_z,制动器的摩擦力矩为 T_μ,所产生的地面制动力为 F_{xb};由于侧向风、道路横坡引起的侧向力及转弯时离心力的作用,车轮上产生侧向力 F_r,相应的地面侧向反力为 Y。

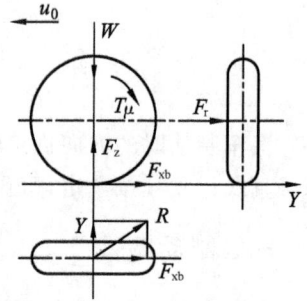

图 4-6-11 汽车车轮侧滑
的受力情况

F_{xb} 和 Y 的合力为 R,显然,当 $R=F_z\varphi$ 时将产生侧滑。在地面制动力 F_{xb} 的作用下,不产生侧滑所承受的侧向力为

$$R=\sqrt{F_{xb}^2+Y^2}\leqslant F_z\varphi$$

上式表明,抗侧滑的稳定性与作用在车轮上的切向力和法向力有关。当切向力与车轮和地面的附着力相等即 $F_{xb}=F_z\varphi$ 时,即使微小的侧向力都将引起车轮的侧向滑移。

2. 汽车侧滑时的运动

汽车侧滑时的运动情况如图 4-6-12 所示。

图 4-6-12a 为汽车前轴侧滑时的运动分析简图,直线行驶的汽车制动时,若前轮抱死而后轮滚动,则前轴在侧向力的作用下发生侧滑。汽车前轴中点的速度方向将偏离汽车纵轴线,而后轴中点的速度方向仍保持汽车的纵轴方向。汽车做类似转弯的运动,其瞬时回转中心为速度 u_A 和 u_B 两垂线的交点 O,汽车相当于绕 O 做圆周运动,所产生的离心惯性力为 F_j,显然 F_j 的方向与汽车侧滑的方向相反。这就是说 F_j 能起到消减侧滑的作用。一旦侧向力消失,F_j 又有使汽车自动回正的作用,因此仅前轴抱死产生的侧滑在汽车前进方向上的改变不大。

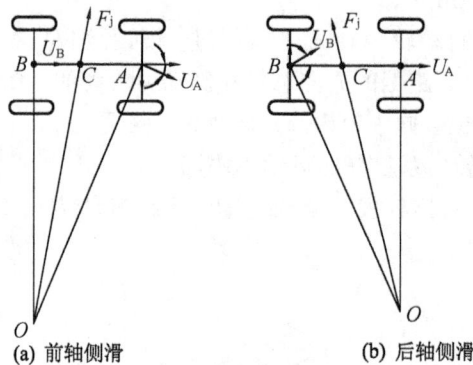

(a) 前轴侧滑　　　　(b) 后轴侧滑

图 4-6-12 汽车侧滑时的运动分析

图 4-6-12b 为汽车后轴侧滑时的运动分析简图,此时后轮制动抱死而前轮滚动。若在侧向力作用下后轴发生侧滑,则侧滑方向与离心惯性力为 F_j 的方向基本一致。于是离心惯性力加剧后轴侧滑,后轴进一步侧滑又加剧离心惯性力增大,因此汽车将产生甩尾,甚至掉头。为消除侧滑,驾驶员可朝后轴侧滑方向适度转动方向盘,使回转半径加大,从而减小惯性力。

3. 转向能力的丧失

转向能力的丧失是指弯道制动时,汽车不再按原来的弯道行驶而是沿弯道切线方向驶出,直线行驶制动时虽然转动方向盘但汽车仍按直线方向行驶的现象。一般汽车如后轴不会侧滑,前轮就可能丧失转向能力;后轴侧滑,前轮常仍保持转向能力。

只有前轮抱死或前轮先抱死,即转向轮抱死拖滑(滑移率为100%)时,侧向附着系数几乎为零,汽车将完全丧失转向能力。

从保证汽车方向稳定性的角度出发,汽车上普遍采用的防抱死制动系统(ABS)以解决了制动时的车轮抱死问题。

三、理想的前、后轮制动器制动力的分配

在汽车的制动过程中,前、后轮抱死拖滑的次序将影响汽车制动时的方向稳定性和附着条件利用程度。

1. 普通制动系统前、后轮抱死次序

对不装 ABS 的普通制动系统,在汽车制动过程中,前、后轴车轮的抱死次序可分为 3 种:前轮先于后轮抱死、后轮先于前轮抱死和前、后轮同时抱死。

(1)前、后车轮的抱死次序对方向稳定性的影响。

在汽车的制动过程中,如果前轮先于后轮抱死,则在汽车未达到最大制动强度之前,就会出现前轮抱死拖滑的现象,虽然前轮发生侧滑时危险性不大,但通常作为转向轮的前轮会失去转向能力;如果后轮先于前轮抱死,则在汽车未达到最大制动强度之前,后轴车轮就容易发生因抱死而侧滑的现象,后轴侧滑具有较大的危险性;如果前、后轮同时抱死,在汽车未达到最大制动强度之前,前、后轴车轮均不会抱死,这有利于保持汽车制动时的方向稳定性。

(2)前、后车轮的抱死次序对制动系统工作效率的影响。

制动系统的工作效率是指制动器制动力的利用程度,一般用全部车轮均抱死时的地面制动力与制动器制动力的比值来表示。对两轴汽车,制动系统的工作效率 η_b 可按

$$\eta_b = \frac{F_{r1max} + F_{r2max}}{F_{u1} + F_{u2}}$$

进行计算。式中,F_{r1max},F_{r2max} 为前、后轮最大地面制动力,等于前、后轮上的附着力,N;F_{u1},F_{u2} 为前、后车轮均抱死时,前、后车轮的制动器制动力,N。

在制动过程中,如果前轮先于后轮抱死,则前、后车轮均抱死时,有 $F_{u1} > F_{r1max}$,$F_{u2} = F_{r2max}$,所以制动系统的工作效率 $\eta_b < 1$;如果后轮先于前轮抱死,则前、后车轮均抱死时,有 $F_{u1} = F_{r1max}$,$F_{u2} > F_{r2max}$,制动系统的工作效率 $\eta_b < 1$;如果前、后轮同时抱死,则全部车轮均抱死时,有 $F_{u1} = F_{r1max}$,$F_{u2} = F_{r2max}$,制动系统的工作效率 $\eta_b = 1$。

由以上分析可知,对于不装 ABS 装置的汽车,前、后轮同时抱死是制动的最佳状态,不仅制动系工作效率高,而且制动时的方向稳定性好。

2. 理想的前、后轮制动器制动力的分配

在汽车的制动过程中,前、后轮抱死的次序取决于前、后制动器的制动力和附着力之间的关系,而在附着系数一定时,前、后轮的附着力取决于前、后轮的地面法向反作用力。

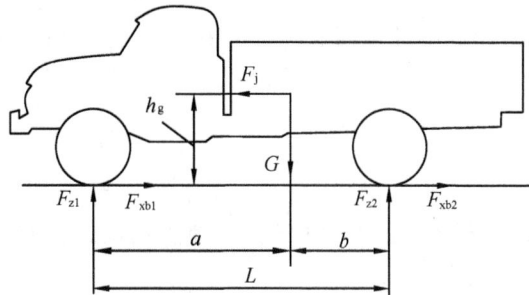

图 4-6-13　制动时汽车受力图

（1）制动时前、后轮的地面法向反作用力。

汽车在水平路面上制动时的受力如图 4-6-13 所示。

图中忽略了滚动阻力偶矩、空气阻力以及旋转质量惯性力偶矩。若忽略制动时车轮边滚边滑的过程，由图分别对前、后轮接地点取力矩，可得

$$F_{z1} = \frac{G}{L}\left(b + \frac{h_g}{g} \cdot \frac{du}{dt}\right)$$

$$F_{z2} = \frac{G}{L}\left(a - \frac{h_g}{g} \cdot \frac{du}{dt}\right)$$

若在不同附着系数的路上制动，前、后轮都抱死（不论次序如何），则 $F_{xb} = F_\varphi = G\varphi$，此时有

$$F_{z1} = \frac{G}{L}(b + \varphi h_g)$$

$$F_{z2} = \frac{G}{L}(a - \varphi h_g)$$

式中，F_{z1} 为所地面对前轮的法向反作用力；G 为汽车重力；b 为汽车质心至后轴中心线的距离；h_g 为汽车质心高度；F_{z2} 为地面对后轮的法向反作用力；a 为质心至前轴中心线的距离；$\frac{du}{dt}$ 为汽车减速度。

由以上分析可得，某一类型汽车在一定的道路条件下制动时，前、后轮的地面法向反作用力是变化的：在制动强度较小时，前、后轮的地面法向反作用力取决于汽车的总地面制动力。前、后轮全部抱死时，前、后轮的地面法向反作用力取决于道路附着系数。

（2）理想的前、后轮制动器制动力分配。

理想的前、后轮制动器制动力分配是指在各种道路条件下均能保持最佳制动状态所需的前、后轮制动器制动力分配。制动时，前、后轮同时抱死拖滑理想的制动状态，是制动效果最佳的理想的前、后轮制动器制动力分配。能保证前、后轮同时抱死拖滑的前、后轮制动器制动力分配曲线，称为理想分配曲线。

在任何附着系数的路面上，前、后车轮同时抱死的条件为前、后轮制动器制动力分别等于各自的附着力，前、后轮制动器制动力之和等于附着力，即

$$F_{u1} + F_{u2} = \varphi G$$

$$F_{u1} = \varphi F_{z1}$$

$$F_{u2} = \varphi F_{z2}$$

因为

$$\frac{F_{u1}}{F_{u2}} = \frac{F_{z1}}{F_{z2}}$$

所以将前、后轮地面法向反作用力公式代入上式，简化整理后可得

$$F_{u1} + F_{u2} = \varphi G$$

$$\frac{F_{u1}}{F_{u2}} = \frac{b + \varphi h_g}{a - \varphi h_g}$$

当汽车的结构参数 (G, a, b, h_g) 一定时，按上述方程组可作出不同附着系数时前、后轮制动器制动力的关系曲线，即理想的前、后轮制动器制动力分配曲线，简称 I 曲线，如图 4-6-14 所示。

I 曲线是踏板力增长到前、后车轮同时抱死时，前、后轮制动器制动力分配曲线。因为车轮抱死时有 $F_u = F_\varphi = F_{xb}$，所以 I 曲线也是车轮抱死时的 $F_{\varphi1}$ 和 $F_{\varphi2}$ 的关系曲线。

（3）实际的前、后轮制动器制动力
分配。

① 具有固定比值的前、后制动器制动
力与同步附着系数。

目前，一般两轴汽车实际的前、后轮制
动器制动力之比为常数，即只能在某一种
路面上使前、后轮同时抱死拖滑，而在其他
路面上则不是前轮先抱死就是后轮先抱
死。为了说明前、后轮制动器制动力的分
配情况，通常用前轮制动器制动力与汽车
的总制动器制动力之比来表示分配比例，
称为制动器制动力分配系数，用符号 β 表
示，即

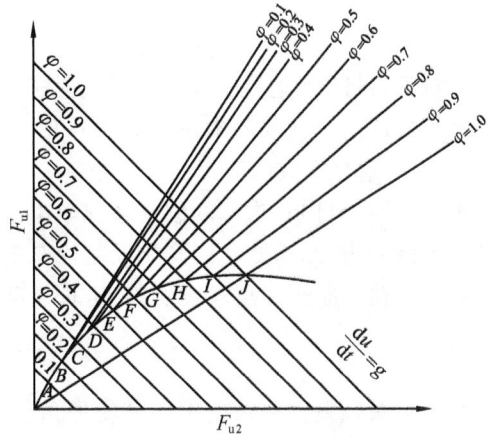

图 4-6-14　理想的前后制动器制动力分配曲线

$$\beta = \frac{F_{u1}}{F_u}$$

式中，F_{u1} 为前制动器制动力；F_u 为汽车全部制动器制动力，$F_u = F_{u1} + F_{u2}$；F_{u2} 为后制动器
制动力。

由上式可得前、后轮制动器制动力之比为

$$\frac{F_{u1}}{F_{u2}} = \frac{\beta}{1-\beta}$$

由上式可知，F_{u1} 与 F_{u2} 的关系为一直线，此直线通过坐标原点，且其斜率为

$$\tan \theta = \frac{1-\beta}{\beta}$$

由此可见，实际汽车前、后轮制动器制动力的分配为固定比值，可用一直线来表示，该直
线通过坐标原点，称为实际的前、后轮制动器制动力分配曲线，简称 β 线。图 4-6-15 给出了
某汽车的 β 线，同时还给出了该车空载和满载时的 I 曲线。两线只有一个交点，该点对应的
附着系数 φ_0 称为同步附着系数。同步附着系数所对应的制动减速度为临界减速度。

同步附着系数是汽车制动系的一个重要参数，它
是由汽车的结构参数决定的，它说明前、后轮制动器制
动力分配为固定比值的汽车只有在同步附着系数的路
面上制动时，才能使前、后车轮同时抱死。汽车满载
时，同步附着系数最大，随着载荷的减少，同步附着系
数越来越小。

② 具有固定比值前、后制动器制动力的汽车制动
过程的分析。

利用 β 线与 I 曲线的配合，就可以分析具有固定比
值前、后制动器制动力的汽车在不同路面上的制动情
况。由图 4-6-15 可以看出，只有在一种路面上即附着

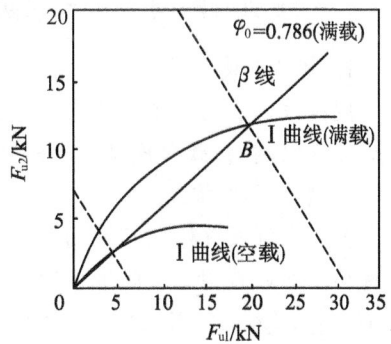

图 4-6-15　某汽车的 β 线与 I 线曲线

系数为 φ_0 的路面上制动时，才能达到前、后轮同时抱死的理想制动状态。在 $\varphi < \varphi_0$ 的路面上
制动时，由于 I 曲线（满载）位于 β 线的上方，当前轮抱死所需的制动器制动力一定时，实际的后

轮制动器制动力总是达不到同时抱死需要的制动力,所以前轮先于后轮抱死;而在 $\varphi > \varphi_0$ 的路面上制动时,由于 I 曲线(满载)位于 β 线的下方,当前轮抱死所需的制动器制动力一定时,实际的后轮制动器制动力总是已超过同时抱死需要的制动力,所以后轮先于前轮抱死。

汽车空载的 I 曲线基本位于 β 线下方,所以空载制动时一般都是后轮先于前轮抱死。

③ 同步附着系数的选择。

由以上讨论可知,汽车的制动情况取决于 β 线与 I 曲线的配合,或者说同步附着系数对汽车制动减速度、制动效率以及制动时汽车的方向稳定性有着重要的影响。

由 β 线和 I 曲线交点对应的前、后轮制动器制动力关系,可得

$$\varphi_0 = \frac{L\beta - b}{h_g}$$

同步附着系数主要根据车型和使用条件来选择。β 值越大,β 线的斜率越小,同步附着系数 φ_0 越大。为防止汽车制动时发生危险的后轴侧滑,同步附着系数一般应保证在多数道路条件下制动时前轮先于后轮抱死。目前,一般轿车的最高车速为 $140 \sim 200$ km/h 或更高,在高速行驶时制动,引起后轴侧滑是十分危险的,因此一般采用较高的同步附着系数。轿车的同步附着系数一般为 $0.6 \sim 0.9$,货车一般为 $0.5 \sim 0.8$。

第四节　影响汽车制动性的使用因素

汽车的制动性与汽车的结构及其使用条件有关,如汽车轴间负荷的分配、载质量、制动系的结构、发动机制动、行驶速度、道路情况、驾驶方法等,均对制动过程有一定的影响。

一、轴间负荷分配的影响

汽车制动时,前轴负荷增加,后轴负荷减小。如果前、后轮制动器制动力根据轴间负荷的变化符合理想分配的条件,则前、后轮同时抱死;如果前、后轮制动器制动力的比例为定值,则只有在具有同步附着系数的路面上,前、后轮才能同时抱死。当 $\varphi < \varphi_0$ 时,前轮先抱死,$\varphi > \varphi_0$ 时,后轮先抱死。空载时总是后轮先抱死。

二、制动力的调节和车轮防抱死

1. 制动力的调节

现代汽车制动系中都装有各种压力调节装置,常见的压力调节装置有限压阀、比例阀、载荷控制比例阀、载荷控制限压阀。

2. 车轮的防抱死

为了充分发挥轮胎与地面间的潜在附着能力,满足汽车制动性的要求,现在已使用了多种自动防抱装置。有了防抱装置,在紧急制动时可防止车轮完全抱死,而使车轮处于滑动率为 $10\% \sim 20\%$ 的状态,充分利用了峰值附着系数。

三、汽车载质量的影响

载质量较大的汽车,其制动距离会因载质量的不同而发生差异。因为在前、后轮制动器设计时,不能保证其在任何道路条件下制动力都同时达到附着极限。

四、车轮制动器的影响

制动器的结构型式不同,其效率也不同。制动器效能因数大,则在制动鼓半径和制动器张力相同的情况下,制动器产生的制动力矩也大。但当制动器摩擦副的摩擦系数下降时,其制动力矩将显著下降,制动性能的稳定性也变差。

制动器的技术状况不仅和设计制造有关,而且和汽车使用的技术状况有关。

五、制动初速度的影响

制动初速度高,则其需要通过制动消耗的运动能量就大,所以制动距离长。图 4-6-16 是汽车以不同的初速度在干燥的沥青路面道路上的制动距离与车速的关系曲线。从图中可以看出,制动初速度高时制动距离就长,其大致数值见表 4-6-4。由前述制动距离的计算可知,若只考虑能量平衡的因素,则制动距离与制动初速度的平方成正比变化,其方程式的曲线为一抛物线,这与图 4-6-16 所显示的基本情况是符合的。

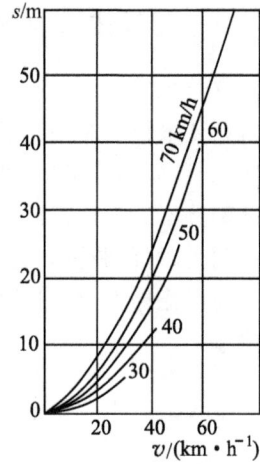

图 4-6-16　制动初速度对制动性的影响

表 4-6-4　制动初速度与制动距离的关系

制动初速度/(km·h^{-1})	70	60	50	40
制动距离/m	56	40	24	12

六、利用发动机制动

将发动机当作辅助制动器,是利用发动机的内摩擦力矩和泵气损耗作为制动时的阻力矩,发动机的散热能力也比制动器强得多。

发动机的制动能使汽车制动性在较长的时间内发挥制动作用,减轻车轮制动器的负担,而且由于传动系中差速器的作用,可将制动力矩平均地分配在左、右车轮上,以减少侧滑甩尾的可能性。

为了增强发动机的制动效果,装有柴油发动机的汽车可加装排气制动。这种方法使发动机在制动时能吸收 50% 以上的有效功率。

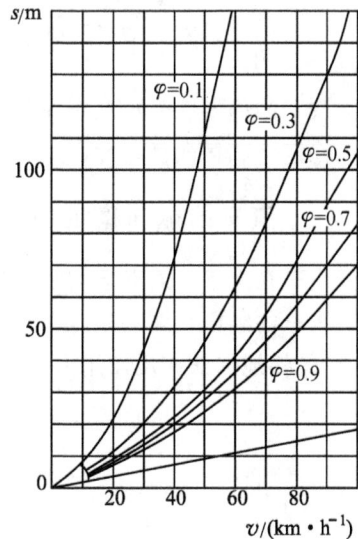

图 4-6-17　附着系数 φ 对汽车制动性的影响

七、道路条件的影响

道路的附着系数对汽车的制动性有很大的影响,因为它限制了汽车的最大制动力。图 4-6-17 是汽车在各种不同的附着系数的道路上制动时,制动距离与制动初速度之间的关系曲线。由图可见,当制动的初速度相同时,随着道路附着系数值的减小,制动距离随之增加。

在冰雪路面上,利用发动机制动的辅助作用可使制动距离缩短 20%～30%。因此在冰雪道路上行驶时应加装防滑链,要尽量利用发动机制动。

八、驾驶技术的影响

驾驶技术对汽车制动性有很大影响。制动时,如能保持车轮接近抱死而未抱死的状态,便可获得最佳的制动效果。在驾驶未安装 ABS 的传统汽车时,有经验驾驶员在制动时都采用"点刹",即迅速交替地踩下和放松制动踏板,这样可提高制动效果,使车轮时滚时滑,轮胎着地部分不断变换,可避免轮胎由于局部剧烈摩擦发热,胎面温度上升而降低制动效果。在紧急制动时,驾驶员如能迅速踩下制动踏板,则制动系的协调时间将缩短,从而缩短制动距离。在滑溜路面上,驾驶员应避免急松油门和猛烈踩制动踏板,以免车速急剧变化,导致汽车侧滑。

第七章 汽车的稳定性

汽车的操纵稳定性是指在驾驶员不感觉过分紧张、疲劳的条件下,汽车能按照驾驶员操控转向系及转向车轮给定的方向行驶,且当受到外界干扰时,汽车能抵抗干扰而保持稳定行驶的能力。

汽车的操纵稳定性包括操纵性和稳定性两部分。操纵性是指汽车能够准确响应驾驶员转向指令的能力;稳定性是指汽车在行驶中能抵抗外界干扰并保持稳定行驶的能力。

第一节 汽车的纵向和横向稳定性

汽车的稳定性表示汽车在行驶中抵抗纵向倾覆和侧向滑移的一种能力,可分为汽车的纵向稳定性和横向稳定性。

一、汽车的纵向稳定性

汽车在上下坡或者运动状态发生改变时抵抗纵向倾覆的能力,称为汽车的纵向稳定性。

汽车的纵向翻倒一般最容易发生在上坡的时候(见图 4-7-1)。由受力图可求得汽车前、后轮的地面法向反作用力

$$F_{z1} = \frac{bG\cos\alpha - h_g G\sin\alpha}{L}$$

$$F_{z2} = \frac{aG\cos\alpha - h_g G\sin\alpha}{L}$$

式中,F_{z1} 为前轮地面法向反作用力,N;F_{z2} 为后轮地面法向反作用力,N;G 为汽车的总重力,N;h_g 为汽车重心高度,m;L 为汽车前后轴距,m;a 为汽车质心到前轴的距离,m;b 为汽车质心到后轴的距离,m;α 为道路纵向坡道角度,(°)。

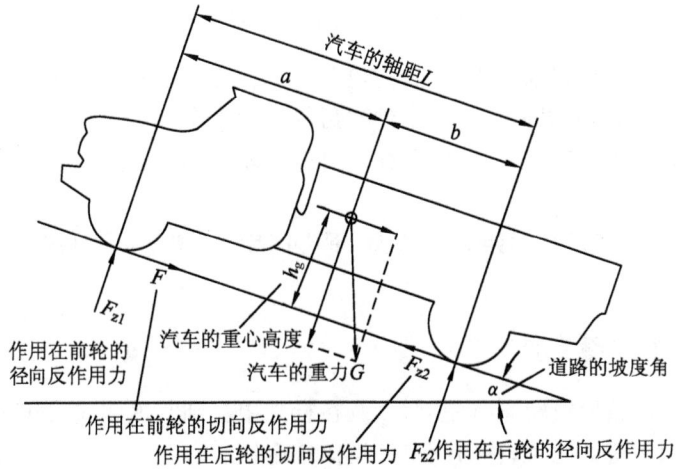

图 4-7-1　汽车在上坡时的受力图

从汽车前、后轮的地面法向反作用力计算式可以看出,随着坡度 α 的增大,前轮的地面法向反作用力 F_{z1} 减小。当前轮的径向反作用力为 0 时,即汽车在上坡时易发生绕后轴倾覆。因此,将 $F_{z1}=0$ 代入

$$F_{z1}=\frac{bG\cos\,\alpha_{max}-h_gG\sin\,\alpha_{max}}{L}$$

可得汽车在上坡时,不发生纵向翻倒的最大坡度(临界坡度)为

$$\tan\,\alpha_{max}=\frac{b}{h_g}$$

若考虑汽车在上坡时驱动轮滑转的可能性,对于后轮驱动的汽车,其驱动轮不发生滑转的临界状态为

$$F_{tmax}=G\sin\,a_{\varphi max}=F_{z2}\varphi$$

式中,F_{tmax} 为最大驱动力,N;$a_{\varphi max}$ 为后轮不发生滑转所能克服的最大道路坡角,(°);φ 为纵向附着系数。

整理可得汽车后轮不发生滑转所能克服的最大道路坡度,即

$$\tan\,\alpha_{\varphi max}=\frac{a\varphi}{L-\varphi h_g}$$

式中,L 为汽车的轴距,m;h_g 为汽车的重心高度,m。

汽车上坡时,当道路的坡度角 $\alpha>\alpha_{max}$ 时,汽车会失去操纵并可能发生绕后轴的倾覆。如果在倾覆前驱动轮先滑转,则汽车将不能继续上坡,这就能避免汽车的纵身倾覆,从而保证汽车的安全。所以,汽车上坡时,保证驱动轮的滑转发生在进入临界坡度之前,是有效保证汽车不发生纵向倾覆的安全条件,即

$$\tan\alpha_{\varphi max}<\tan\alpha_{max}$$

整理可得

$$\frac{b}{h_g}>\varphi$$

式中,$\frac{b}{h_g}$ 称为汽车的纵向稳定性系数。该式即为后轮驱动的汽车上坡时保证纵向稳定性的条件。

同样,也可用相同方法分析其他情况下保证汽车纵向稳定性的条件:前轮驱动汽车的纵

向稳定性条件为 $L>0$、全轮驱动汽车的纵向稳定性条件为 $\dfrac{b}{h_g}>\varphi$。

通过上述汽车纵向稳定性条件可知,前轮驱动的汽车上坡时是永远不可能发生纵向倾覆现象的;全轮驱动汽车的纵向稳定性条件与后轮驱动汽车相同。

汽车在下坡时的纵向稳定性条件,同样也可就后轮驱动、前轮驱动和全轮驱动得出相应的结论。

总之,汽车质心至驱动轴的距离 b 越大,重心高度 h_g 越低,则对汽车的纵向稳定性越有利。

二、汽车的横向稳定性

汽车在横向坡度路面或转弯行驶时,以及在行驶中受到其他侧向力作用的情况下,汽车能抵抗侧向倾覆和侧滑的能力,称为汽车的横向稳定性。

侧向力包括重力的侧向分力、离心力、侧向的风力以及不平道路的侧向冲击等。汽车在侧向力的作用下,当车轮的侧向反作用力达到车轮的附着力时,汽车将沿侧向力的作用方向发生滑移。侧向力同时将会引起左、右车轮的地面法向反作用力的改变,当侧向力足够大,一侧车轮上的地面法向反作用力变为零时,汽车就有可能发生侧向翻倒。

汽车在高速转弯时,由于受到离心力的作用,汽车最容易发生侧向的翻倒。图 4-7-2 为汽车在横向坡道路面上作等速行驶时的受力图。

随着横向坡度角 β 的增大,作用在汽车右轮的径向反作用力 F_{ZR} 将减小。当 $F_{ZR}=0$ 时,则汽车处于侧向倾覆的临界状态。此时

$$G\cos\beta\cdot\frac{\beta}{2}=G\sin\beta\cdot h_g$$

式中,G 为汽车的总重力,N;β 为横向坡度角,(°);h_g 为汽车质心高度,m。

整理可得,汽车不发生侧向倾覆的最大横向坡度(汽车发生侧向倾覆的临界坡度)为

$$\tan\beta_{max}=\frac{B}{2h_g}$$

式中,B 为汽车轮距,m。

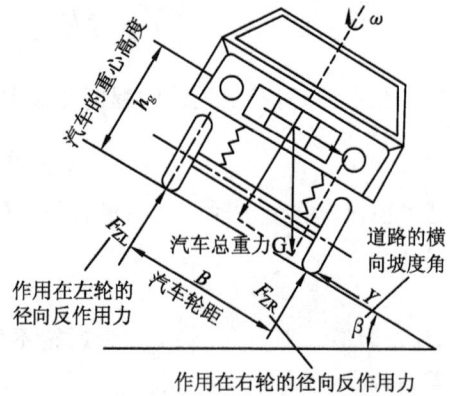

图 4-7-2 汽车在横向坡道行驶时的受力图

由于汽车在横向坡道上行驶时,重力所产生的侧向分力也有使汽车产生侧向滑动的可能,即当车轮的侧向反作用力达到或超过侧向附着力时,汽车沿侧向力的作用方向发生滑移。汽车在横向坡道上不发生滑移的临界状态为

$$G\cos\beta_{\varphi max}\cdot\varphi=G\sin\beta_{\varphi max}$$

式中,$\beta_{\varphi max}$ 为汽车不发生滑转的最大横向坡度角,(°)。

整理可得,汽车不发生滑转的最大横向坡度为

$$\tan\beta_{max}=\varphi$$

为了避免汽车在横向坡道行驶时发生侧向翻倒,则应使侧滑优先于侧向翻倒的发生,即应满足

$$\tan \beta_{\max} > \tan \beta_{\varphi \max}$$

经整理后得

$$\frac{B}{2h_g} > \varphi$$

上式就是汽车在横向坡道等速行驶时确保横向稳定性的条件。

图 4-7-3 是汽车在水平路面上高速转弯行驶时的受力图。随着车速的提高和转弯半径的减小，离心力 F_j 随之增大。当离心力与重力 G 的合力 F 作用线通过外侧车轮与地面的接触线时，那么内侧车轮对地面的作用载荷为零（即 $F_{zi}=0$），此时汽车处于侧向翻倒的临界状态，相应的关系式是

$$F_j \cdot h_g = G \cdot \frac{B}{2}$$

且

$$F_j = Gv^2/R$$

式中，v 为汽车行驶速度，km/h；R 为汽车转弯半径，m。

因此，不发生侧向翻倒的最大车速为

$$v_{\max} = \sqrt{\frac{gRB}{2h_g}}$$

由于侧向力也可能大于路面的侧向附着力而使汽车产生侧滑，侧滑临界状态时的关系式

$$F_c = G \cdot \varphi$$

则不发生侧向滑移的最大车速为

$$v_\varphi = \sqrt{gR\varphi}$$

要使汽车的侧滑先于侧向翻倒的发生，即要满足 $v_{\max} > v_\varphi$。

经整理可得，汽车在水平路面转弯行驶时保证横向稳定性的条件为

$$\frac{B}{2h_g} > \varphi$$

由以上分析可知，汽车无论是在横向坡道还是水平弯道路面行驶，其横向稳定性条件是相同的。因此，在结构上可通过合理增大轮距 B、降低重心高度 h_g 等方法提高汽车的横向稳定性。汽车横向稳定性条件中的比值 $\frac{B}{2h_g}$，称为汽车的横向稳定性系数。表 4-7-1 为几种汽车的横向稳定性系数值。

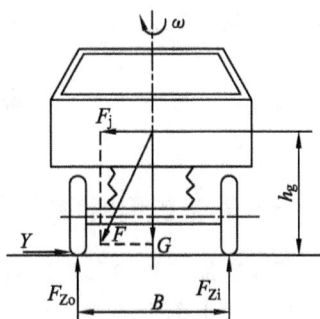

图 4-7-3 是汽车在水平路面转弯行驶时的受力图

表 4-7-1 几种汽车的横向稳定性系数

车辆类型	重心高度/cm	轮距/cm	横向稳定性系数
跑车	46～51	127～154	1.2～1.7
微型轿车	51～58	127～154	1.1～1.5
豪华轿车	51～61	154～165	1.2～1.6
轻型客货两用车	76～89	165～178	0.9～1.1
客货两用车	76～102	165～178	0.8～1.1
中型货车	114～140	165～190	0.6～0.8
重型货车	154～216	178～183	0.4～0.6

汽车侧翻只能在附着系数大于横向稳定性系数的道路上才能发生。一般汽车即使处于 φ 值较大的干燥沥青或水泥路面上行驶（φ 值为 $0.7 \sim 0.8$），大多也能够满足汽车横向稳定性条件。

从表 4-7-1 所列的汽车横向稳定性系数可知，中、重型载货汽车由于其横向稳定性系数偏小，有可能在汽车尚未达到侧滑时先行发生侧向翻倒，所以在驾驶中、重型载货汽车时，对汽车的横向稳定性应予以足够的重视。

第二节　汽车的转向特性

一、轮胎的侧偏特性及其影响因素

汽车轮胎在径向和侧向具有一定的弹性。当轮胎滚动时，由于受到侧向力的作用，它会产生侧向变形而引起轮胎侧向行驶偏离现象。

1. 轮胎的侧偏现象

汽车在行驶过程中，由于路面的侧向倾斜、曲线行驶时的离心力或侧向风力等的作用，车轮中心将在垂直于车轮平面方向产生侧向力 F_y，而地面对轮胎则产生与 F_y 大小相等、方向相反的一个反作用力 Y，通常将该反作用力称为轮胎的侧偏力（见图 4-7-4）。

如果轮胎是刚性的，则汽车在行驶过程中受到侧向力作用时会产生以下两种情况：

（1）当轮胎的侧偏力小于轮胎与地面间的附着力时，轮胎与地面间没有滑动，车轮仍沿其本身平面 cc' 的方向行驶，如图 4-7-4a 所示。

（2）当轮胎的侧偏力达到轮胎与地面间的附着极限时，轮胎将产生侧向滑移，如图 3-7-4b 所示。

如果轮胎有侧向弹性，则受到侧向力的作用时会产生侧向变形，此时即使侧偏力未达到附着极限，车轮行驶的方向也将偏离车轮平面 cc' 方向，这就是轮胎的侧偏现象（见图 4-7-5）。

2. 轮胎的侧偏特性

当车轮静止不动时，在侧偏力的作用下车轮会发生侧向变形，轮胎与地面之间接触印痕的中心线 aa' 与车轮平面 cc' 不重合，偏离 Δh，但 aa' 仍与 cc' 平行。

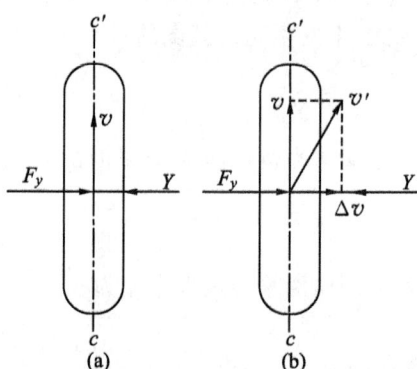

图 4-7-4　有侧向作用力时刚性车轮的滚动

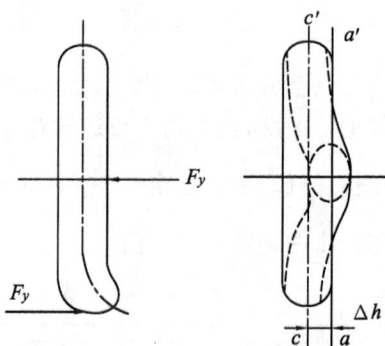

图 4-7-5　弹性车轮的侧向变形

当已产生侧向变形的轮胎滚动时，轮胎与地面之间的接触印痕的中心线 aa' 不仅偏离车轮平面 cc'，而且不再与车轮平面 cc' 平行，aa' 与 cc' 间形成一个夹角 α，该夹角即称为轮胎的侧偏角（见图 4-7-6）。

为了分析出现侧偏角的原因，可在轮胎胎面的中心线上标上 A_1，A_2，A_3，…各点，随着车轮向前滚动,各点将依次落在地面上 $A_1', A_2', A_3', \cdots$ 各点上。

随着侧偏力的增大,轮胎与地面的接触印痕的中心将更偏离轮胎胎面的中心,所形成的的夹角 α 也将随之增大。轮胎侧偏角随侧偏力变化而变化的关系,称为轮胎的侧偏特性。

图 4-7-7 为轮胎侧偏特性曲线。该曲线表明,侧偏角小于 5° 时,侧偏力 F_y 与侧偏角 α 成线性关系,即

$$F_y = k\alpha$$

式中,k 为轮胎的侧偏刚度,N/(°),其值在理论上应为负值,以表示力的方向。

可见,弹性车轮的侧偏角不仅与侧偏力有关,还与侧偏刚度有关。侧偏刚度表示弹性轮胎每产生 1° 的侧偏角所需施加的侧向力,它是衡量轮胎操纵稳定性的重要参数。

显然,轮胎的最大侧偏力取决于轮胎的附着条件,即垂直载荷、轮胎花纹、材料、结构、气压、路面材料、路面潮湿程度及车轮的外倾角等。一般来说,轮胎的最大侧偏力越大,则轮胎的极限性能越好。

3. 轮胎侧偏特性的影响因素

轮胎的侧偏刚度主要与轮胎的结构、工作条件等方面有关。一般用试验方法确定这些因素。

(1) 轮胎的结构。

轮胎的尺寸、形式和结构参数对轮胎的侧偏刚度有着较大的影响。从表 4-7-2 看出,轮胎尺寸越大,则侧偏刚度 k 越大。尺寸相同的子午线轮胎比普通斜交胎的侧偏刚度大;而钢丝子午线

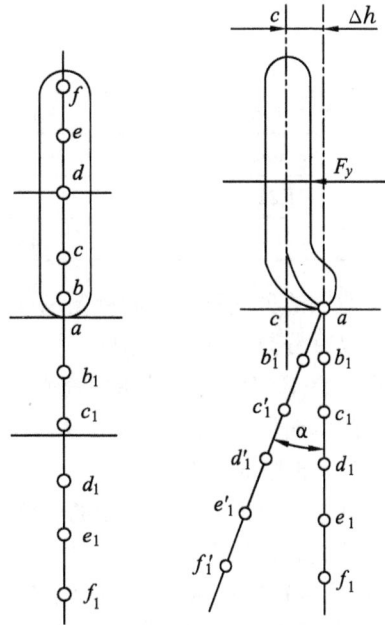

图 4-7-6 轮胎的侧偏现象

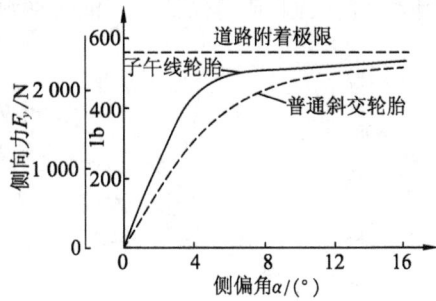

图 4-7-7 侧偏力-侧偏角关系曲线
(轮胎侧偏特性曲线)

轮胎的侧偏刚度要比尼龙子午线轮胎高。同一型号、同一尺寸的轮胎,帘布层越多,帘线与轮胎平面的夹角越小,轮胎承压能力越大,则轮胎的侧偏刚度越大。

表 4-7-2　几种轮胎的侧偏刚度值

轮胎	车轮载荷/N	轮胎气压/kPa	侧偏刚度/[N/(°)]
5.20—13	2 452	1×10^4	312
6.00—13	2 943	8.75×10^4	309
6.40—13	3 924	1.06×10^4	360
165R14	3 924	1.2×10^4	555
175HR14	3 433	1.25×10^4	670
5.60—15	2 943	1.13×10^4	512
155SR15	3 924	1.31×10^4	507
6.50—16	5 886	1.56×10^4	861

轮胎	车轮载荷/N	轮胎气压/kPa	侧偏刚度/[N/(°)]
9.00—20	19 620	$3.42×10^4$	2 316
9.00R20	19 620	$3.42×10^4$	2 936
11R22.5	16 180	$4.84×10^4$	1 969
12.00—20	29 430	$4×10^4$	3 270

轮辋的型式对轮胎的侧偏刚度也有影响。轮辋较宽的轮胎侧偏刚度较大。

以百分数表示的轮胎的断面高度 H 与宽度 B 的比值称为轮胎的扁平率。早期轮胎的扁平率为100%，现代轮胎的扁平率逐渐减小，目前不少轿车已采用扁平率为60%或称60系列的宽轮胎，其侧偏刚度更大。

(2) 轮胎的工作条件。

垂直载荷的变化对轮胎的侧偏特性有显著影响(见图4-7-8)。一般情况下，随着轮胎所受垂直载荷的增加，轮胎的侧偏刚度加大。但如果垂直载荷过大，轮胎会产生剧烈的径向变形，使得轮胎与地面之间接触区的压力极不均匀，反而造成轮胎的侧偏刚度减小。

轮胎的充气压力对轮胎的侧偏刚度也有较大影响(见图4-7-9)。轮胎气压增大后，弹性会下降，侧偏刚度则增大，但如果轮胎气压过高，侧偏刚度将不再变化。这是由于轮胎受到附着力的限制，使得侧偏力不能再增加的缘故。

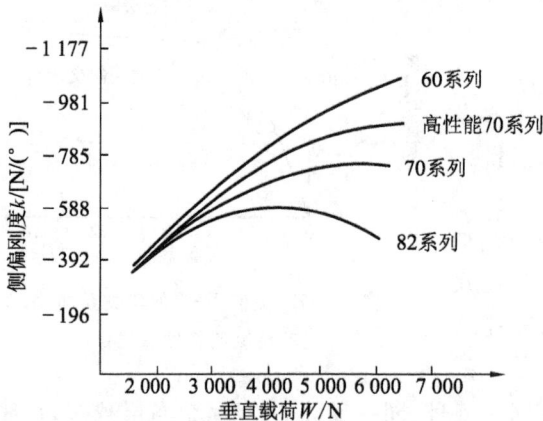

图 4-7-8　不同扁平率子午线轮胎的侧偏
刚度与载荷的关系曲线

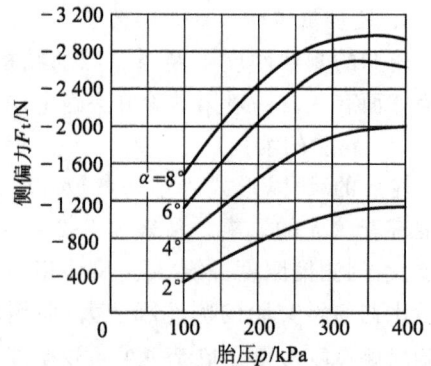

图 4-7-9　轮胎压力对侧偏刚度的影响

路面的材料及其粗糙程度、干湿状况对轮胎的侧偏特性，尤其是最大侧偏力有很大的影响。当路面结冰时，轮胎侧偏力趋于零，完全丧失侧偏能力。

汽车行驶速度对轮胎的侧偏刚度没有什么影响。

二、汽车的稳态转向特性

汽车在等速直线行驶时，将转向盘转过一定角度并保持不变，汽车即迅速进入等速圆周行驶状态，并且不随时间而改变，这种稳态响应称为汽车的稳态转向特性。

1. 无侧偏时的转向半径

为使汽车转向时所有的轮胎均保持纯滚动，减少轮胎磨损和提高汽车行驶的稳定性，则汽车的所有轮胎必须在同一瞬时围绕同一转向中心作曲线运动，此时汽车的内外轮应满足以下关系：

$$\cot \delta_1 - \cot \delta_2 = \frac{d}{L} \approx \frac{B}{L}$$

式中，δ_1、δ_2 为前外轮、前内轮的转角，($°$)；d 为左、右转向节主销中心的距离，m；L 为轴距，m；B 为轮距，m。

上式为汽车转向时保证车轮纯滚动的近似理论转角关系，此关系即为理论转角特性。

汽车在实际转向时，内、外转向轮的转角关系是由转向梯形机构的参数来保证的。汽车只是在转向角度较小时能近似符合理论转角关系，而当转向角度较大时则偏差也较大，这就不能保征汽车在转向时所有车轮均为纯滚动。

汽车转向时，从转向中心 O 至后轴中点的距离称为汽车的转向半径，图 4-7-10 为无侧偏时的汽车转向图。

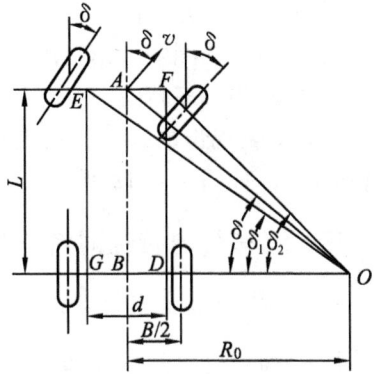
图 4-7-10　无侧偏时的汽车转向

依据图 4-7-10 所示的转向运动状态，可得出如下关系式：

$$R_0 = \frac{L}{\tan \delta}$$

式中，δ 为前轴中点的速度矢量与汽车纵轴线的夹角，$\delta \approx \frac{\delta_1 + \delta_2}{2}$；$R_0$ 为转向半径，m。

当前轮转角 δ 不大时，$\tan \delta \approx \delta$，则上式可简化为

$$R_0 = \frac{L}{\delta}$$

2. 有侧偏时的转向半径

汽车在转向行驶时，产生的离心力使弹性车轮发生侧偏现象，轮胎的侧偏会影响实际的转向半径，其运动轨迹则不同于刚性车轮。图 4-7-11 为弹性车轮的汽车的转向运动简图。汽车通过转向操纵机构给予一定的前轮转角 δ 作圆周运动，此时弹性车轮受到离心力的作用而产生侧偏现象，导致前、后轮的运动方向偏离了车轮平面方向，前、后轮分别出现侧偏角 α_1 与 α_2，则前轴中点和后轴中点的速度矢量也随之发生了偏移，分别为 v'_A 和 v'_B；汽车转向中心则由 O 点移到了 O' 点。

同样，按前述方法可以计算出弹性轮胎转向时的转向半径 R，即

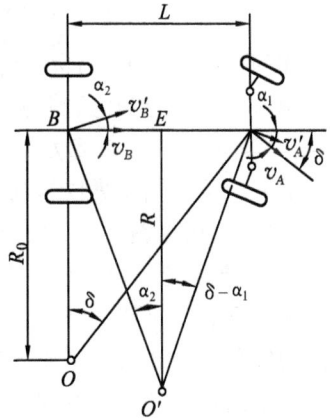
图 4-7-11　无侧偏时的汽车转向

$$R = \frac{L}{\tan(\delta - \alpha_1) + \tan \alpha_2}$$

当前轮转角 δ 不大时，$\tan(\delta - \alpha_1) \approx \delta - \alpha_1$，则上式可简化为

$$R = \frac{L}{\delta - (\alpha_1 - \alpha_2)}$$

由此可见,同样的前轮转向,弹性车轮由于侧偏特性,其转向半径 R 及与刚性车轮转向半径 R_0 是有差别的。

对上式可作如下分析:

当 $\alpha_1 = \alpha_2$ 时,则 $R = R_0$,称为中性转向;

当 $\alpha_1 > \alpha_2$ 时,则 $R > R_0$,汽车将沿更为平缓的曲线行驶,称为不足转向;

当 $\alpha_1 < \alpha_2$ 时,则 $R < R_0$,汽车将沿更为弯曲的曲线行驶,称为过多转向。

汽车所表现出的以上不同转向特性便是其稳态转向特性,如图 4-7-12 所示。

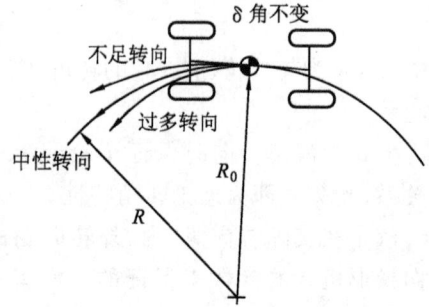

图 4-7-12 汽车的三种稳态转向特性

三、汽车转向特性对汽车操纵稳定性的影响

1. 具有中性转向特性的汽车行驶特点

具有中性转向特性的汽车的转向轮侧偏角 $\delta = \dfrac{L}{R}$,该角度与汽车的行驶速度无关;当转向盘角度固定不动时,不管汽车是加减速还是以不同车速等速行驶,都将沿给定的半径进行圆周运动,即汽车的转弯半径保持不变。图 4-7-13 为具有中性转向特性汽车的运动简图。

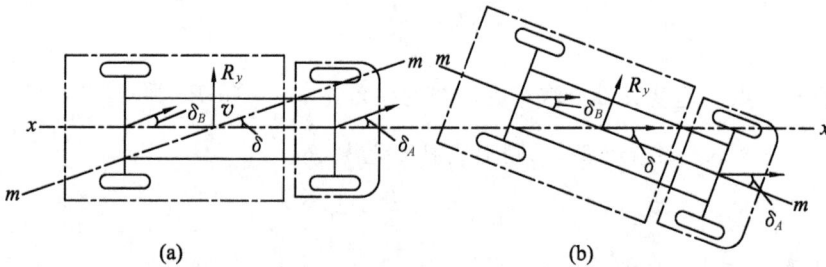

图 4-7-13 具有中性转向特性汽车的运动简图

在图 4-7-13a 中,当中性转向特性的汽车在直线运动时,在受到侧向力 R_y 的作用下,车轮产生侧偏且前、后轴的侧偏角相同($\delta = \delta_A = \delta_B$),使汽车行驶方向偏离一个角度 δ,由原先的 xx 方向变为沿 mm 线方向直线行驶。若要维持原定的行驶方向,驾驶者必须将转向盘朝着侧向偏离的相反方向转动,使汽车的纵轴线与原定的路线成 δ 角,然后再将转向盘回到中间位置即可,如图 4-7-13b 所示。

2. 具有不足转向特性的汽车行驶特点

对于具有不足转向特性的汽车,当其转向盘保持一个固定的转角加减速或以不同的车速等速行驶时,其转向半径均大于同样条件下的刚性车轮的汽车转向半径,转向半径不断增大。图 4-7-14 为具有不足转向特性汽车的运动简图。

在图 4-7-14 中,当不足转向特性的汽车在直线运动时,在受到侧向力 R_y 的作用下,前轴车轮的侧偏角 δ_A 大于后轴车轮的侧偏角 δ_B(即 $\delta_A > \delta_B$),汽车将绕瞬时转向中心 O' 曲线行驶。汽车重心上的作用力有离心力 F_c,而该

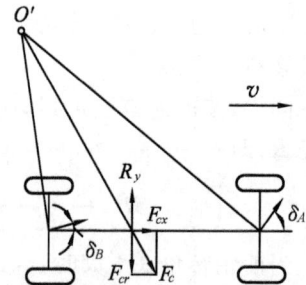

图 4-7-14 具有不足转向特性
汽车的运动简图

离心力 F_c 的侧向分力 F_{cy} 的作用方向与侧向力作用方向相反,可起到消弱侧向力作用的效果。一旦侧向力 R_y 消失,在 F_{cy} 的作用下,汽车将具有自动恢复直线行驶的倾向,维持汽车行驶的稳定性。

3. 具有过多转向特性的汽车行驶特点

具有过多转向特性的汽车行驶特点正好与不足转向特性的汽车行驶特点相反。当转向盘保持一个固定的转角加减速或以不同的车速等速行驶时,转向半径不断减小。因此,在驾驶过多转向特性的汽车沿给定半径的圆周加速行驶时,驾驶员应随车速的提高不断减小转向盘的转角。图 4-7-15 为具有过多转向特性汽车的运动简图。

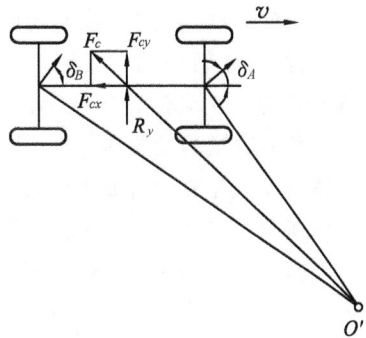

图 4-7-15　具有过多转向特性
汽车的运动简图

在图 4-7-15 中,当过多转向特性的汽车直线运动时,在受到侧向力 R_y 的作用下,前轴车轮的侧偏角 δ_A 小于后轴车轮的侧偏角 δ_B(即 $\delta_A < \delta_B$),汽车将绕瞬时转向中心 O' 曲线行驶,此时的 O' 的位置正好与不足转向时的 O' 的位置相反,于是使得离心力分力 F_{cy} 的作用方向与侧身力 R_y 的作用方向相同,起到增强侧向力作用的效果,使转向半径越来越小;即使侧向力消除,仍会在 F_{cy} 的作用下,使汽车的转向半径不断减小,离心力不断增大,直至最后导致汽车发生侧滑。这时汽车将丧失稳定性和操纵性。

分析、比较上述 3 种转向特性可知:

(1) 具有过多转向特性的汽车在行驶中有使汽车失去稳定性的危险,故应加以避免。

(2) 具有中性转向特性的汽车在行驶中的操纵性也不好,且在其使用中随某些条件的改变极易转变为过多转向特性而使汽车失去稳定性,故不宜被采用。

(3) 具有适度不足转向特性的汽车在行驶中具有良好的操纵稳定性,所以目前绝大多数的汽车具有不足转向特性。

为提高汽车转向时的操纵稳定性,使汽车具有适度的不足转向特性,一般可通过合理选择汽车的重心位置和轮胎气压来实现。使用中的轮胎的充气压力是影响其侧偏刚度的重要因素。减小轮胎气压将使轮胎更富有弹性,有利于增大轮胎的侧偏角。一般汽车的前轮充气压力均小于后轮的充气压力。

四、前轮定位与转向轮的稳定效应

转向轮的稳定效应是指转向轮具有保持中间位置(直线行驶位置)及自动返回中间位置的能力。

1. 前轮定位的稳定效应

在转向轮的定位参数中,主销内倾和主销后倾对操纵稳定性影响较大。

(1) 主销内倾的影响。

主销内倾角是指在汽车横向垂直平面内,转向主销中心线与铅垂线之间的角度 α,如图 4-7-16 所示。当汽车转向时,假设转向轴的空间位置不变,转向轮绕主销偏转 $180°$,则车轮与路面的接触点由 A 点移至 A' 点,而 A' 点将在地面以下。

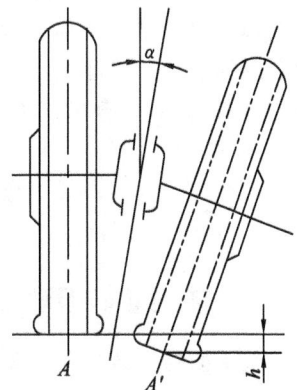

图 4-7-16　前轮主销内倾角

但实际上接触点 A' 是不可能深入到地面以下的,而是将转向轮连同汽车的前轴被地面抬高了一个高度 h,此时,驾驶员施加于转向盘的运动能量将转化为车轴的势能而储存起来。在实际过程中,汽车转向轮的最大偏转角度不可能达到 $180°$,一般在 $35°$ 左右。汽车转向并松开转向盘时,在前轴重力的作用下被储存的势能便释放出来,从而促使转向轮自动回到中间位置,产生转向轮的稳定效应。主销内倾的稳定效应随主销内倾角 α 的增大而增大,但主销内倾角过大会使转向沉重。

(2) 主销后倾的的影响。

主销后倾是指在汽车纵向垂直平面内,转向主销中心线与铅垂线之间存在角度 β,该夹角即是主销后倾角,如图 4-7-17 所示。当转向轮偏转时,汽车便处于转向行驶状态,产生相应的离心力,离心力作用于车轮后将引起路面对车轮的侧向反作用力 Y_1。主销的后倾导致此反作用力 Y_1 不通过主销的中心线(即车轮转动中心)而偏离主销中心 b_β 距离,从而对转向车轮产生一个稳定力矩,促使转向轮回到中间位置,因此,主销内倾角也有利于保持汽车直线行驶时的稳定性,但主销后倾角过大同样也会使转向沉重。

2. 轮胎侧偏特性与转向轮的稳定

弹性轮胎在受到侧向力的作用时将产生侧向变形。弹性轮胎侧向变形的结果将使前轮与地面接触的印痕相对车轮平面发生扭曲,在轴线前部的轮胎侧向变形较小,而后部变形较大,使得侧向反作用力的作用中心向后偏移 b_δ 距离,如图 4-7-18 示。因此,即使主销无后倾角($\beta=0$),侧向反作用力也将产生一个稳定力矩,由此可见,转向轮的侧偏使得汽车转向后转向轮能自动回正,对转向轮起到稳定效应,有利于保持汽车直线行驶时的稳定性。

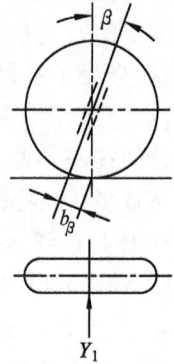

图 4-7-17 前轮主销后倾角

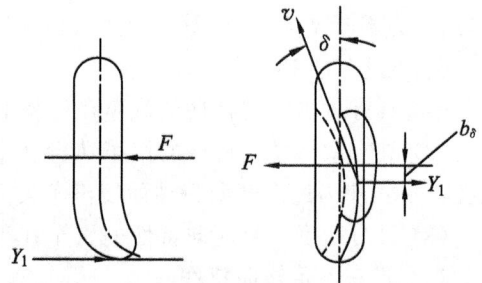

图 4-7-18 弹性轮胎侧向偏离的稳态效应

受侧向力作用,弹性车轮侧向偏离所产生的稳定效应,将随转向轮弹性变形侧偏角的增大而增大。

现代高速汽车广泛采用低压轮胎,并且由于前轮承受重量增加,因此轮胎弹性变形所产生的稳定效应增大。试验表明,转向车轮在侧向力的作用下,当弹性变形的偏离角为 $1°$ 时,所引起的稳定力矩相当于主销后倾 $5°\sim6°$ 的稳定效果。因此,当前汽车转向轮的主销后倾角在逐渐减小,甚至出现负值。

第三节 汽车转向轮的摆振

一、转向轮的振动

汽车的转向轮通过悬架、转向传动机构与车架相连,这些互相联系的机件构成了弹性振动系统。汽车在行驶过程中由于受到不平路面的冲击,会使转向轮出现左右摆动和上下跳动的现象,即转向轮发生振动。

转向轮的振动将破坏汽车行驶的稳定性,严重影响汽车的行驶安全。同时转向轮的振动也会增加轮胎的磨损和滚动阻力,并使转向系和行驶系的负荷增大,缩短部件的使用寿命。

转向轮的上下跳动可看作前轴绕纵轴的角振动,如图 4-7-19a 所示。它一般是由路面不平或车轮不平衡引起的。

车轮的左右摆动是转向轮绕主销的角振动,如图 4-7-19b 所示。无论是由于路面不平、车轮不平衡或侧向风等直接引起转向轮绕主销的角振动,还是转向轮绕汽车纵轴线的角振动间接引起转向轮绕主销的角振动,都会影响汽车直线行驶时的方向稳定性。

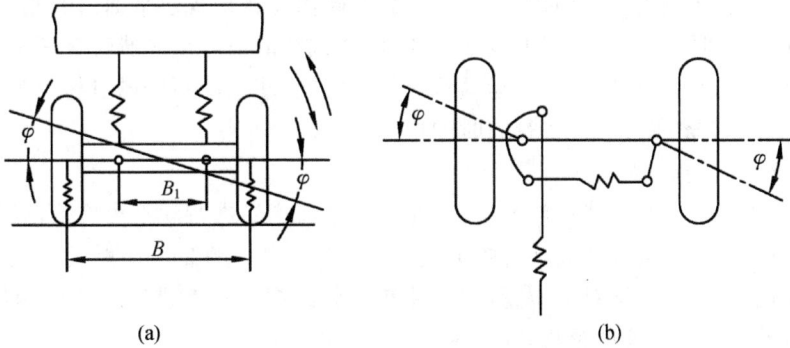

(a)　　　　　　　　　　　　(b)

图 4-7-19　转向车轮振动系统示意图

在外力的扰动下,由转向轮、悬架、转向传动机构及车架等相互联系的机件组成的弹性系统可能被激发的振动形式主要有受迫振动、有阻尼的自由振动和自激振动。

1. 受迫振动

汽车在行驶中所受到的外力呈现出某种规律性的周期变化(如汽车行驶在搓板路面,或因车轮的不平衡等),从而形成了离心力矩,在此种外力的扰动下,系统被激发为有阻尼的受迫振动。如果外力的变化频率与系统的固有频率重合或相接近,转向轮便会发生强烈的共振现象,此时汽车就会呈现不稳定的状态。

2. 有阻尼的自由振动

若汽车行驶中所受外力是偶然的和单次的,则各机件的缓冲作用、内摩擦及其产生的稳定力矩使系统被激发为有阻尼的自由振动。如汽车直线行驶时,其车轮越过单个凸起或凹坑,或者突然受到侧向风的扰动,转向轮便会发生瞬时的偏转。

当外力消除之后,振动即衰减。这时如果稳定力矩足够大,转向轮就可克服初始的偏转而自动回正,对汽车产生稳应效应。

3. 自激振动

如果在偶然的单次外力的扰动下引起车轮的振动,且当外力消除后此种振动并没有衰减,相反却激起了系统内部某种交变力的产生而使振动加剧,这种振动现象则称为自激振动。如汽车直线行驶时,连续越过多个凸起或凹坑后,前轮产生了绕汽车纵轴的角振动。这样转向轮将由于陀螺效应而绕主销偏转。同样也由于陀螺效应,车轮绕主销的角振动会反过来加剧转向轮绕前轴的角振动。

二、转向轮振动的防止

为了有效防止转向轮的振动,确保转向轮的稳定效应,通常可采取以下一些措施:

1. 采用不等臂的双横杆独立悬架

因陀螺效应引起的转向轮振动对汽车行驶稳定性影响最大。在独立悬架的汽车上,通常采用不等长的双横臂独立悬架,以减小轮距的改变量和车轮的侧滑量。因为如采用等长的双横臂式独立悬架,其转向轮在上下跳动时,只作平移而不偏转,因而就不存在使转向轮左右偏转的回转力矩,避免了转向轮绕主销的角振动。但是,这种结构在车轮上下跳动时,轮距改变较大,增加了轮胎的侧滑,加剧了轮胎的磨损。

2. 减轻或消除转向系与悬架的运动干涉

悬架与转向传动机构的运动关系不协调,也是引起转向轮左右摆动的一个重要因素。当路面不平引起前轴在垂直平面内产生角振动时,转向轮将出现水平面内的左右偏摆。

为了避免和减弱转向系、悬架的运动干涉,应在汽车的设计或改造时合理布置转向及悬架系统,使转向轴、主销、转向节臂的运动轨迹趋于相同,使运动不协调引起的车轮偏转量降至最小,以提高转向轮在汽车直线行驶时的稳定效应。

3. 轮胎要有良好的动平衡

无论装用新轮胎或经翻修过的旧轮胎,在使用之前都要进行动平衡检验,以消除不平衡因素。轮胎的不平衡所构成的离心力矩会使转向轮产生周期性的上下跳动和左右摆动。如果两车轮的不平衡质量处于对称位置,则将使转向轮的振动更为严重。行驶速度越高的车辆,其轮胎的不平衡度要求也越高。

4. 增大前桥悬架系统的刚性,减小其转动惯量

当外力的变化频率接近或与前轮系统的固有频率相等时,转向轮将发生共振,严重时会使汽车呈现不稳定状态。固有频率主要取决于该系统的刚度和转动惯量。若提高前桥悬架系统的刚度,减小转动惯量,其固有频率将得到足够的提高。这时即使外力的变化频率随车速提高也相应提高,但它仍然低于前桥悬架系统的固有频率,这可有效避免共振现象的发生,确保汽车稳定行驶。例如采用弹性系数较大的轮胎和悬架系统,采用高性能的减振器,在转向系中加装转向减振器等都有利于减轻转向轮的振动,提高汽车行驶的稳定性。

第八章　汽车的平顺性和通过性

第一节　汽车的平顺性

汽车的平顺性就是保持汽车在行驶过程中,乘员所处的振动环境具有一定的舒服度的性能。对于载货汽车,它还包括保持货物完好的性能。由于行驶平顺性主要根据乘员的舒适程度来评价,故其又称为乘坐舒适性。

一、汽车行驶平顺性的评价指标

汽车行驶平顺性的评价方法,通常是根据人体对振动的生理反应及对保持货物完整性

的影响来制定的,并用振动的物理量(如频率、振幅、加速度、加速度变化率)等作为行驶平顺性的评价指标。

目前,常用汽车车身振动的固有频率和振动加速度评价汽车的行驶平顺性。

1. 疲劳-工效降低界限

它是一组不同承受时间下的频率与加速度均方根值的界限曲线,如图 4-8-1 所示。当驾驶员承受的振动强度在此界限之内时,其能准确灵活地反应,并正常地进行驾驶。当超过这个界限值,就会感到疲劳,工作效率会降低。

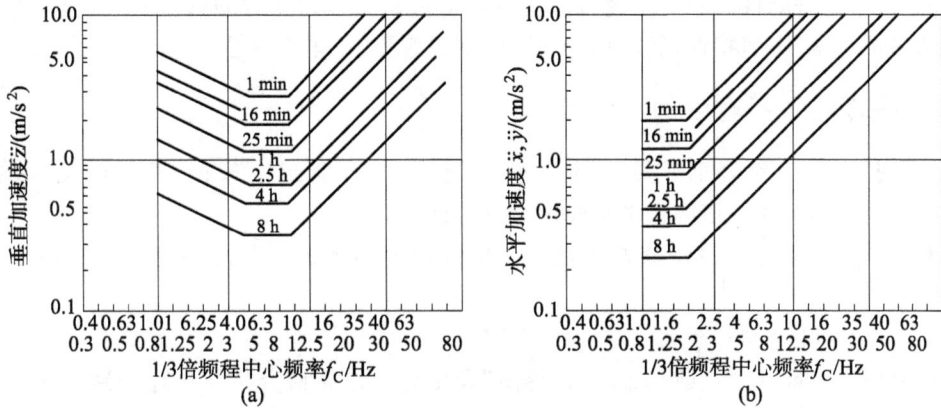

图 4-8-1 疲劳-工效降低界限

由此界限曲线可知,人对振动最敏感的频率在垂直方向是 4~8 Hz,在水平方向(纵向、横向)为 2 Hz 以下,即在上述频率范围内人体能承受的加速度均方根值最低。

2. 暴露极限(健康及安全极限)

该界限大约是人的痛感阈限的一半,越过此界限就意味着不安全和有害于健康。该界限曲线同"疲劳-工效降低界限"曲线完全相同,只是把相应的振动强度增大一倍(增加 6 dB)。

3. 舒适降低界限

在这个界限之内,人体在承受的振动环境下感觉良好,能顺利完成吃、读、写等动作。该界限也具有与"疲劳-工效降低界限"相同的曲线形式,只是把加速度均方根值降到"疲劳-工效降低界限"的 3.15 倍(降低 10 dB)。

由图 4-8-1 可以看出,"疲劳-工效降低界限"振动加速度允许值的大小与振动频率、振动作用方向和暴露时间 3 个因素有关。

(1)振动频率。

人体包括心脏、胃部在内的"胸-腹"系统在垂直振动 4~8 Hz、水平振动 1~2 Hz 范围内会出现明显的共振。在图上对于每一给定的暴露时间都相应有一条"疲劳-工效降低界限"曲线,它表示不同频率下同一暴露时间达到"疲劳"(即人体对振动强度的感觉相同)时,传至人体的振动允许值的变化,因此也称为等感觉曲线。由曲线可以看出,人体对振动员敏感的频率范围内的加速度允许值最小。

(2)振动作用方向。

比较图中各线可以看出,在同一暴露时间下,水平方向在 2.8 Hz 处的允许加速度值与垂直方向最敏感频率范围 4~8 Hz 处的相同,2.8 Hz 以下水平方向允许加速度值低于垂直方向 4~8 Hz 处的允许值,水平方向最敏感频率范围 1~2 Hz 比垂直方向 4~8 Hz 处的允许值低许多。对于汽车的振动环境,2.8 Hz 以下的振动占的比重相当大,故对由俯仰振动引起的水平振动应予以充分重视。

(3)暴露时间。

人体达到"疲劳"、"不舒适"等界限,都是由人体所感觉到的振动强度的大小和暴露时间长短二者综合的结果。由图可以看出,在一定的频率下随暴露时间的增加,"疲劳-工效降低界限"曲线向下平移,即加速度允许值减小。

参照 ISO 2631 的规定,我国根据具体情况制定了《汽车平顺性试验方法》,并以车速特性来描述汽车的平顺性。所谓车速特性是指评价指标随车速变化的关系曲线。轿车、客车用"舒适降低界限"车速特性,货车用"疲劳-降低工效界限"车速特性。

二、汽车行驶平顺性的评价方法

为了用"疲劳-工效降低界限"评价汽车平顺性,首先要对经过汽车座椅传至人体的振动进行频谱分析,得到 1/3 倍频带的加速度均方值谱。

ISO 2631 推荐的两种评价方法是 1/3 倍频带分别评价法和总加速度加权均方值评价法。

1. 1/3 倍频带分别评价法

直接分别评价法把"疲劳-工效降低界限"及由计算或频谱分析仪处理得到的 1/3 倍频带的加速度均方值绘制在同一张频谱图上,然后检查各频带的加速度均方差是否都保持在界限值之下。

1/3 倍频带上限频率 f_u 与下限频率 f_1 的比值为

$$f_u/f_1 = 2^{\frac{1}{3}}$$

中心频率为
$$f_c = \sqrt{f_u f_1} = 2^{\frac{1}{6}} f_1$$

上限频率、下限频率与中心频率的关系为

$$\begin{cases} f_u = 1.12 f_c \\ f_1 = 0.89 f_c \end{cases}$$

分析带宽为

$$\Delta f = f_u - f_1$$

将振动传至人体加速度 $p(f)$ 的功率谱密度 $G_p(f)$,对所对应的 1/3 倍频带中心频率 f_{ci} 在带宽 Δf_i 区间积分,得到各个 1/3 倍频带的加速度均方值分量 σ_{pi},即

$$\sigma_{pi} = \sqrt{\int_{0.89 f_{ci}}^{1.12 f_{ci}} G_p(f) \mathrm{d}f}$$

带宽加速度均方根值分量 σ_{pi} 的大小不能真正反映人体感觉振动强度。为此,引入人体对不同频率振动敏感程度的频率加权函数。将人体最敏感频率范围以外的各 1/3 倍频带加速度均方根值分量 σ_{pi} 进行频率加权,等效于 4～8 Hz(垂直)、1～2 Hz(水平)的分量数值 σ_{pwi},即按人体感觉的振动强度相等的原则,折算为最敏感的频率范围。用 σ_{pi} 和最敏感频率范围的允许加速度均方值根值进行比较,确定按疲劳-工效降低界限或舒适降低界限允许的暴露时间 T_{CD} 和 T_{FD}。加权加速度均方根值分量 σ_{pwi} 的计算公式为

$$\sigma_{pwi} = W(f_{ci}) \sigma_{pi}$$

式中,f_{ci} 为第 i 频带的中心频率,Hz;$W(f_{ci})$ 为频率加权函数。

垂直方向振动的频率加权函数 $W_N(f_{ci})$ 为

$$W_N(f_{ci}) = \begin{cases} 0.5\sqrt{f_{ci}}, & 1 < f_{ci} \leqslant 4 \\ 1, & 4 < f_{ci} \leqslant 8 \\ 8/f_{ci}, & f_{ci} < 8 \end{cases}$$

水平方向振动的频率加权函数 $W_L(f_{ci})$ 为

$$W_L(f_{ci}) = \begin{cases} 1, & 1 < f_{ci} \leqslant 2 \\ 2/f_{ci}, & f_{ci} < 2 \end{cases}$$

加权加速度均方根值分量 σ_{pwi} 反映了人体对各 1/3 倍频带振动强度的感觉。1/3 倍频带分别评价法的评价指标就是 σ_{pwi} 中的最大值 $(\sigma_{pwi})_{max}$。

此法认为,当有多个频带的振动能量作用于人体时,各频带的作用无明显联系,对人体的影响主要由单个影响最突出的频带所造成。因此,要改善行驶平顺性,主要应避免振动能量过于集中,尤其是在人体最敏感的频率范围内不应该有突出的尖峰。

2. 总加权值评价法

总加权值评价法是 ISO 2631/1 中推荐的优先选用评价方法。它是用 20 个 1～80 Hz 的 1/3 倍频带加权加速度均方根值分量 σ_{pwi} 的平方和根值——总加权加速度均方根值 σ_{pw} 来评价的,即

$$\sigma_{pw} = \sqrt{\sum_{i=1}^{20}(\sigma_{pwi})^2}$$

总加权值 σ_{P_w} 还可利用计权滤波网络由均方根值检波器读出。在《汽车平顺性随机输入行驶试验方法》(GB 4970—85)和《客车平顺性评价指标及极限》(GB/T 12477—90)中均把总加速度加权均方根值 σ_{P_w} 列为平顺性评价指标之一。

当各 1/3 倍频带加速度加权均方根值分量 σ_{pwi} 彼此相等时,1/3 倍频带分别评价指标 $(\sigma_{pwi})_{max}$ 与总加速度加权均方根值 σ_{pw} 的关系为

$$\sigma_{pw} = \sqrt{n}(\sigma_{pwi})_{max}$$

式中,n 为总的频带数。

在只有一个 1/3 倍频带有值的窄带振动条件下($n=1$),能量分布都集中在该 1/3 倍频带内。总加速度加权均方根值 σ_{pw} 显然就是前面 1/3 倍频带分别评价方法所考虑的对人体影响最突出的那个频带的加速度均方值,即

$$\sigma_{pw} = (\sigma_{pwi})_{max}$$

汽车座椅传递给人体的振动主要是 10 Hz 以下的宽带随机振动,总频带数 n 约为 10。若各 σ_{pwi} 都相等,则

$$\sigma_{pw} = \sqrt{10}(\sigma_{pwi})_{max} = 3.16(\sigma_{pwi})_{max}$$

实际上,各 1/3 倍频带的 σ_{pwi} 值不相等,实际测算为

$$\sigma_{pw} \approx 2(\sigma_{pwi})_{max}$$

因 ISO 2631 中给出的界限值是针对 1/3 倍频带分别评价法的,用总加速度加权均方根值 σ_{pw} 进行评价时,允许界限值也要相应调整,即比 ISO 2631 所给的允许值增大到 2 倍,否则会偏于保守。

三、影响汽车行驶平顺性的结构因素

为了便于分析,需要对由多质量组成的汽车振动系统进行简化。图 4-8-2 为经过简化

的振动系统模型。在研究振动时常将汽车由当量系统代替，即把汽车视为由彼此相联系的悬挂质量与非悬挂质量所组成。

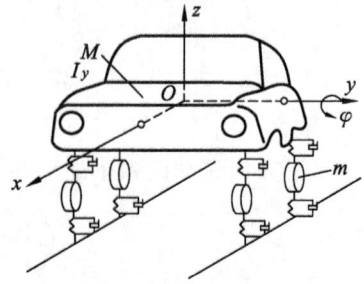

图 4-8-2　四轮汽车简化模型

汽车的悬挂质量 M 由车身、车架及其上的总成所构成。该质量通过质心的横轴 Y 的转动惯量为 I_y，悬挂质量由减振器和悬架弹簧与车轴、车轮相连。车轮、车轴构成的非悬挂质量为 m，车轮再由具有一定弹性和阻尼的轮胎支承在路面上。

悬架结构、轮胎、悬挂质量和非悬挂质量是影响汽车平顺性的重要因素。

1. 悬挂结构

悬挂结构主要是指弹性元件、导向装置与减振装置，其中弹性元件与悬架系统中阻尼影响较大。

(1) 弹性元件。

将汽车车身看成一个在弹性悬架上作单自由度振动的质点时，其固有频率 f_0 为

$$f_0 = \frac{1}{2\pi}\sqrt{\frac{gC}{G}}$$

式中，C 为悬架刚度，N/mm；G 为悬挂重力，N；g 为重力加速度，$g = 9\ 810\ \text{mm/s}^2$；$f_s$ 为悬挂重力 G 作用下的悬架的静挠度，mm，$f_s = G/C$。

由上式可见，减少悬架刚度 C 可降低车身的固有频率 f_0。当汽车的其他结构参数不变时，要使悬架系统有低的固有频率，悬架就必须具备很大的静挠度。静挠度是指汽车满载时，刚度不变的悬架在静载荷下的变形量。对于变刚度悬架，静挠度是由汽车满载时悬架上的静载荷和与之相应的瞬时刚度来确定的。

汽车前、后悬架静挠度的匹配对行驶平顺性也有很大影响，若前、后悬架的静挠度以及振动频率都比较接近，则共振的机会减少。为了减少车身纵向角振动，通常后悬架的静挠度 f_{s2} 要比前悬架 f_{s1} 的小些。据统计，一般取 $f_{s2} = (0.7 \sim 0.9)\, f_{s1}$。对于短轴距的微型汽车，为了改善其乘坐舒适性，可将后悬架设计得软一些，也就是使 $f_{s2} > f_{s1}$。

为了防止汽车在不平路面上行驶时经常冲击缓冲块，悬架还应有足够的动挠度 f_m（即悬架平衡位置到悬架与车架相碰时的变形）。

前、后悬架的动挠度常根据其相应的静挠度选取，其数值主要取决于车型和经常使用的路面状况，动挠度与静挠度之间的关系为

$$f_m = \begin{cases} (0.5 \sim 0.7)f_s，轿车 \\ (0.7 \sim 1.0)f_s，载货汽车、大客车 \end{cases}$$

越野车的 f_m 可按货车范围取上限，以减少车轮悬空和悬架击穿现象。

减少悬架刚度即增大静挠度，可提高汽车行驶平顺性，但刚度降低会增加非悬挂质量的高频振动位移。而大幅度的车轮振动有时会使车轮离开地面，前轮定位角也将发生显著变化，在紧急制动时会产生严重的汽车"点头"现象。转弯时因悬架侧倾刚度的降低，会使车身产生较大的侧倾角。

为了防止路面对车轮的冲击而使悬架与车架相撞，应相应地增加动挠度，即要有较大的缓冲间隙；对于纵置钢板弹簧，则要增加弹簧长度等，但这样会使悬架布置发生困难。

为了使悬架既有大的静挠度又不影响其他性能指标,可采取一些相应措施,如采用悬架刚度可变的非线性悬架。

采用变刚度特性曲线的悬架,对于载荷变化较大的货车而言,将明显地改善行驶平顺性。例如,某货车在满载时后悬架的载荷约为空车的4倍多。假定悬架刚度不变,当满载时的静挠度等于100 mm时,则空车时的静挠度将不到25 mm。不难算出,满载时的振动频率为1.6 Hz,而空车时的频率则为3.2 Hz。显然,空车时的振动频率过高,平顺性很差。如果采用变刚度悬架,使空车时的刚度比满载时的低,就会降低空车的振动频率而改善汽车行驶的平顺性。

(2)阻尼系统的阻尼。

为了衰减车身自由振动和抑制车身、车轮的共振,以减小车身的垂直振动加速度和车轮的振幅(减小车轮对地面压力的变化,防止车轮跳离地面),悬架系统中应具有适当的阻尼。

在悬架系统中,引起振动衰减的阻尼来源很多。例如,在有相对运动的摩擦副中,轮胎变形时橡胶分子间产生摩擦,或在系统中设减振器等。对于各种悬架结构,以钢板弹簧悬架系统的干摩擦最大,钢板弹簧叶片数目越多,摩擦越大。因此,有的汽车采用钢板弹簧悬架时可以不装减振器,但阻尼力的数值很不稳定,钢板生锈后阻力过大,不易控制,而采用其他内摩擦很小的弹性元件(如单片钢板弹簧、螺旋弹簧、扭杆弹簧等)的悬架,必须使用减振器,以吸收振动能量,使振动迅速得到衰减。

减振器不仅可提高汽车行驶平顺性,还可增加悬架的角刚度,改善车轮与道路的接触条件,防止车轮离开路面,因而可改善汽车的稳定性,提高汽车的行驶安全性。改进减振器的性能,对提高汽车在不平道路上的行驶速度有很大的作用。

悬架系统的干摩擦可使悬架的弹性元件部分或人为地被锁住,使汽车只在轮胎上发生振动,因而增加振动频率,且容易使路面冲击传给车身。因此,为了减少钢板弹簧叶片间的摩擦,应减少片数;妥善地计算各片在自由状态时的曲率半径,将各片端部切成梯形或半圆形,以保证各片间接触压力分布均匀;在各片间加润滑脂或减摩衬垫等方法减少干摩擦。

2. 轮 胎

轮胎对行驶平顺性的影响取决于轮胎的径向刚度、轮胎的展平能力以及轮胎内摩擦所引起的阻尼作用。减少轮胎径向刚度,可使悬架换算刚度减小10%~15%。当汽车行驶于不平道路时,由于轮胎的弹性作用,轮胎位移曲线较道路断面轮廓要圆滑平整,其长度较道路坎坷不平处的实际长度大,而曲线的高度则较道路不平的实际高度小,即所谓的轮胎展平能力。它可使汽车在高频的共振振动减小。由于轮胎内摩擦所引起的阻尼作用,轿车轮胎的相对阻尼系数 φ 可达0.05~0.106。

为了提高汽车行驶平顺性,应尽可能减小轮胎径向刚度。在采用足够软的悬架的情况下,在相当大的行驶速度范围内,低频共振的可能性完全可以消除,但轮胎刚度过低会增加车轮的侧向偏离,影响稳定性,同时还使滚动阻力增加,轮胎寿命降低。

3. 悬架质量

悬架质量是指由弹簧支承的车身等的质量。一般来说,汽车的悬架质量越大,汽车的平顺性越好,这是车身振动和加速度降低的缘故。

减少公共汽车和载货汽车的悬架质量,增加车身振动的低频和加速度会大大降低行驶平顺性。在此情况下为了保持良好的行驶平顺性,应采用等挠度悬架,使悬架刚度随悬挂质量的减小而减小。

座位的布置对行驶平顺性也有很大影响。实际感受和试验表明：座位接近车身的中部，其振动最小。座位位置常由它与汽车质心间的距离来确定，用座位到汽车质心距离与汽车质心到前（后）轴的距离之比评价座位的舒适性。该比值越小，车身振动对乘客的影响越小。

对于载货汽车和公共汽车，座位在高度上的布置也是重要的。为了减小水平纵向振动的振幅，座位在高度方面与汽车质量中心间的距离应该不大。

弹簧座椅刚度的选择要适当，防止因乘客在座位上的振动频率与车身的振动频率重合而发生共振。对于具有较硬悬架的汽车，可采用较软的坐垫。对于具有较软悬架的汽车，可采用较硬的坐垫。

4. 非悬挂质量

非悬挂质量即不由悬架支承的质量，主要包括车轮和车轴。

减小非悬挂质量可降低车身的振动频率，提高车轮的振动频率。这样就使低频共振与高频共振区域的振动减小，而将高频共振移向更高的行驶速度，这对行驶平顺性有利。

其次减小非悬挂质量，还将引起高频振动的相对阻尼系数增加，因而减振器所吸收的能量减少，工作条件可以获得改善。非悬挂质量可因悬架导向装置形式而改变，采用独立悬架，可使非悬挂质量减小。

常用非悬挂质量与悬挂质量之比 m/M 评价非悬挂质量对行驶平顺性的影响。该比值越小，行驶平顺性越好。现代轿车的 m/M 为 $10.5\% \sim 14.5\%$，可以保证良好的行驶平顺性。

总之，影响行驶平顺性的结构参数很多，且其关系错综复杂，必须对这些参数进行综合分析，以便正确选择参数，提高汽车行驶的平顺性。

第二节　汽车的通过性

汽车的通过性（越野性）是指汽车在一定装载质量下能以足够高的平均车速通过各种坏路、无路地带和各种障碍的能力。

通过性是汽车重要的使用性能之一，它可分为轮廓通过性和支承与牵引通过性。前者是表征车辆通过坎坷不平路段和障碍（如陡坡、侧坡、台阶、壕沟等）的能力；后者是指车辆能顺利通过松软土壤、沙漠、雪地、冰面、沼泽等地面的能力。

一、轮廓通过性

在越野行驶时，由于汽车与不规则地面的间隙不足，可能出现汽车被托住而无法通过的现象，这种现象称为间隙失效。

汽车通过性的几何参数在一定程度上表示了汽车可以通过高低不平地带和障碍物的能力。这些参数主要有最小离地间隙 h、纵向通过半径 ρ_1、横向通过半径 ρ_2、接近角 γ_1 和离去角 γ_2。

另外，汽车的最小转弯直径和内轮差、转弯通道圆及车轮半径也是汽车通过性的重要轮廓参数（见图 4-8-3）。

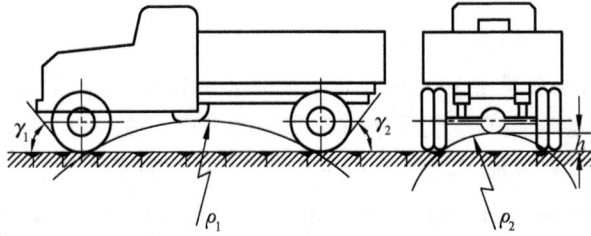

图 4-8-3 汽车的通过性的结构参数

1. 最小离地间隙 h

最小离地间隙是指汽车满载、静止时,除车轮外的最低点与路面之间的距离。它表征了汽车无碰撞地通过地面凸起的能力。

2. 纵向通过半径 ρ_1 和横向通过半径 ρ_2

纵向通过半径是在汽车侧视图上作出的与前、后车轮及在两轮中间轮廓相切圆的半径。它表示汽车能够无碰撞地通过小丘、拱形障碍物的轮廓尺寸。ρ_1 愈小,汽车的通过性愈好。

横向通过半径是指在汽车的正视图上所作的与右、左轮及与两轮中间轮廓相切圆的半径。它表示汽车通过小丘及凸起路面的能力。

3. 接近角 γ_1 和离去角 γ_2

接近角 γ_1 和离去角 γ_2 是指汽车满载、静止时,自车身前、后端突出点向前、后车轮引切线时,切线与路面之间的夹角。它表征了汽车接近或离开障碍物(如小丘、沟洼地等)时,不发生碰撞的能力。接近角和离地角越大,则汽车的通过性越好。

4. 最小转弯半径 R_H 和内轮差 d

车辆在转向过程中,转向盘向左或向右转到极限位置时,车辆外转向轮印迹中心至转向中心的距离,称为车辆的最小转弯半径 R_H。它表征车辆在最小面积内的回转能力和通过狭窄弯曲地带或绕过障碍物的能力。内轮差是指前内轮轨迹与后内轮轨迹中心在车辆支承平面上的轨迹圆之差(见图 4-8-4)。

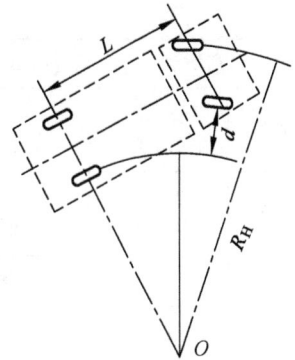

图 4-8-4 最小转弯半径、内轮差示意图

《机动车运行安全技术条件》(GB 7258—1997)规定:机动车辆的最小转弯直径,以前轮轨迹中心为基线,测量其值不得大于 24 m。当转弯直径为 24 m 时,前转向轴和末轴的内轮差(以两内轮轨迹中心计)不得大于 3.5 m。

5. 转弯通道圆

转向盘转至极限位置时,图 4-8-5 中两圆为车辆转弯通道圆:车辆所有点在车辆支承平面上的投影均位于圆外的最大内圆,包含车辆所有点在车辆支承平面上的投影均位于圆内的最小外圆。

车辆有左和右转弯通道圆。转弯通道圆的最大内圆直径越大,最小外圆直径越小,车辆所需的通道宽度越窄,通过性越好。

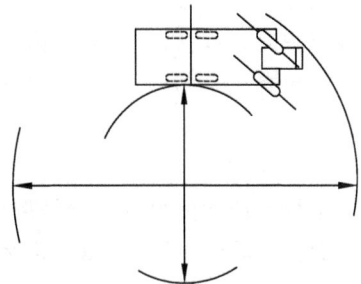

图 4-8-5 汽车转弯通道圆示意图

6. 车轮半径

汽车在不平路面上行驶时,克服垂直障碍物(台阶、壕沟)的能力与车轮半径有关。试验表明:对于后轮驱动的四轮汽车,能越过的台阶最大高度一般约为 $2r/3$(见图 4-8-6a);对双轴驱动的汽车,能越过的台阶最大高度约等于汽车车轮的半径 r(见图 4-8-6b)。如果壕沟的边沿足够结实,对于双轴汽车在单轴驱动时,在低速条件下能越过的壕沟宽度一般约等于车轮半径 r;对于双轴汽车在双轴驱动时,在低速条件下能越过的壕沟宽度一般约等于车轮半径的 1.2 倍(见图 4-8-6c)。

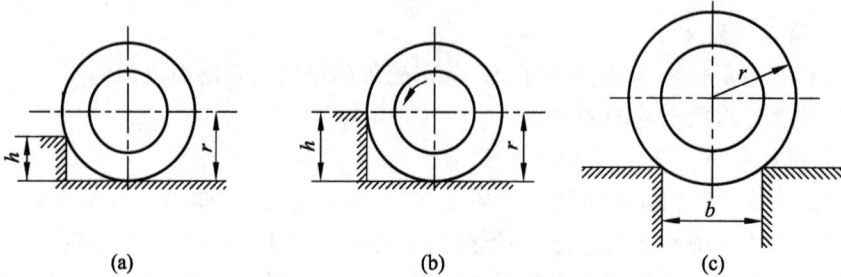

(a)   (b)   (c)

图 4-8-6　车轮半径与汽车越过障碍物壕沟能力的关系

各类汽车通过性几何参数的数值范围见表 4-8-1。

表 4-8-1　汽车通过性的几何参数

汽车类型		最小离地间隙 h/mm	接近角 γ_1/(°)	离去角 γ_2/(°)	纵向通过半径 ρ_1/mm
轿车	轻型、微型 中型、高级	120～180 130～200	20～30	15～30	3～5 5～8
货车	轻型、中型 重型	180～220 220～300	25～30	25～45	2～4 4～7
越野车		260～370	30～60	30～48	19～36
客车	小型、中型 大型	180～220 240～290	8～30 8～12	8～20 7～15	5～9

二、支承与牵引通过性

影响汽车通过性的支承与牵引参数主要有最大动力因数、单位压力和驱动轮附着重量。

1. 最大动力因数

最大动力因数表明了汽车最大爬坡能力和克服道路阻力的能力。当汽车在坏路或无路地带行驶时,行驶阻力很大。为了保证汽车的通过性,必须提高汽车的动力因数。

在越野汽车的传动系中,大多通过增设副变速器或低挡分动器,以增大传动系的传动比。

2. 单位压力

车轮对地面的单位压力是作用在车轮上的垂直负荷与轮胎接地面积之比。汽车在松软的路面上行驶时,可适当减小轮胎气压,使车轮对地面的单位压力降低,降低行驶阻力;同时增大了轮胎与地面的接触面积,也使得附着系数提高。

3. 驱动轮附着重量

汽车正常行驶时不仅要满足驱动条件,还要满足附着条件。提高汽车的驱动力与提高汽车的通过性是同样重要的。驱动轮附着重量越大,附着力越大,汽车的通过性越好。所以,适当提高汽车重力在驱动轮上的分配比例,如采用全轮驱动以充分利用各车轮上的附着重量,可提高汽车的通过性。不同类型汽车的相对附着质量系数如表4-8-2所示。

表 4-8-2 不同类型汽车的相对附着质量系数

汽车类型	相对附着质量系数
4×2 轿车	0.45~0.50
4×2,6×4 货车	0.65~0.75
4×4,6×6 货车(或越野车)	1.0

从表4-8-2可看出,全驱动汽车的相对附着重量达到最大值。

三、影响汽车通过性的主要因素

影响汽车通过性的因素很多,但主要的是汽车的结构因素和使用因素。

1. 汽车结构因素对通过性的影响

(1) 发动机的动力性。

为了保证汽车的通过性,必须提高汽车的动力性和最大动力因数。因此,越野汽车首先要有足够大的单位汽车重力发动机转矩 $\frac{T_u}{G}$,或较大的比功率矩 $\frac{P_e}{G}$。

(2) 传动系的传动比。

汽车低速行驶时,土壤的物理特性有所改善,土壤的剪切破坏、车轮滑转的可能性随之减小,因此低速行驶可以克服困难路段,改善汽车的通过性。越野汽车的最低稳定车速一般随汽车总质量而定。

(3) 液力传动。

装有液力变矩器或液力耦合器的汽车可以提高在松软路面上的通过能力。这种汽车在起步时驱动轮的转矩增加缓慢且平稳,驱动轮对路面产生的冲击减轻,既可以避免因土壤层被破坏而导致附着系数下降,也可避免因土壤被破坏而导致车轮下陷,从而使附着力提高,滚动阻力减小,汽车的通过性提高。

液力传动的汽车能维持长时间稳定的低速(0.5~1 km/h)行驶,可以避免机械式有级变速汽车在坏路面上行驶时产生的一些问题,如在换挡时动力中断而惯性力不足以克服较大的行驶阻力,从而导致停车;重新起步,又可能引起土壤破坏而使起步困难。

(4) 差速器。

在汽车转弯时,为保证左、右驱动车轮能以不同的角速度旋转,可在汽车传动系中装有差速器。普通齿轮式差速器具有在驱动轮间平均分配转矩的特性,因此会大大降低汽车的通过性。

差速器中机件间的摩擦作用对提高汽车的通过性是有益的。正是由于这种摩擦作用,差速器才可能将较大的转矩传给不滑转的车轮。越野汽车上通常采用凸块或蜗杆等高摩擦差速器,总驱动力可增加10%~15%。如采用强制锁止差速器,总驱动力可增加20%~25%。

（5）前后轮距。

当汽车在松软地面上行驶时,需要克服各个车轮轮辙的滚动阻力。若汽车的前后轮距相等,并具有相同的轮胎宽度,则前后轮辙重合。后轮就沿着已被前轮压实的轮辙行驶,因而汽车的总滚动阻力减小。若前后轮距不等,则总滚动阻力增大。

（6）驱动轮数目。

增加驱动轮数目,可增加汽车的相对附着质量和驱动轮胎与地面的接触面积,能充分利用其驱动力。因此,越野汽车均采用全轮驱动。

（7）车轮尺寸。

增加车轮的直径和宽度均可降低轮胎对地面的单位压力,从而提高通过性。理论上讲,用增加车轮直径的方法来减小接地比压,增加接触面积以减小土壤阻力和减小滑转,要比增加车轮宽度更为有效。但过大的车轮直径会带来诸如车轮惯性增大,汽车重心升高,需要传动比很大的传动系统。因此,大直径轮胎推广使用受到了限制。

加大轮胎宽度既能直接降低轮胎对地面的单位压力,又允许胎体有较大的变形,这样不仅不会缩短轮胎的使用寿命,而且可以选用较低的轮胎气压。因此,在越野汽车上超低压的拱形轮胎应用得愈来愈广泛。

（8）驱动防滑系统（ASR）。

汽车在泥泞道路或冰雪路面行驶时,因路面的附着系数小,常会出现驱动轮滑转现象。当驱动轮滑转时,产生的驱动力很小。汽车驱动轮胎滑转,限制了汽车动力性的发挥,增加了轮胎的磨损,缩短了轮胎的使用寿命,并使汽车抗侧向力的能力下降。当汽车遇到侧风或横向斜坡时,容易发生侧滑,影响汽车行驶的横向稳定性。

ASR系统可以自动调节发动机转矩到驱动轮的驱动力,使驾驶员的工作强度得以减小,稳定性和操纵性得到安全的调节,驱动力的发挥得以改善。ASR系统保持驱动轮处于最佳滑转范围内的控制方式有以下几种:调节发动机输出转矩,制动驱动轮以及锁止差速器。这些控制方式的目的都是为了调节驱动轮上的驱动力矩,以提高汽车的通过性。

2. 汽车使用因素对通过性的影响

（1）轮胎花纹。

轮胎花纹对附着系数的影响较大。一般轿车主要在硬路面上行驶,应采用细而浅的轮胎花纹,载重汽车采用较粗的轮胎花纹,越野汽车应采用宽而深的花纹。

在表面滑溜泥泞而底层坚实的道路上,提高通过性的最简单办法是在轮胎上套防滑链（或使用带防滑钉的轮胎）,从而提高附着能力。

（2）轮胎气压。

在松软地面上行驶的汽车,应相应降低轮胎气压,以增大轮胎与地面的接触面积,降低接地比压,从而减小轮胎在松软地面的沉陷量及滚动阻力,提高土壤推力,改善汽车的通过性。

为了提高越野汽车通过松软地面的能力,而在硬路面上行驶时又不致引起大的滚动阻力和影响轮胎寿命,可装用轮胎中央充气系统,使驾驶员能根据道路情况,随时调节轮胎气压。通常,越野汽车的超低压轮胎气压可以在 $49 \sim 343$ kPa 范围内变化。

（3）行驶速度。

车速较高或车速变化时,会加重轮胎对路面的冲击,可能使附着系数下降、滚动阻力增加,应以较低的车速匀速行驶,以提高汽车的通过性。

（4）驾驶方法。

正确驾驶对提高汽车的通过性有很大作用。当汽车通过沙地、泥泞及雪地等松软路面时，附着力的大小起着决定性作用，此时要用低速挡行驶。应尽量避免换挡、制动和加速，因为汽车速度的变化容易引起冲击载荷，而使松软的土壤表面被剪切破坏，造成轮胎的附着力下降，影响汽车的通过性。

当汽车传动系装有差速锁时，驾驶员应该在估计有可能使车轮滑转的地区前就将差速器锁住。因为车轮一旦滑移，土壤表面就会被破坏，附着系数下降，再锁住差速锁时将不会起显著作用。当汽车离开坏路地段后，驾驶员应将差速锁脱开，避免由于功率循环现象使发动机、传动系和轮胎磨损增加，燃料经济性和动力性变差，以及通过性降低等不良后果。

汽车在冰雪路面行驶应在轮胎上套防滑链，以增加车轮与地面间的附着力，有效改善汽车的通过性。

第五单元　汽车电子控制技术

第一章　汽油机燃油喷射系统

第一节　燃油喷射系统的组成、类型和工作原理

一、电控燃油喷射系统的概念及其工作原理

电子燃油喷射控制系统(Electronic Fuel Injection,简称 EFI 或 EGI),以电子控制装置(又称 ECU)为控制中心,利用各种传感器,测得发动机的工作参数,按照在微处理器中设定的控制程序,通过控制喷油器精确地控制喷油量,使发动机在各种工况下都能获得最佳浓度的混合气。同时,该系统还能实现启动加浓、暖机加浓、加速加浓、全负荷加浓、减速调稀、强制断油、自动怠速控制等功能,满足发动机特殊工况对混合气的要求,使发动机获得良好的燃料经济性和排放性,提高了汽车的使用性能。

电子燃油控制喷射系统的喷油压力是由电动燃油泵提供的。油箱内的燃油被电动燃油泵吸出并加压,压力燃油经燃油滤清器滤去杂质后被送至发动机上方的分配油管;分配油管与各缸喷油器相通,通电时喷油器开启,压力燃油以雾状喷入进气歧管内与空气混合,在进气行程中被吸进气缸。分配油管的末端装有燃油压力调节器,它用于调整分配油管中燃油的压力,使燃油压力保持某一定值,多余的燃油从燃油压力调节器上的回油口返回燃油箱。

进气量由驾驶员通过加速踏板操纵节气门来控制。在同一转速下,进气歧管真空度与进气量成一定的比例关系。进气管压力传感器可将进气歧管内真空度的变化转变成电信号,并传送给微机。微机根据进气歧管真空度的大小计算出发动机进气量,再根据曲轴位置传感器测得信号计算出发动机转速,并根据进气量和转速计算出相应的基本喷油量。微机根据进气压力和发动机转速控制各缸喷油器,通过控制每次喷油的持续时间来控制喷油量。喷油持续时间越长,喷油量就越大(一般每次喷油的持续时间为 2～10 ms)。各缸喷油器每次喷油的开始时刻由发动机转速(曲轴位置)传感器测得位置信号来控制。

二、电控燃油喷射系统的组成

(1)电控燃油喷射系统按结构可分为电子控制单元(ECU)、传感器和执行器。

(2)电控燃油喷射系统按工作原理可分为燃油供给系统、空气供给系统和电子控制系统,如图 5-1-1 所示。

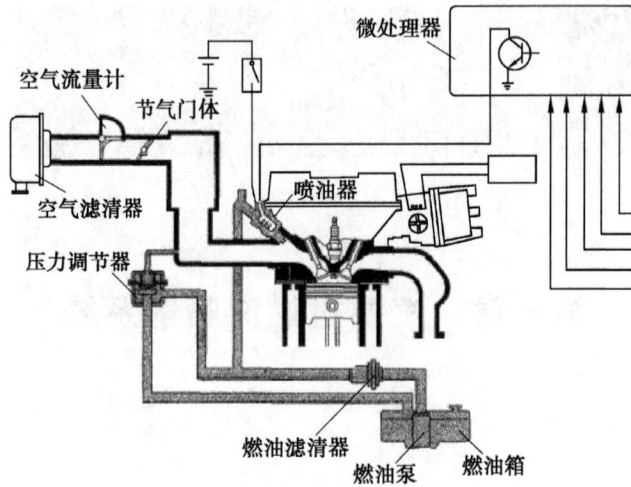

图 5-1-1　电控燃油喷射系统

三、电控燃油喷射系统的分类

电控燃油喷射系统可按喷射部位、喷射方式、喷油器数目、空气量检测方式、控制方式等方法分类。

（1）按喷射部位分为缸内喷射和缸外喷射。

（2）按喷射方式分为连续喷射和间歇喷射。

（3）按喷油器数目分为单点喷射和多点喷射。

（4）按空气量检测方式分为质量流量方式、速度密度方式和节流速度方式。

（5）按控制方式分为开环控制和闭环控制。

四、电控燃油喷射系统使用注意事项

汽车电喷发动机的微机控制系统是比较复杂的,且对高压电和高温都比较敏感,因此在使用中应注意以下几点。

（1）不论发动机是否在运转,只要在点火开关接通时,决不可断开正在工作的 12 V 的电气装置。因为在断开这些装置时,任一线圈的自感作用都会产生很高的瞬间电压(有可能超过 7 000 V),使微机与传感器严重受损。

（2）跨接启动其他车辆或用其他车辆跨接启动本车时,须先断开点火开关,才能拆装跨接蓄电池电缆线。

（3）电喇叭不能装在靠近微机的地方,因为喇叭中磁铁的磁场会损坏微机中的线路部件。

（4）在车身上使用电弧焊时,应先断开微机电源。当靠近微机或传感器的地方进行车身修理作业时,应特别小心。

（5）如刮水器泄露,应先尽快修理,以免装在前舱下壁板上的微机受潮而损坏。

（6）不要用测试灯去测试任何和微机相连的电气装置。为防止微机和传感器受损,除非另有说明,否则都应采用阻抗数字测试仪表。

（7）人体静电放电的电压可能达到 10 000 V。因此,对微机操纵的数字式仪表进行维

修作业或靠近这种仪表时,一定要带上接铁金属带,将其一头缠在手腕上,另一头固定在机身上。

(8)汽车蓄电池的极性不能接反。

(9)喷油器上的"O"形密封圈是一次性零件,不能重复使用。拆检喷油器后须更换新的密封圈,以保证其良好的密封性。

(10)电控系统的故障较少。常见故障往往是接线不良引起的,所以要保证各接头、接线柱可靠接触。EFI计算机是高质量机件,本身故障较少,检查时应用专用仪器,一般不允许拆修。

(11)在确定点火系统和发动机本身无故障后,才能检查燃料系统。

(12)检查燃料系统之前,应拆去蓄电池的接地线,以防损坏机件。但拆去蓄电池接地线后,微机的记忆诊断编码会自动消除,必要时应在拆线前用专用仪器先读取故障码。

(13)在打开点火开关、发动机没有启动时,警告灯亮为正常,启动后警告灯应熄灭。若灯仍亮,表示微机已检测到系统中的故障。

(14)汽车电喷发动机的电动汽油表的出油压力比一般燃油系的电动汽油表的出油压力要高得多,其损坏后一般无法代用,只能使用专用的电动汽油泵。

(15)汽车电喷发动机要求汽油的清洁度更高,使用中应定期更换燃油滤清器滤芯,并尽量使用无铅汽油。

另外,进行检查作业的场地要远离易燃物,作业中不得抽烟,以防发生意外事故。

第二节　燃油供给系统

一、燃油供给系统的作用

燃油供给系统的作用是提供燃油喷射所需的压力燃油,并在微机的控制下将燃油喷入进气歧管。

二、燃油供给系统的组成

燃油供给系统主要由燃油箱、电动燃油泵、燃油滤清器、燃油分配管、喷油器、燃油压力调节器、回油管等组成,如图 5-1-2 所示。

(一)电动燃油泵

电动燃油泵由小型直流电动机驱动,其作用是提供燃油喷射所需的压力燃油。

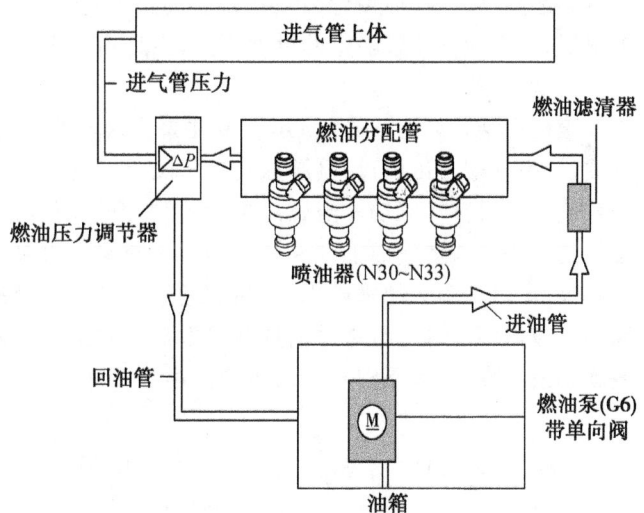

图 5-1-2　燃油供给系统

1. 叶片泵

叶片泵由电动机和泵体两大部分组成,它包括滤清器、叶轮、单向阀、减压阀等主要零部件,如图 5-1-3 所示。叶轮被电动机驱动运转时,转子周围小槽内的燃油跟随转子一同高速旋转,离心力的作用使燃油出口处油压增高,同时在进口处产生一定的真空,从而使燃油从进口吸入并被泵向出口。

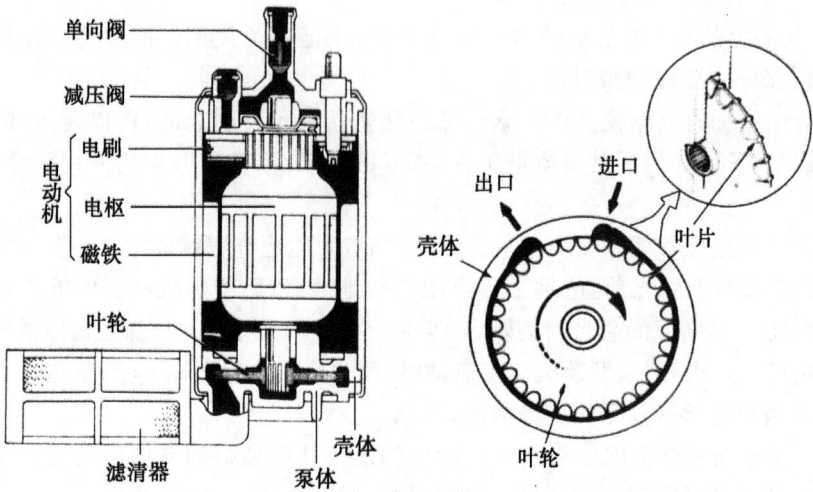

图 5-1-3　叶片式电动燃油泵

叶片泵的最大泵油压力可达 0.6 MPa。当压力达到 0.4~0.6 MPa 时,减压阀打开,高压燃油直接流回油箱,减压阀可防止燃油压力升高,以致超过上述压力范围。当叶片泵停转时,燃油泵出口的单向阀关闭,以保持燃油管路中的燃油压力,有助于重新启动。如果没有残余压力,在高温下很容易产生气阻使发动机重新启动困难。有时在油箱内还设有一个小油箱,并将燃油泵置于小油箱中,可防止在油箱燃油不足时,因汽车转向或倾斜引起燃油泵周围燃油的移动,从而使燃油泵吸入空气而产生气阻。叶片式电动燃油泵泵油量大,在各种工况下,它都能保持较稳定的供油压力,而且运转噪音小,叶片无磨损,使用寿命长。

2. 滚柱泵

滚柱泵结构如图 5-1-4 所示。滚柱泵安装在燃油箱外部的燃油管路中,泵壳的一端是进油口,另一端是出油口,电源插头在出油口一侧。进油口一侧的滚柱式燃油泵由壳体中间的直流电动机高速驱动。当燃油泵旋转时,由于离心力的作用,转子槽内的滚柱向外移动,紧靠在偏心的泵体壁面上。滚柱随转子一同旋转时泵腔容积发生变化,燃油进口处容积越来越大,出口处容积越来越小,使燃油经过入口的滤网被吸入燃油泵,加压后经过电动机周围的空隙,推开单向阀,通过消音器然后自泵内排出。消音器的作用为吸收泵所产生的压力波动并减小噪音,减压阀和单向阀的作用与叶片泵中的相同。

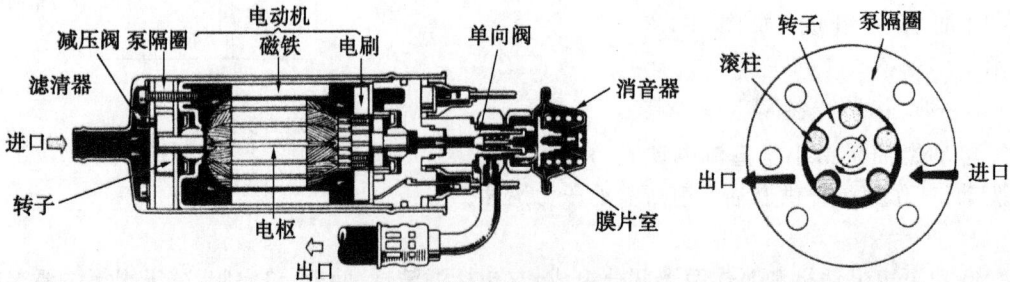

图 5-1-4　滚柱式电动燃油泵

以上两种形式的油泵,虽然燃油都流过电动机,但是泵内全部充满燃油,无氧气存在。即使油箱中燃油用尽,但因管路中充满汽油蒸气,电刷如有火花也不会有爆炸危险。

注意:由于电动燃油泵中的燃油泵和电动机都浸在燃油中,燃油不断流过燃油泵和电动机,而燃油泵本身及电动机中的线圈、电刷、轴承等部位都靠燃油来冷却或润滑,因此电动燃油泵要绝对禁止在无油的情况下运转,以免烧坏。

(二)燃油滤清器

燃油滤清器的作用是滤去燃油中的杂质,以防止污物堵塞喷油器针阀等精密机件。燃油滤清器装在电动燃油泵之后的输油管路中,由纸质滤芯再串联一个棉纤维过滤网制成。滤网有很好的滤清效果,能滤去直径大于 0.01 mm 的杂质;其外壳为密封式铝壳或铁壳,有一定的耐压能力。在正常使用情况下,这种燃油滤清器的使用寿命较长,具体视燃油清洁情况、车型而定,一般汽车每行驶 40 000 km 才需要更换。

(三)燃油压力调节器

燃油压力调节器结构如图 5-1-5 所示。燃油压力调节器的作用是根据进气歧管压力的变化来调节进入喷油器的燃油压力,使喷油压力与进气歧管压力两者之间保持恒定的压力差。当压力一定时,燃油量的多少取决于喷油器的开启时间(常称为喷油脉宽),ECU 通过控制喷油时间的长短来精确地控制喷油量。燃油压力调节器的工作原理是:燃油压力调节器的膜片把金属壳体组成的内腔分为弹簧室和燃油室,弹簧室内有一根通气管与进气歧管相连,使供油系统中的油压不仅取决于弹簧力,还取决于进气歧管内的气体压力。怠速时进气歧管压力低,输入的燃油压力高于弹簧力与进气歧管压力之和,燃油向上推

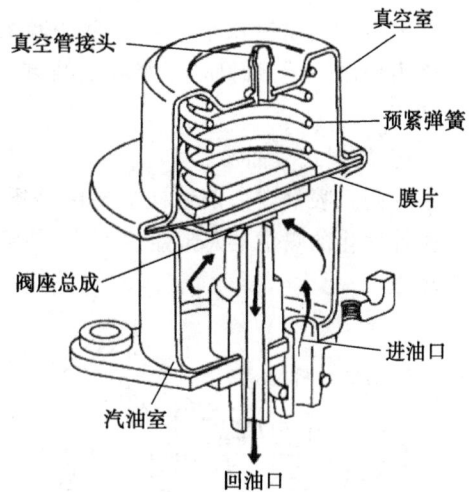

图 5-1-5　燃油压力调节器

动膜片压缩弹簧,回油阀开度增大,使部分燃油流回油箱,油路中的油压降低;全负荷时进气歧管压力升高,输入的燃油压力与弹簧力和进气歧管压力达到平衡位置,膜片向下退回一些,回油阀开度减小,油压升高。喷油压力随进气歧管的压力而变化,从而使喷油压力与进气歧管压力之差保持不变。

(四)喷油器

1. 喷油器的作用

喷油器安装在进气歧管上,根据 ECU 提供的电信号,控制燃油喷射。电喷发动机大多采用多点喷射系统。

2. 喷油器的种类

(1)按结构分类。喷油器可分为轴针式、球阀式和片阀式三种。

① 轴针式喷油器。

轴针式喷油器主要由外壳、滤网、插座、电磁线圈、衔铁、针阀、轴针、上下密封圈组成,如图 5-1-6 所示。当喷油器的电磁线圈没有电流通过时,针阀在弹簧的作用下将喷油器的阀口关闭,喷油器不喷油。当电磁线圈通电时,线圈产生磁场,电磁吸力将衔铁吸起上移,与衔铁一体的阀针同时上移,喷油器的阀口被打开,燃油从精密的环形喷口以雾状喷出。喷油器

安装专用的 O 形密封圈,该密封圈为橡胶成型件,具有隔热作用,能防止喷油器中的燃油产生气泡,有助于提高发动机的高温启动性能。喷油器经燃油管或使用带保险夹头的联接插座与燃油分配管连接。

② 球阀式喷油器。

球阀式喷油器的针阀是由钢球、导杆和衔铁经激光束焊接制成的整体,如图 5-1-7 所示。为了保证燃油密封,轴针式针阀必须有较长且空心的导向杆,而球阀具有自动定心作用。当喷油脉冲输入电磁线圈时,产生电磁吸力,固定在针阀上的衔铁向上吸起,针阀抬离阀座,燃油开始通过计量孔喷出。当喷油脉冲终止时,吸力消失,针阀在弹簧力作用下返回阀座,于是喷油结束。因此,每次的喷油量取决于输入电磁线圈的电流脉冲宽度。

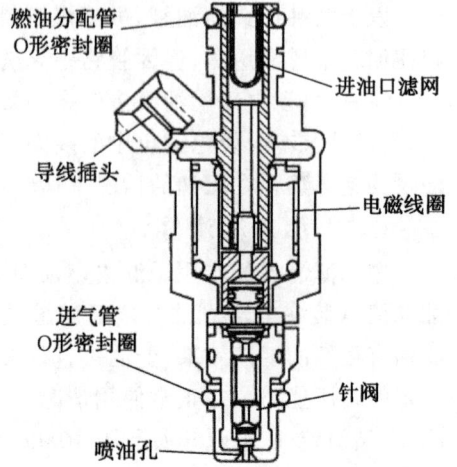

图 5-1-6　轴针式喷油器

③ 片阀式喷油器。

片阀式喷油器内部结构主要由轻质量的阀片和孔式阀座组成,如图 5-1-8 所示。它们与磁性优化的喷油器总成结合起来,使喷油器不仅具有较大的动态流量范围,而且抗堵塞能力较强。

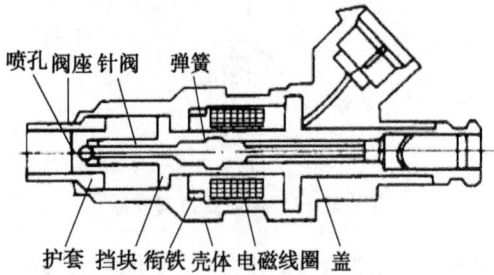

图 5-1-7　球阀式喷油器

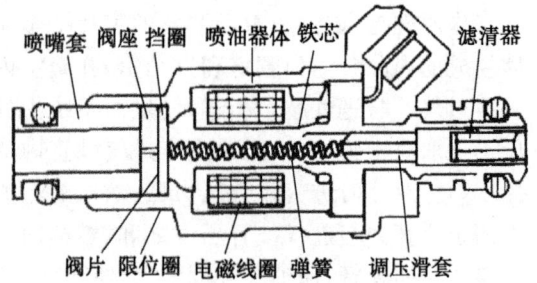

图 5-1-8　片阀式喷油器

(2) 按电阻值分类。

喷油器可分为高阻值喷油器,电磁线圈电阻值为 $13\sim17\ \Omega$;低阻值喷油器,电磁线圈电阻值为 $2\sim3\ \Omega$。

(3) 按电磁线圈的驱动方式分类。

按电磁线圈的驱动方式,喷油器可分为两种:一种是电压驱动式,指 ECU 利用恒定的脉冲电压驱动喷油器喷油;另一种是电流驱动式,指喷油器驱动脉冲信号开始时利用一个较大的电流,使电磁线圈产生较大的吸力,以迅速打开喷口,随后用较小电流保持喷口的开启状态,从而防止电磁线圈过热,因此其驱动效果较好。

三、燃油供给系统的检修

(一)燃油供给系统检修注意事项

(1) 燃油供给系统中存有高压汽油,因此任何涉及油路拆卸工作之前都应卸压并准备好消防设施,作业区应通风良好、断绝火源,作业时也要格外仔细,避免泄漏的汽油引发火灾。

（2）油管多用钢、橡胶或尼龙制造,不得出现渗漏、裂纹、扭结、变形、刮伤、软化或老化,否则应立即予以更换。

（3）所有密封元件、油管卡箍均为一次性零件,维修时应予以更换。

（4）油管接头不得松动,否则应立即予以紧固;钢制油管端部的喇叭口应密封良好无渗漏,否则应重新制作。有些轿车采用特制的油管快速接头,拆装时应使用专用工具。

（5）安装喷油器时可在其密封元件上滴数滴机油,以利于顺利安装。喷油器安装后应可在其位置上转动,否则说明密封圈扭曲,应重新装配。

（二）供油压力的检测

燃油供给系统的燃油压力不受 ECU 的控制,如果出现了偏差就会导致故障。因此,在车辆二级维护时应检测燃油压力,并根据检测结果确定车辆二级维护附加作业项目。

1. 卸压

启动发动机,在发动机运转时拔下电动燃油泵继电器或电动燃油泵导线插头,待自行熄火后,再次启动发动机 3～5 次,利用启动喷射卸除油管中残余压力。

2. 安装燃油压力表

拆下蓄电池负极搭铁线,安装燃油压力表（量程为 1 MPa）。燃油压力表一般安装于汽油滤清器的出油口或燃油分配管的进油口处,若车辆带测压口可将燃油压力表连接至测压口处,在拆卸油管时要用一块棉布包住油管接头以防汽油喷溅。最后擦干溅出的汽油,重新安装蓄电池负极搭铁线、电动燃油泵继电器和电动燃油泵导线插头。

3. 检测静态油压

拔下电动燃油泵继电器,用导线将电动燃油泵继电器供电端子短接。打开点火开关使电动燃油泵运转,此时的燃油压力应符合技术要求,一般应在 300 kPa 左右摆动（油压调节器的工作使油压表指针摆动）。

静态油压偏高多是由于回油管变形或油压调节器损坏造成的,应先仔细检查回油管,变形的油管会阻碍燃油的流动,导致静态油压升高;若回油管完好应更换燃油压力调节器。静态油压偏低多是由于油泵进油滤网脏堵、电动燃油油泵内部磨损、电动燃油泵限压阀损坏、汽油滤清器脏堵、油压调节器调压弹簧过软或喷油器喷孔卡滞常喷油造成的,可尝试更换汽油滤清器;若油压没有恢复正常,则须找出故障确切位置。

4. 检测怠速工作压力

发动机怠速运转时油压表示数即为燃油供给系统的怠速工作压力,一般为 350 kPa 或符合车型技术规定。

怠速工作油压偏高多是由于油压调节器真空管错装、漏装或漏气造成的,此时应先检视真空管安装是否正确、是否存在漏气部位,必要时予以更换。检测怠速工作压力时,拔下真空管后油压应上升至 400 kPa,与节气门全开时的加速油压基本相等,否则应更换油压调节器。

5. 检测急加速压力

急加速至节气门全开时油压表示数即为燃油供给系统的急加速油压,一般急加速时油压应迅速由怠速工作时的 350 kPa 上升至 400 kPa,或符合车型技术规定。

若急加速油压无变化,则可能是真空管插在了有单向阀的真空储气罐上(如刹车真空系统),应予以恢复。若急加速油压与急速工作油压差值小于 50 kPa,则说明在节气门全开时进气系统仍存在真空节流(例如节气门无法开至最大角度),应予以检修。

6. 检测油泵最大供油压力

用包有软布的钳子夹住燃油压力表至燃油分配管之间的进油软管,此时油压表示数即为油泵最大供油压力,其值应符合车型技术要求,一般为工作油压的 2~3 倍,即 700~1 050 kPa。

油泵最大供油压力偏高是由于油泵限压阀卡滞造成的,应更换电动燃油泵。油泵最大供油压力偏低是由于燃油滤清器堵塞、油泵进油滤网脏堵、电动燃油泵内部磨损、油泵限压阀关闭不严或调压弹簧过软造成的,此时应先更换燃油滤清器后重新检测。如果油压仍然偏低,则从油箱中拆出电动燃油泵检视,若油泵进油滤网脏堵,则清洗汽油箱和油泵进油滤网;若油泵进油滤网良好,应更换电动燃油泵总成。

7. 检测燃油供给系统保持压力

松开油管夹钳,恢复静态油压,取下油泵继电器跨接线使油泵停止运转,此时油压表示数即为燃油供给系统保持压力。一般在 30 min 内油压应不下降或在规定时间内油压下降值符合车型技术规定,如帕萨特 B5 发动机规定系统保持压力在 10 min 以后应大于200 kPa。

保持压力过低是由于电动燃油泵止回阀关闭不严、油压调节器回油口关闭不严或喷油器滴漏造成的。此时应首先恢复静态油压,再用包有软布的钳子夹住回油软管,若压力停止下降,则应更换油压调节器;若保持压力继续下降,则用包有软布的钳子夹住燃油压力表三通接头至燃油分配管之间的进油软管。

如果压力停止下降说明喷油器漏油,则应结合喷油器试验,找出滴漏的喷油器并予以清洗,清洗后复检,必要时予以更换;若保持压力继续下降,则说明电动燃油泵止回阀密封不严,应更换电动燃油泵总成。保持压力检测完毕后再次复查静态压力,如果静态压力仍然偏低,则应更换油压调节器。

第三节　空气供给系统

一、空气供给系统的作用

空气供给系统的作用是测量和控制发动机的进气量。

二、空气供给系统的工作原理

1. 质量流量式空气供给系统(L 型)工作原理

质量流量式空气供给系统结构如图 5-1-9 所示。

在气缸内进气行程真空吸力的作用下,经空气滤清器过滤的空气,流经空气流量计、节气门体与急速控制阀、进气总管、进气歧管,然后与喷油器喷出的汽油混合,吸入到气缸内燃烧。空气流量计测量出进气量,ECU 再根据进气量和发动机工况所需的空燃比计算汽油的基本喷射量。

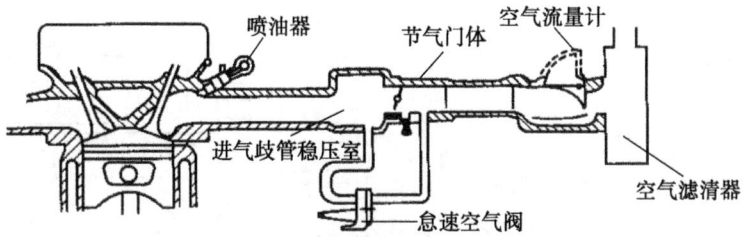

图 5-1-9　质量流量式空气供给系统

2. 速度密度式空气供给系统(D 型)工作原理

速度密度式空气供给系统结构如图 5-1-10 所示。在气缸内进气行程真空吸力的作用下,经空气滤清器过滤的空气,流经节气门体与怠速控制阀、进气总管、进气歧管,然后与喷油器喷出的汽油混合,被吸入到气缸内燃烧。安装于进气总管处的进气歧管压力传感器测量进气歧管内的气体压力,ECU 依据该压力经计算转换成实际的进气量,并根据该进气量和发动机工况所需的空燃比计算出汽油的基本喷射量。

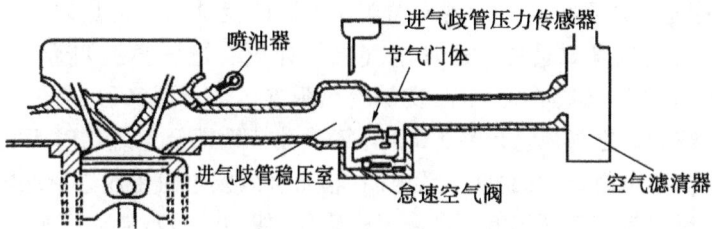

图 5-1-10　速度密度式空气供给系统

三、空气供给系统的组成

空气供给系统由空气滤清器、空气流量计、进气歧管压力传感器、节气门位置传感器、怠速控制装置、进气总管、进气歧管和增压控制装置等组成。

(一)空气滤清器

空气滤清器的作用是防止空气中灰尘、杂物等随空气吸入气缸,同时还可以防止发动机回火时火焰传到外面。电控汽油喷射发动机的空气滤清器的结构、原理与普通发动机上安装的空气滤清器相同。

(二)空气流量计

1. 空气流量计结构与工作原理

空气流量计(MAF)的作用是测量进入发动机的空气流量,并将此信号输送给 ECU,ECU 再根据此信号决定将要喷射的油量。空气流量计必须准确地测量每一瞬间吸入发动机的空气量,如果空气流量计出现问题,ECU 收不到准确的进气量信号,此时喷油量就不能准确控制,将会造成混合比过浓或过稀,使发动机不能正常工作。目前常见的空气流量计有热线式和热膜式两种。

(1)热线式空气流量计。

热线式空气流量计由感知空气流量的白金热线,根据进气温度进行修正的温度补偿电阻(冷线)、控制热线电流并产生输出信号的控制线路板以及空气流量计的壳体等元件组成,如图 5-1-11 所示。根据白金热线在壳体内安装的部位不同,可分为主流测量式和旁通测量式两种热线式空气流量计。

(2) 热膜式空气流量计。

以帕萨特 B5 发动机空气流量计为例,在空气滤清器与节气门体之间的进气管上装有热膜式空气流量计。通过其测量发动机吸入的空气量,并转换成 $1 \sim 5$ V 的电压信号输送给 ECU。ECU 根据此信号,结合其他传感器信息计算出最佳供油量和点火正时。

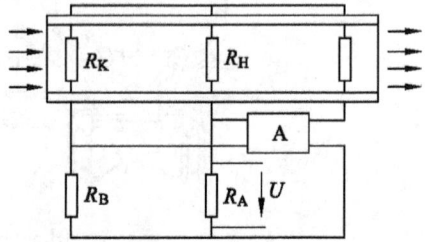

A—集成电路;R_H—热线电阻;R_A—精密电阻;R_K—温度补偿电阻;R_B—电桥电阻

图 5-1-11　热线式空气流量计

热膜式空气流量计由用铅片制成的热膜电阻、空气补偿电阻、精密金属膜电阻和电子回路等组成,如图 5-1-12 所示。热膜、空气补偿电阻及其他精密电阻用厚膜工艺固定在以陶瓷为基片的树脂膜上。在空气通路中放置一发热体,由于热量被空气吸收,发热体本身会变冷,热膜的电阻值会变小。发热体周围通过的空气流量越多,被带走的热量也越多。热膜式空气流量计就是利用发热体与空气之间的这种热传递现象进行空气流量测量的。这种空气流量计设有进气温度测量部分和发热部分,ECU 根据进气温度和进气量的大小,改变供给热膜的电流,保持吸入空气的温度与热膜的温度差值恒定。热膜式空气流量计在 ECU 计算喷油持续期及空燃比时无需对进气温度和压力进行修正。热膜电阻、空气温度补偿电阻、精密金属膜电阻组成惠斯通电桥。控制电路使热膜的温度始终保持比空气气流温度高出一定值(如 100 ℃),当空气流量增大时,对热膜的冷却作用加剧,电阻减小,从而破坏了电桥的平衡,改变了电桥中的电压分布。以金属膜电阻的端电压为输出电压信号,可测得吸入气缸的空气量。

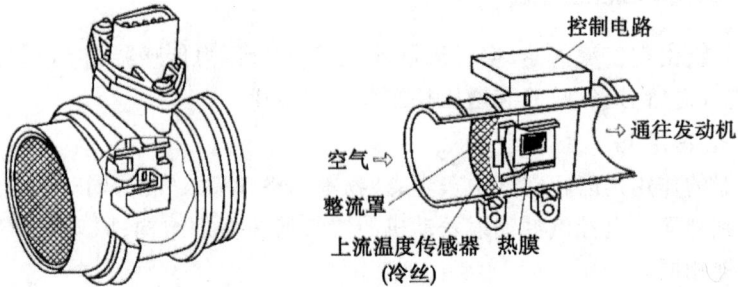

图 5-1-12　热膜式空气流量计

为了提高测量精度,内部设有稳压电路,以便控制热膜两端电压保持恒定,使其不受外部电源变动的影响。由于这种流量计基于热膜表面与空气的热传导,热膜上的任何沉积物都将对输出信号产生有害的影响,因此控制电路具备"自净"功能。每当发动机熄火后 4 s,控制电路发出控制电流,使热膜温度迅速升至 1 000 ℃高温,加热 1 s,将粘附于热膜表面的污染物完全烧净。

2. 空气流量计的检测

帕萨特 B5 发动机的空气流量计损坏后,ECU 会利用节气门位置传感器信号和发动机转速传感器信号计算出一个精度较差的进气量信号来维持发动机的运转,即转入失效保护状态。但并不是所有的空气流量计故障都会使发动机转入失效保护状态，错误的空气流量信号会导致发动机启动困难、怠速不稳，甚至熄火、发动机喘振、加速不良、CO偏高或偏低等故障。

检测空气流量计工作情况：

（1）对于运转不良的发动机可以取下空气流量计导线插头后启动发动机，如果此时发动机的运转情况改善了，则可以判定空气流量计存在故障。

（2）发动机怠速运转时使用解码器数据流测试功能检测发动机的空气流量（一般应为$2.0\sim4.0$ g/s），同时读取发动机故障代码。如果显示数值不在标准范围内或存在有关空气流量计的故障代码，则应进一步检测空气流量计及其相关控制电路。

（三）进气压力传感器

1. 进气压力传感器的结构与工作原理

进气压力传感器（MAP）以检测进气歧管的负压变化来感知发动机的进气量大小，ECU再根据此信号和其他传感器信号控制喷油器的喷油量。

半导体压敏电阻式进气压力传感器是最常用的进气压力传感器，其结构如图5-1-13所示。该传感器转换元件是利用半导体的压阻效应制成的硅膜片，硅膜片的一面是真空室，另一面导入进气歧管压力。进气歧管内绝对压力越高，硅膜片的变形越大，其变形量与压力成正比，同时附在硅膜片上的应变电阻阻值产生与变形量成正比的变化。利用这种原理，可把进气歧管内的压力变化转换成为电信号。

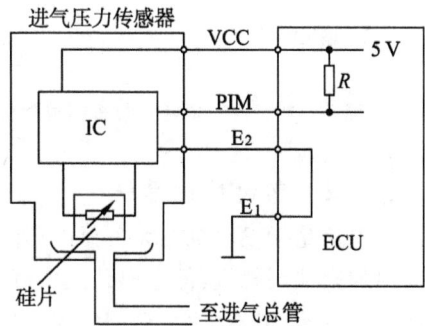

图 5-1-13　进气压力传感器

2. 进气压力传感器的检测

将点火开关转至"ON"，VCC和E_2间电压应为5 V左右，PIM与E_2之间的输出电压应随着真空度增加而降低。

（四）节气门位置传感器

1. 节气门位置传感器结构与工作原理

节气门位置传感器（TPS）的作用是检测节气门的开度及开度变化，ECU再根据变化的信号，控制燃油喷射及其他辅助控制。节气门位置传感器常见类型有开关式、滑动电阻式、综合式。

（1）开关式节气门位置传感器。

开关式节气门位置传感器有两对触点，分别为怠速开关和全负荷开关。当节气门处于全闭位置时，怠速开关的触点闭合，ECU对发动机按怠速工况的要求控制喷油量；当节气门打开，怠速开关触点张开，ECU根据这一信号按小负荷工况控制喷油量；当节气门接近全开位置时，全负荷开关的触点闭合，ECU根据这一信号进行全负荷加浓控制，如图5-1-14所示。

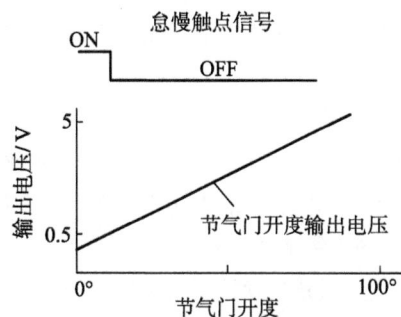

图 5-1-14　开关式节气门位置传感器工作原理

（2）滑动电阻式节气门位置传感器。

滑动电阻式节气门位置传感器利用触点在电阻体上的滑动来改变电阻值,测得节气门开度的线性输出电压,便可知节气门开度,如图5-1-15所示。全关时电压信号应约为0.5 V,随节气门增大,信号电压增强,全开时约为5 V。

（3）综合式节气门位置传感器。

综合式节气门位置传感器采用一个怠速开关和一个线性可变电阻相结合的方式,怠速开关产生怠速信号,线性可变电阻反映节气门开度,如图5-1-16所示。

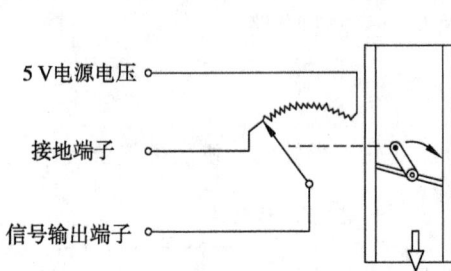

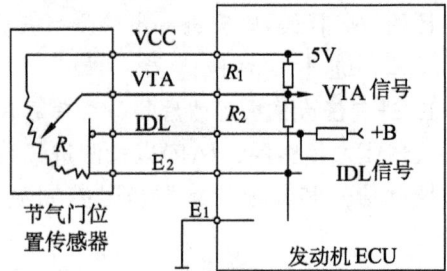

图5-1-15　滑动电阻式节气门位置传感器　　　图5-1-16　综合式节气门位置传感器

（五）怠速控制系统

怠速是指发动机在无负荷(对外无功率输出)情况下的稳定运转状态。怠速转速过高,会增加燃油消耗量,但考虑到减少有害物的排放,怠速转速又不能过低;怠速控制还应考虑如冷车运转、电器负荷、空调装置、自动变速器、动力转向等情况,否则发动机运转不稳甚至还会引起熄火现象。

怠速控制包括启动后控制、暖机控制、负荷变化控制、减速时控制等。其实质是对怠速时进气量、喷油量、点火提前角的控制,通过对这三者的控制,以达到适合各工况的稳定转速的目的。对怠速进气量控制目前可分为节气门直动式、空气旁通式两种基本类型,这两种类型都是通过调节空气通路截面来控制气缸进气流量的。

1. 节气门直动式

节气门直动式怠速控制系统通过调节怠速时的节气门开启度来控制怠速进气量,又可分为怠速节气门电动机调节式和电子节气门调节式两种类型。

（1）怠速节气门电动机调节式。

在怠速工况下,该方式通过控制节气门开启角度,调节空气通路的截面,达到控制充气量,实现怠速控制的目的。节气门直动式怠速控制系统具有较强的工作能力,控制位置稳定性好,目前应用较多。

（2）电子节气门调节式。

电子节气门取消了节气门拉线,在整个开启范围内均依靠直流电机驱动,它不仅负责怠速控制,还可以作为牵引防滑系统、电子稳定系统、巡航控制的执行元件。

2. 空气旁通式

空气旁通式怠速控制系统可分为怠速步进电机式、占空比电磁阀式、旋转电磁阀式等类型。

（1）怠速步进电机。

步进电机式怠速控制阀结构如图5-1-17所示。微机根据节气门开关信号(怠速开关)、车速信号判断发动机是否处于怠速状态;然后根据冷却液温度传感器、空调信号、动力转向信号、自动变速器挡位信号等负荷情况,通过对比存储器存储参考数据,确定相应的目标转速;再将发动机实际转速和目标转速比较,根据比较得出的差值确定相应目标转速控制量。以该控制量驱动步进电机,控制步进电机转子旋转改变阀门与阀座之间的距离,调节旁通空气道的空气流量,最终使得发动机怠速转速达到所要求的目标转速。

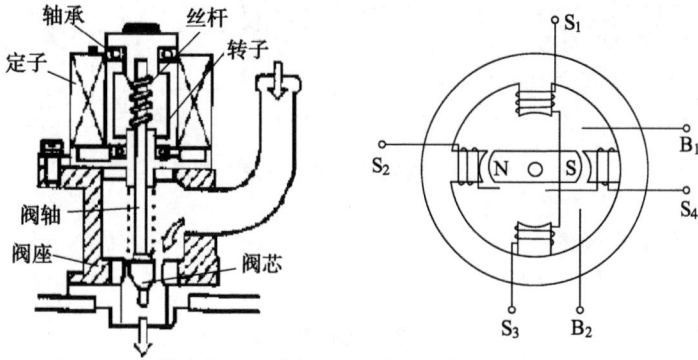

图 5-1-17　步进电机式怠速控制阀

（2）占空比电磁阀。

占空比电磁阀主要由电磁线圈、复位弹簧、阀芯、阀座、固定铁芯、活动铁芯、进气口和出气口等组成,如图 5-1-18 所示。阀芯固定在阀杆上,阀杆一端与固定铁芯连接,另一端设置复位弹簧。其工作原理是电磁线圈接通电流时就会产生电磁吸力,当线圈产生的电磁吸力超过复位弹簧的弹力时,活动铁芯便在电磁吸力的作用下向固定铁芯方向移动,同时通过阀杆带动阀芯向右移动,使阀芯离开阀座将旁通空气道开启。当电磁线圈断电时,活动铁芯与阀芯在复位弹簧弹力的作用下左移复位,将旁通空气道关闭。

所谓占空比,是指一个脉冲循环中电磁线圈通电时间(即阀口打开时间)所占的比值。占空比越大,阀口打开的时间相对增加,空气充量越多。因此,微机只要控制电磁阀线圈的脉冲占空比,就能控制旁通空气道中的空气流量,也就能控制怠速转速。由上可知占空比越大,怠速转速越高;反之,怠速转速越低。

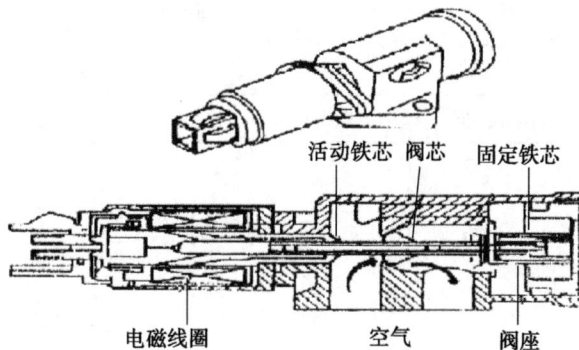

图 5-1-18　占空比电磁阀式怠速控制阀

（3）旋转电磁阀。

旋转滑阀式(ISCV)怠速控制阀主要由旁通空气阀和电动机组成,其通过改变旁通空气道开启面积的大小来增减进气量,如图 5-1-19 所示。

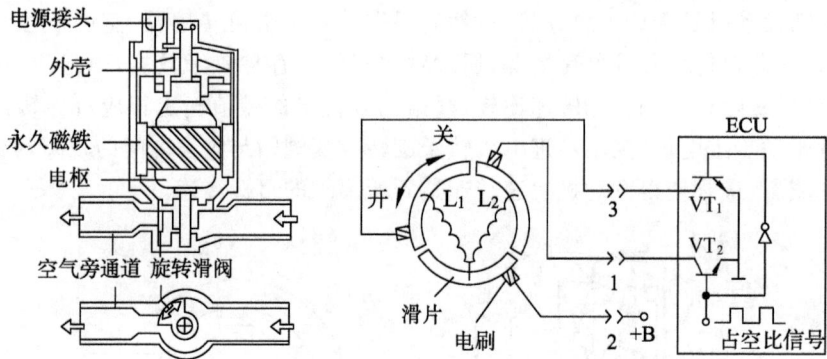

图 5-1-19　旋转电磁阀式怠速控制阀

3. 怠速电控阀主要故障

怠速电控阀主要故障见表 5-1-1。

表 5-1-1　怠速电控阀主要故障

主要故障	可能产生的现象
怠速电控阀线束插接器松动	① 怠速不稳 ② 怠速向低中速过渡不良 ③ 油耗大 ④ 发动机易熄火
怠速电控阀线束短路或断路	
节气门体积炭过多	
怠速电控阀线圈短路或断路	
怠速基本设定错误	

4. 怠速电控阀检测

F23A3 发动机旋转滑阀式怠速电控阀的检测方法见表 5-1-2。

表 5-1-2　F23A3 发动机旋转滑阀式怠速电控阀的检测方法

步骤	操作过程	结果分析及处理
1	检测怠速电控阀的电阻:关闭点火开关,拔下怠速电控阀插头,用万用表电阻挡分别检测怠速电控阀接线端 1,3 与 2 之间电阻	一般当怠速电控阀温度在 −10~50 ℃ 时,阻值应为 17~25 Ω,否则更换怠速电控阀
2	测试怠速电控阀的电源电压:关闭点火开关,拔下怠速电控阀插头,测 2 号端子搭铁电压	应为 12 V,如不符,查线束是否断路或短路及发动机 ECU 是否损坏
3	测试怠速电控阀的运行状况:向 3,2 端子提供 12 V 电压	怠速电控阀应打开,否则需更换

第四节　电子控制系统

一、传感器

(一)发动机转速与曲轴位置传感器(CKP/TDC)

作用:检测发动机上止点、曲轴转角,将发动机转速信号送给 ECU,以确认曲轴位置,并控制喷油正时和点火正时。

类型:磁电式、霍尔式、光电式。

位置:安装在发动机的曲轴端、凸轮轴端、飞轮上或分电器内。

1. 磁电式曲轴位置传感器

(1) 结构与原理。

磁电式曲轴位置传感器利用转子旋转使磁通量变化,从而在感应线圈里产生交变的感应电动势信号,将此信号放大后,送入 ECU,如图 5-1-20 所示。

(2) 磁电式曲轴位置传感器的检修。

① 传感器电阻的检查:用万用表的电阻挡测量传感器上各端子间的电阻。

② 传感器输出信号的检查:拔下电磁式曲轴位置传感器的导线连接器,当发动机转动时用示波器检查曲轴位置传感器,此时应有脉冲信号输出。

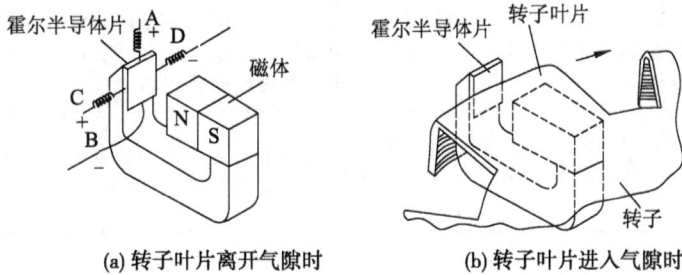

图 5-1-20　磁电式曲轴
位置传感器

③ 传感器的线圈与信号转子的间隙检查:用塞尺测量信号转子与传感器线圈凸出部分的空气隙。若间隙不符合要求,则须更换分电器壳体总成。

2. 霍尔式曲轴位置传感器

(1) 结构与原理。

霍尔式曲轴位置传感器由转子、永久磁铁、霍尔晶体管和放大器组成,如图 5-1-21 所示。

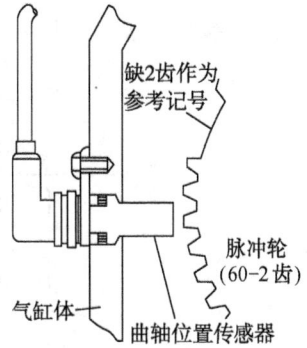

(a) 转子叶片离开气隙时　　　　(b) 转子叶片进入气隙时

图 5-1-21　霍尔式曲轴位置传感器

霍尔效应原理:叶片对永久磁铁和霍尔元件隔磁,不产生霍尔电压;叶片离开空气隙,产生霍尔电压。

ECU 控制电源使电流通过霍尔晶体管,旋转转子的凸齿经过磁场时使磁场强度改变,然后霍尔晶体管产生的霍尔电压放大后输送给 ECU,ECU 再根据霍尔电压产生的次数确定曲轴转角和发动机转速。

(2) 帕萨特 B5 霍尔式凸轮轴位置传感器的主要故障及现象。

帕萨特 B5 霍尔式凸轮轴位置传感器的主要故障及现象见表 5-1-3。

表 5-1-3　帕萨特 B5 霍尔式凸轮轴位置传感器的主要故障及现象

主要故障	可能产生的现象
传感器线束插接器松动、污损或端子锈蚀造成阻值过大	① 发动机大、全负荷时功率不足
传感器线束与搭铁线短路或断路	② 发动机尾气排放不正常
传感器内部损坏	③ 油耗大

（3）帕萨特 B5 霍尔式凸轮轴位置传感器的检测。

帕萨特 B5 霍尔式凸轮轴位置传感器的控制线路及插头,如图 5-1-22、图 5-1-23 所示,传感器检测见表 5-1-4。

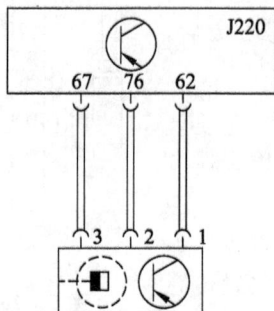

图 5-1-22　凸轮轴位置传感器线路　　图 5-1-23　凸轮轴位置传感器插头

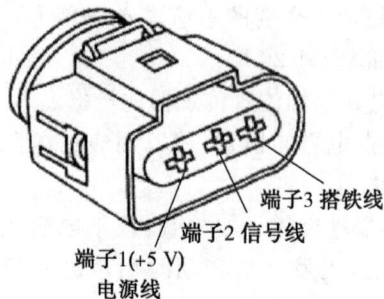

表 5-1-4　帕萨特 B5 霍尔式凸轮轴位置传感器的检测

步骤	操作过程	结果分析及处理
1	不拔下霍尔传感器插头,用测试灯从背面连接插头端子 2,3,启动发动机	测试灯应闪烁,如不闪烁,进行下一步检查
2	断开点火开关,拔下传感器插头,打开点火开关,用万用表分别检测端子 1,3 间及端子 2,3 间电压	端子 1,3 间电压应约为 5V,端子 2,3 间电压接近蓄电池电压。如不符合,检查传感器和 ECU 间线路是否断路或短路
3	断开点火开关,拔下线束与传感器及 ECU 的连接端子,用万用表电阻挡分别检测连接导线的电阻值	标准值不大于 1.5Ω,如正常,应检查发动机 ECU,否则应检查、更换导线

3. 光电式曲轴位置传感器

光电式曲轴位置传感器由转子、发光二极管、光敏二极管和放大器组成,如图 5-1-24 所示。其原理是利用发光二极管作为信号源,随转子转动,当透光孔与发光二极管对正时,光线照射到光敏二极管上产生电压信号,经放大电路放大后输送给 ECU。

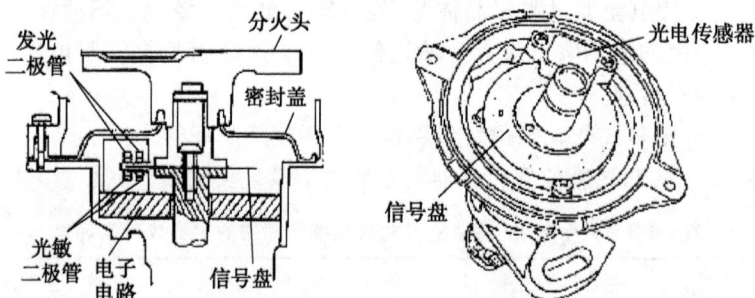

图 5-1-24　光电式曲轴位置传感器

4. 曲轴位置传感器主要故障

曲轴位置传感器主要故障及现象见表 5-1-5。

表 5-1-5　曲轴位置传感器主要故障及现象

主要故障	可能产生的现象
传感器支架松动	① 发动机无法启动 ② 无高压火 ③ 喷油器不喷油 ④ 发动机突然熄火
传感器气隙大于 1 mm 或飞轮齿圈有损伤	
传感器线束与搭铁短路或断路	
传感器线束插接器松动、污损或端子锈蚀造成阻值过大	
传感器内部损坏	

5. 帕萨特 B5 发动机曲轴转速传感器的检测

帕萨特 B5 发动机曲轴转速传感器的控制线路及插头,如图 5-1-25、图 5-1-26 所示,传感器检测见表 5-1-6。

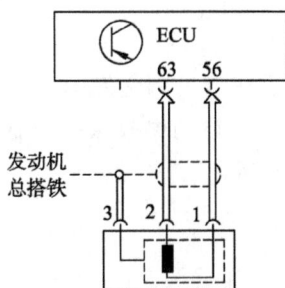

图 5-1-25　曲轴转速传感器控制线路

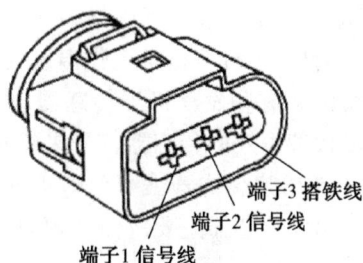

图 5-1-26　曲轴转速传感器插头

表 5-1-6　帕萨特 B5 发动机曲轴转速传感器的检测

步骤	操作过程	结果分析及处理
1	检查曲轴转速传感器与发动机控制单元之间导线是否连接不良或松动	若是,修理或连接好导线
2	关闭点火开关,拔下传感器导线连接器,用万用表检测曲轴转速传感器电阻值	用万用表测量传感器 1,2 号端子间电阻,阻值应为 480~1 000 Ω,3 号端子为搭铁线,如果阻值不符合要求,更换曲轴转速传感器
3	关闭点火开关,拔下 J220 的连接插头,拔下传感器插头,分别测 J220 的 56 号端子与传感器 1 号端子、63 号端子与传感器 2 号端子间的导通性	两两之间均应导通,否则检查或更换

(二)冷却液温度传感器(THW)

1. 冷却液温度传感器结构与工作原理

在电控系统中冷却液温度传感器用于喷油量信号修正。冷却液温度传感器安装在发动机缸体或缸盖的水套上,与冷却液直接接触,用于测量发动机的冷却液温度。传感器内部装有负温度特性热敏电阻(NTC),所利用的是半导体的电阻随温度变化而变化的特性,即温度越低,电阻越大,温度越高,电阻越小,如图 5-1-27 所示。ECU 根据这一变化便可测得发动机冷却液的温度,进行喷油量修正,在冷车启动和暖机阶段供给较浓的混合气,冷却液温度升高后供给稍稀的混合气。

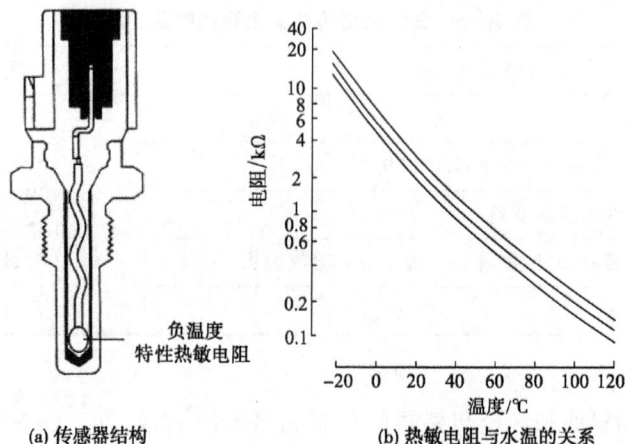

(a) 传感器结构　　　　　　(b) 热敏电阻与水温的关系

图 5-1-27　冷却液温度传感器

2. 冷却液温度传感器的检测

启动发动机,暖机至正常工作温度,拔下传感器插头测量插脚之间的电阻,也可拔下传感器进行检测。有些发动机当传感器出现故障时,ECU 会启动失效保护功能,即用固定的冷却液温度代替失效的传感器信号来维持发动机的基本运转。

3. 冷却液温度传感器主要故障及现象

冷却液温度传感器主要故障及现象见表 5-1-7。

表 5-1-7　冷却液温度传感器主要故障及现象

主要故障	可能产生的现象
传感器线束插接器松动	① 在很低的温度下冷启动困难
传感器端子锈蚀或受潮	② 在暖车阶段行驶特性不良
传感器线束与搭铁线短路或断路	③ 燃油消耗增加
传感器内部损坏	④ 废气排放增加

4. 帕萨特 B5 冷却液温度传感器检测

帕萨特 B5 冷却液温度传感器的控制线路及插头,如图 5-1-28、图 5-1-29 所示,传感器检测见表 5-1-8。

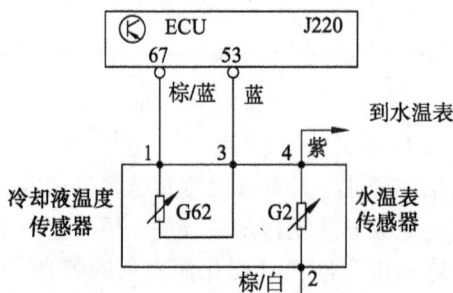

图 5-1-28　帕萨特 B5 冷却液温度传感器控制线路

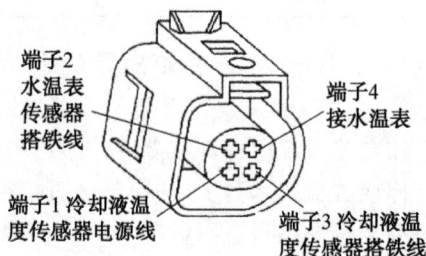

图 5-1-29　帕萨特 B5 冷却液温度传感器插头

表 5-1-8　帕萨特 B5 冷却液温度传感器的检测

步骤	操作过程	结果分析处理
1	检查冷却液温度传感器线束连接是否可靠	应连接可靠,否则重新连接
2	测传感器的信号电压:启动发动机,测信号线与车体搭铁间电压	测 1 号线与 3 号线间的电压,标准值为 $0.1 \sim 4.8$ V。冷却液温度升高,电压下降
3	测传感器电源电压:关闭点火开关,拔下传感器插头,打开点火开关,测电源电压线与车体搭铁间电压	测插头线束一侧 1,3 端子间的电压,电压应为 5 V,否则,线束短路或断路故障
4	测传感器电阻值:关闭点火开关,拔下传感器的导线连接器,用万用表检测传感器电阻值	用万用表检测冷却液温度传感器 1,3 端子间电阻值。0 ℃时,阻值应为 $5 \sim 6.5$ kΩ;30 ℃时,阻值应为 $1.5 \sim 2.1$ kΩ;80 ℃时,阻值应为 $275 \sim 375$ Ω;100 ℃时,阻值应为 $150 \sim 225$ Ω;否则,更换冷却液温度传感器

(三) 进气温度传感器(THA)

1. 进气温度传感器的结构与工作原理

空气质量大小与进气温度和大气压力的高低有关。当进气温度低时,空气密度大,相同体积气体的质量增大;反之,当进气温度升高时,相同体积的气体质量将减小。

ECU 根据发动机的进气温度和大气压力信号修正喷油量,使发动机自动适应外部环境温度(寒冷、高温)和大气压力(高原、平原)的变化。当进气温度低时(空气密度大),热敏电阻的阻值大,传感器输入 ECU 的信号电压高,ECU 将控制喷油器增加喷油量;反之,当进气温度高时(空气密度小),热敏电阻阻值小,传感器输入 ECU 的信号电压低,ECU 将控制喷油器减少喷油量。

进气温度传感器安装在空气流量计内或空气滤清器之后的进气管上,其结构和工作原理与冷却液温度传感器相同;进气温度传感器的温度与电阻值关系,也同冷却液温度传感器一样。

2. 进气温度传感器检测

帕萨特 B5 进气温度传感器的控制线路,如图 5-1-30 所示,传感器检测见表 5-1-9。

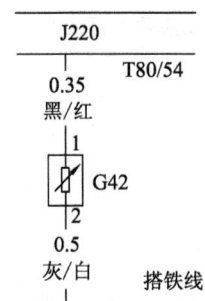

图 5-1-30　帕萨特 B5 进气温度传感器控制线路

表 5-1-9　帕萨特 B5 进气温度传感器的检测

步骤	操作过程	结果分析及处理
1	测进气温度传感器的信号电压:关闭点火开关,将万用表正极笔插入传感器连接器 1 号端子内,负极笔插入 2 号端,启动发动机,注意电压变化	应为 0.1~4.8 V,且随温度的升高,电压逐渐减小:进气温度-20 ℃时,电压为 4.79 V;进气温度 0 ℃时,电压为 4.45 V;进气温度 20 ℃时,电压为 3.80 V;进气温度 40 ℃时,电压为 3.10 V
2	测进气温度传感器的电源电压:拔下进气温度传感器插头,点火开关置于"ON",测 1,2 号端子间电压	电压约为 5 V
3	测传感器的电阻值:拔下进气温度传感器插头,用电热器加热传感器,测在不同温度下传感器两端子间电阻	进气温度 0 ℃时,电阻为 5.00~6.5 kΩ;进气温度 10 ℃时,电阻为 3.35~4.4 kΩ;进气温度 20 ℃时,电阻为 2.25~3.0 kΩ;进气温度 30 ℃时,电阻为 1.5~2.0 kΩ;进气温度 40 ℃时,电阻为 0.95~1.4 kΩ。如超过太多,须更换进气温度传感器
4	测传感器线束的导通性:关闭点火开关,拔下 J220 的连接线束,拔下传感器线束插头,分别测 J220 的 54 号端子与传感器 1 号端子、J220 的 67 号端子与传感器 2 号端子间的导通性	两两之间均应导通,否则检查或更换

（四）爆震传感器（KS）

1. 爆震传感器的结构与工作原理

爆震传感器结构如图 5-1-31 所示。发动机电子控制系统应用点火时刻闭环控制的方法,它能有效抑制发动机爆震现象的发生,而爆震传感器的作用就是检测发动机有无爆震现象出现,并将信号送入发动机微机控制装置。常用的爆震传感器是共振型压电式,其利用产生爆震时发动机振动频率与传感器本身的固有频率相符,而产生共振现象,以检测爆震是否发生。

2. 爆震传感器的主要故障及现象

爆震传感器的主要故障及现象见表 5-1-10。

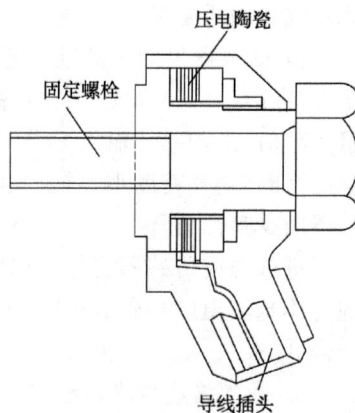

图 5-1-31　爆震传感器结构示意

表 5-1-10　爆震传感器的主要故障及现象

主要故障	可能产生的现象
信号线搭铁短路或断路	① 油耗高 ② 发动机性能变差 ③ 发动机工作粗暴 ④ 发动机功率下降,汽车达不到最高车速
传感器线束插接器松动或端子锈蚀造成阻值过大	
爆震传感器固定力矩过大	
爆震传感器损坏	

3. 帕萨特 B5 爆震传感器的检测

帕萨特 B5 爆震传感器采用两个爆震传感器,分别安装在进气管侧第 1,2 缸和 3,4 缸之间,其控制线路如图 5-1-32 所示。爆震传感器发生故障时,发动机 ECU 检测到故障信息后,使发动机在备用功能下运行,此时各缸都相应推迟点火提前角约 15°,发动机功率明显下降。

帕萨特 B5 爆震传感器的检测见表 5-1-11。

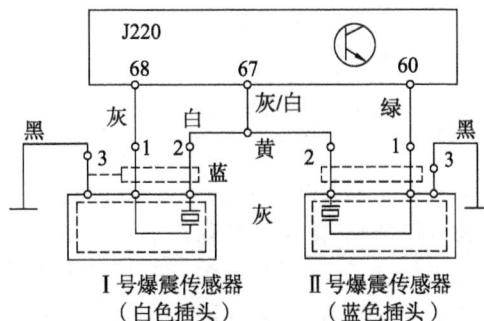

图 5-1-32 帕萨特 B5 爆震传感器的控制线路

表 5-1-11 帕萨特 B5 爆震传感器的检测

步骤	操作过程	结果分析与处理
1	检查爆震传感器线束连接是否可靠,螺栓拧紧力矩是否符合要求	若不可靠,应重新连接、紧固;螺栓力矩应为 20 N·m
2	关闭点火开关,拔下爆震传感器线束插接器,用万用表的电阻挡检查传感器端子	端子 1,2 间,端子 1,3 间及端子 2,3 间电阻均应为无穷大;若导通,说明爆震传感器已经损坏,应更换

（五）氧传感器（O₂S）

1. 氧传感器的结构与类型

汽车安装了三元催化转换器,空燃比一旦偏离理论空燃比,三元催化剂对 CO,HC 和 NO$_x$ 的净化能力将急剧下降,故在排气管中插入氧传感器,根据排气中的氧浓度测定空燃比,向微机控制装置发出反馈信号,控制空燃比接近于理论值。目前已实际应用的氧传感器有氧化锆式和氧化钛式两种氧传感器,前者的六方为 22 mm,后者的六方为 17 mm,因二者的材料不同,特性不同,不能互换使用。正常情况下氧传感器输出电压应在 0.1～0.9 V 变化,通常每 10 s 内变化 8 次。一般来说,当输出电压为 0.5～0.9 V 时说明混合气浓,当输出电压为 0.1～0.5 V 时说明混合气稀。

近几年还有一种宽量程空燃比的氧传感器使用在一些车型上,随着空燃比 12～20 变化,它的电压值变化范围是 2.4～4.8 V。

（1）氧化锆式氧传感器。

氧化锆式氧传感器的结构如图 5-1-33 所示。氧化锆式氧传感器的基本元件是专用陶瓷体,即二氧化锆（ZrO₂）固体电解质。陶瓷体呈试管状,亦称锆管。锆管固定在带有安装螺丝的固定套中,其内表面与大气相通,外表面与废气相通。锆管内外表面都覆盖着一层多孔性的铂膜作为电极。氧传感器安装于排气管上,为了防止废气中的杂质腐蚀铂膜,在锆管外表面的铂膜上覆盖有一层多孔的陶瓷层,并且还加装一个防护套管,套管上开有槽口。氧传感器的接线端有一个金属护套,其上开有一孔,用于锆

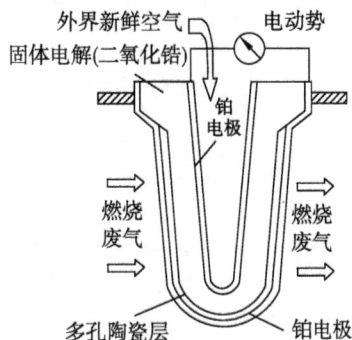

图 5-1-33 氧化锆式氧传感器结构示意

管内表面与大气相通,电线经锆管内表面铂电极经绝缘套从传感器引出。

(2)氧化钛式氧传感器。

氧化钛式氧传感器的优点是结构简单,造价便宜,抗腐蚀抗污染能力强,经久耐用,可靠性高。

氧化钛式氧传感器是利用二氧化钛(TiO_2)材料的电阻值随排气中氧含量的变化而变化的特性制成的,故又称电阻型氧传感器。二氧化钛是在室温下具有很高电阻的半导体,但当排气中氧含量少(混合气浓)时,氧分子将脱离,使其晶体出现缺陷,便有更多的电子可用来传送电流,材料的电阻亦随之降低。此种现象与温度和氧含量有关,因此,欲将二氧化钛在300~900 ℃的排气温度中连续使用,必须做温度补偿。

2. 氧传感器主要故障及现象

氧传感器主要故障及现象见表 5-1-12。

表 5-1-12 氧传感器主要故障及现象

主要故障	可能产生的现象
传感器线束插接器松动或端子锈蚀造成阻值过大	① 怠速变差 ② 排放值不正常 ③ 油耗加大 ④ λ 调节固定不变
信号线与搭铁线短路或断路	
氧传感器加热电阻损坏	
加热线路不良	
氧传感器损坏	

3. 氧传感器的检测

氧传感器作为电控系统的重要部件,对发动机正常运转和尾气排放的有效控制起着至关重要的作用,氧传感器及其控制电路出现故障不但会使排放超标,甚至会导致发动机空燃比失常,引发怠速不稳或熄火、加速不良、排气管冒黑烟等各种故障。

氧传感器控制线路及插头如图 5-1-34、图 5-1-35 所示。氧传感器常用的检测方法有测量氧传感器加热电阻、测量氧传感器反馈电压,具体操作见表 5-1-13。

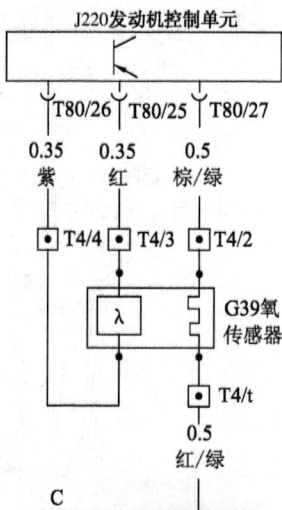

图 5-1-34 氧传感器控制线路   图 5-1-35 氧传感器插头

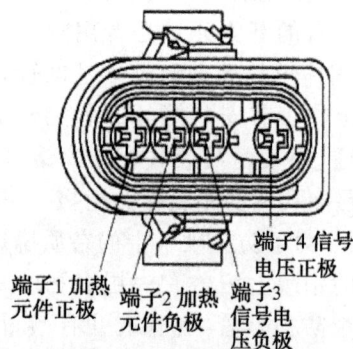

表 5-1-13　帕萨特 B5 发动机氧传感器的检测

步骤	操作过程	结果分析及处理
1	检查氧传感器线束连接是否可靠	应连接可靠
2	关闭点火开关,拔下氧传感器插头,检测加热器阻值	测量传感器端子 1,2 间的电阻,在室温时氧传感器加热器电阻约 1～5 Ω,温度略微上升,电阻值则迅速上升
		如加热器电路断路,更换氧传感器;如加热器电路通路,应再测试氧传感器加热器供电电压
3	拔下氧传感器插头,检测加热器电源电压	启动发动机,用万用表检测传感器端子 1,2 间的电压,应不小于 11 V;如无电压,检查熔断丝或燃油泵继电器
4	用万用表两脚分别连接传感器两端子,检测氧传感器信号电压	检测端子 3,4 间电压,应为 0.45～0.55 V;开大节气门,电压上升约为 0.7～0.9 V;拔下真空管,电压应下降,约为 0.1～0.3 V;否则,更换氧传感器

二、电子控制单元(ECU)

电子控制单元一般装在金属盒子内,其硬件由大量的集成电路(芯片)、印刷电路板和其他电子元件组成。从功能上可分为微处理器(CPU)、存储器和输入/输出电路(I/O)三个部分。学习汽车微型计算机的基本知识,有利于掌握电控系统的工作原理及进行故障分析。

(一)电信号

1. 电压信号

模拟电压信号是一种在一定范围内连续变化的信号,数字电压信号不是高电压就是低电压。换句话说,电压信号不是 5 V 就是 0 V,这类电压信号就叫做数字信号或方波信号。

2. 二进制码

逢 2 进 1 的计数方法是二进制。数字信号分低值和高值两种信号,低值数字信号用 0 代表,高值数字信号用 1 代表,二进制一词意味着只有 0 和 1 两个数字。在车用计算机中,物理的、化学的、电学的状态、数值都用一串串的 0 和 1 表示,即信息都以二进制码进行交换。

(二)输入信号处理

放大器将输入信号放大到计算机可准确识别的程度,模数(A/D)转换器将模拟信号转换成数字信号。

(三)微处理器

微处理器是计算机中的计算和决策的芯片,具有信息存储、信息检索等功能;程序是微处理器执行的一组指令。

(四)发动机电控单元的检测

1. 主要故障及现象

在正常的情况下电控单元本身不太容易产生故障,当发动机产生故障经多次维修不能解决问题时,就把原因归咎于发动机控制单元,这容易造成了故障的误判。电控单元常见故障见表 5-1-14。

表 5-1-14　发动机电控单元主要故障及现象

主要故障	可能产生的现象
焊点松脱	① 发动机无法启动或启动困难
集成块损坏	② 油耗大且排放超标
电容击穿	③ 发动机急速抖动
电控单元固定螺栓松动	④ 加速性能差
其他电子元件损坏	⑤ 无高速

上述故障产生的原因除了使用时间过长引起的自然损伤、老化外,主要有以下几方面原因:电控单元受潮,将造成电气元件短路、腐蚀以及接头的损坏;电压超载,通常是因为电磁阀或执行器电路短路引起的;振动会引起插接器、焊点松动以及线路板上出现微小的裂纹等。

2. 发动机电控单元各端子的排列

要检测电控单元工作是否正常,就一定要熟悉其插座上各端子的含义。帕萨特 B5 发动机电控单元 J220 的线束插座上有 80 个接线端子(如图 5-1-36 所示),采用两个插接器(28 针插接器如图 5-1-37 所示,52 针插接器如图 5-1-38 所示),分别与电源、传感器、执行器相连。帕萨特 B5 有效端子为 43 个,其余为备用端子,各端子的连接及功能见表 5-1-15。

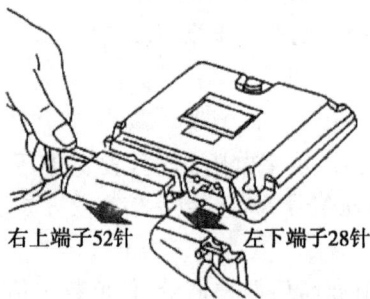

图 5-1-36　帕萨特 B5 发动机电控单元 J220　　图 5-1-37　帕萨特 B5 电控单元 J220 28 针插座

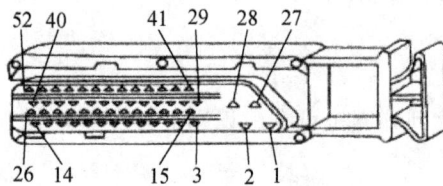

图 5-1-38　帕萨特 B5 发动机电控单元 J220 52 针插座

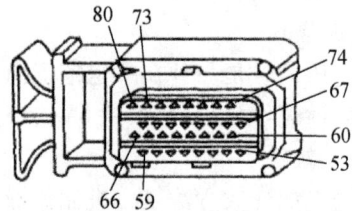

表 5-1-15　萨特 B5 发动机电控单元 J220 各端子连接

端子号	连接部位及功能	端子号	连接部位及功能
1	电控单元熔断丝,连接电源 15 号线,受点火开关控制	4	电动燃油泵控制线
		6	发动机转速信号
2	爆震传感器、曲轴位置传感器屏蔽线搭铁;点火控制器搭铁点	8	空调压缩机信号
		10	空调开关信号
3	电控单元常火线,连接电源 30 号线	11	热膜式空气流量计 G70 电源线(4 号端)

端子号	连接部位及功能	端子号	连接部位及功能
12	热膜式空气流量计 G70 信号负极(3 号端)	63	曲轴位置传感器信号线(2 号端)
13	热膜式空气流量计 G70 信号正极(5 号端)	64	可变路径进气管电磁阀 N156 信号线
15	活性炭罐电磁阀 N80 信号线	65	四缸喷油器 N33 信号线
18	燃油信号	66	急速电机电源正极(J338-1)
19	故障诊断触发信号线	67	凸轮轴位置传感器、冷却液温度传感器、进气温度传感器、节气门控制组件负极
20	车速信号		
25	氧传感器 G39 负极(3 号端)	68	一、二缸爆震传感器 G61 信号线
26	氧传感器 G39 信号线(4 号端)	69	急速开关 F60 信号线(J338-3)
27	氧传感器 G39 加热器电源线(2 号端)	70	一缸点火线圈初级回路控制线
29	CAN(L)信号线	71	二、三缸点火线圈 N152 初级控制线
41	CAN(H)信号线	73	一缸喷头器 N30 信号线
53	冷却液温度传感器 G62 信号线	74	节气门定位计 G88 信号线(J338-5)
54	进气温度传感器 G42 信号线	75	节气门电位计 G69 信号线(J338-8)
56	曲轴位置传感器信号线(3 号端)	76	凸轮轴位置传感器信号线
58	三缸喷油器 N32 信号线	77	三缸点火线圈初级回路控制线
60	三、四缸爆震传感器 G66 信号线	78	一、四缸点火线圈 N152 初级控制线
62	凸轮轴位置传感器 G40、节气门控制组件 J338 电源线	80	二缸喷头器 N31 信号线

3. 更换发动机 ECU 的注意事项

发动机电控单元一般不可修复,如果确认有故障,则必须更换。更换发动机电控单元时应注意以下几点。

(1)更换前需注意的事项。

正确识别是更换电控单元的前提。正确识别不仅需要知道被换车辆的厂家、车型、年代以及发动机的排量,还要知道发动机电控单元上写的 OEM 零件号,再通过这个零件号在供货商中查找所需的电控单元。

通常情况下,标定芯片和可编程只读存储器 PROM 因存储着针对不同车型的程序,所以不与电控单元一起销售。如果更换的可编程只读存储器 PROM 没有按所修的车型正确编程,那么在安装后必须对其重新编程。

(2)更换中需注意的事项。

在拆卸旧的或安装新的电控单元前都必须断开蓄电池,等安装好后再重新连接上。

(3)更换后需注意的事项。

在安装好新的电控单元后,微处理器必须经过"再学习"这一过程,使电控单元建立基本的急速、空燃比的学习修正值等。"再学习"对于有些车型来说需要经过一些特定的程序才能建立,而有些车型只需要经过短时间的驾驶即可,具体的要求应参照相关车型的维修手册。

第五节　排放控制系统

一、曲轴箱强制通风装置(PCV)

1. 曲轴箱强制通风装置简介

曲轴箱内的窜缸混合气中,70%～80%是未燃烧的气体(HC),燃烧的副产品(水蒸气和各种汽化的酸)则占 20%～30%。所有这些都能破坏机油,产生油泥,使曲轴箱锈蚀。由此可见,窜缸混合气必须回到燃烧室重新燃烧。

因此,气门室罩和进气歧管只是简单地用一根管子连接是不行的,必须要安装一个曲轴箱强制通风阀(PCV),使通过 PCV 阀的气体总是多于窜缸混合气体。经过对 PCV 阀的优化设计,PCV 阀能根据进气歧管真空度,不断改变允许进入气缸重新燃烧的窜缸混合气的量,使曲轴箱总是保持微负压状态。

2. PCV 阀的工作

(1) 发动机停机或回火时,由于其自身质量和弹簧质量,PCV 阀关闭。

(2) 急速运转或减速时,负压很强,所以 PCV 阀打开。但是由于真空通道仍然狭窄,通过的窜缸混合气量还很少。

(3) 正常运转时真空度正常,真空通道扩宽,部分打开。

(4) 加速或高负荷时 PCV 阀完全打开,真空通道也完全打开。

尽管全负荷时发动机产生的窜缸混合气量很多,但 PCV 阀允许通过的窜缸混合气很少。所以,当产生的窜缸混合气超过 PCV 阀吸入能力时,窜缸混合气也通过连接空气滤清器和气缸盖的通道,从空气滤清器吸入进气歧管。

二、汽油蒸气排放(EVAP)控制系统

1. EVAP 阀控制系统功能

汽油蒸气排放控制系统(如图 5-1-39所示)通过收集汽油箱和浮子室内蒸发的汽油蒸气,并将汽油蒸气导入气缸参加燃烧,防止汽油蒸气直接排出而造成污染。同时,根据发动机工况,控制导入气缸参加燃烧的汽油蒸气量。

2. EVAP 阀控制系统的组成与工作原理

油箱的燃油蒸气通过单向阀进入碳罐上部,空气从碳罐下部进入清洗

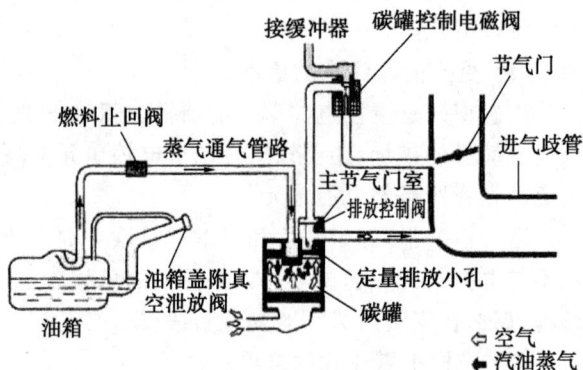

图 5-1-39　汽油蒸气排放控制系统

活性炭,在碳罐右上方有一定量排放小孔及受真空控制的排放控制阀,排放控制阀内部的真空度由碳罐控制电磁阀控制。

3. EVAP 阀主要故障及现象

EVAP 阀主要故障及现象见表 5-1-16。

表 5-1-16 EVAP 阀主要故障及现象

主要故障	可能产生的现象
EVAP 阀线束短路或断路	① 车内或车边有汽油味
EVAP 阀线束插接器松动	② 部分负荷时,汽车行驶不平顺
EVAP 阀损坏	

4. EVAP 阀控制系统的检测

(1) 一般维护。

检查管路有无破损或漏气,碳罐壳体有无裂纹,每行驶 20 000 km 应更换碳罐底部的进气滤芯。

(2) 真空控制阀的检查。

拆下真空控制阀,用手动真空泵由真空管接头给真空控制阀施加约 5 kPa 真空度时,从碳罐侧孔吹入空气应畅通;不施加真空度时,吹入空气则不通。

(3) EVAP 阀检修。

EVAP 阀检修见表 5-1-17。

表 5-1-17 EVAP 阀检修

步骤	操作过程	结果分析及处理
1	检测 EVAP 阀线圈电阻:关闭点火开关,拔下 EVAP 阀线束插接器,用万用表检测 EVAP 阀电阻值	应为 22～30 Ω,如电阻值不符规定,则应更换 EVAP 阀
2	检查 EVAP 阀电源电压:关闭点火开关,拔下 EVAP 阀线束插接器,然后接通点火开关,用万用表电压挡检测线束插接器 1,2 端子间的电压	应为蓄电池电压;如无电压,应检查线束是否短路或断路,熔断丝及油泵继电器是否烧坏或损坏
3	就车检查:启动发动机运转,用手触摸 EVAP 阀	应有明显的振动感,当断开点火开关,应能听到 EVAP 阀关闭的声音;如没有上述现象,应检查 EVAP 阀及 EVAP 阀线束

三、废气再循环(EGR)控制系统

1. EGR 控制系统功能

废气再循环控制系统结构如图 5-1-40 所示。将适当的废气重新引入气缸参加燃烧,从而降低气缸的最高温度,以减少 NO_x 的排放量。该系统可分为开环控制 EGR 系统和闭环控制 EGR 系统。

2. 开环控制 EGR 系统

开环控制 EGR 系统主要由 EGR 阀和 EGR 电磁阀等组成。

3. 闭环控制 EGR 系统

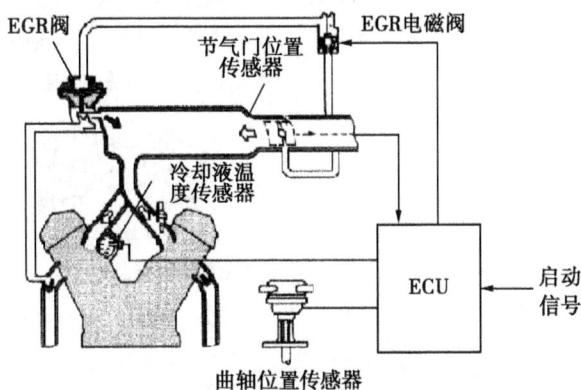

图 5-1-40 废气再循环控制系统结构示意

闭环控制 EGR 系统以检测实际的 EGR 率或 EGR 阀开度作为反馈控制信号,其控制精度更高,与开环系统相比只是在 EGR 阀上增设一个 EGR 阀开度传感器。其控制原理为:EGR 率传感器安装在进气总管中的稳压箱上,新鲜空气经节气门进入稳压箱,同时参与再循环的废气经 EGR 电磁阀也进入稳压箱,此时传感器检测稳压箱内气体中的氧浓度,并将氧浓度转换成电信号输送给 ECU,ECU 再根据此反馈信号修正 EGR 电磁阀的开度,使 EGR 率保持在最佳值。

4. EGR 控制系统的检修

(1) 一般检查。

拆下 EGR 阀上的真空软管,发动机转速应无变化,用手触试真空软管应无真空吸力。发动机温度达到正常工作温度后,怠速时检查结果应与冷机时相同,若转速提高到 2 500 r/min 左右,拆下真空软管,发动机转速有明显提高。

(2) EGR 电磁阀的检查。

冷态测量电磁阀电阻应为 $33\sim39\ \Omega$。电磁阀不通电时,从进气管侧吹入空气应畅通,从滤网处吹应不通;接上蓄电池电压时,情形应相反。

(3) EGR 阀的检查。

用手动真空泵给 EGR 阀膜片上方施加约 15 kPa 的真空度,EGR 阀应能开启;不施加真空度,EGR 阀应能完全关闭。

四、三元催化转换器(TWC)

1. 作用

三元催化转换器可以将汽车尾气中有害物质 HC,CO,NO_x 转换成无害物 H_2O,CO_2 和 N_2,有效减少排放污染。

2. 结构和基本工作原理

三元催化转换器安装在排气道中,位于消音器与排气歧管之间,由壳体、减振层和涂有催化剂的载体组成,如图 5-1-41 所示。

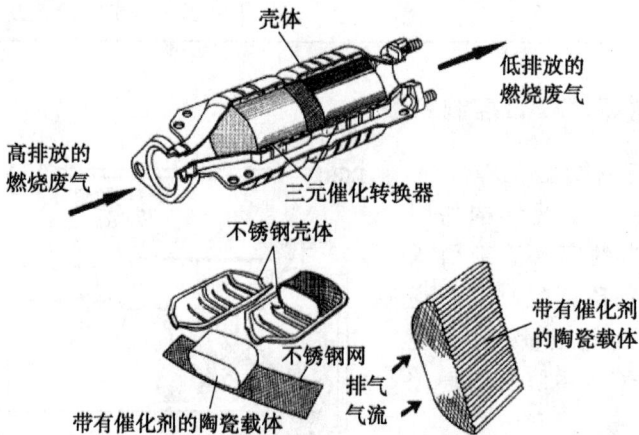

图 5-1-41 三元催化转换器结构

目前车用催化剂载体绝大多数采用蜂窝状陶瓷载体,陶瓷载体每平方英寸有 $400\sim 1\ 200$ 个孔,这些孔贯通于整个载体。在每个孔的内表面涂有一层非常疏松的 γ-Al_2O_3 涂层,其粗糙多孔的表面可使壁面实际催化反应表面积扩大 7 000 倍左右。在涂层表面散布着贵金属催化剂(铂、铑和钯)。尾气中的 HC,CO,NO$_x$ 以及燃烧剩余的 O$_2$ 在催化剂的作用下,在一定温度条件下(一般为 300～500 ℃以上)发生氧化还原反应,生成 H$_2$O 和 N$_2$。当空燃比为标准的理论空燃比($A:F=14.7:1$)时,三元催化转换器转换效率可达 90%以上,因此装备三元催化转换器的发动机必须采用氧传感器对空燃比进行反馈控制,将空燃比精确控制在 14.7:1附近。

3. 三元催化转换器常见故障

(1)催化剂化学中毒。车用催化剂中毒的源头主要是燃料和机油中的铅、磷、硫,这些化学元素燃烧后的氧化物覆盖在催化剂表面,使尾气中的有害成分无法与催化剂接触,无法进行氧化还原反应。

(2)积炭堵塞。燃烧产生的积炭或机油经排气导管时氧化生成的积炭堵塞了三元催化转换器陶瓷载体,造成排气不畅、恶化燃烧,导致发动机动力不足、怠速抖动、启动困难等故障,同时也使得三元催化转换器温度升高过多,造成高温烧结。

(3)高温烧结。三元催化转换器正常工作温度为 500～800 ℃,出口处温度比进口处温度高 30～100 ℃。但是当工作温度超过 800 ℃以上时,涂层中的 γ-Al$_2$O$_3$ 烧结,表面积大大减少,导致三元催化转换器失效。

(4)陶瓷载体破损。三元催化转换器过热、外部碰撞和挤压都有可能使陶瓷载体断裂和破碎,导致排气不畅。

五、二次空气喷射系统(AI)

1. 系统简介

自从世界上第一个车辆排气污染控制标准实施以来,二次空气喷射系统已经被广泛地应用在汽车上,它实际上就是一种尾气排放控制实用技术,用以减少排气中的 HC 和 CO 的排放量。其工作原理是:空气泵将新鲜空气送入发动机排气管内,从而使排气中的 HC 和 CO 进一步氧化和燃烧,即使导入的空气中的氧在排气管内与排气中的 HC 和 CO 进一步化合形成水蒸气和二氧化碳,从而降低了排气中的 HC 和 CO 的排放量,如图 5-1-42 所示。另外一种尾气控制系统就是二次空气吸入(AS)系统,AS 系统利用废气的波动(即排气压力有规律的突然变化),打开和关闭片簧阀,让空气断续进入排气歧管,如图 5-1-43 所示。与二次空气喷射相比,其量甚小,所以 AS 法只适用于体积相对较小的发动机。

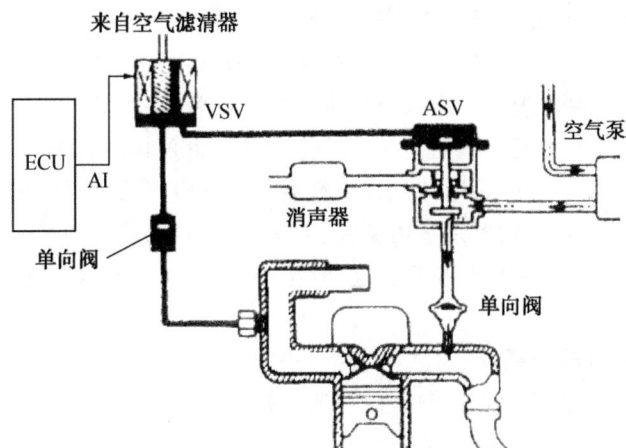

图 5-1-42　二次空气喷射(AI)系统

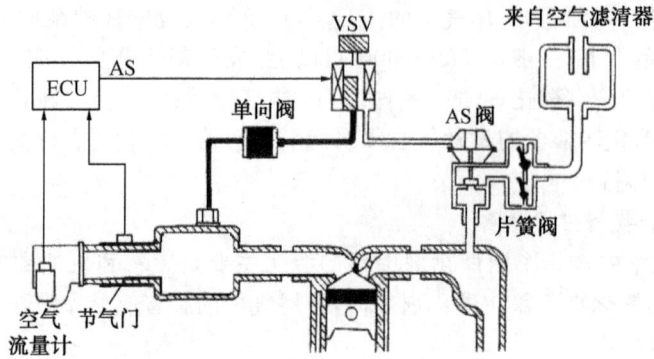

图 5-1-43 二次空气吸入(AS)系统

2. 系统分类及工作原理

二次空气喷射系统按其空气喷入的部位可分为两类。

第一类:新鲜空气被喷入排气歧管的基部,即排气歧管与气缸体相连接的部位,因此,排气中的 HC,CO 只能从排气歧管开始被氧化。

第二类:新鲜空气通过气缸盖上的专设管道喷入排气门后气缸盖中的排气通道内,排气中 HC,CO 的氧化便提早进行。

二次空气喷射系统按照结构和工作原理的不同可以分为空气泵型和吸气器型两种结构类型。

二次空气喷射系统按控制形式不同可分为以下几种。

(1) 空气泵型二次空气喷射系统。

空气泵型二次空气喷射系统主要由空气泵、分流阀、连接管道、空气喷射歧管等组成。当发动机工作时,通过曲轴传动带带动空气泵运转,泵送压力较低的空气流通过软管进入分流阀。正常情况下,分流阀上阀门开启,空气流经分流阀、单向阀进入空气喷射歧管。空气喷射歧管将空气流喷入发动机排气孔或排气歧管,与排气中的 HC,CO 反应,使其进一步转化成 CO_2 和水蒸气,以减少排气污染。

(2) 脉冲型二次空气喷射系统。

脉冲型二次空气喷射系统也称吸气器型二次空气喷射系统,该系统应用排气压力的脉冲将新鲜空气吸入排气系统。每次排气门关闭时,都会有一个很短的时间周期,在该时间周期内,排气孔和排气歧管内的气压都低于大气压力,即产生了一个负压(真空)脉冲。利用负压真空脉冲,经空气滤清器吸入一定量空气进入排气歧管,用这部分空气中的氧去氧化排气中的 HC 和 CO。如果车辆还装有催化式排气净化器,也可以用这部分空气去满足催化式排气净化器对氧的需要。这就是脉冲型或吸气器型二次空气喷射系统的工作原理。

常见的脉冲型二次空气喷射系统由钢管、单向吸气器、软管等组成。钢管的一端接吸气器,另一端用连接盘与发动机排气歧管相连通,把经空气滤清器、软管、吸气器的新鲜空气导入排气歧管。

(3) 电控二次空气喷射系统。

系统中的空气由电控单元根据输入信号通过控制相关电磁阀引入空气滤清器、排气管及催化式排气净化器中。该系统有两套主控电磁阀,第一套电磁阀为分流阀,用于将空气送往空气滤清器;第二套电磁阀为开关电磁阀,用于将空气送往排气管或催化式排气净化器。

（4）电控脉冲型二次空气喷射系统。

该系统由电控单元控制电磁阀的打开及关闭,电磁阀与单向阀(也称检查阀)相连,由于排气中的压力是正负交替的脉冲压力波,当排气压力为负时,来自空气滤清器的空气进入排气管;当压力为正时,单向阀关闭,空气不能返回。

第二章　自动变速器

第一节　概　　述

目前汽车所装用的自动变速器绝大多数是液力自动变速器,它是由液力变矩器和齿轮式自动变速器组合起来的。

由于自动变速器操作简单,行驶平顺性好,驾驶员可以把更多的精力转移到处理交通状况上来,从而使汽车行驶更安全。为此自动变速器被大量应用到高档轿车和城市公共汽车上,并已开始向一般轿车和载重车推广,如广州本田雅阁,上海别克、桑塔纳,一汽奥迪、捷达等汽车都有自动变速器配置。与传统的齿轮式手动变速器相比,自动变速器不但结构和工作原理要复杂得多,而且制造困难、造价高、传动效率低,在使用方法上也有着很大的不同。

一、自动变速器的特点

与手动变速器相比,自动变速器具有以下特点。

1. 提高发动机和传动系统的使用寿命

自动变速器车型的发动机与传动系统之间有液力变矩器,由液体这种"弹性体"执行动力传递功能,能够起到一定的缓冲和过载保护作用,如在汽车起步、换挡或制动时能吸收振动,提高零部件的使用寿命。

2. 驾驶和换挡轻便

由于采用液压传动控制换挡过程,它比手动变速器通过拨叉操纵滑动齿轮换挡要简单、轻便得多。自动变速器通常采用啮合齿轮组,降低或消除了换挡时的齿轮冲击。因为其取消了离合器,从而也减轻了驾驶员的操作复杂性和劳动强度。

3. 提高了动力性和适应性

自动变速器能平稳地自动适应汽车驱动轮的负荷变化。当行驶阻力增大时,车速自动降低,驱动轮上牵引力自动增加。在起步时,驱动轮上的牵引力逐渐增加,有效衰减了传动系扭振,也减少了由于车轮打滑造成的起步困难。当行驶阻力很大时,发动机不至于熄火,使汽车能以极低的速度行驶。因此,自动变速器提高了汽车的动力性、平稳性和舒适性,行车安全性也得到了提高。

4. 减轻了空气污染

自动变速器能够根据行驶路况和驾驶需求自动换挡,这使汽车发动机基本达到最佳工作状态,有效降低了排放,减轻了对空气的污染。

自动变速器存在结构复杂,造价高,成本大,燃油经济性相对较差等缺点。

二、自动变速器的类型

自动变速器的结构类型较多,车用自动变速器可分为两大类:平行轴式自动变速器(定轴轮系)、行星齿轮式自动变速器(非定轴轮系)。行星齿轮式自动变速器根据行星齿轮机构传力组合不同又分为拉维纳式(复合轮系)和辛普森式。

行星齿轮式自动变速器是现代汽车广泛采用的结构类型,如日本的丰田汽车公司,美国的通用、福特、克莱斯勒三大汽车公司,德国的大众、奔驰汽车公司,韩国的现代汽车公司等生产的自动变速器就属于这一类。平行轴式自动变速器(定轴轮系)和手动变速器结构相类似,只是在操纵机构上由离合器代替了拨叉、拨叉轴等零件,前进各挡的变换为自动而已,因此以下仅介绍行星齿轮式自动变速器。

三、自动变速器的组成

现代汽车自动变速器主要由以下几个部分组成,如图 5-2-1 所示。

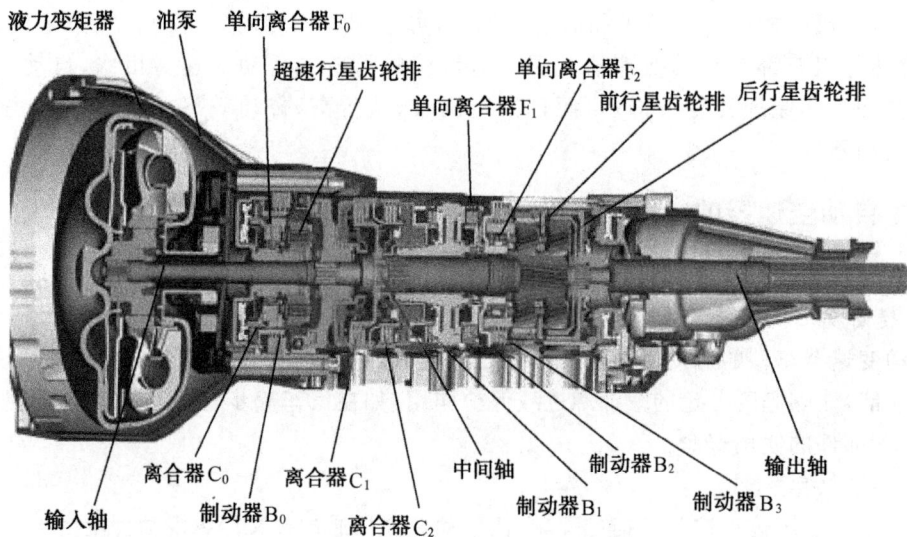

图 5-2-1　自动变速器的结构

1. 液力变矩器

液力变矩器包括泵轮、涡轮、导轮、导轮单向离合器、锁止离合器等元件。

2. 行星齿轮机构

行星齿轮机构包括太阳轮、行星齿轮、行星齿轮架、齿圈等元件。

3. 液压控制系统

液压控制系统包括油泵、滤清器、各种换挡阀、节流阀、速控阀、调压阀、离合器、制动器等元件。

4. 电子控制系统

电子控制系统包括各种传感器、控制微机、控制程序、自诊断系统等。

大众系列轿车上采用的 01N 型四挡自动变速器结构如图 5-2-2 所示。由于该车采用前轮驱动形式,因此其主减速器、差速器和自动变速器组合成一个整体结构,即各齿轮、轴、换挡执行元件、液压元件等都安装在同一个壳体内。

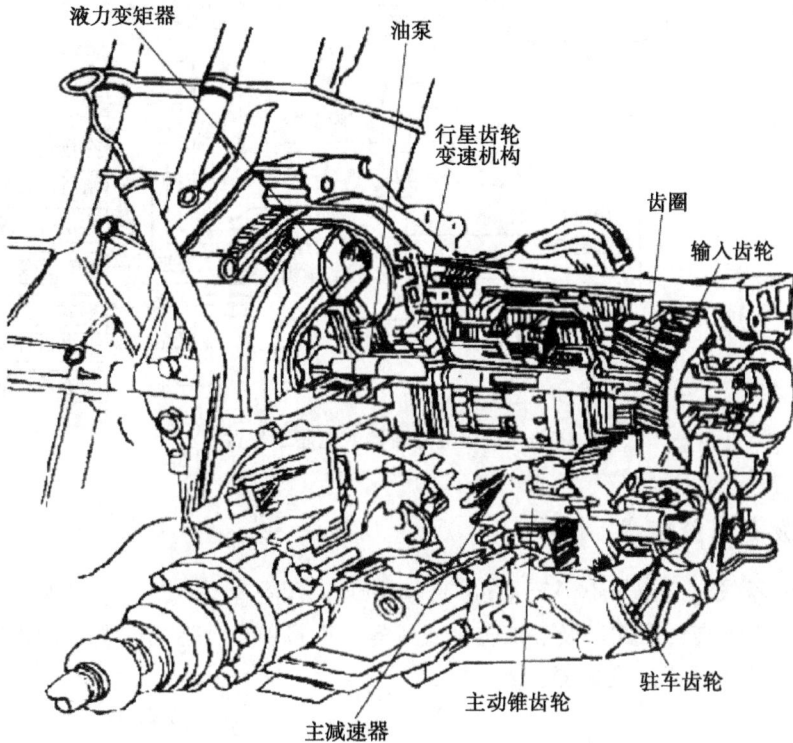

图 5-2-2　大众系列车型 01N 型四挡自动变速器结构

四、自动变速器工作过程

自动变速器按控制方式不同,可分为液力控制自动变速器和电子控制自动变速器两种。驾驶员通过自动变速器的操纵手柄改变阀体内的手动阀的位置。

液力控制自动变速器通过机械的手段将汽车行驶时的车速及节气门开度这两个参数转变为液压控制信号;阀体中的各个控制阀根据这些液压控制信号的大小,按照设定的换挡规则,通过控制换挡执行机构的动作来实现自动换挡。

电子控制自动变速器是通过各种传感器,将发动机转速、节气门开度、车速、发动机水温,以及自动变速器液压系统油压、油温等参数转变为电信号,并输入控制微机。控制微机根据这些电信号,按照设定的换挡规律,向换挡电磁阀、油压电磁阀等发出电子控制信号。阀体中的各个控制阀根据这些电子控制信号,控制换挡执行机构的动作,换挡电磁阀和油压电磁阀再将控制微机的电子控制信号转变为液压控制信号进行自动换挡。

电子控制自动变速器的工作过程如图 5-2-3 所示。

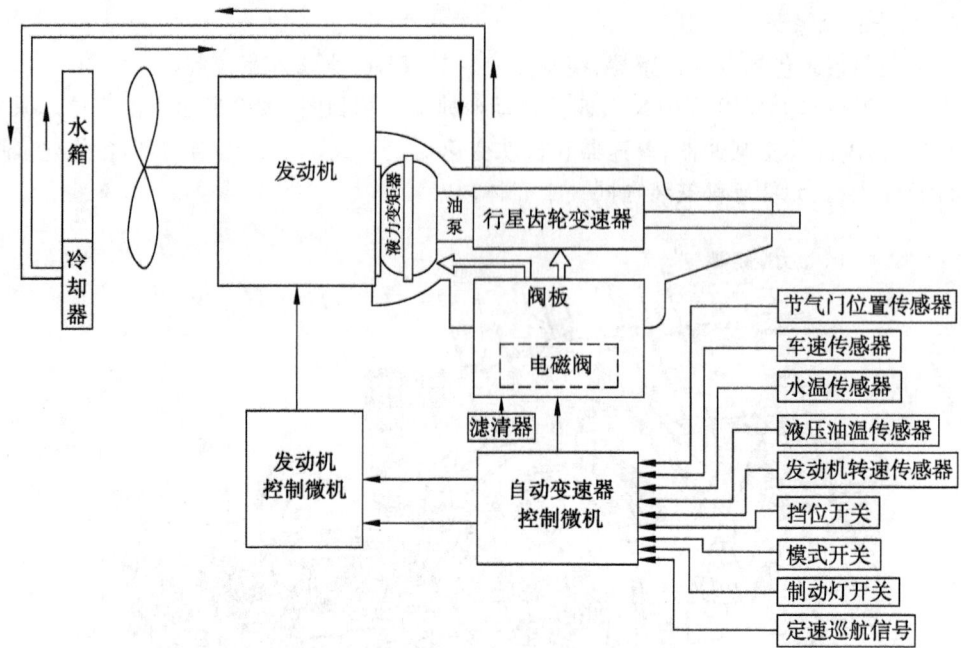

图 5-2-3　电控液力自动变速器工作过程

五、无级变速器技术

无级变速器(Continuously Variable Transmission,简称 CVT)有若干分类,包括摩擦式、电传动式、滑动离合器式以及静液传动式等等。而目前广泛运用的金属带式属于摩擦式类别,图 5-2-4 为奥迪无级变速器。

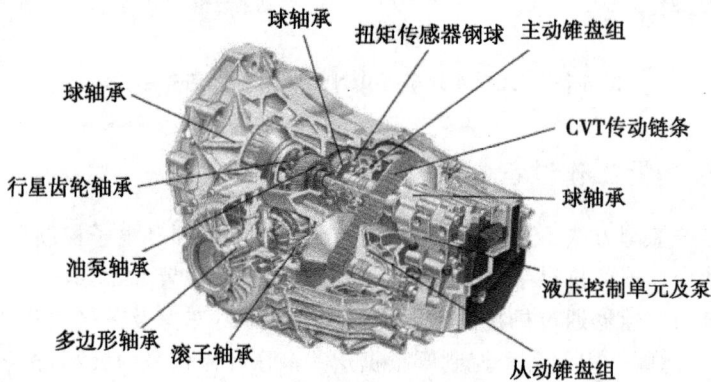

图 5-2-4　奥迪无级变速器

金属带式无级变速器是 VDT 公司研究开发的专利产品,这种无级变速器一般由金属传动带、工作轮、油泵、起步离合器、中间减速机构以及控制系统等核心部件组成。

无级变速器的工作原理:传动器的主、被动轮由固定和可动的两部分半锥轮组成,其工作面大多为直线锥面体,从而形成 V 型槽,与金属带咬合。当输入工作轮的可动部分沿轴向向外移动时,输出工作轮的可动部分则沿轴向向内移动,使得输入带轮的工作半径变小,而输出带轮的工作半径变大,从而导致输出与输入带轮的工作半径之比变大,即传动比变大。由于该变速器的传动轮工作半径大小变化是连续的,因此称之为无级变速。

由于这一工作原理,CVT变速器能够使发动机转速与车速获得相应的连续性变化,从而确保最大限度地利用发动机的特性,使车辆的动力性与发动机燃油经济性获得最优匹配。

由于这类变速器传动变化的连续性使得CVT不存在有级式的机械变速器挡位转换时带来的冲击性和顿挫感,确保了发动机工作的平稳和顺畅,大大提高了驾驶和乘坐的舒适度,并且有利于节油和平稳行驶。

第二节 液力变矩器结构与工作原理

液力变矩器位于自动变速器的最前端,安装在发动机的飞轮上,其功用与采用手动变速器的汽车中的离合器相似。它利用液力传递的原理,将发动机的动力传给自动变速器的输入轴。此外,它还能实现无级变速,并具有一定的减速增矩的功能。

一、液力变矩器组成

汽车使用的液力变矩器由泵轮、涡轮、导轮(固定不动)组成,这样的液力变矩器又称为三元件变矩器,如图5-2-5、图5-2-6所示。

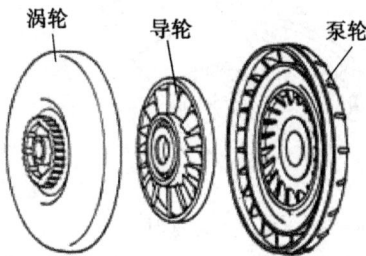

图 5-2-5 液力变矩器主要零件

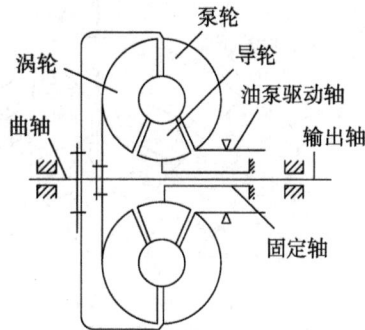

图 5-2-6 液力变矩器结构

早期汽车使用的液力变矩器是在液力耦合器的基础上增加了一个固定不动的导轮,固定的导轮安装在涡轮和泵轮之间,其作用是将涡轮内缘流出的液体经导轮变向后进入泵轮的内缘,以减少动力损耗,增大涡轮的输出转矩。

二、液力变矩器工作原理

液力变矩器能够传递转矩的原理如图5-2-7所示。图中A为主动风扇,B为从动风扇,只要给A风扇以动力(通电)使之转动,B风扇也随之转动。A,B风扇之间并无机械连接,动力的传递是通过流体(空气)传递的。液力变矩器的工作与此极为类似,不同之处是将空气换为液压油。

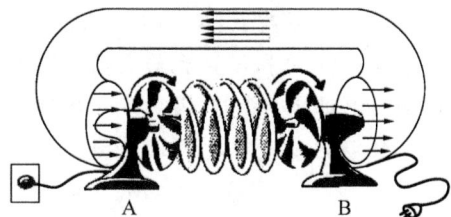

图 5-2-7 扭矩成倍增大原理

图5-2-8为液力变矩器工作原理展开图。发动机工作时通过曲轴带动泵轮旋转,充满在泵轮中的工作液体被泵轮带动旋转,由于离心力的作用,液体将由泵轮叶片的内缘流向外缘,并从涡轮的外缘流入,冲击涡轮叶片,推动涡轮

旋转,并将动能传给涡轮。液体由涡轮的外缘进入后,从内缘流出又进入泵轮的内缘,这样就形成了一个环流,由于增加了导轮,推动涡轮的环流流动方向变为:泵轮外缘→涡轮外缘→涡轮内缘→导轮→泵轮内缘→泵轮外缘。

(1) 假设泵轮转速、转矩不变,涡轮转速为0,导轮不动 $n_d=0$,则由图 5-2-8a 可知 $M_w=M_b+M_d$,即液力变矩器起增扭作用(汽车起步的情况)。

(2) 当液力变矩器输出转矩(M_w)大到足以克服汽车阻力时,汽车开始起步,即涡轮转速 n_w 由 0 开始增大。此时,经涡轮内缘流向导轮的液流方向发生变化,液流冲向导轮的绝对速度 v 是涡轮的相对速度 n_w 和液流牵连速度 n_w 合成,如图 5-2-8b 所示,从而使 M_d 减小,M_w 也减小。

(3) 随着车速的增加,即 n_w 上升,M_d 逐渐减小。当 M_d 下降到 0 时,$M_w=M_b$,即变矩系数 $K=1$ 时,液力变矩器成为耦合状态。此时,从涡轮流出的环流沿导轮叶片的切线方向进入图 5-2-8b 中的 v,对导轮无冲击力,即 $M_d=0$。

(4) 在 $K=1$ 后,如果车速继续增加,即涡轮转速 n_w 继续增加,此时从涡轮流出的液流冲向导轮叶片的背面,如图 5-2-8b 中的 v',使 M 变为负值,从而使 $M_w<M_b$,降低涡轮的输出扭矩。

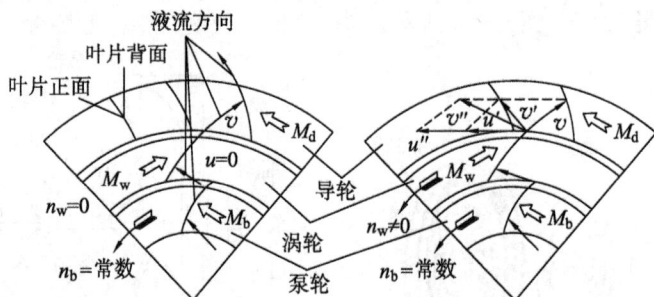

(a) 当 n_b=常数,n_w=0 时　　　(b) 当 n_b=常数,n_w 逐渐增加时

n_b—泵轮转速;n_w—涡轮转速;M_b—泵轮转矩;M_w—涡轮转矩;M_d—导轮转矩;u—涡轮线速度;v—从涡轮流向导轮的液流速度(液流绝对速度)

图 5-2-8　液力变矩器工作原理

(5) 当 $n_w=n_b$ 时,和液力耦合器一样不能传递能量,即传动比 $i=1$ 不存在。

(6) 液力变矩器的输出特性(导轮不动)。

① 传动比 i 和液力耦合器相同,$i=n_w/n_b<1$。

② 失速点:$n_w=0$ 时,即 $i=0$(和液力耦合器相同)。

③ 变矩系数 K:$K=M_w/M_b$。

当 $n_w=0$ 时,K 达到最大值。随着 n_w 由 0 开始增大,M_w 下降,K 下降。当 M_w 下降到值 M_b 时,即 $K=1$ 时,液力变矩器就相当于液力耦合器,此时就叫液力变矩器的耦合点。

④ 液力变矩器效率 η,其值为

$$\eta=(M_w \cdot n_w)/(M_b \cdot n_b)=(M_w/M_b) \cdot i=K \cdot i$$

因为液力耦合器的效率相当于 i,所以由上式可知:

当 $K>1$ 时,$M_d>0$,液力变矩器的效率比液力耦合器的效率高。

当 $K<1$ 时,$M_d<0$,液力变矩器的效率比液力耦合器的效率低。

当 $K=1$ 时,$M_d=0$,液力变矩器相当于液力耦合器,导轮不起作用。

由于三元件液力变矩器的传动效率较低,为此在上述结构基础上对三元件液力变矩器的结构作了改进,增加了单向离合器和锁止离合器。

三、01N 自动变速器液力变矩器结构与原理

01N 自动变速器的液力变矩器中装有锁止离合器,锁止离合器根据车辆的负载、速度和挡位的状况机械性地闭合,使之无法打滑。该四挡自动变速器有 4 个液压控制的前进挡,当锁止离合器闭合时,这些前进挡由液力变矩器的打滑转变成机械驱动的挡位。其结构如图 5-2-9 所示。自动变速器只有在 P 或 N 挡时,发动机才能启动。对于装备自动变速器的汽车不能通过推动或牵引汽车来启动发动机,这是因为变速器工作所需要的来自 ATF 油泵的工作油压只有在发动机运转时才能建立。当装备自动变速器的汽车换挡杆位于 N 挡时,汽车可以被牵引。但牵引时,牵引速度不能超过 50 km/h,牵引距离不能大于 50 km;如果距离更远,则需要将汽车前部抬起,这是因为发动机停止运转时,变速器的旋转零部件得不到润滑。

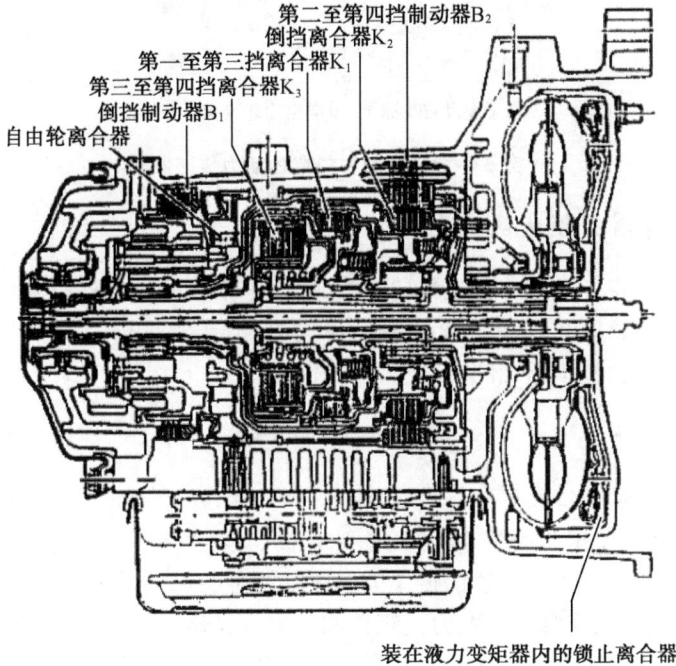

图 5-2-9　01N 自动变速器

液力变矩器位于变速器中,安装固定在发动机上。液力变矩器的泵轮(以发动机转速旋转)和涡轮(变速器输入轴)存在转速差,该转速差简称为滑转。汽车起步时的转速差最大,液力变矩器在其最大的扭矩范围内工作。随着速度的提高,泵轮和涡轮的转速逐渐接近。为了降低燃油消耗,即以更经济的方式行驶,动力传递可跨过液力变矩器,由发动机直接传递给变速器。当液力变矩器出现肉眼可见的损坏或功能故障时,应对其进行更换。

液力变矩器的液压动力传递路径如下:

发动机→泵轮→涡轮→带有单向自由轮支架的导轮。

涡轮轴→片式离合器 K_1,K_2。

液力变矩器的机械动力传递路径如下：

发动机→泵轮轴→片式离合器 K_3。

当变速器处于一，二，三挡时，与负载有关的发动机转矩通过液力变矩器以液力方式传输到行星齿轮变速机构中，片式离合器 K_1 和 K_2 通过涡轮轴与液力变矩器的涡轮连接在一起。三挡时与负载有关的转矩跨越过液力变矩器，通过泵轮轴以机械方式将动力传递到片式离合器 K_3 上。四挡时，转矩将通过泵轮轴和片式离合器 K_3 以机械方式传递动力。液力变矩器、泵轮和涡轮等的布置以及其动力传递路径如图 5-2-10 所示。

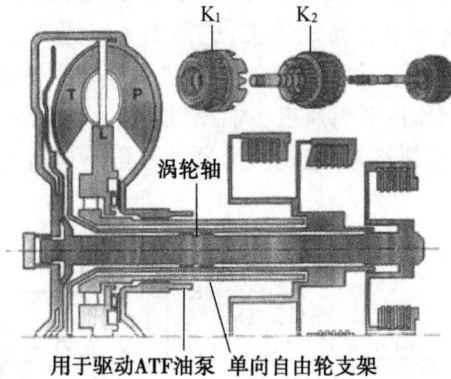

图 5-2-10　液力变矩器的动力传递路径

四、单向离合器和锁止离合器

离合器的功用是将变矩器与行星齿轮连接起来，从而将发动机的扭矩传送给中间轴，也可使变矩器与行星齿轮脱开，切断扭矩传送。单向离合器仅沿一个方向传送扭矩，其由内座圈和外座圈构成，在内、外座圈之间有几个锲块和滚珠。

（一）单向离合器

1. 单向离合器的作用

由液力变矩器的输出特性可知：当 $K<1$ 时，$M_d<0$，液力变矩器的效率比液力耦合器的效率低，即此时液力变矩器的传递效率低、油耗高、经济性差。所以，当 $K<1$ 时，以液力耦合器工况工作就能使液力变矩器的传递效率得到改善。那么，如何使液力变矩器在 $K<1$ 时，以液力耦合器工况工作呢？由液力变矩器和液力耦合器的结构可知：液力变矩器只是比液力耦合器多了一个固定不动的导轮。如果将导轮拿掉，就成了液力耦合器，这当然是不允许的。由液力变矩器的工作原理可知，假如让导轮自由转动，则液力变矩器就成为液力耦合器（因为导轮自由转动时 $M_d=0$）。接下来的问题是如何使导轮在 $M_d<0$ 时由不动变为自由转动。实际液力变矩器是在导轮与导轮轴间设置了和涡轮同向转动的单向离合器，利用单向离合器在受力方向或运动方向反向时具有的自动接合或分离两元件的连接功能，从而使液力变矩器当 $M_d<0$ 时，单向离合器将导轮和固定轴分离而转动，即导轮不起作用，液力变矩器成为液力耦合器工作状态；当 $M_d>0$ 时，单向离合器使导轮和固定轴接合，这样导轮就被固定，液力变矩器又起变矩作用。

2. 单向离合器的结构类型

按结构不同，单向离合器主要有棘轮式、滚柱式和卡块式 3 种，其中以滚柱式和卡块式最为常用。滚柱式和卡块式单向离合器结构如图 5-2-11 所示。

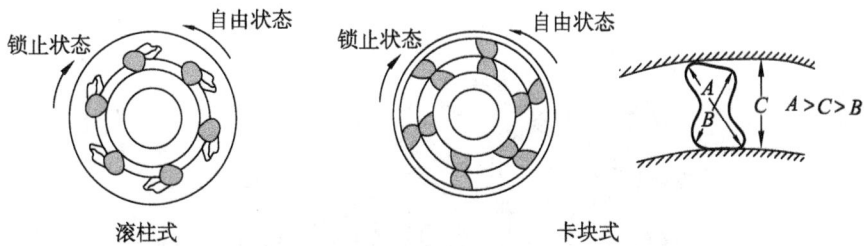

图 5-2-11　滚柱式和卡块式单向离合器结构示意图

3. 单向离合器的工作过程

(1) 单向离合器被锁止。

从涡轮进入导轮的油液流动方向取决于泵轮与涡轮的转速差。当转速差很大时,从涡轮流出的工作油液冲击导轮叶片的前部,此时导轮被单向离合器锁止而不能逆向转动,如图 5-2-12 所示。油液被导轮叶片改变流动方向后冲击泵轮叶片背面,推动泵轮转动,实现了变矩作用。

(2) 单向离合器自由转动。

当涡轮转速与泵轮转速接近时,从泵轮流出的工作油液冲击导轮叶片的背面,使导轮在单向离合器上转动,这样工作液便直接由涡轮回流冲击泵轮的背面。此时单向离合器已不起作用,如图 5-2-13 所示。

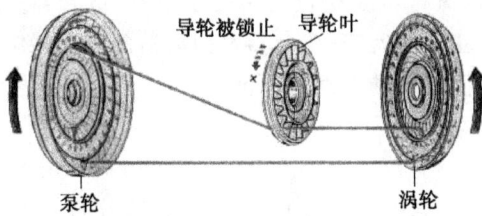

图 5-2-12　单向离合器被锁止

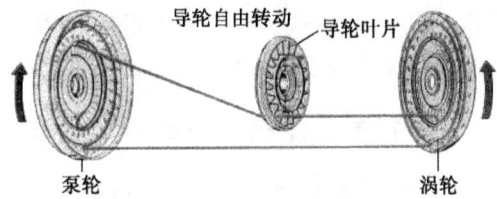

图 5-2-13　单向离合器自由转动

综上所述,当涡轮转速达到泵轮转速的某一特定比例时,导轮就开始空转,液力变矩器丧失了增矩功能。

（二）锁止离合器

增设了单向离合器后,液力变矩器在涡轮高速运转时的传动效率得到了改善,与液力耦合器的传动效率相等。但由于液力耦合器的最高传动效率仅为 90%,为了进一步改善液力变矩器高速运转时的传动效率,在现代汽车的液力变矩器中增设了锁止离合器。当汽车以某一车速运行时(车型不同,具体车速不同),利用锁止离合器将泵轮和涡轮直接接合,使之成为刚性连接,从而实际液力变矩器的传动效率接近 100%。图 5-2-14 所示为带有锁止离合器和单向离合器的液力变矩器结构。

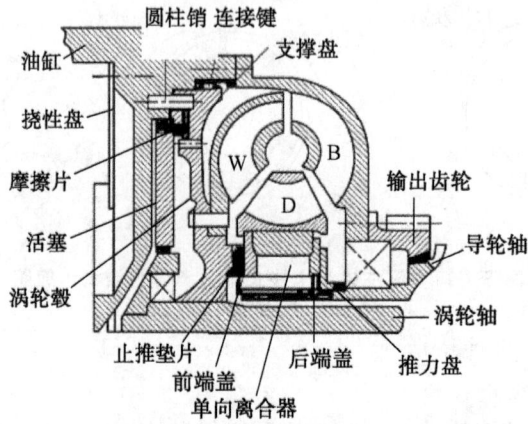

图 5-2-14　带锁止离合器和单向离合器的液力变矩器结构

除了上面介绍的液力变矩器形式,车用液力变矩器还有双导轮式、二涡轮式、三涡轮式等类型,但实际应用较少。

第三节　行星齿轮变速机构

行星齿轮变速机构安装于铝合金制成的变速器壳体内,其功能是改变变速器输出转速及输出转动方向,并将输出功率传送至主传动机构。行星齿轮机构由行星齿轮、离合器、制动器、轴与轴承组成。各部件作用为:行星齿轮改变输出转速;离合器及制动器由液压操纵,以控制行星齿轮工作;轴传输发动机动力;轴承则使每个轴平滑转动。

一、行星齿轮机构的结构与工作原理

行星齿轮机构通常由多个行星排组成,但其基本结构和工作原理,可由最简单的单排行星齿轮机构来说明。

(一)单排行星齿轮机构

单排行星齿轮机构(如图 5-2-15 所示)由一个太阳轮(中心轮)、一个行星架、一个齿圈和几个行星齿轮组成,如图 5-2-15 所示。太阳轮位于系统的中心,行星齿轮与它啮合,最外侧是同行星齿轮相啮合的齿圈。通常有 3~6 个行星齿轮,它们为均匀或对称布置。各行星齿轮借助于滚针轴承(带有或不带有保持架)和行星齿轮轴安装在行星架上,两端有止推垫片。工作时,行星齿轮除绕行星齿轮轴自转外,同时还要绕太阳轮公转。行星齿轮绕太阳轮公转时,行星齿轮轴和行星架也将一起绕太阳轮旋转。

单排行星齿轮机构简图,如图 5-2-16 所示,其运动特性方程式为

$$n_1 + an_2 - (1+a)n_3 = 0$$

其中

$$a = z_2 / z_1$$

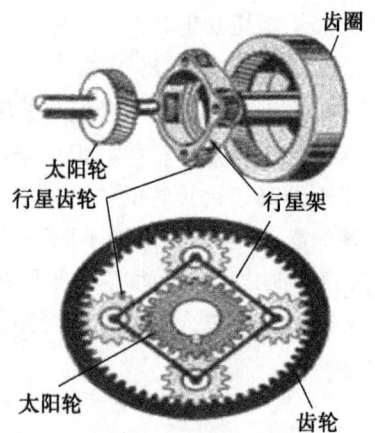

图 5-2-15　单排行星齿轮机构

式中，n_1 为中心轮转速；n_2 为齿圈转速；n_3 为行星架转速；z_1 为中心轮齿数；z_2 为齿圈齿数。

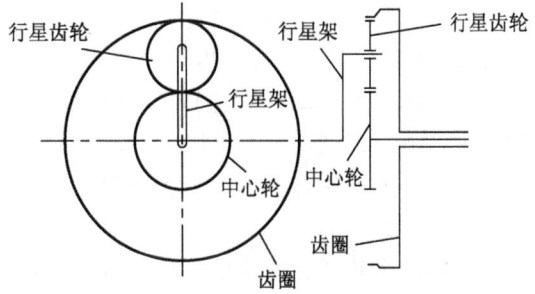

图 5-2-16 单排行星齿轮机构简图

由上述运动特性方程不难看出，如果将中心轮、齿圈、行星架三者中的任意一个作为主动件输入，余下两个中任选一个作为输出，最后一个固定（或以固定转速运转），则单排行星齿轮机构将以一定的传动比传递动力，由此可获得 6 种不同的传递组合。另外，如果不对三者中的任意元件进行固定，则单排行星齿轮机构处于自由运转状态，无法传递动力；如果将任意两元件连接起来，则第三个元件也一起运转，成为直接传动。因此，只要固定和连接不同的元件或任其自由运转，则单排行星齿轮机构就可得到 8 种传动组合，这 8 种传动组合相应可得 8 种不同的传动方式，这也就是行星齿轮的传动原理。单排行星齿轮的 8 种传动组合情况见表5-2-1。

表 5-2-1 单排行星齿轮的 8 种传动组合情况

序号	中心轮(z_1)	行星架	齿圈(z_2)	转动比(i)	说明
1	输入	输出	制动	$i_{1,3}=n_1/n_3=1+a$	减速、前进低挡
2	制动	输出	输入	$i_{2,3}=n_2/n_3=(1+a)/a$	减速、前进高挡
3	输入	输入	输出	$i_{3,2}=n_3/n_2=a/(1+a)$	超速、前进低挡
4	输出	输入	制动	$i_{3,1}=n_3/n_1=1/(1+a)$	超速、前进高挡
5	输入	制动	输出	$i_{1,2}=n_1/n_2=-a$	减速、倒挡
6	输出	制动	输入	$i_{2,1}=n_2/n_1=-1/a$	超速、倒挡
7	任两个相连，则第三个同转速			$i=1$	直接挡
8	不约束任何元件			自动转动	不传力、空挡

（二）单排行星齿轮机构的传动

行星齿轮机构可以提供减速挡、超速挡、直接挡、倒挡和空挡。下面以单排行星齿轮机构为例来分析其传动，进而了解掌握双排、多排或其他组合形式的行星齿轮机构的传动规律。

1. 空挡

如果行星齿轮机构的所有元件都不受约束，可以自由转动，则不论从哪一个元件输入动力，都不会有动力输出，即行星齿轮机构处于空挡位置。

2. 倒挡

若行星架被固定，太阳轮为主动件以顺时针方向转动则从动齿圈将会以逆时针方向转动，如图 5-2-17所示。这是因为行星齿轮不能环绕着其啮合的太阳轮转动即公转；或者说，因行星架被固定，行星齿轮只能

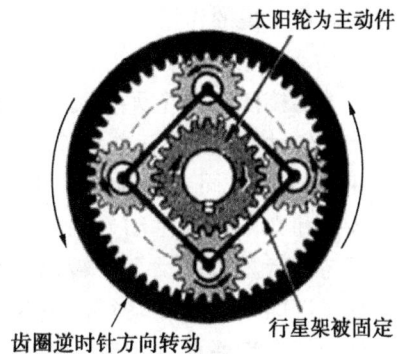

图 5-2-17 行星齿轮机构在倒挡工作

在自身轴上转动即自转。因此若太阳轮驱动行星齿轮,行星齿轮就驱动齿圈以相反方向转动,但转速较低。这样行星齿轮机构就提供了倒挡,这一倒挡是降速传动。

若以齿圈为主动件,大阳轮为从动件也可以形成超速传动的倒挡。也就是说,只要行星架固定,无论太阳轮为主动件还是齿圈为主动件都可以形成倒向传动。这是因为行星齿轮此时起惰轮的作用,因而以主动件相反的方向驱动从动件。

3. 减速挡

当输出齿轮转速低于输入齿轮转速时,即实现降速传动,并且使输出轴上的扭矩增大。

(1)通过固定太阳轮实现降速传动。

当动力输入给齿圈时,行星齿轮在行星架上将发生自转,行星架与齿圈同向转动,如图5-2-18所示。由于太阳轮被固定,则自转着的行星齿轮与行星架将一起绕着太阳轮公转,又因为齿圈转动一整圈而行星架不能转动一整圈,所以可以实现降速传动。由于行星架以较低的速度转动,所以其输出扭矩增大。

(2)通过固定齿圈,以太阳轮作为主动件实现降速传动。

当齿圈被固定,而太阳轮作为主动件时,也可以实现降速传动,如图5-2-19所示。这时行星架能绕着太阳轮转动,但是与上述齿圈驱动行星架的工作情况相比,行星架的转速更低,这将导致更大的降速和更大的扭矩。

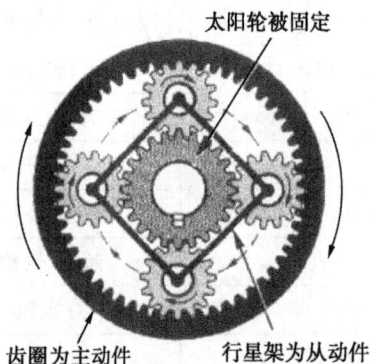

图 5-2-18 行星齿轮机构在减速挡
工作(太阳轮被固定)

图 5-2-19 行星齿轮机构在减速挡
工作(齿圈被固定)

可以得出这一结论:每当行星架作为行星齿轮机构的从动元件时,行星齿轮机构就会起降速增矩的作用。

4. 直接挡

若连接任意两个元件为主动件,使之同向同速转动时,则第三个元件必然与前两者以相等的转速同向转动,如图5-2-20所示。当齿圈和太阳轮为主动件同向同速转动时,太阳轮使行星齿轮反方向转动,而齿圈的内齿试图以同一方向转动行星齿轮,结果把行星齿轮锁在齿圈与太阳轮之间,行星齿轮机构中所有元件像一个元件一样整体转动。主

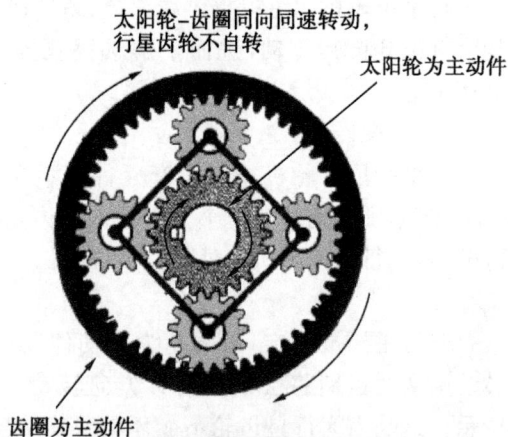

图 5-2-20 行星齿轮机构
在直接挡工作

动件与从动件被锁在一起从而形成直接挡传动,输入转速等于输出转速。

5. 超速挡

(1) 当行星架为主动件而太阳轮固定时,实现超速传动。

当行星架转动时,迫使行星齿轮围绕着固定的太阳轮公转,同时行星齿轮驱动齿圈以更快的速度转动。行星架每转动一整圈,齿圈则以相同方向转一圈多,这样提供了较高的输出转速,而输出扭矩较低,这称为超速挡,如图 5-2-21 所示。

(2) 行星架为主动件而齿圈固定时,可以提供一个更高的超速挡。

行星架顺时针方向转动,迫使行星齿轮环绕着齿圈逆时针方向转动,从而驱动太阳轮与行星架同向转动;行星架每转动一整圈,太阳轮则以相同方向转动好几圈,这样输出转速大幅增加,而输出转矩大幅降低。

图 5-2-21　行星齿轮机构在超速挡工作

(三) 多排行星齿轮机构

由表 5-2-1 可知,用一个单排行星齿轮机构作动力传动装置,可得到 4 个前进挡、2 个倒挡、1 个直接挡、1 个空挡。但深入研究会发现一个单排行星齿轮机构在汽车上根本无法完成上述 8 种传动方式。因为汽车变速器的输入、输出轴是固定的,用一个单排行星齿轮机构作为变速器的传力机构,只能设计成 2 个前进挡或 1 个前进挡、1 个倒挡。为此,实际车辆使用的行星齿轮自动变速器往往是采用多个单排行星齿轮机构的组合,以得到汽车行驶所需的各种挡位。

实际使用的行星齿轮自动变速器采用较多的行星齿轮机构分为辛普森式、拉维娜式和平行轴式三种。

1. 辛普森式双排行星齿轮机构

辛普森式双排行星齿轮机构如图 5-2-22 所示,丰田、通用、宝马、日产、福特等公司生产的自动变速器大量采用此结构。该机构由 2 个单排行星齿轮机构组成,中心轮共用,动力可从后行星排齿圈或中心轮输入,前行星排齿圈和后行星架连接,作为动力输出元件。这一机构可组成 3 个前进挡、1 个倒挡和 1 个空挡。各前进挡和倒挡的动力传递路线如下:

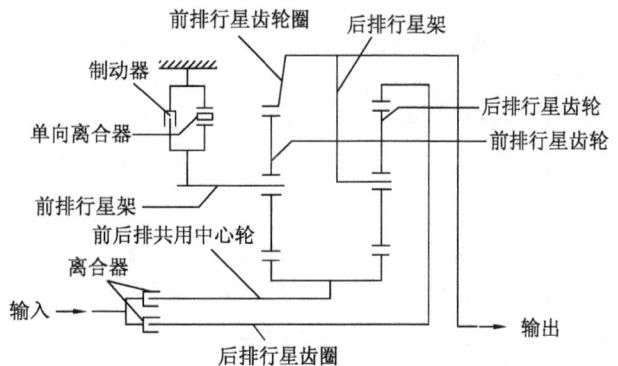

图 5-2-22　辛普森式双排行星齿轮传动机构

(1) 一挡(前排行星架固定)。

输入后排行星齿圈→后排行星齿轮→$\left(\begin{array}{c}\text{后排行星架}\\\text{中心轮→前排行星齿轮→前排行星齿圈}\end{array}\right)$→输出。

(2) 二挡(中心轮固定)。

输入后排行星齿圈→后排行星齿轮→后排行星架→前排行星齿圈→输出。

（3）三挡（后排行星齿圈与后中心轮连接，前排行星齿圈与前中心轮连接）。

输入后排行星齿圈和中心轮→前排行星齿圈和后排行星架→输出。

（4）倒挡（前排行星架固定）。

输入中心轮→前排行星齿轮→前排行星齿圈→输出。

2. 拉维娜式行星齿轮机构

拉维娜式行星齿轮机构又称复合行星轮系。大众、别克、三菱、宝马等公司生产的自动变速器大量采用此结构，该结构在实际应用中变化较大。图 5-2-23 为 01N 型四挡自动变速器的结构示意图。图 5-2-24 为该自动变速器行星齿轮结构，其复合行星轮系由大、小中心轮，长、短行星齿轮，齿圈和行星齿轮架等组成。大、小中心轮各自独立，短行星齿轮分别与长行星齿轮和小中心轮啮合，长行星齿轮分别与大中心轮、齿圈和短行星齿轮啮合。经变矩器输入的发动机动力通过 3 个离合器（C_1，C_2，C_3）分别传给小中心轮、大中心轮和行星架，最后由齿圈输出。制动器 B_2 控制大中心轮，单向离合器 F_1 和制动器 B_1 并联，用以控制行星架。

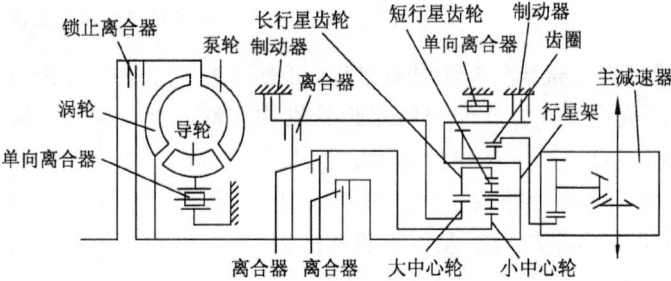

图 5-2-23　01N 型四挡自动变速器结构

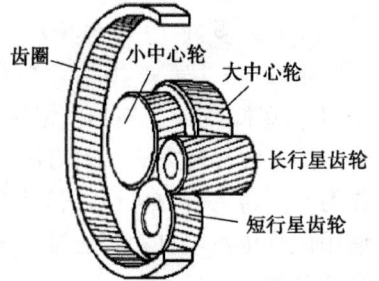

图 5-2-24　01N 型四挡自动变速器行星齿轮结构

3. 平行轴式行星齿轮变速机构

平行轴式行星齿轮变速机构，如图 5-2-25 所示。本田雅阁 98 款轿车采用 BAXA 型电子自动变速器，发动机前部横置结构，与之相适应的是采用普通平行轴式自动变速驱动桥。

这种自动变速器的结构特点是：主轴、副轴、中间轴和倒挡轴相互平行；全是外啮合的齿轮；只有离合器和单向器，没有制动器。因此，该自动变速器结构简单，液压与电子控制方便，有利于提高工作可靠性。

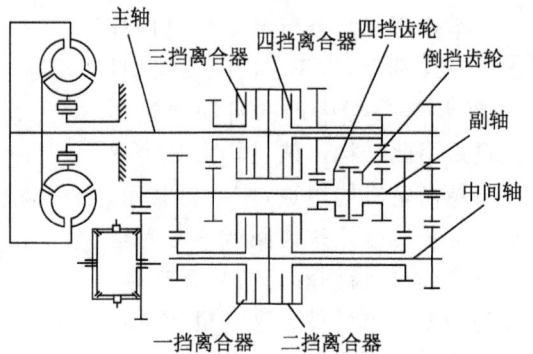

图 5-2-25　平行轴式行星齿轮变速机构

二、换挡执行元件的作用、结构及工作原理

由以上分析可知，要使行星齿轮机构得到不同的传动组合方式即不同的挡位，则需对中心轮、齿圈和行星架进行限制及连接。换挡执行元件就是用来限制和连接行星齿轮机构中的中心轮、齿圈和行星架的装置。在行星齿轮自动变速器中常采用的换挡执行元件有以下

3类:离合器、制动器、单向离合器。以下仅对离合器和制动器进行介绍。

（一）离合器

1. 作用

连接轴与轴、轴与架、轴与齿,和制动器、单向离合器构成不同组合,可得到不同挡位。

2. 结构类型

离合器由钢片、摩擦片、离合器毂、从动毂、活塞(带"O"形圈)、回位弹簧等组成。以湿式多片摩擦式离合器为例,其分解图和工作原理示意图如图5-2-26所示。

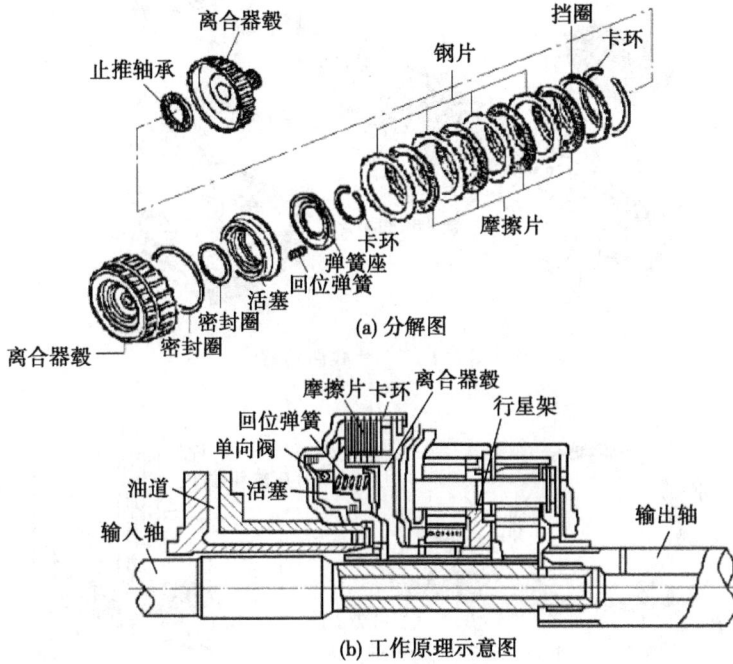

图 5-2-26　离合器结构

3. 工作原理

离合器钢片和摩擦片交叉安置,当彼此由活塞压紧时,处于接合状态(称挂挡);松开时则处于分离状态,不传递动力(称摘挡)。不工作时,离合器处于分离状态,这和配手动变速器的离合器相反。离合器钢片的厚度及和摩擦片间的间隙应正确,磨损后间隙会变大,从而容易造成油温和冷却水温升高。

（二）制动器

1. 作用

制动器的作用是限制行星齿轮机构中的三元件,并与离合器和单向离合器构成不同组合,得到不同挡位。

2. 结构类型

按摩擦元件结构不同分为片式和带式两种,片式使用较多。与离合器的区别在于离合器的壳体是一个主动部件,而制动器的壳体和油缸是固定不转动的,当多片制动器的钢压板和摩擦片处于结合状态时,对与摩擦片连接的构件起约束作用。

（1）片式制动器。与离合器相类似,只是安装位置不同,其结构如图5-2-27所示。

（2）带式制动器。带式制动器（如图 5-2-28 所示），主要由制动带、液压缸和顶杆等组成，其结构简单、紧凑，但平顺性差，已逐渐减少使用。制动鼓通常是离合器的外壳，当压力油从作用口注入时，作用在活塞上的油压克服弹簧力及弹簧室内的残余油压使活塞左移，通过顶杆使制动带抱紧离合器外壳而起制动作用。当需要解除制动时，压力油从活塞左方注入，而活塞右方的油道卸压，活塞右移，解除制动。

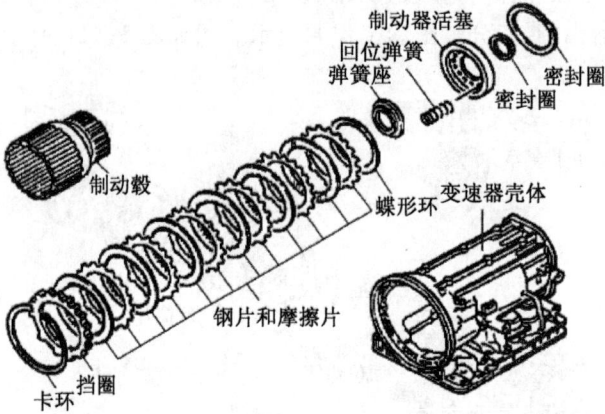

图 5-2-27　片式制动器

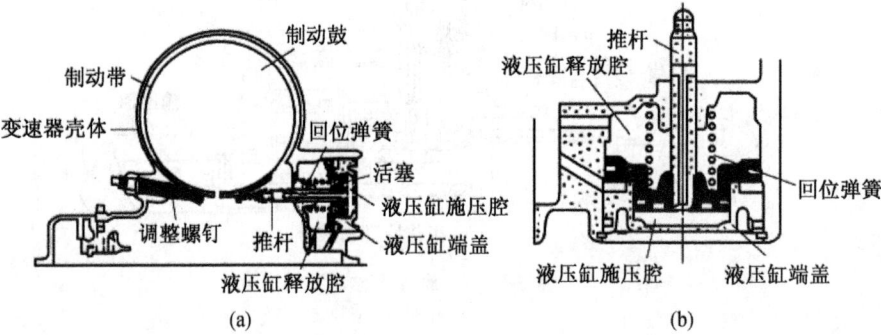

(a)　　　　　　　　　　　　　(b)

图 5-2-28　带式制动器

有些制动器和离合器的推动活塞有大小 2 只，这是为了改善接合平顺性，使换挡更柔和。

第四节　液压控制系统

一、液压控制系统的控制类型

液压控制系统按照控制类型的不同分为两种：全液压式和电子液压式。

（一）全液压式控制系统

全液压式控制系统（如图 5-2-29 所示）完全利用液压元件和液压原理来完成换挡控制，换挡的主要参数——节气门开度（负荷）和车速信号（速度）是以机械方式传入液压控制系统，并转化为相应的液压控制信号的，变速器主要根据这两个液压控制信号的变化进行自动换挡控制。

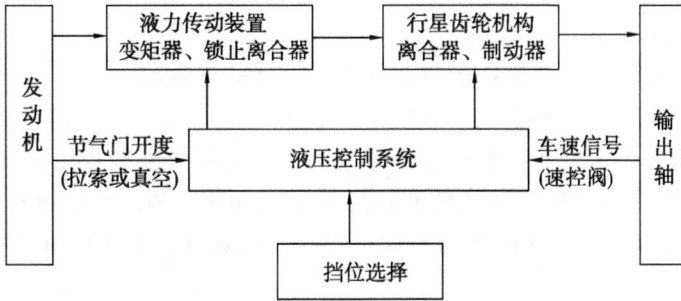

图 5-2-29　全液压式控制系统

（二）电子液压式控制系统

1. 特点

电子液压式控制系统（如图 5-2-30 所示）是一个机、电、液一体化的综合控制系统，该系统充分利用了电子控制的优势。由传感器将发动机和汽车的各种运行参数转变为电子信号，并通过电路传送给控制微机；微机根据这些电子信号，按照设定的控制程序向各种电磁阀（换挡电磁阀、油压电磁阀、锁止电磁阀等）发出相应的控制信号；再通过打开或关闭电磁阀来切换油路和操纵换挡阀的工作，从而实现自动换挡控制。

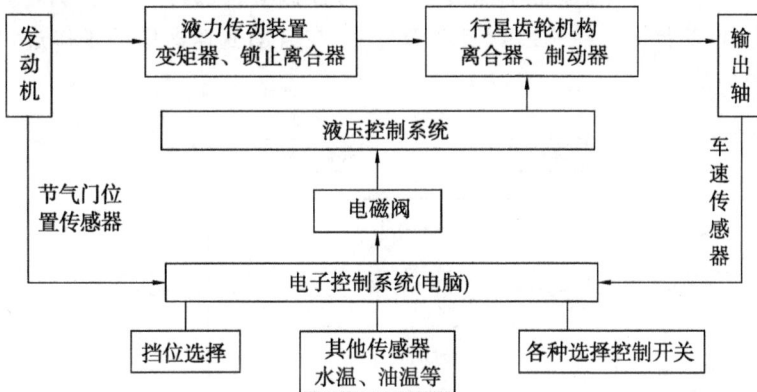

图 5-2-30　电子液压式控制系统

2. 优点

与全液压式的自动变速器相比，电子控制自动变速器具有以下优点：

（1）节气门开度信号是由节气门位置传感器发出的电信号，车速信号是由车速传感器发出的电脉冲信号。而在全液压式控制系统中，这两个信号分别是由节气门发出的节气门油压信号和由速控阀发出的速控油压信号。由于电子液压式控制系统采用了精确的电信号，所以提高了自动变速器的控制精度和性能。

（2）在液压控制系统中加入了电磁阀。电磁阀根据控制微机发出的命令，控制液压油路的通断或切换，实现了换挡时刻的精确控制，减少了换挡时的振动和冲击，同时也简化了复杂的液压回路和液压控制阀系统设计，降低了制造和维修成本。

（3）选挡杆不仅与手动阀相连，而且还连接着挡位选择开关。控制微机和手动阀油路共同控制 P,R,N,D 和 L 等挡位的选挡范围。挡位选择开关将挡位信号送入,控制微机控制微机能存储多个行驶模式,模式开关可以完成不同换挡规则的选择,从而使驾驶员可以选择最适合的行驶模式。

(4) 控制微机能精确控制换挡正时及锁止离合器的正时,并且锁止离合器在低速范围内也可以作用,从而降低了油耗,提高了燃油经济性。

(5) 控制微机提供的自诊断系统可以通过微机监测各个传感器和执行器的工作状态,发出故障诊断分析和故障警告,降低故障的发生,方便维修。通过电子诊断设备读取微机和传感器数据即可诊断出大部分故障,但这要求维修人员具有更丰富的电子技术、液压控制、机械理论等综合知识。

二、液压控制系统的作用、组成及工作原理

1. 液压控制系统作用

(1) 供油,建立油压并调压以保证液压系统正常工作。

(2) 控制不同的离合器和制动器,以实现自动换挡。

(3) 冷却,保持自动变速器油(ATF)正常的工作温度(50～80 ℃)。

(4) 润滑各机件,尤其是制动器和离合器(润滑不良会损坏)。

(5) 减轻换挡时的冲击,降低机件磨损,改善汽车行驶平顺性。

2. 液压控制系统结构、组成及工作过程

液压控制系统是自动变速器的重要组成部分,其结构部件主要分为油压控制装置、换挡控制装置、变矩器锁止控制装置三个部分,它在自动变速器中的工作过程如图 5-2-31 所示。

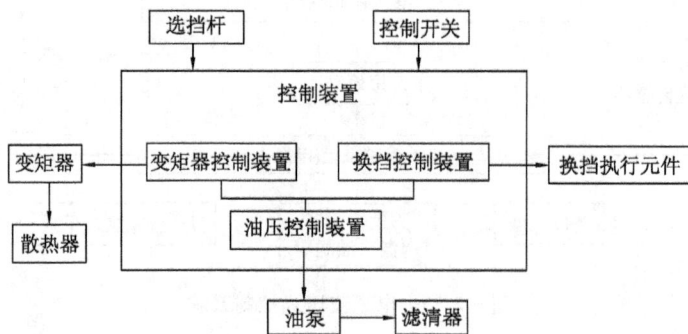

图 5-2-31　液压控制系统工作过程

(1) 供油部分。

供油部分由油泵、滤油器、散热器、主调节阀、次调节阀、液力变矩器补偿压力调节阀等组成。油泵用来供给液力变矩器、液压控制系统以及换挡执行元件所需的液压油,并保证行星齿轮机构、换挡执行元件等机件的润滑。它是保证自动变速器正常工作的主要部件。

现有的自动变速器中所采用的油泵类型有 4 种:内啮合渐开线齿轮泵、摆线转子泵、定量叶片泵和变量叶片泵。图 5-2-32～图 5-2-35 为 4 种不同油泵的结构示意图。

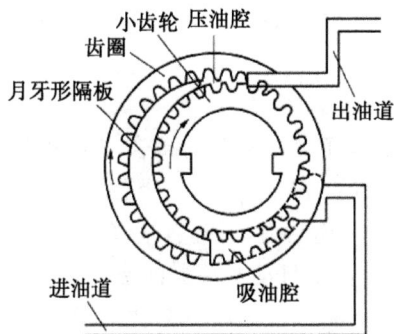

图 5-2-32　内啮合渐开线齿轮泵

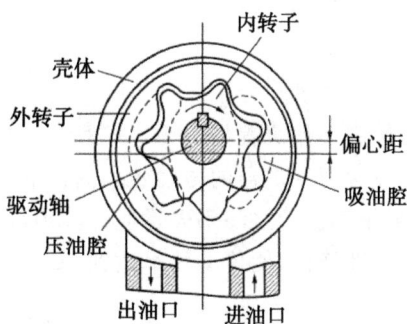

图 5-2-33　摆线转子泵

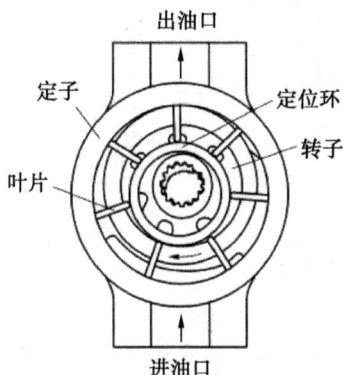

图 5-2-34　定量叶片泵

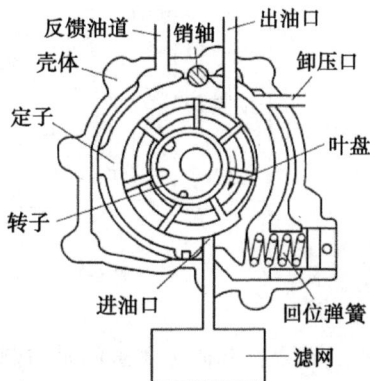

图 5-2-35　变量叶片泵

主油路是整个液压控制系统的动力源,它主要由油泵和调压阀组成,向液压控制系统提供足够压力和流量的工作介质(自动变速器油)。自动变速器的供油系统除了给整个液压控制系统提供主油压外,还要提供各齿轮、轴承的润滑,同时进行冷却散热,保证自动变速器工作温度在标准范围内。通常润滑冷却系统油压由一个次调压阀控制,但有时也由主调压阀直接控制。

(2)控制信号。

控制信号是换挡的依据,主要由三方面决定是否换挡:① 节气门开度;② 车速;③ 选挡杆的位置。

(3)换挡时刻控制。

换挡时刻控制是由若干个换挡控制阀实现的,实际上它是一个油路开关装置,根据控制信号的指令实现油路的转换,进而达到升降挡的目的。

(4)换挡品质控制。

换挡品质是指换挡过程的平顺性,换挡品质控制是自动变速器液压控制系统的重要内容。造成换挡冲击的原因主要有:换挡过程中各执行元件之间的动作不协调、转动部件惯性能量引起的冲击、执行元件摩擦力矩剧变产生的不平顺等问题。为了减轻换挡过程中的冲击,液压控制系统采取了缓冲控制、正时控制及油压控制 3 种方式来改善换挡品质。

(5)执行元件。

执行元件主要指离合器和制动器(带式、片式)。液压控制系统最终要通过执行元件才能实现齿轮机构的挡位变换。执行元件虽然是安装在行星齿轮机构中的,但它却是液压控制系统的组成部分。

（6）锁止控制。

锁止控制工作流程如图 5-2-36 所示。锁止控制是通过离合器的接合与分离来完成的,以达到提高液力变矩器的传动效率的目的。锁止控制的作用是在特定挡位下达到一定车速时,使得泵轮和涡轮之间不再是通过液力耦合的方式传递动力,而是直接接合。这种接合方式相当于钢性连接,使传动效率达到 100%,同时也降低了自动变速器油温。

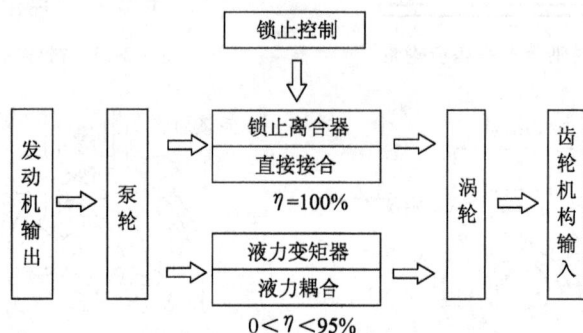

图 5-2-36　锁止控制工作流程

电子液压式锁止控制通过电磁阀来控制锁止电磁阀的动作。电磁阀根据来自控制微机的信号打开或关闭,通过对油液的加压或泄压控制来操纵锁止电磁阀。

（7）手动选挡。

手动选挡由手动阀及拨板组成。手动阀与驾驶室中的选挡杆（自动变速器操纵杆）连接,由驾驶员操纵,以改变换挡油路,实现挡位变换。选挡杆由前往后对应的挡位情况在不同生产厂家的自动变速器中不尽相同。

第五节　电子控制系统

目前,汽车上装用的自动变速器大多采用电控液压控制。它是在原液压控制系统的基础上,将部分液控阀和液压信号改换成电磁阀和电信号,由控制微机结合其他一些信号（如自动变速器油温、发动机工作温度等）,经运算、分析,输出控制信号,以确定自动变速器的挡位、锁止离合器的工作及调节液压系统的油压高低等。由于功能的不断加强,控制微机可以在极短的时间里处理大量信息并作出正确判断,故电控自动变速器较全液压控制自动变速器的工作更合理、可靠,功能更齐全。

一、电子控制系统的结构

电子控制系统的基本结构如图 5-2-37 所示。电子控制系统由输入设备和接口、中央控制微处理器、输出接口和设备组成。输入设备是各种传感器,如节气门位置传感器、车速传感器等;输出设备是各种执行器,如电磁阀、喷油器等。各输入设备在汽车上的位置如图 5-2-38所示。

传感器

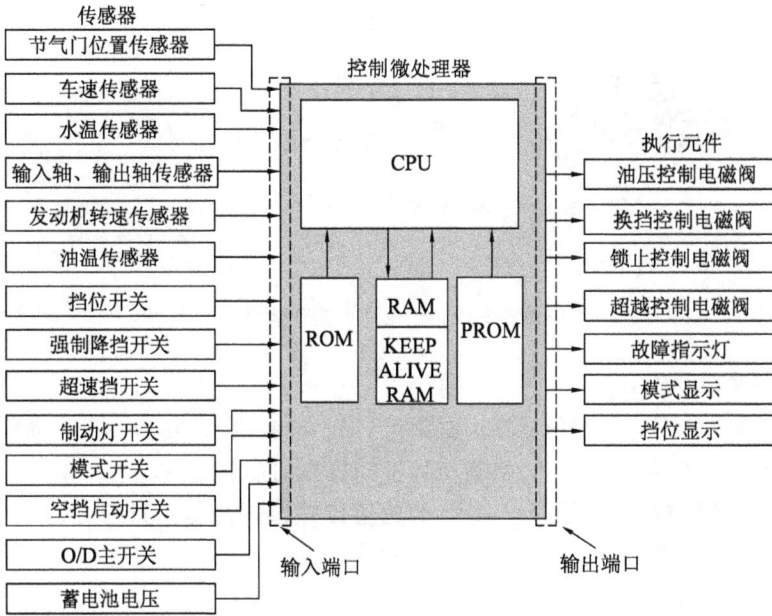

图 5-2-37　电子控制系统

传感器		执行元件

节气门位置传感器
车速传感器
水温传感器
输入轴、输出轴传感器
发动机转速传感器
油温传感器
挡位开关
强制降挡开关
超速挡开关
制动灯开关
模式开关
空挡启动开关
O/D主开关
蓄电池电压

控制微处理器

CPU

ROM　RAM　KEEP ALIVE RAM　PROM

输入端口　　　　输出端口

执行元件
油压控制电磁阀
换挡控制电磁阀
锁止控制电磁阀
超越控制电磁阀
故障指示灯
模式显示
挡位显示

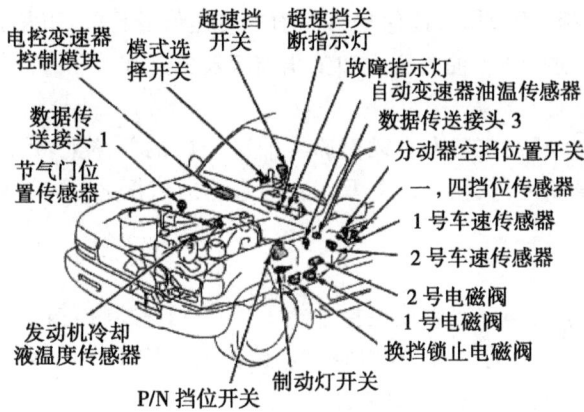

图 5-2-38　电控系统元件及布置

二、传感器

1. 节气门位置传感器(TPS)

自动变速器换挡的基本原理是根据节气门的开度大小、车速的高低等条件确定具体的挡位。在液压控制式中,节气门的开度是通过节气门阀直接将其开度大小转变为液压高低进行控制的;而在电控系统中则是利用节气门位置传感器,将开度大小转变为变化的电压信号并输入 ECU,ECU 再结合其他信号,通过控制换挡电磁阀来确定挡位。

节气门位置传感器的结构和电路如图 5-2-39 所示。该传感器信号不仅是自动变速器的换挡依据,而且也是 EFI 系统、TRC 系统、CCS 系统等电控装置的主要控制信号之一。

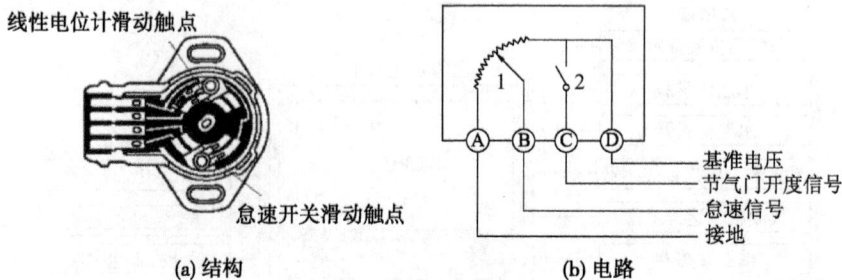

线性电位计滑动触点

怠速开关滑动触点

1

2

A B C D

基准电压
节气门开度信号
怠速信号
接地

(a) 结构 (b) 电路

图 5-2-39 节气门位置传感器

2. 车速传感器(VSS)

车速传感器安装在自动变速器输出轴附近,用于检测输出轴的转速,并将转速信号输入 ECU。ECU 根据此信号计算车速,将其作为换挡控制的依据之一。

车速传感器的结构、工作原理与 ABS 的轮速传感器相类似。目前,汽车上使用的主要有电磁式和霍尔式两种。

3. 输入轴转速传感器

输入轴转速传感器的结构、工作原理和车速传感器相同,安装在变速器输入轴或与输入轴连接的离合器毂附近的壳体上。其作用是检测输入轴转速,并将信号输入 ECU,使 ECU 更精确地控制换挡过程。同时,将此信号与发动机转速信号比较,可得到液力变矩器的传动比,使得 ECU 更合理地控制主油路压力和锁止离合器的工作。

4. 自动变速器温度传感器

自动变速器温度传感器安装在自动变速器油底壳内的阀体上,用以检测自动变速器的温度,作为微机控制管路油压、换挡时刻及锁止离合器的依据之一,其结构、工作原理与水温传感器相同。

5. 挡位开关

挡位开关安装在手动阀摇臂轴或换挡手柄下方,用于检测换挡手柄的位置。它由多个触点组成,当换挡手柄在不同位置时,相应触点被接通。ECU 根据被接通的触点测得换挡手柄位置,从而以不同的程序控制变速器工作。

三、电磁阀

电磁阀是电控装置的执行部分,用来开启或关闭油路以及调节油压。常用的电磁阀有两种类型,即开关式和脉冲线性式。

1. 开关式电磁阀

开关式电磁阀常用于控制换挡阀和液力变矩器中锁止离合器的工作情况,开启或关闭液压油路,其结构和工作原理如图 5-2-40 所示。

开关式电磁阀控制的换挡阀工作原理如图 5-2-41 所示,它通过对换挡阀施压和泄压,使阀体移动,从而改变油路通断以实现换挡。

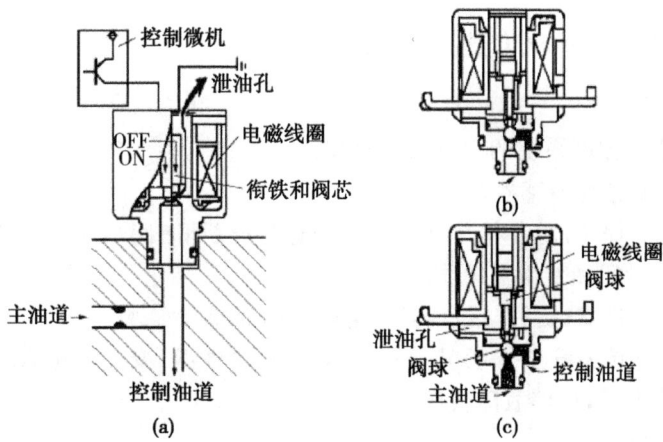

图 5-2-40　开关式电磁阀

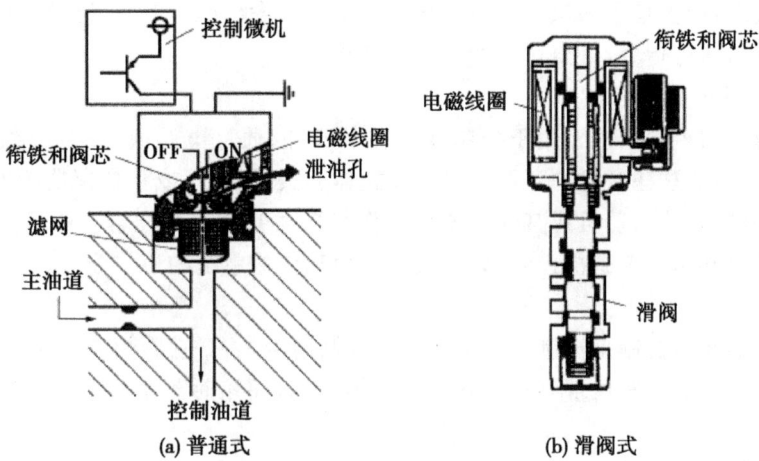

图 5-2-41　开关式电磁阀控制的换挡阀工作原理

对于有 4 个前进挡的自动变速器,通常采用 2～3 个换挡电磁阀来实现 4 个挡位的自动变换。桑塔纳 01N 型自动变速器便是用 3 个换挡电磁阀来自动控制 4 个前进挡之间的变换。

2. 脉冲线性式电磁阀

脉冲线性式电磁阀的作用是通过改变每个脉冲信号周期内电流接通和断开的时间比率——占空比,来调节油路压力,常用于调节主油路或储能器油压,其结构和工作原理,如图 5-2-42 所示。

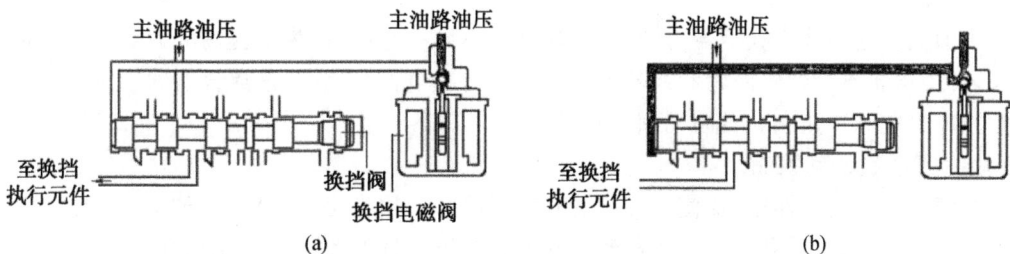

图 5-2-42　脉冲线性式电磁阀

四、控制微处理器(ECU)控制

1. 作用

控制微处理器是控制系统的中枢,其作用为:

(1) 采集和存储各种传感器信号;

(2) 根据设定的程序,对各种传感器的信号进行分析和计算,了解车辆的运行状况,从而确定最佳的换挡时间和变矩器锁止时间;

(3) 向各执行元件发出工作指令,操纵电磁阀的通断以实现自动换挡等功能;

(4) 实时监测电控系统工作状况,一旦发现有异常情况,变速器进入故障保护模式,通过故障灯发出故障提示,存储故障代码。

2. 微机工作过程

微处理器接收传感器发送的数据,经计算处理后向输出装置发出指令。多数控制系统都设有监控装置,检查指令的执行状态。如果微处理器发出的指令不是系统所要求的,则计算机会自动发出修正指令,直至达到所要求的结果。

3. 自动变速器的电子控制

自动变速器的控制微机除用于控制变速器本身外,通过电路或 CAN 总线与其他系统的控制微机相连,从这些微机中获取与自动变速器有关的信号,或将变速器的工作情况传输给其他系统的微机,让发动机或其他系统的工作与自动变速器相配合。有一些车型的自动变速器与发动机共用一个微机控制,以便实现动力和传输系统的最佳配合。

(1) 换挡控制。

自动变速器换挡控制是控制系统最重要的控制内容之一,它影响汽车动力性和经济性。在某一工况下运行的汽车通常有一个最佳的换挡时刻,而该时刻主要取决于节气门开度和车速两个参数。

电子换挡控制方式是:将汽车由实验得到的在不同使用条件下的换挡规则事先存入存储器中,汽车运行时,微机根据挡位开关、模式开关等信号,从存储器中选择相应的换挡规则以及车速和节气门位置传感器测得的实际车速和节气门开度进行比较,确定换挡时刻,并向换挡电磁阀发出控制信号,以实现自动换挡。

(2) 油压控制。

自动变速器主油路压力的高低要求随节气门开度、车速、换挡手柄位置、ATF 温度的改变而改变。节气门开度大时,油压要高;换挡手柄在"2(S)"或"L"位时,油压比 D 位高,在 R 位时更高;车速低时,油压要高;油温低时,油压要低于正常值,油温过低时(小于 $-30\ ℃$),油压要稍高。

(3) 锁止控制。

由前面所述的液力变矩器可知,当涡轮转速达到一定值时,为了提高液力变矩器的传递效率,常用锁止离合器将涡轮和泵轮连接在一起。在电控系统中,该离合器的工作由微机通过锁止电磁阀和锁止离合器制动阀进行控制。

(4) 发动机制动控制。

在液控自动变速器中,要使一挡、二挡有反拖功能,须将换挡手柄置于"2(S)"或"L"位,使 B_1 和 B_3 工作,方可利用发动机制动。在有些电控自动变速器中,微机根据换挡手柄位置、车速、节气门开度等信号,通过电磁阀控制制动器或离合器,以实现发动机制动的自动控制。

（5）故障保护。

当电控自动变速器中的传感器或电磁阀出现故障时，微机将启用失效保护程序来控制自动变速器（自动变速器至少还能提供一个前进挡位，让汽车能继续维持行驶）。微机处理器则会发送下列工作指令：提供最大的主油路油压；换挡电磁阀都处于断电状态；液力变矩器锁止离合器处于分离状态。

（6）巡航控制。

巡航控制系统能自动控制车速，使汽车接受巡航控制选定的速度稳定行驶，无需驾驶员反复调节节气门开度，有必要时也可转为由驾驶员控制车速。

第三章 汽车防滑控制系统

汽车防滑控制系统包括汽车制动防抱死系统（Anti-lock Braking System，简称 ABS）和驱动防滑系统（Acceleration Slip Regulation，简称 ASR）以及车身电子稳定系统（Electronic Stability Program，简称 ESP）。ABS 用于汽车制动过程中防止车轮抱死拖滑，改善汽车制动过程中的操纵稳定性，缩短制动距离；ASR 是 ABS 功能的延伸，通过调节驱动轮的牵引力，实现车轮滑转控制，提高汽车的加速性能及操纵稳定性。为了保证车辆在各种情况下行驶的稳定性，在 ABS、ASR 的基础上又发展 ESP 行车稳定控制系统。该系统监控车辆车速信号，利用 ABS 制动油压调节制动力，改变发动机扭力控制来防止车辆由于不同的抓地力而产生各车轮的打滑。本章节重点阐述汽车制动防抱死系统（ABS）。

第一节 概 述

汽车在行车时，若踩下制动踏板，车轮可能会在车辆停止前抱死。在这种情况下，若前轮抱死则车辆的操纵性能便会降低，若后轮抱死则车辆的稳定性便会降低，从而导致车辆的操纵极不稳定。ABS 系统可以精确地控制车轮的滑移率，以保证作用在轮胎上的附着力为最大，进而保证汽车的操纵性和稳定性。

一、ABS 系统的优点

ABS 系统与普通制动系统的区别是可防止车轮完全抱死，制动效果优于普通制动系统的刹车装置。ABS 系统是在普通制动系统的基础之上经改进制成的，它充分利用轮胎和地面的附着系数，提高汽车制动能力。该系统主要采用控制制动液压压力的方法，给各车轮施加最合适的制动力，具有以下优点。

1. 缩短制动距离

这是因为在同样的紧急制动情况下，ABS 系统可以将滑移率控制在 20% 左右，即可获得最大的纵向制动力，缩短制动距离。

2. 增加了汽车制动时的稳定性

汽车在制动时,4个轮子上的制动力是不一样的。如果汽车的前轮先抱死,驾驶员就无法控制汽车的行驶方向,这是非常危险的;若汽车的后轮先抱死,则会出现侧滑、甩尾,甚至使汽车整体掉头等严重事故。ABS系统可以防止4个轮子制动时被完全抱死,提高了汽车行驶的稳定性。资料表明,装有ABS系统的车辆,可使因车轮侧滑引起的事故比例下降8%左右。

3. 改善了轮胎的磨损状况

车轮抱死会造成轮胎杯形磨损,轮胎面磨耗也会不均匀,从而使得轮胎磨损消耗费增加。经测定,汽车在紧急制动时,车轮抱死所造成的轮胎累加磨损费已超过一套ABS系统的造价。因此,装有ABS系统具有一定的经济效益。

二、ABS系统的分类

(一)按ABS的结构分类

(1)液压制动系统ABS,按其液压控制部分的结构原理不同主要可分为整体式和分离式两种类型。整体式ABS中,制动压力调节器与制动主缸结合为一个整体,在美国车上常装用这一类型ABS;分离式ABS中,制动压力调节器与制动主缸分别为独立的总成,日本丰田公司生产的各型车和韩国大宇车上常被应用。

(2)气压制动系统ABS,常见于中、重型载货汽车上,它又分为用于4轮后驱动气压制动汽车上的ABS和用于汽车挂车上的ABS两种类型。

(3)气顶液制动系统ABS,应用于部分中、重型汽车上。

(二)按控制通道数分类

在防抱死制动系统中,能够独立进行制动压力调节的制动管路称为控制通道。按控制通道数可分为:四通道、三通道、双通道、单通道系统。

(1)四通道防抱死制动系统。为了对4个车轮进行独立控制,在每个车轮上各设置一个转速传感器,并在通往各制动轮的制动管路中各设置一个制动压力调节装置。

(2)三通道防抱死制动系统。三通道防抱死制动系统是对2个前轮进行独立控制,并对2个后轮按低选原则进行同一控制。

(3)双通道防抱死制动系统。为了减少制动压力调节装置的数量,降低系统的成本,双通道防抱死制动系统也被采用。

(4)单通道防抱死制动系统。在按前后布置双管路制动系统后,制动总管路中设置一个制动压力调节装置,对于后轮驱动的汽车则只在传动系统中设置一个转速传感器。

三、滑移率与附着系数的关系

汽车正常行驶时,车速(即车轮旋转中心的速度)与轮速(即车轮轮缘线速度)相同,车轮在路面上做纯滚动。当驾驶员踩下制动踏板时,车轮制动器产生制动力,此时地面对车轮产生反作用力。在反作用力的作用下,车轮轮缘线速度减小。当车轮轮缘线速度小于车轮旋转中心速度时,车轮便处于既滚动又滑动的状态,即实际车速与轮速不再相等。随着制动器制动力的增加,车轮转速不断减小。当制动器制动力超过车轮与路面的附着力时,车轮就抱死滑移,汽车车轮在地面上做纯滑动,直至汽车停止运行。

为表示汽车制动时车轮相对于路面的滑动程度,通常用滑移率 $S_{移}$ 来评定。它表示车轮纵向运动中滑动成分所占的比例。制动时 $S_移$ 值按下式计算：

$$S_移 = (v_车 - v_轮)/v_车 \times 100\%$$

式中，$v_车$ 为车轮旋转中心的速度，在 ABS 中用参考车速来代替（参考车速是指刚开始制动时的轮缘线速度），km/h；$v_轮$ 为车轮轮缘线速度（由车轮转速传感器检测得到），km/h。

当车轮在路面上自由滚动时（如图 5-3-1 所示），$S_移 = 0$；当车轮被完全制动抱死在路面上作纯滑移或驱动车轮在路面上完全滑转时（如图 5-3-2 所示），$S_移 = 100\%$；当车轮在路面上一边滚动一边滑动时（如图 5-3-3 所示），$0 < S_移 < 100\%$，车轮运动中滑动所占的比例越大，车轮的滑动率也就越大。

试验证明，在汽车制动过程中，车轮与路面之间的附着系数随车轮滑移率的变化而变化，其关系曲线如图 5-3-4 所示。由图可知：当 $S_移$ 较小时，车轮与路面的纵向附着系数（$\varphi_纵向$）随滑移率的增大而增大；$S_移$ 超过 20% 时，纵向附着系数（$\varphi_纵向$）随滑移率的增大而减小。车轮与路面的横向附着系数（$\varphi_横向$）随滑移率的增大而减小，随着 $S_移$ 增大，横向附着系数的下降率远大于纵向附着系数的下降率；当 $S_移 = 100\%$ 时，即车轮完全抱死时，横向附着系数（$\varphi_横向$）几乎趋于 0，这时汽车若受到侧向力的作用，就很容易发生侧滑现象。另外，转向轮如果抱死，则会失去转向操纵性。因此，要使汽车具有良好的制动性能，则汽车制动时车轮与路面的滑移率应保持在 15%～30% 之间，即图中稳定区的一部分。

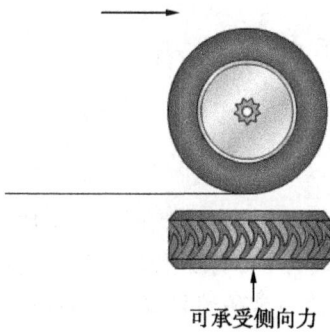

图 5-3-1　车轮纯滚动

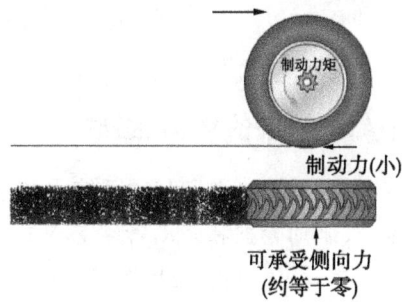

图 5-3-2　车轮纯滑动

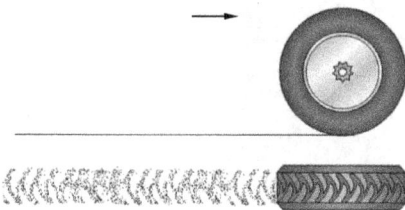

图 5-3-3　车轮既滚动又滑动

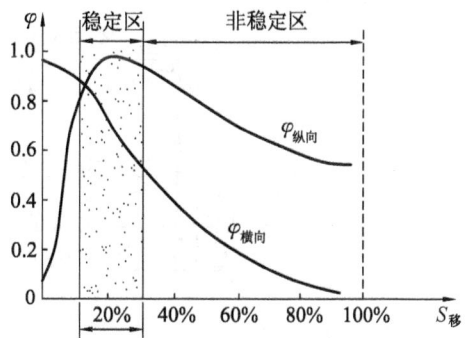

$S_移$—滑移率；φ—附着系数；$\varphi_纵向$—纵向附着系数；$\varphi_横向$—横向附着系数

图 5-3-4　制动时附着系数与滑移率的关系曲线（$\varphi - S_移$ 曲线）

四、ABS 使用时注意事项

（1）要始终踩住制动踏板不放松，不要采用"点刹"制动，这样才能保证足够和持续的制动力，缩短制动距离，使 ABS 有效地发挥作用。

（2）要保持足够的安全车距。一般情况下，最小车距不应低于 50 m；当车速超过 50 km/h 时，最小车距与车速数值相同，如 100 km/h 时最小车距为 100 m，120 km/h 时最小车距为 120 m。

（3）ABS 在起作用时，会听到它发出的噪音。该噪音是由液压控制系统中的电磁阀和液压泵工作时产生的，不要以为制动系统出了毛病而惊慌失措，更不可将脚从制动踏板上移开，这时仍然要将制动踏板踩死。

（4）不可忽视 ABS 指示灯的检查。正常情况下，按通点火开关后，此灯应亮；大约 3 秒后，自动熄灭。这一过程，实质上是电子控制装置在按自检程序对车轮传感器、液压调节器的控制阀进行通电检查。若此灯一直不亮，说明 ABS 有故障；行车中，ABS 系统出现故障时，防抱死制动系统自动将原制动系统的油路接通，汽车上的原制动系统仍然工作，只是没有了 ABS。

（5）不可私自拆换 ABS 的微机单元。如果微机发生故障，应更换整个 ABS 控制单元。

第二节　ABS 结构及工作原理

一、ABS 系统的结构、组成

带有 ABS 系统的汽车制动系统由基本制动系统和制动力调节系统两部分组成，前者是由制动主缸、制动轮缸和制动管路等构成的普通制动系统，用来实现汽车的常规制动；而后者是由电控单元 ECU、液压控制单元（压力调节器）和车轮速度传感器等组成的压力调节控制系统，如图 5-3-5 所示。在制动过程中，该系统用来确保车轮始终不抱死，使车轮滑动率处于合理范围内。

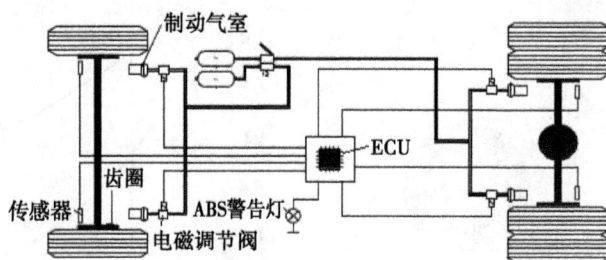

图 5-3-5　ABS 系统结构

在制动压力调节系统中，传感器承担感受系统控制所需的汽车行驶状态参数并将运动物理量转换成为电信号的任务。控制器即电子控制装置（ECU）根据传感器信号及其内部存储信号，经过计算、比较和判断后，向执行器发出控制指令，同时监控系统的工作状况。而执行器（制动压力调节器）则根据 ECU 的指令，依靠由电磁阀及相应的液压控制阀组成的液压调节系统对制动系统实施增压、保压或减压的操作，让车轮始终处于理想的运动状态。

二、ABS 系统的工作原理

汽车行驶时,轮速度传感器将车轮的速度以信号电压的方式传输给电子控制单元(ECU),并进行计算、分析和判断(滑移率和制动减速度)。当感知车轮临界抱死状态时,ECU 即向 ABS 执行机构 HCU 发出制动调节命令,对车轮的制动压力进行降压调节。在车轮制动过程中,ABS 制动压力调节过程分为 3 个阶段,即制动车轮分泵油压增压→保压→降压→再增压的循环过程,每个循环仅 0.1~0.25 s。电磁阀每次调节时间仅为 0.002 s,使车轮刹车→释放→刹车→释放,ECU 能指令 HCU 反复制约车轮减速而达到防止车轮抱死的目的。

ABS 系统是一个辅助制动系统,当 ABS 系统出现故障时微机会切断 ABS 功能,点亮警告灯,系统按常规制动性能工作(无 ABS 调节作用);只有当紧急制动,制动力大到使车轮趋于抱死时,ABS 才进入工作状态。按理论知识理解:制动时车轮抱死,车轮滑移率为 100%,汽车侧向制动力大幅度降低,这时会造成汽车侧滑和转向失控;而滑移率为 10%~20% 时,汽车在制动时可以利用纵向制动和侧向制动的力,来获得最理想的制动性能和转向操纵性能。

ABS 系统的制动工作过程分为常规制动和 ABS 调节制动两部分,当 ABS 系统检测认定制动车轮未发生抱死的情况下,汽车制动系统执行常规制动过程;而当系统认定车轮有抱死趋势时,便开始进行制动压力的调节,如图 5-3-6 所示。

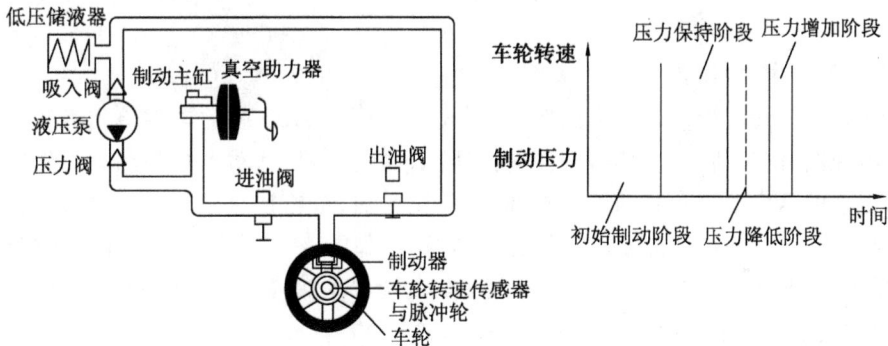

图 5-3-6　ABS 工作原理示意图

(一) 开始制动阶段(系统油压建立)

当驾驶员踩下制动踏板,制动主缸产生的油压通过管路,并经不带电的进油阀进入制动工作缸,且不带电的出油阀处于关闭状态,从而使车轮制动器产生制动力。随着驾驶员踩下制动踏板行程的增加,制动压力逐渐上升,车轮转速逐渐下降,如图 5-3-7 所示。此阶段 ABS 系统的电控单元不对制动液压进行控制,整个过程和传统制动系统相同。

(二) 油压保持阶段

随着制动压力升高和车轮转速下降到一定程度,车轮开始出现部分滑移现象。当车轮的滑移率达到 15%~20% 左右时,ABS 中的电控单元将输出控制信号给进油阀,使其通电而关闭油路,出油阀不通电仍处于关闭状态。此时,制动工作缸内油压将保持不变,即处于一种稳定的油压状态,如图 5-3-8 所示。

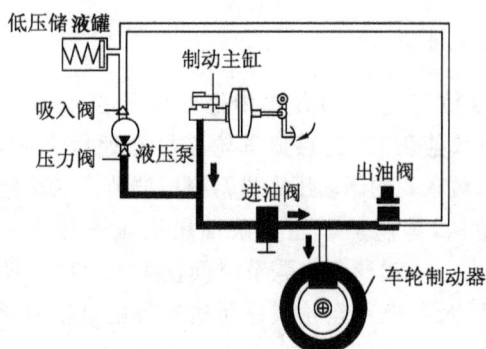

图 5-3-7　系统油压建立

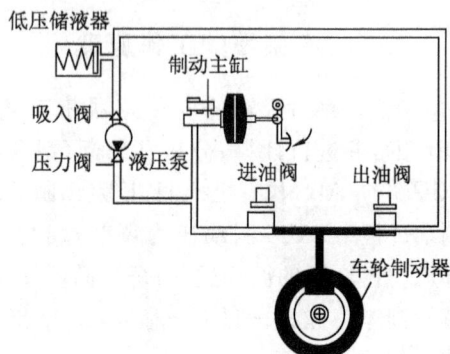

图 5-3-8　系统油压保持

（三）油压降低阶段

当制动油压保持不变而车轮转速继续下降，车轮的滑移率超过 15%～20% 时，ABS 中的电控单元将输出控制信号给出油阀，使其通电而处于打开状态，进油阀继续通电而处于关闭状态，从而使制动工作缸内的高压油从出油阀经管路流入储能器中；制动工作缸内的制动油压下降，车轮转速由下降逐渐变为上升，滑移率也由增加逐渐变为下降；与此同时，ABS 中的电控单元还将输出控制信号给电动液压泵，使其工作，从而把储能器和由出油阀流出的液压油泵回制动主缸，以保证制动工作缸内的制动液压能迅速有效地下降，如图 5-3-9 所示。

（四）油压增加阶段

当车轮转速上升，滑移率下降到低于 15%～30% 时，ABS 中的电控单元将输出控制信号给进、出油阀，使其断电。此时，进油阀打开，出油阀关闭，制动主缸和制动工作缸油路接通，制动主缸的压力油进入制动工作缸，制动油压增加，车轮转速又开始下降；同时，电动液压泵继续工作，以保证制动油压的增加更快速有效，如图 5-3-10 所示。如此交替控制进、出油阀的开闭（其变化频率约为 5～6 Hz），使车轮的滑移率始终被控制在 15%～20%，从而使汽车的制动性能达到最佳状态。

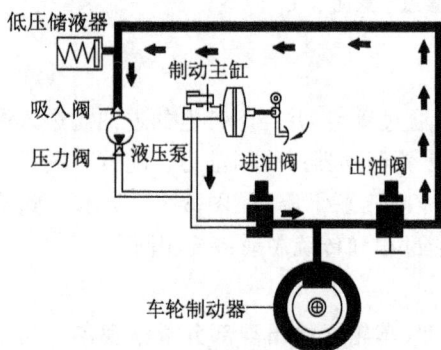

图 5-3-9　系统油压降低

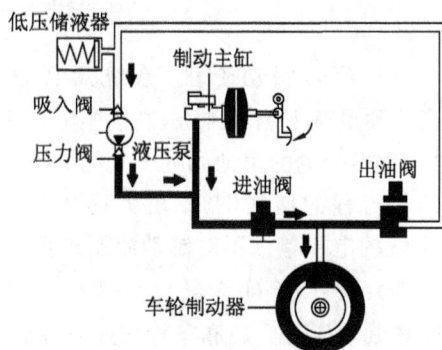

图 5-3-10　系统油压增加

三、ABS 系统主要零件结构及工作原理

ABS 系统中的主要零件有轮速传感器、电磁阀等，轮速传感器产生与车轮转速成正比

的交流信号,并将车轮转速信号传给 ABS 系统电控单元,电控单元再通过计算决定是否开始工作,即准确地进行防抱死制动,控制电磁阀的开启。

(一) 传感器

1. 电磁感应式轮速传感器的结构与原理

(1) 车轮转速传感器基本结构。车轮转速传感器是一种由磁通量变化而产生感应电压的装置。在每个车轮上安装 1 个,共 4 个,一般由磁感应传感头与齿圈组成。传感头是一个静止部件,通常由永久磁铁、电磁线圈和磁极等构成,安装在每个车轮的托架上;齿圈是一个运动部件,一般安装在轮毂或轮轴上与车轮一起旋转。齿圈上齿数的多少与车型、ABS 系统电控单元有关,博世公司的传感器有 100 个齿。传感头磁极与齿圈的端面有空气隙,一般在 1 mm 左右,通常以移动传感头的位置来调整间隙(具体间隙的大小可查阅相应维修手册)。在实际安装中,可用一个厚度与空气隙大小一样的纸盘贴在传感头的磁极面上,纸盘的另一面紧挨齿圈凸出端面,然后固定。

(2) 车轮转速传感器信号产生原理。车轮转速传感器与普通的交流发电机原理相同,如图 5-3-11 所示。永久磁铁产生一定强度的磁场,齿圈在磁场中旋转时,齿圈齿顶和电极之间的间隙就以一定的速度变化,这样就会使齿圈和电极组成的磁路中的磁阻发生变化,其结果使磁通量周

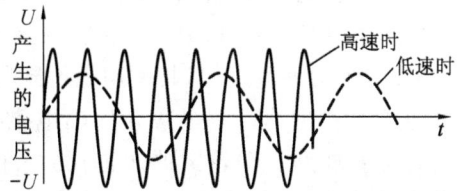

图 5-3-11　车轮转速传感器产生的电压信号

期性增减,在线圈两端产生正比于磁通量增减速度的感应电压。如果我们将磁场强度换成电压,磁阻换成电阻,磁通量换成电流,类比于欧姆定律,其工作原理就很容易理解。由此可知,感应电压正比于车轮转速。

(3) 车轮转速传感器的工作原理。车轮转速传感器的工作原理,如图 5-3-12 所示。传感头与齿圈紧挨着固定,当齿圈随车轮旋转时,在永久磁铁上的电磁感应线圈中产生交流信号(这是因为齿圈上齿峰与齿谷通过时引起磁场强弱变化)。交流信号的频率与车轮转速成正比,交流信号的振幅随轮速的变化而变化。ABS 电控单元通过识别传感器输入的交流信号的频率来确定车轮的转速。电控单元如果发现车轮的圆周

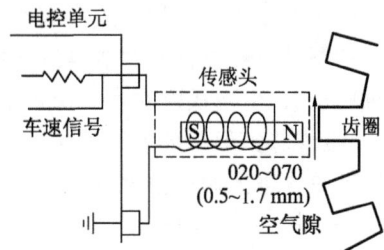

图 5-3-12　车轮转速传感器工作原理

减速度急剧增加,滑移率达到 20% 时,便立刻给液压调节器发出指令,减小或停止车轮的制动力,以免车轮抱死。传感器引出两根线接入电控单元,这两根线必须是屏蔽线。车轮转速传感器或其线路如果有故障,ABS 电控单元会自动记录故障,点亮故障警告灯,让普通制动系统继续工作。

2. 霍尔效应式轮速传感器的结构与原理

霍尔效应式轮速传感器具有输出信号不受转速影响、频率响应高、抗电磁干扰能力强等优点,被广泛应用于轮速检测及其他控制系统的转速检测中。

霍尔效应式轮速传感器由齿圈和传感头组成,如图 5-3-13 所示。传感头由永久磁铁、霍尔元件和电子电路等组成。永久磁铁的磁感线穿过霍尔元件通向齿圈,在图 5-3-13a 所示位置,穿过霍尔元件的磁感线分散,磁场相对较弱;在图 5-3-13b 所示位置,穿过霍尔元件的磁感线集中,磁场相对较强。齿圈转动过程中,使得通过霍尔元件的磁感线密度发生变

化,进而引起霍尔电压的变化。霍尔元件将电压以正弦波形式输出给电子控制装置,电子控制装置以此作为计算轮速和汽车的参考速度。

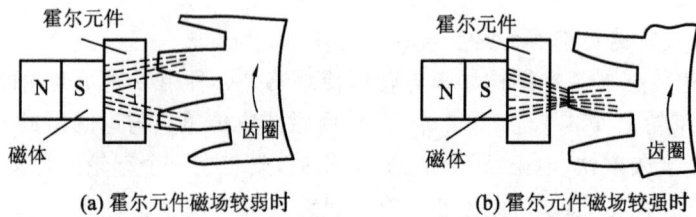

(a) 霍尔元件磁场较弱时　　　　　(b) 霍尔元件磁场较强时

图 5-3-13　霍尔效应式轮速传感器工作原理

(二) 电磁阀

电磁阀是 ABS 执行器的核心部件,主要有二位二通(如图 5-3-14 所示)、三位三通(如图 5-3-15 所示)两种结构,其作用是控制制动轮缸的进油和出油。一个常开进油电磁阀,控制制动主缸到制动轮缸的进油;另一个常闭出油阀,控制从制动轮缸到电动液压泵和低压储液器的出油。

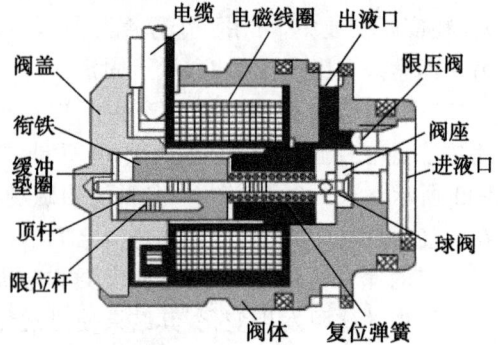

图 5-3-14　二位二通电磁阀结构

1. 二位二通电磁阀

二位二通电磁阀主要由两个阀门(第一球阀和第二球阀)、衔铁、弹簧及电磁线圈等组成。当电磁线圈上没有电压时,阀芯的锥形顶部在弹簧预紧力的作用下脱离阀座,进油口和出油口接通,进油阀处于开启状态,来自制动主缸的制动液经进油管滤清器进入阀座内的通道,并经出油口进入制动轮缸;当向电磁线圈提供电压时,电磁线圈对衔铁产生电磁吸力,阀芯在电磁吸力的作用下克服弹簧张力向下移动,直至阀芯锥形顶部紧压靠在锥形阀座上,进油口和出油口的通道被断开,制动液既不能从制动轮缸进入制动主缸,制动主缸中的制动液也不能流入制动轮缸。二位二通出油阀与进油阀结构一样,当电磁线圈不通电时,阀芯的锥形顶部在弹簧预紧力的作用下紧压在阀座上,进油口和出油口的通道断开,出油阀处于关闭状态;向电磁线圈施加电压后,电磁线圈对衔铁产生电磁吸力,阀芯在电磁吸力的作用下克服弹簧张力向上移动,阀芯锥形顶部与阀座之间产生间隙,进油口和出油口的通道被接通,出油阀处于开启状态。

2. 三位三通电磁阀

三位三通电磁阀主要由阀体、进油阀、卸荷阀、检测阀、支架、托盘、主弹簧、副弹簧、无磁支撑环、电磁线圈和油管接头组成,如图5-3-15 所示。根据电流的大小,柱塞被控制在三个位置,进而改变三个阀口之间的通路,如图 5-3-16a 所示。图 5-3-16b 是用符号表示的示意图,图中上段表示电流为零;中段表示电流小;下段表示电流大。

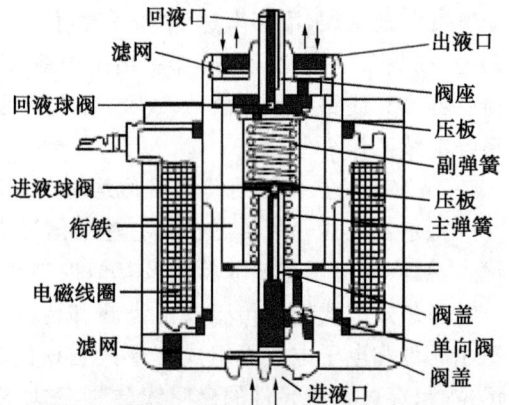

图 5-3-15　三位三通电磁阀结构

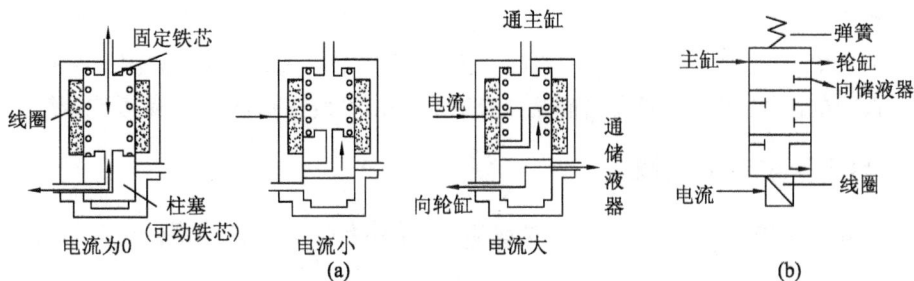

图 5-3-16 三位三通电磁阀的动作

三位三通电磁阀与 ABS 工作状态之间的关系,见表 5-3-1。

表 5-3-1 三位三通电磁阀与 ABS 工作状态的关系

工作状态	电路状态	系统状态
正常制动	断电	制动主缸与轮缸通
保压	小电流(半通电)	制动轮缸与主缸、储油容器的通路截断
减压	大电流(全通电)	轮缸与储油容器相通
增压	电磁阀断电	油泵启动,主缸与轮缸相通

四、ABS 系统电控单元 ECU

ABS 系统电子控制部分简称 ECU,ECU 由车轮转速传感器的输入放大电路、运算电路、电磁阀控制电路、稳压电源、电源监控电路、故障反馈电路和继电器驱动电路几个基本电路组成。

ECU 是 ABS 系统的控制中心,它是一台微型数字计算机,一般由两个微处理器和其他必要电路组成,是不可分解修理的整体单元。电控单元的基本输入信号是 4 个车轮转速传感器传来的车轮转速信号,基本输出信号是给液压控制单元的控制信号、输出的自诊断信号和输出给 ABS 故障警告灯的信号,如图 5-3-17 所示。

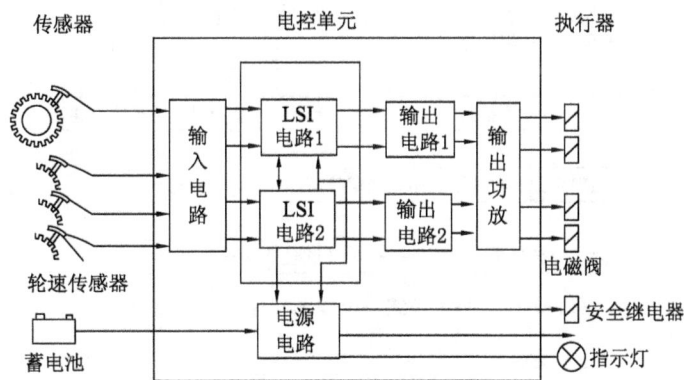

图 5-3-17 ABS 电控单元和基本输入输出信号

ABS 系统电控单元按控制程序向液压调节器的电路系统及电磁阀输送脉冲检查信号,判断分析车轮传感器传输的轮速信号是否正常。

ABS 系统出现故障,例如制动液损失、液压压力降低或车轮速度信号消失,电控单元都会自动发出指令,让普通制动系统进入工作,而 ABS 系统停止工作。对某个车轮速度传感器损坏产生的信号输出,只要它在可接受的极限范围内,或由于较强的无线电高频干扰而使传感器发出超出极限的信号,电控单元根据情况可能停止 ABS 系统工作或让 ABS 系统继续工作。

五、ABS 系统常见故障

(1)系统线路故障:多为连接线短路或断路、插接器接触不良等原因引起,一般可使用万用表进行检测。

(2)传感器信号故障:一般由电传感头安装位置不对、传感头与齿圈间隙过大、传感头松动等引起。

(3)电源故障:一般由电压不稳、发电机故障、电压调节器故障等引起。

(4)油路故障:由油泵转子卡死、油泵电机搭铁线断路、电磁阀损坏、调压器进有空气等引起。

现代汽车 ABS 系统故障检测与诊断的一般程序,如图 5-3-18 所示。

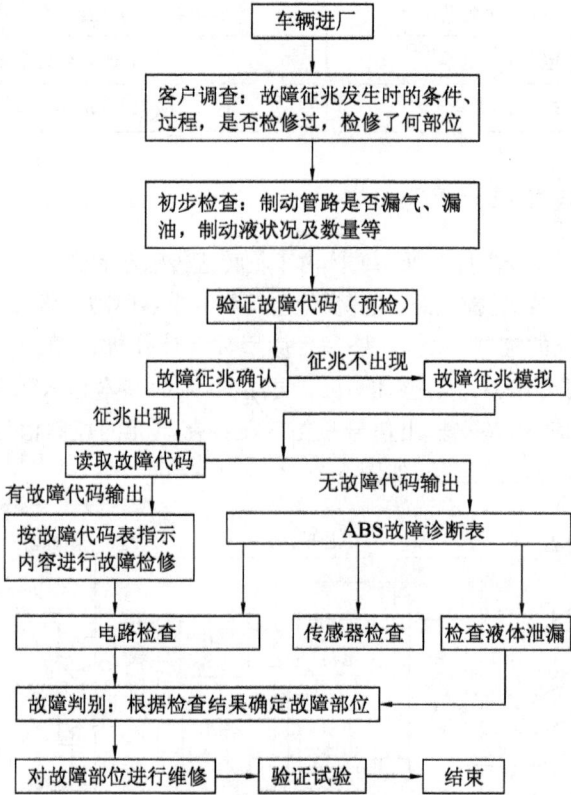

图 5-3-18 ABS 系统故障检测与诊断的一般程序

第三节　主要车型 ABS 系统组成、控制电路及故障诊断

一、上海别克轿车 ABS 系统元件位置

上海别克轿车采用的是通用公司新一代 Delphi 控制系统,简称 DBC 7 型 ABS 系统,其

在车上的布置情况见图 5-3-19。该系统将 ABS 电子控制模块和制动压力调节器制成一个总成。

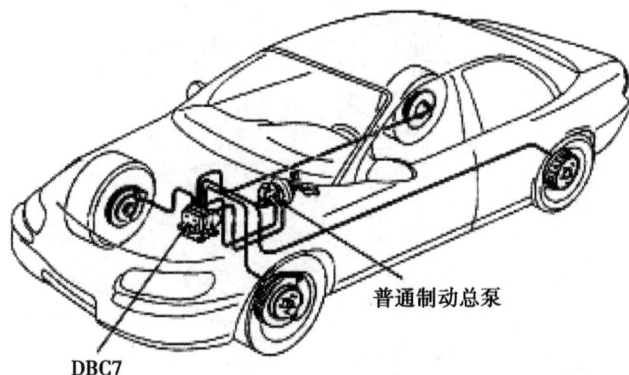

图 5-3-19　上海别克轿车 DBC 7 型 ABS 系统在车上的布置情况

上海别克轿车 ABS 系统主要元件的位置如图 5-3-20～图 5-3-22、表 5-3-2 所示。

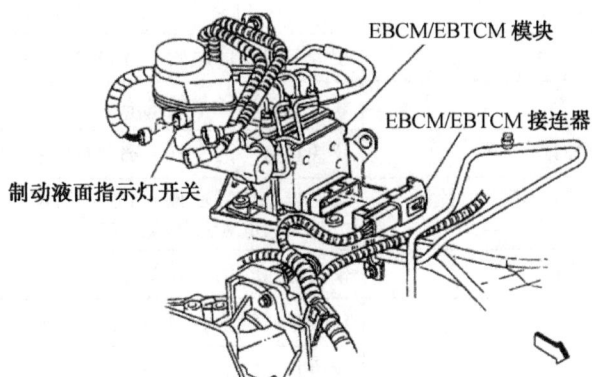

图 5-3-20　发动机舱右后侧

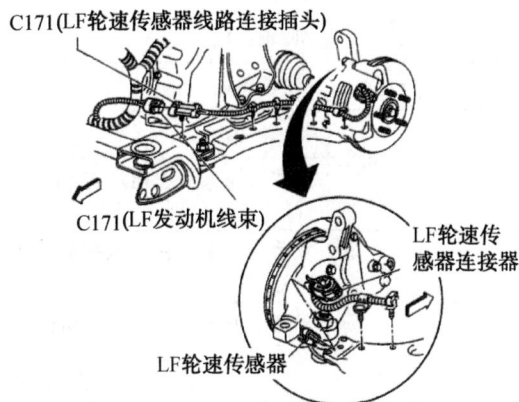

图 5-3-21　左前(LF)轮

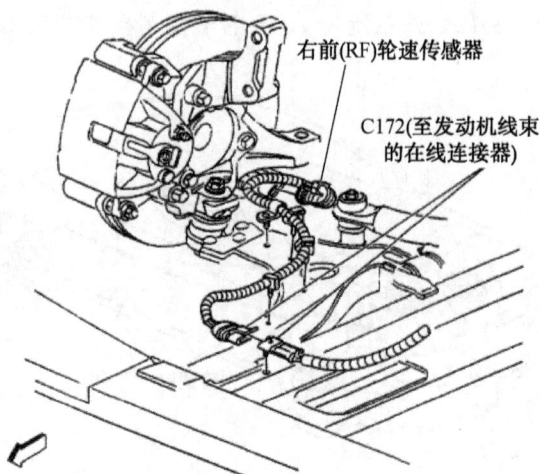

图 5-3-22　右前(RF)轮

表 5-3-2　ABS 系统元件位置

元件名称	元件位置
车身控制模块(BCM)	仪表板(IP)的左侧下方,转向柱左边
制动液面指示灯开关	装在制动液贮液罐的右边
数据传输装置连接器(DLC)	仪表板(IP)的左侧下部,转向柱的右边
电控制动控制模块/电动制动牵引力控制模块(EBCM/EBTCM)	发动机舱的后左侧,与连在制动主缸前部的制动压力调节器阀(BPMV)装在一起
电控牵引力控制和雾灯总成	仪表板(IP)的前方,转向柱的左边,大灯开关总成的下方
保险丝盒	仪表板(IP)的右侧,在右前门洞内
铰接组件 SP205	仪表板(IP)的下方,转向柱的右侧
发动机罩内辅助设备接线盒	发动机舱的右侧,装在悬架支柱上
LF 轮速传感器	LF 轮毂内
LR 轮速传感器	LR 轮毂内
RF 轮速传感器	RF 轮毂内
RR 轮速传感器	RR 轮毂内
C171	发动机线束至左前电控制动控制线束,位于左前下控制臂处
C172	发动机线束至右前电控制动控制线束,位于右前下控制臂处
C371	车身线束至左后电控制动控制线束,位于车身下方,左后轮的前方
C372	车身线束至右后电控制动控制线束,位于车身下方,右后轮的前方

二、上海别克轿车 ABS 系统电路图

上海别克轿车 ABS 系统各部分的电路如图 5-3-23～图 5-3-26 所示。

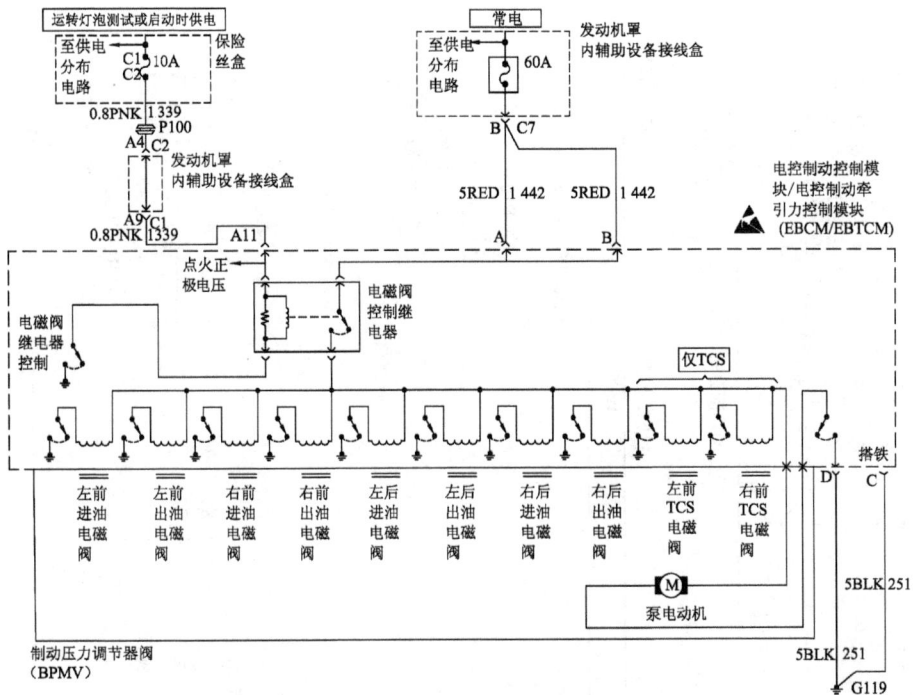

图 5-3-23 ABS 电路图（供电、搭铁和 EBCM/EBTCM 部分）

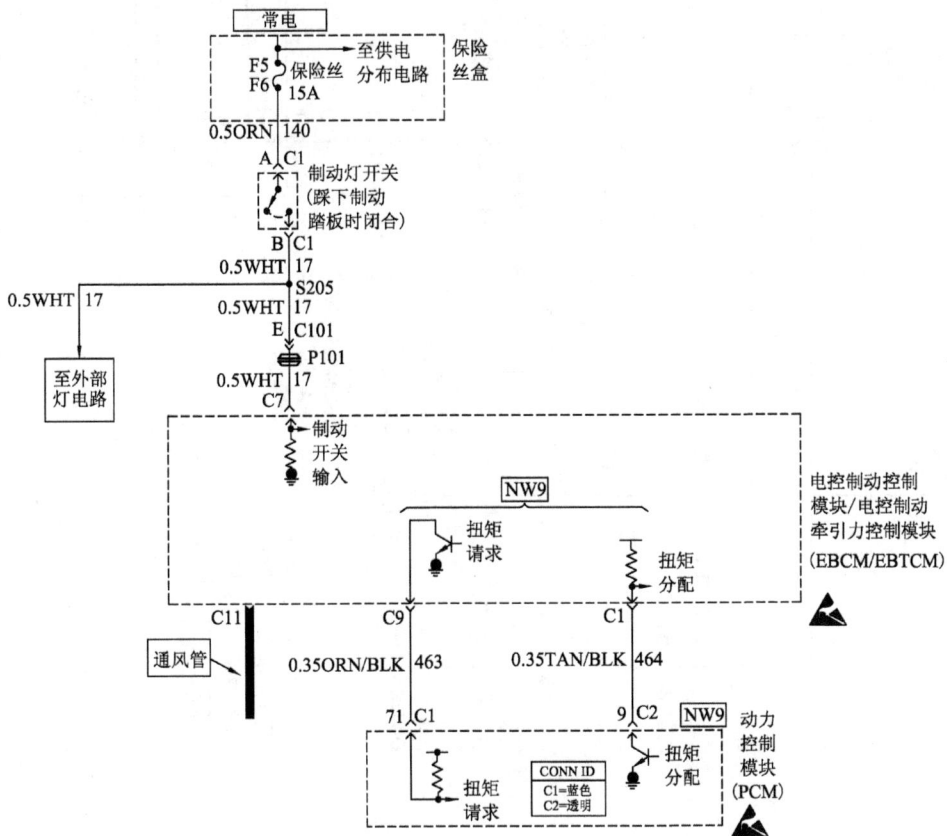

图 5-3-24 ABS 电路图（制动灯开关输入和扭矩控制电路部分）

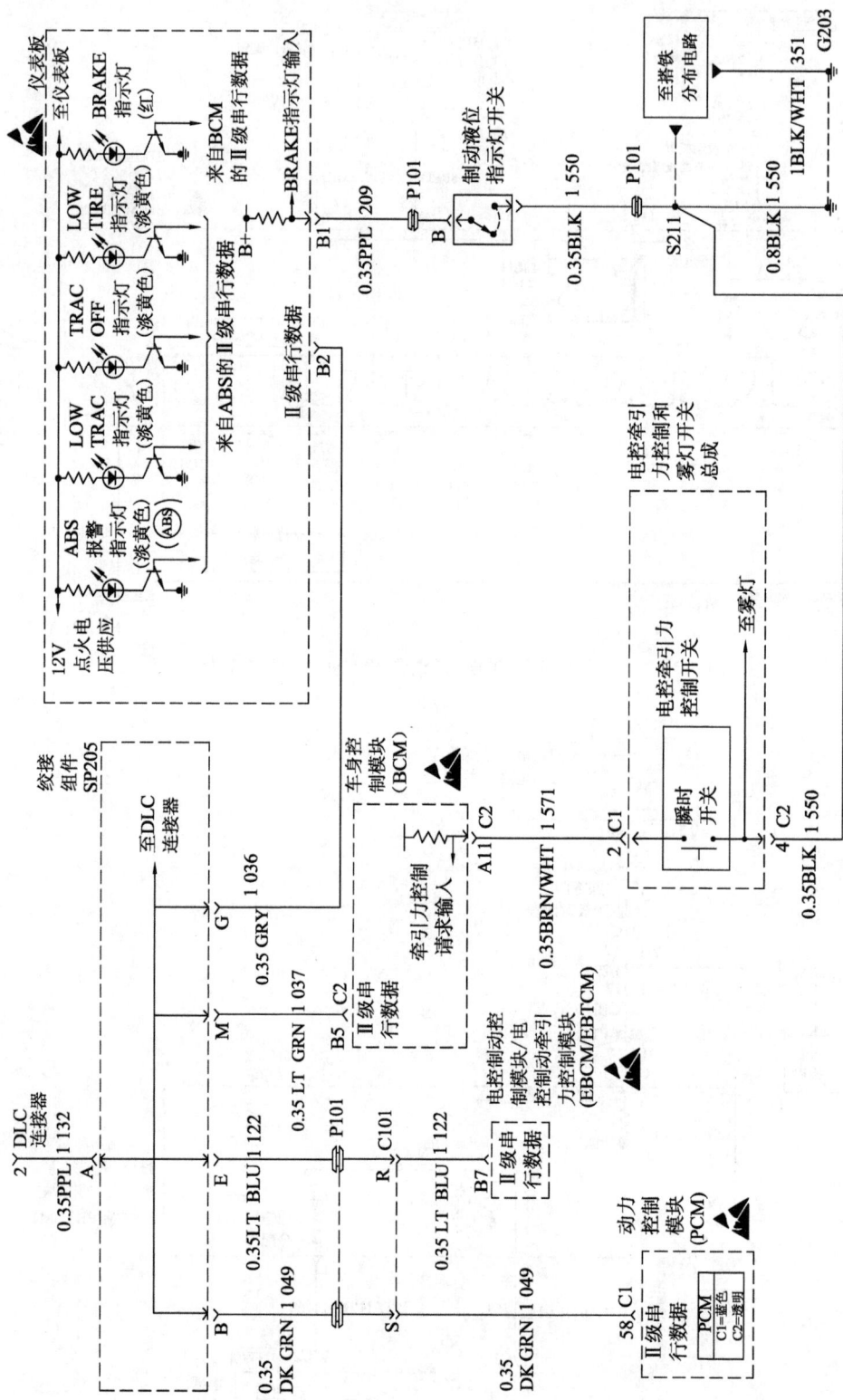

图 5-3-25 ABS 电路图(串行数据、SP205、PCM、BCM、仪表板和 EBCM/EBTCM 部分)

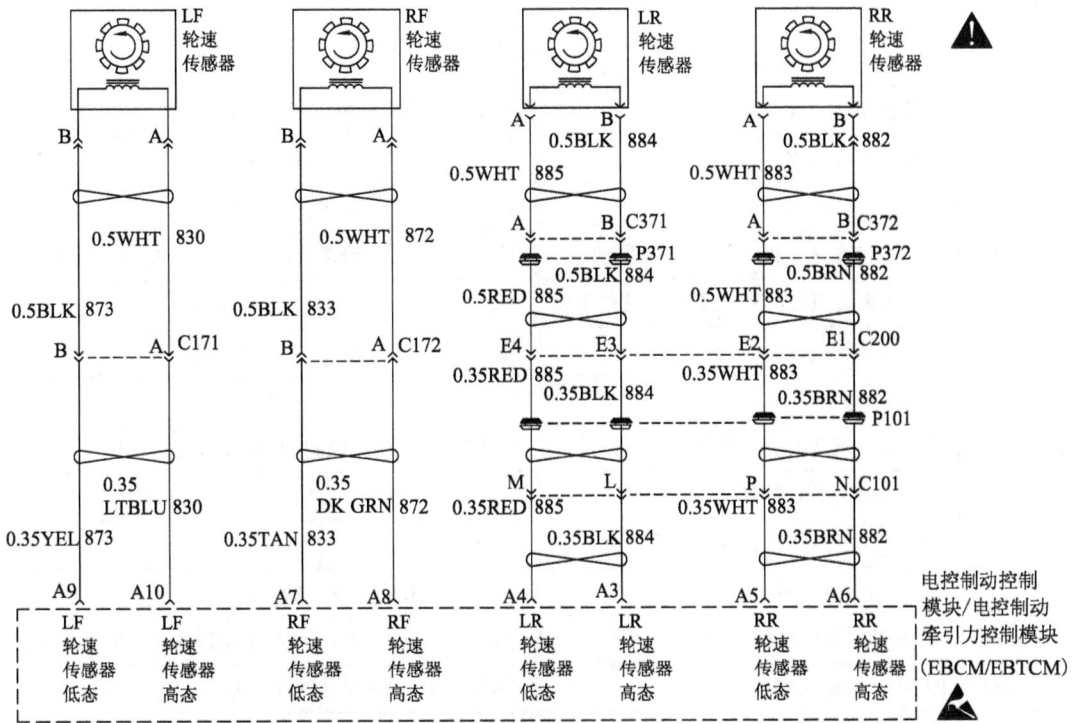

图 5-3-26 ABS 电路图(轮速传感器和 EBCM/EBTCM 部分)

三、上海别克轿车 ABS 系统故障诊断

(一)ABS 系统故障自诊断

上海别克轿车 ABS 系统具有故障自诊断功能,当 EBCM/EBTCM 在 ABS 系统中检测到故障时,EBCM/EBTCM 便设置故障代码,并点亮仪表板上的"ANTILOCK"或"TRACTION CONTROL"指示灯,自动解除 ABS/ETS/TCS 功能。用 Tech 2 扫描工具可以读取 ABS 系统故障代码,具体操作方法参见 Tech 2 扫描工具使用手册。上海别克轿车 ABS 系统的故障代码如表 5-3-3 所示。

表 5-3-3 ABS 系统故障代码及含义

故障代码	故障内容	故障代码	故障内容
C1214	电磁阀继电器触点或线圈线路短路	C1226	RF 轮速变化过大
C1217	泵电动机线路与搭铁短路	C1227	LR 轮速变化过大
C1218	泵电动机线路与电源短路	C1228	RR 轮速变化过大
C1221	LF 轮速传感器输入信号为 0	C1232	LF 轮速传感器线路短路或断路
C1222	RF 轮速传感器输入信号为 0	C1233	RF 轮速传感器线路短路或断路
C1223	LR 轮速传感器输入信号为 0	C1234	LR 轮速传感器线路短路或断路
C1224	RR 轮速传感器输入信号为 0	C1235	RR 轮速传感器线路短路或断路
C1225	LF 轮速变化过大	C1236	系统供压电压低

故障代码	故障内容	故障代码	故障内容
C1237	系统供压电压高	C1268	RR 出油电磁阀故障
C1238	制动热模式超出	C1272	LF TCS 电磁阀故障
C1241	磁力转向故障	C1274	RF TCS 电磁阀故障
C1242	泵电动机线路断路	C1275	PCM 请求解除 ETS 电子控制节气门
C1243	BPMV(制动压力调节器阀)泵电动机失速	C1276	扭矩分配信号线路故障
C1245	检测到轮胎气压低	C1277	扭矩请求信号线路故障
C1247	检测到制动液低	C1278	TCS 被 PCM 暂时关闭
C1254	检测到不正常的关闭信号	C1291	在减速期间,制动灯开关触点断开
C1255	EBCM/EBTCM 内部故障	C1293	点火循环之前,C1291 已被设置
C1256	EBCM/EBTCM 内部故障	C1294	制动灯开关线路一直工作
C1261	LF 进油电磁阀故障	C1295	制动灯开关线路断路
C1262	LF 出油电磁阀故障	C1298	PCM 的 Ⅱ 级串行数据传输连接装置故障
C1263	RF 进油电磁阀故障	U1016	与 PCM 失去通讯联络
C1264	RF 出油电磁阀故障	U1255	串行数据线故障
C1265	LR 出油电磁阀故障	U1300	Ⅱ 级串行数据线与搭铁短路
C1266	LR 出油电磁阀故障	U1301	Ⅱ 级串行数据线与蓄电池(电源)短路
C1267	RR 进油电磁阀故障		

(二) ABS 诊断系统检查与流程

ABS 诊断系统的检查流程见表 5-3-4。

表 5-3-4 ABS 诊断系统的检查流程

步骤	操作方法	是	否
1	① 重新连上所有预先脱开的元件 ② 将点火开关由"OFF"位置转至"ON"位置,发动机不启动 ③ 将 Tech 2 扫描工具连在 DLC(诊断连接器)上 ④ 看 Tech 2 扫描工具是否能与 EBCM/EBTCM 进行通讯联络	进行第 2 步	进行第 3 步,不能与 EBCM/EBTCM 进行通讯联络的诊断
2	用 Tech 2 扫描工具读取故障代码,看是否有故障代码	参阅表 5-3-3	进行第 3 步
3	将点火开关由"OFF"位置转至"ON"位置,不启动发动机,看仪表板上的"ANTILOCK"指示灯是否点亮几秒后熄灭	进行第 4 步	进行第 7 步
4	将点火开关由"OFF"位置转至"ON"位置,不启动发动机,看仪表板上的"LOW TRAC"指示灯是否点亮几秒后熄灭	进行第 5 步	进行第 8 步

步骤	操作方法	是	否
5	将点火开关由"OFF"位置转至"ON"位置,不启动发动机,看仪表板上的"TRAC OFF"(牵引力控制)指示灯是否点亮几秒后熄灭	进行第6步	进行第9步
6	将点火开关由"OFF"位置转至"ON"位置,不启动发动,看仪表板上的"LOW TIRF"指示灯是否点亮几秒后熄灭	进行第11步	进行第10步
7	"ANTILOCK"指示灯是否点亮并一直保持点亮状态	进行第4步	进行第5步
8	"LOW TRAC"指示灯是否点亮并一直保持点亮状态	进行第6步	进行第7步
9	"TRAC OFF"指示灯是否点亮并一直保持点亮状态	进行第8步	进行第9步
10	"LOW TIRE"指示灯是否点亮并一直保持点亮状态	进行"LOW TIRE(低胎压)指示灯一直点亮又无故障代码"的诊断	进行"LOW TIRE(低胎压)指示灯一直不亮又无故障代码"的诊断
11	有无任何历史故障代码	进行第12步	系统诊断结束
12	① 参阅故障代码表,看历史故障代码的含义 ② 在设置历史故障代码的条件下细心地驾驶车辆 ③ 用 Tech2 扫描工具监测 ABS 系统的故障代码,看历史故障代码是否又作为当前故障代码被存储	按故障代码进行诊断	系统诊断结束

（三）故障案例

1. 故障代码 C1232——"LF 轮速传感器线路短路或断路"的诊断

无论何时,只要在点火开关位于"ON"位置时,EBCM/EBTCM 监测到轮速传感器线路短路或断路,便设定故障代码 C1232、C1233、C1234 或 C1235。EBCM/EBTCM 在存储故障代码的同时,解除 ABS/ETS/TCS,并点亮仪表板上的黄色 ABS/ETS/TCS 指示灯。不同温度下轮速传感器的电阻值见表 5-3-5。

表 5-3-5　不同温度下轮速传感器的电阻值

传感器温度/℃	传感器电阻/Ω
−34～4	800～1 100
5～43	950～1 300
44～93	1 100～1 600

故障代码 C1232——LF 轮速传感器线路短路或断路的诊断流程,如图 5-3-27 所示。

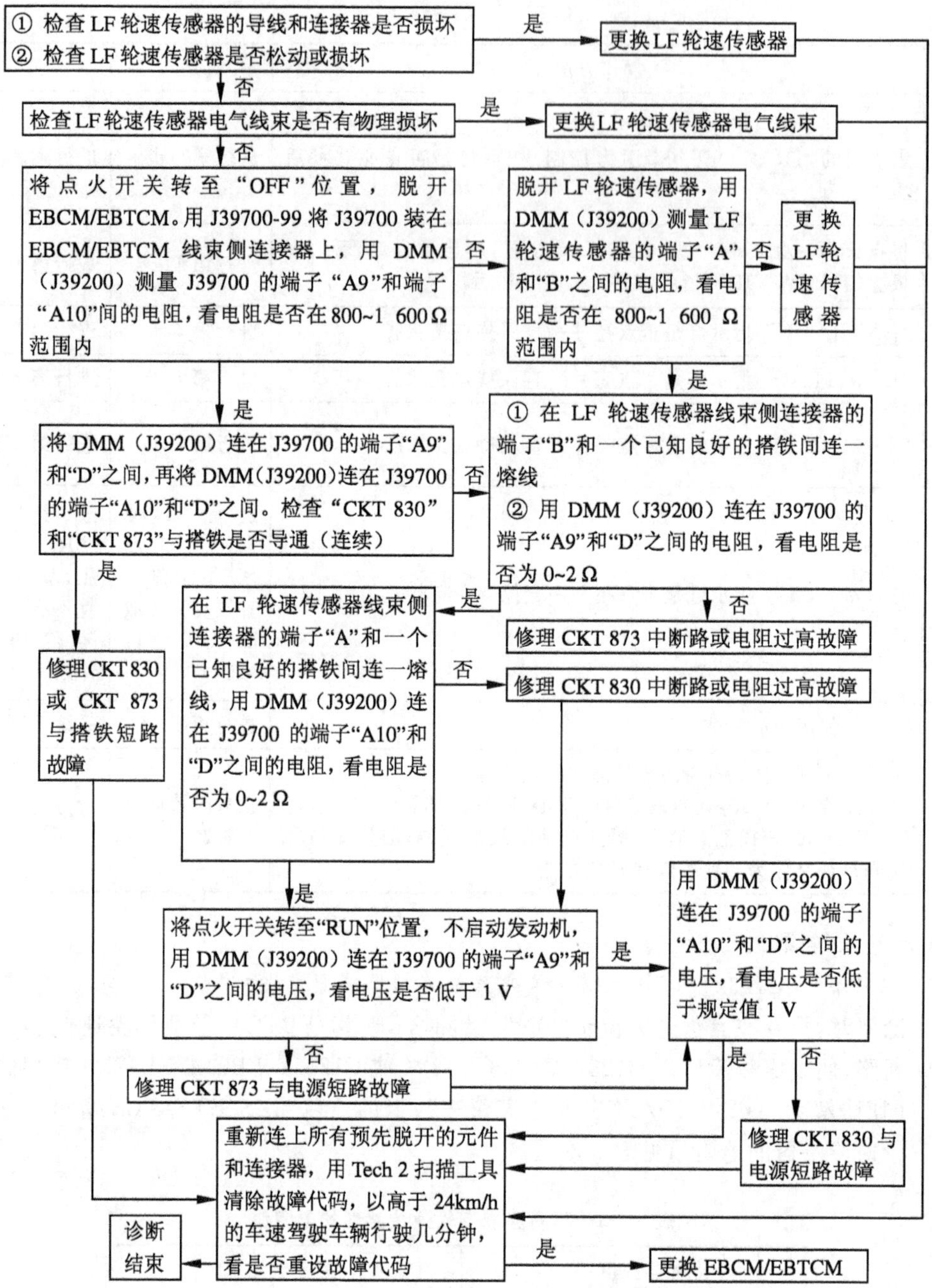

① 检查 LF 轮速传感器的导线和连接器是否损坏
② 检查 LF 轮速传感器是否松动或损坏 —— 是 → 更换 LF 轮速传感器

否 ↓

检查 LF 轮速传感器电气线束是否有物理损坏 —— 是 → 更换 LF 轮速传感器电气线束

否 ↓

将点火开关转至 "OFF" 位置，脱开 EBCM/EBTCM。用 J39700-99 将 J39700 装在 EBCM/EBTCM 线束侧连接器上，用 DMM（J39200）测量 J39700 的端子 "A9" 和端子 "A10" 间的电阻，看电阻是否在 800~1 600 Ω 范围内 —— 否 → 脱开 LF 轮速传感器，用 DMM（J39200）测量 LF 轮速传感器的端子 "A" 和 "B" 之间的电阻，看电阻是否在 800~1 600 Ω 范围内 —— 否 → 更换 LF 轮速传感器

是 ↓ ... 是 ↓

将 DMM（J39200）连在 J39700 的端子 "A9" 和 "D" 之间，再将 DMM（J39200）连在 J39700 的端子 "A10" 和 "D" 之间。检查 "CKT 830" 和 "CKT 873" 与搭铁是否导通（连续）

① 在 LF 轮速传感器线束侧连接器的端子 "B" 和一个已知良好的搭铁间连一熔线
② 用 DMM（J39200）连在 J39700 的端子 "A9" 和 "D" 之间的电阻，看电阻是否为 0~2 Ω —— 否 → 修理 CKT 873 中断路或电阻过高故障

是 ↓

修理 CKT 830 或 CKT 873 与搭铁短路故障

在 LF 轮速传感器线束侧连接器的端子 "A" 和一个已知良好的搭铁间连一熔线，用 DMM（J39200）连在 J39700 的端子 "A10" 和 "D" 之间的电阻，看电阻是否为 0~2 Ω —— 否 → 修理 CKT 830 中断路或电阻过高故障

是 ↓

将点火开关转至 "RUN" 位置，不启动发动机，用 DMM（J39200）连在 J39700 的端子 "A9" 和 "D" 之间的电压，看电压是否低于 1 V —— 是 → 用 DMM（J39200）连在 J39700 的端子 "A10" 和 "D" 之间的电压，看电压是否低于规定值 1 V

否 ↓

修理 CKT 873 与电源短路故障

是 ↓ ... 否 → 修理 CKT 830 与电源短路故障

重新连上所有预先脱开的元件和连接器，用 Tech 2 扫描工具清除故障代码，以高于 24km/h 的车速驾驶车辆行驶几分钟，看是否重设故障代码 —— 是 → 更换 EBCM/EBTCM

诊断结束

图 5-3-27　故障代码 C1232——"LF 轮速传感器线路短路或断路"的诊断流程

2. 故障代码 C1247——"检测到制动液低"的诊断

如图 5-3-28 所示，当制动主缸中的制动液位低时，制动液位指示开关将回路搭铁，点亮仪表板上的红色制动指示灯，然后仪表板向 EBTCM 发送一个 Ⅱ 级串行数据。若低制动液信息从 IPC 送至 EBTCM，TCS 将被解除并设置一个故障代码。另外，导致产生故障代码 C1247 也有可能是液压制动系统泄漏；制动液位指示灯开关故障；制动液位指示灯开关线路（CKT 209）与搭铁短路等。

点火开关
提供的12 V
电压

仪表板
线路

仪表板

制动指示灯
（红）

Ⅱ级串行数据

数据传输
装置连接器
2 Y（DLL）

B2

B1

P101

0.35 PPL 1 132   0.35 GRY 1036

A   G

DLC

铰接组件
SP205

0.35 PPL 209

B

E

0.35 LT BLU 1122

P101

制动液位
指示灯
开关

R C101

0.35 LT BLU 1122

BT

电控制动控制
模块/电控制动
牵引力控制模块
（EBCM/EBTCM）

Ⅱ级串行数据

A

0.35 BLK 1150

P101

至搭铁分
布电路

S211

1 BLK 1150

G203

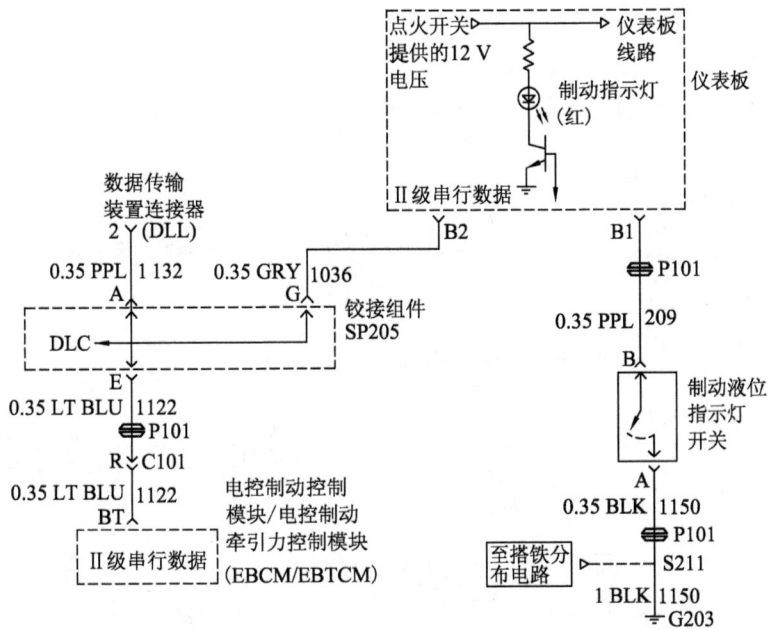

图 5-3-28　制动液位指示电路

故障代码 C1247——"检测到制动液低"的诊断流程，如图 5-3-29 所示。

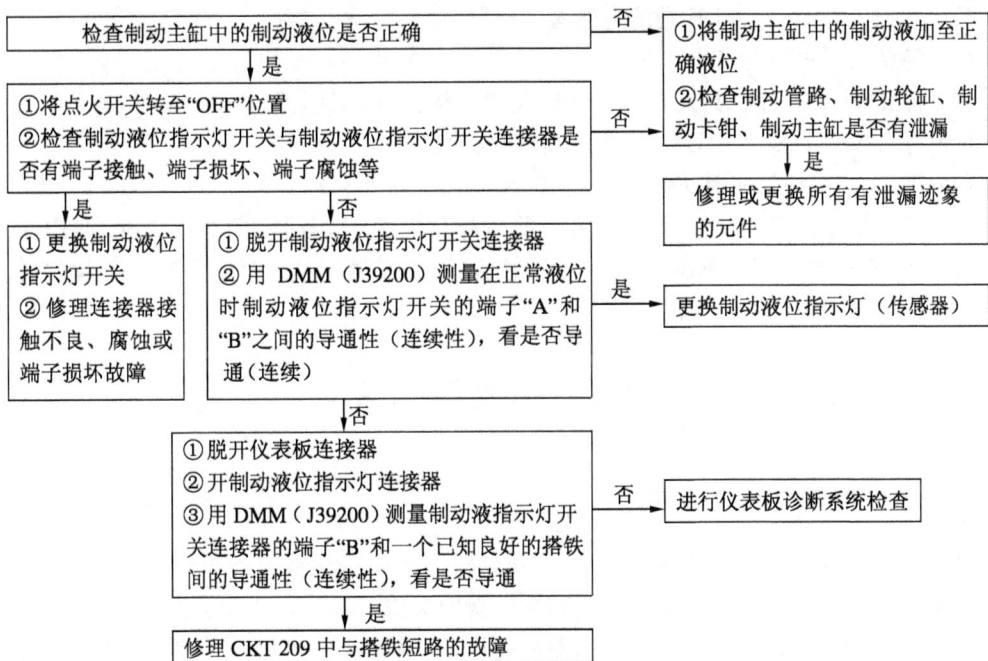

检查制动主缸中的制动液位是否正确 —否→
①将制动主缸中的制动液加至正确液位
②检查制动管路、制动轮缸、制动卡钳、制动主缸是否有泄漏

是↓

①将点火开关转至"OFF"位置
②检查制动液位指示灯开关与制动液位指示灯开关连接器是否有端子接触、端子损坏、端子腐蚀等 —否→

是↓

修理或更换所有有泄漏迹象的元件

①更换制动液位指示灯开关
②修理连接器接触不良、腐蚀或端子损坏故障

①脱开制动液位指示灯开关连接器
②用 DMM（J39200）测量在正常液位时制动液位指示灯开关的端子"A"和"B"之间的导通性（连续性），看是否导通（连续） —是→
更换制动液位指示灯（传感器）

否↓

①脱开仪表板连接器
②开制动液位指示灯连接器
③用 DMM（J39200）测量制动液指示灯开关连接器的端子"B"和一个已知良好的搭铁间的导通性（连续性），看是否导通 —否→
进行仪表板诊断系统检查

是↓

修理 CKT 209 中与搭铁短路的故障

图 5-3-29　故障代码 C1247——"检测到制动液低"的诊断流程

3. 故障代码 C1261——"LF 进油电磁阀故障"的诊断

进出油电磁阀电路，如图 5-3-30 所示。在点火开关位于"ON"位置时，蓄电池向进出油电磁阀供应蓄电池电压。EBCM/EBTCM 在必要时通过控制其搭铁线路控制电磁阀的工

作。当 EBCM/EBTCM 在 LF 进油电磁阀的线路中监测到断路、与搭铁短路或与电源短路时,便记录故障代码 C1261。EBCM/EBTCM 在存储故障代码 C1261 的同时,解除 ABS/TCS,并点亮仪表板上的黄色 ABS/TCS 指示灯。

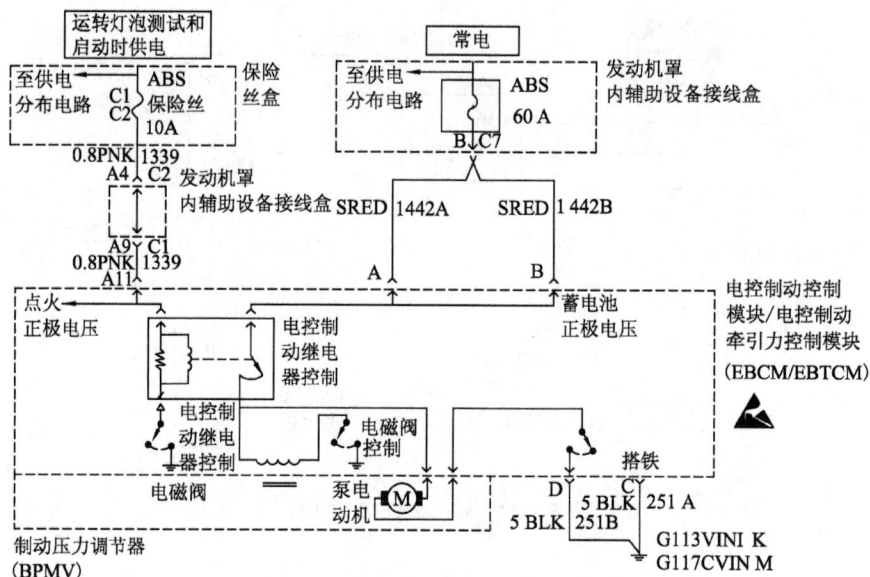

图 5-3-30　进出油电磁阀电路

故障代码 C1261——"LF 进油电磁阀故障"的诊断方法如下:

(1) 将点火开关转至"OFF"位置。

(2) 将 Tech 2 扫描工具连在数据传输装置连接器(DLC)上。

(3) 将点火开关转至"RUN"位置,不启动发动机。

(4) 用 Tech 2 扫描工具进行自动测试(Automated Test)。

(5) 检查故障代码 C1261 是否作为当前故障代码重设,若是,则更换 EBCM/EBTCM(电磁阀线路和电磁线圈在 EBCM/EBTCM 内部,不能单独更换,只能更换 EBCM/EBTCM总成);若没有重设,则诊断结束。

第四节　驱动控制装置

一、驱动控制装置(TRAC)

随着机动车辆的普及和交通的增加,驾驶员对汽车起步性能和操纵性能的要求日益提高。汽车还可进一步分为自动控制系统和被控制的对象(车体)。驾驶员控制汽车是指操纵油门、制动踏板和方向盘,按照自己的意图控制汽车,当然任何时候这三者必须处于可控状态,这是首要条件。汽车与环境之间最重要的是车轮和路面间的摩擦面,摩擦状况必须处于可控状态,即滑移率必须在允许范围之内。要想准确控制滑移率,必须采用比人工控制快得多的制动自动控制系统(ABS)和驱动防滑系统(ASR)。

(一) 驱动控制装置的概述

ABS 是防止制动过程中车轮抱死、保持方向稳定性和操纵性并能缩短制动距离的装置。与此相反,驱动防滑系统(以下简称 ASR)的作用是防止汽车在加速过程中打滑,特别是防止汽车在非对称路面行驶或在转弯时驱动轮的空转,并保持方向稳定性、操纵性,维持最大驱动力,如图 5-3-31 所示。也可以说,在控制车轮和路面间的滑移率这一点上 ABS 和 ASR 是采用相同的技术,但两者所控制的车轮滑移方向是相反的。

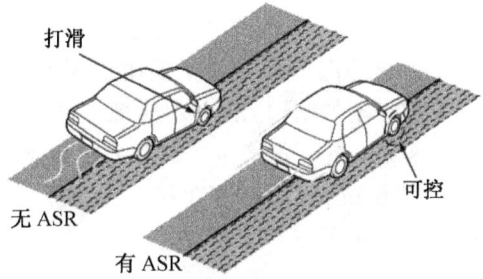

图 5-3-31 有无 ASR 系统的驱动力对比

（二）ASR 系统的结构与工作原理

ASR 系统(如图 5-3-32 所示)由 ECU、执行器(制动压力调节器、节气门驱动装置)、传感器(车速传感器、节气门开度传感器)等组成。车速传感器将行驶汽车驱动车轮转速及非驱动车轮转速转变为电信号,输送给电控单元 ECU。ECU 根据车速传感器的信号计算驱动车轮的滑移率,若滑移率超限,控制器再综合考虑节气门开度信号、发动机转速信号、转向信号等因素确定控制方式,输出控制信号给相应的执行器,使驱动车轮的滑移率控制在目标范围之内。

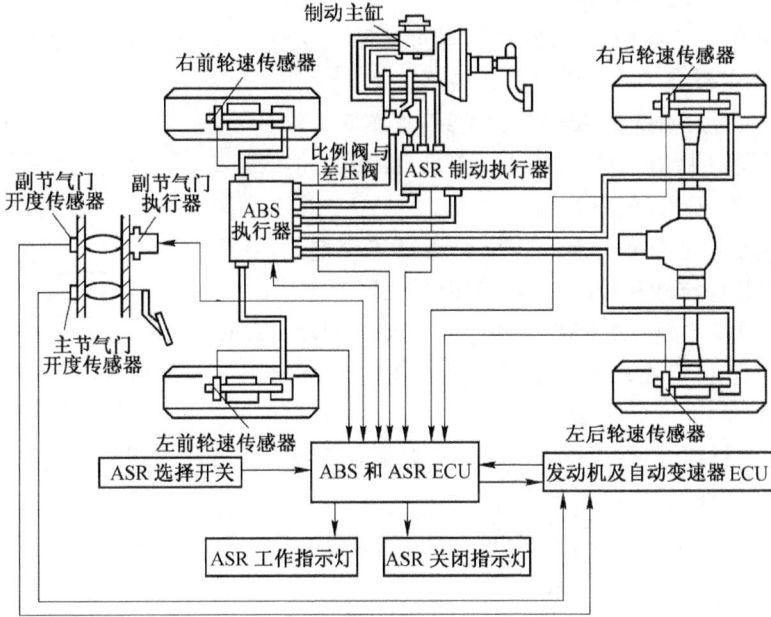

图 5-3-32 ASR 系统示意图

ASR 根据驱动轮运动状况自动调节发动机的输出转矩、传动系的传动比和驱动车轮制动力矩,实现对驱动车轮驱动力矩的控制,将驱动车轮的滑动率控制在 5%～15% 的范围内。此时,驱动轮纵向附着系数最大,使汽车能充分利用驱动车轮的最大附着力,获得更大的驱动力,从而提高汽车的加速性能和爬坡能力。同时,侧向附着系数也较大,可以保证汽车在湿滑的路面上起步、加速、转弯或者在附着系数分离的路面上行驶等驱动过程中具有良好的方向稳定性。

如图 5-3-33 所示,当汽车在附着系数分离的路面上行驶时,无驱动防滑系统的汽车受普通齿轮式差速器转矩分配特性的制约。处于高附着系数路面上的驱动车轮所能产生的驱动力与处于低附着系数路面上的驱动车轮的驱动力是相等的,均为 F_L,汽车的总驱动力就等于 $2F_L$;装备驱动防滑系统的汽车可对处于低附着系数路面上的驱动车轮施加一定的制动力 F_B,尽管此时处于低附着系数路面上的驱动车轮所能产生的驱动力仍为 F_L,但另一驱动轮却可产生 F_L+F_B 的驱动力,从而使汽车总驱动力达到 $2F_L+F_B$,提高了汽车驱动力。

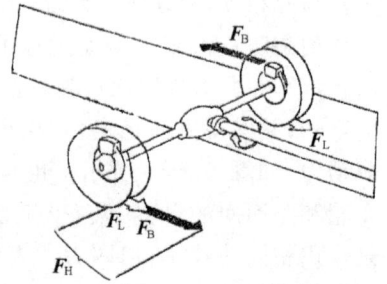

图 5-3-33 驱动防滑系统的增力作用

二、车身电子稳定系统(ESP)

ESP,全名为 Electronic Stability Program,中文翻译为电子稳定系统或车身电子稳定系统,最早由德国 Bosch 发明。ESP 是与刹车系统结合,以防止车辆在遭遇突发状况时发生打滑失控情形的电子系统。通常 ESP 都是和 ABS/EBD/BAS/ASR 等电子辅助系统相互整合在一起的,该系统监控车辆车速信号,利用 ABS 制动油压调节制动力,改变发动机扭力控制来防止车辆由于行驶时不同的抓地力而产生各车轮的打滑。

(一)ESP 的结构特点

ESP 是整合了多项电子制动技术,通过对制动系统、发动机管理系统和自动变速器施加控制,防止车辆滑移的一项综合控制技术。

ESP 对各项电子制动系统的包含关系,如图 5-3-34 所示。装备 ESP,则同时具有 TCS(ASR)、EDL、ABS 功能;装备 TCS,则同时具有 EDL、ABS 功能。

(1)制动防抱死系统(ABS)防止制动时车轮抱死,并保持车辆良好行驶稳定性和转向性能,缩短制动距离。

(2)驱动防滑控制系统(ASR)通过对驱动轮制动并降低发动机转矩来阻止驱动轮空转打滑,例如在砂石及冰面上行驶。

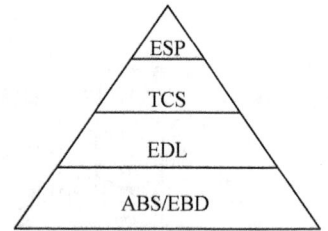

图 5-3-34　ESP 对各项电子制动系统的包含关系

(3)电子差速锁(EDS/EDL)当驱动轮在附着系数低的路面出现打滑空转时,对其采取制动,使车辆能起步行驶。

(4)发动机牵引力力矩调整(MSR/EBC)当突然松开油门或挂入低挡时,阻止可能由发动机制动过大产生的驱动轮抱死。

(5)电子制动力分配(EBV/EBD)当 ABS 起作用前或者 ABS 失效后,防止后轴出现过度制动导致甩尾。

(二)ESP 的组成、功能及原理

1. ESP 组成

ESP 系统由 ECU、转向盘转角传感器、横纵向加速度传感器、横向偏摆率传感器、轮速传感器及液压系统等组成,如图 5-3-35 所示。

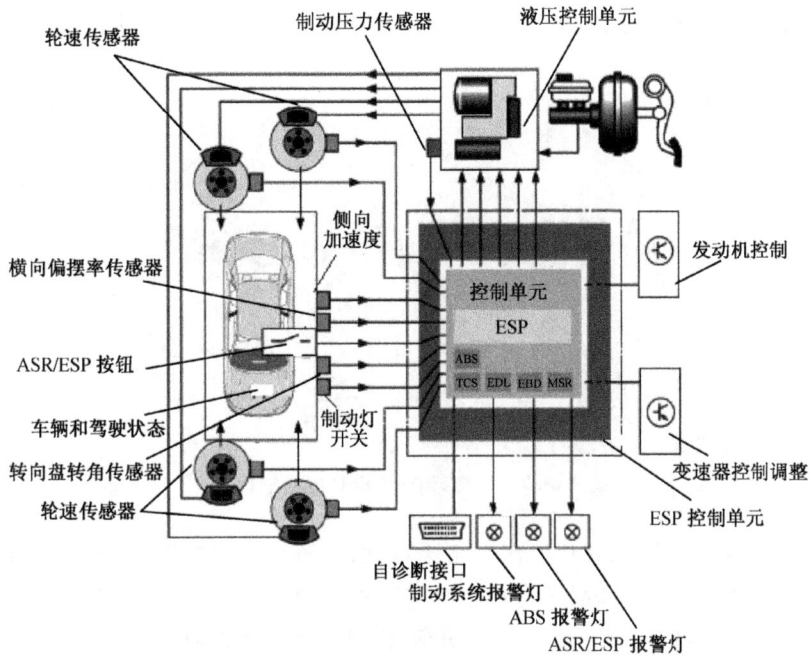

图 5-3-35 ESP 结构

ECU 将传感器采集到的数据进行计算,得出车身状态然后与存储器里面预先设定的数据进行比对。当微机计算数据超出存储器预存的数值,即车身临近失控或者已经失控的时候,ECU 则命令执行器工作,以保证车身行驶状态能够尽量满足驾驶员的意图。

某些情况下每秒须进行 150 次制动,以把车辆保持在驾驶者所选定的车道内。这些传感器还向 ECU 提供汽车在任何瞬间的运行状况信息。接通点火开关后,系统进入自检,如 ECU 出现故障,仍可按常规制动,只不过 ABS/ASR/EPS 等失效。

2. ESP 具体功能

(1) 不足转向与 ESP 控制的比较(如图 5-3-36 所示)。

当车辆行驶中,由于车辆转弯时发动机功率过大致使车辆前轮打滑。此时 ESP 会制动前轮内侧车轮,使车轮向内侧移动,车辆依据驾驶员的意图行驶。

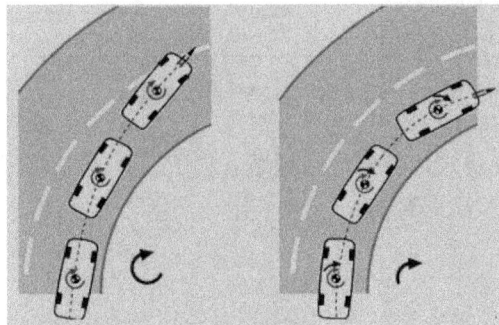

图 5-3-36 不足转向与 ESP 控制的比较

(2) 过度转向与 ESP 控制的比较(如图 5-3-37 所示)。

当车辆行驶中,由于外在意外造成转向过度,使后轮打滑,而车辆抛出转弯曲线。ESP

利用制动力将前轮外侧车轮刹住,车辆前轮会有瞬间向外的力量,使转弯的力量减小,后轮打滑的现象减少。

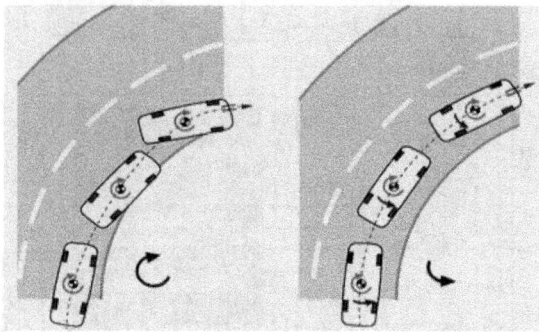

图 5-3-37　过度转向与 ESP 控制的比较

有 ESP 与只有 ABS 及 ASR 的汽车相比,它们之间的差别在于 ABS 及 ASR 只能被动地作出反应,而 ESP 则能够探测和分析车况并纠正驾驶的错误,防患于未然。当然,任何事物都有一个度的范围,如果驾车者盲目开快车,任何安全装置都难以保全。

3. ESP 的工作原理

当汽车行驶过程中,ESP 系统通过不同传感器实时监控驾驶者转弯方向、车速、油门开度、刹车力以及车身倾斜度和侧倾速度,以此判断汽车正常安全行驶和驾驶者操纵汽车意图的差距。然后通过调整发动机的转速和车轮上的刹车力分布,修正过度转向或转向不足。其控制如图 5-3-38 所示。

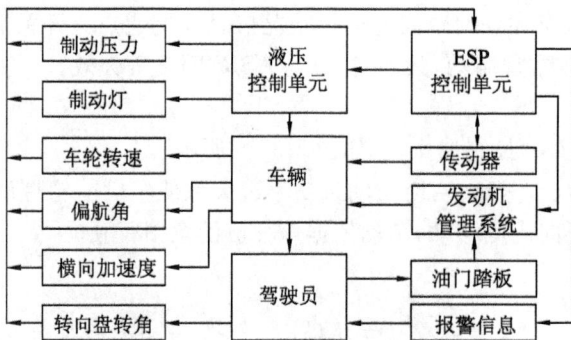

图 5-3-38　ESP 控制框图

ESP 在提高汽车行驶稳定性方面效果显著,其实 ESP 的作用就是当驾驶员操纵汽车超过极限值后,微机自动介入修正驾驶。

第四章　汽车空调系统

第一节　制冷循环

一、制冷原理

低温低压液态制冷剂进入用来冷却车内空气的蒸发器,在定压下汽化,由于制冷剂汽化时的温度低于环境温度,因此能自动吸收空气中的热量,使空气温度下降,产生制冷效应。制冷剂吸热汽化,由液体变成低温低压蒸气,然后被压缩机压缩成高于环境温度的高温高压气体,再进入冷凝器将热量释放给外界空气,从而冷凝成高压的液态制冷剂,最后经过节流阀变为低温低压的液态制冷剂,再进入蒸发器汽化吸热,完成了一个制冷循环。

(一)制冷剂

制冷剂的种类很多,主要性质见表 5-4-1。

表 5-4-1　制冷剂的种类

制冷剂代号 项　目	R12	R22	R134a
化学式	CCl_2F_2	$CHClF_2$	$CH_2F\text{-}CF_3$
分子量	120.9	86.5	102.3
标准大气压下沸点/℃	−29.8	−40.8	−26.2
临界温度/℃	111.80	96.10	101.14
临界压力/MPa	4.125	4.975	4.065
临界密度/$(kg \cdot m^{-3})$	558	525	511
饱和液体密度(25℃)/$(kg \cdot m^{-3})$	1 311	1 192	1 206
饱和蒸气比容(25℃)/$(m^3 \cdot kg^{-1})$	0.027 1	0.023 5	0.031 0
汽化潜热/$(kJ \cdot kg^{-1})$	151.5	205.4	197.5
ODP 值(臭氧破坏潜能值)	1.0		0.1

(1) R12:由于含有氯原子,分离出氯离子导致大气臭氧层的破坏,因此 R12 已经被禁止使用。

(2) R134a:现在汽车空调制冷剂的首选。

(二)冷冻机油

冷冻机油是一种在高低温工况下均能正常工作的特殊润滑油。性能要求:

（1）凝点低，具有良好的低温流动性。

（2）粘度受温度的影响要小。

（3）与制冷剂的溶解性能要好。

（4）要有较高的热稳定性。

（5）化学性质要稳定。

根据上述原则，适用于 R134a 的润滑油只有两大类：聚烃基乙二醇（PAG）和聚酯油（ESTER）。PAG 与 ESTER 性质比较，见表 5-4-2。

表 5-4-2　PAG 与 ESTER 性质比较

性　　能 ＼ 润滑油	PAG	ESTER
与 R134a 互溶性	较好	较好
热稳定性	较好	较好
吸湿性	好	好
润滑性	差	差
与橡胶相容性	较好	较好
电绝缘性	差	差

（三）汽车空调系统的功能

1. 调节车内温度、湿度

汽车空调在冬季利用其采暖装置升高车内温度，夏季利用制冷装置对车内降温，也可利用制冷装置冷却降温去除空气中的水分，再由采暖装置升温以降低空气的相对湿度。

2. 调节车内的空气流速

夏季空气流速稍大，有利于人体散热降温；而冬季气流速度过大，则会影响人体保温，因此夏季的舒适风速一般为 0.25 m/s，冬季的舒适风速一般为 0.20 m/s。

3. 过滤净化车内空气

由于车内空间小，乘员密度大，车内极易缺氧；而车外道路上的粉尘等又容易进入车内造成空气污浊，影响乘员的身体健康，因此要求空调必须具有补充车外新鲜空气、过滤和净化车内空气的功能。

（四）汽车空调系统的组成

（1）通风装置：把车外新鲜空气吸进车内进行换气。

（2）暖气装置：把车内空气或吸进来的新鲜空气加热。

（3）冷气装置：把车内空气或吸进来的新鲜空气冷却或除湿。

（4）空气净化装置：净化空气，除去车内存在的灰尘和气味。

（5）控制装置：对制冷和暖风装置进行控制，使空调正常工作。

二、汽车空调制冷系统的类型

目前主要采用单级压缩蒸气制冷循环系统，其有以下 4 种类型：恒温膨胀阀-吸气节流阀系统；储液器-阀组合系统；离合器恒温膨胀阀系统；离合器节流管系统。它们的共同特点是都能防止蒸发器结霜。

三、汽车空调制冷系统

蒸气压缩制冷系统主要由压缩机、冷凝器、液体膨胀装置和蒸发器等总成构成。制冷系统工作时,制冷剂以不同的状态在这个密闭系统内循环流动。汽车空调系统的制冷循环流程如图 5-4-1 所示,制冷循环是由压缩、放热、节流和吸热 4 个过程组成。

1. 压缩过程

压缩机吸入蒸发器出口处低温低压的制冷剂气体,把它压缩成高温高压的气体,然后送入冷凝器。此过程的主要作用是压缩增压,以使气体液

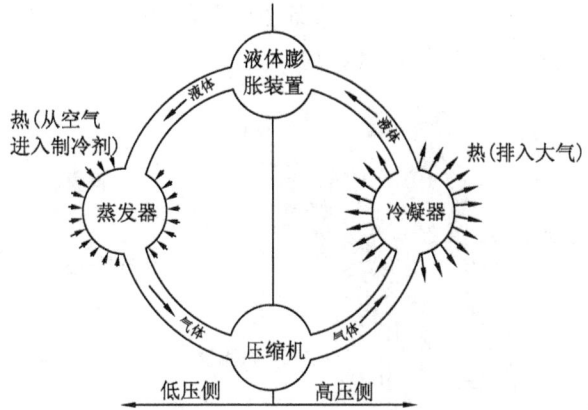

图 5-4-1　制冷循环流程

化。压缩过程中,制冷剂状态不发生变化,而温度、压力不断升高,形成过热气体。

2. 放热过程

高温高压的过热制冷剂气体进入冷凝器(散热器)与大气进行热交换。由于压力及温度的降低,制冷剂气体冷凝成液体,并放出大量的热。此过程的作用是排热、冷凝。冷凝过程的特点是制冷剂的状态发生变化,即在压力、温度不变的情况下,由气态逐渐向液态转变。冷凝后的制冷剂液体是高压高温液体。制冷剂液体过冷度越大,在蒸发过程中蒸发吸热的能力也就越大,制冷效果越好,即产冷量相应增加。

3. 节流过程

高压高温制冷剂液体经膨胀阀节流降温降压,以雾状(细小液滴)排出膨胀装置。该过程的作用是使制冷剂降温降压,由高温高压液体迅速地变成低温低压液体,以利于吸热、控制制冷能力以及维持制冷系统正常运行。

4. 吸热过程

经膨胀阀降温降压后的雾状制冷剂液体进入蒸发器,因制冷剂沸点远低于蒸发器内温度,故制冷剂液体在蒸发器内蒸发、沸腾成气体。在蒸发过程中大量吸收周围的热量,降低车内温度,而后低温低压的制冷剂气体流出蒸发器等待压缩机再次吸入。吸热过程的特点是制冷剂状态由液态变化到气态,此时压力不变,即在定压过程中进行这一状态的变化。

上述过程周而复始地进行,便可使汽车内温度达到并维持在给定的状态。

第二节　汽车空调设备的主要部件

一、汽车空调制冷系统组成部件的结构与原理

(一)压缩机

压缩机由汽车发动机或专用发动机驱动,其功能是吸入低温低压的制冷剂蒸气,并将其压缩到所需压力后送往冷凝器。目前正式应用在汽车空调上的压缩机不少于 30 种,本节主

要介绍曲轴活塞压缩机(并列双缸、V形双缸)、摆盘式活塞压缩机、斜盘式活塞压缩机等。

1. 曲轴活塞压缩机

该种压缩机通过容积变化来压缩气体,有立式和卧式两种。当曲轴外力带动旋转时,活塞上下移动。活塞下移时产生真空,从蒸发器吸进制冷剂蒸气;活塞向上移动时,压缩制冷剂蒸气至冷凝器,其结构如图5-4-2所示。

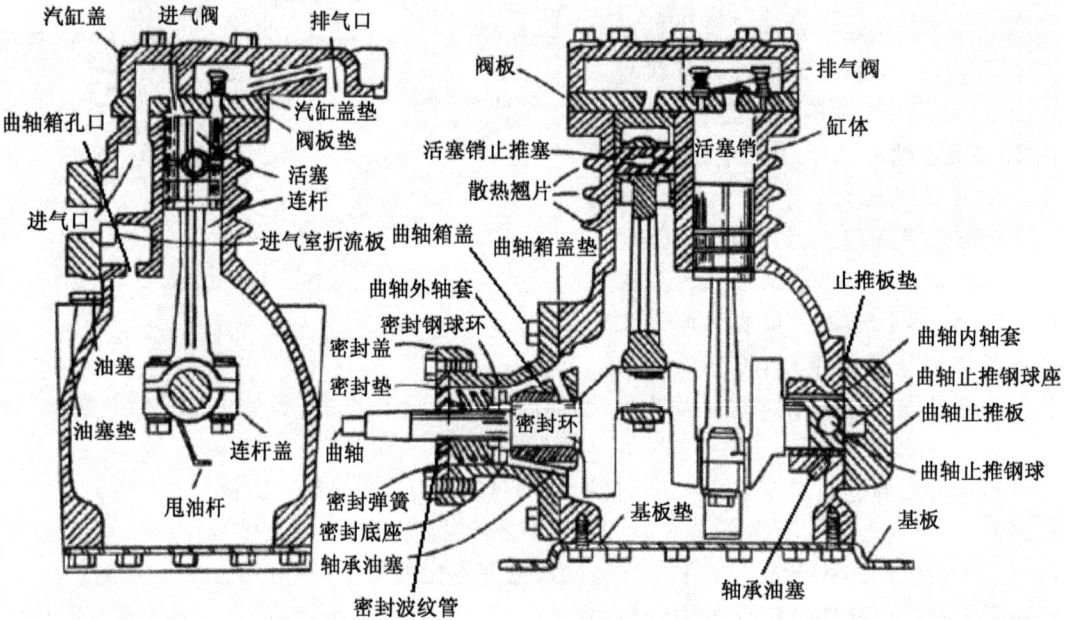

图 5-4-2　并列双缸压缩机构造

这种压缩机有 A-206、A-209、A-210 三种型号,每转排量分别为 98.4 mL、147.6 mL、164 mL,制冷量和所消耗功率见表5-4-3。

表 5-4-3　压缩机制冷量和消耗功率表

项　目		内　容							
型号	主轴转速(r/min)	350	456	1 090	1 640	2 185	2 740	3 280	3 820
A-206	制冷量(Btu/h)	1 100	1 800	5 000	8 200	11 000	13 800	15 200	16 200
	消耗功率(kW)	0.187	0.321	0.589	0.992	1.283	1.716	2.089	2.313
A-209	制冷量(Btu/h)	2 600	3 800	8 500	13 500	17 500	21 250	22 600	25 000
	消耗功率(kW)	0.298	0.522	0.970	1.641	2.126	2.835	3.432	3.805
A-210	制冷量(Btu/h)	3 100	5 000	11 500	15 800	19 500	23 500	25 000	27 000
	消耗功率(kW)	0.448	0.560	1.119	1.865	2.238	2.909	3.544	3.879

2. 摆盘式活塞压缩机

摆盘式压缩机的最大优点是工作平稳、结构紧凑、体积小,适用于在空间狭小的车厢使用,其结构如图5-4-3所示。各气缸均以压缩机的轴线为中心,均匀分布,连杆连接活塞和摆盘,两端采用球形万向联轴器,使摆盘的摆动和活塞移动相协调而不发生干涉。摆盘中心用钢球作支承,并用一对固定的圆锥齿轮限制摆盘只能摇动而不能转动。主轴和楔形的传动板连接在一起。

压缩机工作时,主轴带动传动板一起旋转。由于楔形传动板的转动,迫使摆盘以钢球为中心,进行左右摇摆移动。摆盘和传动板之间的摩擦力,使摆盘具有转动的趋势,但是这种趋势被一对圆锥齿轮所限制,使得摆盘只能左右移动,并带动活塞在气缸内作往复运动。

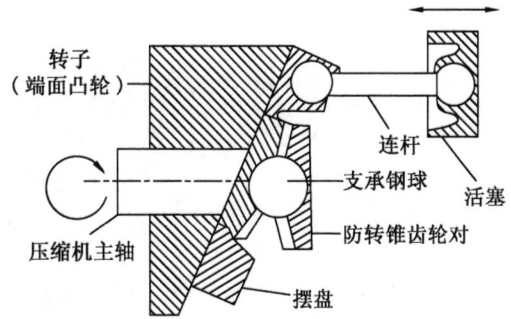

图 5-4-3　摆盘式压缩机

该类压缩机与曲轴连杆式一样,均有进、排气阀片,工作循环也具有压缩、排气、膨胀、吸气 4 个过程。当活塞向右运动时,该气缸处于膨胀、吸气两个过程;而摆盘另一端的活塞作反向的向左移动,使该气缸处于压缩、排气两个过程。主轴每转动 1 周,1 个气缸便要完成上述的压缩、排气、膨胀、吸气的 1 次循环。一般 1 个摆盘配有 5 个活塞,这样相应的 5 个气缸在主轴转动 1 周时,就有 5 次排气过程。

以日本三电公司的产品 SD-5 压缩机的结构为例,图 5-4-4 是 SD-5 摆盘式压缩机的剖视图,图 5-4-5 是 SD-5 摆盘式轴向五缸压缩机解体图。SD-5 型压缩机的主要结构:主轴和 5 个气缸轴线平行,缸体上均布着 5 个轴向气缸,气缸内的活塞和摆盘被连杆用球形万向联轴器联接。通过滚柱轴承,楔形传动板与前缸盖和摆盘之间的滑动摩擦变为滚动摩擦,减少了摩擦阻力和零件的磨损,延长了零件寿命。轴承是一对滑动轴承,它和钢球一起支承主轴和楔板运动。钢球还起到摆盘的支点作用。吸气腔和楔形板腔有通气孔,使夹带润滑油的制冷剂蒸气先润滑所有的运动部件和油封后,再到气缸中压缩。

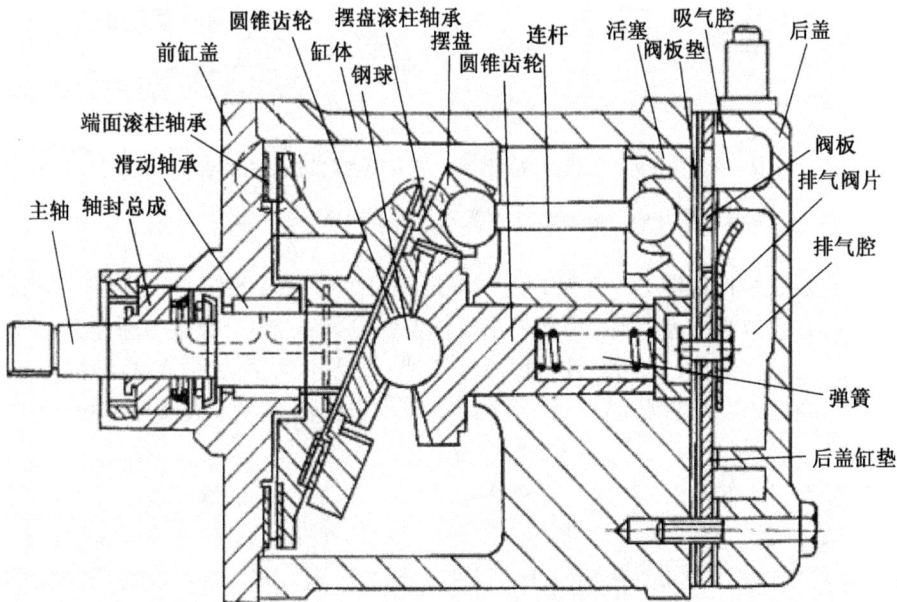

图 5-4-4　SD-5 摆盘式压缩机剖视图

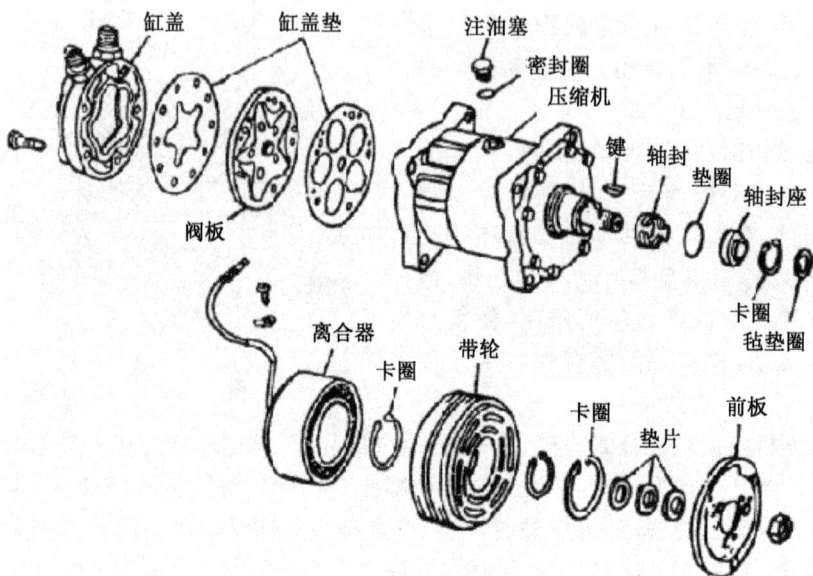

图 5-4-5　轴向五缸压缩机解体

3. 斜盘式活塞压缩机

斜盘式活塞压缩机是一种轴向往复活塞式压缩机。国内常见的轿车如奥迪 100、捷达、富康轿车皆采用了斜盘式压缩机。其与摆盘式压缩机原理和结构比较如图 5-4-6 所示。

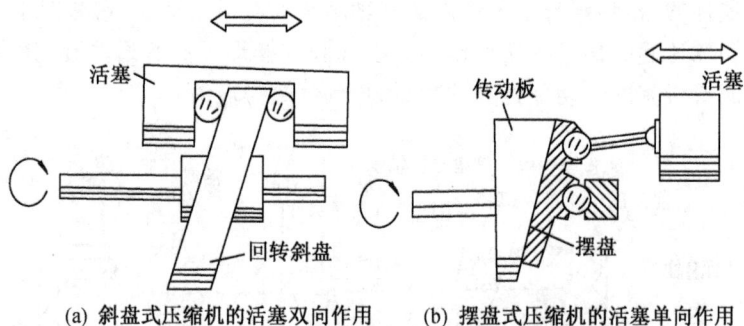

(a) 斜盘式压缩机的活塞双向作用　　　(b) 摆盘式压缩机的活塞单向作用

图 5-4-6　斜盘式与摆盘式压缩机原理和结构比较

斜盘式压缩机结构如图 5-4-7 所示。斜盘式压缩机的主要零件有缸体,前后缸盖,前后阀板和活塞。其润滑方式有两种,一种采用机油泵强制润滑,用于豪华型轿车和豪华小型巴士车等具有较大制冷量的压缩机;另一种没有油池,没有机油泵,而是依靠润滑油和制冷剂一起循环,利用在吸气腔内因压力和温度下降而分离出的润滑油来润滑压缩机各组件,与摆盘式压缩机类似。

当主轴带动斜盘转动时,斜盘便驱动活塞做轴向移动,由于活塞在前后布置的气缸中同时作轴向运动,这便相当于两个活塞在作双向运动。当前缸活塞向左移动时,排气阀片关闭,余隙容积的气体首先膨胀;在缸内压力略小于吸气腔压力时,吸气阀片打开,低压蒸气进入气缸开始了吸气过程,一直到活塞向左移动到终点为止。当后缸活塞向左移动时,开始压缩过程,蒸气不断压缩,压力和温度不断上升。当压缩蒸气的压力略大于排气腔压力时,排气阀片打开,转到排气过程,一直到活塞向左移动到终点为止。这样斜盘每转动 1 周,前后

2个活塞各自完成吸气、压缩、排气、膨胀过程,即完成1次循环。

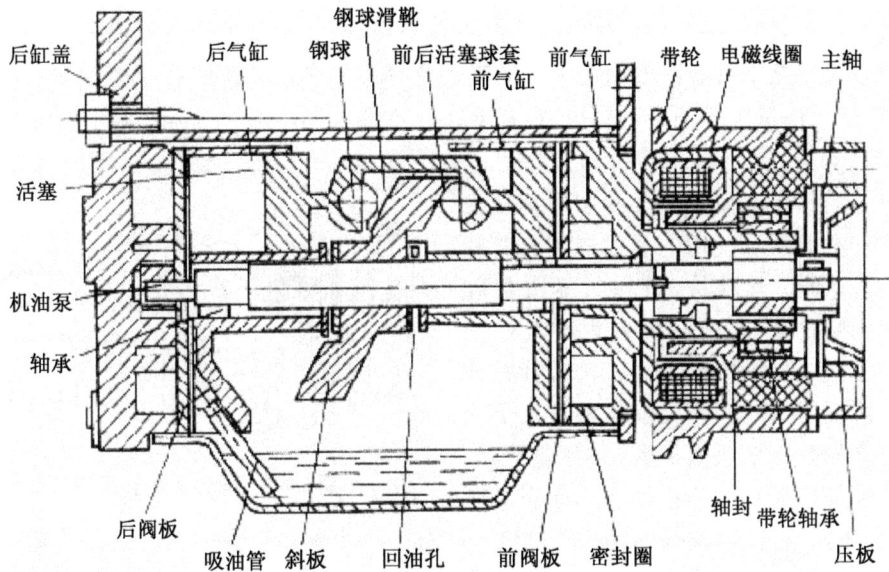

图 5-4-7　斜盘式压缩机剖视图

(二) 冷凝器

1. 冷凝器的作用

冷凝器的作用是把高温高压气态制冷剂的热量传给大气,使制冷剂冷凝成液体。冷凝器大多布置在车头散热水箱前面,由冷却系统风扇或冷凝器风扇或两者共同进行冷却。汽车空调系统的冷凝器(包括蒸发器)是一种由管与铝散热片组合起来的热交换设备。冷凝器的材料可以是铜、钢、铝,现在以铝质居多。管做成各种盘管状,散热片是为了增大冷凝器的散热面积,而且可支承盘管。

2. 冷凝器的类型

汽车空调中的冷凝器,常有以下几种类型,如图 5-4-8 所示。

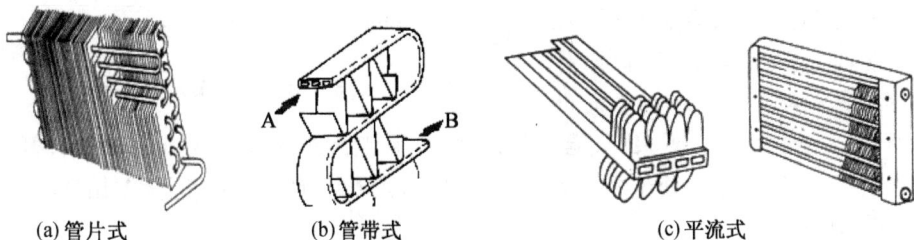

(a) 管片式　　　(b) 管带式　　　(c) 平流式

图 5-4-8　冷凝器的类型

(1) 管片式(管翅式)。管片式冷凝器的制作工艺简单,它是在圆铜管上覆 0.2 mm 厚的铝片组合而成,是较早采用的一种冷凝器形式,目前一般用在大中型客车的冷气装置上。

(2) 管带式。管带式冷凝器目前普遍使用在小型汽车上。它采用一整根扁形管,弯成蛇形状。管内用隔筋隔成若干个孔道,管外用 0.2 mm 厚的铝片焊在上下两管外壳处。铝片折成皱纹状以增大散热面积。这种冷凝器结构紧凑(单管多孔)、重量轻(全部铝质)、可靠性高(不用多处弯头焊接),但其管内制冷剂流动阻力要高于管片式。

（3）平流式。平流式冷凝器是为汽车空调使用新型制冷剂 R134a 而开发的。制冷剂由输入端接头进入圆柱主管中,再分别同时流入多个扁管,并平行地流至对面的主管,之后集中经过跨接管流至冷凝器输出端接头。平流式冷凝器具有制冷剂侧的压力损失小、导热系数高、制冷剂充注量少等特点,更适合具有 R134a 性质的制冷剂在汽车空调中的使用。

（三）蒸发器

蒸发器的作用是使液态雾状制冷剂蒸发冷却。汽车空调系统使用的蒸发器亦有管片式、管带式两种。其结构、材料与冷凝器相同,只是外观不同,其表面积约为冷凝器的50%(同一冷气系统中)。图 5-4-9 为管带式蒸发器外观图(无外壳)。比前两种蒸发器换热效率更高的是板翅式蒸发器,亦称层叠式。由两片冲成复杂形状的铝板叠在一起组成制

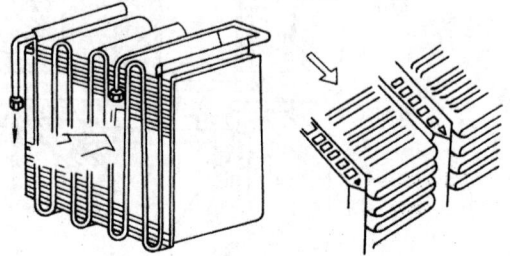

图 5-4-9　管带式蒸发器外形结构

冷剂通道,每两片通道之间焊接上蛇形散热带,将一个个单层叠置焊接再焊上集流箱,即构成了板翅蒸发器。它的特点是,在较小的体积内可有较大的导热表面积,结构紧凑,热效率高。但其焊接工艺难度大,通道狭窄,容易堵塞。经过不断改进,在使用 R134a 制冷剂的汽车空调中已被广泛采用。

（四）膨胀节流装置

膨胀节流装置较常见的有内、外平衡式膨胀阀,H 型膨胀阀,固定孔径的节流孔管。

1. 内平衡热力膨胀阀

内平衡热力膨胀阀的结构如图5-4-10 所示。遥控温包内装惰性液体或制冷剂液体,固定在回气管路上。当蒸发器出口温度较高时,温包内液体温度随之上升,压力也增高。高压作用在膜片上侧,当数值大于蒸发器进入压力和过热弹簧压力总和时,针阀离开阀座,阀门开启,制冷剂流入蒸发器。针阀开启后,较多的制冷剂进入蒸发器,

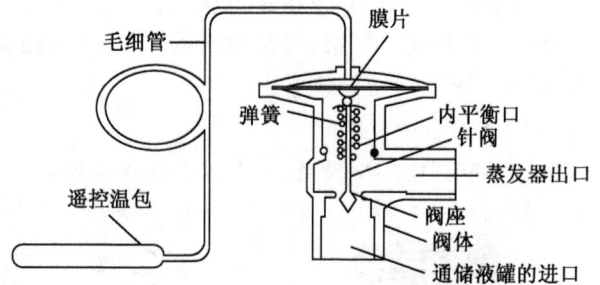

图 5-4-10　内平衡热力膨胀阀

蒸发器内压力上升,回气温度降低,膜片下侧压力增加,上侧压力降低,阀门关闭。由于膜片上、下侧压力经常处于不平衡状态,所以阀门不断地作开启、闭合的循环。

2. 外平衡热力膨胀阀

如图 5-4-11 所示,外平衡式膨胀阀的结构和部件与内平衡式相似,只是向上施于膜片的压力是由外平衡管从蒸发器出口处引入的,弥补了由蒸发器入口至出口端内部压力损失的影响,可加大阀芯调节范围和准确度,缩小过热气体所占通道空间,从而提高蒸发器的制冷量。外平衡式膨胀阀适用于制冷量较大,蒸发器通道较长,压力损失大的制冷系统,如大中型客车、旅行轿车等,内平衡式则多用于经济型轿车、货车、后装车等。

3. H型膨胀阀

H型膨胀阀因其内部构造如字母H而得名,如图5-4-12所示。H型膨胀阀安装在蒸发器进气管与回气管之间,使温度传感器直接置于蒸发器出口处制冷剂中,反应快捷,不受环境及感温包位移、接触不实的影响,国产北京吉普(切诺基)、奔驰230E型汽车、广州标致等都采用了H型膨胀阀。

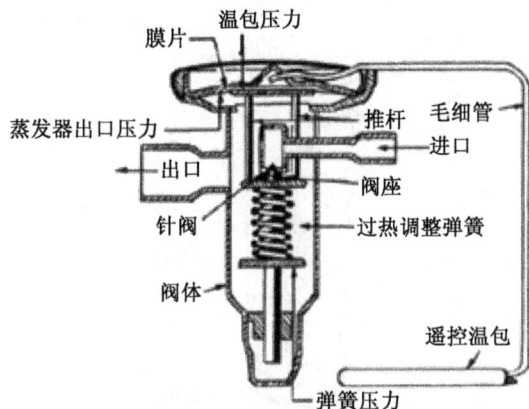

图 5-4-11　外平衡热力膨胀阀　　　　　　图 5-4-12　H 型膨胀阀

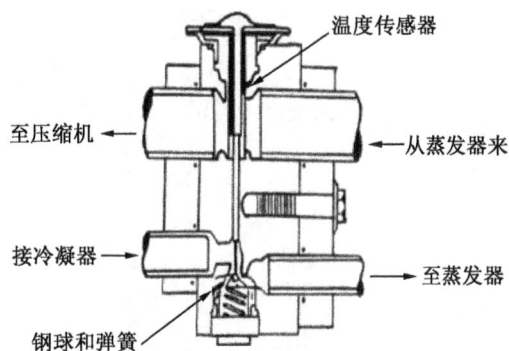

4. 孔管式节流装置

孔管式节流装置是一种阻尼元件,外观为管形件。制冷剂由进口经过滤器过滤,再经节流孔降低高压制冷剂液体压力,最后经过滤器流入蒸发器。图5-4-13为孔管式节流装置结构。制冷剂经过此装置时只能节流而不能对制冷剂的流量进行调节。当蒸发器的温度降到一定值后,可由恒温器来对离合器进行通断的控制,通用、福特、丰田、大众等汽车公司普遍采用该装置。

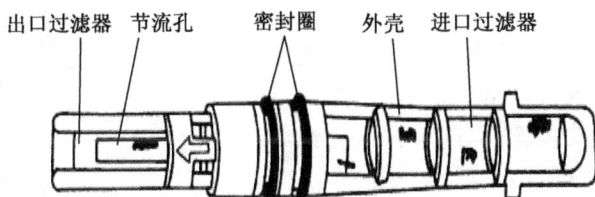

图 5-4-13　孔管式节流装置

(五)储液干燥器和积累器

1. 储液干燥器

储液干燥器一般都是密封焊死的钢质或铝质压力容器,里面放有干燥剂、过滤网,如图5-4-14所示。储液干燥器的功能是储存液体、吸收水分、过滤脏物、观察制冷剂流动工况。来自冷凝器的高压液态制冷剂从上部进入罐中,经过过滤干燥后,从底部由引管排出至膨胀阀,观察制冷剂流动情况的镜片正对着流出来的制冷剂。

2. 积累器(气液分离器)

气液分离器是内装干燥剂且把气液制冷剂分离开的容器,是与孔管节流方式配套的装置,装在蒸发器出口与压缩机进气管之间,如图5-4-15所示。系统工作时,制冷剂进入容器中,液态的沉入容器底部,气态的从顶部被吸回压缩机中。容器底部有小孔,允许少量液态制冷剂与润滑油进入压缩机,因量小故不会产生液击,润滑油则保证了压缩机的润滑冷却需要。当压缩机停止工作后,孔管不能关死,孔管两端高低压力平衡迅速,压缩机重新启动时负荷小,启动容易,这是此种系统节能的主要原因。但此时易有液击产生,而气液分离罐将液态制冷剂储存起来,阻止其回到压缩机内,从而防止了液击。

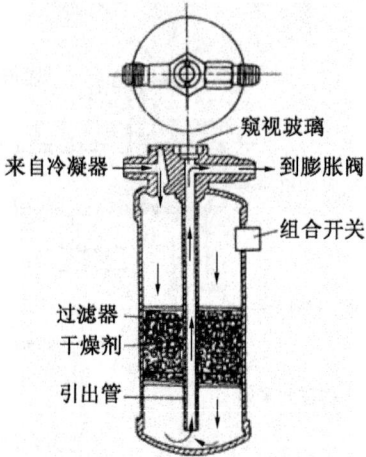

图 5-4-14　储液干燥器结构

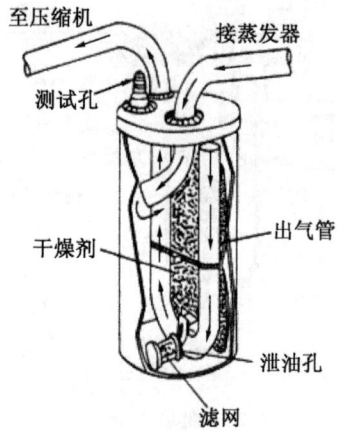

图 5-4-15　气液分离器

二、汽车空调取暖系统

对车内空气或进入车内的外部空气进行加热的装置,称为汽车暖风装置。通过冷热风的混合,人为设定冷热风量的比例,进行风门开闭和调节,满足人们对舒适性的要求,因此,暖风是汽车空调的重要组成部分。

(一)暖风系统的分类与结构

按所使用的热源不同可分为:水暖式,利用发动机的冷却液热量,多用于轿车;独立热源式,装有专门的暖风装置,多用于客车和载货车;综合预热式,既利用发动机的冷却液热量,又装有燃烧预热的综合加热装置,多用于大客车。

以水暖式暖风系统为例。水暖式暖风系统一般由控制开关、鼓风机、暖风水箱、循环水控制开关及相应的管路组成,如图 5-4-16 所示。需要暖风时,接通控制开关,循环水控制开关自动接通,发动机的冷却液在暖风水箱及

图 5-4-16　水暖式暖风系统

管路中循环;鼓风机开始转动,风通过暖风出风口吹向车内。汽车空调配气,主要是实现车室内温度、风量控制的自动化和各类通风温调方式选择,以提高舒适性。

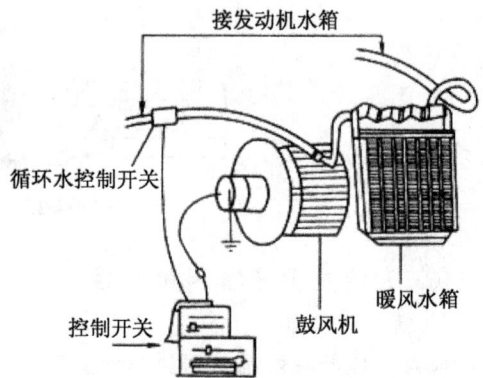

(二)暖风系统的作用

(1)冬季天气寒冷,在运动的汽车内人们感觉更寒冷,汽车空调可以向车内提供暖风,

提高车室内的温度,使乘员不再感觉到寒冷。

(2)冬季或者初春,室内外温差较大,车窗玻璃会结霜或起雾,影响司机和乘客的视线,不利于安全行车,可用暖风来除霜和除雾。

第三节　汽车空调系统的维护

一、制冷剂的排放

汽车空调系统在进行部件拆卸、系统检修前,都必须先排放系统中的制冷剂。制冷剂的排放方法有两种:一是传统排空法,把制冷剂排放到大气中,这种方法简单易行,但将 R-12 这类制冷剂直接排放到大气中去会造成环境污染;二是回收排空法,此法较好,但要有回收装置。

传统排空法工作原理如图 5-4-17 所示,按以下步骤进行操作。

(1)把歧管压力表组连接到系统的高、低压检修阀上,启动发动机并使转速维持在 1 000～1 200 r/min,运行 10～15 min。

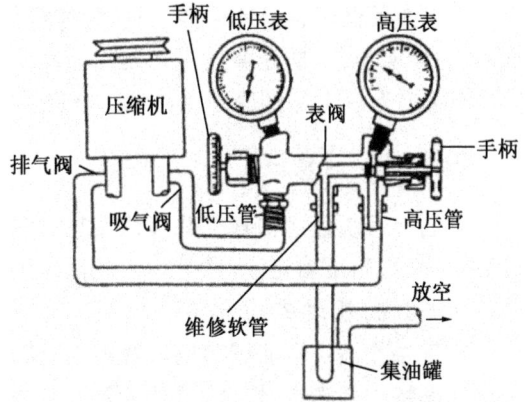

图 5-4-17　传统排空法工作原理

(2)风扇开至高速运转,将系统中所有的控制开关都放到最冷位置,使系统达到稳定状态。

(3)把发动机转速调到正常怠速状态。

(4)关闭空调的控制开关,关闭发动机,打开歧管压力表组上的高、低压阀,让制冷剂从中间软管流入回收装置中。

(5)歧管压力表组的高、低压力表指示为零,说明系统内制冷剂已排空。

中间软管开口端应裹上抹布,如有润滑油排出,必然显示在抹布上。若系统内排出的润滑油较多,应将软管的开口端放置在带刻度的容器内,以便确定需补充润滑油的量。

二、空调制冷系统的抽真空

抽真空的目的是排除制冷系统内残留的空气和水分,同时检查系统的密闭性,为向系统内充注制冷剂做好准备。抽真空管路连接,如图 5-4-18 所示。

(1)将压力表组上的高、低压管连接到制冷系统管路上,并打开高、低压手动阀,中间软管接在真空泵进口上。

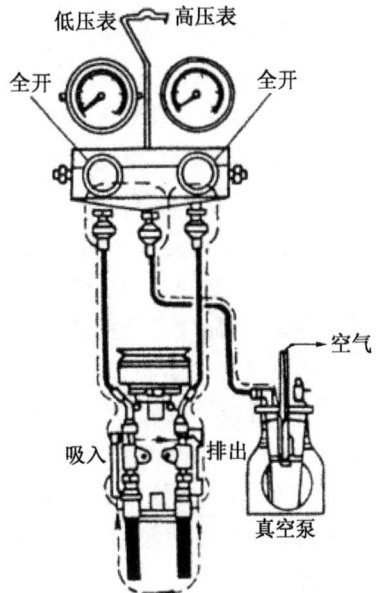

图 5-4-18　抽真空管路连接

（2）拆除真空泵排气口护盖，启动真空泵，打开高、低压手动阀，观察压力表，表针应向抽真空方向偏摆。

（3）真空泵运转了 10 min 之后，低表读数应大于 79.8 kPa。注意：如果低压表读数达不到 79.8 kPa，应关闭高、低压手动阀，使真空泵停转，检查系统是否有泄漏，并根据情况进行修理；如果没有找到泄漏处，继续进行抽真空。

（4）当系统真空度接近 100 kPa 时，关闭高、低压手动阀及真空泵，放置 5～10 min。如果压力上升且压力值大于 3.4 kPa，说明系统有泄漏，应检查排除泄漏后，再进行抽真空工序。

（5）如果低压表指针保持不动，继续进行抽真空 30 min 以上。然后，关闭高、低压手动阀，再关闭真空阀，防止空气进入制冷系统。

（6）向系统中加注冷冻机油或充注制冷剂。

三、制冷剂充注

在制冷系统经过抽真空并确认没有泄漏后，可开始对系统充注制冷剂，其充注方法有两种：一种是从高压端充注；另一种是从低压端充注。

（一）高压端充注

高压端充注是指从压缩机排气阀（高压阀）的旁通孔（多用通道）充注，充入的是制冷剂液体。其特点是安全、快速，适用于制冷系统的第一次充注，即经检漏、抽真空后的系统充注。但用该方法时必须注意，充注时不可开启压缩机（发动机停转），且制冷剂罐要求倒立，如图 5-4-19 所示。

高压端充注步骤如下：

（1）当系统抽真空后，关闭歧管压力计上的高、低压手动阀。

（2）将中间软管的一端与制冷剂罐注入阀的接头连接起来，打开制冷剂罐开启阀，再拧开歧管压力计软管一端的螺母，让气体溢出几分钟，把空气赶走，然后再拧紧螺母。

（3）打开高压侧手动阀至全开位置，将制冷剂罐倒立，以便从高压侧充注液态制冷剂。

（4）从高压侧注入规定量的液态制冷剂。关闭制冷剂罐注入阀及歧管压力计上的手动高压阀，然后将仪表卸下。特别要注意，从高压侧向系统充注制冷剂时，发动机处于不启动状态（压缩机停转），更不可拧开歧管压力计上的手动低压阀，以防产生液压冲击。

（二）低压端充注

低压端充注是指从压缩机吸气阀（低压阀）的旁通孔（多用通道）充注，充入的是制冷剂气体，其特点是充注速度慢，可在系统补充制冷剂的情况下使用。通过歧管压力计上的手动低压阀，可向制冷系统的低压侧充注气态制冷剂，如图 5-4-20 所示。

低压端充注步骤如下：

（1）将歧管压力计与压缩机和制冷剂罐连接好。

（2）打开制冷剂罐，拧松中间注入软管在歧管压力计上的螺母，直到听见有制冷剂蒸气流动的声音，然后拧紧螺母，排出注入软管中的空气。

（3）打开手动低压阀，让制冷剂进入制冷系统。当系统的压力值达到 0.4MPa 时，关闭手动低压阀。

（4）启动发动机，接通空调开关，并将风机开关和温控开关都调至最大。

（5）打开歧管压力计上的手动阀，让制冷剂继续进入制冷系统，直至充注量达到规定值。

(6) 在向系统中充注规定量制冷剂之后,从视液玻璃窗处观察,确认系统内无气泡、无过量制冷剂。随后将发动机转速调至 2 000 r/min,冷风机风量开到最高挡,若气温在 30～35 ℃,系统内低压侧压力应为 0.147～0.192 MPa,高压侧压力应为 1.37～1.67 MPa。

(7) 充注完毕后,关闭歧管压力计上的手动低压阀,关闭装在制冷剂罐上的注入阀,使发动机停止运转,并将歧管压力计从压缩机上卸下。卸下时动作要迅速,以免过多制冷剂排出。

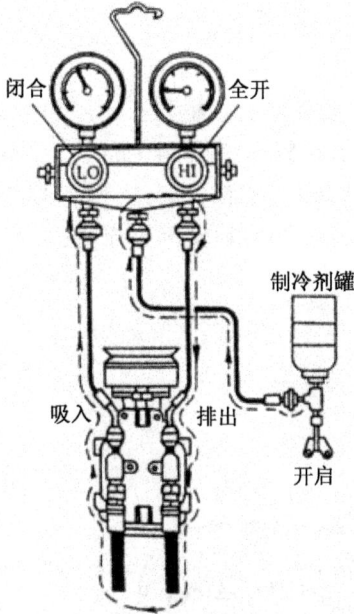

图 5-4-19　高压端充注　　　　　图 5-4-20　低压端充注

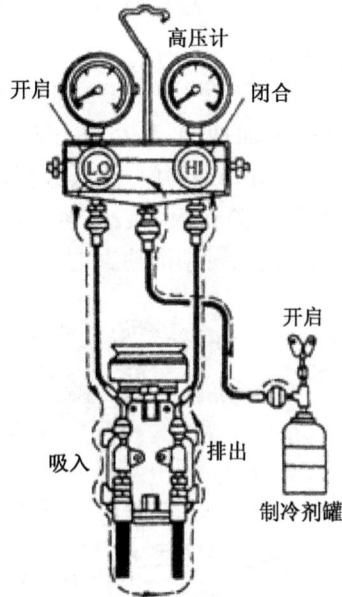

(三) 制冷剂充注量

制冷剂充注量是否合适可从以下两方面观察,然后参照厂方提供的手册加注。

(1) 压力表观察。如 R12 制冷剂系统,当发动机转速为 2 000 r/min,风机转速为最高挡,气温为 30～35 ℃时,系统内低压侧压力应为 0.15～0.19 MPa,高压侧压力应为 1.37～1.67 MPa。R134a 制冷剂系统压力稍低。

(2) 贮液干燥器上视液窗观察。系统工作时视液窗内清亮、无气泡,可观察到有液体流动。

四、冷冻机油的添加

(一) 压缩机冷冻机油油量的检查

压缩机冷冻机油油量的检查方法如下:

1. 观察视镜

通过压缩机上安装的视镜玻璃,可观察冷冻机油量,如果压缩机冷冻机油面达到观察高度的 80%,一般认为是合适的,如果油面在这个界限之下,则应添加冷冻机油;如果在这个位置之上,则应放出多余的冷冻机油。

2. 观察油尺

未装视镜玻璃的压缩机,可用量油尺检查其油量。这种压缩机有的只有一个油塞,油塞下面有的装有油尺,可直接观察;有的没有油尺,需要另外用专用油尺插入检查。观察油面的位置是否在规定的上下限之间。

(二) 添加冷冻机油

添加冷冻机油一般可在系统抽真空之前进行,添加方法如下:

1. 直接加入法

将冷冻机油装入干净的量瓶里,从压缩机的旋塞口直接倒入即可,这种方法适合于更换蒸发器、冷凝器和贮液干燥器时采用。

2. 真空吸入法

首先将系统抽真空到 100 kPa,准备带刻度的量杯并装入稍多于所添加量的冷冻机油,关闭高压手动阀及辅助阀门,将高压软管一端从歧管压力表组上卸下,插入量杯中,如图 5-4-21所示。打开辅助阀门,油从量杯内被吸入系统;当油面到达规定刻度时,立即关闭辅助阀门,将软管与歧管压力表组连接,打开高压手动阀,启动真空泵,先对高压软管抽真空,然后打开辅助阀门对系统抽真空。

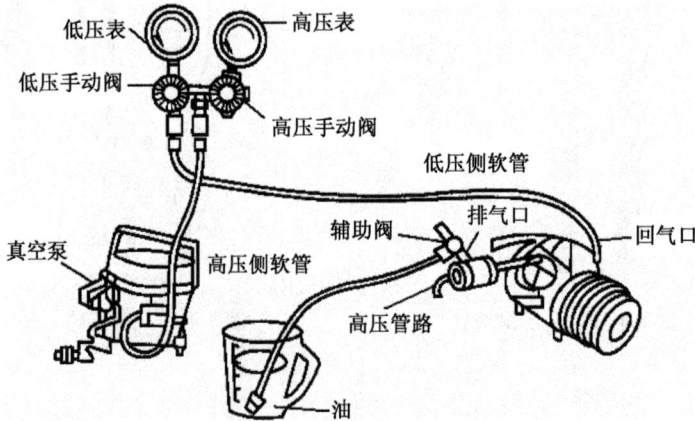

图 5-4-21　冷冻机油的加注

3. 冷冻机油添加量

新装汽车空调系统中,只有压缩机内装有冷冻润滑油,油量一般为 280~350 g,具体可查看供应商手册。

注意:

(1) 严禁加错制冷剂。

(2) 制冷剂罐温度不应高于 51.7 ℃,且不许用明火和电阻加热器加热制冷剂罐。

(3) 装上或更换一磅罐制冷剂,在充注前一定记住先放掉软管内的空气。

(4) 低压侧加注时,压力低于 337 kPa 前,不要倒置制冷剂罐,搬运制冷剂罐时,应带护目镜,且应在通风无火处排放制冷剂。

第五章　汽车安全防护系统

第一节　安全气囊

一、安全气囊概述

1. 安全气囊系统的功用、组成

安全气囊系统(SRS)是坐椅安全带的辅助装置,只有在使用安全带的条件下才能充分发挥保护驾驶员与乘员的作用,为此,汽车装备了坐椅安全带和安全气囊等被动保护装置,以尽量减轻碰撞对人体的伤害,SRS 主要由传感器、安全气囊组件、安全气囊系统指示灯和SRS ECU 4部分组成,如图 5-5-1 所示。

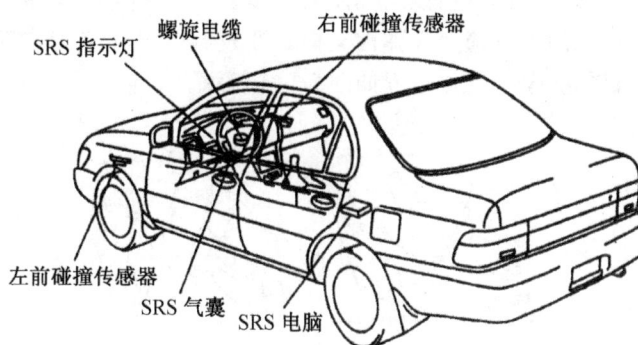

图 5-5-1　安全气囊系统的构成

2. 安全气囊系统的种类

(1) 按传感器的类型可分为机械式安全气囊系统和电子式安全气囊系统。

(2) 按碰撞类型可分为正面防撞安全气囊、侧面防撞安全气囊和顶部防撞安全气囊。

3. SRS 系统的工作原理

SRS 系统的工作原理(见图 5-5-2):在发生一次碰撞后和二次碰撞前,迅速在乘员和汽车内部结构之间打开一个充满气体的袋子,使乘员扑在气袋上,避免或减缓二次碰撞,从而达到保护乘员的目的。乘员和气袋相碰时的振荡也会造成乘员伤害,所以一般在气囊的背面开两个直径 25 mm 左右的圆孔。这样,当乘员和气囊相碰时,借助圆孔的放气可减轻振荡,放气过程同时也是一个释放能量的过程,因此可以很快地吸收乘员的动能,有助于保护乘员。

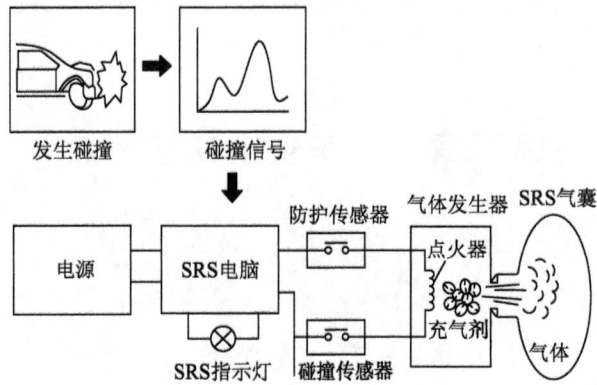

图 5-5-2　安全气囊系统工作原理

当汽车受到前方一定角度范围内的高速碰撞时,安装在汽车前端的碰撞传感器和与 SRS 微机安装在一起的防护碰撞传感器就会检测到汽车突然减速的信号,传感器触点便闭合,将减速信号传到 SRS 微机。根据 SRS 微机中预先设置的程序,经过数学计算和逻辑判断,立即向 SRS 气囊组件内的电热点火器(电雷管)发出点火指令,引爆电雷管,点火剂(引药)受热爆炸(即电热丝通电发热引爆炸药)。点火剂引爆时,迅速产生大量热量,充气剂(叠氮化钠固体药片)受热分解释放大量氮气并充入气囊。气囊便冲开气囊组件的装饰盖板鼓向驾驶员,使驾驶员头部和胸部压在充满气体的气囊上,在人体与车内构件之间铺垫一个气垫,将人体与车内构件之间的碰撞变为弹性碰撞。通过气囊产生变形来吸收人体产生的动能,达到保护人体的目的。整个工作过程如图 5-5-3 所示。

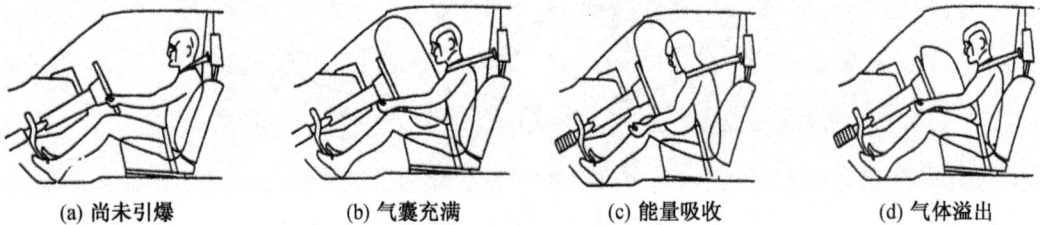

| (a) 尚未引爆 | (b) 气囊充满 | (c) 能量吸收 | (d) 气体溢出 |

图 5-5-3　安全气囊系统的工作过程

安全气囊系统工作进程,如图 5-5-4 所示。

(1) 碰撞后约 10 ms,气囊达到引爆极限,气囊组件中的电雷管引爆点火剂,并产生大量的热量,使充气剂(叠氮化钠药片)受热分解,驾驶员尚未动作。

(2) 碰撞后约 40 ms,气囊完全充满,体积最大,驾驶员向前移动,安全带斜系在驾驶员身上并收紧,部分冲击能量已被吸收。

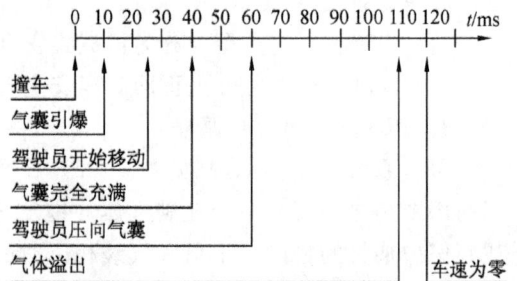

图 5-5-4　安全气囊系统工作进程

(3) 碰撞后约 60 ms,驾驶员头部及身体上部压向气囊,气囊背面的排气孔在气体和人体压力作用下排气,利用排气节流作用吸收人体与气囊之间弹性碰撞产生的动能。

（4）碰撞后约 110 ms，大部分气体已从气囊逸出，驾驶员身体上部回到坐椅靠背上，汽车前方恢复视野。

（5）碰撞后约 120 ms，碰撞危害解除，车速降低至零。

由此可见，在安全气囊系统动作过程中，气囊动作时间极短。从开始充气到完全充满的时间约为 30 ms，从汽车遭受碰撞到气囊收缩，只有 120 ms 左右，而人眨一下眼皮所用时间为 200 ms 左右。

二、安全气囊系统部件的结构与原理

1. 碰撞传感器

碰撞传感器按结构可分为机械型碰撞传感器、汞开关型碰撞传感器和半导体型碰撞传感器三种。

（1）机械型碰撞传感器。

机械型碰撞传感器分为偏心锤型碰撞传感器、滚球型碰撞传感器、滚轴型碰撞传感器三种。

（2）汞开关型碰撞传感器。

汞开关型碰撞传感器结构如图 5-5-5 所示。该传感器利用汞导电良好的特性来控制气囊点火器电路接通或切断，一般用作防护传感器。

（3）半导体型碰撞传感器。

半导体型碰撞传感器由电阻应变片和集成电路组成。

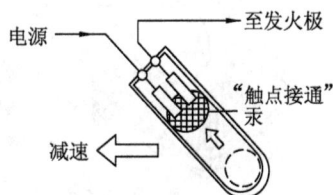

图 5-5-5　汞开关型碰撞传感器

2. 电子控制单元（ECU）

SRS ECU 是安全气囊系统的核心部件，其内部结构如图 5-5-6 所示，主要由专用中央处理单元 CPU、备用电源电路、稳压电路、信号处理电路、保护电路、点火电路和监测电路等组成。

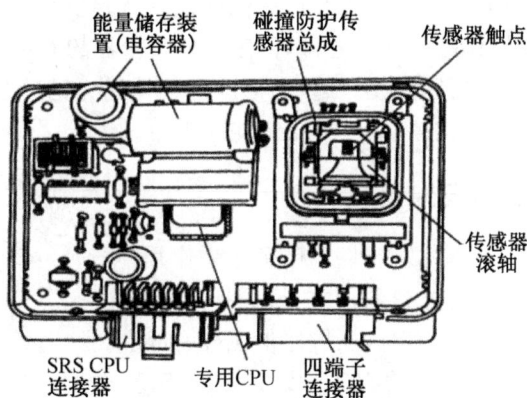

图 5-5-6　SRS CPU 的内部结构

3. 备用电源

SRS 有两个电源，一个是汽车电源（蓄电池和交流发电机），另一个是备用电源（BACK-UP POWER）。

4. 故障指示灯

故障指示灯又称 SRS 警示灯，安装在驾驶室仪表盘面板下面，并在面板表面相应位置标有气囊动作图形或"SRS"、"AIG BAG"等字样。

5．安全气囊组件

SRS 气囊组件按功能分为正面 SRS 气囊组件和侧面 SRS 气囊组件两大类，按安装位置分为驾驶席、前排乘员席（副驾驶席）、后排乘员席气囊组件和侧面气囊组件 4 种。

气囊组件由气囊、点火器和气体发生器等组成。驾驶席与乘员席气囊组件一般都用同一个 SRS ECU 控制，其组成部件和工作原理基本相同，但具体结构有所不同。

（1）气体发生器。

气体发生器的结构如图 5-5-7 所示，由上盖、下盖、充气剂和金属滤网组成，其功用是在点火器引爆点火时产生气体，向气囊充气，使气囊膨开。

（2）点火器。

气囊点火器外包铝箔，安装在气体发生器内部中央位置，其结构如图 5-5-8 所示。点燃主要由引爆炸药、药筒、引药、电热丝、电极和引出导线等组成。

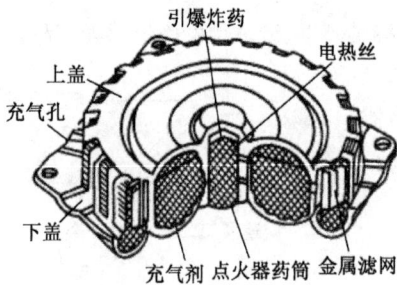

图 5-5-7　气体发生器

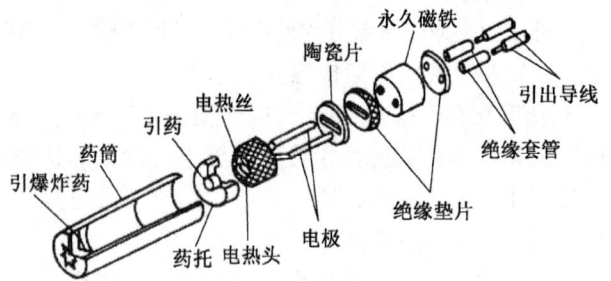

图 5-5-8　点火器结构

（3）气囊。

气囊是用聚酰胺织物（如尼龙）制成，内部涂有聚氯丁二烯，用以密封气体。气囊安放在气体发生器上部与气囊饰盖之间。气囊开口一侧固定在气囊安装支架上，先用金属垫圈和支架座圈夹紧，然后用铆钉铆接。除此之外，固定气体发生器的专用螺栓也穿过金属垫圈和支架座圈将气囊与气体发生器固定在一起，以便承受气体压力的冲击。气囊饰盖表面膜压有撕印，以便气囊充气时撕裂饰盖，减小冲出饰盖的阻力。

三、安全气囊系统的有效范围

安全气囊系统并非在所有碰撞情况下都能起作用。正面安全气囊只有在汽车正前方或斜前方±30°范围内发生碰撞，且纵向减速度达到设定值时，系统才能工作，如图 5-5-9 所示。在下列条件之一的情况下，安全气囊不会动作：

（1）汽车遭受侧面碰撞超过斜前方±30°时；

（2）汽车遭受横向碰撞时；

（3）汽车遭受后方碰撞时；

（4）汽车发生绕纵向轴线侧翻时；

（5）汽车纵向减速度未达设定值时；

（6）汽车正常行驶、正常制动或在路面不平的道路条

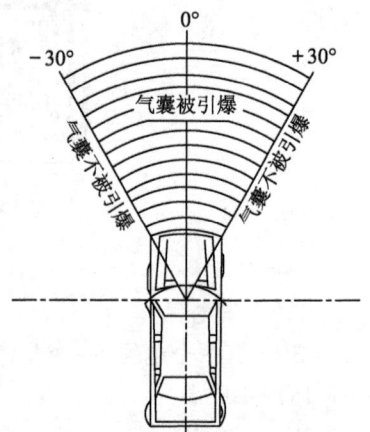

图 5-5-9　正面碰撞时安全气囊的有效范围

件下行驶时。

四、装备安全带收紧器的安全气囊系统

汽车安全气囊属于一次性使用设备,而且造价较高。为了保护驾驶员和乘员安全,降低耗费,部分中高档轿车装备了附安全带收紧器的安全气囊。

1. 基本组成

安全带控制系统的组成与安全气囊相似,由碰撞防护传感器、中心碰撞传感器、前碰撞传感器、电控单元 ECU 和安全带收紧器组成,其中安全带收紧器为执行器。安全带控制系统仅在安全气囊系统的基础上增设了防护传感器和左、右坐椅安全带收紧器。中心碰撞传感器、前碰撞传感器和 SRS ECU 均为公用部件。

2. 工作原理

安全带控制系统和安全气囊控制系统组成的辅助防护系统控制电路如图 5-5-10 所示。左前、右前碰撞传感器与设置在 SRS ECU 内部的中心传感器互相并联,驾驶室气囊(点火器)与乘员席气囊(点火器)并联,左、右安全带收紧器(点火器)并联。在 SRS ECU 中设有两只相互并联的防护传感器,其中一只控制收紧器点火器电源,另一只控制气囊点火器电源。

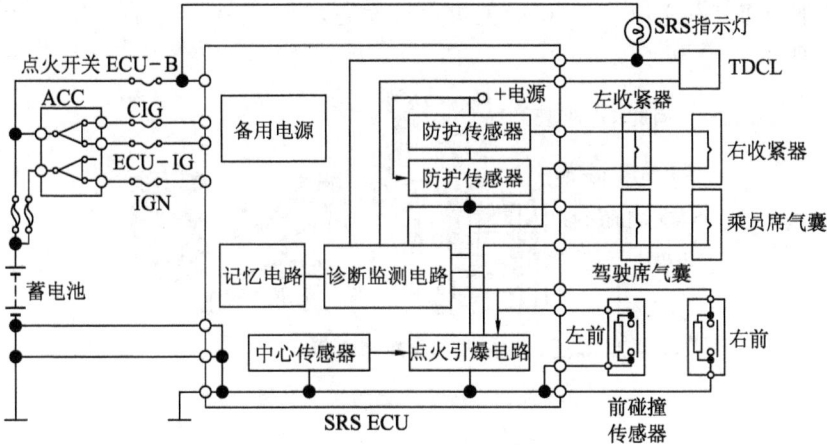

图 5-5-10　安全带控制系统和安全气囊控制系统组成的辅助防护系统控制电路

五、安全气囊的使用与处置

1. 安全气囊的日常使用说明

(1) 安全气囊必须和安全带配合使用。

(2) 避免高温,注意日常检查,及时排除安全气囊的故障。

(3) 避免意外磕碰和振动,不要擅自改变安全气囊系统及其周边布置。

(4) 严格按规范保管安全气囊系统元器件,乘坐装备常规安全气囊的乘员应尽量坐后排。

2. 安全气囊维修注意事项

(1) 安全气囊装置只能工作一次,发生事故引爆后的气囊组件必须更换,为安全起见最好更换装置全部元件。

（2）维修安全气囊时,必须拆下蓄电池搭铁线 90 s 以上,以防备用电源使气囊误爆。

（3）在进行维修工作前应先进行故障自诊断,利用故障代码找出故障部位,然后进行维修。

（4）碰撞传感器、电控单元、气囊组件,转向盘衬垫等元件均不可修理,出现故障后应换新件。

（5）应用高阻抗($10\ \text{k}\Omega$ 以上)万用表诊断电路的故障,决不允许测量点火器的电阻。

（6）在车辆上进行焊接作业时,必须先脱开气囊组件连接器才能进行。

3. 安全气囊系统的处置

在报废整车或报废 SRS 组件时,应在报废之前先将安全气囊引爆。具体操作方法如图 5-5-11 所示。

（1）拆下蓄电池负极电缆;

（2）拔下 SRS 组件与螺旋线束之间的连接器;

（3）剪断 SRS 组件线束,使连接器与线束分离;

（4）连接引爆器接线夹与 SRS 组件引线;

（5）现将引爆器放置距 SRS 组件 10 m 以外的地方,然后将电源夹与蓄电池连接;

（6）查看引爆器上的红灯指示灯是否发亮,当红色指示灯发亮后才能引爆;

（7）按下引爆开关引爆 SRS,待绿色指示灯发亮之后,将引爆好的 SRS 装入塑料袋内再做废物处理。

图 5-5-11　安全气囊的车下引爆

第二节　防盗系统

一、防盗系统的组成和分类

车辆防盗系统的功能主要包括三方面:防止非法进入汽车;防止破坏或非法搬运汽车;防止汽车被非法开走。也就是说,汽车防盗一般应从三个方面考虑:门锁的工作可靠性、发动机的防盗性、汽车的防盗报警功能。

（一）汽车防盗系统的组成

狭义的防盗系统主要是指一些防盗设备,如各种防盗锁和各类报警器;广义的防盗系统应包括中控门锁、发动机控制单元和报警系统。汽车先进的门锁控制系统和发动机控制单元是先进的防盗系统不可或缺的一部分。

最基本的汽车防盗系统如图 5-5-12 所示,通常包括三个部分:报警启动/解除操作部分、控制电路部分、执行机构部分。

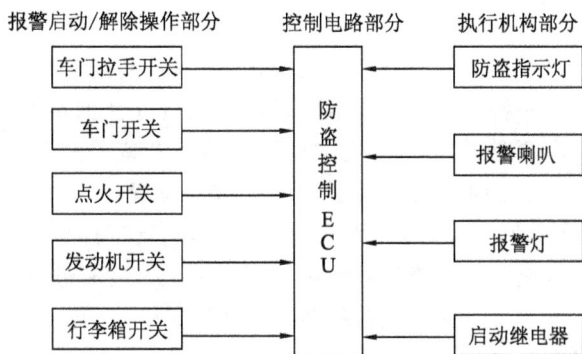

图 5-5-12　汽车防盗系统

点火开关首先启动防盗系统,接着由装在各类开关上的各类传感器检测是否出现非法进入汽车并开始启动发动机或非法搬运汽车的情况。当探测到汽车出现异常时,防盗控制ECU向执行机构部分发出命令,一方面要求其发出报警信号,包括尖锐的警示声音和灯光闪烁;另一方面要求阻止启动机和发动机运转,使汽车失去运动能力。

(二)汽车防盗系统的分类

汽车的防盗系统主要有两类,一类是汽车原配的防盗系统,另一类则是附加的防盗设备。各种高级轿车一般都配有原装防盗系统,而且一般这类防盗系统都采用了最新的技术,如射频识别技术(RFID)。对于普通的汽车来说如果防盗系统不完善,车主会自己装备一些附加的防盗设备。

汽车防盗装置按其发展过程可分为机械式防盗系统、电子式防盗系统、芯片式防盗系统和网络式防盗系统4个阶段。

1.机械式防盗系统

机械式防盗装置是靠机械防盗坚固的金属材质——机械锁,来锁止汽车的操纵装置(离合、制动、油门或转向盘、变速器操纵杆等)和车轮,如转向盘锁、变速手柄锁、拐杖锁、轮胎锁等,只防盗不报警。

机械式防盗锁的价格便宜、安装简便,但这类防盗器材只能起到限制车辆操作的作用而不能报警,故对防盗方面能够提供的帮助有限,现在已经很少单独使用,主要和其他防盗系统联合使用。

2.电子式防盗系统

电子式防盗系统是目前应用最广的防盗系统之一。

车主通过遥控器来控制汽车,当电子式防盗系统启动(激活)之后,如有非法移动汽车,打碎玻璃,破坏点火开关锁芯,拆卸轮胎和音响,非法打开车门、燃油箱加注口盖、行李箱门或非法接通点火开关等行为,防盗系统均会立即报警。报警的方式有灯光闪烁、警笛长鸣、发射电波。有些车型在报警的同时再切断启动机电路,切断燃油供给,切断点火系统,切断喷油控制电路,切断发动机ECU接地电路,甚至切断变速器控制电路,从而使汽车发动机不能启动和运转,变速器不能换挡,汽车处于完全瘫痪的状态。为防止破坏防盗系统(如切断电源),有些车型在隐蔽位置加装了支援后备电源。

3.芯片式防盗系统

大多数高级轿车均采用这种防盗方式作为原配防盗器,其基本原理是用密码钥匙锁住汽车的马达、电路和油路,在没有钥匙的情况下无法启动车辆。由于数字化的密码重码率极低,而且要用密码钥匙接触车上的密码锁才能开锁,所以该防盗方式杜绝了被扫描的弊病。它还具有其他先进之处:独特射频识别技术可以保证系统在任何情况下都能正确识别驾驶者,在车主接近或远离车辆时可自动识别其身份,自动打开或关闭车锁;无论在车内还是车外,独创的 TMS37211 器件能够轻松探测到电子钥匙的位置。

芯片式防盗系统是现在汽车防盗系统发展的重点,它具有特殊诊断功能,即合法使用者在读取钥匙保密信息时,能够得到该防盗系统的历史信息。目前进口的很多高档车,以及国产大众、广州本田等车型都装有原厂配备的芯片式防盗系统。

4. 网络式防盗系统

GPS 是全球卫星定位系统的英文缩写。该系统由卫星监控中心的中央控制系统、车辆上的移动 GPS 终端设备及 GSM 通信网络组成。

监控中心通过定位卫星对全国范围内车辆(必须安装移动 GPS 终端设备)实行 24 小时不间断、高精度的监控,同时利用 GSM 网络的短信息平台作为通信媒介来实现定位信息的传输。当车辆遭受非正常启动或人为破坏时,车辆就会通过电台自动报警,GPS 卫星定位系统将报警信息和报警车辆所在位置无声地传送到报警中心,不会引起盗贼的警觉。车辆报警后,监控中心可以马上显示出该车辆的警示图标和周边情况,可以指挥有关人员协助搜寻;还可以通过车载移动电话监听车内声音,必要时可以通过手机关闭车辆油路、电路并锁死所有门窗。如果 GPS 防盗器被非法拆卸,那么它会自己发出报警信息,报警中心很快就能准确判断车辆方位。

正是由于 GPS 系统可以随时从电子地图了解车辆位置及情况,并与车主保持联系,所以实现了对车辆的跟踪掌控。目前这项技术正应用到汽车租赁、物流车辆、出租车辆等管理及私家车防盗。但是由于造价太高,车主需要交纳一定的服务费,某些技术问题还未完全解决,目前在市场上还没有普及。

二、典型汽车防盗系统的基本原理

以点火控制型防盗器为例,该防盗系统主要采用控制点火装置的模块,对点火系统进行控制。在车主离开汽车并打开防盗系统后,如有人非法进入车内,并试图用非法配制的点火钥匙启动车辆时,点火电路因受控制模块防盗装置的作用,拒绝提供发动机运转所需的点火功能,并防止点火开关的线路接通,再通过音响报警装置向车主或车场保管人员通报。

另外,还有一种用特殊的材料制成盒状防盗器,它将汽车的点火器安装在内,并设置一个错误点火线路模块和开关电路,且开关钥匙上植入密码芯片,一旦密码交流认证不符,就会进入错误模式,使发动机无法启动。这种盒状防盗器在锁止后,除使用密码开关钥匙外无法打开,且有很强的防撬、防钻、防砸功能,在发动机启动后就可取下开关钥匙。一旦车辆被抢,劫犯在抢劫车辆后不能熄火,熄火后就无法再次启动。这种防盗器不但具备防盗功能,同时还具备防抢劫功能。

(一)发动机防盗锁止系统

1. 作用

发动机防盗锁止系统(IMMO)是在通用的 VATS 基础上发展起来的,在防盗原理上传承了 VATS 的思路,即利用钥匙中芯片的密码与启动电门中的密码进行匹配来控制发动机的启动,以达到防盗的目的。对于装有发动机防盗锁止系统的汽车,即使盗车者打开车门也不能启动发动机开走汽车。其基本配置如图 5-5-13 所示。

2. 工作原理

点火钥匙中内装有芯片,每个芯片都装有固定的 ID,只有钥匙芯片的 ID 与发动机的 ID 相匹配时,汽车才能启动。发动机防盗锁止系统工作原理如图 5-5-14 所示。当车主转动钥匙发动车辆时,基站发射低频信号开始认证过程。钥匙端应答器工作能量由基站低频信号提供,在认证过程中,置于钥匙中的应答器首先发送自身的 ID 号,通过基站芯片的验证,基站会发出一串随机数和 MAC 地址,同时应答器作出回应。为了提高安全性,每次发送的信号都是经过加密的数据。

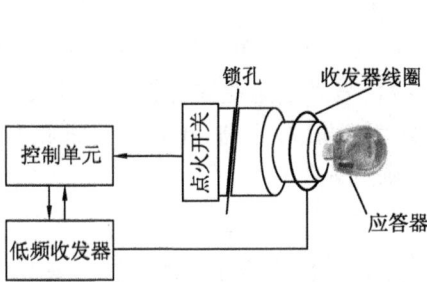

图 5-5-13　发动机防盗锁止系统基本配置

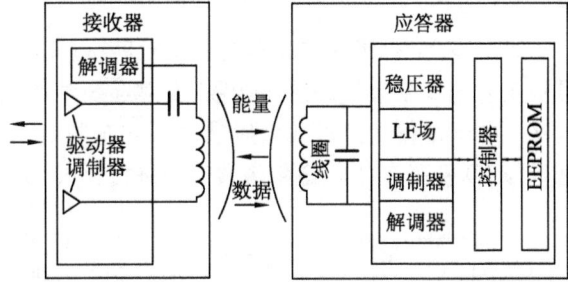

图 5-5-14　发动机防盗锁止系统工作原理

IMMO 主要通过引擎控制单元 ECU 来控制发动机,相应部件包括低频收发器、MCU、稳压器和通信接口芯片(例如 CAN,LIN 收发器)。点火锁附近的基站芯片 PCF7991 和钥匙中的应答器 PCF7936 工作原理,如图 5-5-15 所示。

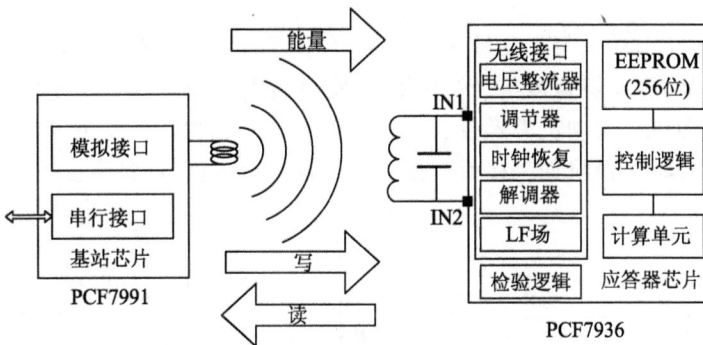

图 5-5-15　基站芯片 PCF7991 和钥匙中的应答器 PCF7936 工作原理

（二）驻车微机防盗系统

驻车微机防盗系统由点火钥匙、发射匙线圈、防盗微机、发动机微机等组成,如图 5-5-16 所示。

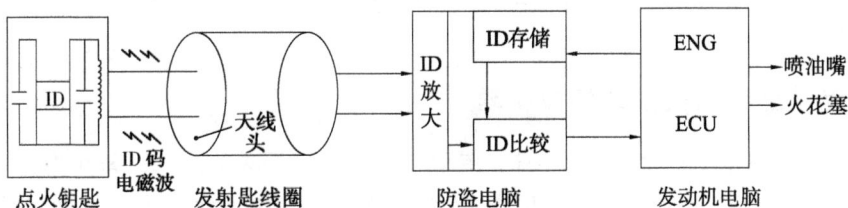

图 5-5-16　驻车防盗系统结构

该系统都有一个带 ID 密码的点火钥匙,ID 密码由原厂指定且不能更改。发动机启动时要对 ID 密码进行识别,确认正确后才能正常启动,否则发动机即使被启动,3 s 之后也会自动熄火。这种系统采用内置无线发射芯片的点火钥匙,当位于点火开关周围的发射匙线圈接收从点火钥匙发射芯片发出的 ID 密码信号时,防盗微机判断其 ID 密码是否与存储的密码相匹配,如果匹配,发动机才能启动。微机防盗系统工作原理可分三个步骤。

第一步:点火钥匙发射电磁脉冲 ID 密码信号。点火钥匙打开,发射匙线圈产生变化的磁场,点火钥匙内置芯片内的电感小线圈产生感应电场,其感应的电场能被电容储存起来。电容存储的电能给 ID 密码电路供电,电感及电容组成的耦合电路将 ID 密码以电磁脉冲信号发射出去。

第二步:点火钥匙与驻车防盗微机匹配(见图 5-5-17)。点火钥匙 ID 密码的电磁脉冲信号被发射匙线圈天线头感应接收,发射匙线圈产生电脉冲信号并送至驻车防盗微机的放大电路。电脉冲信号经过放大后被送至驻车防盗微机的 ID 密码比较电路,比较电路将此 ID 密码与 ID 密码存储电路存储的密码进行比较,如果相同则进入下一步。

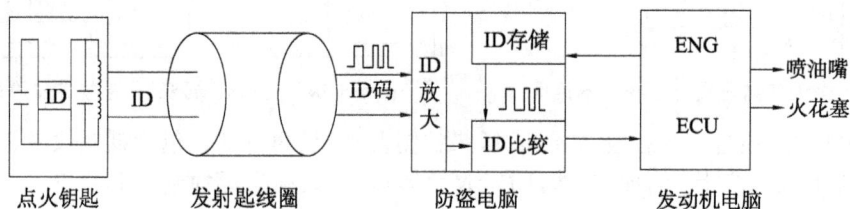

图 5-5-17　点火钥匙与驻车防盗微机的匹配

第三步:驻车防盗微机与发动机微机匹配(见图 5-5-18)。发动机微机向驻车防盗微机发出一个联络代码,驻车防盗微机经过辨认识别(匹配)发出一个允许发动机正常启动的指令代码给发动机微机。发动机微机接收该指令信号,使正常的喷油、点火程序继续执行,发动机继续工作。发动机微机如果接收不到防盗微机的指令信号,将会自动切断喷油、点火程序,发动机自动熄灭。

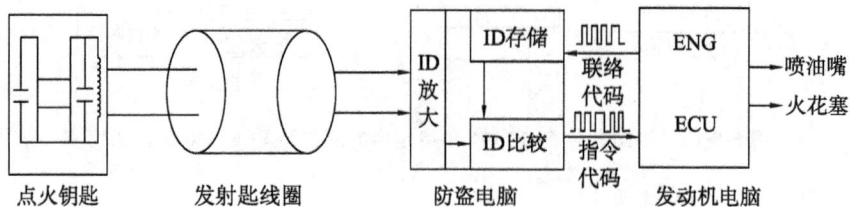

图 5-5-18　驻车防盗微机与发动机微机的匹配

第三节　电动坐椅

一、电动坐椅的基本结构与原理

普通电动坐椅由若干个双向电动机、传动装置及控制开关等组成。每个电动机为双向电动机,通过开关控制双向动作。通电后,电动机输出动力经传动装置传至电动坐椅,从而对坐椅的不同位置进行调节。

电动坐椅调节装置由前后滑动调节机构、前垂直调节机构（驾驶员坐椅）、后垂直调节机构、靠背调节机构、腰部支撑调节机构、头枕调节机构以及开关、电路等组成。电动坐椅的调节装置及其在坐椅上的布置如图 5-5-19 所示。

电动坐椅每个方向的调节机构都由一台双向电动机和传动装置等组成。传动装置主要包括上下轨道、螺杆、联轴节支架等部件，如图 5-5-20 所示。

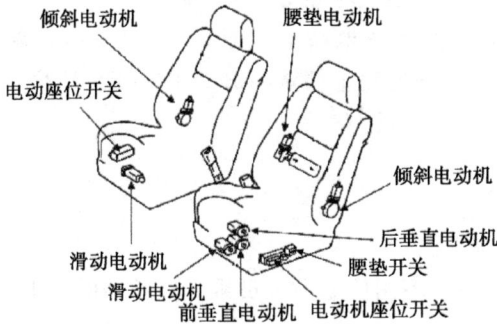

图 5-5-19　电动坐椅的基本结构

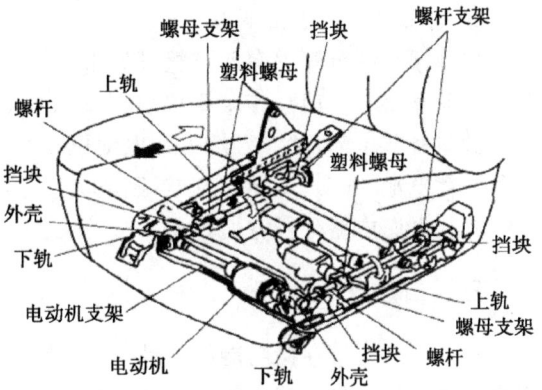

图 5-5-20　电动坐椅前、后滑动传动装置

电动坐椅的电动机一般为永磁性直流电动机，利用开关可控制电动机的电流方向，从而使电动机有两个转动方向，以实现坐椅在两个方向上的调整。

二、电动坐椅控制电路

以广州本田雅阁电动坐椅为例介绍电动坐椅控制电路。广州本田雅阁电动坐椅控制电路如图 5-5-21 所示。该坐椅共设置了前端上下调节电动机、前后调节电动机、后端上下调节电动机和靠背倾斜调节电动机等 4 个电动机，分别对前部上下移动、坐椅前后滑动、后部上下移动及靠背前后倾斜 8 个方向进行调节。

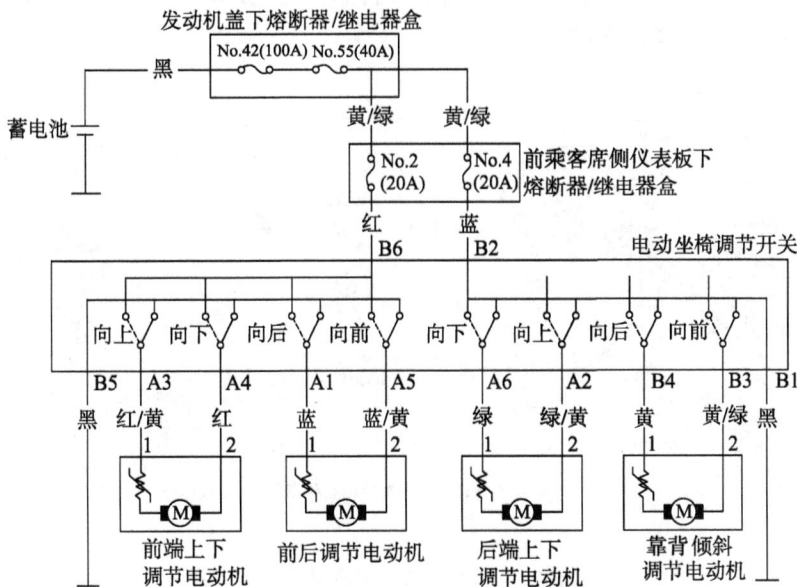

图 5-5-21　广州本田雅阁电动坐椅控制电路

1. 坐椅前端的上下调节

控制前端上下调节开关向上调整,A3 和 B6、A4 和 B5 接通。电路为:蓄电池"＋"→发动机盖下熔丝盒熔丝→前乘客席侧仪表板下熔丝盒"2"号熔丝→电动坐椅调节开关 B6 端子→A3 端子→前端上下电动机"1"号端子→电动机→"2"号端子→电动坐椅调节开关 A4→B5 端子→搭铁→蓄电池"－"。若向下调节,则电流经过电机方向相反。

2. 坐椅倾斜的前后调节

控制倾斜调节开关向前调整,B2 和 B3,B1 和 B4 接通。电路为:蓄电池"＋"→发动机盖下熔丝盒熔丝→前乘客席侧仪表板下熔丝盒"4"号熔丝→电动坐椅调节开关 B2→B3 端子→倾斜调节电动机"2"号端子→电动机→"1"号端子→电动坐椅调节开关 B4→B1 端子→搭铁→蓄电池"－"。若向后调节,则电流经过电机方向相反。

其他方向电路分析方法相似。

三、自动坐椅

自动坐椅是带存储功能的电动坐椅,能够自动适应不同体型的乘员乘坐舒适性的要求,它是人体工程与电子技术相结合的产物。

自动坐椅的调整装置除能改变坐椅的前后、高低、靠背倾斜及头枕等位置外,还能存储坐椅位置的若干个数据(或信息)。只要乘员一按按钮,就能自动调出坐椅的各个位置,如果此时由不符合存储数据(或信息)的乘员乘坐,汽车便发出蜂鸣声响信号,以示警告。目前,自动坐椅在许多中、高档轿车中广泛采用。

1. 自动坐椅的组成

自动坐椅控制装置在车上的布置如图 5-5-22 所示。自动坐椅的基本结构及驱动方式与普通电动坐椅相似,不同之处是附加了一套电子控制系统。电子控制系统有两套控制装置:一套是手动的,它包括自动坐椅开关、腰垫开关、腰垫电机以及一组坐椅位置调整电动机等,各人根据其需要,通过相应的坐椅开关和腰垫开关来调整,此套控制方式与普通电动坐椅完全相同;另一套是自动的,它包括一组位置传感器、储存和复位开关、ECU 及与手动系统共用的一组坐椅位置调整电机。

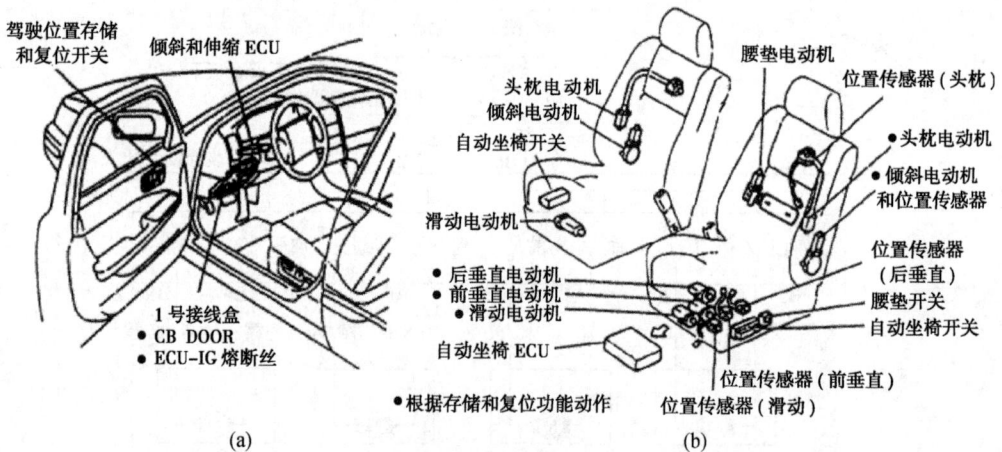

图 5-5-22　自动坐椅控制装置在车上的布置

此套装置可以根据位置传感器的信号将坐椅位置储存起来,以备下次恢复坐椅位置时使用。驾驶员可以根据不同需要,通过操纵储存与复位开关选择使用两套装置。

2. 自动坐椅的工作原理

自动坐椅电子控制系统由坐椅位置传感器、电子控制器 ECU 和执行机构的驱动电机三部分组成,其电路原理如图 5-5-23 所示。

自动坐椅的动作方式有坐椅前后滑动调节、坐椅前端的上下调节、坐椅后端的上下调节、靠背的倾斜调节、头枕的上下调节及腰垫的前后调节等。其中腰垫的前后调节是通过腰垫开关和腰垫马达直接控制的,并无存储功能。驾驶员通过操纵电动坐椅开关可以控制其余的 5 种调整。当坐椅位置调好后,按下储存和复位开关,电控装置就把各位置传感器的信号储存起来,以备下次恢复坐椅位置时再用。当下次使用时,只要一按位置储存和复位开关,座位 ECU 便驱动坐椅电动机,将坐椅调整到原来位置。

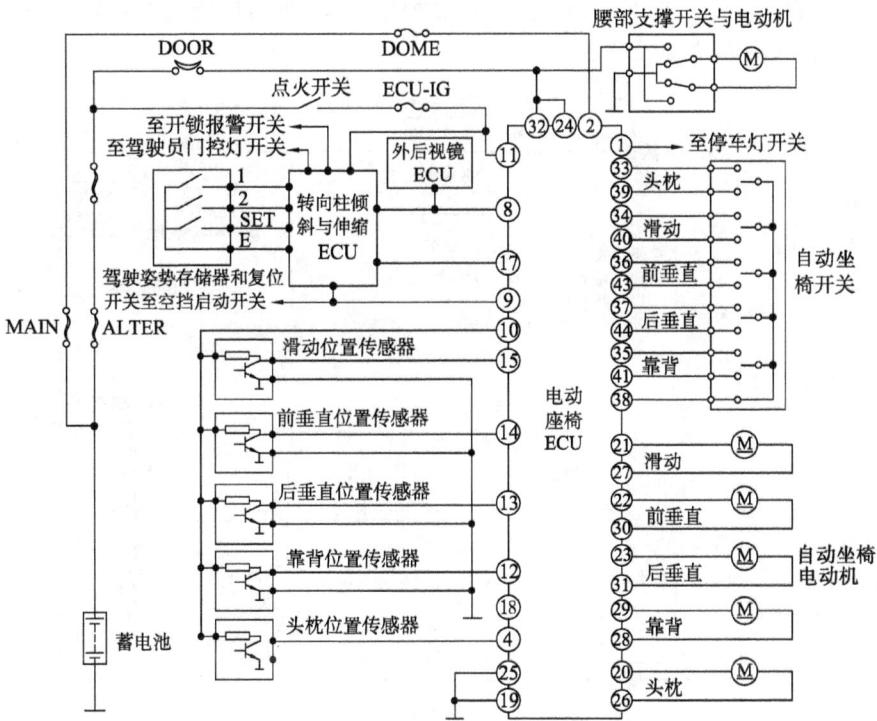

图 5-5-23　自动坐椅控制电路图

3. 坐椅位置传感器

它主要有两种类型:一种是滑动电位器式,如图 5-5-24 所示;另一种是霍尔式,如图 5-5-25所示。滑动电位器式位置传感器主要由坐椅电动机驱动的齿轮、电阻丝以及在其上滑动的滑块组成。它的工作原理是:电动机在驱动坐椅的同时也驱动齿轮带动螺杆,驱动滑块在电阻丝上滑动,从而将坐椅位置信号转变成电压信号输入 ECU。

霍尔式位置传感器主要由永久磁铁、霍尔集成电路等组成。永久磁铁安装在由电动机驱动的转轴上,由于转轴的旋转而引起通过霍尔元件磁通量的变化,从而霍尔元件产生霍尔电压,再经霍尔集成电路进行放大并处理,最后取出旋转的脉冲信号输入 ECU。

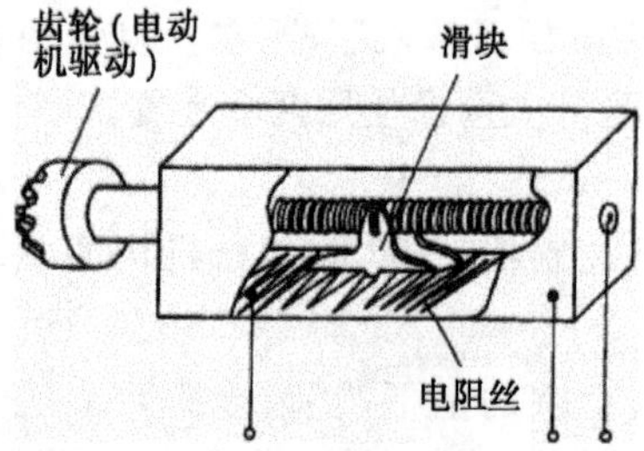

图 5-5-24　滑动电位器式自动坐椅位置传感器

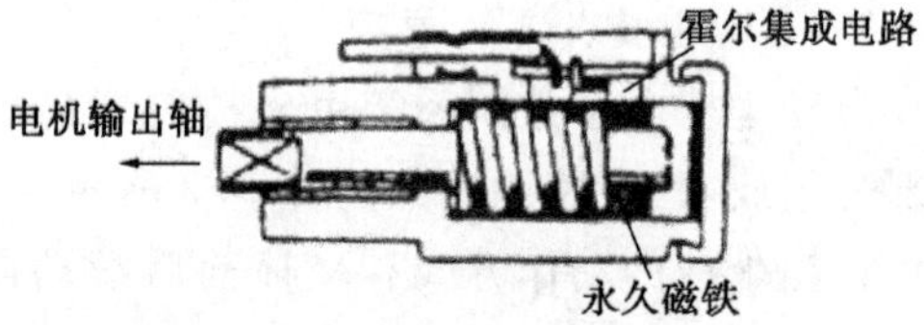

图 5-5-25　霍尔式自动坐椅位置传感器

四、坐椅的主要功能

1. 坐椅加热功能

图 5-5-26 为广州本田雅阁 KB 型轿车的坐椅加热系统控制电路。此系统在驾驶员和乘客坐椅上各设置了一个加热器和相应的加热器控制开关，两加热器及加热器开关结构完全相同，加热器开关有 6 个接线端子。

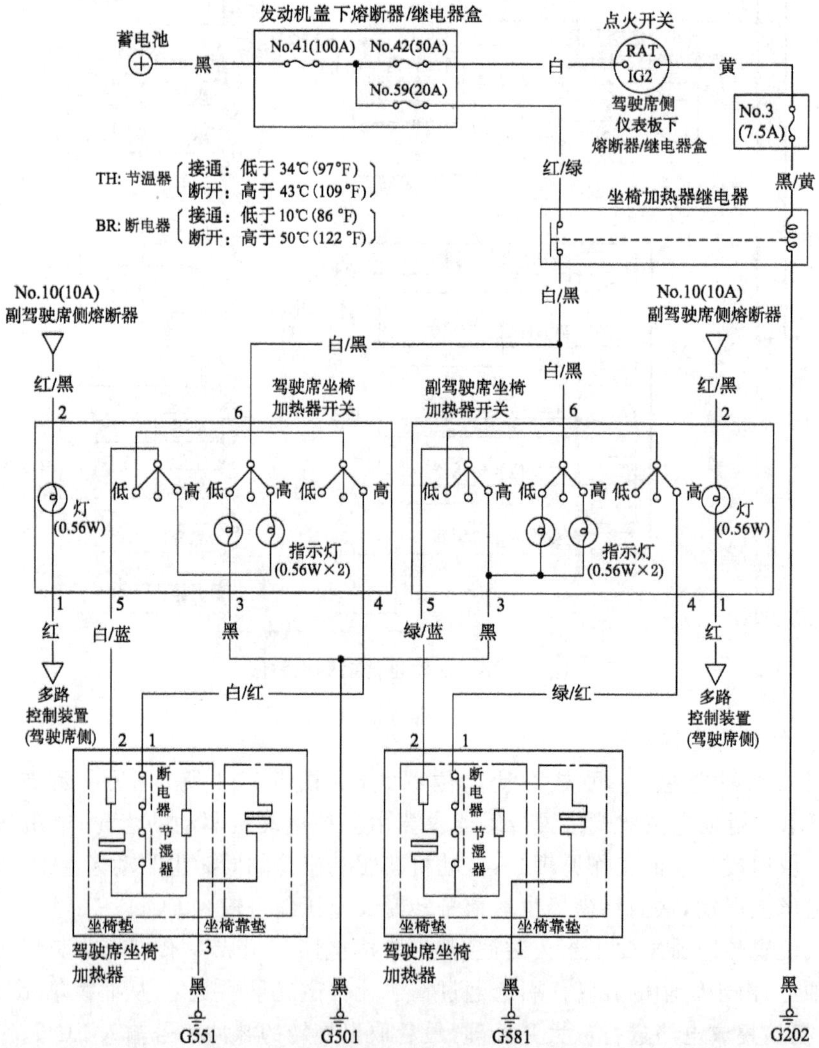

图 5-5-26　坐椅加热系统控制电路

其工作过程如下:

(1) 加热器开关处于断开位置时,加热系统不工作。

(2) 加热器开关处于高位置时,系统处于快速加热状态。控制回路为:蓄电池正极→熔断器→坐椅加热继电器→加热器开关 6 端子(2 个)→4 端子→坐椅加热器 1 端子(或 3 端子)→断电器→节温器 $\left\{ \begin{matrix} 坐椅靠背加热线圈 \\ 垫加热线圈 → 2 端子 → 5 端子 → 3 端子 \end{matrix} \right.$ →搭铁→蓄电池负极。由于坐椅垫及靠背线圈并联加热,故加热速度快。与此同时,高位指示灯通电发光。

(3) 加热器开关处于低位置时,加热系统处于缓慢加热状态,控制回路为:蓄电池正极→熔断器→坐椅加热继电器→加热器开关 6 端子(2 个)→5 端子→坐椅加热线圈→靠背加热线圈→3 端子→搭铁→蓄电池负极。由于坐椅垫及靠背线圈串联加热,故加热速度缓慢。与此同时,低位指示灯通电发光。

2. 坐椅气垫功能

坐椅气垫结构如图 5-5-27 所示,在坐椅上使用电动气泵,对各个气垫(腰椎支撑气垫、侧背支撑气垫、座位前部的大腿支撑气垫)进行充气,起到调节支撑腰椎、侧背、大腿的作用,对保持人体健康具有良好的效果。

3. 颈椎保护功能

颈椎保护系统包括贴近头部的安全头枕,可有效而均匀地承受乘员身体运动的椅背支撑结构,以及位于椅背和坐垫连接处的内置式能量吸收机构。

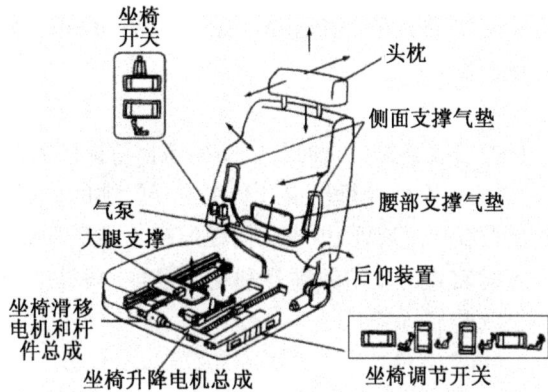

图 5-5-27　气垫坐椅结构

发生追尾事故时,椅背会随同乘员一起向后运动,最初是作平行运动,接着是短暂的后向运动,驾驶员的头部由于惯性的作用会突然向后倾,很容易伤害颈椎。但是,由于放置在椅背与坐垫接缝处的能量吸收机构发挥了功能,因此施加到乘员身上的作用力被减弱,颈椎受到伤害的可能性也随之减小,如图 5-5-28 所示。

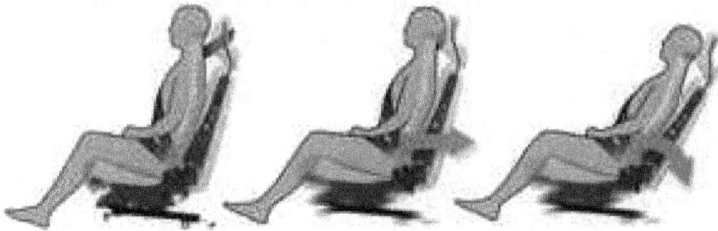

图 5-5-28　颈椎保护功能

第四节　中控门锁

最早的汽车门锁是机械式门锁,用于汽车行驶时防止车门自动打开而发生意外,只起行车安全作用,不起防盗作用。随着对汽车安全性、可靠性和方便性要求的不断提高,中高档轿车都配置了中央控制门锁,即汽车上的车门门锁和行李箱锁实现了集中控制。

一、中央门锁的组成

中央门锁主要由控制电路和执行机构等组成。控制电路主要由门锁开关、定时装置和继电器等组成;执行机构用于拨动车门门锁装置的锁扣,使门开锁或闭锁,其结构如图 5-5-29 所示。

(一)控制电路

1. 门锁开关

门锁开关实质上是一个电门开关,它用来控制各车门和行李箱锁筒的锁止和开启。用钥匙来拨动门锁锁芯转过一定的角度,即可接通门锁执行机构的电路控制,使电磁线圈产生吸力将门锁锁止或开启。

2. 定时装置

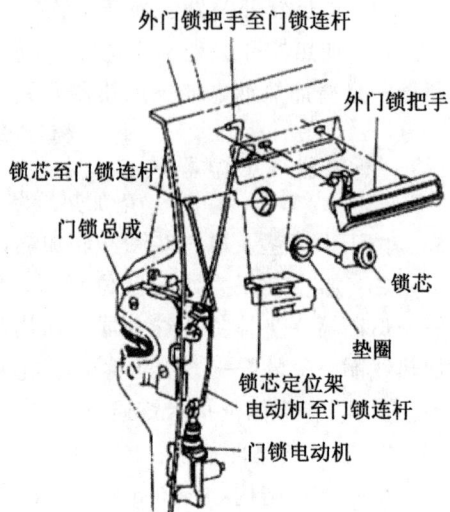

图 5-5-29　门锁执行机构

接通门锁开关的时间与电动机锁止门锁所需的时间不可能相等,往往开关接通电路时间较长,因此多会使执行机构过载而损坏门锁的机械传动装置或电气设备。于是在电路中根据其特点设有定时装置,以设定门锁的锁止或开启所需的时间,防止执行机构过载。

定时装置的基本原理是利用电容器的充放电特性,控制执行机构的通电时间,使执行机构锁止或开启。

3. 继电器

在定时装置的控制作用下,接通或断开执行机构的电路。

(二)门锁执行机构

门锁执行机构的作用是执行驾驶员的指令,将门锁锁止或开启。门锁执行机构常见的有电磁线圈式、电动机式和永磁型电动机式。

1. 电磁线圈式

电磁线圈式门锁执行机构如图 5-5-30 所示。电磁线圈通电后产生电磁力吸动引铁轴向移动,引铁通过连接杆将门锁锁扣锁止。一般电磁线圈式执行机构有两个电磁线圈,其绕制方向相反,以改变电流方向使执行机构开启或锁止。

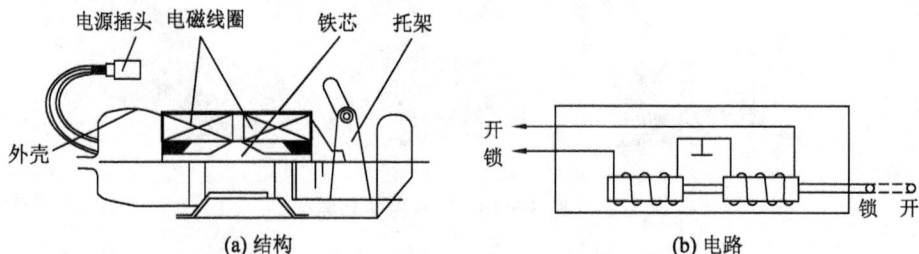

图 5-5-30　电磁线圈式门锁执行机构

电磁线圈式执行机构优点是故障少,使用寿命长,同时还减少了维修费用;缺点是该机构耗电量大。

2. 电动机式

电动机式门锁执行器结构如图 5-5-31 所示,它由双向电动机以及齿轮和齿条等组成。

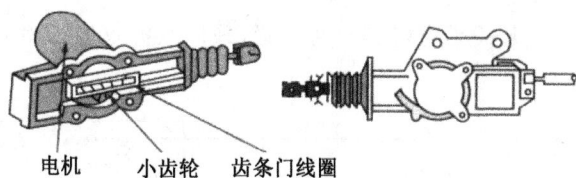

电机　　小齿轮　　齿条门线圈

图 5-5-31　电动机式门锁执行器

电动机式门锁执行机构工作原理如图 5-5-32 所示。通过电动机转动并经传动装置(螺杆传动、齿条传动和直齿轮传动)将动力传给门锁锁扣,由于电动机能双向转动,所以通过电动机的正反转实现门锁的锁止或开启。

与电磁式执行机构相比,这种执行机构耗电量较小。虽然电动机式执行机构电路中设有定时装置,但设定的时间与实际门锁开启或锁止所需的时间不一定相等;虽然电路中设有断路器,但断路器需要有一定的加热时间,故短路灵敏度较差,于是常有传动齿轮轮齿折断的现象等。

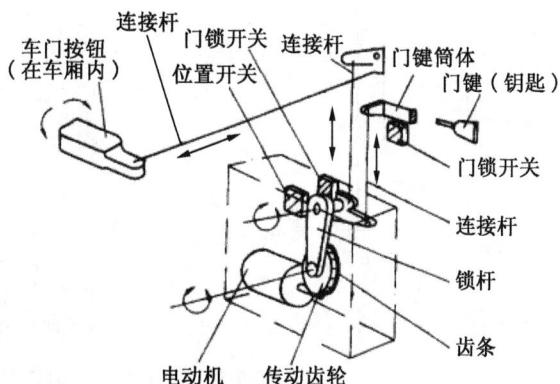

车门按钮(在车厢内)　连接杆　门锁开关　连接杆　门键筒体　门键(钥匙)　位置开关　门锁开关　连接杆　锁杆　齿条　电动机　传动齿轮

图 5-5-32　电动机式门锁执行机构

3. 永磁型电动机式

永磁型电动机多指永磁型步进电动机。它的作用与前述相同,但结构差异较大。转子带有凸齿,凸齿与定子磁极径向间隙小而磁通量大。定子上带有轴向均布的多个电磁极,而每个电磁极上的电磁线圈按径向布置。定子周布铁芯,每个铁芯上绕有线圈,当电流通过某一相位的线圈时,该线圈的铁芯产生吸力吸动转子上的凸齿对准定子线圈的磁极,转子将转动到最小的磁通处,即一步进位置。要使转子继续转动一个步进角,根据需要的转动方向向下一个相位的定子线圈输入一个脉冲电流,转子即可转动。转子转动时,通过连杆使门锁锁扣锁止。

二、中央门锁控制电路及其工作原理

常见的门锁开关有普通门锁、带电容定时装置的门锁开关和带有车速感应式中央门锁控制电路三种。

1. 普通门锁开关控制电路

图 5-5-33 为普通门锁开关控制电路。当接通闭锁开关时,闭锁继电器线圈中有电流通过,闭锁继电器触点闭合,接通闭锁线圈电路,线圈产生的电磁力吸引活动铁芯通过执行机构动作将所有车门锁紧。当接通开锁开关时,开锁继电器线圈中有电流通过,

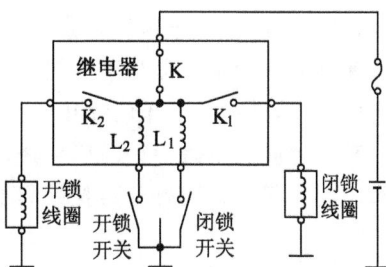

继电器　K　K_2　K_1　L_2　L_1　开锁线圈　开锁开关　闭锁开关　闭锁线圈

图 5-5-33　普通门锁开关控制电路

开锁继电器触点闭合,接通开锁线圈电路,线圈产生的电磁力吸引活动铁芯通过连杆机构拉动锁舌,门锁被打开。

2. 带电容定时装置的门锁开关控制电路

图 5-5-34 所示的门锁开关带有电容定时装置,采用双掷双位开关。

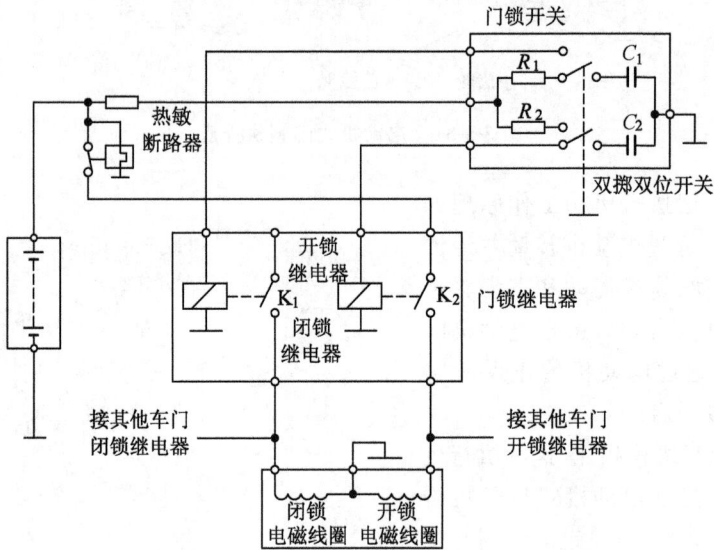

图 5-5-34   带电容定时装置的门锁开关控制电路

当门锁开关处于图示位置(即开锁位置)时,闭锁电容 C_1 与电源相通,电源向 C_1 充电直到电充满。此时,若将门锁开关接到闭锁位置时,开锁电容 C_2 与电源接通,而充满电的闭锁电容 C_1 则接通闭锁继电器,通过闭锁继电器线圈放电,使闭锁继电器的触点 K_1 闭合,接通闭锁电磁线圈电路,使执行机构动作,锁住车上所有车门。

此后,若再将门锁开关接到开锁状态,充满电的开锁电容 C_2 对开锁继电器线圈通电,使其触点 K_2 闭合,接通开锁电磁线圈电路,使其执行机构动作,打开车上所有车门。

这种门锁开关利用电容器的充放电特性,具有自动切断电路的功能,避免了电动机的长时间通电运转,节约了电能,克服了普通门锁开关的闭合时间由人控制且容易因通电时间过长而过热的缺点;当轿车 4 门门锁同时动作的一瞬间,其电流值的变化会造成车上整个电路网络的不平衡,而电容器的充放电特性能避免车上电流发生大幅度波动。

3. 带有车速感应式中央门锁控制电路

当汽车行驶速度超过规定速度时,为确保行车安全以防发生意外,有的中央门锁还受车速控制。它在原中央门锁的基础上加设了车速控制电路,车速控制开关设在车速表内。当汽车行驶速度高时,车速传感器自动接通门锁锁止电路将门锁锁止,这种靠车速控制的门锁称车速感应式门锁。即当车速超过 10 km/h(针对不同车辆该数值有所差异)时,除驾驶座侧车门以外,其他 3 个车门锁扣会自动扣住,以确保行车安全。

车速感应式电磁中央门锁电路,如图 5-5-35 所示。该电路具有驾驶员手动锁上或打开所有车门和仅锁止或打开驾驶员侧车门的功能。

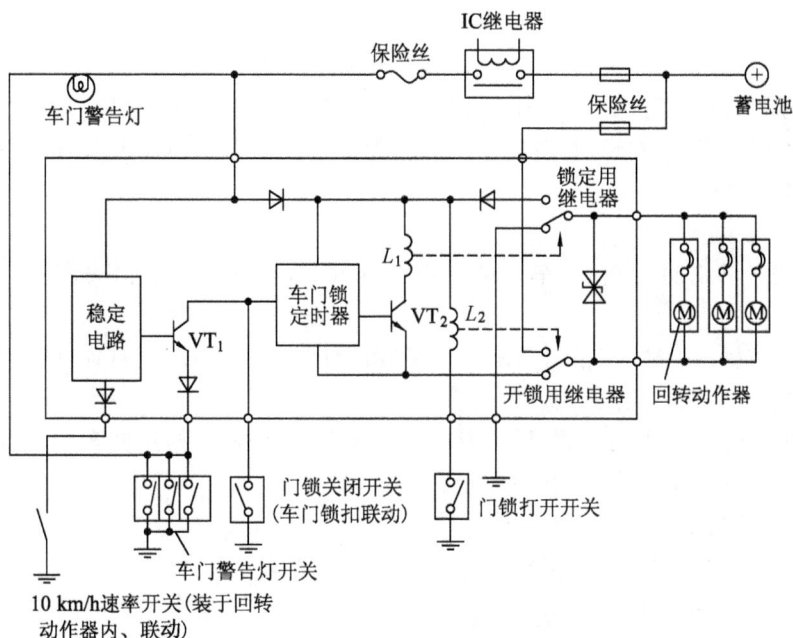

图 5-5-35　车速感应式中央门锁电路

其工作原理为：钥匙开关打开，IC继电器闭合，车门警告灯点亮。当车速在 10 km/h 以下时，装在车速表内的车速开关"接通"，电流经稳定电路流到车速开关搭铁，VT$_1$ 无基极电流，故 VT$_1$"切断"，电动门锁不产生作用。当车速超过 10 km/h 时，车速开关"关闭"，电流由稳定电路流到 VT$_1$ 的基极，使 VT$_1$"接通"，VT$_1$"接通"后锁扣扣下。

第五节　巡航控制系统

一、巡航控制系统概述

汽车巡航控制系统（Cruise Control System，简称为 CCS），根据其特点一般又称为巡航行驶装置、速度控制系统、自动驾驶系统等。汽车巡航控制系统就是使汽车工作在发动机有利转速范围内，减轻驾驶员的驾驶操纵劳动强度、提高行驶舒适性的汽车自动行驶装置。汽车巡航控制系统的作用是按司机所要求的速度闭合开关之后，不用踩油门踏板就可以自动地保持车速，使车辆以固定的速度行驶。在高速公路上长时间行车后，通过这种装置驾驶员就不用再去控制油门踏板，减轻了驾驶员的疲劳，同时减少了不必要的车速变化，可节省燃料。

二、巡航控制系统的功能及优点

（一）巡航控制系统的功能

1. 基本功能

（1）车速设定：当按下车速调置开关后，就能存储该时间的行驶速度，并能保持这一速度行驶。

（2）消除功能：当踩下制动踏板，上述功能立即消失。但是，上述调置速度将继续存储。

(3) 恢复功能：当按下恢复开关，则能恢复原来存储的车速。

(4) 滑行：继续按下开关进行减速，以离开开关时的速度作巡航行驶。

(5) 加速：继续按下开关进行加速，以不操纵开关时的车速进入巡航行驶。

(6) 速度微调升高：在巡航速度行驶中，当操纵开关以 ON—OFF（接通—断开）方式变换时，使车速稍稍上升。

2. 故障保险功能

(1) 低速自动消除功能：当车速小于 40 km/h 时，存储的车速消失，并不能再恢复此速度。

(2) 制动踏板消除功能：在制动踏板上装有两种开关，一种用于对计算机信号的消除；另一种直接使执行元件工作停止。

(3) 各种消除开关：除了利用制动踏板的消除功能外，还可利用驻车制动、离合器（M/T）、调速杆（A/T）等操作开关的消除功能。

（二）巡航控制系统的优点

综合其功能作用，巡航控制系统主要具有以下的优点。

1. 保持汽车车速的稳定

汽车无论是在上坡、下坡、平路上行驶，或是在风速变化的情况下行驶，只要在发动机功率允许的范围内，汽车的行驶速度即保持不变。

2. 提高汽车行驶时的舒适性

特别是在郊外或高速公路上行驶，这种优越性更为显著。另外，当汽车以一定的速度行驶时，减少了驾驶员的负担，使其可以轻松地驾驶。

3. 节省燃料，有一定的经济性和环保性

在同样的行驶条件下，对一个有经验的驾驶员来说，利用巡航控制系统可节省 15％燃料。这是因为在使用了这一速度稳定器以后，可使汽车的燃料供给与发动机功率之间处于最佳的配合状态，并减少废气的排放。

三、巡航控制系统的组成及原理

（一）组成

现代汽车均采用了电子巡航控制装置，它主要由电控单元、节气门执行器、发动机及变速器和车速传感器 4 部分组成。图 5-5-36 为电子巡航控制装置框图。

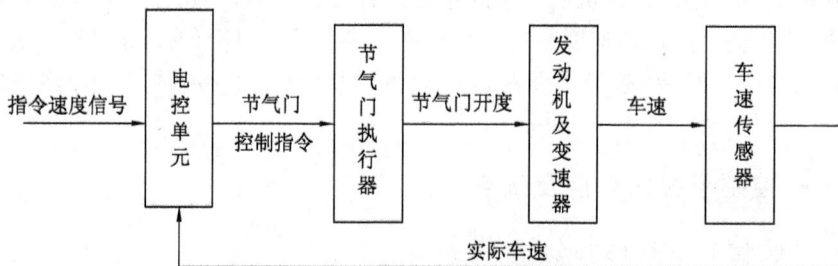

指令速度信号 → 电控单元 → 节气门控制指令 → 节气门执行器 → 节气门开度 → 发动机及变速器 → 车速 → 车速传感器 → 实际车速

图 5-5-36　电子巡航控制系统装置

图 5-5-37 为现代汽车电子巡航控制系统的构造与零部件布置图。各种开关与计算机被配置在车室内；执行元件、真空泵则配置在发动机室内，执行元件的控制线缆与加速踏板

相联接。

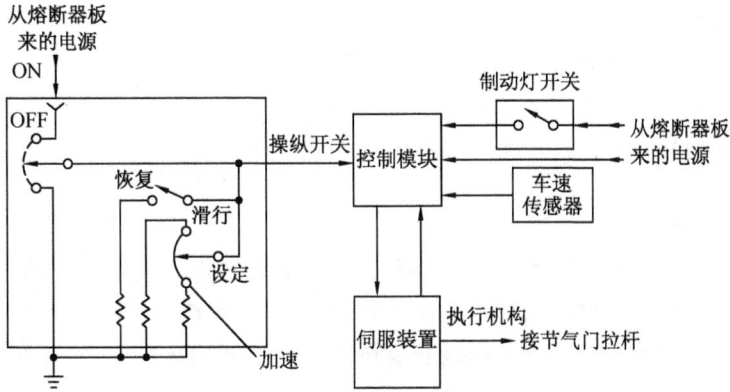

图 5-5-37　汽车电子巡航控制系统结构

1. 指令开关

指令开关包括主控开关、离合器开关、变速器空挡启动开关、刹车开关(包括手刹)和电源开关(点火开关)等。指令开关一般采用杆式开关,安装在转向柱上、驾驶员易接近的地方。它为组合开关,共有四挡开关位置,开关外形如图5-5-38 所示。开关端部设有按钮,它是巡航控制装置的总开关(CRUISE ON/OFF),按下按钮,仪表板上巡航控制装置 CRUISE ON/OFF 指示灯亮起,表示装置进入运行状态;再按一下,按钮弹起,指示灯熄灭,表示装置处于关闭状

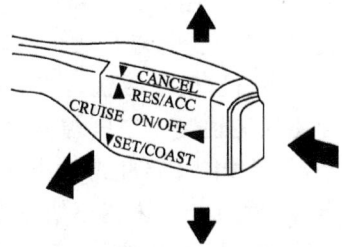

图 5-5-38　巡航控制系统指令开关

态。向下扳动开关手柄为巡航速度的设定开关(SET/COAST),向上推动开关手柄是巡航速度的取消开关(CANCEL);朝转向盘扳起开关手柄为恢复/加速开关(RES/ACC)。

(1) 主控开关。

主控开关的作用是控制巡航系统的启动、关闭、控制调节巡航工作状态。

(2) 离合器开关(仅对安装手动变速器车辆)。

离合器开关的作用是当汽车在巡航状态下行驶,出现驾驶员干预,如变换变速器挡位、制动等情况时,驾驶员踩踏离合器踏板,离合器开关即由断开变为闭合。离合器开关的闭合,使电控单元立即自动关闭巡航工作状态。离合器开关装在驾驶室离合器踏板的上部,靠驾驶员踩踏离合器踏板的机械动作使其闭合。

(3) 变速器空挡启动开关(仅对安装自动变速器车辆)。

该开关的作用与离合器开关类似。空挡启动开关的安装位置紧靠变速器操纵杆,并与变速器操纵杆联动。当变速器操纵杆置于空挡时,空挡启动开关由断开变成闭合。

(4) 刹车灯开关。

它的作用是:当驾驶员踩踏制动踏板时,在制动(接通)灯亮的同时,将控制节气门动作摇臂的电磁离合器断开,迅速退出巡航控制的工作状态。在刹车灯开关中原来常开触点的基础上,增加了与之联动的常闭触点。当驾驶员踩踏制动踏板、制动灯亮的同时,常闭触点断开,电磁离合器断电,节气门不再受巡航系统控制。

（5）手刹车制动开关。

它的作用与离合器开关（变速器空挡启动开关）类似。安装位置紧靠手刹操纵杆并与手刹操纵杆联动，当拉手制动时，此开关由断开变为闭合。

（6）点火开关。

它的主要作用是通断取自蓄电池和发电机的巡航控制的工作电源。

2. 传感器

（1）车速传感器。

车速传感器通常和车速里程表驱动装置相连。如果车速表是电子式的，车速传感器给出的信号可直接用作巡航控制系统的反馈信号，因而不必为巡航控制系统另外设置传感器。专用于巡航控制系统的车速传感器一般安装在汽车变速器输出轴上，实际车速与变速器输出轴转速成正比。

车速传感器有光电式、霍尔感应式、磁阻式等多种结构形式，最简单且最常用的是磁阻式结构如图 5-5-39 所示。带凸齿的钢制圆盘安装在变速器输出轴上并随输出轴一起转动。当凸齿位于磁铁两极之间时，由于钢的导磁性能远高于空气隙，磁回路磁阻突然减小，传感线圈中产生脉冲电压信号，信号处理电路计数 1 min 内传感线圈中的电压脉冲数并除以 4 就可得到以 r/min 表示的变速器输出轴转速。

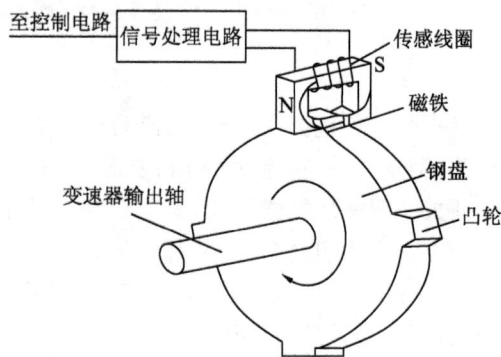

图 5-5-39　磁阻式车速传感器

（2）节气门传感器。

它的作用是对电控单元提供一个与节气门位置成比例变化的电信号，该信号被节气门传感器与发动机电控的传感器共用。

（3）节气门控制摇臂传感器。

节气门控制摇臂传感器是巡航控制系统专用的传感器，其作用是对电控单元提供节气门控制摇臂位置的电信号，目前应用较多的是滑线电位计式。当节气门控制摇臂转动时，电位计与之转动，便输出一个与控制摇臂位置成比例连续变化的电信号。

3. 执行器

执行器的作用是将电控单元输出的电流或电压信号转变为机械运动，进而控制节气门的开度，最终达到控制车速的目的。执行器有电动操纵和气动操纵两种形式。

（二）巡航控制系统的工作原理

电控单元接收 2 个输入信号，一个来自指令开关的指令速度信号，另一个来自车速传感器的实际车速反馈信号。电控单元检测 2 个输入信号之间的误差后产生一个控制信号输送到节气门执行器。节气门执行器根据控制信号调节发动机的节气门开度以修正电控单元所检测的误差值，从而保持车速恒定。

（三）巡航控制装置使用注意事项

（1）为了使汽车获得最佳控制，在交通拥挤场合以及滑湿路面行驶时，不要启用巡航控制装置。

（2）在不使用巡航控制装置时，要确认巡航控制装置指令开关处于关闭状态。

（3）在上下陡坡时，不要使用巡航控制装置。

（4）对于装备手动变速器的汽车，使用巡航控制装置行驶时，严禁在未踩下离合器的情况下将变速杆推入空挡。

第六章　汽车电子控制悬架系统

第一节　概　　述

一、电子控制悬架系统的功能

电子控制悬架系统是通过控制调节悬架的刚度和阻尼力，突破传统被动悬架的局限性，使汽车的悬架特性与道路状况和行驶状态相适应，从而保证汽车行驶的平顺性和操纵的稳定性。当汽车在颠簸路面上行驶时，可以使车身高度上升，防止车桥与路面相碰；当汽车高速行驶时，又可以使车身高度下降，以减少空气阻力，提高操纵稳定性。调节和改变减振器的阻尼系数，可以防止汽车急速起步或急加速时车尾下蹲；防止紧急制动时车头下沉；防止汽车急转弯时车身横向摇动；防止汽车换挡时车身纵向摇动等，提高行驶平顺性和操纵稳定性。调整弹簧弹性系数，可以控制汽车起步、急转弯、急加速和紧急制动等情况下的姿势，抑制汽车姿势的变化，改善汽车的乘坐舒适性与操纵稳定性。

二、电子控制悬架系统的类型

（1）根据弹性元件的不同可分为电控空气悬架和电控液压悬架。

（2）根据调节方式的不同可分为半主动悬架和主动悬架。

三、电子控制悬架系统的组成和工作原理

电控悬架由空气弹簧减振器组件、执行器、电控悬架 ECU、高度控制压缩机、高度传感器、相关传感器（转向传感器、车速传感器、节气门位置传感器）等组成。

电控悬架系统的工作原理是利用传感器（包括开关）对汽车行驶时路面的状况和车身的状态进行检测，将检测信号输入计算机进行处理，计算机进而通过驱动电路控制悬架系统的执行器动作，完成悬架特性参数的调整。

第二节　半主动悬架系统

半主动悬架控制系统也称为冲击阻尼器控制系统，它可以根据不同的驾驶条件选择最优化的悬架系统阻尼比（阻尼力）。半主动悬架是指悬架元件中的弹簧刚度或减振器阻尼系数中的某一个可以根据需要进行调节。为减少执行元件所需的功率，主要采用调节减振器

的阻尼系数法,这种方法只需提供调节制动阀、控制器和反馈调节器所消耗的较小功率即可。冲击阻尼器控制系统的第一个功能是控制车辆运动以克服惯性力的不良影响,如车辆转弯时的侧倾和车辆制动时的前倾等。第二个功能是防止因路面刺激而引起的振动。冲击阻尼器控制系统(如图 5-6-1 所示)主要包括三部分,即阻尼控制装置(执行器)、传感器和控制单元。系统根据各种运行条件确定最优阻尼力范围,以改进驾乘舒适性和操纵稳定性。

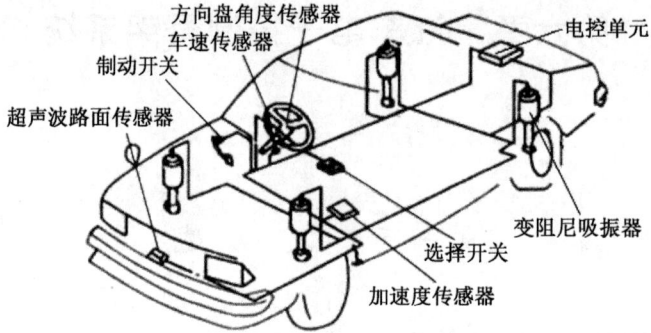

图 5-6-1 冲击阻尼器控制系统

1. 传感器

(1) 超声波路面传感器。

超声波路面传感器实时监测路面情况,为有效调整悬架阻尼力提供实时信息。超声波路面传感器安装在车辆前端,工作原理如图 5-6-2 所示。该传感器包括一个发射器和一个接收器。控制单元发送脉冲信号触发发射器发送超声波并开始计时,超声波信号到达路面后返回接收器,控制单元可以得到接收器收到信号的时刻,则传感器距路面高度 h 为

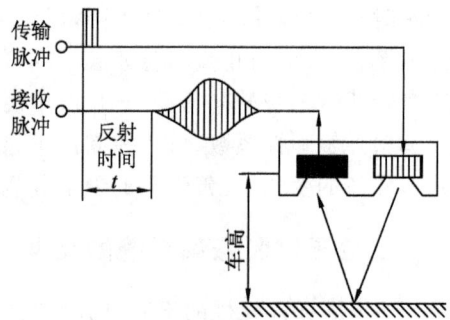

$$h = \frac{1}{2}ct$$

图 5-6-2 超声波路面传感器工作原理

式中,t 为发射到接收的时间;c 为声波速度。

超声波路面传感器与路面间的距离会随路面的起伏而变化,由此可以对路面状况做出判断。

(2) 压电效应传感器。

压电效应传感器安装在阻尼器内,路面的起伏变化使得压电效应传感器产生与路面起伏方向相一致的电信号,从而使控制系统能够对路况作出判断。

2. 执行器

系统的每一个车轮均配置一个执行器(压电式减振器),以尽可能快地调节阻尼力的大小。压电式减振器的结构如图 5-6-3a 所示,由利用压电效应工作的压电传感器,利用逆压电效应工作的压电执行器和阻尼变换器三个部分组成。阻尼变换器由活塞、挺杆和阻尼阀组成;压电执行器安装于阻尼器的柱塞杆内。当高电压 500 V 加在压电执行器两端时,5 ms 内该执行器可膨胀约 50 μm。

由于逆压电效应,这种膨胀导致活塞销由移动式液压偶件单元推出,活塞销向下移动打开阻尼力开关阀的旁路。根据旁路流通截面积的不同,执行器动作产生的阻尼力可以有硬模式(如图 5-6-3b 所示)、中间模式和软模式(如图 5-6-3c 所示)三种,分别对应悬架系统的不同阻尼值,其中软模式的阻尼最小,硬模式的阻尼最大。

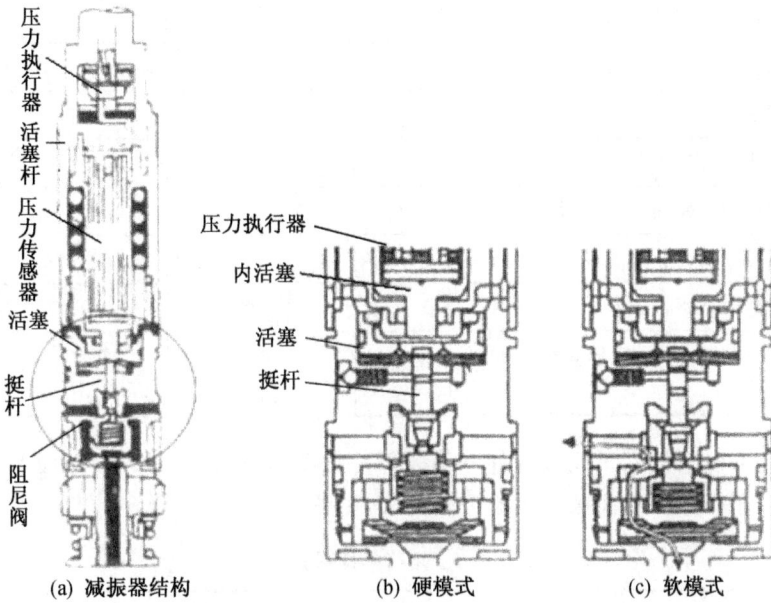

(a) 减振器结构   (b) 硬模式   (c) 软模式

图 5-6-3　压电式减振器结构、工作原理

3. 控制系统

半主动悬架控制系统原理框图如图 5-6-4 所示,其控制目标及其有关传感器和阻尼力控制策略见表 5-6-1。

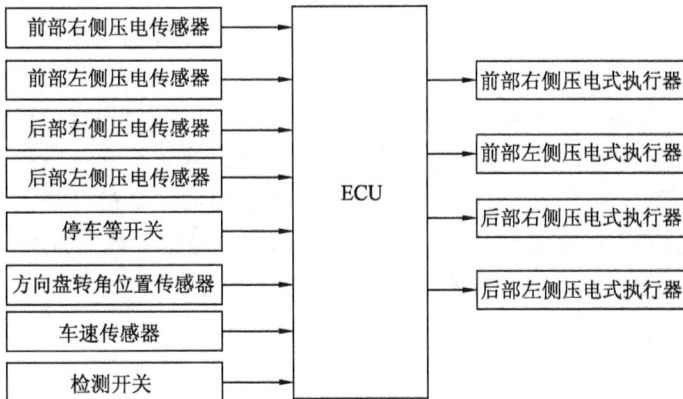

图 5-6-4　半主动悬架控制系统

表 5-6-1　阻尼控制目标及阻尼力大小决策

控制目标		传感器					阻尼力模式（前/后）
		车速	方向盘转角	加/减速度	制动	路面条件	
侧倾	快速转向时减少侧倾	/	/				硬/硬
前倾	减少制动点头				/	/	硬/硬
	减少加速前倾	/		/			中/中
跳动	减少底部轻微弹跳振动					/	中/中
	减少起伏路面上的轻微弹跳振动	/				/	中/中
附着性能	粗糙路面行驶附着性能					/	中/中
其他	高速时稳定性改善						中/软
	防止停车和乘客上下车引起的振荡	/					硬/硬

控制单元可以根据汽车低频部件和高频部件振动幅值的大小，判断路面条件，以选择合适的阻尼力控制模式。路面条件判断逻辑见表 5-6-2。

表 5-6-2　路面条件判断逻辑

高频部件	低频部件	
	小	大
小	平滑路面	起伏路面
大	不需要	粗糙路面

第三节　主动悬架系统

主动悬架系统是指系统能提供油压、气压能量，并根据检测到的行车环境和车况，依据某种控制理论，主动控制调节工作特性的悬架系统。主动悬架系统是一种具有做功能力的悬架，它需要一个动力源（液压泵或空气压缩机等）为悬架系统提供连续的动力输出。当汽车载荷、行驶速度、路面状况等行驶条件发生变化时，主动悬架系统能自动调整悬架刚度，从而能同时满足汽车行驶平顺性和操纵稳定性等各方面的要求。

一、主动悬架系统的结构组成

主动悬架的控制系统主要由空气弹簧、普通螺旋弹簧、可调减振器、电子控制装置、车速传感器、加速度传感器、转角传感器、节气门开度传感器、阻尼力转换执行器、刚度传感器、电磁阀、空气压缩机、储气筒、继电器和管路等组成。三菱 GALANT 轿车上装备的电控空气主动悬架系统（A-ECS）如图 5-6-5 所示。它能够根据本身的负载情况、行驶状态和路面情况等，主动调节包括悬架系统的阻尼力、汽车车身高度、行驶姿态和弹性元件的刚度在内的多项参数，使汽车的相关性能处于最佳状态。

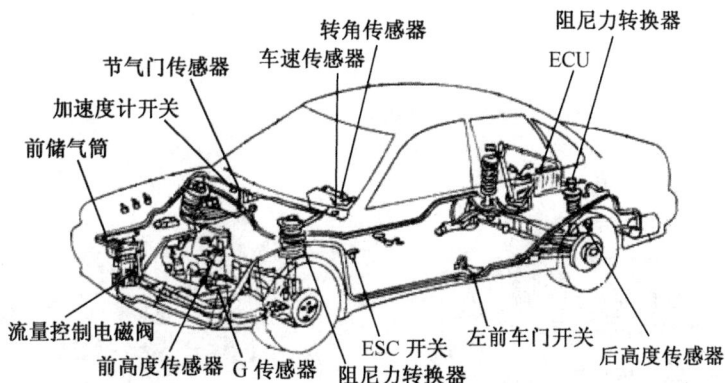

节气门传感器　转角传感器　阻尼力转换器
加速度计开关　车速传感器　ECU
前储气筒

流量控制电磁阀　　　　ESC开关　左前车门开关　后高度传感器
前高度传感器 G传感器　阻尼力转换器

图 5-6-5　三菱电子控制主动悬架系统

采用主动悬架系统后,汽车对侧倾、俯仰、横摆跳动和车身的控制都能更加迅速、精确;汽车高速行驶和转弯的稳定性提高,车身侧倾减少,制动时车身前俯小,启动和急加速时可减少后仰;即使在状况不佳路面,车身的跳动也较少,轮胎对地面的附着力提高。

1. 主动式液压悬架

电子控制的主动式液压悬架能根据悬架的质量和加速度等,利用液压部件主动地控制汽车的振动。主动式液压悬架在汽车重心附近安装有纵向、横向加速度和横摆陀螺仪传感器,用来采集车身振动、车轮跳动、车身高度和倾斜状态等信号。这些信号被输入控制单元ECU,ECU根据输入信号和预先设定的程序发出控制指令,控制伺服电机并操纵前后4个执行油缸工作。

2. 主动式空气悬架

在电子控制的主动式空气悬架系统中,微机根据传感器送来的信号和驾驶员给予的控制模式,经过运算分析后向悬架发出指令。悬架可以根据微机给出的指令改变悬架的刚度和阻尼系数,使得车身在行驶过程中保持良好的稳定性能,并且将车身的振动响应控制在允许的范围内。一般来说,主动式空气悬架的控制内容包括车身高度、减振器衰减力、弹簧弹性系数等三项。

(1) 车高的控制分标准、升高和只升高后轮三种工作状态;

(2) 减振器的衰减力控制分低、中、高三挡;

(3) 空气弹簧的弹性系数分软、硬两挡。

空气悬架电子控制系统的工作原理为:用空气压缩机压缩空气,并将压缩的空气输送给弹簧和减振器的空气室中,以此来改变车辆的高度。在前轮和后轮的附近设有车高传感器,凭车高传感器的输出信号,微机可判断出车身高度,再控制压缩机和排气阀,使弹簧压缩或伸长,从而控制车身高度。

二、电子控制悬架传感器的结构原理

1. 车身高度传感器

在每个悬架上都装有一只车高传感器(如图 5-6-6 所示),通过它可监测车身与悬架下臂之间的距离变化,检测汽车高度和因道路不平而引起的悬架位移量;并转换成电信号输入悬架系统的电子控制装置 ECU。在主动悬架系统中要对车身高度进行检测与调节,一般只需在悬架上安装 3 个车身高度传感器即可,位置在左、右前轮和后桥中部。如果传感器多于3 个,则会出现干涉现象。

实际结构中,光电式车身高度传感器固定在车架上,传感器轴的外端装有导杆,导杆的另一端通过连杆与独立悬架的下摆臂连接,如图 5-6-7 所示。悬架控制系统中利用节气门位置传感器信号来判断汽车是否进行急加速。

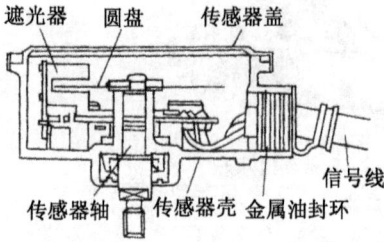

图 5-6-6　光电式车身高度传感器

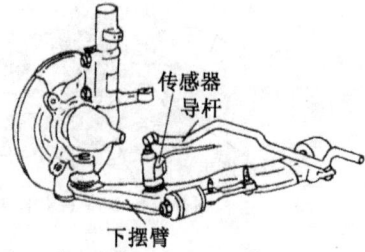

图 5-6-7　车身高度传感器的安装位置

2. 转向盘转角传感器

转向盘转角传感器用来检测转向盘是否位于中间位置及转向盘可能的偏转方向、偏转角度和偏转速度,主要为转弯时提高操纵稳定性、防止侧倾,同时向 ECU 提供车态信号。

丰田 TEMS 应用的是光电式转角传感器,其安装位置和结构如图 5-6-8 所示。

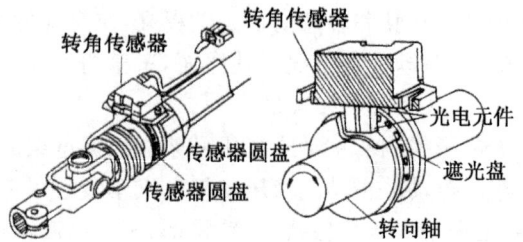

图 5-6-8　光电式转角传感器的安装位置和结构

光电式传感器的工作原理如图 5-6-9 所示,电路原理如图 5-6-10 所示。

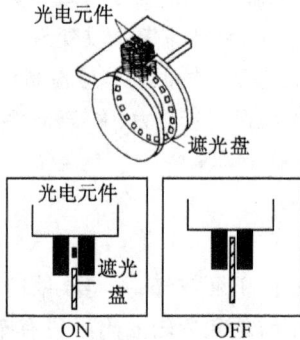

图 5-6-9　光电式转角传感器的工作原理

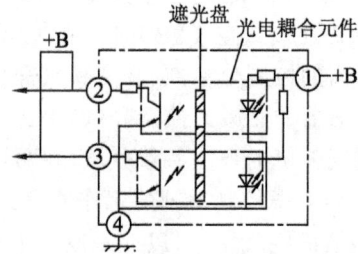

图 5-6-10　光电式转角传感器的电路原理

转向盘偏转时,窄缝盘随之转动,使遮光器之间的光束产生通/断变化。遮光器的这种反复开/关状态形成与转向轴转角成一定比例的一系列数字脉冲信号。系统控制装置可根据此信号的变化来判断转向盘的转角和转速。同时,传感器在结构上采用 2 组光电耦合器,可根据检测到的脉冲信号的相位差来判断转向盘的偏转方向。这是因为 2 个遮光器在安装时,它们的 ON 与 OFF 变换的相位错开 90°,通过判断哪个遮光器首先转变为 ON 状态,即可检测出转向轴的偏转方向。

3. 车速传感器

车速传感器包括 1 个磁铁和簧片开关,组合在速度里程表内。磁铁与速度里程表转轴一起转动,每转一圈,簧片开关产生 2 个脉冲信号。这些信号被传至 TEMS ECU 的 SPD 端子,将车度传输给 ECU。

4. 节气门位置传感器

节气门位置传感器安装在节气门阀体上,以电信号测量其开度,并将数据以电压形式经发动机 ECU 传至 TEMS ECU,如图 5-6-11 所示。节气门位置传感器先将信号输入发动机电子控制装置,然后发动机电子控制装置再将此信号输入悬架电子控制装置。

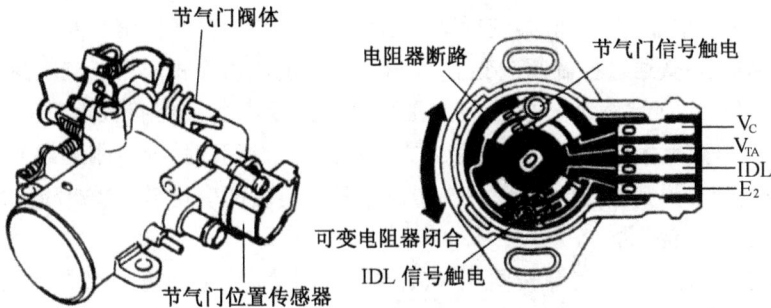

图 5-6-11　节气门位置传感器结构

三、执行机构的主要零件结构原理

执行机构主要包括空气弹簧组件(空气弹簧、空气弹簧阀、空气压缩机、压缩机继电器)和可调阻尼减振器执行装置。ECU 对汽车行驶的状态进行车高、弹簧刚度和阻尼系数的调节,使得车辆的性能得到提高。

1. 空气弹簧

电控悬架用空气弹簧代替传统悬架的螺旋弹簧或钢板弹簧,因在其气室内充入空气而具有弹性功能。空气弹簧安装在前后悬架的减振器上,下摆臂和车架横梁之间。其不同之处为,前悬架弹簧下端用卡子连在下摆臂上;后悬架弹簧下端用螺栓固定在下摆臂上。每个空气弹簧都有一个进、排气电磁阀。由于轿车前悬架空气弹簧比后悬架空气弹簧承受更多的质量,所以前悬架空气弹簧较大。空气弹簧约比传统螺旋弹簧软 1/3,汽车乘坐舒适度高。

空气弹簧由主气室、副气室、弹簧刚度执行机构、阻尼转换执行机构和液压减振器等组成,如图 5-6-12 所示。弹簧刚度执行机构安装在主气室与副气室之间,而且在减振器的上部安有阻尼转换执行机构,减振器的内部有阻尼旋转阀。因此,弹簧刚度通过主气室与副气室进行调节,阻尼系数通过减振器进行调节。

空气弹簧具有一个保持正常气压的加强橡胶袋。气袋底部连接到一个反向的活塞状的座上,汽车颠簸期间用来减少气袋内部容积。当它被压缩时,能够增加弹簧内的空气压力,使其刚性逐渐变大,如图 5-6-13 所示。这种非线性

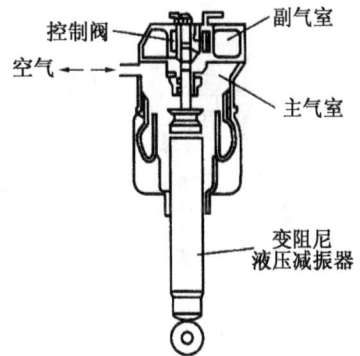

图 5-6-12　空气弹簧结构

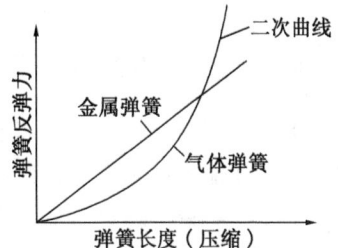

图 5-6-13　空气弹簧的特性

弹簧变化率有助于吸收冲击,对车身在悬架上下垂直颠簸起保护作用。

弹簧刚度越小,即弹簧越柔软,振动就越小,乘坐舒适性、平顺性就越好;弹簧刚度越大,即弹簧越坚硬,操纵稳定性就越好。

2. 弹簧刚度调节机构

弹簧刚度的调节是通过弹簧刚度执行机构开闭主气室与副气室之间的隔板进行的,通过改变气室的容积而改变弹簧的刚度:增大容积使刚度变小,减小容积可增加刚度。ECU 根据车辆状态信号及时调节弹簧刚度:高速行驶时转换为大刚度;低速行驶时转换为小刚度;在制动时,使前弹簧刚度增加;在加速时,使后弹簧刚度增加;而在转弯时,调节左、右弹簧刚度以减少侧倾。有的空气弹簧通过控制阀改变主、副气室之间的流通面积来调节空气弹簧刚度,可实现弹簧刚度的"软/中/硬"三级转换控制。在城镇公路或高速公路行驶时,弹簧刚度调节为"软";在高速行驶(速度大于 110 km/h 时)或在弯曲道路上行驶时,弹簧刚度调节为"中";而在加速、转弯等情况时,弹簧刚度调节为"硬",以减小汽车高度的变化提高操纵稳定性。

3. 车高控制执行机构

车高控制执行机构由空气弹簧阀、空气压缩机和主气室组成,车高控制主要利用空气弹簧中主气室空气量的多少来进行调节。当 ECU 接收到车高传感器、车速传感器、车门开关等传来的信号后进行处理判断:若是增加车高,则控制执行机构向空气弹簧主气室充气增加空气量,使汽车高度增加;若是降低车高,则控制执行机构打开排气装置向外排气,使空气弹簧主气室的空气量减少而降低汽车高度,如图 5-6-14 所示。

空气弹簧阀(见图 5-6-15)安装在空气弹簧顶部,是两位两通电磁滑阀,通常关闭。线圈通电时,阀芯移动将空气弹簧的通道打开,空气弹簧进气或排气。

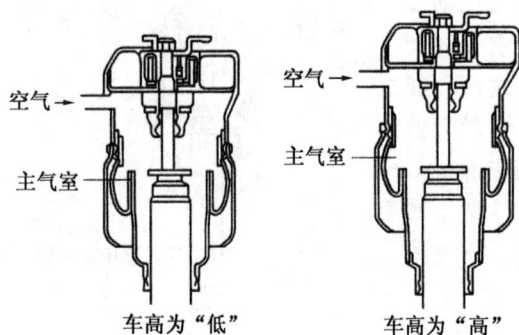

图 5-6-14　车身高度控制

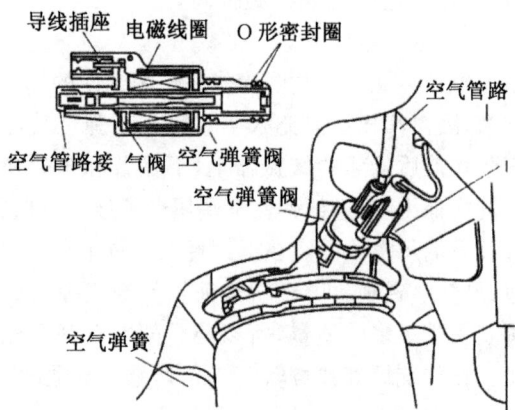

图 5-6-15　空气弹簧阀

四、电控悬架系统使用、检测注意事项

电控悬架能根据行驶状态和需要对车高、悬架刚度和阻尼系数进行适时地调节,提高车辆平顺性和操纵稳定性。但是,电子控制空气悬架也有不足之处,如需要空气供给设备,并装有干燥器对空气进行干燥。最重要的一点是,空气弹簧一旦漏气,汽车没有弹性元件的作用,将使汽车高度降低而无法行驶。除此之外,电控悬架与传统悬架在检查、维护和故障诊断等许多方面有本质的不同。这里以凌志 LS400 轿车的电子控制系统为例进行介绍。

（1）当用千斤顶将汽车顶起时，必须停止高度控制。凌志 LS400 是将高度控制开关（ON/OFF）拨到关闭（OFF）位置。有的车辆是同时按高（HIGH）、运动（SPORT）、标准（NORMAL）3 个按钮 2 s 以上时，汽车高度控制被停止。

空气悬架具有自动调节车高的功能，如果举车时没将高度控制开关拨到关闭（OFF）位置，则 ECU 会判断系统出错而记录一个故障码。这时就需要在汽车四轮落地后，将产生的故障码设法从存储器中清除掉。有时将高度控制开关拨到关闭（OFF）位置时，会显示故障码，表示这是不正常的。只要将开关重新拨到打开（ON）位置，故障码就被清除。

（2）在放下千斤顶前，应将汽车下面所有的物体搬走。因为在维修过程中，可能进行了空气悬架的放气、空气管路拆检等操作，此时空气弹簧中的主气室可能无气或存有少量剩余气体，汽车落地后因自身的重量使汽车车身高度很低，就会将下面的物体压住。

（3）在开动汽车之前，应先启动发动机将汽车的高度调整到正常状态。因为在维修时空气弹簧中的空气被放掉，车身高度变得很低，如果此时汽车起步，势必造成车身与悬架或轮胎相互碰撞。因此，维修后应首先启动发动机，用空气压缩机给空气弹簧气室输送压缩空气，使汽车高度恢复正常，这样汽车便可正常行驶。

（4）在维修时除非必要，一般不要触及前安全气囊碰撞传感器。若要触及，必须在维修前拆下安全气囊碰撞传感器，避免影响安全气囊系统的正常工作。

（5）汽车高度的检查与调整。电控悬架汽车高度的自动调节是它的特点，因此高度检查非常重要。在高度检查前，车辆必须停在水平良好的地面上，并保持轮胎气压符合标准，轮胎磨损在正常范围内，轮胎纵向、横向的跳动也应符合相关规定。

五、电控悬架系统常见故障

如果电控悬架自诊断系统显示正常代码，可是汽车悬架系统故障仍然出现，此时就应该根据故障的现象进行人工判断排除。电控悬架系统常见故障就是悬架刚度和阻尼系数控制失灵和高度控制失灵。

1. 悬架刚度和阻尼系数控制失灵

（1）LRC 指示灯显示状态不变。

现象：不管如何操作悬架刚度和阻尼系数控制开关（LRC），LRC 指示灯显示状态保持原样。

原因：悬架刚度和阻尼系数控制开关（LRC）电路故障、悬架电子控制单元（ECU）故障。

（2）悬架刚度和阻尼系数控制失效。

现象：汽车在行驶时，悬架刚度和阻尼系数不随着行驶状况、路况、汽车姿态变化而调节。

原因：悬架控制执行器电路故障、悬架控制执行器电源电路故障、TC 与 TS 端子电路故障、悬架刚度和阻尼系数控制开关电路故障、空气弹簧减振器故障、ECU 故障。

2. 高度控制失灵

（1）高度控制指示灯的显示不随高度控制开关操作而变化。

现象：高度控制开关无论转换在何种模式，高度指示灯显示模式不变。

原因：高度控制开关电路故障、调节器电路故障、高度控制电源电路故障、高度控制传感器故障、ECU 故障。

（2）汽车高度控制功能失效。

现象：汽车在行驶、驻车、乘员和行李质量变化时，车高没有变化。

原因：调节器电路故障、高度控制电源电路故障、高度控制开关电路故障、高度控制开关（ON/OFF）故障、高度控制传感器故障、ECU故障。

（3）汽车驻车时汽车高度非常低。

现象：汽车驻车时，片刻或1至2天左右高度下降太多。

原因：空气泄漏，空气弹簧、减振器故障。

（4）空气压缩机的驱动电机长时间运转，不停机。

现象：汽车在高度升高后很长时间，压缩机驱动电机仍在工作，不停机。

原因：空气泄漏、高度控制继电器电路故障、压缩机驱动电机电路故障、悬架电子控制单元（ECU）故障。

（5）点火开关"OFF"控制不起作用。

现象：点火开关拧到"OFF"位置时，汽车高度并不下降为驻车状态。

原因：门控制开关电路故障、高度控制电源电路故障、悬架电子控制单元故障。

第七章　汽车电控动力转向系统

第一节　概　　述

动力转向系统由于具有使转向操纵灵活、轻便，在设计汽车时对转向器结构形式的选择灵活性增大，能吸收路面对前轮产生的冲击等优点，因此在中型载货汽车尤其在重型载货汽车上得到广泛使用。普通动力转向系统的助力大小不能随车速改变而改变，它的助力特性是不变的。在停车及车速很低时，转向盘操纵很重，中速时较轻快，当车速增高时更加轻快。如果考虑停车及低速时的轻便性，则使高速时操纵力过小，路感下降，易出现转向过头；反之，会使停车及低速时操纵力过大，转向沉重，效率下降。

一、电控动力转向系统的作用

为了实现在各种行驶条件下转向盘上所需要的力都是最佳值，必须采用更先进的动力转向方式——电控动力转向系统，如图5-7-1所示。这种微机控制的电控动力转向装置可完成比较复杂的调整工作。电控动力转向系统在低速行驶时可使转向轻便、灵活；在中高速转向时，能保证提供最优的动力放大倍率和稳定的转向手感，提高了高速行驶的操纵稳定性，同时还能减少发动机损耗，增大输出功率，节省燃油。该系统还具有体积小、重量轻的优点，主要用于轻型汽车。

二、汽车电控动力转向系统的类型

1. 根据助力机构不同分类

电控动力转向系统根据助力机构的不同可以分为电动液压式(简称 EPHS)和电动机直接助力式(简称 EPS)两种。

(1)电动液压式。电动液压式动力转向系统在传统的液压动力转向系统的基础上增设控制液体流量的电磁阀、车速传感器和电子控制单元等。电子控制单元根据检测到的车速信号控制电磁阀,使转向动力放大倍率实现连续可调,从而满足高、低车速时转向助力的要求。

(2)电动机直接助力式。电动机直接助力式动力转向系统是在传统的机械式转向系统的基础上,利用直流电动机

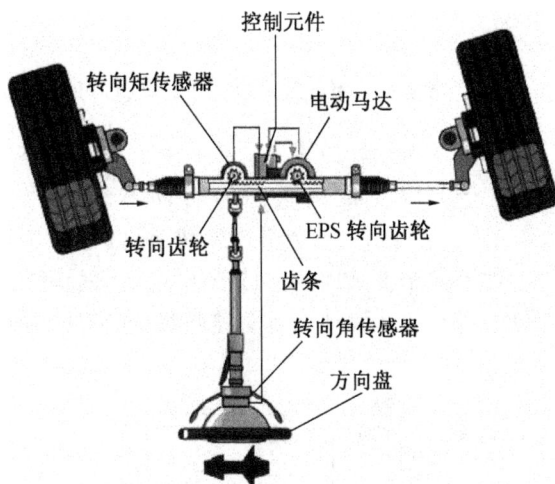

图 5-7-1　电控动力转向系统

作为动力源,电子控制单元根据转向参数和车速等信号控制电动机转矩的方向和大小。电动机的转矩由电磁离合器通过减速机构减速增矩后加在汽车的转向器机构上,使之得到一个与工况相适应的转向作用力。

2. 根据转向助力机构安装位置不同分类

按照转向助力机构安装位置不同,将电控动力转向装置分为三类:转向轴助力式、齿轮助力式和齿条助力式,如图 5-7-2 所示。

图 5-7-2　三种电控动力转向装置

(1)转向轴助力式。转向助力机构安装在转向轴上。电动机的动力经离合器、电机齿轮传给转向轴的齿轮,然后经万向节及中间轴传给转向器。

(2)齿轮助力式。转向助力机构安装在转向器小齿轮处。与转向轴助力式相比,可以提供较大的转向力,适用于中型车。这种助力形式的助力控制特性比较复杂。

(3)齿条助力式。转向助力机构安装在转向齿条处。电动机通过减速传动机构直接驱动转向齿条。与齿轮助力式相比,齿条助力式可以提供更大的转向力,适用于大型车。这种助力形式对原有的转向传动机构有较大改变。

第二节 液压式电控动力转向系统

一、液压式电控动力转向系统的组成及工作原理

液压式电控动力转向系统根据控制方式不同分为两类:流量控制式和反力控制式。

(一)流量控制式动力转向系统

1. 流量控制式动力转向系统的组成

波罗轿车上采用的流量控制式动力转向系统如图 5-7-3 所示。该系统主要由车速传感器、电磁阀、整体式动力转向控制阀、动力转向液压泵和电子控制单元等组成。

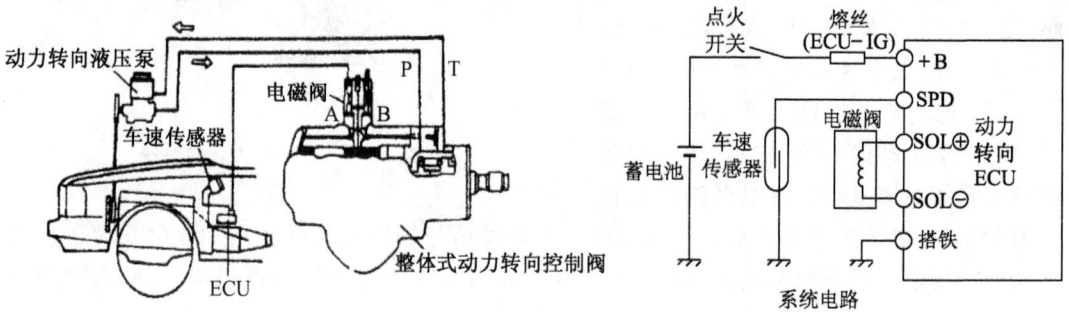

图 5-7-3　流量控制式动力转向系统

2. 流量控制式动力转向系统的工作原理

电磁阀安装在通向转向动力缸活塞两侧油室的油道之间,当电磁阀的阀针完全开启时,两油道就被电磁阀旁路。流量控制式动力转向系统就是根据车速传感器的信号,控制电磁阀阀针的开启程度,从而控制转向动力缸活塞两侧油室的旁路液压油流量来改变转向助力。当车速很低时,ECU 输出的脉冲控制信号占空比很小,通过电磁阀线圈的平均电流很小,电磁阀阀芯开启程度便很小,旁路液压油流量就小,从而使液压助力作用大,使方向盘操纵轻便;当车速提高时,ECU 输出的脉冲控制信号占空比增大,使电磁阀线圈的平均电流增大,电磁阀阀芯的开启程度便增大,旁路液压油流量就增大,从而使液压助力作用减小,以增加转向盘的路感。

(二)反力控制式动力转向系统

1. 反力控制式动力转向系统的组成

反力控制式动力转向系统主要由转向控制阀、分流阀、电磁阀、转向动力缸、转向液压泵、储油箱、车速传感器及电子控制单元等组成,如图 5-7-4 所示。其中转向控制阀是在传统的整体转阀式动力转向控制阀的基础上增设了油压反作用力室而构成的,扭杆的上端通过销与转阀阀杆相连,下端与小齿轮轴用销连接,小齿轮轴的上端部通过销与控制阀阀体相连。

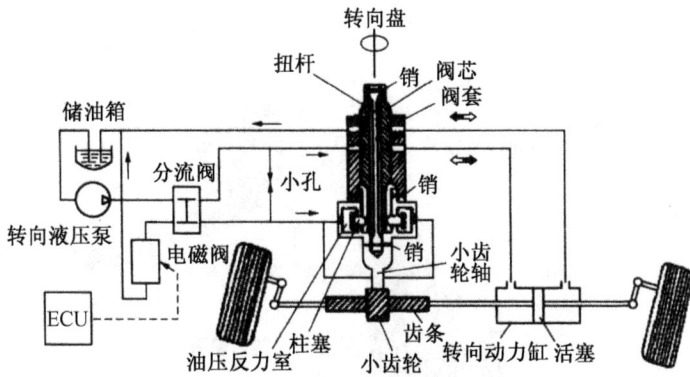

图 5-7-4 反力控制式动力转向系统

2. 反力控制式动力转向系统的工作原理

转向时,转向盘上的转向力通过扭杆传递给小齿轮轴。当转向力增大,扭杆发生扭转变形时,控制阀体和转阀阀杆之间将发生相对转动,改变了阀体和阀杆之间油道的通断关系和工作油液的流动方向,从而实现转向助力作用。分流阀的作用是把来自转向液压泵的油液向控制阀一侧和电磁阀一侧分流,按车速和转向要求,改变控制阀一侧与电磁阀一侧的油压,确保电磁阀一侧具有稳定的油压流量。固定小孔的作用是把供给转向阀的一部分流量分配到油压反作用力室一侧,电磁阀根据需要开启适当的开度,使油压反作用室一侧的油液流回储油箱。

当车辆在中高速区域转向时,ECU 使电磁阀线圈的通电电流减小,电磁阀开口面积减小,所以油压反力室的油压升高,作用于柱塞的背压增大,于是柱塞推动转阀阀杆的力增大。此时需要较大的转向力才能使阀体与阀杆之间作相对转动进而实现转向助力作用,让驾驶员在中高速时获得良好的转向手感和转向特性。

3. 电磁阀

电磁阀根据需要开启适当的开度,将油压反力室一侧的油液流回储油箱。工作时,电子控制单元根据车速的高低线性控制电磁阀的开口面积。当车辆停驶或速度较低时,ECU 使电磁阀线圈的通电电流增大,电磁阀开口面积增大,经分流阀分流的油液通过电磁阀重新回流到储油箱中,使作用于柱塞的背压降低,于是柱塞推动转阀阀杆的力较小,因此只需要较小的转向力就可使扭力杆扭转变形,使阀体与阀杆发生相对转动而实现转向助力作用。

二、上海大众帕萨特 B5 电控动力转向系统

(一) 帕萨特 B5 电控动力转向系统概述

转向助力所需的系统压力由液压泵产生。传统的助力转向系统是由车辆的发动机直接驱动液压泵,而发动机常常要损失部分功率。在需要最大转向助力的瞬间,转向速度越快,泵的转速越大,流量也越大。当发动机转速较高时,多余的泵功率通过一个旁路被分流。

转向系统靠液压来帮助驾驶员转向,但液压泵、齿轮泵都是通过电动马达驱动的。液压控制的转向系统与传统的转向系统结构相同,只有转向角以及与行驶速度相关的转向助力不同。为此在旋转分流阀上加装了一个转向传感器,它把转向角速度传送到电子控制装置上,如图 5-7-5 所示。转向角的信息、车辆的行驶速度通过传感器导线直接传送到控制单元进行分析,且通过 CAN-BUS 传递。

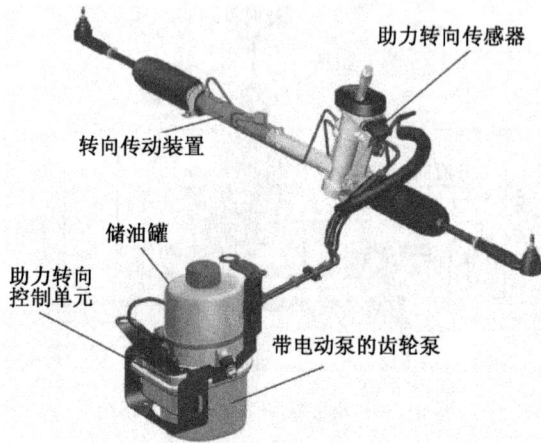

图 5-7-5　帕萨特 B5 电控动力转向系统

（二）帕萨特 B5 电控动力转向系统组成及工作原理

1. 动力转向系统的组成

帕萨特 B5 电控动力转向系统由转向控制灯、助力转向传感器（或转向角传感器）、助力转向控制单元、电动泵总成、助力转向传动装置等部件组成，如图 5-7-6 所示。

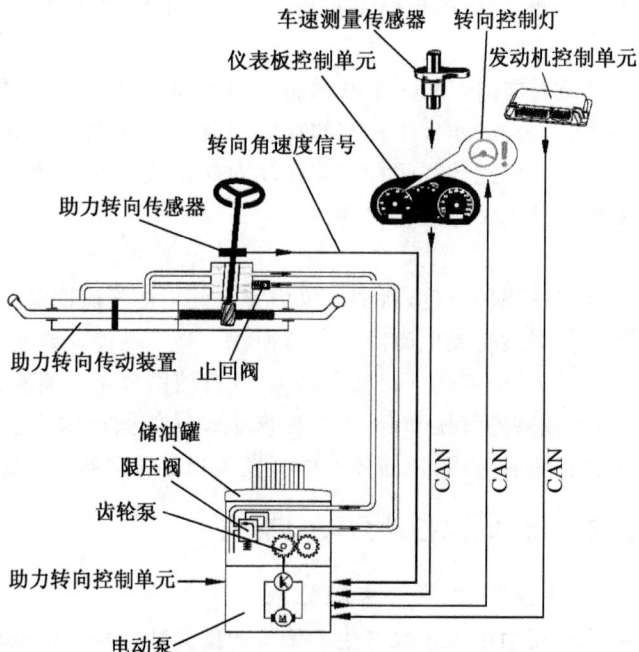

图 5-7-6　帕萨特 B5 电控动力转向系统示意

2. 动力转向系统的工作原理

电动液压助力转向的工作取决于转向角速度和汽车行驶速度。转向角速度、车速及发动机转速信号由传感器采集，然后将信号传送给控制单元。控制单元调节电动机以及齿轮泵的转速，进而调节流量，从而控制转向的角度和速度。与一般的助力转向系统相类似，在液压控制单元中有一根扭杆，它一方面与旋转分流阀相连，另一方面又与传动齿轮和控制套筒相连,其工作原理如图 5-7-7 所示。

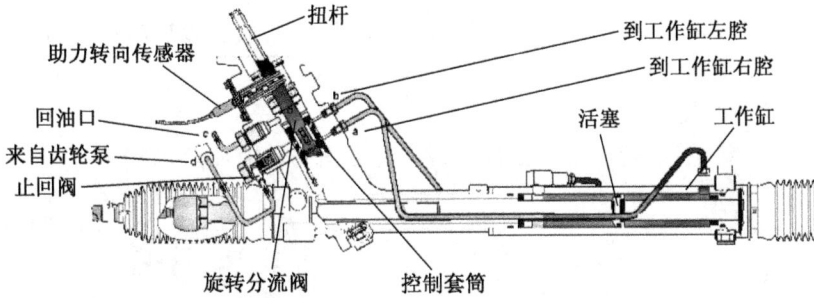

图 5-7-7　帕萨特 B5 电控动力转向系统工作原理

（1）直线行驶。

直线行驶时,扭杆处于旋转分流阀和控制套筒的中间位置。助力转向装置传感器测不出转向角速度。油液几乎是无压力地通过液压控制单元,并经回油道流回到储油箱。

旋转分流阀和控制套筒的控制槽位于中央位置,两者相互作用使液压油可以进入工作缸的左右两腔,并能相应的经控制套筒的回油道回到储油箱。

（2）左转。

旋转分流阀通过扭杆的变形相对于控制套筒旋转,使旋转分流阀的控制槽打开了通向工作缸右腔的高压油入口,高压油流入工作缸协助完成转向运动,如图 5-7-8 所示。旋转分流阀关闭通往左腔的进油口并将与工作缸的左腔接通的回油口打开,右腔的压力油将油液从工作缸的左腔压回到回油道。当转向过程结束时,扭杆将旋转分流阀及控制套筒回转到中间位置。

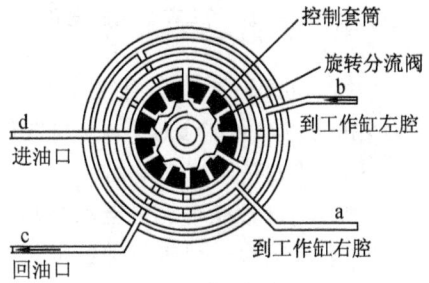

图 5-7-8　旋转分流阀

（3）右转。

右转与左转正好相反。旋转分流阀的控制槽打开了通向工作缸左腔的高压油入口,高压油流入工作缸并协助完成转向运动。与此同时,旋转分流阀关闭通往右腔的进油口并将与工作缸的右腔接通的回油口打开。左腔的压力油将油液从工作缸的右腔压回到回油道。当转向过程结束时,扭杆将旋转分流阀及控制套筒回转到中间位置。

3. 主要部件

（1）转向控制灯。

车辆点火后,控制灯亮,这时车辆进行内部检测。如果发动机发动及测试结束后,控制灯依然亮着,则车辆内部可能有故障,如图 5-7-9 所示。

（2）助力转向传感器。

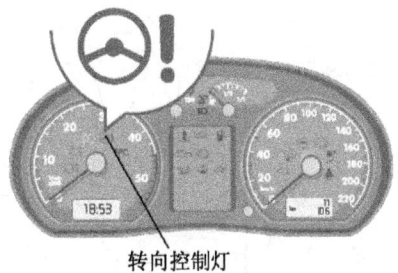

图 5-7-9　转向控制灯

助力转向传感器位于转向传动装置上方且装于转向传动装置输入轴上。该传感器用于测定转向盘转角并算出转向角速度。图 5-7-10 为 TRW 助力转向传感器。为了识别转向运动,助力转向装置控制单元中必须输入必要的信号。转向角速度越大,则泵的转速也越大,进而流量也越大(在不考虑车速的情况下)。

当传感器失灵时,助力转向系统即进入程序设定的紧急运行状态。此时转向功能得以保证,但转向较重。传感器被连接在自诊断系统中,助力转向装置控制单元储存传感器的故障,在故障存储器访问中可以识别。

(3)转向角传感器。

转向角传感器安装在转向臂转接件和转向轮之间的转向柱上,如图 5-7-11 所示。

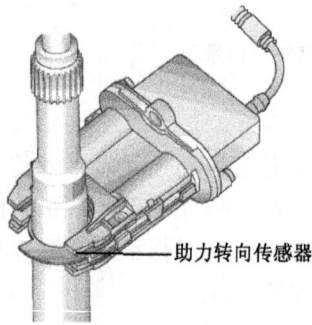

图 5-7-10 TRW 助力转向传感器

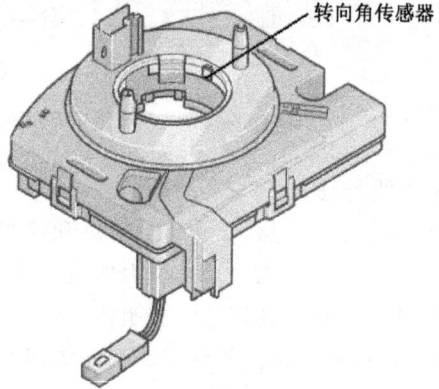

图 5-7-11 转向角传感器

转向角传感器装在有电子稳定程序(ESP)的车型上,此时不使用助力转向传感器。ABS 和控制单元都通过 CAN 总线传输的转向角信号来驱动转向轮。

(4)助力转向控制单元。

助力转向控制单元是电动泵总成的组件。控制单元根据转向角速度及车速进行信号转换以驱动齿轮泵。瞬时供油量从控制单元中储存的通用特性场图(见图 5-7-12)中读取。该控制单元还具有扩展功能,如助力转向温度保护、出现故障后的再接通保护,以及自诊断功能(控制器在运行期间能识别故障并将其存储在一个永久存储器中)。

(5)电动泵总成。

电动泵总成是一个紧密的构件,其结构如图 5-7-13 所示。

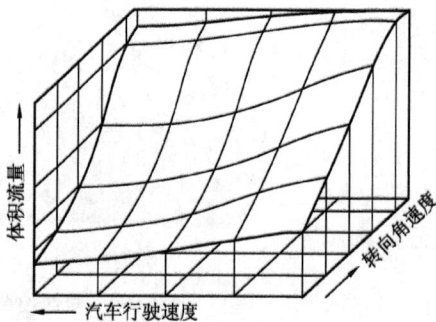

图 5-7-12 供油量通用特性场图

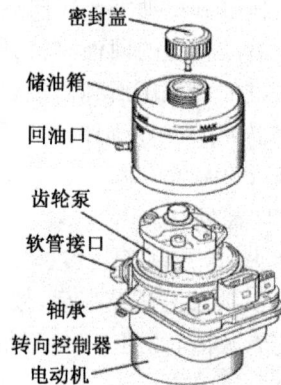

图 5-7-13 电动泵总成

电动泵总成的一个专用支架在发动机室左侧用螺栓固定连接在减振器和轮壳之间的车架纵梁上。电动泵总成用橡胶轴承弹性地悬挂在支架上,并且用一个消音罩包封,它包括带有齿轮泵、限压阀及电动机的液压单元,液压油的储液箱,助力转向控制单元。

电动泵总成其内部润滑由液压油来完成,无须维护。它不可拆卸且不提供修理说明。泵通过压力管道与助力转向传动装置相连接,液压油的回油管道通向储液箱。

第三节　电动式电控动力转向系统

电控动力转向系统(EPS)是一种直接依靠电动机提供辅助转矩的电动助力式转向系统。该系统仅需要控制电动机电流的方向和幅值,不需要复杂的控制机构。由于利用微机控制,因此为转向特性的设置提供了较高的自由度,减轻了重量。

一、电动式电控动力转向系统的特点

与电动液压式转向系统相比,电动机直接助力式转向系统具有如下优点:

(1)能耗降低。电动机直接助力式转向系统只有在转向时系统才工作,消耗较少的能量。因而与电动液压式相比,它在各种行驶工况下均可节能80%~90%。

(2)轻量化显著。电动机直接助力式没有液压式必须具备的动力缸、液压油泵、转阀、液压管道等部件,因此其结构紧凑、质量轻,无渗漏油的问题,系统易于布置。

(3)优化助力控制特性。液压助力的增减有一定的滞后性,反应敏感性较差,随动性不够。电动机直接助力式转向系统由于采用电子控制,可以使转向系统的转向性能得到优化,增强随动性。

(4)系统安全可靠。当电动机直接助力式转向系统出现故障时,可立即切断电动机与助力齿轮机构的动力传送,迅速转入人工-机械转向状态。

与电动液压式转向系统相比,电动机直接助力式转向系统具有以下缺点:

(1)电动机直接助力式电动转向系统提供的辅助动力较小,难以用于大型车辆。

(2)减速机构、电动机等部件会影响汽车的操纵稳定性,正确匹配整车性能至关重要。

(3)使用电动机、减速机构和转矩传感器等部件,增加了系统的成本。

二、电动式转向系统的组成及工作原理

(一)电动式转向系统的组成

电动机直接助力式转向系统在机械转向机构的基础上增加了电动式助力机构和转向助力控制系统。该系统通常由转矩传感器、车速传感器、电动机、电磁离合器、减速机构和电子控制器组成,各部件在车上的布置如图5-7-14所示。

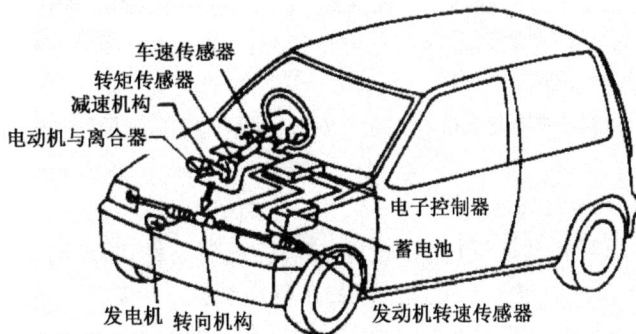

图 5-7-14　电动动力转向系统

（二）电动式转向系统的工作原理

电子控制电动动力转向系统利用电动机作为助力源,根据转向参数和车速等,由电动机完成助力控制,其工作原理如图 5-7-15 所示。

当操纵转向盘时,装在转向盘轴上的转矩传感器(亦称转向传感器)不断测出转向轴上的转矩,并由此产生一个电压信号。该信号与车速信号同时输入电子控制器,控制器中的微机根据这些输入信号进行运算处理,确定助力转矩的大小和转向,即选定电动机的电流和转向,调整转向的辅助动力。电动机的转矩由电磁离合器通过减速机构减速增矩后,加在汽车的转向机构上,使之得到一个与工况相适应的转向作用力。

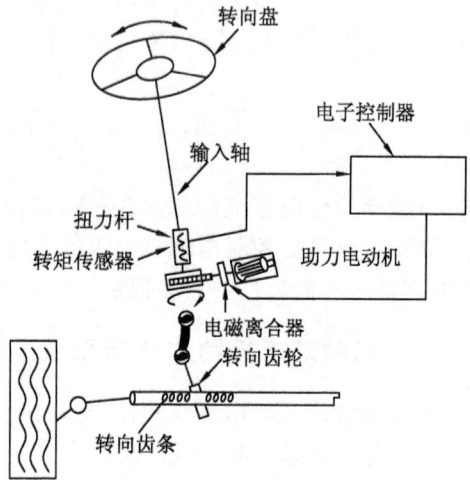

图 5-7-15　电动动力转向系统工作原理

（三）电动式转向系统主要部件

1. 转矩传感器

转矩传感器亦称转向传感器,其作用是通过测定转向盘与转向器之间的相对转矩,作为实施电动助力的依据之一。转矩传感器的基本工作原理,如图5-7-16 所示。

用磁性材料制成的定子和转子可以形成闭合的磁路,线圈 A,B,C,D 分别绕在极靴上,形成一个桥式回路。转向盘杆扭转变形的扭转角与转矩成正比,所以只要测出定杆的扭转角,就可间接地知道转向力的大小。

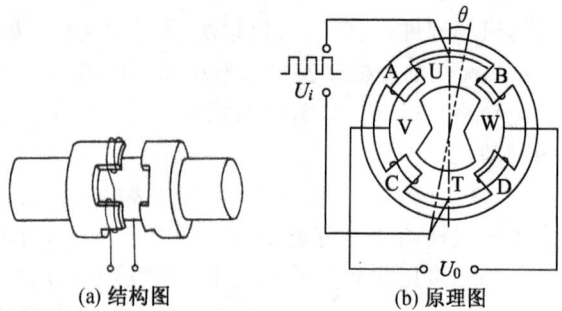

(a) 结构图　　　　(b) 原理图

图 5-7-16　转矩传感器

在线圈的 U,T 两端施加连续的脉冲电压信号 U_i。当转向杆上的转矩为零时,定子与转子的相对转角也为零。这时转子的纵向对称面处于定子 AC,BD 的对称平面上,每个极靴上的磁通量是相同的。电桥平衡,V 与 W 两端的电位差 $U_0 = 0$。

如果转向杆上存在转矩,定子与转子的相对转角不为零,此时转子与定子间产生角位移 θ。极靴 A 与 D 间的磁阻增加,B 与 C 间的磁阻减小,各个极靴的磁阻产生差别,电桥失去平衡,在 V 与 W 两端产生电位差。这个电位差与杆的扭转角 θ 和输入电压 U_i 成一定比例,进而可知道转向盘杆的转矩。

一种实际应用的转矩传感器结构如图 5-7-17 所示,其工作原理与上述基本相同,优点是便于安装。

2. 电动机、离合器与减速机构

电动机、电磁离合器和减速机构组成的整体称为电机组件,其结构如图 5-7-18 所示。

(1)电动机。转向助力电动机就是一般的永磁电动机。电动机的输出转矩控制是通过控制其输入电流来实现的,而电动机的正转和反转则是由电子控制单元输出的正反转触发脉冲控制的,图 5-7-19 为简单适用的正反转控制电路。

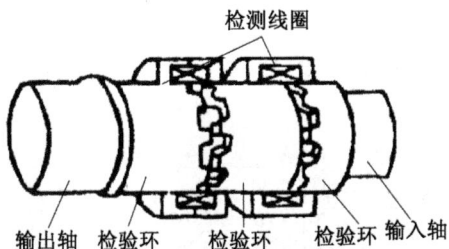

图 5-7-17　实际应用的转矩传感器

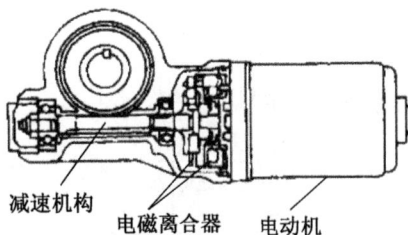

图 5-7-18　电机组件

a_1，a_2 为触发信号端。从电子控制器得到的直流信号输入到 a_1 与 a_2 端，用以触发电动机产生正反转。当 a_1 端得到输入信号时，晶体管 T_3 导通，T_2 管得到基极电流而导通，电流经 T_2 管的发射极和集电极、电动机 M 与 T_3 管的集电极和发射极搭铁，电动机有电流通过而正转。当 a_2 端得到输入信号时，晶体管 T_4 导通，T_1 管得到基极电流而导通，电流经过 T_1 管的发射极和集电极，电动机 M 与 T_4 管的集电极和发射极搭铁，电动机有反向电流通过而反转。控制触发信号端的电流大小，就可以控制电动机通过电流的大小。

（2）电磁离合器。一般使用干式单片电磁离合器，如图 5-7-20 所示，工作电压为 DC 12 V，额定转速时传递的转矩为 15 N·m，线圈电阻（20 ℃时）为 19.5 Ω。

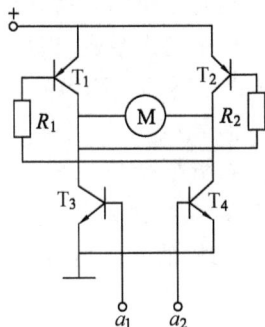

图 5-7-19　电动机正反转控制电路

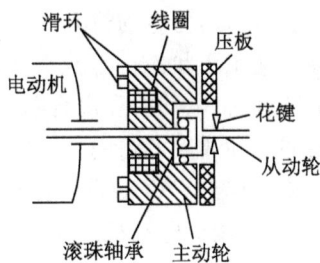

图 5-7-20　电磁离合器

其工作原理是：当电流通过滑环进入离合器线圈时，主动轮产生电磁吸力，带花键的压板被吸引与主动轮压紧，电动机的动力经过轴、主动轮、压板、花键、从动轴传给执行机构。

（3）减速机构。目前使用的减速机构有多种组合方式，一般采用蜗轮蜗杆与转向轴驱动组合式；也有的采用双级行星齿轮与传动齿轮组合式，如图 5-7-21 所示。蜗轮与固定在转向柱输出轴上的斜齿轮相啮合，它把电机的回转运动减速后传递到输出轴上。为了抑制噪声和提高耐久性，减速机构中的齿轮有的采用特殊齿形，有的采用树脂材料制成。

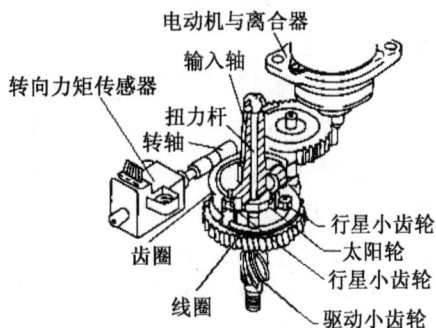

图 5-7-21　双级行星齿轮减速机构

3. 控制装置与控制逻辑

电动动力转向的控制系统如图 5-7-22 所示,该系统的核心是一个有 4K ROM 和 256RAM 的 8 位微机。

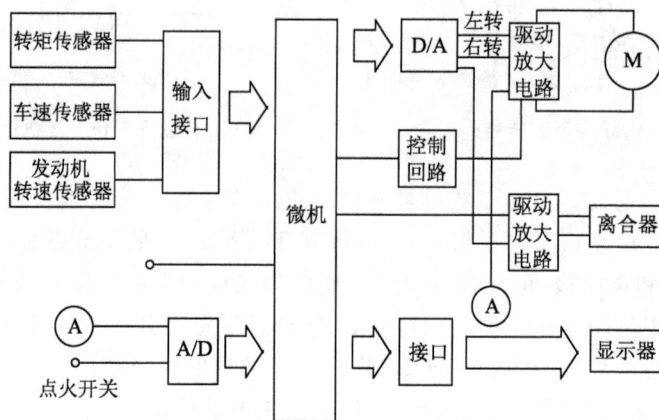

图 5-7-22　电动动力转向的控制系统

转向盘转矩信号和车速信号经过输入接口送入微机,随着车速的升高,微机控制相应地降低助力电动机电流,以减少助力转矩。发动机转速信号也被送入微机,当发动机处于怠速时,由于供电不足,助力电动机和离合器不工作。因此,EPS 工作时,EPS ECU 必须控制发动机处于高怠速工作状态。点火开关的通断(ON/OFF)信号经 A/D 转换接口送入微机。当点火开关断开时,电动机和离合器不工作。微机输出控制指令经 D/A 转换接口送入电动机和离合器的驱动放大电路中,控制电动机的旋转转向和离合器的离合。电动机的电流经驱动放大回路、电流表 A、A/D 转换接口反馈给微机,即电动机的实际电流与按微机指令应给的电流相比较,调节电动机的实际电流,使两者接近一致。

(四) 典型电动机直接助力式转向系统介绍

我们对电子动力转向系统至此已有了基本的认识,下面介绍一种实际应用的电子动力转向系统(如图 5-7-23 所示)。该系统应用于三菱"米尼卡"车,其控制系统如图 5-7-24 所示。

交流发电机的"L"端子可视为向电子控制器输入信号的一个传感器,利用交流发电机的"L"端子电压可以判断发动机是否转动。当发动机还未发动时,该系统不能工作。

电动机和离合器接受电子控制器输出的控制电流,产生助力转矩,经传动齿轮减速后,再经过小齿轮实现动力转向,电动机的动力是通过行星齿轮机构传递的。离合器是由电磁铁和弹簧等组成的电磁离合器。

当点火开关接通时,电源加于 EPS 电子控制器上,电动助力转向系统才能进行工作。在发动机已被启动时,交流发电机的"L"端子的电压加到电子控制器上。当检测到发动机处于启动状态时,动力转向系统转为工作状态。

行车时,电子控制器按不同车速下的转向盘转矩,控制电动机的电流,并完成电子控制转向和普通转向控制之间的转换。当车速高于 30 km/h 时,则转换成普通的转向控制,电子控制器没有离合器信号和电动机电流输出,离合器处于分离状态;当车速低于 27 km/h 时,EPS 电子控制器又输出离合器信号和电动机电流,普通转向控制又转换为动力转向的工作方式。

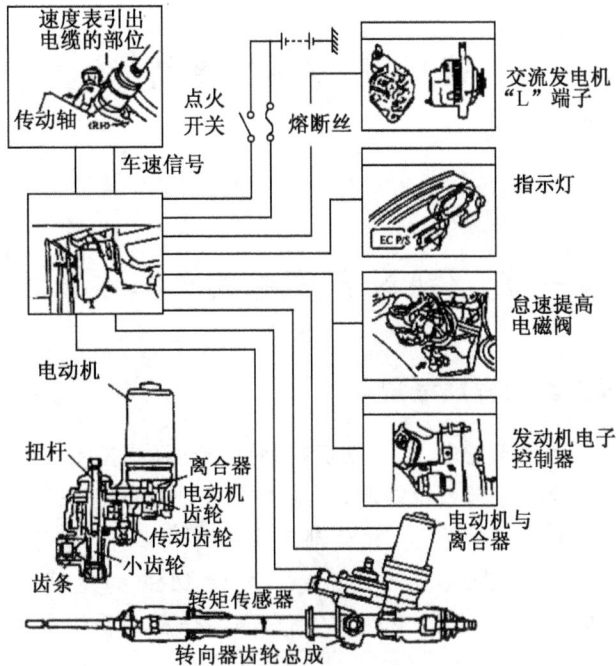

图 5-7-23　三菱"米尼卡"车电子动力转向系统

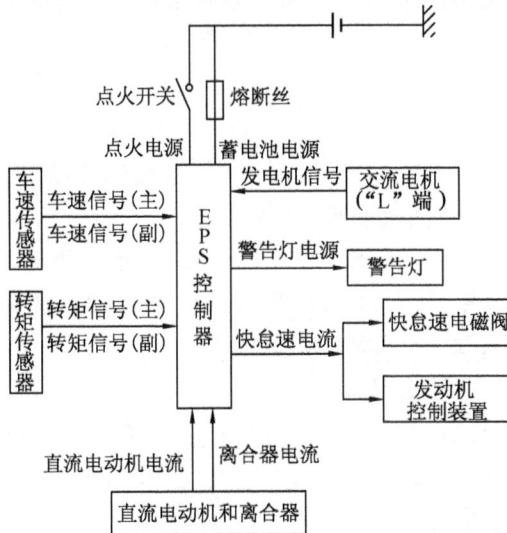

图 5-7-24　三菱"米尼卡"车电动式 EPS 电子控制系统

EPS 电子控制系统还具有自我修正的控制功能。当电动助力转向系统出现故障时,可自动断开电动机的输出电流,恢复到通常的转向功能。同时速度表内的 EPS 报警灯点亮,通知驾驶员动力转向系统发生故障。

第八章　CAN 系统

第一节　CAN 系统组成及工作原理

一、CAN-BUS 系统的发展概况

近年来车用电气设备越来越多,从发动机控制到传动系统控制,从行驶、制动、转向系统控制到安全保证系统及仪表报警系统控制,从电源管理到为提高舒适性而做的各种努力,汽车电气系统已成为一个复杂的大系统,并且都集中在驾驶室控制。另外,随着近年来 ITS (智能交通系统,Intelligeut Transport System, 简称 ITS) 的发展,以 3G (GPS, GIS 和 GSM) 为代表的新型电子通信产品的出现,对汽车的综合布线和信息的共享交互提出了更高的要求。

CAN 总线方案最初出现在 20 世纪 80 年代末的汽车工业中,由德国博世 (Bosch) 公司提出,即设计一个单一的网络总线,所有的外围器件都可以被挂接在该总线上。

二、CAN 系统组成及工作原理

(一) CAN 总线的定义

CAN 是 "Controller Area Network" (控制单元区域网络) 的缩写,即控制器局域网,意思是各电子控制单元 (ECU) 之间通过网络交换数据。

CAN 数据总线又称为 CAN-BUS 总线。CAN 总线是一种现场总线,一种串行通信协议。CAN 总线的设计充分考虑了汽车上的恶劣工作环境,可靠性高。因此 CAN 总线在诸多现场总线中独占鳌头,成为汽车总线的代名词。

(二) CAN 数据总线的含义

一辆汽车不管有多少块电控单元,信息容量有多大,每块电控单元都只需引出 2 条线共同接在 2 个节点上,这 2 条导线就被称为数据总线,亦称 BUS 线。

(三) CAN 协议的含义

电子计算机网络利用电子语言说话,各电控单元必须使用和解读相同的电子语言,这种语言称为 "协议",汽车微机网络常见的传输协议有数种。CAN 数据总线协议,是由福特、互联网 (Internet) 与博世 (Bosch) 公司共同开发的高速汽车通信协议。CAN 协议最大的特点是废除了传统的站地址编码,而以对通信数据块进行编码取而代之。

(四) CAN 总线技术优点

CAN 总线与其他部件组合在一起就成为 CAN 数据传输系统,将其应用在汽车中具有以下优点:

（1）用低成本的双绞线电缆代替了车身内昂贵的导线，并大幅度减少了用线数量；提高可靠性、安全性，降低成本。

（2）将传感器信号线减至最弱，使更多的传感器信号进行高速数据传递。

（3）电控单元和电控单元插脚最小化应用节省了电控单元的有限空间。

（4）具有快速响应和可靠性高的特点，适合对实时性要求较高的应用（如刹车装置和气囊），是控制平台、信息平台、驾驶平台的互联基础。

（5）CAN 芯片可以抗高温和高噪声，并且价格较低。

（6）CAN 数据总线符合国际标准，一辆车上不同厂家的电控单元间可以顺利进行数据交换。

（7）各电控单元对所连接的 CAN 总线进行实时监测，如果出现故障，该电控单元会存储故障码。

（8）如果系统需要增加新的功能，仅需将软件升级即可。

CAN 已经成为现代轿车设计中必须采用的装置，奔驰、宝马、大众、沃尔沃、雷诺等汽车都采用了 CAN 作为控制器联网的手段。据报道，中国首辆 CAN 网络系统混合动力轿车已在奇瑞公司试装成功，并进行了初步试运行。

汽车 CAN 总线系统架构现代汽车典型的控制单元有：电控燃油喷射系统、电控传动系统、防抱死制动系统（ABS）、防滑控制系统（ASR）、废气再循环系统、巡航系统和空调系统、车身电子控制系统（包括照明指示、车窗和刮雨器等），如图 5-8-1 所示。

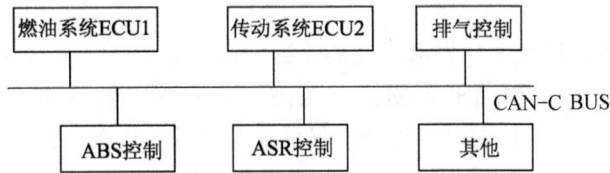

图 5-8-1　汽车 CAN 总线系统架构

（五）CAN 总线的组成

CAN 数据总线收发传递系统由 1 个控制器、1 个收发器、2 个数据传输终端以及 2 条数据传输线组成。除数据传输线外，其他元件都置于控制单元内部，控制单元功能不变。

1. CAN 控 制 器

CAN 控制器的作用是接收控制单元中微处理器发出的数据，将数据处理并传送给 CAN 收发器。同时 CAN 控制器也接收收发器收到的数据，处理数据并传送给微处理器（微机内部数据的接收、处理及传送）。

2. CAN 收 发 器

CAN 收发器是一个发送器和接收器的组合，它将 CAN 控制器提供的数据转化成电信号并通过数据总线发送出去，同时它也接收总线数据，并将数据传到 CAN 控制器。

3. 数 据 传 输 终 端

数据传输终端是一个电阻器，作用是防止数据在线端被反射（数据在传输终了被反射回来产生反射波），并以回声的形式返回。如果数据在线端被反射会影响数据的传输。

4. 数 据 传 输 线

数据传输线是用以传输数据的双向数据线，分为 CAN 高位（CAN-High）和低位（CAN—Low）数据线。数据没有指定接收器，数据通过数据总线发送给各控制单元，各控制单元接收数据后进行计算。为了防止外界电磁波干扰和向外辐射，CAN 总线采用两条线缠图绕在一起的方式,如图 5-8-2 所示。

5. 数据传输过程

数据传输过程如图 5-8-3 所示:(1) 提供数据:控制单元向 CAN 控制器提供数据用于传输。(2) 发送数据:CAN 收发器从 CAN 控制器处接收信号,并将其转化为二进制

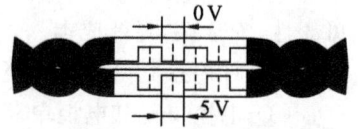

图 5-8-2　数据传输线

电信号发送出去。(3) 接收数据:CAN 网络系统所有控制单元的收发器都接收数据。(4) 检验数据:控制单元对接收到的数据进行检测,判断此数据是否其功能所需。(5) 认可数据:如果接收到的数据是有用的,将被认可及处理,反之则忽略。

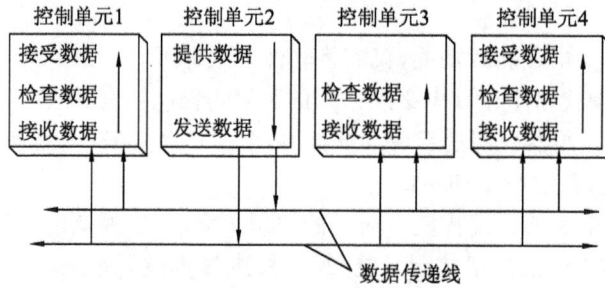

图 5-8-3　数据传输过程

为了防止数据传输过程中外界电磁波的干扰和向外辐射,CAN 总线将两条数据线相互缠绕在一起,这两条线的电位总相反,如果一条是 5 V,另一条就是 0 V,始终保持电压总和为常数。这种方法使 CAN 数据总线得到了保护而免受外界电磁场的干扰,同时 CAN 数据总线向外辐射也保持中性,即无辐射。

空闲时主体电压:舒适 CAN 系统的高位电压为 0 V,低位电压为 5 V;动力 CAN 系统的高位电压为 2.5 V,低位电压为 2.5 V。数据见表 5-8-1。

表 5-8-1　舒适 CAN 的信号电压域值范围

电位	$U_{CAN-High}$	$U_{CAN-Low}$	电位差
显性(0)	4 V(>3.6 V)	1 V(<1.4 V)	3 V
隐性(1)	0 V(<1.4 V)	5 V(>3.6 V)	−5 V

数据传输时主体电压:舒适 CAN 系统的高位电压为 0～5 V,低位电压为 5～0 V;动力 CAN 系统的高位电压为 0～2.5 V,低位电压为2.5～0 V。

用万用表测量:高位电压为 0.35 V;低位电压为 4.65 V,两者之和等于 5 V。

CAN 总线中动力系统所用 CAN 总线的颜色可分为 CAN-H 橙/黑色、CAN-L 橙/棕色;舒适系统所用 CAN 总线的颜色可分为 CAN-H 橙/绿色、CAN-L 橙/棕色。

目前 CAN 网络仍然在不断发展和完善,Bosch 及其他一些汽车行业工作人员将与来自半导体工业和学院内的相关研究专家一起定义"CAN 的时间—触发通信"协议(TTCAN),计划把它国际标准化为 ISO 11898—4,这个 CAN 的扩展现在正在硅片上进行。它不仅允许利用 CAN 作为时间等间距传送报文和封闭控制循环,也允许在 X－by－wire 中使用 CAN,这个协议的扩展将使 CAN 的生命延长 5～10 年。

三、舒适 CAN 数据传输系统

舒适系统的控制单元有发动机、组合仪表、自动空调、舒适电子系统、前照灯调节、多功能转向盘、收音机和导航系统、带记忆的驾驶员坐椅调整、驾驶员侧车门、右前车门、左后车门和右后车门等。

CAN 数据总线连接 5 块控制单元，包括中央控制单元及 4 个车门的控制单元；数据传递有 5 个功能即中央门锁、电动窗、照明开关、后视镜加热及自诊断功能。控制单元的各条传输线以星状汇聚一点，如果一个控制单元发生故障，其他控制单元仍可发送各自的数据。

舒适系统使经过车门的导线数据减少，线路变得简单。如果线路中某处出现对地短路，对正极短路或线路间短路，CAN 系统会立即转为应急模式或单线模式运行。

数据总线以 62.5 kb/s 的速率传递数据，每一组数据传递大约需要 1 ms，每个电控单元每 20 ms 发送一次数据，如图 5-8-4 所示。优先权顺序为：中央控制单元＞驾驶员侧车门控制单元＞前排乘客侧车门控制单元＞左后车门控制单元＞右后车门控制单元。由于舒适系统中的数据可以用较低的速率传递，所以其发送器性能比动力传动系统发送器的低。

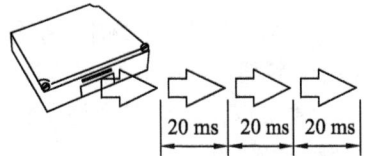

图 5-8-4　一个电控单元发送数据周期

四、CAN-BUS 数据传输系统(PASSAT)

舒适系统微机、4 个门控单元和锁机均采用 CAN 线通讯连接，其特点为：

(1) 电动摇窗机系统由玻璃、车窗升降器、电动机(装有霍尔传感器测量转速情况)、控制单元(装在电动机旁)和开关等组成，还有自学功能，能识别升降情况。

(2) 车窗可以集中打开和关闭，在锁门的同时把钥匙插入驾驶员或副驾驶车门并转动钥匙，保持在开门或锁门的位置上就可以进行操纵(如开窗、关窗)。

(3) 当点火开关关闭，车门没有打开时，电动窗能上下工作。只要打开任何一扇门，电动窗将停止工作，再关闭门也不能工作，全车门没有打开时，能延时工作 10 min。

(4) 如果电动摇窗机发生故障，驾驶员车门或副驾驶车门以及后车门上的电动窗开关指示灯闪烁，以此来指示故障。点火开关打开后，车门饰板上开关全部照明灯闪烁约 15 s。

(5) 驾驶员车门的拉手上有一个组合开关来控制全部窗及集控门锁，前窗开关上有 2 个上升和 2 个下降挡(设有自动上升和自动下降)。

(6) 安全断电功能，每按一次电窗开关，电窗控制单元中的计数器就增加一次计数。如果在很短的时间内计数值达到极限，车窗的电源就会被切断 30 s。

(7) 在断电后，为了确定玻璃最终停止位置，电动摇窗机必须执行一次学习过程，没有这一学习过程，不能进入自动运行状态，前门电动摇窗机有自动下降功能，后门设置手动功能。

(8) 在点火开关关闭、后门闭合时，或者在某一功能(如电窗)的持续期结束后，为减少负荷状态下的能量消耗，控制单元将进入睡眠模式。在睡眠模式下，防盗报警系统和中央闭锁警告灯仍然在运行中。

(9) 车门在 1 s 之间连续旋转两项门锁的钥匙，所在车的行李箱都被锁上，但保险装置和安全系统关闭，这时车门上的保险安全指示灯不闪烁。如果保险装置没有启动，汽车车门能够从车内打开。

（10）CAN 线的故障设置：在左前门控单元上的 8 号和 27 号线（蓝色）并与之相应连接线为 CAN 线，将 8 号和 27 号线上的纽子开关拨到下面（断开），此时 CAN 线将失去通讯，主控制开关将不能控制其他门锁机构。

（11）检测仪器的使用：本设备装有 OBD II 标准接口，可以通过专用检测设备进入仪表、舒适、网关等系统。本系统在通讯线路上也专门设置了故障开关，分别接通和断开（上为通，下为断）CAN 线路（左前门控单元上的 8 和 27 号线）、舒适微机的 11 号线，分别观察这些线路在通和断的状态下检测设备的进入状态和数据状态。

第二节　CAN 系统控制方式

大众车系的车载网络系统称为 CAN 总线系统，该车系具有动力系统 CAN 和舒适系统 CAN 两个局域器控制网络，并且设置了网关，将这两个 CAN 连为一体形成了车载网络系统。

本节以国内保有量很大的波罗（POLO）轿车为例，介绍大众车系的车载网络系统及其故障诊断方法。

一、波罗（POLO）轿车 CAN 总线结构

2002 款波罗（POLO）轿车设有先进的 CAN 总线。该车具有动力系统 CAN 和舒适系统 CAN，并且设置了网关，将这两个 CAN 连为一体形成了车载网络系统。通过网关，可从一个 CAN 读取所接收的信息并翻译，然后向另一个 CAN 发送信息。

波罗轿车 CAN 总线的连接形式，如图 5-8-5 所示。

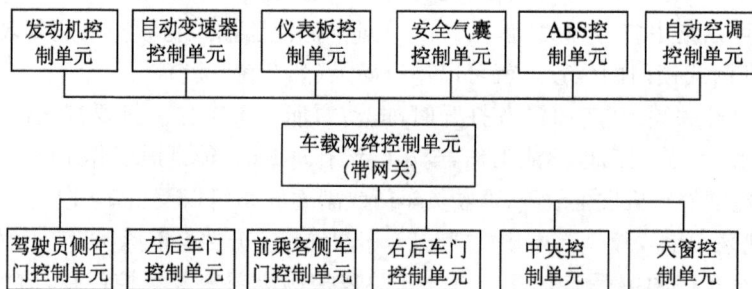

图 5-8-5　波罗轿车 CAN 总线的连接形式

二、车载网络系统控制单元 J519

车载网络系统控制单元在车载网络系统中起着重要作用，它承担着以前一直由单独的断电器和控制单元所执行的功能，如负荷控制、车内灯控制、燃油系统供给控制、后窗刮水器控制、前窗刮水器控制、后视镜控制、后窗加热控制、后坐椅靠背控制、转向信号灯控制、报警灯控制、编码。

（一）负荷控制

在行驶中大量舒适性装备和电热器（如坐椅加热装置、后窗加热装置、外后视镜和电子辅助加热装置）会引起发电动机过载，进而导致蓄电池放电，如图 5-8-6 所示。

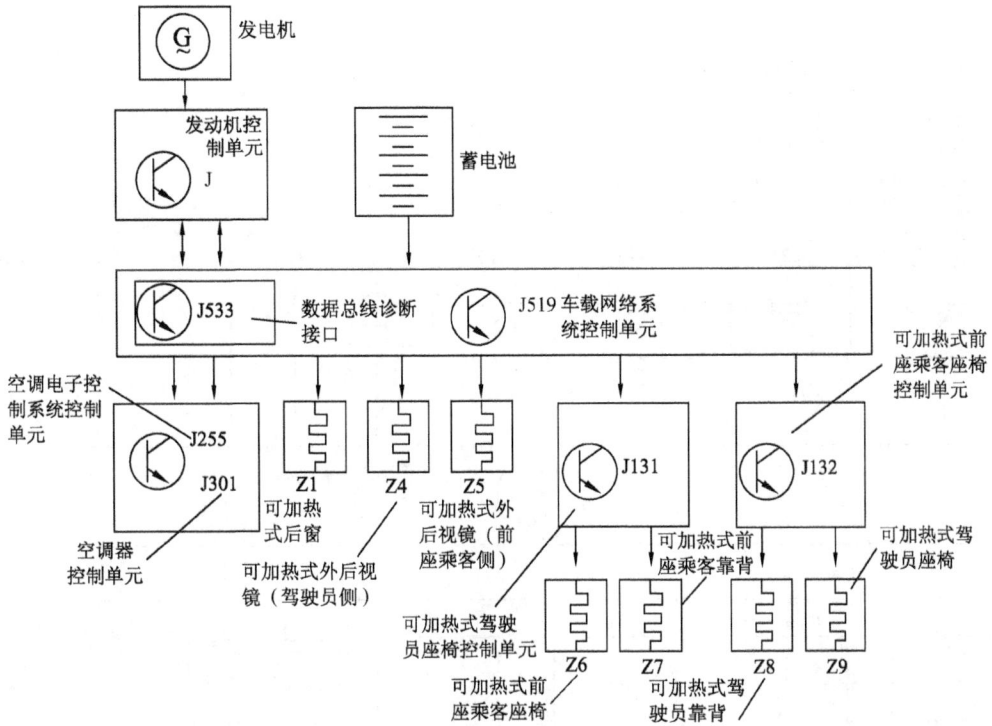

图 5-8-6 车载网络系统控制单元的负荷控制原理图

发电动机过载尤其会出现在短途行车和冬季行驶时,以及时停时走和装备过多的车辆中。考虑到短时间内用电器的电流需求,车载网络系统控制单元的负荷管理系统定期监控蓄电池并采取相应措施,以保持车辆的行驶能力,确保车辆的重新启动能力,具体措施如图 5-8-7 所示。

图 5-8-7 负荷控制措施

（二）车内灯控制

车内灯控制电路图如图 5-8-8 所示。

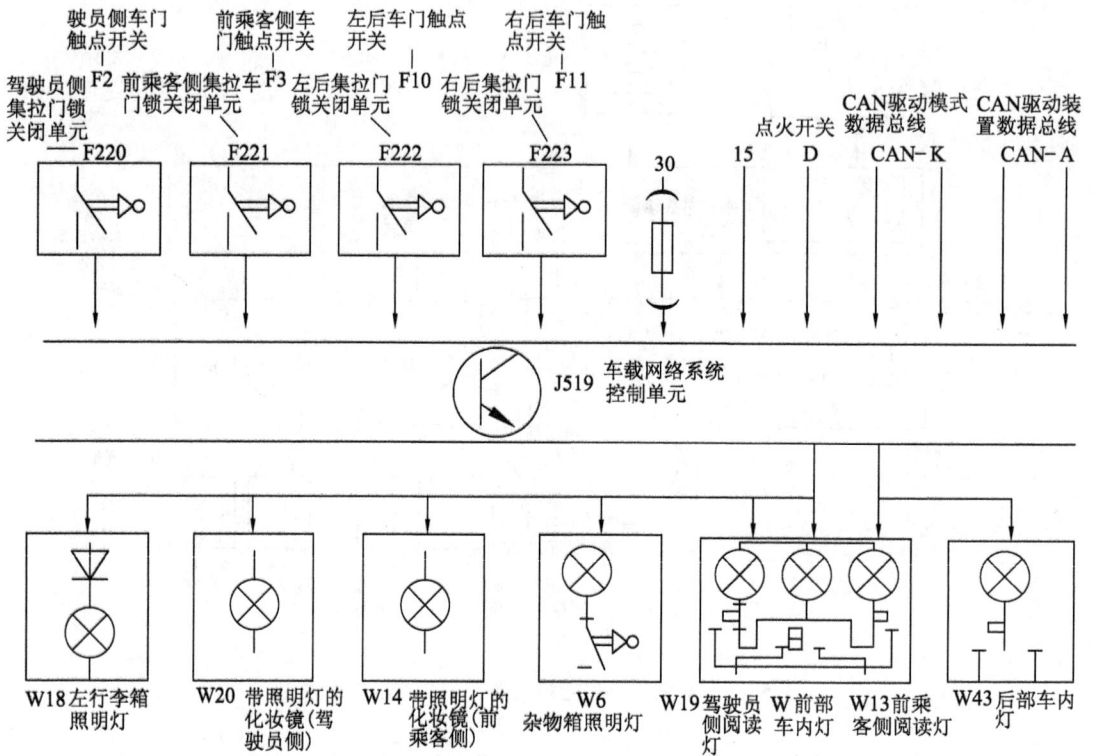

图 5-8-8　车内灯控制电路图

如果前部和后部车内灯开关都位于车门触点位置，如图 5-8-9、图 5-8-10 所示，通过车载网络系统控制单元 J519 可以确保在车辆停止而车门未关闭状态下，车内灯 10 min 后自动关闭，避免蓄电池不必要的放电；如果解除车辆连锁或拔出点火钥匙，30 s 后车内灯自动接通；在车辆锁止或打开点火开关后车内灯即关闭；车内灯在撞车时自动接通。

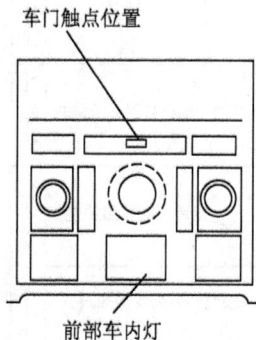

图 5-8-9　前部车门触点位置

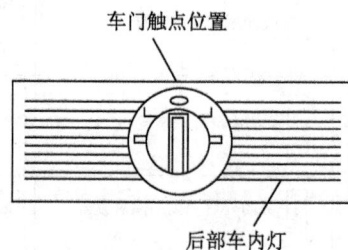

图 5-8-10　后部车门触点位置

车内灯控制的另一个作用是点火开关关闭约 30 min，将自动关闭由手动打开的灯（车内灯、前后阅读灯、行李箱照明灯、杂物箱照明灯和化妆镜），该功能同样有利于保持蓄电池电能。

（三）燃油泵供给控制

2002款波罗车中的汽油发动机有一个新的燃油泵供给控制单元，它是由燃油泵继电器J17和燃油供给继电器J643并联代替单个集成防撞燃油关闭装置的燃油泵继电器。这两个继电器位于车载网络系统控制单元J519的继电器托架上，当驾驶员侧车门打开后，车门触点开关F2（或集控门锁F220的关闭单元）将信号发送到车载网络系统控制单元，接着车载网络系统控制单元控制燃油供给继电器J643，并使燃油泵G6运行约2 s。打开点火开关或启动发动机后，燃油泵G6通过燃油泵继电器J17由发动机控制单元进行控制，其电路如图5-8-11所示。

在车载网络系统控制单元内有一个定时开关，它有两个作用：一是当驾驶员侧车门短暂开启时，避免燃油泵持续运行；二是如果驾驶员侧车门开启超过30 min，燃油泵重新受控。

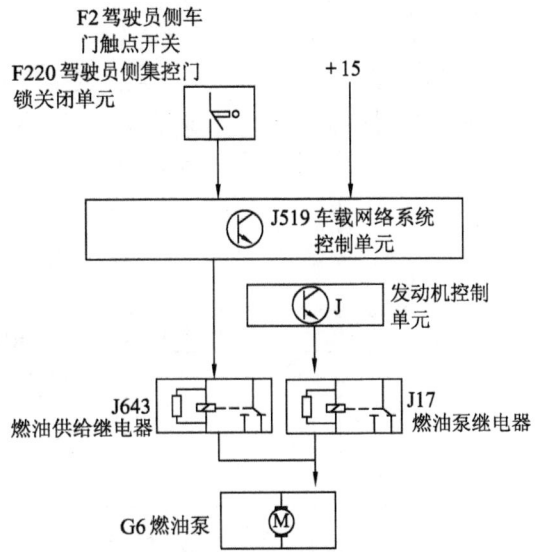

图 5-8-11　燃油泵控制电路

（四）后窗刮水器控制

在前风窗玻璃刮水器置于一挡、二挡或间歇挡时，在进入倒挡后，后窗刮水器将自动刮水一次，其电路如图5-8-12所示。

（五）前刮水器控制

如果风窗玻璃刮水器已接通间歇挡（取决于车速的间歇运行模式或下雨运行模式），并且同时打开发动机盖，信号将从发动机盖接触开关F226发送至车载网络系统控制单元。控制单元将阻止刮水器运动，直到发动机盖再次关闭，其电路如图5-8-13所示。

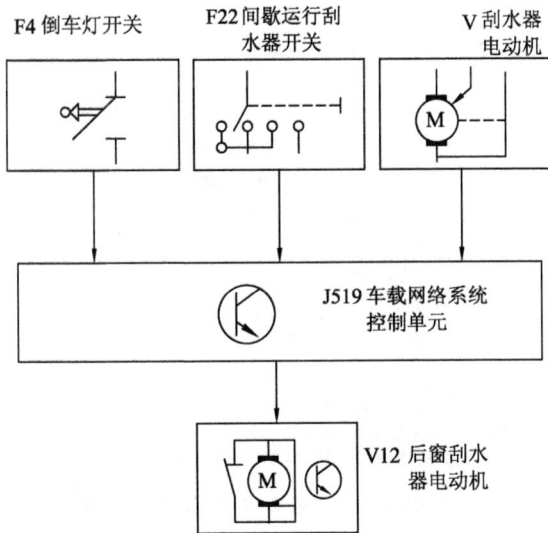

图 5-8-12　后窗刮水器控制电路

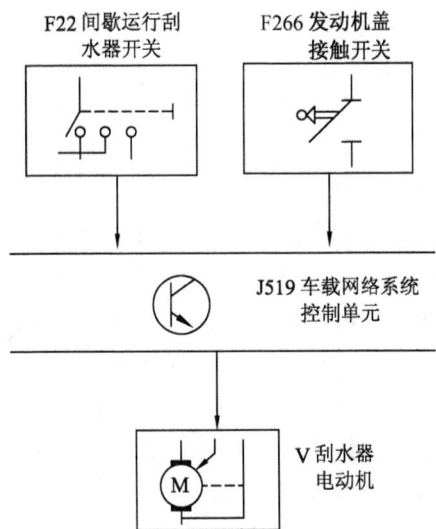

图 5-8-13　前刮水器控制电路

（六）外后视镜和后窗加热控制

为了保持蓄电池电能，外后视镜和后窗加热装置只有在发动机运行时才能接通，接通约 20 min 后，加热装置将自动关闭，其电路如图 5-8-14 所示。

（七）后坐椅靠背控制

后排坐椅的中间位置带有三点式安全带的车辆具有后坐椅靠背监控功能。

如果后排坐椅中间位置靠背部分安装不正确，在打开点火开关后，仪表板中的一个指示灯亮起约 20 s，其电路如图 5-8-15 所示。

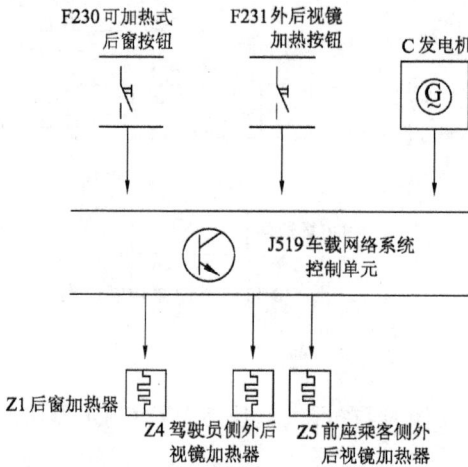

图 5-8-14　外后视镜和后窗加热控制电路

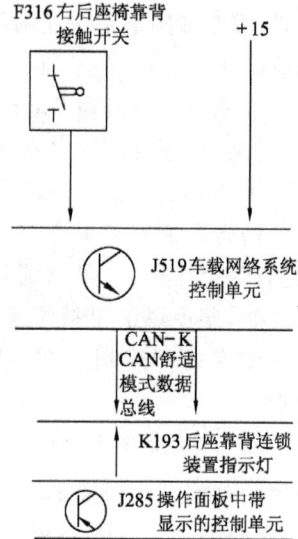

图 5-8-15　后坐椅靠背控制电路

（八）信号灯和报警灯控制

车载网络系统控制单元 J519 控制转向灯闪烁、闪烁报警、防盗报警装置、集控门锁及挂车转向灯闪烁，其电路如图 5-8-16 所示。

（九）编码

车辆的装备范围和国家标准决定了车载网络系统单元的编码。

编码由厂方进行，如果在售后服务或维修时装备被更改，例如安装可加热式坐椅或更换新的控制单元时，必须重新编码需编码的装备有后行李箱遥控解锁、可加热式外后视镜、4 车门车型、燃油泵供给控制系统、雨量控制传感器、可加热式前挡风玻璃、车内灯控制装置、带舒适开头的后窗刮水器、大灯清洗装置、可加热式坐椅、主动电子负荷

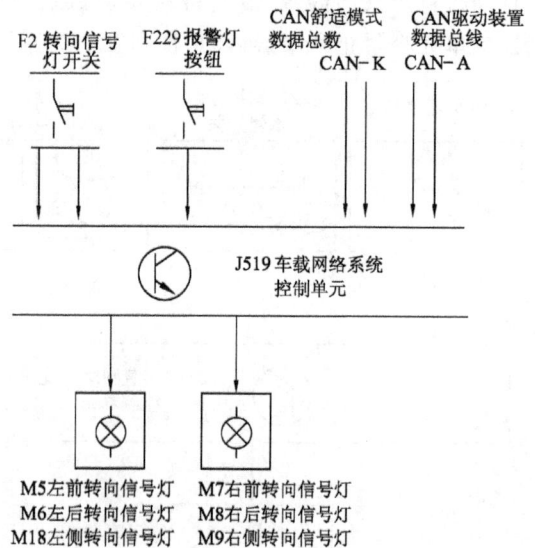

图 5-8-16　信号灯和报警灯控制电路

管理激活。

三、CAN 总线的附属装置

波罗轿车 CAN 总线的附属装置主要有主熔丝支架、电位分配器、熔丝支架、继电器托架、耦接装置、组合插头等,其分布如图 5-8-17 所示。

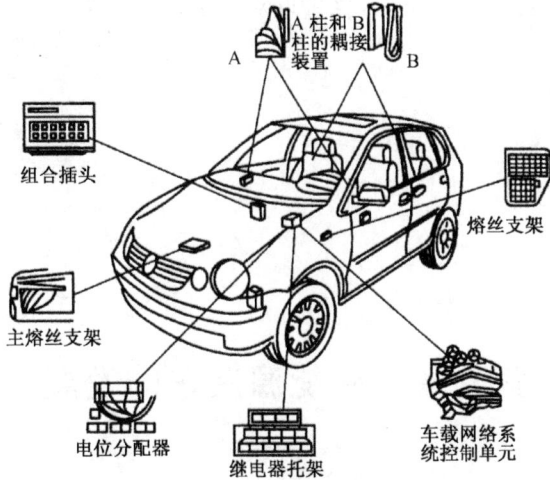

图 5-8-17　CAN 总线的附属装置

（一）主熔丝支架

主熔丝支架位于蓄电池盖上,其结构如图 5-8-18 所示,熔丝的数目视车辆的装备而定,主熔丝最多可容纳 6 根带状熔丝和 10 根插接式熔丝。通过一根导线实现与蓄电池（正极）的连接,紧靠蓄电池后安装熔丝,可防止电路过载。

（二）电位分配器

电位分配器位于驾驶员侧仪表板饰件之后,其结构如图 5-8-19 所示,通过电位分配,接线柱 30 V 电压从蓄电池上的主熔丝支架分配到各个用电器。

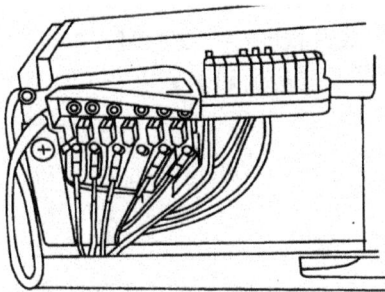

图 5-8-18　主熔丝支架的结构

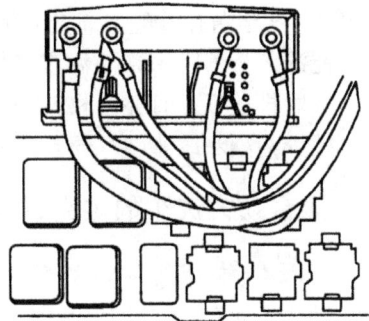

图 5-8-19　电位分配器的结构

（三）熔丝支架

熔丝支架位于仪表板左侧的盖板后,其结构如图 5-8-20 所示。

电路保护装置中有两种熔丝:一种是最大熔断电流为 15 A 的微型熔丝;一种是熔断电流大于 15 A 的小型熔丝。这样的组合可以使同一结构中布置更多的熔丝,也可以对更多的电路安装熔丝。

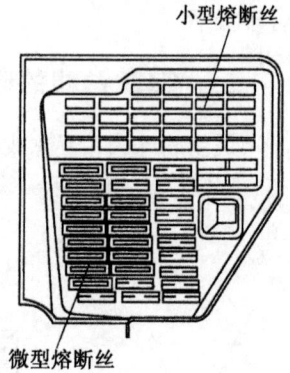

图 5-8-20　熔丝支架的结构

第九章　新能源汽车的发展

第一节　混合动力车

一、发展新能源汽车的必要性

矛盾一:汽车保有量的增加与石油资源的短缺

(1) 石油价格长期上升趋势明显,油价日益高昂已成为经济不能承受之重。

(2) 世界其他国家和中国汽车保有量迅速攀升,对石油需求造成严重负担。

(3) 我国国产原油的数量增长缓慢,石油供给增长量主要依靠进口。

矛盾二:汽车保有量的增加与环境污染的加剧

(1) 能源大量消耗带来的温室气体排放问题是造成气候变化主要原因。

(2) 各国排放标准日益严格,以减少汽车对全球气候变暖的影响。

(3) 减少污染和改善空气质量刻不容缓。

二、混合动力汽车的定义、组成和发展现状

（一）混合动力汽车的定义

混合动力汽车(Hybrid Electric Vehicle,简称 HEV)是指同时装备两种动力源——热动力源(由传统的汽油机或者柴油机产生)与电动力源(由电池与电动机产生)的汽车。通过在混合动力汽车上使用电机,动力系统可以按照整车的实际运行工况灵活调控,使发动机保持在综合性能最佳的区域内工作,从而降低油耗与排放。

（二）HEV 的主要技术组成

(1) 发动机部分采用四冲程内燃机(包括汽油机和柴油机)、二冲程内燃机(包括汽油机

和柴油机)、转子发动机、燃气轮机和斯特林发动机等。

（2）电动机部分采用直流电动机、交流感应电动机、永磁电动机和开关磁阻电动机等。

（3）电池部分采用不同的蓄电池、燃料电池、储能器和超级电容器等。

（三）混合动力汽车的发展现状。

从世界范围来看，美国、法国、日本、德国、英国、意大利、瑞士等国家均已跨入电动汽车产业化、商品化行列。日本在 1989 年，由日野（HINO）公司开发了全球首例串联式柴—电混合驱动系统 HIMR。目前日本装备该系统的汽车已超过 300 辆，主要为在大城市行驶的客车和公交车。1999 年丰田公司的"PRIUS"混合动力轿车在日本的销售量达 3 万多辆，至 2004 年，该款混合动力轿车在全世界的累计销售量已达到 12 万辆。2012 年，丰田公司将在它生产的所有车辆上安装油电混合动力发动机以增加汽车的燃油经济性并降低废气排放。

近年来国内混合动力汽车的研究也高潮迭起。武汉、北京、天津、上海、长春等城市都已推出电动汽车项目。一汽集团公司利用自身的汽车生产优势，大力开发混合动力汽车并准备在长春建设具有国际意义的"绿色汽车"研发生产基地。东风汽车公司已推出 HEB11—1 混合动力大客车、燃料电池电动客车、HUST 串联混合动力客车以及富康 988 混合动力轿车、CEV—95 电动轿车概念车等产品。上汽集团将与通用汽车联手打造日常使用的混合动力客车。除了企业不断加大研究力度外，许多研究单位（大学）的混合动力车也都开始进入实验阶段。例如上海比亚迪有限公司设计出一种以燃油和电力能源为动力源的混合动力汽车动力系统，北方交通大学、沈阳理工大学、清华大学等都公开介绍自己研究的混合动力电动汽车动力组成系统等。

三、混合动力车的类型

（一）按混合动力驱动的联结方式分类

根据混合动力驱动的联结方式，混合动力汽车主要分为三类。

1. 串联式混合动力汽车（Series Hybrid Electric Vehicle，简称 SHEV）

串联式混合动力汽车由电动机、发动机、发电机、HV 蓄电池、变压器等部分组成，如图 5-9-1 所示。串联式混合动力汽车一般由内燃机直接带动发电机发电，产生的电能通过控制单元传送到电池，再由电池传输给电机转化为动能，最后通过变速机构来驱动汽车。在这种联结方式下，电池就像一个水库，只是调节的对象不是水量而是电能。电池对发电机产生的能量和电动机需

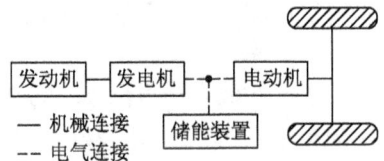

图 5-9-1 串联式混合动力
系统并联方式

要的能量进行调节，从而保证车辆正常工作。这种动力系统在城市公交上的应用比较多，轿车上很少使用。

串联式混合动力汽车利用发动机动力发电，从而带动电动机驱动车轮。负荷小时，电池驱动；负荷大时，发动机、发电机、电动机一起驱动；加速爬坡时，共同组合供电驱动；滑行时，进行充电。

2. 并联式混合动力电动汽车（Parallel Hybrid Electric Vehicle，简称 PHEV）

并联式混合动力汽车由电动机、发动机、HV 蓄电池、变压器和变速器组成，如图 5-9-2 所示。并联式混合动力汽车有两套驱动系统：传统的内燃机系统和电机驱动系统。两个系统既可以同时协调工作，也可以各自单独工作。这种汽车适用于多种不同的行驶工况，尤其

适用于复杂的路况。

并联式混合动力汽车中利用 HV 蓄电池的电力来驱动电动机。因电动机兼用作发电机,所以不能一边发电一边行驶。

该系统的工作方式分为发动机驱动和电动机驱动,它们既可独立使用又可组合使用。其电动机动力接入可有三种位置。

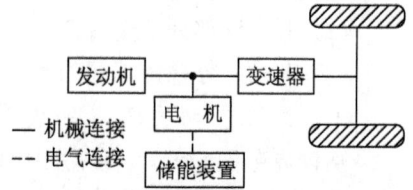

图 5-9-2　并联式混合动力系统并联方式

(1) 发动机输出轴处。优点是结构紧凑,电机比功率大,已形成系列产品,而且采用中间离合器可以减少回收能量损失;缺点是制动回收能量损失较大。

(2) 变速箱差速器处。优点是与变速器形成一体空间布置;缺点是变速箱改动大,不适合现有改装车辆。

(3) 驱动轮处。优点是不改动发动机总成,最适合单一的无怠速系统,可以使用常规的 12 V 电源;缺点是功能单一,要设计一个增扭器。

并联式混合动力电动汽车特点是结构简单,成本低。典型车辆有本田的 Accord 和 Civic。

3. 混联式(串、并联式)混合动力电动汽车(Split Hybrid Electric Vehicle,简称 PSHEV)

混联式混合动力汽车由电动机、发动机、HV 蓄电池、发电机、动力分离装置、电子控制单元(变压器、转换器)组成,如图 5-9-3 所示。混联式混合动力汽车的特点在于内燃机系统和电机驱动系统各有一套机械变速机构,两套机构通过齿轮系或采用行星轮式结构结合在一起,从而综合调节内燃机与电动机之间的转速关系。与并联式混合动力汽车相比,混联式混合动力汽车可以更加灵活地根据工况来调节内燃机的功率输出和电机的运转。利用电动机和发动机来驱动车轮,并可用发电机来发电并自行充电。

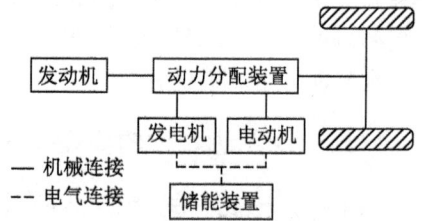

图 5-9-3　混联式混合动力系统混联方式

混联式混合动力汽车利用动力分离装置将发动机的动力分成两部分,一部分用来直接驱动车轮;另一部分用来发电,给电动机供应电力和给 HV 蓄电池充电。

行驶中,发动机作为轴动力与电机组合后驱动车辆,发动机与电机组合驱动或发动机直接驱动前轮,电机驱动后轮。混联式混合动力汽车的特点是联结方式复杂、成本高,通常适合于四轮驱动车型。典型车辆如丰田 Prius。

(二) 按电机输出功率的比重分类

根据在混合动力系统中,电机的输出功率在整个系统输出功率中所占的比重(也就是常说的混合度的不同),混合动力系统还可以分为以下 4 类:

1. 微混合动力系统

代表的车型是 PSA 的混合动力版 C3 和丰田的混合动力版 Vitz。这种混合动力系统在传统内燃机的启动电机(一般为 12 V)上加装了皮带驱动启动电机(也就是常说的 Belt-alternator Starter Generator,简称 BSG 系统)。该电机为发电启动一体式电动机,用来控制发动机的启动和停止,从而取消了发动机的怠速,降低了油耗和排放。从严格意义上来讲,这种微混合动力系统的汽车不属于真正的混合动力汽车,因为它的电机并没有为汽车行驶提供持续的动力。在微混合动力系统里,电机的电压通常有两种:12 V 和 42 V。其中 42 V 的电机主要用于柴油混合动力系统。

2. 轻混合动力系统

代表车型是通用的混合动力皮卡车。该混合动力系统采用了集成启动电机(也就是常说的 Integrated Starter Generator,简称 ISG 系统)。与微混合动力系统相比,轻混合动力系统除了能够实现发电机控制发动机的启动和停止外,还能够实现在减速和制动工况下对部分能量进行吸收;在行驶过程中,发动机等速运转,发动机产生的能量可以在车轮的驱动需求和发电机的充电需求之间进行调节。轻混合动力系统的混合度一般在 20% 以下。

3. 中混合动力系统

代表车型是本田旗下的 Insight,Accord 和 Civic。该混合动力系统同样采用了 ISG 系统。与轻度混合动力系统不同,中混合动力系统采用的是高压电机。另外,中混合动力系统还增加了一个功能,即在汽车处于加速或者大负荷工况时,电动机能够辅助驱动车轮,从而补充发动机本身动力输出的不足,更好地提高整车的性能。这种系统的混合程度较高,可以达到 30% 左右,目前技术已经成熟,应用广泛。

4. 完全混合动力系统

代表车型是丰田的 Prius 和未来的 Estima。该系统采用了 272～650 V 的高压启动电机,混合程度更高。与中混合动力系统相比,完全混合动力系统的混合度可以达到甚至超过 50%。该技术的发展将使得完全混合动力系统逐渐成为混合动力技术的主要发展方向。

四、混合动力车的工作原理(以丰田的 Prius 为例)

丰田的 Prius 油电混合动力汽车可完美地分别使用电动机和发动机来行驶,油耗与低一等级排量/车体尺寸的车辆相当,功率却与高一等级车辆相当。与同等排量的车辆相比,其低油耗性能居世界最高水平。

为了实现最高水准的低油耗,在行驶时,丰田的 Prius 油电混合动力系统充分发挥了电动机和发动机各自的特长。

(1)在启动及低速行驶时,丰田的 Prius 油电混合动力系统仅利用电动机的动力来行驶,因为这时发动机的效率不高。

(2)在一般行驶时发动机效率很高,发动机产生的动力不仅是车轮的驱动力,同时也用来发电带动电动机,并给 HV 蓄电池充电。

(3)在减速或制动时,丰田的 Prius 油电混合动力系统以车轮的旋转力驱动电动机发电,将能量回收到 HV 蓄电池中。

五、混合动力车的主要元件比较

混合动力的关键元件有电机、电池和控制系统三部分组成。

(一)电机

混合动力车对电机性能的要求:要有 4～5 倍的过载以满足短时间加速行驶和最大爬坡度的要求;最高转速要达到基速的 4～5 倍;要根据驾驶员的驾驶习惯进行控制;要在较宽的转速和转矩范围内都有较高的效率;要适应恶劣的工作条件;可控性高、稳态精度高、动态性能好。

目前混合动力车搭载的电机类型有直流电动机、感应式电动机、永磁电动机、开关磁阻电动机和永磁混合电动机 5 种。随着永磁材料成本的降低,永磁式电动机将成为混合动力车搭载电机的首选。

（二）电池

混合电动车对电池性能的要求：比功率、比能量高；自放电、自衰小；充放电快、效率高并可回收；瞬间大电流启动；长循环寿命，1 000 次深度循环，4 万～10 万次浅循环。

目前，应用广泛的电池主要是铅酸电池、镍氢电池和锂离子电池。锂离子电池性最高，但性能不稳定，成本太高；镍氢电池性居中，性能稳定，价格也较高；铅酸电池性能已经接近镍氢电池，技术成熟，价格便宜。

（三）控制系统

控制系统必须根据工况和电池状况控制电机的状态（处于电动还是发电、功率大还是小、转速快还是慢），并控制电池的充放电状态。

混合动力车的控制系统由电池管理系统和电机控制系统组成。其中电池管理系统的功能是比较准确地估算电池的 SOC(stage of charge，充电程度)值，同时根据电池的均衡性来管理电池的充、放电状态。电机控制系统主要通过单元功率元件实现对电机电路的控制，包括电路的开和闭，电流、电压的大小和频率。

六、Prius(丰田)的运行模式

(1) 启动，插入钥匙，踩住刹车踏板及按下启动按钮"POWER"，直至液晶仪表上的"READY"信号灯亮起，挂上 D 挡前进。

(2) 当发动机效率偏低，如在低速行驶时，转换器及高压电子系统将电池输出的直流电转换为交流电，并升压至 500 V 给电动机使用，电动机会启动与发动机并肩工作。

(3) 微机分析汽车负荷、加速踏板压力及电池状态，决定用电动机还是电动机与发电机并用，提供最有效率的动力分配及组合。经常使用电动机会导致电池电量下降，当电池电量降到一定限值时，发动机会自行启动并带动发电机向电池充电。

(4) 当高速行驶时，混合动力系统会即时启动发动机及电动机以输送驱动力。

(5) 当减速和刹车时，在制动力作用下混合动力系统会将电动机转为发电机，将动能转化为电能，向电池充电。

(6) 当 Prius 停止时，发动机会自动熄机，以减少不必要的燃油消耗及废气排放。Prius 的环保空调系统全部以电力驱动，因此关闭发动机空调也一样可以运行。

虽然混合动力车具有环保、节约能源等优势，但难以降低的生产成本和由此导致的高昂售价是其发展的最大障碍。

国内混合动力汽车的发展瓶颈主要集中在消费理念、成本控制、价格定位、技术以及相关的配套设施等方面。

第二节　纯电动汽车

一、纯电动汽车定义和特点

（一）纯电动汽车的定义

纯电动汽车是至少以一种动力源为车载电源，全部或部分由电机驱动，符合道路交通安全法规的汽车。

（二）纯电动汽车的特点

随着能源危机和环境污染问题日益严重以及电动汽车自身发展难点的不断解决,电动汽车具有更多新的突出特点。

电动汽车的优点:能源丰富;运行零污染且噪声小;结构简单,维修方便;能源效率高。

电动汽车的缺点:能源密度低;充电时间长;成本高。

二、电动汽车分类

（一）纯电动汽车（EV）

纯电动汽车由电力驱动系统、电源系统和辅助系统等三部分组成。电力驱动系统包括电子控制器、功率转换器、电动机、机械传动装置和车轮,其功用是将存储在蓄电池中的电能高效地转化为车轮的动能,并能够在汽车减速制动时,将车轮的动能转化为电能充入蓄电池,后一种功能称作再生制动。电源系统包括电源、能量管理系统和充电机,其功用主要是向电动机提供驱动电能、监测电源使用情况以及控制充电机向蓄电池充电。辅助系统包括辅助动力源、动力转向系统、导航系统、空调器、照明及除霜装置、刮水器和收音机等等,借助这些辅助设备来提高汽车的操纵性和乘员的舒适性,纯电动汽车结构如图5-9-4所示。

蓄电池向电动机提供电能来驱动汽车。在制动或减速时,电机作为发电机回收能量。

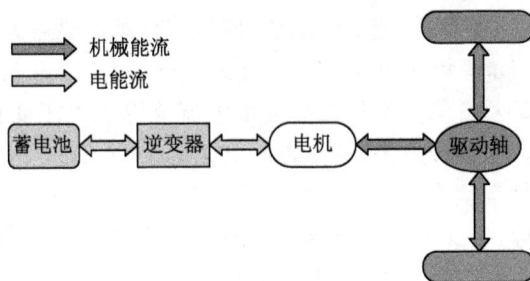

图 5-9-4　纯电动汽车结构示意图

（二）燃料电池电动汽车

采用燃料电池作电源的电动汽车称为燃料电池电动汽车,即 Fuel Cell Electric Vehicle（FCEV）,其动力源是燃料电池发动机—电动机系统。燃料电池驱动系统是 FCEV 的核心部分,不同燃料作为动力源,发电机系统组成是有差别的。目前,多以压缩氢气或液化氢气作为基本燃料,燃料电池如图 5-9-5所示。

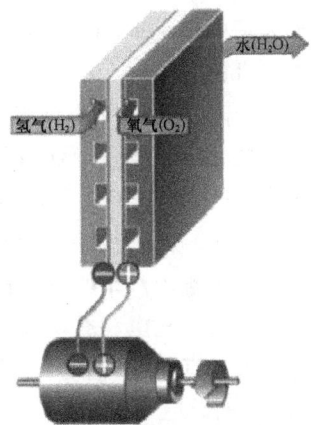

图 5-9-5　燃料电池

1. 燃料电池系统组成

单独的燃料电池堆是不能发电并用于汽车的,它必需和燃料供给与循环系统、氧化剂供给系统、水/热管理系统以及一个能使上述各系统协调工作的控制系统,组成燃料电池发电系统,简称燃料电池系统。

2. 燃料电池的分类

燃料电池依据其电解质的性质可分为不同的类型,每类燃料电池需要特殊的材料和燃

料,并用于特殊的场合。按电解质划分,燃料电池大致上可分为5类:

(1) 质子交换膜燃料电池(Proton Exchange Membrane Fuel Cell, PEMFC)。

(2) 碱性燃料电池(Alkaline Fuel Cell, AFC)。

(3) 磷酸燃料电池(Phosphoric Acid Fuel Cell, PAFC)。

(4) 溶化的碳酸盐燃料电池 (Molten Carbonate Fuel Cell, MCFC)。

(5) 固态氧化物燃料电池(Solid Oxide Fuel Cell, SOFC)。

三、电动汽车的电池以及电池监测系统

电动汽车对电池的要求极高,必须具有高比能量、高比功率、快速充电和深度放电的性能,而且要求成本尽量低、使用寿命尽量长。目前,铅酸电池作为比较成熟的技术,因其成本较低,而且能够高倍率放电,是唯一可供大批量生产电动车的车用电池。但是铅酸电池的比能量、比功率和能量密度都很低,以此为动力源的电动车不能拥有良好的车速及续航里程。其他技术较成熟的电池如镍镉电池和镍氢电池,虽然性能好于铅酸电池,但价格较高,且含有重金属,用完遗弃后对环境会造成严重污染,都不适宜大批量生产。

(一) 蓄电池

铅酸蓄电池广泛地应用于电动汽车上,主要原因是其技术成熟,价格便宜,可靠性好,单体额定电压高(2.0 V)。另外,输出电流大以及良好的高、低温性能等均适合电动汽车使用,但是铅酸蓄电池存在比能量低,充电时间长,使用寿命短等缺点。

镍隔(Ni-Cb)电池比功率大,比能量高,可快速充电,使用寿命长,抗电流冲击能力强,工作温度范围宽(−40 ℃~85 ℃),在较大的放电电流范围内电压变化较小,是很具吸引力的电动汽车电源。但是其生产成本高(约为铅酸电池的2~4倍),单体额定电压只有1.2 V,所含重金属镉具有致癌性等因素限制了它在电动汽车上的广泛应用。

镍氢(Ni-MH)电池与 Ni-Cd 电池有许多相同的特性,但由于无镉,因此不存在重金属污染问题,被称为"绿色电池",批量生产的成本约为铅酸电池的4倍。Ni-MH 电池单体额定电压为 1.2 V,其负电极为经吸氢处理后的储氢合金,正电极为氢氧化镍,电解液为 KOH 溶液。

钠硫(Na-S)电池有很高的比功率和比能量,但其工作温度高,再加上钠的活化性和腐蚀性强,因此在结构设计上必须保证坚固和安全。Na-S 电池以熔融态钠为负电极,熔融态硫为正电极,陶瓷 β-Al$_2$O$_3$ 作电解质,并作为离子传导媒介和熔融态电极的隔离物,以避免电池自放电。

锂离子(Li-Ion)电池自 20 世纪 90 年代初问世以来发展很快。虽然目前锂离子电池仍处于开发阶段,但在 Nissan FEV,Nissan Prairic Joy 和 Altra 等电动汽车上都采用锂离子电池。它具有单体额定电压高,比能量和能量密度高,使用寿命长等优点,缺点是自放电率高。

(二) 电池监测系统

用于电动汽车的电池技术已经取得了显著进步,不但电池能量密度稳步提高,而且电池还能可靠地充电和放电数千次。电动汽车电池组由多个电池串联叠置组成。一个典型的电池组大约有 96 个电池,对于充电到 4.2 V 的锂离子电池而言,这样的电池组可产生超过400 V 的总电压。尽管汽车电源系统将电池组看做单个高压电池,每次都对整个电池组进行充电和放电,但电池控制系统必须独立考虑每个电池的情况。如果电池组中的某个电池容量稍低于其他电池,那么经过多个充电/放电周期后,其充电状态将逐渐偏离其他电池。如果这个电池的充电状态没有周期性地与其他电池平衡,那么它最终将进入深度放电状态,

从而导致损坏,并最终形成电池组故障。为防止这种情况发生,必须监视每个电池的电压,以确保充电状态完好。

四、电动汽车的关键技术

电动汽车的关键技术为动力蓄电池、驱动电机和电子控制技术。在锂离子电池技术、超级电容技术相结合的基础上,许多企业进行技术改造与集成,研发了双电源电动汽车、多能源电动汽车等,或者进行换电站系统建设试验以开发超快充电技术,其目的都是为了克服纯电动车补充电能困难与续行里程短的缺陷。

(一)锂离子电池技术

在蓄电池技术领域,具有重量轻、储能大、功率大、无污染(也无二次污染)、寿命长、自放电系数小、温度适应范围宽泛等优点的锂离子电池技术逐渐取代铅酸和镍氢电池,成为纯电动汽车的核心技术之一,目前全球已有 20 余家车厂在进行锂离子电池研发,如富士重工、NEC、东芝、JohnsonControls、DegussaAG/Enax、Sanyo 电机、PanasonicEVEnergy 等。我国在锂离子电池技术开发方面还需进一步发展:一方面,各企业所公布的大部分纯电动汽车蓄电池实验室测试数据,如加速性能、充电时间、持续里程数等,还须在复杂的外部实际环境运行下进一步验证其可靠性,以及生产批量化的质量控制;另一方面,锂离子电池所需隔膜材料依赖进口,成本尚待降低。此外,有专家认为,蓄电池使用寿命不长造成的高额使用成本,将成为其商业化的一大瓶颈。

(二)电池与电容相结合技术

超级电容具有充电快、无记忆充放电、充放电循环次数高、无二次污染等优异特性,但存在放电快的缺点;锂离子电池具有储电量大、储存时间长的优点,但充电时间比较长。取两者之长,结合起来使用在电动汽车上,除了可以具有传统纯电动汽车的"电代油"和"零排放"等优点外,还具有一次充电行驶距离长(可达 300 km)、速度快(可达 100 km/h)、行使过程中能量回收效率高等优点,其代表了纯电动汽车的最新发展方向之一。目前已有富士重工和 NEC 联合开发的"锂离子电容器",能量密度达 30 W/kg,为先前电容器的 4 倍,达到了电动汽车的实用水平。上海瑞华集团研制了环保型混合电能超级电容电动汽车,国家电网公司也已经完成了 3 种电池——电容混合型电力工程车辆的改装和性能测试,并将开展示范应用。

(三)CTC 电车蓄电池和 360°聚光太阳能电池车载充电技术

CTC 电车蓄电池和 360°聚光太阳能充电技术,通过在换电站快速更换大容量蓄电池的技术手段获取足够的电能,并通过 360°聚光太阳能电池车载充电技术进行能源补充。这种技术手段简单实用,克服了纯电动车补充电能困难与续行里程短的缺陷,可使续行里程提高至 400 km,并能延长蓄电池的使用寿命。不过这种技术尚在试验阶段。

(四)电动轮技术

电动轮亦称轮内电动机(In-Wheel Motor)。目前大部分重型矿用自卸汽车所采用的电动轮是直流电动机,而第二代纯电动汽车所采用的是交流传动系统。目前,三菱公司与东洋公司合作开发了用于蓝瑟(Lancer)四轮驱动纯电动轿车的电动轮。每个电动轮的最大功率为 50 kw,最大扭矩为 518 N·m,最高转速为 1 500 r/min,一次充电的行驶里程可达 250 km,最高车速可达到 150 km/h。

（五）电动汽车的特点

电动汽车与内燃机汽车相比，有其自身的许多特点。电动汽车的价格比内燃机汽车高，决定了电动汽车的初期投入大、费用支出多，但是电动汽车的维修保养费用低，随着使用年限的延长，其费用支出逐渐降低，甚至会低于内燃机汽车的使用成本。具体表现在以下几方面。

1. 无污染，噪声低

电动汽车工作时不产生废气，没有排气污染，对环境保护和空气的洁净十分有益，有"零污染"的美称。众所周知，内燃机汽车废气中的 CO，HC 及 NO_x、微粒、臭气等污染物容易形成酸雨、酸雾及光化学烟雾。

电动汽车电动机产生的噪声也较内燃机小。噪声对人的听觉、神经、心血管、消化、内分泌、免疫系统都是有危害的。

但是，使用电动汽车并非绝对无污染，例如使用铅酸蓄电池作动力源，在制造、使用过程中要接触到铅，充电时产生酸气，这些都会造成一定的污染。蓄电池充电所用的电力，在用煤炭作燃料时会产生 CO，SO_2，粉尘等，但它的污染较内燃机产生的废气要轻得多。更何况随着技术的发展，可以用其他电池作为电动汽车的电源，如发展水电、核电、太阳能充电等。

2. 能源效率高，多样化

对电动汽车的研究表明，其能源效率已超过汽油机汽车，特别是在城市运行时，汽车走走停停，行驶速度不高，电动汽车更加适宜。电动汽车停止时不消耗电量，在制动过程中电动机可自动转化为发电机，实现制动减速时能量的再利用。

电动汽车的应用可显著地减少汽车行业对石油资源的依赖，可将有限的石油用于其他更重要的方面。向蓄电池充电的电力可以由煤炭、天然气、水力、核能、太阳能、风力、潮汐等能源转化而来。除此之外，如果夜间向蓄电池充电，还可以避开用电高峰，有利于电网均衡负荷，减少费用。

3. 结构简单，使用维修方便

电动汽车较内燃机汽车结构简单。运转、传动部件少，维修保养工作量小，当采用交流感应电动机时，电机无需保养维护，更重要的是电动汽车更易操控。

4. 动力电源使用成本高，续驶里程短

目前电动汽车尚不如内燃机汽车技术完善，还存在一些缺陷尤其是动力电源（电池）的寿命短，使用成本高，电池的储能量小，一次充电后行驶里程不理想，电动车的价格较贵。但从发展的角度看，随着科技的进步、投入人力物力的增加，电动汽车的问题一定会逐步得到解决。只要能够做到扬长避短，电动汽车就会逐渐普及，其价格和使用成本必然会降低。

第六单元 汽车检测与故障诊断

随着我国汽车工业的飞速发展,汽车拥有量的不断增加,汽车的科技含量也不断提高,汽车维修已成为汽车工业发展的一个重要,但传统的维修保养方式已明显不能适应市场的发展需求,检测诊断与维修相结合已成为汽车维修行业的一种新的理念。通过对汽车的检测与诊断可以确定汽车技术状况,寻找故障原因,科学合理地对汽车进行维修和维护。

第一章 汽车性能检测

第一节 概 述

汽车的技术性能检测是伴随着汽车的发展而产生的一门应用技术,它采用先进的仪器设备和技术在车辆不解体的情况下对汽车使用性能进行客观检测,判明汽车的技术状况,为汽车在确保安全和环保要求的情况下是否可以继续运行以及是否进厂维修提供了可靠依据,同时可以有效地促进和监督汽车的制造质量及维修质量,改进汽车的结构和技术性能。

一、汽车检测的类型

(一)安全环保监测

对汽车实行定期和不定期安全运行和环境保护方面的检测,目的是在汽车不解体的情况下建立安全和公害监控体系,确保车辆具有符合要求的外观容貌、良好的安全性能和规定范围内的排放状况,在安全、高效和低污染条件下运行。

(二)综合性能检测

对汽车实行定期和不定期综合性能检测,目的是在汽车不解体的情况下,确定运行车辆的工作能力和技术状况,查明故障或隐患的部位和原因;对维修车辆实行质量监督,建立质量体系,确保车辆具有良好的安全性、可靠性、动力性、经济性及噪声、废气排放达标,以创造更大的经济和社会效益。同时,对车辆实行定期综合性能检测又是实行"定期检测、强制维护、视情修理"这一新的维修制度的必要前提和技术保障。

二、汽车检测的方法及特点

汽车经过长期使用,随着行驶里程的增加、技术状况的变坏,出现动力性下降、经济性变差、可靠性降低、故障率增加和污染加剧等现象。但是如能按一定的周期检测汽车的技术状况,并采取相应的维护和修理措施,就可改善汽车的使用性能,延长其使用寿命。汽车检测技术主要是针对汽车使用性能而言的,检测方法有人工经验诊断法和现代仪器设备诊断法两种。

(一)人工经验诊断法

人工经验诊断法是指诊断人员凭丰富的实践经验和一定的理论知识,借助简单的检测工具,在汽车不解体或局部解体的情况下,用眼看、耳听、手摸等方法来判断汽车的技术状况。这种检测方式,劳动强度大、检测速度慢,且检测结果随检测人员的技术水平和责任心而变动,因此该方法已不能适应现代检测的要求。

(二)现代仪器设备诊断法

随着科学技术的不断发展,汽车检测仪器设备相继研发成功,利用这些专门的仪器、设备,可在汽车不解体的情况下得出整车及总成的参数、曲线或波形,为分析、判断汽车技术状况提供定量依据。采用微机控制的仪器设备还能自动分析、判断、存储并打印出汽车的技术状况。由于现代仪器设备诊断法具有检测速度快、准确性高、能定量分析、可实现快速诊断等优点,因此该诊断方法成为汽车检测诊断技术发展的必然趋势。

三、汽车检测的发展趋势

随着汽车工业的发展,汽车检测技术也更加先进、科学,主要体现在以下几方面:

(一)实现随车自诊化

在装备微机控制系统的汽车上一般都有自诊断功能,可实现对电控部件的检测,当系统出现故障时,故障灯点亮报警,同时微机将故障以代码的形式储存在存储器中。通过一定的程序可将微机中的故障代码调出,从而更快、更准确地显示故障性质和部位,为汽车排除故障及维修提供依据。

(二)检测手段智能化

随着微机技术在检测设备上的应用,将使人工操作的设备向微机控制的全自动综合检测设备方向发展,实现全过程的自动化检测,避免了人工经验诊断法造成的失误,从而提高了检测数据的准确性及公正性,同时使检测过程更加方便、快捷。

(三)检测设备微型化

由于高科技检测设备的应用,车辆的检测更加灵活机动,一些便携式仪器的使用给偏远山区、乡镇的车辆检测维修带来便利,它们不仅可以节省大量劳力和能源,还可以用移动式汽车检测车对需要定期检测的车辆进行检测,这样既节省了建大型检测站的投资,又方便了被检车辆的车主。

(四)检测诊断一体化

现代综合性能检测设备除具备汽车动力性、经济性、可靠性和安全性的检测功能外,还具备了对车辆故障部位、产生原因进行分析的功能,从而使汽车性能检测内容更加完善。

四、汽车性能检测的主要内容

汽车的性能检测的主要内容包括汽车的动力性、燃油经济性、制动性、通过性以及舒适性等几方面的性能参数、工作要求、评价指标及影响因素。本文将对汽车的动力性、燃油经济性、制动性、前照灯、车轮定位、车轮平衡、排放污染物等方面的检测加以介绍。

第二节　汽车动力性检测

汽车动力性的好坏直接影响汽车性能的高低,动力性是汽车使用中最重要的性能。

汽车在使用一段时期后,技术状况会发生某些变化,动力性也会变化。汽车技术状况不良,首要表现为动力性不足,燃料消耗量增大。检测汽车动力性的项目一般有高挡加速时间、起步加速时间、最高车速、陡坡爬坡车速和长坡爬坡车速等,有时也检测牵引力。

乘用车动力性能最常见的指标是从静止状态加速至 100 km/h 所需时间和最高车速,其中前者最具代表意义,也是国际流行的轿车动力性能指标。检测时,汽车起步后,猛踩加速踏板,发动机发出强劲的轰鸣声,车速迅速提高,以此检查汽车的加速性能。各种汽车设计的加速性能不尽相同,有经验的鉴定估价人员熟悉各种常见车型的加速性能,通过这种检测就可以检查出被检汽车的加速性能与正常的同型号汽车加速性能之间的差距。

检查汽车的爬坡能力:将被检汽车在相应的坡道上使用相应挡位时的动力性能与经验值相比较,可以判断出车辆爬坡能力的高低。检查汽车是否能够达到设计车速,如果达不到,可以估计一下差距大小。如果爬坡没劲、最高车速与设计的最高车速相差太大,则说明该车辆动力性能差。

汽车动力性的检测方法有道路试验和室内台架试验两大类,以下主要介绍台架检测方法以及影响汽车动力的发动机气缸密封性检测。

一、汽车动力性台架检测

汽车动力性台架试验主要是用无外载测功仪(或无负荷测功仪)检测发动机功率,用底盘测功机检测汽车的最大输出功率、最高车速和加速能力。室内台架试验不受气候、驾驶人员技术条件等客观因素的影响,只受测试仪本身精度的影响,测试易于控制,所以在汽车检测站应用广泛。

为了使测量结果更为精确,底盘测功机的生产厂家都在说明书中给出了底盘测功机本身在测试过程中随转速变化机械摩擦所消耗的功率,对风冷式测功机还会给出冷却风扇随转速变化所消耗的功率。此外,底盘测功机的结构不同,汽车在滚筒上模拟道路行驶时的滚动阻力也不相同,在说明书中还会给出不同尺寸的车轮在不同转速下的滚动阻力系数。

(一)汽车底盘输出功率的检测方法

通过底盘测功机可以检测车辆的最大底盘输出功率,从而评定车辆的技术状况等级。底盘测功机又称底盘测功试验台,是一种不解体汽车而测量驱动轮输出功率的台架检测装置,是测试汽车动力性能的重要设备。通过在室内台架上模拟汽车道路行驶工况的方法不仅可以检测汽车的动力性,而且可以测量汽车在多工况下的排放指标及油耗。此外,底盘测功机还能方便地进行汽车的加载调试、诊断汽车在负载条件下出现的故障等。在汽车底盘测功机上进行试验时,可以对试验条件进行控制,从而使周围环境条件的影响降到最小;同时还可以通过功率吸收加载装置来模拟道路行驶的阻力,控制行驶状况,因此可以进行某些模拟实际行驶状况的复杂循环试验。目前该检测方法已得到广泛应用。

底盘测功机分为两类:单滚筒底盘测功机,其滚筒直径大(1 500~2 500 mm),制造和安装费用也大,但测试精度高,一般用于汽车生产厂家和科研单位;双滚筒式底盘测功机的滚筒直径小(180～500 mm),设备成本低,使用方便,但测试精度稍差,一般用于汽车使用、维修行业及汽车检测站。

底盘测功试验台通常由滚筒装置、加载装置、惯性模拟装置、测量和辅助装置4大部分组成,如图6-1-1所示。

汽车底盘输出功率的检测过程如下:

(1)检测在动力性之前,必须按汽车底盘测功机说明书的规定进行试验前的准备。台架举升器处于上升状态,无举升器者,滚筒必须锁定;车轮轮胎表面不得夹有小石子或坚硬物。

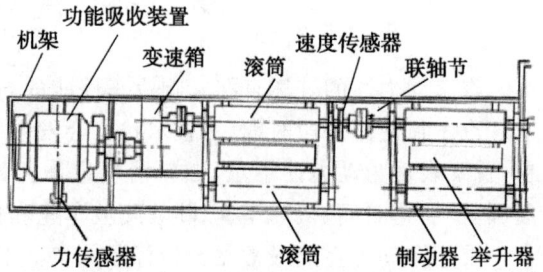

图 6-1-1 普通型底盘测功机道路模拟系统结构示意

(2)汽车底盘测功机控制系统、道路模拟系统、引导系统、安全保障系统等必须工作正常。

(3)在动力性检测过程中,采用恒速控制的方式,当车速达到设定值(误差±2 km/h)并稳定5 s后,通过计算机读取车速与驱动力数值,计算汽车底盘输出功率。

(4)输出检测结果。

（二）发动机功率的检测方法

发动机输出的有效功率是发动机的综合性能评价指标,该指标直接描述了发动机的技术状况,定量地说明了发动机的动力性。目前,发动机功率的检测方法有无负荷测功法和有负荷测功法两种。其中,有负荷测功法需要将发动机从汽车上卸下,不便于就车检测,但其测量的功率精度较高。无负荷测功法又称动态测功法,它利用发动机无外载测功仪对发动机功率进行检测,使用方便,检测快捷,具体做法是:当发动机在怠速或空载某一低速下运转时,突然全开节气门,使发动机克服惯性和内摩擦阻力而加速运转,其加速性能的好坏可以直接反映出发动机功率的大小。

（三）数据处理

目前,不同厂家生产的底盘测功机显示内容不尽相同,有的显示功率吸收装置所吸收功率的数值,有的显示驱动轮输出的最大底盘输出功率的数值。对于显示功率吸收装置所吸收功率数值的,在数据处理时,必须加上汽车在滚筒上滚动阻力消耗的功率、台架机械阻力消耗的功率及风冷式功率吸收装置的风扇所消耗的功率。

用发动机无外载测功仪测得的发动机功率为净功率。若检测车辆发动机的额定功率为总功率,那么测得的功率应加上发动机附件消耗的功率,才能与额定功率进行比较。

二、发动机气缸密封性检测

发动机密封性是由气缸活塞组、气门与气门座以及气缸盖、气缸体、气缸垫及相关零件的配合保证的。发动机在长期使用过程中,气缸活塞组零件逐渐磨损,气门与气门座磨损、烧蚀以及缸体、缸盖密封面变形,引起气缸漏气,密封性降低,从而导致发动机功率下降、油耗增加。因此,为了使发动机保持良好的工作状态,必须对发动机的密封性进行检测,通常是通过检测气缸压缩压力来评价气缸的密封性。

气缸压缩终了时刻的压力与发动机的热效率和平均指示压力有密切的关系,影响气缸压缩压力的因素有气缸活塞组的密封性、气门与气门座的密封性以及气缸垫的密封性等。

因此,通过测量气缸压缩终了时刻的压力,可以间接地判断上述各部位的技术状况。

（一）检测工具

检测气缸压缩压力的工具为气缸压力表,如图 6-1-2 所示。气缸压力表是一种专用压力表,一般由表头、导管、单向阀和接头等部分组成。气缸压力表接头方式有螺纹管接头和锥型(或阶梯型)橡胶接头两种。单向阀关闭时,可保持压力表指针位置,便于读出气缸压缩压力的检测数值;单向阀打开时,指针回零,以便下次测量。

（二）检测方法

（1）发动机运转直到正常工作温度,用压缩空气吹净火花塞周围的脏物。

（2）拆下全部火花塞或喷油器(柴油机),并按气缸顺序依次放置。从点火线圈上卸下次级线圈接头并拆下空气滤清器。

（3）把气缸压力表的橡胶接头放在被测气缸的火花塞孔内,扶正压紧;或把螺纹管接头拧在火花塞孔上。

（4）节气门置于全开位置。

图 6-1-2 气缸压力表

（5）用启动机带动曲轴旋转 3～5 s,在压力表表头指针指示最大压力时停止转动,取下气缸压力表,记录读数,然后按下单向阀使指针归零。

（6）按上述方法依次测量各缸,每缸的测量次数不少于 2 次,将每缸测量结果取算数平均数,按相反顺序依次装回火花塞、分缸线和空气滤清器。

（三）检测结果分析

发动机气缸压缩压力的技术标准按 GB/T15746.2—1995《汽车修理质量检查评定标准发动机大修》的要求标准。大修后气缸压力值应符合原设计要求,各缸压力差为:汽油机小于 8%,柴油机小于 10%。

测完气缸压力后与标准进行比较,可以作出以下几种情况的判断:

（1）有的气缸在 2～3 次测量中,检测结果差异较大,说明气门有时关闭不严。

（2）相邻两缸压力读数偏低或很低,是由于相邻两缸间气缸衬垫烧蚀导致漏气或缸盖螺栓未拧紧。

（3）若气缸压力检测结果偏低,可向该火花塞孔内注入 20～30 mL 润滑油,然后重新检测。若第二次检测结果比第一次高,且接近标准压力,则表明由于气缸、活塞环、活塞磨损严重或活塞环对口、卡死、断裂或缸壁拉伤等原因而导致气缸密封性不良;若第二次检测结果与第一次近似,则表明气缸密封性不良的原因在于进、排气门或气缸衬垫密封性不好。

（4）如果一缸或数缸压力偏高,汽车行驶中又出现过热或爆燃现象,则表明积炭过多或经过大修后缸径增大而改变了压缩比。

第三节 汽车燃油经济性检测

汽车的燃油经济性一般采用燃油消耗量试验来评定。汽车的燃油消耗量可以通过汽车道路试验或在底盘测功试验台上模拟路试来检测,一般采用燃油消耗检测仪检测,并用燃油消耗量的容积或质量来表示。

一、汽车燃油经济性路试检测

根据 GB/T 12545.1—2001《乘用车燃料消耗量试验方法》以及 GB/T 12545.2—2001《商用车燃料消耗量试验方法》的规定,汽车在路试条件下燃料消耗量的试验方法如下:

(1) 试验规范。汽车路试的基本规范参照 GB/T 12534—1990《汽车道路试验方法通则》。

(2) 试验车辆载荷。除有特殊规定外,轿车为规定载荷的一半,试验时取整数;城市客车为总质量的 65%;其他车辆为满载,乘员质量及其装载要求符合 GB/T 12534—1990《汽车道路试验方法通则》的规定。

(3) 试验仪器。试验仪器及精度要求如下:车速测定仪和汽车燃油消耗仪,精度为 0.5%;计时器,最小读数 0.1 s。

(4) 试验的一般规定。试验车辆必须清洁,关闭车窗和驾驶室通风口,只允许开动驱动车辆所必需的设备;由恒温器控制的空气流必须处于正常调整状态。

(5) 试验项目。试验项目包括:直接挡全节气门加速燃料消耗量试验,等速燃料消耗量试验,多工况燃料消耗量试验,限定条件下的平均使用燃料消耗量试验。

在进行道路试验时,多以等速行驶燃料消耗量试验来检测汽车燃油消耗量,即汽车在常用挡位(直接挡),从车速 20 km/h(当最低稳定车速高于 20 km/h 时从 30 km/h)开始,以 10 km/h 的整数倍均匀选取车速,通过 500 m 的测量路段,测定燃油消耗量 G(mL)和所用时间 t(s),每种车速往返试验各进行 2 次,直到该挡最高车速的 90% 以上(至少测定 5 个试验车速)。2 次试验时间之间的间隔(包括达到预定车速所需的助跑时间)应尽量缩短,以保持稳定的热状态。

各平均实测车速 v 及其相应的等速油耗量的平均值 Q_0 为

$$Q_0 = G/500 = 0.2G(L/100 \text{ km}) \tag{1}$$

$$v = 3.6 \times 500/t \tag{2}$$

式中,G,t 皆为预选车速下的平均值;计算得到 Q_0 后将其校正为标准状态下的 Q_c;标准状态指大气温度 20 ℃,大气压力 100 kPa,汽油密度 0.742 g/mL,柴油密度 0.830 g/mL。校正公式为

$$Q_c = Q_0/(C_1 \times C_2 \times C_3)(L/100 \text{ km}) \tag{3}$$

$$C_1 = 1 + 0.002\ 5(20 - T) \tag{4}$$

$$C_2 = 1 + 0.002\ 1(P - 100) \tag{5}$$

$$汽油车:C_3 = 1 + 0.8(0.742 - P) \tag{6}$$

$$柴油车:C_3 = 1 + 0.8(0.830 - P) \tag{7}$$

式中,C_1 为环境温度校正系数;C_2 为大气压力校正系数;C_3 为燃油密度校正系数;T 为试验时的环境温度,单位℃;P 为试验时的大气压力,单位 kPa;ρ 为试验时的燃油密度,单位 g/mL。

各种车速下油耗测试值对平均值的相对误差不应超过±2.5%。

(6) 绘制等速燃料消耗量特性曲线。以车速为横轴,百公里燃油消耗量为纵轴,绘制出各等速燃料消耗量散点,根据各散点绘制等速燃料消耗量的特性曲线 Q_c-v 曲线。图 6-1-3 所示为某些车型的等速百公里油耗特性曲线。

二、汽车燃油经济性台架试验检测

按国标规定,检测汽车的燃油经济性应该采用道路试验的方法,但是采用该法检测汽车燃油消耗量受到很多条件的限制,而在底盘测功机上通过台架试验检测汽车燃油消耗量,目前还

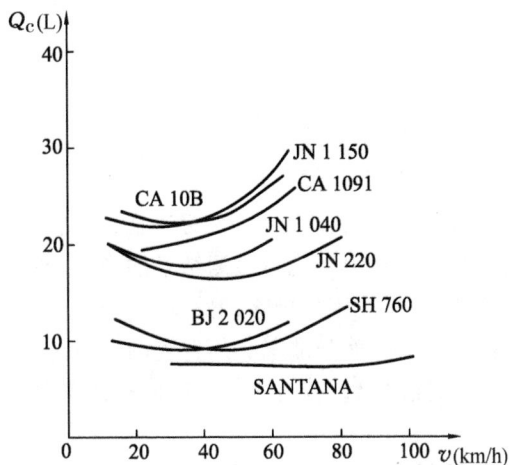

图 6-1-3　某些车型的 Q_c-v 曲线

没有统一的国家标准。为了便利,可参照 GB/T 12545.1—2001《乘用车燃料消耗量试验方法》和 GB/T 12545.2—2001《商用车辆燃料消耗量试验方法》的要求来评价汽车燃油经济性。在底盘测功试验台上,可通过模拟道路等速行驶来检测汽车燃油消耗量。

（一）台架试验中检测燃油消耗量的方法

当汽车驶上底盘测功试验台后,拆卸燃油管路,接上油耗传感器,排除油路中的空气,然后在底盘测功试验台上进行加载,加载量要符合该车在路试状态下的各种阻力。以上都准备就绪后开始进行油耗检测。

台架试验中常用的检测汽车燃油消耗量的方法有两种:一种是质量法,采用质量式油耗传感器在底盘测功试验台上进行油耗检测;另一种是容积法,采用行星活塞式油耗传感器在底盘测功试验台上进行油耗检测。

（二）台架试验中模拟加载量的确定

按照中华人民共和国交通部行业标准 JT/T 198—2004《营运车辆技术等级划分和评定要求》的规定,应测量汽车等速百公里燃油消耗量。根据国家标准 GB/T 12545.1—2001《乘用车燃料消耗量试验方法》及 GB/T 12545.2—2001《商用车燃料消耗量试验方法》、GB/T 12534—1990《汽车道路试验方法通则》的规定,在限定条件下的平均使用燃油量试验应注意以下几方面:试验车速建议轿车为 60±2 km/h、铰接客车为 35±2 km/h;其他车辆为 50±2 km/h;载荷按照不同车型加载至限定条件;测试距离应保证不少于 500 m。由于加载量是模拟汽车在道路上行驶时所受到的滚动阻力、空气阻力等行驶阻力的,而各车型的实际情况(包括迎风面积、汽车总质量、汽车与地面接触的轮胎数等)不同,所以不同的车型在底盘测功试验台上应采取不同的加载量。确定模拟加载量的方法如下:

(1) 汽车(走合过的新车或接近新车的在用车)在额定总质量状态下,以直接挡从 20 km/h 开始做燃油消耗量试验。往返各采样 3 次,算出该车 20 km/h 的平均等速油耗,然后以 10 km/h 的间隔加速,直至该车最高车速的 90%,重复上述试验。依次得出 20 km/h 到最高车速 90% 的等速平均百公里油耗。

(2) 汽车在整备质量状态下,在底盘测功试验台上从 20 km/h 开始加载,模拟该车空载时在 20 km/h 路试状态下所受的外界阻力,直至加上某一载荷后得出 20 km/h 等速百公里油耗值与车速为 20 km/h 路试所得的平均百公里油耗值相等,此时对底盘测功机的加载量即为车速 20 km/h 时的模拟加载量。重复上述试验,依次得出各个车速下的模拟加载量。

(三)汽车燃料经济性试验的注意事项

(1)排除油路中的空气。做油耗检测时必须排除油路中的空气,具体方法如下:对于汽油车,将从油箱到汽油泵的管路"短路",装上新的、密封性好的、无堵塞的油管,用性能稳定的电动汽油泵和汽油滤清器代替原车相应部件,缩短油泵到传感器的油管长度,使油泵到油耗传感器的阻力减小,从而避免油路中空气对检测结果的影响;在柴油车油路中安装好油耗传感器后,须用手动泵泵油,利用泵油压力排除油路中的空气。柴油车与汽油车差别在于:一是汽油车可以在发动后排净空气,而柴油车必须在发动之前排尽油路中的空气;二是汽油车在拆去油耗传感器恢复其原油路时,无需排除空气,而柴油车在拆去传感器恢复原油路后仍需排除油路中的空气。

(2)测定电喷的汽油机油耗时应注意的问题。使用油耗传感器检测油耗时,须注意电控喷油发动机从压力调节器回流的多余燃油,必须让多余的燃油回流到油耗传感器的输出端,否则测出的油耗等于实际油耗加上回流的燃油,导致结果有误。

(3)如果因油耗传感器及喷油泵间产生负压,引起气穴现象,可加一个辅助泵使燃油泵进油端的油路保持正压,避免气穴现象,以进行稳定的油耗测量。

第四节 汽车制动性能检测

汽车的制动性能是指汽车在行驶中强制减速至停车或下长坡时维持一定速度的能力。

一、汽车制动性能评价参数

汽车制动系统所应满足的基本要求和行车制动系统、应急制动系统、气压制动系统、液压制动系统、贮气筒、制动管路和制动报警装置等所应满足的要求见 GB 7258－2004《机动车运行安全技术条件》。根据该标准,可以用路试和台试两种方法检测汽车的制动性能。

二、制动性能检测

根据国家标准 GB 7258－2004《机动车运行安全技术条件》的规定,机动车可以用制动距离、制动减速度和制动力等来检测制动性能,只要其中之一符合要求,即判为合格。

(一)用五轮仪检测制动距离

在道路试验中检测车辆的整车性能时,经常使用五轮仪检测制动距离、制动时间和制动初速度。五轮仪有机械式、电子式和微机式 3 种,目前微机式五轮仪应用较广泛。

1. 五轮仪结构

五轮仪一般由传感部分和记录部分组成,并附带一个脚踏开关。传感器部分与记录部分通过导线相连,脚踏开关带有触点的一端套在制动踏板上,另一端插接在记录仪上,如图 6-1-4 所示。

传感器部分:一般由轮子、传感器、支架、减振器和连接装置等组成,如图 6-1-5 所示,其作用是把汽车行驶的距离变成电信号。常用的传感器有电磁式和光电式两种。

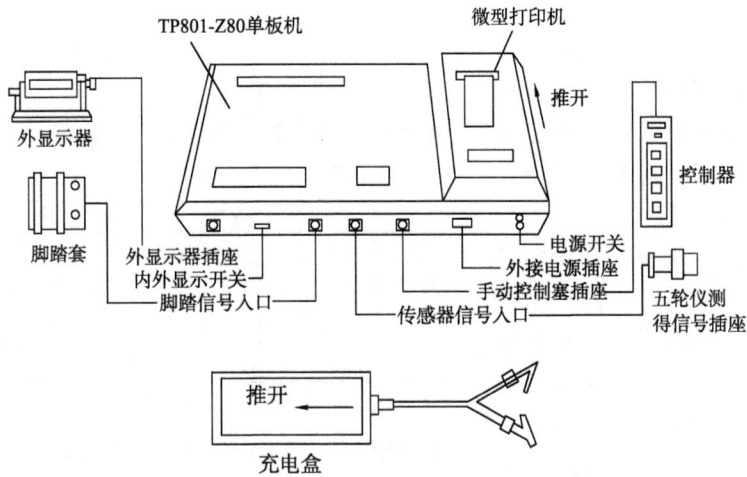

图 6-1-4　五轮仪控制图

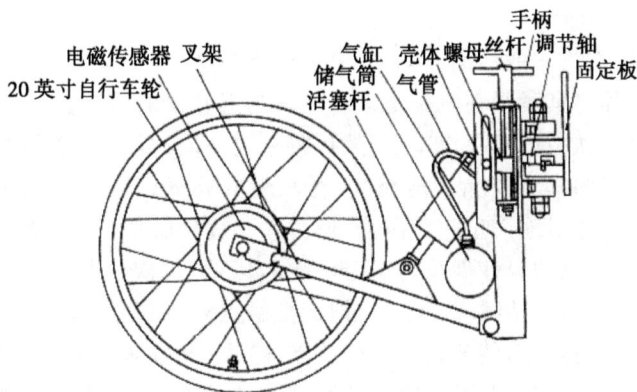

图 6-1-5　五轮仪结构图

电磁传感器安装在轮子的中心,由磁环、内齿环、外齿盘、圆盘、车轴等组成闭合磁回路。当五轮仪旋转时,内齿环与外齿盘的齿顶相对位置发生变化,即内外齿的间隙发生变化,使之闭合。这时磁路的磁阻产生变化,通过线圈的磁通量也发生变化,这样就能通过线圈两端输出近似正弦波的信号。

光电式传感器是在轮子的中心一侧固定有圆形的光孔板,其上沿圆周均匀布有若干小孔,在小孔两侧分别装有光源和光敏管。光源和光敏管固定在支架上,当轮子转动时,光孔板随之转动,每转过一个小孔,光源的光线穿过小孔照射光敏管一次,光敏管就产生一个电脉冲信号,并通过导线送入记录仪。

记录部分:其作用是对传感部分送来的电信号和内部产生的时间信号进行控制和计数,并计算出车速,然后显示出来。常用的记录仪有电脑式和电子式两种。

电脑式记录仪,如 WLY-5 型微机五轮仪,是以 Mes-51 系列的 8031 单片机为核心的智能仪器,除能完成距离、速度和时间等参数的测量和数据处理外,还能存储全部数据并打印试验结果,其控制面板如图 6-1-6 所示。在五轮仪制动踏板上套有脚踏开关,当驾驶员踩制动踏板时控制开关闭合,通过导线输入记录仪作为开始测量制动距离、制动全过程时间和制动系统反应时间等的信号。

电子式的记录仪是由测距、测时、测速、音响和稳压等部分组成,整机均装在一个金属盒内。从传感部分传来的电信号，经整形电路整成矩形脉冲后通过控制器。其中，一路送入测距电路进行测距计数，由荧光数码管直接显示汽车行驶距离；另一路送入车速计数电路进行测速计算，由另一组数码管直接显示汽车车速。测时则是把从石英谐振器经分频电路取出的 1 kHz 频率，通过控制器送入测时计数器进行以毫秒为单位的测时计数，然后由荧光数码管直接显示汽车行驶时间。制动系统反应时间的检测是通过一个传感器——附有磁钢的摆锤完成的。

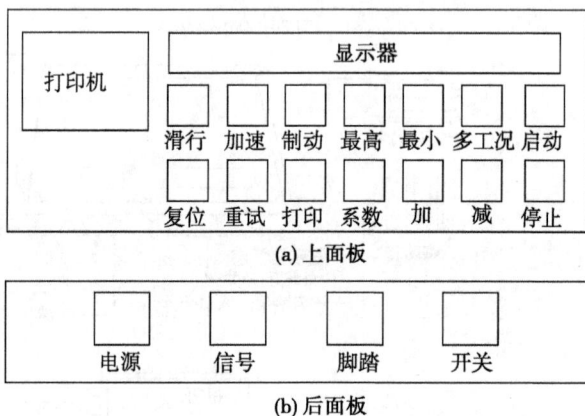

图 6-1-6　WLY-5 型微机五轮仪记录仪面板图

2. 五轮仪的工作过程

五轮仪一般固定在汽车的后面或侧面，固定板上有 12 个孔，试验时可根据位置相应选取其中 4 个孔，用螺栓将其紧固在汽车上。若汽车与五轮仪的固定板不便于直接连接，则可另做一块铁板，先将该铁板固定在汽车上，然后将五轮仪通过固定板连接在该铁板上。

试验前，对五轮仪的车轮及储气筒充气，对车轮的充气以能方便地调整出设计周长为准，对储气筒充气使车轮对地产生一定压力，压力大小凭经验估计，一般为 120 N 左右。

校准五轮仪。五轮仪的设计周长为 1 560 mm，因此，每次试验时应将车轮的周长校准为 1 560 mm。方法如下：开始时，在车轮与地面接触点划上一道线，并在车轮上该点处作一记号，然后开动汽车缓慢行走，使五轮仪正好旋转 10 圈，再在地面划一道线，这两条线之间的距离为 15.6 m。若差值大，则可利用对轮胎储气筒的充、放气进行调整；若差值小，则可转动手柄调整车轮对地面的压力。这样反复几次，直到满意为止。

使用时的调整。五轮仪固定在汽车高度适中的位置，利用手柄调节气缸的位置使活塞杆伸出 35 mm 左右，以保证车轮在运转中上下颠簸时不致发生上抬和脱空。为了防止试验过程中五轮仪摆动过大，试验时可将调节轴调到最大位置，此时汽车转弯缓慢，且转弯半径大一些。

开机使用。五轮仪接通电源后，显示器应显示"000000"或移动显示"801"。显示"000000"时，说明该仪器处于正常状态；若不显示，可按一下"复位"开关，然后按铭牌顺序将附件接上，信号线连接到传感器上，用手猛转一下五轮仪的轮子，同时按一下"脚踏"开关，待轮子停止后马上按"停止"键，显示初速，再按一下"距离"键，则显示距离，最后按一下"打印"键打印模拟试验结果。在进行路试前，必须先按一下"复位"键，然后再进行试验。

制动性能试验。在进行制动性能试验时，将脚踏套套在制动踏板上。如需进行车速为 30 km/h 的制动试验，驾驶员可将车速提至 30 km/h 以上，观察显示器，并将车速慢慢稳定到 30 km/h。然后利用行车制动踏板立即制动。制动停止时，立即按一下"停止"键，使存储器不再储存数据，此时显示制动的初速，按一下"距离"键，则显示累加的距离值，然后按"打印"键，即可打印出全部试验数据和制动过程曲线。若停止现行状态，进行下一步试验，则按一下"复位"键即可。

（二）用制动减速度仪检测制动减速度

制动减速度亦是评价汽车制动性能的重要诊断参数之一。制动减速度按测试、取值和计算方法的不同,可分为制动稳定减速度、平均减速度和充分发出的平均减速度 3 种。

检测制动稳定减速度,须采用制动减速度仪。制动减速度仪(以下简称为减速度仪)也称为制动仪,以检测制动稳定减速度和制动时间为主,可用于整车道路试验。该种仪器小巧轻便,便于携带,无需五轮仪传感器,对制动初速度和路面平整度要求也不高,使用较为方便。

按结构形式的不同,减速度仪可分为摆锤式和滑块式两种。制动时,摆锤式制动减速度仪随着摆锤的摆动而指示不同的减速度值。滑块式减速度仪则是重块沿一铜管制成的导轨在惯性力作用下移动,按位移不同指示减速度的大小。两种形式的减速度仪相比较,摆锤式制动减速度仪的误差较滑块式制动减速度仪大。

图 6-1-7 为摆锤式制动减速度仪的结构示意图,它由振动元件、传动放大装置、示度机构和阻尼器组成。当汽车以恒定速度行驶时,摆锤处在垂直位置,当汽车速度变化时,即汽车具有加速度或减速度时,"摆"在惯性力作用下产生摆动,摆动的方向可以显示出是加速还是减速,摆角的大小可以显示出加(减)速度的强度。

图 6-1-8 为滑块制动减速度仪结构简图,从图中可以看出,在纵轴方向安装有上下平行的两根导轨,在其间放置一滑块,滑块通过 3 个滑轮以很小的摩擦力在导轨上滑动。滑块通过一个螺旋弹簧系在减速度仪的主体上。为了防止滑块移动时冲击过大,可用空气阻尼器加以限制。减速度仪记录纸由干电池驱动的微电机带动,记录纸的送进方向与滑块移动方向垂直,滑块移动方向与车辆行进方向平行。当车辆以一定的制动初速度制动时,滑块以原车运动的惯性继续向前移动,直至滑块惯性力与螺旋弹簧的张力相等,滑块停止在某一位置上。滑块的滑动过程由固定在滑块上的记录触针记录在记录纸上。滑块移动的距离与汽车减速度成比例。为减小测量误差,一般应将减速度仪安装在汽车中部进行监测。

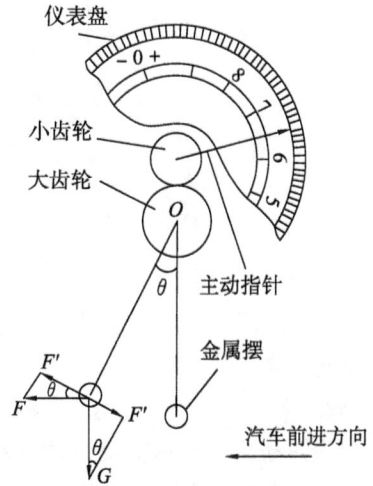

图 6-1-7　摆锤式制动减速度仪
结构示意

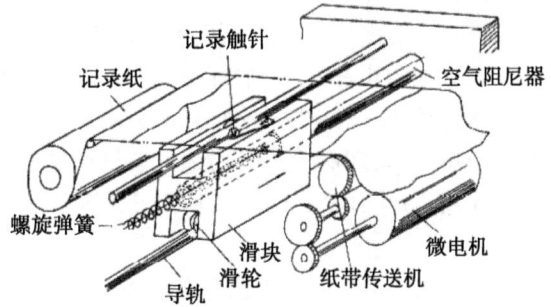

图 6-1-8　滑块式制动减速度仪结构示意

(三)用制动试验台检测制动力

在实验室条件下,常用制动试验台测试汽车的制动力进行汽车制动性能的检测。常见的制动试验台分类:按测试原理不同,可分为反力式和惯性式两类;按试验台支承车轮形式不同,可分为滚筒式和平板式两类;按检测参数不同,可分为测制动力式、测制动距离式和综合式 3 种;按试验台的测量、指示装置传递信号方式不同,可分为机械式、液力式和电气式 3 种;按试验台同时能测车轴数不同,可分为单轴式、双轴式和多轴式 3 种。目前,国内车辆性能检测站所用的制动检测设备多为单轴反力式滚筒制动试验台。

1. 单轴反力式滚筒制动试验台的结构

反力式滚筒制动试验台由驱动装置、滚筒装置、举升装置、测量装置、指示与控制装置等部分组成,如图 6-1-9 所示。

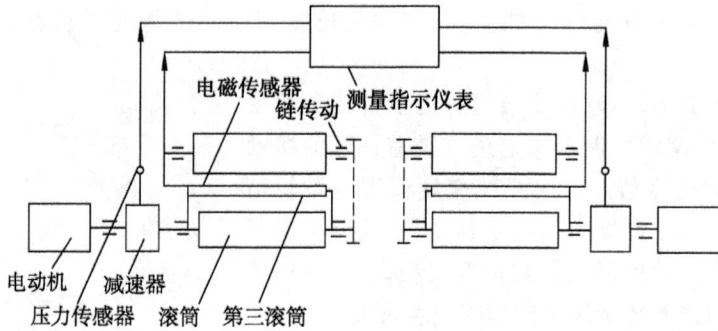

图 6-1-9　单轴反力式滚筒制动试验台

（1）滚筒装置。滚筒装置由左、右独立设置的两对滚筒构成,可以单独测试同一轴左、右车轮的制动力。一般 4 个滚筒的直径相同,滚筒两端由滚筒轴承支撑并安装在机架上。前、后滚筒间常采用链传动,当驱动装置驱动后滚筒,并通过链条带动前滚筒旋转时,滚筒装置作为活动路面支承被测车辆,传递运动使车轮旋转,并在制动试验时传递制动力。

（2）驱动装置。驱动装置由电动机、减速器（扭力箱）和链传动等部分组成。电动机通过减速器减速增扭后驱动主动滚筒,主动滚筒又通过链传动把动力传给从动滚筒。减速器和主动滚筒共用一轴,其壳体处于浮动状态。车轮制动时,该壳体能绕轴摆动,把制动力矩传给测力杠杆。

（3）举升装置。为了便于汽车出入制动试验台,在主、从动两滚筒之间设置有举升装置。该装置通常由举升器、举升平板和控制开关等部分组成。常用的举升器有气压式、电动螺旋式和液压式 3 种:气压式举升器是用压缩空气驱动气缸中的活塞或使气囊膨胀从而完成举升作用;电动螺旋式举升器由电动机通过减速器带动螺母转动,迫使丝杠轴向运动,完成举升作用;液压式举升器由液压举升缸完成举升动作。带有第三滚筒的制动试验台不用举升装置。

（4）测量装置。制动力测量装置主要由测力杠杆和传感器组成。测力杠杆一端与传感器连接,另一端与减速器壳体连接,被测车轮制动时,测力杠杆与减速器壳体一起绕主动滚筒（或绕减速器输出轴）轴线摆动。传感器将测力杠杆传来的、与制动力成比例的力（或位移）转变为电信号输送到指示与控制装置。传感器有电阻应变片式、自整角电机式、电位计式和差动变压器式等多种类型。日本式制动试验台多采用自整角电机式测量装置,而欧洲以及近期国产制动试验台多用电阻应变片式传感器。

（5）指示与控制装置。目前制动试验台控制装置都采用电子式。为提高自动化与智能化程度,有些控制装置中配置了计算机。指示装置有指针式和数字显示式两种,带计算机的控制装置多配置数字显示器,但也有配置指针式指示仪表的。带计算机的指示与控制装置主要由计算机、放大器、A/D 转换器、数字显示器和打印机等部分组成。

2. 单轴反力式滚筒制动试验台工作原理

进行车轮制动力检测时,被检汽车驶上制动试验台,车轮置于主、从动滚筒之间,放下举升器（或压下第三滚筒,装在第三滚筒支架下的行程开关被接通）。通过延时电路启动电动机,经减速器、链传动和主、从动滚筒带动车轮低速旋转,待车轮转速稳定后,驾驶员踩下制动踏板,车轮在车轮制动器的摩擦力矩作用下开始减速旋转。此时,电动机驱动的滚筒对车轮轮胎边缘的切线方向作用制动力,以克服制动器摩擦力矩,维持车轮继续旋转。同时,车轮轮胎对滚筒表面切线方向附加一个与制动力反向等值的反作用力,在反作用力矩作用下,减速器壳体与测力杠杆一起朝滚筒转动相反方向摆动,测力杠杆一端的力或位移经传感器转换成与制动力大小成比例的电信号。

测力传感器传送来的电信号经放大滤波后,送往 A/D 转换器转换成相应数字量,经计算机采集、存储和处理后,检测结果由数码管显示或由打印机打印出来,打印格式与内容视软件设计而定。一般可以把左、右轮最大制动力、制动力和制动力差、阻滞力和制动力一时间曲线等一并打印出来。在制动过程中,当左、右车轮制动力之和大于某一值时,计算机即开始采集数据,采集过程所需时间是一定的(如 3 s),规定的采集时间一到,计算机发出指令使电动机停转,以防止轮胎剥伤。

在有第三滚筒的制动试验台上,制动过程中第三滚筒的转速信号通过传感器转换成电信号后输入计算机,计算车轮与滚筒之间的滑移率。当滑移率达到一定值(如 20%)时,计算机发出指令使电动机停转。如车轮不驶离试验台,延时电路将电动机关闭 3~10 s 后又会自动启动。检测过程结束,车辆即可驶出制动试验台。

由于制动力检测技术条件要求以轴制动力占轴荷的百分比来评判,这对总质量不同的汽车来说是比较客观的。为此除设置制动试验台外,还必须配备轴重计或轮重仪,有些复合式滚筒制动试验台还装有轴重测量装置。称重传感器(应变片式)通常安装在每一车轮测试单元框架的 4 个支承脚处。GB 7258—2004《机动车安全运行技术条件》中定义的制动协调时间以驾驶员踩下制动踏板的瞬间作为起始计时点,为此,制动测试过程中必须以驾驶员通过套装在汽车制动踏板上的脚踏开关向试验台指示、控制装置发出一个"开关"信号后开始时间计数,至制动力与轴荷之比达到标准规定值的 75% 时的瞬间为止,这段时间历程即为制动协调时间,通常可以通过试验台的计算机执行相应程序来实现该过程。

由于制动测试时滚筒的转动速度较低,与实际制动状况相差甚远,这将影响所测制动力上升速度,使制动协调时间延长。若其与采样时间不能很好匹配,甚至可能影响所测制动力值的大小。

目前,采用的反力式滚筒制动试验台还无法准确地测试具有制动防抱死(ABS)系统汽车的制动性能,主要原因是这些试验台的测试车速较低,一般不超过 5 km/h,而现代制动防抱死系统均在车速 10~20 km/h 以上才起作用,所以在上述试验台上检测车轮制动力时,车辆的制动防抱死系统不起作用,只相当于对普通的液压制动系统进行检测,不能同时反映汽车其他系统(如转向机构、悬架)的结构、性能对制动性能的影响。

三、诊断参数标准

GB 7258—2004《机动车运行安全技术条件》对机动车制动性能检验有以下规定。

(一)制动距离

汽车规定的初速度下的制动距离和制动稳定性应符合表 6-1-1 的要求。对空载检验制动距离有质疑时,可按表 6-1-1 满载检验的制动性能要求进行检验。

表 6-1-1　制动距离和制动稳定性要求

机动车类型	制动初速度 /km·h^{-1}	满载检验制动 距离要求/m①	空载检验制动 距离要求/m②	试验通道宽度/m
三轮汽车	20		≤5.0	2.5
乘用车	50	≤20.0	≤19.0	2.5
总质量不大于 3 500 kg 的低速货车	30	≤9.0	8.0	2.5
其他总质量不大于 3 500 kg 的汽车	50	≤22.0	≤21.0	2.5
其他汽车、汽车列车	30	≤10.0	≤9.0	3.0
两轮摩托车	30		≤7.0	
边三轮摩托车	30		≤8.0	2.5
正三轮摩托车	30		≤7.5	2.3
轻便摩托车	20		≤4.0	
轮式拖拉机运输机组	20	≤6.5	≤6.0	3.0
手扶变型运输机	20	≤6.5		2.3

注:① 气压制动系统:气压表的指示气压≤额定工作气压;液压制动系统:踏板力,乘用车≤500 N,其他车辆≤700 N。

② 气压制动系统:气压表的指示气压≤600 kPa;液压制动系统:踏板力,乘用车≤400 N,其他车辆≤450 N。

（二）充分发出的平均减速度

汽车、汽车列车和无轨电车在规定的初速度下急踩制动时充分发出的平均减速度和制动稳定性应符合表 6-1-2 的要求。对空载检验制动性能有质疑时,可按表 6-1-2 满载检验的制动性能要求进行检验。

表 6-1-2　制动减速度和制动稳定性要求

机动车类型	制动初速度 /km·h^{-1}	满载检验充分 发出的平均减速度 /m·s^{-2}	空载检验充分 发出的平均减 速度/m·s^{-2}	试验通道 宽度/m
三轮汽车	20	≥3.8		2.5
乘用车	50	≥5.9	≥6.2	2.5
总质量不大于 3 500 kg 的低速货车	30	≥5.2	≥5.6	2.5
其他总质量不大于 3 500 kg 的汽车	50	≥5.4	≥5.8	2.5
其他汽车、汽车列车	30	≥5.0	≥5.4	3.0

（三）制动系统协调时间

制动系统协调时间指在紧急制动时,从踏板开始动作至制动稳定减速度达到表 6-1-2 规定值或制动力达到表 6-1-3 规定值所需的时间。制动系统协调时间的要求应符合单车不大于 0.6 s;汽车列车不大于 0.8 s 的要求。

（四）制动力

1. 台试检验制动力要求

汽车、汽车列车在制动试验台上测出的制动力应符合表 6-1-3 规定的要求。对空载检测制动力有质疑时,可用表 6-1-3 规定的满载检验制动力要求进行检验。

表 6-1-3　台试检验制动力要求

机动车类型	制动力总和与整车质量的百分比/%		前轴制动力与轴荷的百分比/%	
	空载	满载	前轴	后轴
三轮汽车	≥45			≥60*
乘用车、总质量不大于 3 500 kg 的货车	≥60	≥50	≥60*	≥20*
其他汽车、汽车列车	≥60	≥50	≥60*	
摩托车			≥60	≥55
轻便摩托车			≥60	≥50

注:* 表示:空、满载状态下测试均应满足此要求。

2. 制动力平衡要求(两轮、边三轮摩托车和轻便摩托车除外)

在制动力增长全过程中测得的左右轮制动力差的最大值与全过程中测得的该轴左右轮最大制动力之比,对前轴不得大于 20%。当后轴(及其他轴)动力不小于该轴轴荷的 60% 时,该比值不应大于 24%;当后轴(及其他轴)制动力小于该轴轴荷的 60% 时,在制动力增长全过程中同时测得的左、右轮制动力差的最大值不应大于该轴轴荷的 8%。

（五）制动完全释放时间

机动车制动完全释放时间(从松开制动踏板到制动消除所需要的时间),单车不得大于 0.8 s。

（六）驻车制动性能要求

在空载状态下,驻车制动装置应能保证车辆在坡度为 20%(总质量为整备质量的 1.2 倍以下的车辆为 15%)、轮胎与路面间的附着系数不小于 0.7 的坡道上正、反两个方向保持固定不动,且时间不少于 5 min。对于允许挂接挂车的汽车,其驻车制动装置必须能使汽车在满载状态下,停在坡度为 12% 的坡道(坡道上轮胎与路面间的附着系数不应小于 0.7)上。表 6-1-4 和表 6-1-5 分别为空载状态下的驻车制动性能要求和驻车制动性能检验时的操纵力要求。

表 6-1-4　空载状态下的驻车制动性能要求

机动车类型	轮胎与路面之间的附着系数	停驻坡道坡度(车辆正反向)/%	保持时间/min
总质量/整备质量<1.2	≥0.7	15	≥5
其他车辆	≥0.7	20	≥5

表 6-1-5　驻车制动性能检验时的操纵力要求

机动车类型	手操纵时操纵力/N	脚操纵时操纵力/N
乘用车	≤400	≤500
其他车辆	≤600	≤700

（七）应急制动性能要求

汽车在空载和满载状态下进行应急制动性能检验,测量从应急制动操纵始点至车辆停住时的制动距离,应急制动性能应符合表 6-1-6 的要求。

表 6-1-6　应急制动性能要求

机动车类型	制动初速度 /km·h^{-1}	制动距离/m	充分发出的平均 减速度/m·s^{-2}	手操纵力/N	脚操纵力/N
乘用车	50	≤38.0	≥2.9	≤400	≤500
客车	30	≤18.0	≥2.5	≤600	≤700
其他汽车	30	≤20.0	≥2.2	≤600	≤700

第五节　汽车前照灯检测

在夜间或能见度较低的时候,前照灯能够为驾驶员提供行车道路的照明,并可以向其他车辆发出警示,以进行交通联络。因此,汽车的前照灯必须有足够的发光强度和正确的照射方向。车辆在日常使用过程中,由于振动可能引起前照灯部件的安装位置发生变动,从而改变光照方向;同时,灯泡也会随着使用时间的增加而逐步老化,反射镜表面有污物也会导致聚光性能变差,致使前照灯的亮度不足。这些都会使驾驶员视线不清,对道路辨认困难,产生视觉疲劳,导致交通事故的发生。因此,汽车前照灯的发光强度和光束的照射方向被列为机动车运行安全检测的必检项目。

一、机动车前照灯的技术要求

GB 7258－2004《机动车运行安全技术条件》中对汽车前照灯提出了相关的技术要求。

(一)前照灯远光光束发光强度最小值要求

前照灯远光光束发光强度最小值要求见表 6-1-7。

表 6-1-7　前照灯远光光束发光强度最小值要求

cd(坎德拉)

机动车类型	检查项目					
	新注册车			在用车		
	一灯制	二灯制	四灯制[①]	一灯制	二灯制	四灯制[①]
三轮汽车	8 000	6 000		6 000	5 000	
最高设计车速小于 70 km/h 的汽车		10 000	8 000		8 000	6 000
其他汽车		18 000	15 000		15 000	12 000
摩托车	10 000	8 000		8 000	6 000	
轻便摩托车	4 000			3 000		
拖拉机运输机组 标定功率>18 kW		8 000			6 000	
拖拉机运输机组 标定功率≤18 kW	6 000[②]	6 000		5 000[②]	5 000	

注:① 四灯制是指前照灯具有 4 个远光光束;采用四灯制的机动车其中两只对称的灯达到两灯制的要求时视为合格。

② 允许手扶拖拉机运输机组只装用一只前照灯。

(二)前照灯光束照射位置要求

(1)前照灯近光光束。在检验前照灯近光光束照射位置时,前照灯照射在距离为 10 m 的屏幕上,乘用车前照灯近光光束明暗截止线转角或中点的高度应为 0.7~0.9 H(H 为前照灯基准中心高度,下同),其他机动车(拖拉机运输机组除外)应为 0.6～0.8 H。机动车(装用一只前照灯的汽车除外)前照灯近光光束水平方向位置向左偏不允许超过 170 mm,向右偏不允许超过 350 mm。

(2) 前照灯远光光束。在检验前照灯远光光束及远光单光束灯照射位置时,前照灯照射在距离 10 m 的屏幕上,屏幕光束中心离地高度:乘用车为 0.9～1.0 H,其他机动车为0.8～0.95 H;机动车(装用一只前照灯的机动车除外)前照灯远光光束水平位置要求左灯向左偏不允许超过 170 mm,向右偏不允许超过 350 mm,右灯向左或向右偏均不允许超过 350 mm。

二、机动车前照灯检测

(一)前照灯光束照射位置检验方法

(1) 屏幕检验法。屏幕法就是借助屏幕进行检查。检查场地应平整,屏幕与场地垂直。被检验的机动车在空载、轮胎气压正常、乘坐一名驾驶员的条件下进行检验。将机动车停置于屏幕前,并与屏幕垂直,使前照灯基准中心距屏幕 10 m,在屏幕上确定与前照灯基准中心离地面距离 H 等高的水平基准线,及以机动车纵向中心平面在屏幕上的投影线为基准确定的左、右前照灯基准中心位置线。分别测量左、右远近光束的水平和垂直照射方位的偏移值。

(2) 前照灯检测仪检验法。将被机动车按规定距离与前照灯检测仪对正(利用车辆摆正装置),从前照灯检测仪的显示屏上分别测量左、右远近光束的水平和垂直照射方位的偏移值。

(3) 检验方法的选择。屏幕检测法需要一个较大的场地,因此检测站很少采用。目前各汽车检测机构和维修企业通常使用前照灯检测仪检测。

前照灯检测仪分为聚光式、屏幕式、投影式和自动追踪光轴式等几种。目前,汽车检测站大多采用较为先进的自动追踪光轴式前照灯检测仪。无论哪一种检测仪均由接受前照灯光束的受光器、使受光器与汽车前照灯对正的找正装置、前照灯发光强度的指示装置与光轴偏斜量指示装置等部分组成。

(二)自动追踪光轴式前照灯检验仪的检测步骤

1. 检测仪的准备

(1) 在前照灯检验仪不受光状态下,检查光度计和光轴偏斜指示计的指针是否能对准机械零点。若指针失准,可用零点调整螺钉将其调整到零点位置上。

(2) 检查聚光透镜和反射镜的镜面有无污物或模糊不清的地方。若有,可用柔软的布或镜头纸等擦拭干净。

(3) 检查水准器的技术状况。若水准器无气泡,要进行修理;若气泡不在红线框内,可用水准器调节器或垫片进行调整。

(4) 检查导轨是否粘有泥土或小石子等杂物,要保证扫除干净。

2. 车辆的准备

(1) 清除前照灯上的油污。

(2) 轮胎气压应符合汽车制造厂的规定。

(3) 汽车蓄电池应处于充足电状态。

3. 检测开始

(1) 将汽车尽可能地与导轨保持垂直并驶近检验仪,使前照灯与检验仪受光器相距 3 m。

（2）将车辆摆正找准，并使检验仪和汽车对正。

（3）打开前照灯，接通检验仪电源，用上下、左右控制开关移动检验仪位置，使前照灯光束照射到受光器上。

4. 检测注意事项

（1）检验仪的底座一定要保持水平。

（2）检验仪应不受外来光线的影响。

（3）必须在汽车保持空载并乘坐一名驾驶员的状态下进行检测。

（4）汽车有 4 只前照灯时，一定要把辅助照明灯遮住后再进行检测。

（5）打开前照灯照射受光器后，一定要等光电池灵敏度稳定后再进行检测。

（6）仪器不用时，要用罩子把受光器盖好。

常用的前照灯修理措施包括调整、更换前照灯底座或前照灯，校正前照灯框架等。

第六节　汽车车轮定位检测

为适应汽车高速运行状态下的稳定性和舒适性要求，现代汽车广泛采用四轮独立悬架。为使汽车具有良好的转向特性，除转向轮定位外，部分轿车还具有后轮外倾角和前束等参数，称为四轮定位。四轮定位参数可通过四轮定位仪检测，检测的项目包括：转向轮前束值/角及前张角、转向轮外倾角、主销后倾角、主销内倾角、后轮前束值/角及前张角、后轮外倾角、轮距、轴距、转向 20°时的前张角、推力角和左右轴距差等，如图 6-1-10 所示。其中，转向轮定位参数的检测工作在转向轮定位仪上也可完成。因此，用于检测四轮定位的四轮定位仪不仅可检测转向轮的定位参数，还可检测后轮定位参数。

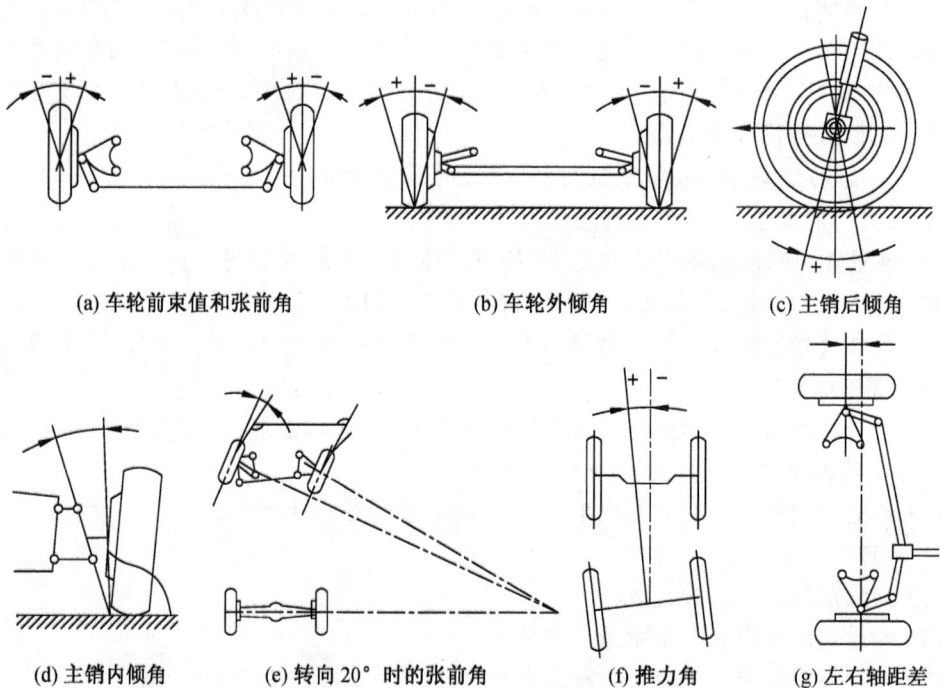

(a) 车轮前束值和张前角　　(b) 车轮外倾角　　(c) 主销后倾角

(d) 主销内倾角　　(e) 转向20°时的张前角　　(f) 推力角　　(g) 左右轴距差

图 6-1-10　四轮定位的检测项目

一、四轮定位仪的构造与工作原理

（一）四轮定位仪的构造

以国产 KD 系列光学式微机四轮定位仪为例,介绍四轮定位仪的结构与工作原理。KD-120 型光学式微机四轮定位仪外形如图 6-1-11 所示,主要由微机、彩色显示器、键盘、控制箱、传感器、机壳、打印机和红外遥控器等部分组成。其中,微机、彩色显示器、键盘、控制箱、打印机等装在机壳内,传感器 1、传感器 2、传感器 3 和传感器 4 不用时置于机壳内或挂于机壳两旁,检测时分别安装在 4 个车轮的外端面上。

（二）检测原理

不同类型的四轮定位仪所采用的检测方法、数据记录与传输方式也有所不同,但基本检测原理一致。

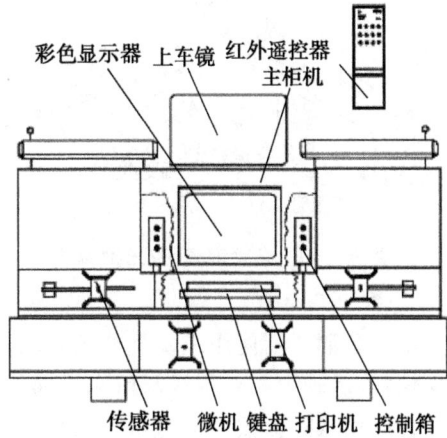

图 6-1-11　KD-120 型四轮定位仪外形图

1. 前束和左右轮轴距差

检测时,应将车体摆正并把转向盘置于中间位置。为提高检测精度,常通过拉线或光线照射及反射的方式形成一个封闭的直角四边形,并将被测车辆置于该四边形中,如图 6-1-12 所示。安装在车轮上的光学镜面或传感器不仅可检测前后轮的前束值,还可检测同一车轴上左右车轮的同轴度及推力角等。

安装在车轮上的传感器有不同类型,当采用光敏三极管式传感器时,其检测原理如下:

安装在两转向轮和两后轮上的传感器（又称定位校正头）均有接收光线和发射光线的功能,利用光线的发射与接收刚好能形成如图 6-1-12 所示的直角四边形。传感器的受光平面上等距离地排列着一排光敏三极管,当不同位置上的光敏三极管受到光线照射时,所发出的电信号即可代表前束值/角或左右轮轴距差。

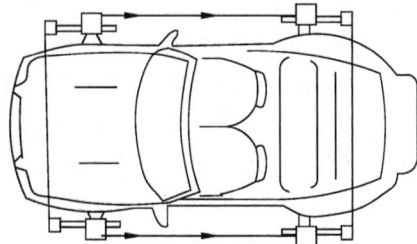

图 6-1-12　光束光线形成的
封闭直角四边形

前束为零时,同一轴左右车轮上的传感器发射（或反射）出的光束应重合。当检测出上述两条光束互相平行但不重合时,说明车轮发生了错位,左右两车轮不同轴,依据光敏三极管发出的信息可测量出左右轮的轴距差。当左右车轮存在前束时,左轮传感器上接收到的光束位置相对于原来的零点有一偏差值,该偏差值表示右侧车轮的前束值/角;同理,在右侧传感器上接收到的光束位置相对于原来零点的偏差值,则表示左侧车轮的前束值/角。转向轮和后轮前束的检测原理相同,所不同的是转向轮前束的检测利用装在左右转向轮上的两个传感器,而后轮前束的检测则是利用装在左右后轮上的传感器。车轮前束值/角的检测原理如图 6-1-13 所示。

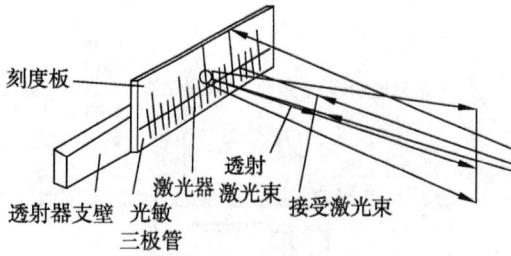

图 6-1-13　车轮前束值/角检测原理

刻度板　透射器支壁　光敏三极管　激光器　透射激光束　接受激光束

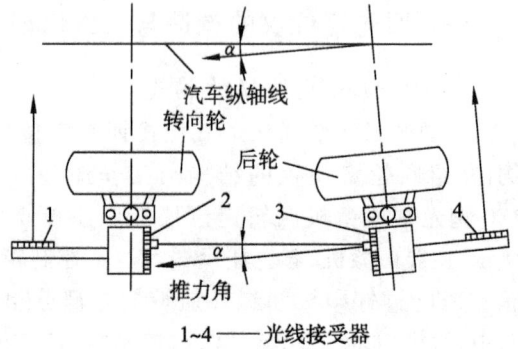

图 6-1-14　推力角检测原理

汽车纵轴线　转向轮　后轮　推力角　1~4——光线接受器

2. 推力角检测

由于车辆长期使用或发生交通事故,其后轴发生变形,致使后轴中心对称线(即推力线)发生偏斜,后轴中心对称线与汽车纵向对称线的夹角称为推力角。推力角并非设计参数,而是一种故障状态参数。推力角过大会导致轮胎异常磨损,汽车易偏离直线行驶方向,严重时将发生后轴侧滑、甩尾等危险状况。

推力角的检测原理如图 6-1-14 所示。当推力角为零时,前后轴同侧车轮上的传感器发射或接收的光束应重合,当两条光束出现夹角而不重合时,即说明推力角不为零。因此,可以用安装在汽车前轮上的传感器接收到的后轮传感器所发射光束相对于零点位置的偏差值计算汽车推力角的大小。

3. 车轮外倾角

车轮外倾角可在车轮处于直线行驶位置时直接测得。在四轮定位仪的传感器(定位校正头)内装有角度测量仪(如电子倾斜仪),把传感器装在车轮上即可直接测出车轮外倾角。

4. 主销后倾角和主销内倾角

主销后倾角和主销内倾角不能直接测出,只能采用建立在几何关系上的间接测量方法检测。若存在主销后倾角,则在车轮向外转 20° 和向内转 20° 两个位置车轮平面会发生倾角变化,该倾角变化可由传感器内的角度测量仪测出。同理,若存在主销内倾角,则在车轮向外转 20° 和向内转 20° 两个位置垂直于车轮旋转平面的平面将发生倾角变化,该倾角变化也可由传感器内的角度测量仪测出。

5. 转向 20° 时前张角

汽车使用时,转向轮长期在凹凸不平的路面上行驶或经常使用紧急制动等使转向轮经常受到碰撞和冲击而引起汽车转向梯形变形,造成汽车在转向行驶过程中转向轮的异常磨损、操纵性变差,并影响汽车的安全行驶。为了检测汽车的转向梯形臂与各连杆是否发生变形,在四轮定位检测中设置了转向 20° 时前张角的检测项目。

检测前张角时,使被检车辆转向轮停在转向盘中心,转动转向盘使右转向轮向左转 20°,读取左转向轮下转向盘上的刻度值 ω,$20° - \omega$ 即为向右转向 20° 时的前张角;使左转向轮沿直线行驶方向左转 20° 后,读取右转向轮下转向盘上的刻度值 θ,$20° - \theta$ 为向左转向 20° 时的前张角。

一般汽车在出厂时,使用说明书上均给出了前张角的合格范围,将测量值与规定值进行比较即可检测出汽车转向轮的转向梯形臂和各连杆是否发生了变形。若其超出规定值或左右转向前张角不一致,则需要校正、调整或更换转向梯形臂和各连杆。

二、四轮定位仪的使用方法

（一）四轮定位仪的安装位置

为便于检测和调整，被检汽车需放置在地沟或举升平台上（以下以汽车放置于举升平台上为例），地沟或举升平台应处于水平状态，四轮定位仪则安装在地沟两旁或举升平台上，如图 6-1-15 和图 6-1-16 所示。

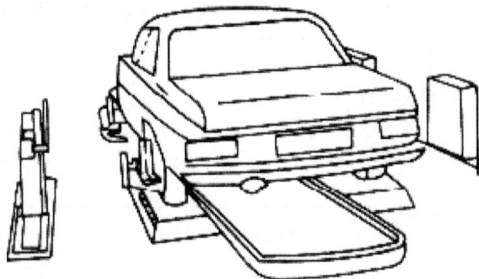

图 6-1-15　定位仪安装在地沟上　　　　　图 6-1-16　定位仪安装在举升平台上

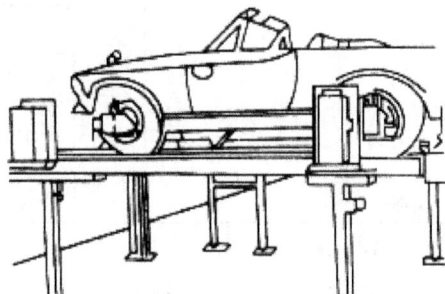

（二）对被检车辆的基本要求

在检测汽车的前轮定位时，被检车辆应满足：前后轮胎气压及胎面磨损基本一致；前后悬架系统的零部件完好，不松旷；转向系统调整适当，不松旷；前后减振器性能良好，不漏油；汽车前后高度与标准值的差不大于 5 mm；制动系统正常。

（三）准备工作

（1）汽车举升器应牢固、水平。将汽车开上举升器并停放在一次平台上，前轮处于转盘中间保持直线行驶位置，拉紧驻车制动器，并在车下选择好二次举升的支撑点。

（2）问询被检车辆行驶中的情况和问题，以及之前是否做过四轮定位的检测及检测情况。

（3）接入 AC 220 V 电源，但不要开启四轮定位仪主机柜后面板开关。

（4）将传感器安装在被测车的 4 个车轮上，并注意以下事项：以驾驶员方向感为基准，1 号传感器安装在右前轮上，2 号传感器安装在右后轮上，3 号传感器安装在左前轮上，4 号传感器安装在左后轮上。旋转传感器卡具上的上下卡爪，使传感器在车轮上固定牢固。

（5）分别将 4 根电缆线连接到 4 个传感器的接线插座上，如图 6-1-17 所示。

（6）调整传感器使之处于水平状态，并使面板上的水准仪气泡居于中间位置。

图 6-1-17　电缆线连接

（7）操纵举升器二次举升被测车辆，使其车轮离开一次平台 50 mm。

（8）松开驻车制动器，使前、后车轮转动自如。

（四）操作步骤

（1）开启主机柜后面板上的电源开关，系统启动，30 s 后进入四轮定位测试系统。

（2）显示器显示检测界面。界面下方显示"F1：测定 F2：修整 F3：输入"的提示，使用主

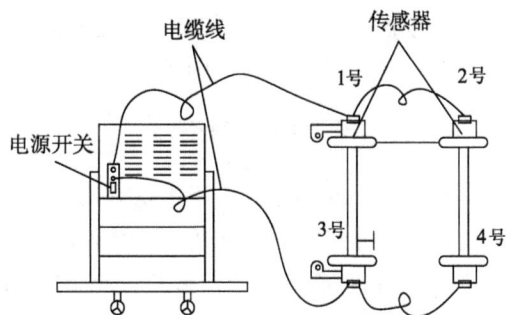

机微机键盘或遥控器操作即可。

（3）当点击 F1 键时，提示出现"请选择汽车生产国家"的界面，如图 6-1-18 所示。通过"↑"、"↓"方向键选择被检车的生产国家，然后按"Enter"键，出现"请选择汽车公司"的界面，如图 6-1-19 所示。

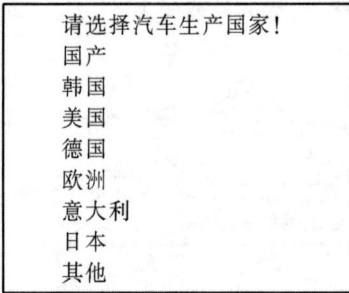

请选择汽车生产国家！
国产
韩国
美国
德国
欧洲
意大利
日本
其他

图 6-1-18　选择生产国家

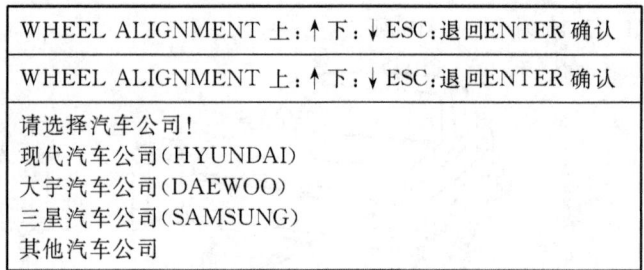

WHEEL ALIGNMENT 上：↑下：↓ESC:退回ENTER 确认
WHEEL ALIGNMENT 上：↑下：↓ESC:退回ENTER 确认
请选择汽车公司！ 现代汽车公司（HYUNDAI） 大宇汽车公司（DAEWOO） 三星汽车公司（SAMSUNG） 其他汽车公司

图 6-1-19　选择汽车公司

（4）选择汽车公司后，提示出现"请选择车型"的界面，根据被检汽车厂牌、型号、年代等参数，通过"↑"、"↓"方向键和"Enter"键进行选择。

（5）按仪器使用说明书的要求，对固定在车轮上的传感器按 1 号—4 号—3 号—2 号的顺序进行轮缘动态补偿操作，以消除轮辋变形对检测的影响。

（6）轮缘动态补偿操作结束后，按显示器界面上的提示，将手制动器拉紧，用制动杆将行车制动踏板压紧，二次举升复位，前轮落在转盘中心，将传感器水准仪气泡调整到中间位置。

（7）按显示器界面上的提示，逐项进行检测和调整，详细步骤不再赘述。

第七节　汽车车轮不平衡检测

在高速行驶条件下，车轮不平衡会引起车轮跳动和摆振，严重影响汽车的行驶平顺性、乘坐舒适性和行车安全，加剧轮胎及有关机件的磨损和冲击，缩短汽车的使用寿命。当车轮位置不正或严重不平衡时，其磨损率是正常使用状况下磨损率的 10 倍。因此，对车轮不平衡的检测已越来越引起人们的重视。

一、车轮不平衡检测原理

车轮不平衡包括车轮静不平衡和动不平衡两种情况。

（一）车轮静不平衡及其检测原理

支起车桥，调整好轮毂轴承松紧度，转动车轮待其自然停止，在停转的车轮离地最近处作一标记，然后重复转、停，试验多次，若车轮停转时所作的标记基本处于离地最近处，则车轮是静不平衡的，即车轮质心与车轮回转中心不重合，偏向作标记一边。静不平衡的车轮其质心与旋转中心不重合，车轮转动的过程中会产生离心力，该离心力可分解为一个水平分力和一个垂直分力。在车轮转动一周的过程中，当不平衡质量处于通过车轮旋转中心的垂直位置上、下点时，垂直分力达到最大值，但方向相反，从而引起车轮的上下跳动；当不平衡质量处于通过车轮旋转中心的水平位置前、后点时，水平分力达到最大值，但方向相反，从而引起车轮的前后窜动。对于转向轮，还会形成绕主销来回摆动的力矩，造成转向轮摆振。当左、右前轮的不平衡质量相互处于 180°位置时，左、右轮跳动相位相反，将引起车身的横向摆振,前轮摆振也最为严重,影响汽车行驶时的操纵稳定性。

就车式车轮平衡仪检测车轮静不平衡的原理如图 6-1-20 所示。支离地面的车轮如果不平衡,转动时必然引起车轮上下振动,该振动通过转向节或悬架传给检测装置的传感磁头、可调支架和底座内的传感器,传感器将振动信号变为电信号后控制频闪灯闪光以指示车轮不平衡点位置,并显示静不平衡值。当传感磁头传递向下的力时,频闪灯就发亮,所照射车轮最下部的点即为不平衡点,不平衡程度越大,传感器的受力也越大,传感器输出信号越大,指示装置显示的数值也越大。

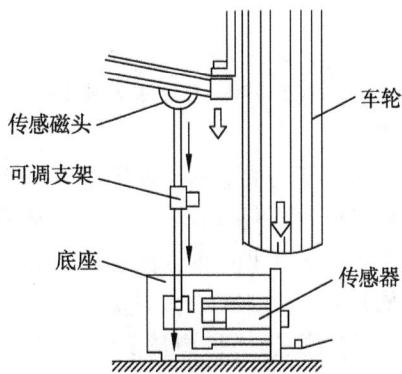

图 6-1-20　车轮静不平衡检测原理

(二)车轮动不平衡及其检测原理

静平衡的车轮,若车轮的质量分布相对车轮纵向对称中心面不对称,就会造成动不平衡,如图 6-1-21 所示。假定 a 点和 b 点上分别具有两个质量相同的质点 m_1 和 m_2,大小相等、方位相反,车轮质心与车轮旋转轴心重合,亦即车轮处于静平衡状态。当该车轮旋转时,m_1 和 m_2 将分别产生离心力,这两个力大小相等、方向相反,其作用线间距为 L。车轮转动中,由于两个离心力的合力矩不为零而产生一个方向反复变动的力偶 M,这种情况即为车轮处于动不平衡状态。车轮转动时,由于存在力偶 M,且 M 的方向反复变化,在 M 的作用下,引起轮毂轴承附加动载荷,造成前轮绕主销的摆振。

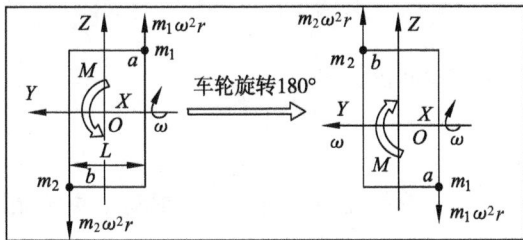

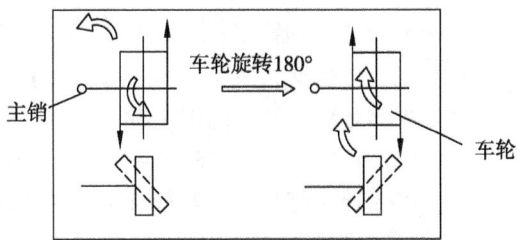

(a) 车轮动不平衡受力　　　　(b) 车轮动不平衡引起的前轮摆振

图 6-1-21　车轮的动不平衡

就车式车轮平衡仪检测车轮动不平衡的原理如图 6-1-22 所示。支起车桥,车轮平衡仪传感磁头安装于制动底板边缘部位,且与车轮旋转中心水平。转动车轮,若车轮动不平衡,则必然引起车轮绕主销的摆振,该振动通过传感磁头传到传感器,传感器将振动信号转换为电信号以控制频闪灯闪光并显示动不平衡值。

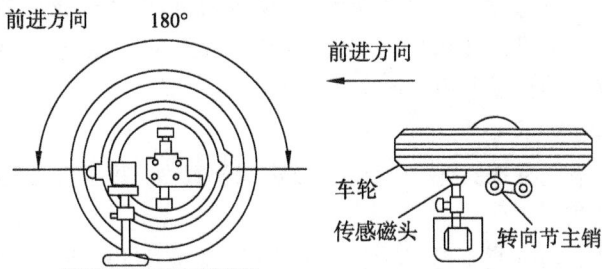

图 6-1-22　车轮动不平衡检测原理

二、就车式车轮平衡仪的组成

图 6-1-23 为就车式车轮平衡仪的组成示意图。

就车式车轮平衡仪主要由以下 4 部分组成：

（1）驱动装置：驱动装置由电动机和转轮组成，检测从动车轮时，将转轮直接贴靠于车轮的胎面，电动机通过转轮带动车轮旋转。

（2）测量装置：测量装置由传感磁头、可调支架、底座（内装传感器）等部分组成。检测时，将传感磁头吸附在独立悬架下臂、非独立悬架的转向节处或制动底板上，传感磁头将振动信号传递给底座内的传感器，转换成电信号输出。

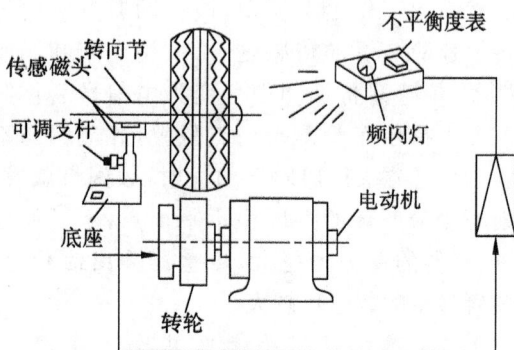

图 6-1-23　就车式车轮平衡仪组成示意图

（3）指示装置：指示装置由频闪灯和不平衡度表组成。传感器信号送入指示装置，驱动频闪灯闪光，指示不平衡位置，不平衡量由不平衡度表显示。

（4）制动装置：制动装置为摩擦式制动器，可使车轮停止转动，以便进行车轮平衡作业。

三、车轮动不平衡的就车检测

（一）准备工作

（1）用千斤顶支起被测车桥，尽量使两边车轮离地间隙相等。

（2）清除被测车轮上的泥土和石子。

（3）检查轮胎气压，视情况将气压充至规定值。

（4）用手转动轮胎检查轮毂轴承是否松旷，检查车轮的径向跳动和横向摆动是否明显，视情况做适当调整。

（5）在轮胎外侧面任意位置上用粉笔或白胶布做好标记。

（二）前从动轮静不平衡检测

（1）用三角垫木塞紧对面车轮和后桥车轮，将测量装置推至被测前轮一端的前梁下，传感磁头吸附在悬架或转向节下，磁头应尽量垂直安装，调节可调支架高度并锁紧。

（2）推动车轮平衡仪转轮至车轮侧面或前面，检查频闪灯工作是否正常，检查转轮的旋转方向能否使车轮的转动与前进行驶时一致。

（3）操纵车轮平衡仪与轮胎接触并压紧，启动电动机，带动车轮旋转至规定转速。

（4）观察频闪灯照射下的轮胎标记位置，并从仪表上读取不平衡量数值。

（5）操纵平衡仪上的制动装置，使车轮停转。

（三）前从动轮动不平衡检测

（1）将传感磁头吸附在擦拭过的制动底板边缘平整处，并尽量使传感磁头与车轮旋转中心处在同一水平位置。

（2）操纵平衡仪电动机使车轮旋转至规定转速，用频闪灯观察轮胎标记位置，从仪表上读取车轮动不平衡量数值。

（四）驱动轮平衡

（1）驱动轮转动可由发动机驱动，一般驱动轮车速应达到 50～70 km/h，并在某一转速下稳定运转。

（2）测试结束后用汽车车轮制动器使车轮停转。

（3）其他方法及注意事项与从动轮动、静不平衡检测相同。

四、检测结果分析

用就车式车轮平衡仪检测车轮动、静不平衡情况，一般动、静不平衡量在 10 g 以内则认为车轮可继续使用，若不平衡量超过 10 g 则应进行平衡作业。若车轮动、静不平衡量过大则需主要检查车轮平衡块是否脱落，轮胎是否存在异常磨损、局部损坏或修补方法是否恰当，汽车行驶中该车轮是否发生过较严重的碰撞导致轮辋变形等。

第八节　汽车排放污染物检测

一、汽车排气污染物的成分及危害

随着汽车工业的迅速发展，汽车保有量快速增加，汽车排放的污染物造成的环境污染问题亦日趋严重。汽车排放污染物对社会、环境和人类健康的影响已经成为严重的社会问题，因此，对汽车排放污染物的监控与防治刻不容缓。为了控制汽车的排放污染，世界各国都将汽车排放作为一项很重要的汽车检测项目，我国也逐步完善了控制汽车排放物的国Ⅰ、国Ⅱ、国Ⅲ、国Ⅳ等标准。自 2007 年 7 月 1 日起，我国执行最新的 GB 17691-2005《车用压燃式、气体燃料点燃式发动机与汽车排气污染物排放限值及测量方法（中国Ⅲ、Ⅳ、Ⅴ阶段）》。

要做好汽车排放污染物的监控与防治，首先要做好汽车排放污染物的检测工作。汽车排放的污染物主要有：一氧化碳（CO）、碳氢化合物（HC）、氮氧化合物（NO_x）、微粒物（PM）（由碳烟、铅氧化物等重金属氧化物和烟灰等组成）和硫化物等。这些污染物通过汽车的排气管、曲轴箱和燃油系统排出，分别称为排气污染物（又称尾气）、曲轴箱污染物和燃油蒸发污染物。此外，污染物中所含的氯氟烃（CFC'S）和二氧化碳（CO_2）等各种有害成分也都直接或间接危害着人类的健康。

一氧化碳（CO）。CO 是汽油烃类成分燃烧的中间产物，是一种无色、无刺激气味的气体，吸入人体后能迅速与人体血液中的血红蛋白结合成为一氧化碳血红蛋白，阻止氧的输送。当其在人体血液中的浓度超过 60％时，会使人因窒息而死亡。如果空气充足，理论上燃料燃烧后不会产生 CO，但当空气不足（氧气不足）即混合气空燃比小于 14.8∶1 时，必然会有部分燃料不能完全燃烧而生成 CO，特别是当发动机处于怠速状态时，混合气体过浓，此时发动机工作循环中的气体压力与温度不高，混合气体的燃烧速度减慢，造成不完全燃烧，致使 CO 的浓度增加。发动机加速负荷范围工作或点火过分推迟也会导致尾气中 CO 浓度的增高。

碳氢化合物（HC）。碳氢化合物总称为烃类，是发动机未燃尽的燃料分解产生的气体。在强光照射下，它与 NO_2 的混合物可在大气中反应产生臭氧等过氧化物，对人的眼睛、鼻子和咽喉黏膜等均有较强的刺激作用，可引起结膜炎、鼻炎、支气管炎等症状，并伴有难闻的臭味，严重时可致癌。汽车排放污染物中未燃烃类的 20％～25％来自曲轴箱窜气，20％来自燃油箱的蒸发,其余 55% 由排气管排出。当排出的 HC 总量达到 10^{-6} 时就会影响人体健康。

氮氧化合物(NO_x)。氮氧化合物主要指一氧化氮(NO)和二氧化氮(NO_2),它们由排气管排出。高浓度的 NO 会引起人的神经中枢障碍,并且很容易被氧化成剧毒的 NO_2。NO_2 有特殊的刺激性臭味,严重时会引起肺气肿。试验证明供给略稀的混合气(混合气空燃比 $\geqslant$ 15.5)会增大 NO_x 的排放量。汽油机排出的氮氧化合物中,NO 占 99%,而柴油机排出的氮氧化合物中 NO_2 比例稍大。

浮游微粒(PM)。汽油机中的主要微粒有铅化物、硫酸盐和低分子物质;柴油机中的主要微粒是石墨形的含碳物质(碳烟)和高分子量有机物(润滑油的氧化和裂解产物)。柴油机的微粒数量比汽油机多 30～60 倍,成分也比较复杂,特别是碳烟,主要由直径 0.1～10.0 mm 的多孔性碳粒构成,它会被人体吸入至肺部沉淀下来,并且往往黏附有 SO_2 及某些致癌物质,严重危害人体健康。

光化学烟雾。它是指汽车内燃机排气中的 NO_x 和 HC 排入大气后,在紫外线作用下进行光化学反应产生光化学过氧化物而形成的黄色烟雾。其主要成分是 O_3(一种极强的氧化剂),当其浓度达到 10^{-6} 时,人会在 1 小时内死亡。

硫氧化物。汽车尾气中硫氧化物的主要成分为二氧化硫(SO_2)。当汽车使用催化净化装置时,就算很少量的 SO_2 也会逐渐在催化剂表面堆积,造成"催化剂中毒",不但影响催化剂的使用寿命,还危害人体健康。另外 SO_2 还是造成酸雨的罪魁祸首。

二氧化碳(CO_2)。CO_2 为无色无毒气体,对人体无直接危害,但大气中 CO_2 的大幅度增加使其对红外热辐射的吸收迅速增加而形成的温室效应,使全球气温上升、南北极冰川溶化、海平面上升、大陆腹地沙漠化趋势加剧,人类和动植物赖以生存的生态环境遭到破坏。世界工业化进程引起能源的大量消耗,导致大气中 CO_2 含量剧增,其中约 30% 来自汽车排放物。因此,近年来对 CO_2 的控制已成为研究汽车排放的重要课题。

二、汽车排放污染物的检测

(一)汽油车排放污染物的检测

1. 汽油车排放污染物的检测标准

1979 年 9 月,我国颁布了新中国成立以来第一部综合性的《中华人民共和国环境保护法(试行)》,1983 年发布并于 1984 年实施了《汽车污染物排放标准和测量方法》。其后,又相继制定了几项排放标准,并于 1993 年、1999 年对上述排放标准进行了修订,从严规范了诊断参数和测量方法,使我国废气污染治理走上了较为严格的法制轨道。

GB 18285-2000《在用汽车排气污染物限值及测试方法》是参照美国国家环保局标准 EPA-AA-RSPD-IM-96-1-2《加速模拟工况试验规程、排放标准、质量控制要求及设备技术要求技术导则》制定的,它使我国在用汽车排气污染治理更为严格和规范。

2001 年颁布实施的 GB 14761-2001《汽车排放污染物限值及测试方法》等效采用了联合国欧洲经济委员会(ECE)1995 年 7 月 2 日生效的 ECER83/02《按发动机对燃料的要求类别就污染排放物对车辆的认证规则》的全部内容,采用国际通用的试验方法,对汽车排放污染物的控制标准达到了欧洲 20 世纪 90 年代初的水平。

2001 年颁布实施的 GB 18352.1-2001《轻型汽车污染物排放限值及测量方法(Ⅰ)》、GB 18352.2-2001《轻型汽车污染物排放限值及测量方法(Ⅱ)》等效采用和参照了当时欧洲的最新标准。

2005 年 7 月 1 日起实施的 GB 18285－2005《点燃式发动机汽车排气污染物排放限值及测量方法(双怠速法及简易工况法)》代替了 GB 14761.5－93《汽油车怠速污染物排放标准》、GB/T 3845－93《汽油车排气污染物的测量(怠速法)》和 GB 18285－2000《在用汽车排气污染物排放限值及测量方法》中的点燃式发动机汽车部分。

根据 GB 18285－2005《点燃式发动机汽车排气污染物排放限值及测量方法(双怠速法及简易工况法)》,在用汽车排气污染物排放限值见表 6-1-8。

表 6-1-8　在用汽车排气污染物排放限值(体积分数)

车　型	类　型			
	怠速		高怠速	
	CO/%	HC/$\times 10^{-6}$	CO/%	HC/$\times 10^{-6}$
1995 年 7 月 1 日前生产的轻型汽车	4.5	1 200	3.0	900
1995 年 7 月 1 日起生产的轻型汽车	4.5	900	3.0	900
2000 年 7 月 1 日起生产的第一类轻型汽车*	0.8	150	0.3	100
2001 年 10 月 1 日起生产的第二类轻型汽车	1.0	200	0.5	150
1995 年 7 月 1 日前生产的重型汽车	5.0	2 000	3.5	1 200
1995 年 7 月 1 日起生产的重型汽车	4.5	1 200	3.0	900
2004 年 9 月 1 日起生产的重型汽车	1.5	250	0.7	200

注：* 对于 2001 年 5 月 31 日以后生产的 5 座以下(含 5 座)的微型面包车,执行此类在用车排放限值。

2. 汽油车排放污染物的检测

(1) 应保证被检测车辆处于制造厂规定的正常状态,发动机进气系统应装有空气滤清器,排气系统应装有排气消声器,并不得有泄漏。

(2) 应在发动机上安装转速计、点火正时仪、冷却液和润滑油测温计等测量仪器。测量时,发动机冷却液和润滑油温度应不低于 80℃,或者达到汽车使用说明书规定的热车状态。

(3) 发动机从怠速状态加速至 70% 额定转速,运转 30 s 后降至高怠速状态。将取样探头插入排气管中,深度不低于 400 mm,并固定在排气管上。维持 15 s 后,由具有平均值功能的仪器读取 30 s 内的平均值,或者人工读取 30 s 内的最高值和最低值,其平均值即为高怠速污染物测量结果。对于使用闭环控制电子燃油喷射系统和三元催化转化器技术的汽车,还应同时读取过量空气系数 λ 的数值。

(4) 发动机从高怠速降至怠速状态 15 s 后,由具有平均值功能的仪器读取 30 s 内的平均值,或者人工读取 30 s 内的最高值和最低值,其平均值即为怠速污染物测量结果。

(5) 若为多排气管,则取各排气管测量结果的算术平均值作为测量结果。

(6) 若车辆排气管长度小于测量深度,应使用排气加长管。

(7) 测量工作结束后,把取样探头从排气管里抽出来,让它吸入新鲜空气 5 min,待仪器指针回到零点后再关闭电源。

(二)柴油车排气污染物的标准及检测

1. 柴油车排气污染物的检验标准

柴油车排出的烟有黑烟、蓝烟和白烟 3 种。其中,以柴油机在全负荷和加速工况时排出的黑色碳烟最为常见。黑烟的发暗程度用排气烟度表示,排气烟度用烟度计检测。烟度计有滤纸式、透光式、重量式等多种形式。

根据 GB 18285-2000《在用汽车排气污染物限值及测试方法》的规定,对于装配压燃式发动机的车辆,按照 GB 14761-1999《汽车排放污染物限值及测试方法》通过 C 类认证的车辆进行自由加速排气可见污染物试验,除通过 C 类认证以外的其他装配压燃式发动机的车辆进行自由加速烟度试验。标准中还规定,自由加速排气可见污染物试验按 GB 18285-2000《在用汽车排气污染物限值及测试方法》附录 B 进行,自由加速烟度试验按 GB/T 3846-1993《柴油车自由加速烟度的测量滤纸烟度法》规定进行。

GB 18285-2000《在用汽车排气污染物限值及测试方法》规定,对于装配压燃式发动机最大总质量≥400 kg,最大设计车速≥50 km/h 的在用汽车,自由加速试验烟度排放限值如表 6-1-9 所示。

表 6-1-9　装配压燃式发动机的车辆自由加速试验烟度排放限值

车辆类型	烟度值/Rb
1995 年 7 月 1 日以前生产的在用汽车	4.7
1995 年 7 月 1 日起生产的在用汽车	4.0

2. 柴油车排气污染物的检测

(1) 滤纸法烟度检验。

仪器的准备:接通电源,进行必要的 30 min 预热;按下"校准"键,插入标准烟度纸校准,屏幕所显示的数值必须与标准烟度纸上的一致,如果不一致,则用"↑"、"↓"键调整;校准后,取出标准烟度纸按"复位"键复位,再按"测试"键开起检测;检查取样装置和控制装置中各部机件的工作性能,特别要注意脚和手控制的抽气泵开关与抽气泵动作是否同步;检查控制用压缩空气的压力和清洗用压缩空气的压力是否符合要求。

车辆准备:排气系统不得有泄漏;排气管应能保证取样探头插入深度不小于 300 mm,否则排气管应加接管,并保证接口不漏气;必须采用生产厂家规定的柴油机油和未添加消烟剂的柴油;柴油机应预热到说明书规定的热状态。

检测程序:吹除积存物。在急速工况下将油门踏板迅速踏到底,4 s 后松开,反复 3 次,以清除排气系统中的积物;安装取样探头。将取样探头固定于排气管内,插入深度为 300 mm,并使其中心线与排气管轴线平行;将踏板开关固定在油门踏板上方;测量取样。在急速工况下将踏板开关和油门踏板一并迅速踏到底,保持 4 s 后松开,完成第一次检验,读取示值(自动)或取样(手动);相隔 11 s 以后,进行第二次检验。重复检验 3 次,取 3 次检验值的算术平均值作为排气烟度的检验结果。

(2) 自由加速烟度检测。

自由加速烟度的检测应在自由加速工况下,采用滤纸式烟度计,按测量规程进行。自由加速工况是指柴油发动机于急速工况(发动机运转,离合器处于接合位置,油门踏板与手油门处于松开位置,变速器处于空挡位置,具有排气制动装置的发动机蝶形阀处于全开位置),将油门踏板迅速踏到底,维持 4 s 后松开。

仪器准备:通电前,检查指示仪表指针是否处在机械零点上,若不在,则用零点调整螺钉使指针与"0"刻度重合;接通电源,进行仪器预热;打开测量开关,在检测装置上垫 10 张全白滤纸,调节粗调及微调电位器,使表头指针与"0"刻度重合;在 10 张全白滤纸上放上标准烟样,并对准检测装置,仪表指针应指在标准烟样的染黑度数值上,否则应进行调节;检查取样装置和控制装置中各部机件的工作情况,特别要检查脚踏开关与活塞抽气泵动作是否同步;检查控制用压缩空气和清洗用压缩空气的压力是否符合要求;检查滤纸进给机构的工作情况是否正常,检查滤纸是否合格。

受检车辆准备:进气系统应装有空气滤清器,排气系统应装有消声器并且不得有泄漏;柴油应符合国家规定,不得使用燃油添加剂;测量时发动机的冷却水和润滑油温度应达到汽车使用说明书规定的热状态。

测量程序:用压力为 0.3～0.4 MPa 的压缩空气清洗取样管路;把抽气泵置于待抽气位置,将洁白的滤纸置于待取样位置,滤纸夹紧;将取样探头固定于排气管内,插入深度为 300 mm,并使其轴线与排气管轴线平行;将脚踏开关引入汽车驾驶室内,但暂不固定在油门踏板上;按照自由加速工况的规定加速 3 次,以清除排气系统中的积存物,然后把脚踏开关固定在油门踏板上,进行实测;测量取样,按照自由加速工况的规定和图 6-1-24 所示自由加速烟度测量规程,将油门踏板与脚踏开关一并迅速踩到底,持续 4 s 后立刻松开,维持怠速运转,循环测量 4 次,取后 3 个循环烟度读数的算术平均值作为所测烟度值;当汽车发动机出现黑烟冒出排气管的时间与抽气泵开始抽气的时间不同步现象时,应取最大烟度值作为所测烟度值;在被染黑的滤纸上记下试验序号、试验工况和试验日期等,以便保存;检测结束,及时关闭电源和气源。

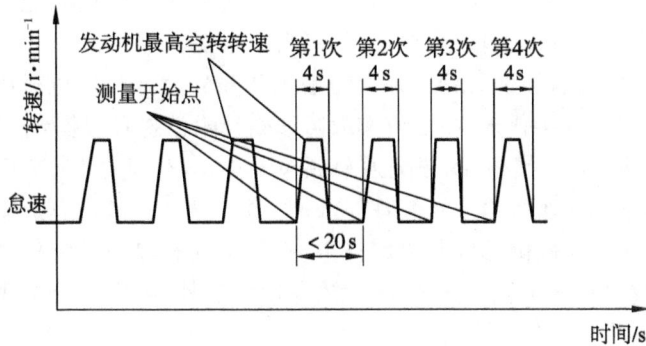

图 6-1-24 自由加速烟度测量规程

第二章 汽车故障诊断技术

第一节 概 述

随着科学技术的发展,汽车的技术含量越来越高,其结构也日趋复杂。在汽车的使用过程中,由于某一种或几种因素的影响,其技术状况将随行驶里程的增加而变化,汽车动力性、经济性、可靠性、安全性逐渐或迅速下降,排气污染和噪声加剧,故障率增加,这不仅对汽车的运行安全、运行消耗、运输效率、运输成本及周围环境造成极大的影响,还直接影响到汽车的使用寿命。因此,研究汽车故障的变化规律,定期检测汽车的使用性能,及时而准确地诊断出故障部位并排除故障就成为汽车使用技术的一项重要内容。而汽车故障诊断技术则是汽车使用技术的中心环节,是恢复汽车使用寿命的关键。

汽车故障诊断技术是指在整车不解体的情况下,确定汽车技术状况,查明故障原因和故障部位的汽车应用技术,包括汽车故障诊断和检测两部分内容。汽车故障诊断技术是随着汽车的发展从无到有逐渐发展起来的一门技术。一些发达国家早在20世纪40～50年代就形成了以故障诊断和性能调试为主的单项检测技术。

进入20世纪60年代后,故障诊断与检测技术获得了较大发展,声学、光学、电子技术、理化与机械相结合的光机电、理化机电一体化检测技术获得大量应用,逐渐将单项检测技术联线建站(出现汽车检测站)演变成为既能进行维修诊断,又能进行安全环保检测的综合检测技术。随着电子计算机的发展,20世纪70年代初出现了检测控制自动化、数据采集自动化、数据处理自动化、检测结果自动打印的现代综合故障检测技术,检测效率极高。20世纪80年代后,发达国家的汽车故障诊断技术已进入到广泛应用的阶段,在管理方面实现了"制度化",在基础技术方面实现了"标准化",在检测技术上向"智能化、自动化"方向发展,给交通安全、环境保护、节约能源、降低运输成本和提高运输力等方面带来了明显的社会和经济效益。

我国交通部门自1980年开始,有计划地在全国公路运输系统筹建汽车综合性能检测站,公安部门也在全国中等以上城市建成了许多安全性能检测站。20世纪90年代初,除交通、公安两个部门外,机械、石油、冶金、外贸等系统和部分大专院校也建成了相当数量的汽车检测站。到20世纪90年代末,我国汽车故障诊断技术已初具规模,基本形成了全国性的汽车检测网。20世纪90年代初,我国交通部颁布了第13号部令《汽车运输业车辆技术管理规定》、第28号部令《汽车维修质量管理办法》和第29号部令《汽车运输业车辆综合性能检测站管理办法》,对汽车故障诊断与检测技术、检测制度和综合性能检测站等均做出了明确规定,其组织管理也步入正轨。如今,除少数专用设备外,绝大部分检测设备都已实现了国产化,满足了国内需求。随着公路交通运输企业、汽车制造企业和整个国民经济的发展,我国的汽车故障诊断技术在21世纪必将获得更长远的发展。

第二节 汽车故障诊断的基本概念

一、汽车故障

(一)汽车故障的定义

汽车故障是指汽车部分或完全丧失工作能力的现象,其实质是汽车零件本身或零件之间的配合状态发生了异常变化。

汽车的工作能力是动力性、经济性、工作可靠性及安全环保等各项性能的总称。

(二)汽车故障的分类

汽车故障的分类方法多种多样,常见的分类方法如下:

(1)按汽车丧失工作能力的程度可分为局部故障和完全故障。局部故障是指汽车部分丧失了工作能力,降低了使用性能的故障。完全故障是指汽车完全丧失了工作能力,不能行驶的故障。

(2)按故障发生的后果可分为轻微故障、一般故障、严重故障和致命故障。轻微故障不会导致停驶,暂不影响正常行驶,故障排除时不需要更换零件,可用随车工具在短时间内排除。一般故障不会导致主要零部件损坏,虽未造成停驶,但已影响汽车的正常行驶,可在短时间内用随车工具通过调整或更换低值易耗件进行修复。严重故障会导致整车性能严重下降及主要零部件损坏,且不能用随车工具在短时间内修复。致命故障会造成汽车重大损坏及主要总成报废,还可能导致人身伤亡。

(3) 按故障发生的性质可分为自然故障和人为故障。自然故障是指在汽车使用期内,由于内、外部不可抗拒的自然因素的影响而产生的故障。人为故障是指在汽车制造和维修中,由于使用了不合格的零件或违反了装配技术要求,或在使用中没有遵守使用要求和操作工艺规程,或因运输、保管不当等人为因素所造成的故障。

(4) 按故障发生的速度可分为突发性故障和渐进性故障。突发性故障是指零件在损坏前没有可以察觉到的征兆,故障是瞬间产生的,具有偶然性和突发性,一般不受运行时间的影响,难以预测,但这种故障容易排除,通常不影响汽车的使用寿命。渐进性故障是由于汽车某些零件的初始参数逐渐恶化,其参数值超出限值而引起的故障,其故障率与运行时间有关,在汽车有效寿命的后期才会明显地表现出来。渐进性故障是汽车需进行大修的标志,通过诊断和检测,可以预测故障发生的时间。

(5) 按故障表现的稳定程度可分为持续性故障和间歇性故障。持续性故障的症状稳定,故障规律明显,其故障部位技术状况稳定,一般较易诊断和排除。间歇性故障时有时无,具有突发性,且无明显规律可循,其故障部位的技术状况会发生不规则变化。

(6) 按故障显现程度可分为可见性故障和潜在性故障。可见性故障是指已经导致汽车功能丧失或性能下降的故障。潜在性故障是指逐渐发展但尚未对汽车性能产生影响的故障。

二、汽车故障诊断

(一)汽车故障诊断的含义

汽车故障诊断是指在不解体(或仅拆下个别小零件)的情况下确定汽车的技术状况,查明故障部位及故障原因的汽车应用技术。

汽车技术状况是指定量测得的表征某一时刻汽车外观和性能参数的总和。

(二)汽车故障诊断方法

汽车技术状况的诊断是通过检查、测量、分析、判断等一系列活动完成的,其基本方法主要有人工经验诊断法和现代仪器设备诊断法。

(1) 人工经验诊断法。人工经验诊断法是指诊断人员凭丰富的实践经验和一定的理论知识,在汽车不解体或局部解体的情况下,依靠直观的感觉印象,借助简单工具和仪表,采用眼观、耳听、手摸和鼻闻等手段,进行检查、试验、分析,确定汽车的技术状况,查明故障原因和故障部位的诊断方法。

(2) 现代仪器设备诊断法。现代仪器设备诊断法是指在汽车不解体的情况下,利用测试仪器、检测设备和检验工具,检测整车、总成或机构的参数、曲线和波形,为分析、判断汽车技术状况提供定量依据的诊断方法。

在实际的故障诊断过程中,上述两种方法往往同时综合使用,也称为综合诊断法。人工经验诊断法简单实用,不需要专用仪器设备,投资少,见效快,但对复杂故障诊断速度慢,准确性差,不能进行定量分析,需要诊断人员有较高的技术水平和丰富的实践经验。现代仪器设备诊断法检测速度快,准确性高,能定量分析,可实现快速诊断,而且采用微机控制的现代电子仪器设备,能自动分析、判断、存储并打印出汽车各项性能参数,但其投资大,检测成本高。

现代仪器设备诊断法是汽车故障诊断检测技术发展的必然趋势,而人工经验诊断法虽然有一定不足,但在相当长的历史时期内仍有十分重要的实用价值,即使普遍使用了现代仪器设备诊断法,也不能完全脱离人工经验诊断。现代仪器设备诊断法实际是把人脑的分析、判断,通过计算机语言变成了电脑的分析、判断,所以不能鄙薄人工经验诊断法,更不能忽视其实用性,只有将二者有机结合,才能提高故障诊断效率。

（三）汽车故障分析

汽车故障分析就是根据汽车的故障现象,通过检测、分析和推理判断出故障原因和故障部位,而清晰的检测思路、缜密的综合分析和逻辑推理就是实现快速、准确判断的关键。汽车故障诊断过程中常用故障树分析法和故障诊断流程图进行故障分析。

（1）故障树分析法。将系统故障形成的原因由总体至部分按树枝状逐级细化的分析方法即为故障树分析法,它是汽车故障诊断最常用的分析方法之一。

故障树分析法又称故障树诊断法,它将汽车的故障现象作为分析目标,找出导致此故障发生的全部直接原因,然后再找出导致下一级故障发生的全部直接原因,一直追查到那些最基本的、无需再深究细解的原因为止,形成了反映汽车故障因果关系的树枝状图形——故障树。故障树是对复杂系统进行故障分析的有效方法,其目的是通过推理分析判明故障原因和故障部位。

（2）汽车故障诊断流程图。根据汽车故障征兆和技术状况间的逻辑关系,反映汽车故障诊断的综合分析、逻辑推理和判断思路,描述汽车故障诊断操作顺序和具体方法,从原始故障现象到具体故障部位和原因的顺序框图即为汽车故障诊断流程图,它是汽车故障诊断过程中检测思路、综合分析、逻辑推理和判断方法最常用的具体表达方式。

在进行具体的故障分析时,较为有效的分析方法是将故障树分析法和故障诊断流程图结合起来使用。先绘制出故障树,然后根据汽车故障诊断和维修经验,剔除故障率很小的那些故障原因(视车型和具体故障征兆而定),按照从总体到局部、由表及里、先易后难、层层推进的故障诊断原则,找出汽车故障诊断的最佳操作顺序,阐明具体操作方法,并用流程图的形式表示出来。

第三节　汽车故障的成因及其变化规律

一、汽车故障产生的原因

零件失效是汽车故障产生的主要原因,除此之外,一些人为因素,如设计上的缺陷,制造、维修及配件差错,燃油、润滑油质量,非正常维护与使用等均可导致故障产生。

汽车零件失效的主要形式为零件之间的自然磨损或异常磨损、零件与有害物质接触造成的腐蚀、零件在长期交变载荷下的疲劳断裂、零件在外载荷及温度残余内应力下的变形、非金属零件及电器元件的老化、偶然的损伤等等。其中,老化是非金属零件及电器元件失效的主要原因,而金属零件失效的主要原因是磨损,且汽车零件的内在磨损具有一定的规律性。

二、汽车零件的磨损规律

零件的磨损规律是指两个相配合零件的磨损量与汽车行驶里程间的关系,又称为零件的磨损特性。图 6-2-1 所示即为二者的关系曲线——汽车零件的磨损特性曲线。

由图 6-2-1 可以看出,零件的磨损可分为如下 3 个阶段:

(一)零件的磨合期

由于零件表面粗糙度的存在,在配合初期,其实际接触面积较小,比压力极高,因此初期磨损量较大。但随着行驶里程的增加,配合质量不断提高,磨损量的增长速度开始减慢。零件在磨合期的磨损量主要与零件的表面加工质量及磨合期的使用状况有关。

图 6-2-1 汽车零件的磨损特性曲线

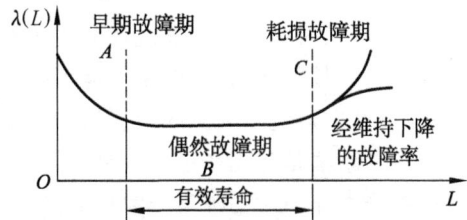

(二)正常工作期

在正常工作期($k_1 k_2$),由于零件已经过了初期磨合阶段,零件的表面质量、配合特性均达到最佳状态,润滑条件也得到相应改善,因而磨损量较小,磨损量的增长也比较缓慢,就整个阶段的平均情况来看,其单位行驶里程的磨损量变化不大。零件在正常工作期的磨损属于自然磨损,磨损程度取决于零件的结构、使用条件和使用情况,若能合理使用将会使正常工作期相应延长。

(三)加速磨损期

加速磨损期又称极限磨损期。随着磨损量的不断积累,零件间的配合间隙不断增大,当配合间隙达到极限值时,润滑条件恶化,磨损量急剧增加,若继续使用,将会由自然磨损发展为事故性磨损,造成零件恶性损坏。

由上述分析可知,要延长零件的使用寿命,应降低磨合期的磨损,减缓正常工作期的磨损,并推迟加速磨损期的到来。

三、汽车故障的变化规律

汽车故障的变化规律是指汽车的故障率随行驶里程的变化规律。汽车故障率是指使用到某行驶里程的汽车,在单位行驶里程内发生故障的概率,也称失效率或故障程度。它是度量汽车可靠性的一个重要参数,体现了汽车在使用过程中工作能力丧失的程度。

汽车故障的变化规律曲线就是汽车的故障率 $\lambda(L)$ 与行驶里程 L 的关系曲线,也称浴盆曲线,它与汽车零件的磨损特性曲线存在一定的对应关系,如图 6-2-2 所示。

与零件的磨损规律相对应,汽车故障的变化规律也分为如下 3 个阶段:

图 6-2-2 汽车故障变化规律曲线

(一)早期故障期

早期故障期相当于汽车的走合期。因初期

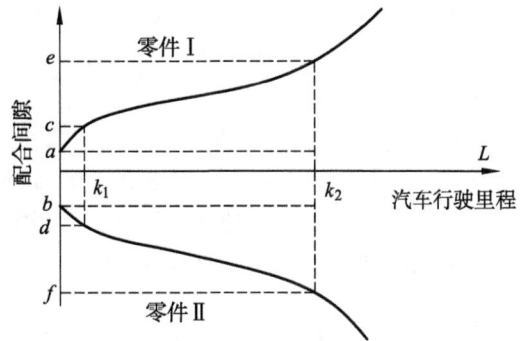

磨损量较大,所以故障率较高,但随着行驶里程的增加故障率逐渐下降。

(二)偶然故障期

在偶然故障期内故障的产生是随机的,没有一种特定的因素起主导作用,多由于使用操作不当、润滑不良、未正常维护及材料内部隐患、工艺和结构缺陷等偶然因素所致,此阶段又称随机故障期。在此期间,汽车或总成处于最佳状态,故障率低而稳定,其对应的行驶里程一般称为汽车的有效寿命。

(三)耗损故障期

在耗损故障期,由于零件磨损量急剧增加,大部分零件严重耗损,特别是大多数受交变载荷作用而极易磨损的零件已经老化衰竭,致使故障率急剧上升,若不及时维修,将导致汽车或总成报废。因此,必须把握好耗损点,制定合适的维修周期。

早期故障期和随机故障期所对应的行驶里程即为汽车的修理周期或称修理间隔里程。

第四节　电子控制系统的故障诊断方法

一、直观诊断法

直观诊断法也称经验诊断法或人工诊断法,这种方法在对传统汽车故障的诊断中占有相当重要的地位。它是通过人的感觉器官对汽车故障现象进行看、问、听、试、嗅等等,了解和掌握故障现象的特点,通过人的大脑进行分析、判断得出结论的诊断方法。

诊断故障时,首先要收集、了解全部故障现象及故障发生的过程。了解故障是在什么条件下出现的:是在正常使用过程中出现的,是维护、换件后出现的,还是在汽车大修后出现的?了解这些故障的特点和相关情况,有助于分析故障的性质、类型和原因。通常,某一故障只是在某一特定条件下故障现象最为明显,而当条件改变时,故障现象也随之改变。当条件许可时,可改变汽车的工况,观察故障现象的变化,分析其内在联系,从而找出故障发生的原因。改变汽车工况的试车过程,也是了解汽车故障现象的一种手段。

任一故障都是由一、两个关键原因引起的。如发动机排气管冒黑烟,关键原因就是燃料在燃烧室内燃烧不完全,诊断分析就要抓住燃油、空气的供给及油气混合情况这些关键因素;又如发动机过热,诊断分析就要抓住冷却系的冷却作用和发动机工作是否正常。要想抓住问题的关键,就必须熟悉汽车各组成部分的结构和工作原理,掌握各系统、各机构正常工作时所必备的条件。

在进行故障原因分析时应注意,一种故障现象可能由多种原因引起,而一种故障原因有可能表现出不同的故障现象。原因和现象不是简单的一一对应关系,原因分析中的推断应符合客观实际,否则不能找准故障的真正原因。因此,在故障诊断中应采用合适的方法与正确的程序。在故障诊断中,应尽可能不拆卸或少拆卸机件,避免盲目地任意拆卸,以免浪费人力和工时,并避免因不正确的拆卸而造成新的故障。

直观诊断法是建立在维修人员对汽车电子控制系统基本结构原理的掌握程度,以及在大量的维修工作中对各种车型常见故障的排除方法进行及时总结和积累的基础上的,因此,其诊断效率和准确性与诊断者的工作能力、经验积累等有相当大的关系。经验丰富的诊断专家可以利用直观诊断法诊断出汽车可能出现的绝大多数故障。

由于直观诊断法不需要任何仪器设备,只要对汽车结构和常见故障现象有一定的了解,就可以随时随地进行诊断,并且直观诊断法对操作者没有任何具体要求,只要维修人员善于对维修工作中处理过的故障现象及排除方法进行总结和积累,便可一定程度地掌握直观诊断方法并收到事半功倍的效果。

二、随车自诊断系统诊断法

随车自诊断系统诊断法即利用汽车上电子系统所提供的自诊断功能对汽车故障进行诊断的方法。电控燃油喷射系统、电控点火系统、电控自动变速器、ABS 系统等电子控制系统都设计有故障自诊断功能,当电子控制系统有关传感器、执行机构以及相关电路有故障时,ECU 中的故障检测系统会将故障以代码的形式通过仪表板上的故障警告灯显示出来,或通过专用的故障诊断接口读出,这就为汽车故障诊断提供了极大的方便。

故障自诊断模块共用汽车电子控制系统的信号输入电路,在汽车运行过程中监测传感器、电子控制系统以及各种执行元件的输入信息,当某一信号超出了预设的范围,并且这一现象在一定的时间内不消失时,故障自诊断模块便判断这一信号对应的电路或元件出现故障,并把这一故障以代码的形式存入内部存储器,同时点亮仪表盘上的故障指示灯。当发动机运行不正常时,可优先选用自诊断测试。

进入自诊断测试状态后,不同的诊断测试模式将完成不同的诊断测试功能,一般有以下两种诊断测试模式:

一是静态测试模式,简称 KOEO(Key ON Engine OFF)模式,即点火开关"ON"在发动机不运转的情况下读取故障码,主要是读取存储器中的历史故障码和静态测试状态下发生故障时的故障码。大部分电控发动机采用静态测试模式。

二是动态测试模式,简称 KOER(Key ON Engine Run)模式,即点火开关"ON"在发动机运转的情况下读取故障码。该模式主要用于检测在动态下发生故障的故障码,它能检测到许多静态模式无法判断的故障。

维修人员应首先读出发动机故障代码,进而查询故障码代表的内容。ECU 正常的输入、输出信号电压都是在规定的范围内变化的,当某一电路出现超出规定范围的信号时,自诊断系统判断该路信号有故障。故障的出现不只与传感器和执行器有关,而且与出现故障的整个电路有关。为了查出故障原因,除检查传感器和执行器外,还需检查线束、插头、ECU 和与此信号电路有关的其他元件。例如,水温传感器本身是正常的,若线束短路,则自诊断系统将显示水温信号电路有故障发生。

汽车故障排除后,需要清除故障码。进行故障码清除时,应严格遵循特定车型所规定的故障码清除方法,一般而言,断开通往发动机控制系统的电源线或保险丝,就可清除微机控制系统存储的故障码,但采用拆除蓄电池负极搭铁线的方法清除故障码,将会使某些车型的控制电脑失去"经验记忆"或造成车辆某些功能的丧失。

随车自诊断系统通常只能提供与本系统有关的电气装置或线路故障。它有以下不足:只包括为数有限的若干常见故障,大量的故障特别是油路、气路并未包括在内;许多故障没能反映或仅给出较为模糊的诊断结论,维修人员仍然无从下手;维修人员无法了解故障诊断原理、诊断过程,判断故障相对比较机械,对维修人员的理论水平、分析能力和实际工作经验要求较高。所以维修人员还要利用其他诊断策略,以快速找出故障部位。

三、数据流分析法

利用汽车故障自诊断接口专用的检测仪器(如大众汽车所用的 VAG1552),可将汽车电控系统工作中的燃油脉冲宽度、点火提前角、发动机转速、节气门开度、怠速调整状态、氧传感器状态、ABS 轮速传感器状态、自动变速器挡位等一系列信号以数值的形式实时地显示出来。这组数据组成的数据块称为数据流,在数据流中包括故障码的信息、控制电脑的实时运行参数、控制电脑与诊断仪之间的相互控制指令。数据流不仅能够使我们对汽车电控系统各有关传感器、执行机构的工作情况进行动态监测,同时也为电控系统的故障诊断提供了分析的依据。

数据流分析法即通过对汽车不同工况下的数据流进行分析对比而得到故障信息的诊断方法。

(一)测量手段

数据参数的测量方式常见的有:电脑通讯式、电脑在线测量式和元件模拟式。

电脑通讯式:通过控制系统在诊断插座中的数据通讯线将控制电脑的实时数据参数以串行的方式传送给诊断仪。诊断仪在接收到这些信号数据后,按照预定的通讯协议将其显示为相应的文字和数码,使维修人员观察到系统现在的运行状态并作相应分析,发现其中不合理或不正确的信息,从而进行故障诊断。电脑诊断仪有扫描仪和专用诊断仪两种。

在线测量方式:通过对控制电脑电路的在线检测(主要指电脑的外接电路),将控制电脑各输入、输出端的电信号直接传送给电路分析仪。电路分析仪器主要有汽车万用表和汽车示波器。

元件模拟方式:通过信号模拟器替代传感器向控制电脑传送模拟的传感器信号,并对控制电脑的响应参数进行分析比较。信号模拟器主要有单路信号模拟器和同步信号模拟器。

(二)数据分析方法

数据分析方法有数值分析法、时间分析法、因果分析法、关联分析法、比较分析法等。

数值分析法是对数据的数值变化规律和数值变化范围所作的分析,数值的变化有转速、车速、电脑读值与实际值的差异等。例如系统电压,在发动机未启动时,其值应约为当时的蓄电池电压,在启动后约等于该车充电电压,若出现不正常的数值,则表示充电系统或发动机控制系统可能出现故障,甚至可能是电脑内部的电源部分出现了故障。

时间分析法是对数据变化的频率和变化周期所作的分析。电脑在分析某些数据参数时,不仅要考虑传感器的数值,而且要判断其响应速率,以获得最佳的控制效果。如氧传感器的信号,不仅要求有信号电压和电压的变化,而且要求信号电压的变化频率在一定时间内要超过一定的次数,当小于规定次数值时,就会产生故障码,表示氧传感器响应过慢。例如奥迪车,当氧传感器的响应迟缓时,往往在 1 600~1 800 r/min 之间出现转速自动波动(加速踏板不动)约 100~200 r/min,甚至影响加速性能。这种转速波动往往是由于氧传感器响应迟缓,导致空燃比变化过大所造成的。

因果分析法是对相互联系的数据间响应情况和相应速度的分析。在各个系统的控制中,许多参数之间是有因果关系的。如电脑得到一个输入,肯定要根据此输入给出下一个输出。在认为某个过程有问题时,可以将这些参数连贯起来观察,以判断故障出现在何处。

关联分析法是对互为关联的数据存在的比例关系和对应关系所作的分析。电脑有时对故障判断的根据是通过几个相关传感器信号的比较,当发现它们之间的关系不合理时,会给出一个或几个故障码,或指出某个信号不合理。此时不要轻易地断定是该传感器不良,而要根据它们之间的相互关系作进一步的检测,以得出正确的结论。

比较分析法是对相同车种及系统在相同条件下的相同数据组进行对比的分析。在很多时候,没有足够的技术资料和详尽的标准数据便无法很准确地确定某个器件的好坏。此时可与同类车型或同类系统的数据加以比较,从而确定故障部位。

在电控汽车的维修中,使用数据流功能,可准确地发现故障部位,提高故障的诊断效率,特别是对一些间断性和偶发性故障的诊断非常有效。

四、波形分析法

电子控制系统的工作是通过传感器、ECU 和执行机构之间的信号传递来实现的,当传感器或控制 ECU 及其相关电路出故障时,会造成有关信号丢失、波形异常(幅值、形状、频率等)或各信号之间的相位发生变化。检测出这些信号的变化是电控系统故障诊断的关键所在,对于这些因电信号轻微变化所引起的电控系统故障,凭经验或简单的万用表诊断是无法正确地检测出来的。

波形分析法即借助普通多踪示波器或汽车专用示波器对电控系统可能发生故障的信号波形进行检测和显示,通过对波形有关特征与正常波形差别的对比分析可达到故障诊断的目的。判断传感器的波形是正常波形还是异常波形,可以通过 5 种测量参数来加以判断,即幅值(信号最高的电压值)、频率(信号的循环时间)、形状(信号的外形)、脉宽(信号的占空比或所占时间)和阵列(信号的重复特性)。汽车专用示波器显示的信号即包含这 5 种参数,故障波形与正常波形会通过这些参数的不同作出区别分类。

在 Volvo B230F 发动机怠速工况下采集的曲轴位置传感器正常波形,及传感器接插口松动、接触不良造成转速传感器输出信号动态随机丢失的波形,如图 6-2-3 所示。因此维修人员应了解不同信号的正常波形,将所测波形与正常波形相对照,如果与正常波形不符,应查出不同之处,并检查传感器、执行器、ECU、线束等,找出故障原因。

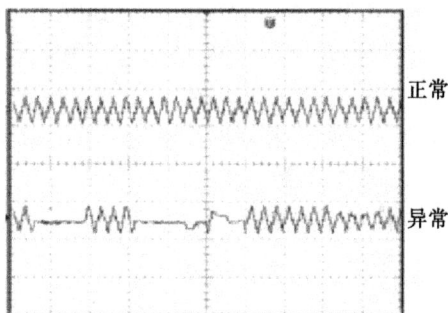

正常

异常

图 6-2-3 怠速工况曲轴位置传感器信号
正常波形与信号丢失波形对比

与传统的诊断方法相比,波形分析法能够真实地反映电控系统传感器、ECU 和执行机构之间的信号传递特征,特别是对点火系统、电控燃油喷射系统、ABS 系统等变化较快的传感器信号的分析和故障诊断十分有效。但波形分析法的应用对维修人员的素质要求较高,即维修人员必须对汽车电控系统的结构原理、不同情况下各传感器和执行机构正常波形的特征十分熟悉,才能正确应用波形分析法对汽车电控系统故障进行快速准确的诊断。

五、电路分析法

汽车电控系统电路比传统的电路系统要复杂得多,而且不同的车型由于其电控系统的控制方法和控制原理有各自的特点,因此,电控系统电路差异较大。掌握各种车型电控系统的控制方法和控制原理,熟悉其电路特征,大量收集常见车型的电路资料,有助于在尽量短的时间内准确地找出故障部位和故障点,并及时排除故障,提高工作效率和效益。

电路分析法即以故障车的电路原理图为基础,在电路图上进行故障分析和判断,推断出可能的故障原因和故障部位的方法。如前照灯近光灯丝工作异常,而远光灯丝工作正常,则应根据电路原理,查找变光开关(或自动变光电路)和近光灯丝是否正常等。

六、电控发动机故障诊断的一般原则

1. 先思后行

当发动机出现故障时,先根据故障现象进行故障分析,在查出可能的故障原因后再选择适当的程序和方法进行故障诊断操作,以防止故障诊断操作的盲目性,尤其是对故障原因比较复杂的故障现象,"先思后行"既可避免对无关部位作无效的检查,又不会漏检有关的故障部位,从而达到准确迅速排除故障的目的。

2. 先外后内

在选择故障诊断程序和操作次序时,先对发动机电子控制系统以外的故障原因进行检查,然后再对电子控制系统进行诊断操作,以避免费时费力去检查发动机电子控制系统,而不能及时找出真正的故障原因。

3. 故障码优先

当故障自诊断系统监测到电子控制系统故障时,均会以故障码的方式储存故障信息,但并不是所有的故障都通过发动机故障警告灯报警,因此无论仪表板上的发动机故障警告灯是否亮起报警,在对发动机电子控制系统进行检查以前,均应先进行读取故障码操作,以便充分利用故障自诊断系统迅速而准确地排除故障。

4. 先简后繁

直观检查最为简单,应对一些通过看、摸、听、闻等方法可以确认的故障部位优先进行检查;需要用仪器、仪表或其他专用工具进行检测的部位,也应将较易检查的排在前面。这样可使电控发动机的故障诊断变得更为简单。

5. 先熟后生

电控发动机的一些故障现象可能有多个故障原因,不同故障原因出现的概率是不同的,应先对常见的故障部位进行检查,这样往往可迅速确定故障部位,省时省力。

6. 先备后用

电子控制系统元件性能是否良好、电路是否正常,通常以电压或电阻等参数值来判断。如果没有这些诊断参数,又不了解检测的位置,往往会使电子控制系统的故障诊断变得很困难或根本无法进行。所谓先备后用就是在检修前,应准备好有关的诊断参数、检修资料或备件,以保证故障诊断的顺利进行。

第五节 电子控制系统主要元件的检测

电子控制系统由传感器、执行元件和ECU等部分组成。电子控制系统工作时,ECU不断检测传感器的性能参数,经计算、处理后再控制执行元件动作。

一、传感器的检测

按信号产生方式的不同,传感器一般可分为信号改变传感器和信号产生传感器。

（一）信号改变传感器的检测

信号改变传感器本身没有产生电压的能力,它一般把 ECU 的电压(5 V)当作自己的参考电压,随着发动机状态的变化改变自己的参考电压值,并将其输送给发动机 ECU。这类传感器主要有空气流量传感器、节气门位置传感器、进气歧管压力传感器、发动机冷却液温度传感器和进气温度传感器等。根据其导线数目的不同又可分为单导线型、双导线型和三导线型三类。

1. 单导线型传感器的检测

单导线型传感器的电路原理如图 6-2-4 所示,其检测步骤如下:

(1) 断开传感器导线连接器,打开点火开关,测量导线与搭铁之间的电压是否为参考电压。如果测量结果不正确,则应检查导线和 ECU。

(2) 测量传感器搭铁端子与搭铁之间的电阻值是否为零。

(3) 接好传感器导线连接器,启动发动机,测量传感器信号端子电压是否随发动机工况的变化而变化。

2. 双导线型传感器的检测

双导线型传感器有两根导线,一根为信号线,另一根为搭铁线。进气温度传感器即为双导线型传感器,该类传感器的电路原理如图 6-2-5 所示,其检测步骤如下:

(1) 关闭点火开关,断开传感器导线连接器,用万用表欧姆挡测量连接器上各接线与搭铁之间的电阻,找出搭铁线。

(2) 打开点火开关,用万用表电压挡测量另一根导线与搭铁之间的电压是否为参考电压。若测量结果不正确,则应检查导线和 ECU。

(3) 接好传感器导线连接器,启动发动机,测量传感器信号端子的电压是否随发动机工况的变化而变化。

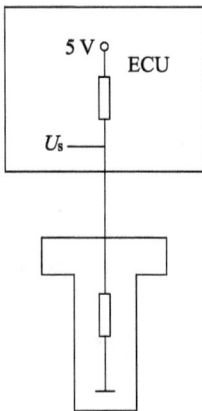

图 6-2-4　单导线信号改变传感器电路原理　　图 6-2-5　双导线信号改变传感器电路原理　　图 6-2-6　三导线信号改变传感器电路原理

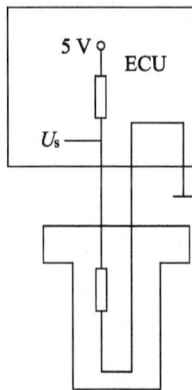

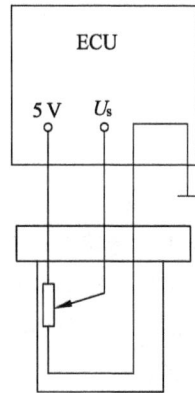

3. 三导线型传感器的检测

三导线型传感器的导线中,一根为 ECU 的电源线,一根为信号线,另一根为搭铁线。节气门位置传感器即为三导线型传感器,此类传感器的电路原理如图 6-2-6 所示,其检测步骤如下:

(1) 将点火开关旋到"OFF"位置,断开传感器导线连接器,用万用表欧姆挡测量连接器上各接线与搭铁之间的电阻,确定搭铁线。

(2)将点火开关置于"ON"位,用万用表电压挡测量其他两根导线与搭铁之间的电压,电压为参考电压的导线为电源线,剩下的一根导线即为信号线。

(3)接好传感器导线连接器,启动发动机,测量传感器信号端子和搭铁端子间的电压是否随发动机工况的变化而变化。

(二)信号产生传感器的检测

信号产生传感器与信号改变传感器的不同点是其本身不加参考电压,而是根据发动机的特别工作状态使自身产生相应的电信号。典型的信号产生传感器有爆震传感器、氧传感器等。

此类传感器根据其导线数目的不同可分为单导线型和双导线型两类。

1. 单导线型传感器的检测

在单导线传感器中,传感器直接搭铁,其导线为信号线。氧化锆型氧传感器即为单导线型传感器,此类传感器的电路原理如图 6-2-7 所示,其检测步骤如下:

(1)断开传感器导线连接器,测量导线与 ECU 之间的连接线路是否正常。

(2)检测传感器端子与搭铁之间是否短路。

(3)启动发动机,测量传感器端子电压是否随发动机工况的变化而变化。

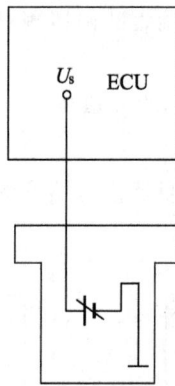

图 6-2-7　单导线信号
产生传感器电路原理　　　　图 6-2-8　双导线信号
产生传感器电路原理

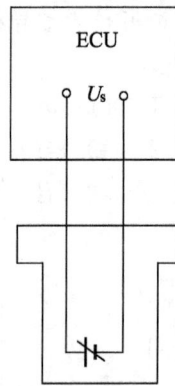

2. 双导线型传感器的检测

双导线型传感器的两根导线,其中一根为信号线,另一根为搭铁线。爆震传感器即为双导线型传感器,该类传感器的电路原理如图 6-2-8 所示,其检测步骤如下:

(1)断开传感器导线连接器,用万用表欧姆挡测量连接器上各接线与搭铁之间的电阻,找出搭铁线。

(2)用万用表电压挡测量另一根导线与 ECU 之间的连接是否正常。

(3)启动发动机,测量传感器两端子间的电压是否随发动机工况的变化而变化。

二、电子控制单元的检测

电子控制单元(ECU)是一种电子综合控制装置,它根据各种传感器送来的信号确定最佳喷油量和喷油时刻。

（一）ECU检测注意事项

（1）不得损坏导线、连接器，避免短路或接触较高的电压。

（2）慎重使用电子检测设备和仪器，高电压会使ECU芯片内部电路短路或断路。检测时，最好使用兆欧级阻抗的数字表。

（3）没有适当的工具和有关知识，禁止拆卸、检测ECU。

（4）所有的高压元件距离传感器或执行装置的控制线至少25 mm以上。

（5）防止静电对ECU的损害。

（二）导线及连接器的检测

检测ECU的电源线、搭铁线是否良好。拔下线束连接器，查看其内部是否有锈蚀，触针是否弯曲，并检查ECU上所有搭铁线是否有腐蚀。检测导线连接器时，可用手轻轻摇动连接器，若有松动，应拔下连接器，检查接触端子是否被腐蚀。若端子有轻微腐蚀现象，需用铜刷或电器接触清洁剂将其除去。安装时，可用专用的导电油脂涂抹，以防腐蚀。

三、执行元件的检测方法

电控系统的执行元件都是电磁式的，既可以采用简单的仪表（如万用表）进行检测，也可以用电子检测仪器进行动态检测。主要测量执行元件的输入电压、电流、频率、电阻等主要参数，也可以通过听诊、触摸、换件比较等人工经验法对其工作性能进行判断。由于执行元件在各种电控系统有多种应用，其检测方法和技术要求也不尽相同，本节不作详细介绍。

第六节　电控汽油喷射系统的故障诊断

电控汽油喷射系统的工作状况对发动机的性能有很大的影响。当该系统电脑的控制线路或任何一个传感器、执行器出现故障时，都会在一定程度上影响发动机的启动性、运转稳定性、动力性、经济性以及尾气排放。因此，当电控燃油喷射发动机出现故障或性能下降时，首先应检查该发动机的汽油喷射系统是否存在故障。

由于电控汽油喷射系统的构造和原理都十分复杂，不同车型的电控汽油喷射系统往往有较大的差异，其故障形式可能是电子方面的，也可能是机械方面的，这些都给故障的诊断、排除带来一定的困难。在诊断与排除电控汽油喷射系统的故障时，必须详细了解各种汽油喷射系统的工作原理和构造特点，参阅被修车型的详细说明和相关技术资料，充分合理地利用各种检测仪器和手段；除此之外，掌握分析各种故障原因的方法，遵循科学合理的诊断程序和步骤也是十分重要的。

一、电控汽油喷射发动机故障诊断的一般方法

1. 先思后行

对发动机的故障现象先进行综合分析，在了解可能有的故障原因的基础上再进行故障检查，这样可防止检查的盲目性，也可避免对某些部位漏检，以便迅速排除故障。

2. 先外后内

在发动机出现故障时，先对电控系统之外可能有的故障部位进行检查，再对电控系统进行故障检查。

3. 先简后繁

先以简单方法检查可能出现故障的部位。直观检查最为简单,可以用问、看、摸、听、嗅、试等检查方法,将一些故障部位迅速找出来。

问:在诊断之前,应先问明具体情况。如车辆已行驶的里程、近期的维修情况、故障发生之前有何预兆、是突变还是渐变等。

看:就是用眼睛查看线路是否松脱、断路,油路是否漏油,进气管是否破裂漏气,真空管是否漏插,高压分线是否插错等。

摸:用手摸一摸可疑线路插头是否松动;火花塞的温度、喷油器或怠速控制阀的振动情况,以判断火花塞、喷油器、怠速控制阀是否工作;线路连接处是否有不正常的高温,以判断该处是否接触不良等。

听:用耳朵(或借助螺钉旋具、听诊器等)听一听有无漏气、异响。

4. 先易后难

由于结构特点及使用环境等原因,发动机的某一故障现象通常是由一些总成或部件的原因引起的,应先对这些常见故障部位进行检查,再对其他不常见的故障部位检查。

5. 代码优先

微机控制系统一般都有故障自诊断功能。在电控系统出现某种故障时,故障自诊断系统就会立刻监测到故障,并以代码的方式存储该故障信息。因此,在对发动机作系统检查前应先按厂家提供的方法读出故障代码,再按照故障代码的内容排除相关故障。

二、电控汽油喷射发动机故障诊断注意事项

一般汽车计算机单元硬件的额定工作电压为直流 5 V,但对于汽车专用计算机,为了提高其抗干扰能力,其额定电压在直流 10 V 左右;当加于计算机各连接脚的外界电压高于其允许值时,就会损坏硬件系统,因此一定要进行正确使用和操作。

1. 不能随意断开蓄电池的任何一根连线

蓄电池本身的结构相当于一个大电容,它与负载及发电机并联,因此,它可吸收电感性负载通、断电瞬间产生的浪涌电压,保护汽车上连接的计算机等晶体管元件,不允许在发动机运转或接通点火开关的情况下,拆掉蓄电池的连线,其正、负极桩的连线一定要接触良好,只有在切断点火开关的前提下才可拆下蓄电池的连线。

2. 应使用高阻抗的仪表检测计算机系统

如果用低阻抗的仪表测量计算机,计算机供给该仪表的电流就会过太,从而导致计算机损坏;当检测仪表中的电源电压高于计算机系统的工作电压时,更不能直接用仪表对其进行测量;不能用高压低阻抗的欧姆表测量计算机和传感器,更不能用试灯代替与计算机连接的任何执行元件进行测试(除非试灯的电阻比原元件的阻值大得多)。

3. 不能让强磁场靠近计算机

带有较强磁场的扬声器等不能靠近计算机,否则会损坏计算机内的有关元件;在汽车上电弧焊时应切断计算机系统的电源;另外还要防止人体静电对计算机的损伤,检测计算机或更换芯片时,操作人员一定要将身体接地(铁),即带上搭铁金属带,将金属带一头系在手腕上,另一头夹在汽车上,以防止人体静电对计算机的损伤。

现代汽车的计算机控制系统都含有自诊断功能,越先进的汽车,自诊断分辨率越高,即通过自诊断测试可找出的故障部位也越多,具体的自诊断方法及故障代码的内容应参照各

厂家的说明书或维修手册。

如果电控发动机工作中故障灯点亮,说明自诊断系统已发现故障,应按厂家的维修资料进行自诊断操作,调出故障码,再根据故障码的内容排除故障。如果发动机有故障,而故障灯未点亮,或在发动机不能发动的情况下又调不出故障码,就应像发动机未装计算机那样,按照基本诊断程序进行检查。对于油路、气路的部分故障及点火系的高压电路故障,自诊断系统是无能为力的,仍需人工去诊断。

三、电控汽油喷射系统常见故障诊断排除方法

在对电控发动机进行故障诊断时,为了确定故障的性质和部位,少走弯路,在对汽车进行直观检查后,可按图 6-2-9 所示的程序进行基本检查。

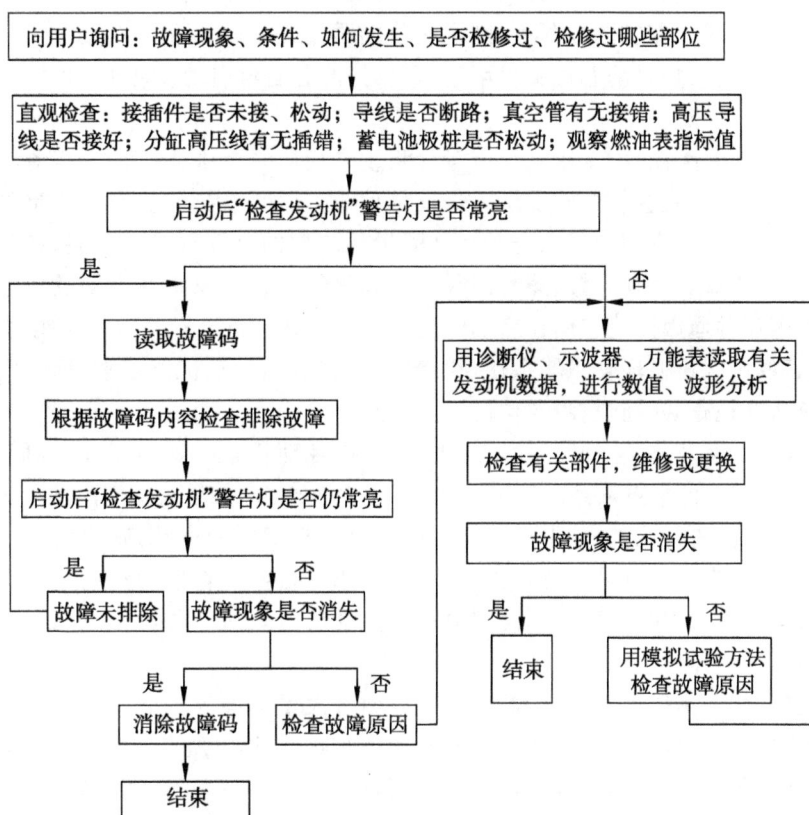

图 6-2-9 电喷发动机综合诊断的基本流程

(一)发动机不能发动

发动机不能发动的现象主要有以下几种:启动机带不动发动机转动,或能带动但转动缓慢;启动机能带动发动机正常转动,但不能发动且无着火征兆或有着火征兆,但不能发动。造成发动机不能发动的原因很多,有启动系、点火系、汽油喷射系统及发动机机械故障等。发动机机械故障应在排除了汽油喷射系统和电子点火系统的故障后再作进一步检查。下面是一种发动机不能发动故障的诊断与排除方法。

(1)故障现象:启动发动机时,启动机能带动发动机正常转动,有轻微着车征兆,但不能发动。

（2）故障诊断与排除。有着车征兆但不能发动,说明点火系统、燃油系统和控制系统虽然工作失常,但并没有完全丧失功能。这种不能发动的故障原因不外乎高压火花太弱或点火正时不正确、混合气太稀、混合气太浓、气缸压力太低等。一般应先检查点火系统,然后再检查进气系统、燃油系统和控制系统,最后检查发动机气缸压力。

故障自诊断:先进行故障自诊断,检查有无故障代码。若有故障代码,则可按显示的故障代码内容查找相应的故障部位。必须指出的是,所显示出的故障代码不一定都与发动机不能发动有关(有些故障代码是发动机在以往的运行过程中发生偶发性故障时所留下的,有些故障代码所表示的故障则不会影响发动机的启动性能)。对启动性能影响较大的传感器有曲轴位置传感器、水温传感器和空气流量计等。

检查高压火花:除了检查分电器高压总线上的高压火花是否正常外,还要进一步检查各缸高压分线上的高压火花是否正常。若总线火花太强,应检查或更换高压线圈或点火器;若总线火花正常而分线火花较弱或断火,则说明分电器盖或分火头漏电,应更换。

检查空气滤清器:如果滤芯过脏而堵塞,可拆掉滤芯后再启动发动机,如能正常启动,则应更换滤芯。

检查进气系统有无漏气:采用空气流量计测量进气量的汽油喷射系统,若在空气流量计之后的进气管道漏气,就会使电脑误认为进气量偏小,从而使混合气变稀,严重的漏气会导致发动机不能发动。检查中应仔细查看空气流量计之后的进气管有无破裂,各处接头卡箍及真空软管有无松脱。此外,燃油蒸气回收系统和废气再循环系统在启动及怠速运转时是不工作的,如因某种原因而使它们在启动时就进入工作状态将会影响启动性能,此时将燃油蒸气回收软管或废气再循环管道堵塞住,再启动发动机,如发动机能正常发动,则说明该系统有故障,应认真检查并排除故障部位。

检查火花塞:火花塞电极间隙太大也会影响启动性能。火花塞正常间隙一般为1.0 mm,有些高能量的电点火系统间隙较大,可达1.3 mm。如果火花塞间隙太大,应按《维修手册》所示标准值进行调整;如果火花塞表面只有少量潮湿的汽油,则说明喷油器喷油量太少,对此,应先检查电动汽油泵是否正常工作,可用一根导线将电动汽油泵的两个检测插孔短接,再启动发动机,如能发动,则说明电动汽油泵在启动时工作不良,应检查汽油泵继电器及其控制电路并排除故障。

如果各缸分线的高压火花正常,而火花塞表面有大量的潮湿汽油、积炭,则说明气缸中已出现"呛油"现象,这也会造成发动机不能发动。对此,可拆下所有火花塞,将其清洁,再让气缸中的汽油全部挥发掉,然后装上正常的(或新的)火花塞,重新启动。如果仍会出现"呛油"现象,则应拆检喷油器,检查喷油器是否漏油,或拔下全部喷油器的电插头后再启动发动机,若发动机有着车征兆,则为喷油器漏油。喷油量太大或太小也可能是空气流量计或水温传感器故障所致,如出现这种情况,应对照《维修手册》中的有关数据对这两个传感器进行测量。

调整点火正时:如果将点火提前角调大或调小后就能发动,则说明点火正时不正确。对此,应将点火正时调整准确。

检查冷启动喷油器是否工作:拔下冷启动喷油器线束插头,用试灯或电压表代替喷油器进行测量。在冷启动时,试灯应亮或显示蓄电池电压,否则应检查冷启动喷油器控制电路或冷启动温控开关。

检查气缸压缩压力是否正常:若低于0.8 MPa,则说明气缸压力过低,应拆检发动机。

（二）发动机怠速不良

怠速不良是电喷发动机最常见的故障。它有多种表现形式，包括怠速不稳、怠速熄火、冷车怠速不良、热车怠速不良等，造成怠速不良原因很多，在故障诊断与排除过程中，要根据故障的具体表现来分析故障原因。

怠速不稳是发动机常见的一种故障，下面介绍怠速不稳的故障检测方法。

故障现象：发动机启动正常，但无论冷车或热车，怠速均不稳定，怠速转速过低、易熄火。

故障诊断与排除：

先进行故障自诊断，检查有无故障代码出现。如有，则按所显示的故障代码内容查找故障部位。

检查进气系统：检查进气各管路接头、各真空软管、废气再循环系统和燃油蒸气回收系统是否漏气。

检查怠速控制阀工作是否正常：拔下怠速控制阀接线插头，如果发动机转速无变化，说明怠速控制阀或控制电路有故障，应检修电路、清洗插头或更换怠速控制阀。

短路高压线检查：在怠速时逐个短路各缸高压线，检查发动机转速的下降率是否相等。如果某缸在短路高压线时，发动机转速基本不变，则说明该缸工作不良或不工作，应检查该缸火花塞或喷油器是否有故障、喷油器控制电路是否正常、该缸压力是否过低。

检查各缸的高压火花：如果某缸火花太弱或断火，应检测分火头、分电器盖、高压分线、点火器、发动机转速传感器及其连线、插头等，并检查火花塞电极间隙是否正常，是否有积炭。

检查燃油压力：怠速时的燃油压力应在 250 MPa 左右。如燃油压力偏低，应检查油压调节器、电动汽油泵、汽油滤清器及电动汽油泵的进油滤网、连接管路等。

检查气缸压缩压力：若压力低于 0.8 MPa，则应拆检发动机。

有些情况下，发动机冷态怠速不稳，易熄火。发动机在冷车启动后的一段时间内，怠速极为不稳；但是，当发动机运转一定时间，发动机恢复到正常温度后，故障现象消失。此时先进行故障自诊断，检查有无故障代码，若有，则按显示的故障代码内容查找故障部位。

检查附加空气阀：拆下附加空气阀，检查在冷态时附加空气阀的阀门是否开启，如不能开启或开度过小，应清洗或更换。

检查怠速控制阀：熄火后拔下怠速控制阀线束插头，待发动机启动后再插上，若发动机转速无变化，则说明怠速控制阀不工作，应检查控制电路或拆检怠速控制阀。

测量水温传感器：如有短路、断路或阻值不符合标准，应更换水温传感器。

（三）发动机加速不良

电喷发动机的特点之一是具有良好的加速性能，且加速十分灵敏、迅速。如果出现加速反应迟缓等现象，即说明燃油喷射系统存在故障，应及时进行检修。

（1）故障现象：踩下加速踏板后发动机转速不能迅速升高，加速缓慢，加速过程中有波动现象。

（2）故障诊断与排除。

故障自诊断：先进行故障自诊断，检查是否有故障代码。若有，则按显示的故障代码内容查找故障部位。

检查点火正时：在发动机怠速时，点火提前角应为 10°～15°，如不正确，应调整发动机的点火提前角。加速时点火提前角应自动加大到 20°～30°，如有异常，应检查点火控制系统或检修、更换电脑。

检查进气系统是否漏气：测量进气管真空度，怠速时真空度应大于 66.7 kPa。如果真空度太小，则说明进气系统有漏气处，应仔细检查各进气管接头处及各软管、真空管等。

检查空气滤清器：如有堵塞，应清洁或更换。

检查节气门位置传感器：对于两对触点的节气门位置传感器，在节气门全关闭时，怠速触点应闭合；节气门半打开时，怠速触点应断开；节气门接近全开时，全负荷触点应闭合。

检查燃油压力：怠速时燃油压力应为 250 kPa 左右。若油压过低，应检查汽油滤清器、油压调节器、电动汽油泵及清洗进油滤网、拆检各喷油器。

检查各喷油器的喷油量：如有异常，应清洁或更换喷油器。

检测空气流量计：若有异常，应清洁或更换。

检查废气再循环系统：对于装有废气再循环系统的发动机，可以拔掉废气再循环阀上的真空软管，并堵住真空软管接头，然后再检查发动机的加速性能，此时若正常，则说明废气再循环阀工作不正常，应检查废气调整阀、三通电磁阀是否正常；若有异常，应清洁或更换。

（四）发动机动力不足

（1）故障现象：发动机无负荷运转时基本正常，但是带负荷运转时加速缓慢，上坡无力，运行中动力不足，发动机转速不能提高，达不到最高车速。

（2）故障诊断与排除。

检查节气门：将加速踏板踩到底，检查节气门能否全开，如不能全开，应调整节气门拉索或踏板，使得节气门能够全开。

检查空气滤清器：查看滤芯是否堵塞，如堵塞，应清洁或更换。

进行故障自诊断：检查是否有故障代码出现。若有，则按照故障代码查找故障部位。

检查节气门位置传感器：查看节气门位置传感器是否接触良好（如怠速触点、全负荷触点等），如不良，应按标准重新调整或更换新件。

检查点火正时：在热怠速时，点火提前角应为 $10°\sim15°$，加速时的点火提前角应自动提前到 $20°\sim30°$。若怠速时的点火提前角不正确，应调整点火提前角；若加速时的点火提前角不正确，应检查点火提前控制线路及曲轴位置传感器、点火提前器等。

检测空气流量计或进气管压力传感器：如有异常，应更换。

检查所有火花塞、高压线、点火线圈：如有异常，应更换。

检查燃油压力：如果压力过低，应进一步检查电动汽油泵、油压调节器、汽油滤清器及汽油泵的进油滤网等。

拆检喷油器：检查喷油器喷油量是否正常，若喷油量不正常或喷油雾化不良，应清洗或更换喷油器。

测量气缸压缩压力：如果压力过低，应拆检发动机。

（五）发动机油耗过大

（1）故障现象：发动机动力尚可，但油耗量过大，加速时排气管冒黑烟。

（2）故障诊断与排除。

检查高压火花：判断高压火花是否过弱或断火，若不正常，则应检查点火系。

测量水温传感器：水温传感器在不同温度下的电阻值应符合标准。若电阻偏大，会使电脑误认为发动机处于低温状态，从而进行冷车加浓控制，使油耗增加。可以用电脑解码器进行检测，它能在发动机运转过程中显示水温传感器传给电脑的信号所表示的水温数值，将这一数值与发动机实际水温相比较，就能反映出水温传感器工作是否正常。

检测空气流量计或进气管压力传感器：空气流量计或进气管压力传感器的误差会直接影响喷油量。检测结果如有异常，应清洁或更换空气流量计、进气管压力传感器。

检查节气门位置传感器：节气门位置传感器在节气门处于中小开度时，全负荷触点应断开，若全负荷触点始终闭合或闭合时间过早，会使电脑始终或过早的进行全负荷加浓，增大油耗。

测量燃油压力：怠速时的燃油压力应为 250 kPa 左右。若燃油压力不能随节气门开度变化而改变，则说明油压调节器的真空软管破裂或脱落，或燃油压力控制电磁阀有故障而使进气管真空度没有作用在油压调节器的膜片室上，从而导致油压过高。对此，应更换软管或电磁阀。若以上均正常，而油压仍偏高，则应检查油压调节器的回油阀口处及外接到油箱的回油管是否堵塞而使回油不畅，若是，则应用清洗剂清洗或用压缩空气吹通。如果以上各项均正常，则应更换油压调节器。

检查冷启动喷油器控制是否正常：用电压表或试灯接在冷启动喷油器线束插头上（试灯的阻值应大于冷启动喷油器的电阻）。检查发动机启动时冷启动喷油器工作的持续时间是否符合标准值。若工作时间过长或启动后一直工作，则说明冷启动喷油控制失常，应检查冷启动喷油器温控开关及控制电路是否存在短路故障。

检查各喷油器是否漏油：如有异常，应清洗或更换喷油器。

四、电控燃油喷射发动机的检测经验

（1）电喷发动机各系统的机件一般不容易出现故障，多数情况是一些小毛病引起的，要根据故障的具体现象仔细分析故障原因。

（2）一般情况下，油路故障较多，可以借鉴化油器式发动机油路检修的经验。

（3）一般情况下电脑不会出现故障，除非人为因素影响。

第七节　自动变速器的故障诊断

自动变速器的结构和工作原理都很复杂，当出现故障时，盲目拆卸分解往往找不出产生故障的真正原因，甚至会造成自动变速器不应有的损坏。因此，应利用各种检测仪器和手段，按照由外到内、由简到繁的步骤和程序，诊断出故障原因，有针对性地进行检修。其常见故障部位和故障原因见表 6-2-1。

表 6-2-1　自动变速器常见故障部位和故障原因

序号	故障部位		故障现象及危害	故障原因
1	液力变矩器	单向离合器	传递动力下降，起步困难	失效
		锁止离合器	汽车油耗增加或怠速时踩制动熄火	打滑或烧结
2	齿轮变速器		过热、异响	磨损，润滑不良
3	液压控制系统	油泵	供油不足，压力降低	磨损间隙过大、密封圈失效
		阀体	打滑，缺挡或无挡，换挡冲击	磨损，卡滞，弹簧弹力下降，球阀丢失或错位，密封不良
		离合器	打滑，不能分离，缺挡或无挡，换挡冲击，换挡困难	从动盘磨损、烧损，钢片烧损，活塞密封圈损坏，单向阀失效，间隙不当等

序号	故障部位		故障现象及危害	故障原因
3	液压控制系统	制动器或制动带	打滑,不能分离,缺挡或无挡,换挡冲击,换挡困难	从动盘或带磨损、烧损,钢片烧损,活塞密封圈损坏,间隙不当等
4	电子控制系统	控制单元	缺挡或无挡,油压不正常,换挡规律失常,动力性和经济性下降	损坏
		传感器	无参数信号或信号失常	损坏
		电磁阀	缺挡或无挡,油压不正常,锁止离合器工作不正常	损坏
		各种控制开关	变速器不能正常工作,动力性、经济性下降	损坏

一、自动变速器的故障诊断方法

自动变速器可采用人工经验法和现代仪器设备诊断法进行故障诊断,其机械故障需要依靠维修经验进行人工检测和分析,但人工经验法对电子控制系统的诊断准确性差,效率低,而现代仪器设备诊断法往往只能对电子控制系统进行检测。因此自动变速器的最佳诊断方法是二者的结合,即现代仪器设备诊断法＋人工经验诊断法。

电子控制自动变速器的控制单元内部有一个自诊断电路,它能在汽车行驶过程中不断监测自动变速器控制系统的故障,并将故障以代码的形式记录在控制单元内。维修人员可以采用特定的方式将故障代码从控制单元中读出,为自动变速器电控系统的检修提供依据。

自动变速器的检测仪器很多,有专用和通用两种形式。专用故障检测仪是汽车制造公司为本公司生产的汽车专门设计和生产的,这种检测仪只用于指定车型,如美国通用公司的Tech 2和德国大众公司的V. A. G1551/1552等。通用型检测仪可以检测不同的车型,如美国Snap－on公司生产的Scanner MT2400、MT2500汽车电脑解码器,美国LAE公司生产的OTL汽车电脑解码器,元征公司生产的431ME汽车故障电脑分析仪,美国TranX2000自动变速器检测仪等。大部分故障检测仪能够读出自动变速器的故障代码。

(一)自动变速器故障代码的读取方法

自动变速器电控系统出现故障后,可利用汽车故障检测仪读取故障代码,也可以进行人工读码。汽车电脑检测仪读码较为简单,只需将通用或专用诊断检测仪与汽车上的专用故障检测连接器相连,按仪器提示操作即可读出故障码。人工读码比较复杂,操作人员必须按规定程序操作,不同的自动变速器其操作方法也不相同。有的汽车既可以利用仪器读码,也可以采用人工读码,如丰田车系;而有的汽车只能利用仪器读码,不能进行人工读码,如大众车系。下面以丰田凌志LS400和大众捷达轿车为例,介绍自动变速器故障代码的读取方法。

1. LS400轿车自动变速器故障代码的人工读取方法

LS400轿车以仪表盘上的"O/D OFF"指示灯作为自动变速器控制系统的故障警示灯,当超速挡开关置于"ON"位时,打开点火开关或汽车行驶中"O/D OFF"指示灯不停地闪烁,说明自动变速器的控制系统有故障。在读取故障代码时,不要将超速挡开关置于"OFF"位,否则"O/D OFF"指示灯将一直发亮,无法读取故障代码。其读码方法为:

（1）打开点火开关，但不要启动发动机，按下超速挡开关，使之置于"ON"位。

（2）用跨接线连接 TDCL 或检测专用连接器的端子 TT（故障自诊断触发端）和 E1（搭铁），此时"O/D OFF"指示灯将闪烁。

（3）根据自动变速器故障警示灯的闪亮规律读出故障代码。

若自动变速器控制系统工作正常，电控单元内没有故障代码，则故障警示灯以每秒 2 次的频率连续闪亮；若自动变速器电控单元内存在故障代码，则故障警示灯以每秒 1 次的频率闪亮，并将两位数故障代码的十位数和个位数先后用故障警示灯的闪亮次数表示出来。

当电脑内储存有几个故障代码时，电控单元按故障代码的大小依次显示出来，相邻两个故障代码之间的停顿时间为 2.5 s。当所有故障代码全部显示完毕后，停顿 4.5 s，再重新开始显示。LS400 轿车自动变速器的故障代码及含义见表 6-2-2。

表 6-2-2　LS400 轿车自动变速器的故障代码及含义

故障代码	含　义	故障代码	含　义
42	1 号车速（车速表）传感器无信号	63	2 号挡电磁阀不工作
46	4 号（油压）电磁阀不工作	64	3 号（锁止）电磁阀不工作
61	2 号车速传感器无信号	67	O/D 直接挡转速传感器无信号
62	1 号换挡电磁阀不工作	68	自动跳合开关一直闭合

2. 大众捷达轿车自动变速器故障代码的仪器读取方法

捷达轿车利用专用故障阅读仪 V. A. G1551/1552 读取故障代码，其操作步骤如下：

（1）断开点火开关，连接故障阅读仪 V. A. G1551 及自诊断连接线。打开点火开关，显示屏显示：

Schnelle Datenübertragung
Adre β wort eingeben XX
快速数据传递
输入地址码 XX

（2）按下 0 和 2 键（02 为地址码"变速器电子装置"），显示屏显示：

Schnelle Datenübertragung Q
02 Getriebeelektronik
快速数据传递 Q
02 变速器电子装置

（3）按"Q"键继续操作，直至显示屏显示：

Schnelle Datenübertragung
Funktion anwählen XX
快速数据传递
功能选择 XX

（4）按下 0 和 2 键（02 为功能"查询故障存储器"），显示屏显示：

Schnelle Datenübertragung Q
02 Fehlerspeicher abfragen XX
快速数据传递 Q
02 查询故障存储器

（5）按"Q"键确认，显示屏显示：

X Fehler erkannt
X 有故障

（6）按下"→"键，直至显示最后一个故障码。故障代码在运作方式"快速数据传递"状态时可用 V.A.G1551 打印机打印出来。

（二）自动变速器电子控制元件的检测方法

自动变速器电子控制元件出现故障后，可利用万用表等简单仪表直接进行人工检测，也可利用专用检测仪读取测量数据流，分析判断电子元件的工作性能。自动变速器电子控制元件的检测内容和检测方法因车型、元件不同而存在较大差异，在此仅介绍几个通用元件的检测方法。

1. 车速传感器

用万用表测量其电阻，捷达车阻值应为 800～900 Ω；用磁铁靠近车速传感器并迅速移开，反复进行几次，测量传感器信号电压，捷达车应为 2.2～2.5 V。若测量值不正常，则更换车速传感器。

2. 油温传感器

可将油温传感器放入盛有水的容器中加热，测量其不同温度时的电阻值。捷达车油温传感器温度在 20 ℃时阻值约为 0.247 MΩ，60 ℃时阻值约为 48.8 kΩ，120 ℃时阻值约为 7.4 kΩ。若阻值不符，应更换传感器。

3. 换挡电磁阀

测量换挡电磁阀电阻，捷达车阻值应为 55～65 Ω；在电磁阀两端加 12 V 电压，电磁阀应有"咔嗒"声；对电磁阀施加 490 kPa 的压缩空气，检查电磁阀是否漏气，不通电时应密封，通电时应导通。若以上各项均不正常，应更换电磁阀。

4. 调压电磁阀

测量调压电磁阀的电阻，捷达车阻值应为 4.5～6.5 Ω；将可变电源连接到电磁阀端子，逐渐增加电压，检查阀门的运动情况（供电电流不得超过 1 A），随电压增加阀门应缓慢伸出，切断电源后阀门应缩回。若不正常应更换电磁阀。

5. 各种控制开关

自动变速器控制开关较多，有超速挡开关、多功能开关、模式开关、强制降挡开关、制动开关等。通常用万用表检测开关端子的导通情况，开关导通时阻值极小（小于 1 Ω），开关断开时阻值为无穷大。多功能开关触点较多，需分别检测。

二、自动变速器的性能检测

自动变速器出现故障后应首先观察故障指示灯的闪烁情况，然后读取故障代码，并按故障代码提示进行检测和维修。若故障指示灯正常或无故障代码，但自动变速器仍然有故障，则应进行性能检测，以确定故障范围，为进一步检修提供依据。

自动变速器的性能检测包括基础检测、失速试验、时滞试验、油压试验和道路试验。

（一）自动变速器的基础检测

自动变速器的基础检测包括油质和液面高度的检查、节气门拉线和选挡杆的检查、怠速的检查、空挡启动开关及强制降挡开关的检查等。

1. 发动机怠速的检查

发动机怠速过低，自动变速器换挡时将引起车身震动，甚至导致发动机熄火；而怠速过高，汽车"爬行"现象严重，且易产生换挡冲击。因此，当自动变速器选挡杆置于"P"或"N"位时，发动机怠速应正常，否则应进行调整和检修，然后再作进一步的检测。

2. 自动变速器油质和液面高度的检查

自动变速器液面高度和油液品质的检查是自动变速器最基本的检查项目，也是决定自动变速器是否需进行拆检的主要依据之一。

（1）液面高度的检查。自动变速器液面过低将造成液压控制系统供油不足，汽车颠簸时还可能吸入空气，导致油压降低而使离合器、制动器烧损或打滑，还会造成润滑不良等；而液面过高又会被旋转零件剧烈搅动产生泡沫，使系统渗入空气，导致油压降低，液面过高还会阻滞阀体内排泄孔排油，导致换挡迟滞和换挡冲击。因此，各种型号的自动变速器对液面高度都有明确的规定：在液力变矩器及各换挡执行元件的活塞都充满油后，通常液面高度应在行星排等旋转零件的最低位置之下，但必须高于阀体总成与变速器壳体的安装接合面。

大部分自动变速器的液面高度可利用油尺进行检查，操作方法是：将汽车停放在水平路面上，拉紧驻车制动；让发动机怠速运转，踩住制动踏板，将选挡杆分别拨至各个挡位，并在每个挡位上停留几秒，使液力变矩器和所有换挡执行元件都充满自动变速器油，最后再将选挡杆拨至停车挡"P"位；拔出油尺并擦干净，将擦干后的油尺全部插入加油管后再拔出检查液面高度，自动变速器液面应位于油尺标定范围之内。注意：自动变速器冷态（低于 25 ℃）与热态（70～80 ℃）时油尺刻度范围不同。部分自动变速器没有设置油尺，在变速器油底壳上设置有液面观察螺塞。有的变速器在检查液面高度时，需借助专用仪器。

（2）自动变速器油质的检查。自动变速器油通常带有颜色，如粉红色、黄色，且透明无味。将自动变速器油滴在干净的白纸上，检查其颜色和气味，如呈褐色或有焦糊味等，说明油已变质。自动变速器油变质的现象特征及变质原因见表 6-2-3。

表 6-2-3　自动变速器油变质的现象和原因

现　　象	变质原因
黑色、褐色	超负荷或未按期换油，引起变矩器过热，离合器、制动器烧损
颜色清淡，充满气泡	油面过高，油被搅动产生气泡；内部密封不严，油液中混入空气
油液中有黑色固体残渣，且有烧焦味	制动器或离合器烧损；轴承缺损；有金属磨蚀的粉末等
似油膏覆盖在油尺上	进入冷却液，未定期换油，过热，油面过低等

（3）自动变速器油的更换。各种型号的自动变速器对换油行驶里程或运行时间均有明确规定，必须定期更换。自动变速器可采用循环换油机换油，也可采用人工换油。采用人工换油时，将油底壳中的油放净，用压缩空气将散热器中的残余油液吹出，从加油管加入规定牌号的自动变速器油，然后启动发动机，将选挡杆从"P"位变换到所有挡位后，再换回"P"位，检查自动变速器油面高度，应位于"COOL"的范围内；使发动机和自动变速器达到正常工作温度（70～80 ℃），再次检查油面高度，应位于"HOT"范围内。注意：按上述方法换油

时,变矩器内的油是无法放出的,当油液污染严重时,应让汽车做短时间运行后再次换油。

3. 节气门拉线的检查与调整

液控自动变速器节气门拉线调整不当,会导致换挡时刻的改变,造成换挡过早或过迟,使汽车加速性能变差或产生换挡冲击;电控自动变速器节气门拉线调整不当将导致主油路压力异常,使换挡执行元件打滑或产生换挡冲击。

调整节气门拉线时,将加速踏板踩到全开位置,松开调整螺母,调整拉线,使防尘套与限

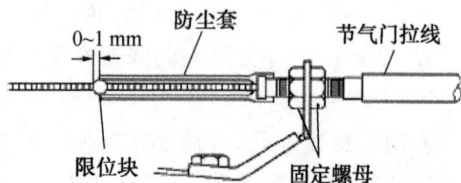

图 6-2-10 节气门拉线的调整

位块的距离为 0~1 mm,然后拧紧调整螺母,并重新检查调整是否正确,如图 6-2-10 所示。

4. 选挡杆和挡位开关的检查与调整

选挡杆及挡位开关调整不当,会使选挡杆的位置与自动变速器阀体中手控阀的实际位置不符,易造成选挡错乱,并造成选挡杆位置与仪表盘上挡位指示灯的显示不符,甚至造成在空挡或停车挡时无法启动发动机,对此必须进行检查和调整。

自动变速器型号不同,选挡杆的调整方法也不同。捷达车通过调整选挡杆锁止电磁铁来保证选挡杆的功能。调整时,在长孔内移动电磁铁,直至调整压杆和杠杆之间的间隙 a 为 0.3 mm,如图 6-2-11 所示。调整完成后,应检查选挡杆的功能:

（1）选挡杆置于"P"或"N"位并打开点火开关,未踩下制动踏板时,选挡杆锁止;踩下制动踏板,锁止解除,选挡杆可挂入任一挡位。

（2）发动机只能在"P"或"N"位启动,选挡杆位于"1、2、3、D 和 R"位时,启动机均不能启动。

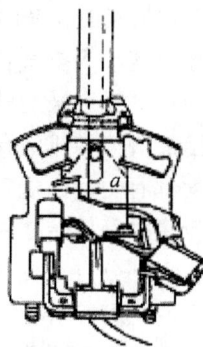

图 6-2-11 捷达车选
挡杆的调整

（3）将选挡杆拨至各个挡位,挡位指示灯和选挡杆位置应当一致;"R"位时倒挡灯应亮起。

（二）自动变速器失速试验

失速试验是检查发动机、液力变矩器及自动变速器中有关换挡执行元件的工作是否正常的一种常用方法。

失速试验的准备:行驶汽车,使发动机和自动变速器均达到正常工作温度,检查汽车的行车制动和驻车制动系统,并确认其性能良好,且自动变速器的油面高度正常。

失速试验步骤如下:

（1）将汽车停放在宽阔的水平地面上,前后车轮用三角木块塞住。

（2）拉紧驻车制动,左脚用力踩住制动踏板。

（3）启动发动机,将选挡杆拨入"D"位。

（4）在左脚踩紧制动踏板的同时,右脚将加速踏板踩到底,迅速读取此时发动机的最高转速。读到发动机转速后,立即松开加速踏板。

（5）将选挡杆拨入"P"或"N"位,使发动机怠速运转 1 min 以上,以防止自动变速器油因温度过高而变质。

（6）将选挡杆拨入"R"位,做同样的试验。

在选挡杆位于"D"或"R"位时同时踩下制动踏板和加速踏板,发动机处于最大转矩工

况,行星齿轮变速器的输入、输出轴静止不动,因而变矩器涡轮也静止不动,只有变矩器壳及泵轮随发动机一起转动,这种工况属于失速工况,此时的发动机转速称为失速转速。由于在失速工况下,发动机的动力全部消耗在液力变矩器油液的内部摩擦上,油液温度会急剧上升。因此,在失速试验中,加速踏板从踩下到松开的整个过程时间不得超过 5 s,否则会使自动变速器油因温度过高而变质,甚至损坏密封圈等零件。在一个挡位试验完成之后,不要立即进行下一个挡位的试验,要等油温下降以后再进行。试验结束后不要立即熄火,应将选挡杆拨入空挡或停车挡,让发动机怠速运转几分钟,以使自动变速器油温度恢复正常。如果在试验中发现驱动轮因制动力不足而转动,应立即松开加速踏板,停止试验。

不同车型的自动变速器都有其失速转速标准,若失速转速与标准值不相符,则说明自动变速器有故障。如果"D、R"位的失速转速均过高,则可能是由于主油路油压过低、前进离合器打滑、倒挡执行元件打滑等;若失速转速均过低,则可能是发动机动力不足、变矩器导轮单向离合器打滑等。如果仅在"D"位失速转速过高,则可能是前进挡油路油压过低、前进离合器打滑等;如果仅在"R"位失速转速过高,则可能是倒挡油路油压过低、倒挡执行元件打滑等。

(三) 自动变速器时滞试验

在发动机怠速运转时将选挡杆从空挡拨至前进挡或倒挡后,需要有一段短暂时间的迟滞或延时才能使自动变速器完成挡位的变换(此时汽车会产生一个轻微的震动),这一短暂时间称为自动变速器换挡的迟滞时间。时滞试验就是测出自动变速器换挡的迟滞时间,根据迟滞时间的长短来判断主油路油压及换挡执行元件的工作是否正常,其试验步骤如下:

(1) 行驶汽车,使发动机和自动变速器达到正常工作温度。

(2) 将汽车停放在水平地面上,拉紧驻车制动。

(3) 将选挡杆分别置于"N"位和"D"位,检查、调整怠速。

(4) 将自动变速器选挡杆从"N"位拨至"D"位,用秒表测量从拨动选挡杆开始到感觉汽车震动为止所需的时间,该时间称为 N—D 迟滞时间。

(5) 将选挡杆拨至"N"位,使发动机怠速运转 1 min 后,重复上述试验,共做 3 次,取 3 次测量平均值作为 N—D 迟滞时间。

(6) 按上述方法,将选挡杆由"N"位拨至"R"位,测量 N—R 迟滞时间。大部分自动变速器的 N—D 迟滞时间小于 1.0～1.2 s,N—R 迟滞时间小于 1.2～1.5 s。若 N—D 迟滞时间过长,则说明主油路油压过低,前进离合器、制动器磨损过甚或间隙过大;若 N—R 迟滞时间过长,则说明倒挡油路油压过低,倒挡离合器、倒挡制动器磨损过甚或间隙过大。

(四) 自动变速器油压试验

油压试验是在自动变速器工作时,测量控制系统各个油路中的油压,为分析自动变速器故障提供依据,以便有针对性地进行检修。控制系统的油压正常是自动变速器正常工作的先决条件,油压过高会使自动变速器出现严重的换挡冲击,甚至损坏控制系统;油压过低,会造成换挡执行元件打滑,加剧其摩擦片的磨损,甚至会烧毁换挡执行元件。油压试验的内容取决于自动变速器的类型及测压孔的设置,主要测试前进挡和倒挡的主油路油压,液控自动变速器还需测量调速阀油压。其试验步骤如下:

(1) 行驶汽车,使发动机和自动变速器均达到正常工作温度,然后将汽车停放在宽阔的水平地面上,前后车轮用三角木块塞紧。

(2) 拆下自动变速器壳体上主油路测压孔或前进挡油路测压孔螺塞,接上高量程油压表。

(3)启动发动机,将选挡杆拨至前进挡"D"位,读出发动机怠速运转时的油压,该油压即为怠速工况下的前进挡主油路油压。

(4)左脚踩紧制动踏板,同时右脚将加速踏板完全踩下,在失速工况下读取油压,该油压即为失速工况下的前进挡主油路油压。

(5)将选挡杆拨至空挡或停车挡,使发动机怠速运转1 min以上。

(6)将选挡杆拨至各前进低挡"S、L"或"2、1"位置,重复操作,读出各前进低挡在怠速工况和失速工况下的主油路油压。

(7)将选挡杆拨至倒挡"R"位,在发动机怠速和失速工况下读取倒挡主油路油压。不同车型自动变速器的主油路油压各不相同,若主油路油压过低,则可能是油泵供油不足,主调压阀卡死或弹簧过软,节气门拉线或节气门位置传感器调整不当,节气门阀卡滞,油压电磁阀损坏或线路故障,制动器或离合器活塞密封不良,油路密封圈破损等。

(五)自动变速器的道路试验

道路试验是诊断、分析自动变速器故障的最有效手段之一,试验内容主要有:检查换挡车速、换挡质量及换挡执行元件有无打滑现象等。在道路试验之前,应先让汽车以中低速行驶5～10 min,使发动机和自动变速器都达到正常工作温度。在试验中,如无特殊需要,通常应将超速挡开关置于"ON"位(即超速挡指示灯熄灭),并将模式开关置于普通模式或经济模式位置。

1. 升挡过程和升挡车速的检查

将选挡杆拨至前进挡"D"位,踩下加速踏板,使节气门保持在1/2开度左右,让汽车起步加速,检查自动变速器的升挡情况。自动变速器在升挡时发动机会有瞬时的转速下降(转速表指针迅速回摆),同时车身有轻微的闯动感。一般四速的自动变速器在节气门开度保持在1/2时由一挡升至二挡的升挡车速为25～35 km/h,由二挡升至三挡的升挡车速为55～70 km/h,由三挡升至四挡的升挡车速为90～120 km/h。若升挡车速过低,则一般是控制系统的故障所致;若升挡车速过高,则可能是控制系统有故障,也可能是换挡执行元件有故障。

2. 升挡时发动机转速的检查

正常情况下,若自动变速器处于经济模式或普通模式,节气门保持在低于1/2开度范围内,则在汽车由起步加速直至升入高速挡的整个行驶过程中,发动机转速都将低于3 000 r/min。通常在即将升挡时发动机转速可达到2 500～3 000 r/min,而在刚刚升挡后的短时间内发动机转速将下降至2 000 r/min左右。如果在整个行驶过程中发动机转速始终过低,加速至升挡时仍低于2 000 r/min,则说明升挡时间过早或发动机动力不足;如果在行驶过程中发动机转速始终偏高,升挡前后的转速在2 500～3 000 r/min之间,而且换挡冲击明显,则说明升挡时间过迟;如果在行驶过程中发动机转速过高,经常高于3 000 r/min,在加速时达到4 000～5 000 r/min,甚至更高,则说明换挡执行元件(离合器或制动器)打滑。

3. 换挡质量的检查

换挡质量的检查主要是检查有无换挡冲击。正常的自动变速器只能有不太明显的换挡冲击,特别是电子控制自动变速器的换挡冲击应十分微弱。若换挡冲击过大,则可能是油路油压过高、换挡执行元件打滑、蓄压器或缓冲阀失效等,应作进一步的检查。

4. 锁止离合器工作状况的检查

让汽车加速至超速挡,以高于 80 km/h 的车速行驶,并让节气门开度保持在低于 1/2 的位置,使变矩器进入锁止状态。此时,快速将加速踏板踩至 2/3 开度,同时检查发动机转速的变化情况。若发动机没有太大变化,则说明锁止离合器处于接合状态;若发动机转速升高很多,则表明锁止离合器没有接合,其原因通常是锁止离合器控制系统有故障。

5. 发动机制动作用的检查

将选挡杆拨至前进低挡"S、L"或"2、1"位置,在汽车以二挡或一挡行驶时,突然松开加速踏板,若车速立即随之而降,说明有发动机制动作用,否则则说明控制系统或相关的离合器、制动器有故障。

6. 强制降挡功能的检查

将选挡杆拨至前进挡"D"位,保持节气门开度为 1/3 左右,在以二挡、三挡或超速挡行驶时突然将加速踏板完全踩到底,检查自动变速器是否被强制降低一个挡位。在强制降挡时,发动机转速会突然上升至 4 000 r/min 左右,并且随着加速升挡转速逐渐下降。若踩下加速踏板后没有出现强制降挡,则说明强制降挡功能失效。若在强制降挡时发动机转速异常升高达 5 000 r/min 左右,并在升挡时出现换挡冲击,则说明换挡执行元件打滑,应检修自动变速器。

7. "P"位制动效果的检查

将汽车停在坡度大于 9% 的斜坡上,选挡杆拨入"P"位,松开驻车制动,检查机械闭锁爪的锁止效果。

三、自动变速器的常见故障分析

自动变速器的常见故障主要有汽车不能行驶、加速无力、换挡冲击过大、不能升挡、无超速挡、无倒挡、挂挡后发动机易熄火、锁止离合器不能锁止及自动变速器油易变质等。导致自动变速器故障的原因很多,情况也比较复杂,可能是调整不当或电控系统故障,也可能是油泵、变矩器、控制阀、换挡执行元件等有故障。因此在诊断过程中,应先对电控系统进行检测,然后对有关部位进行适当调整,最后再进行分解检修,切忌盲目拆卸。

（一）汽车不能行驶

故障现象:发动机运转正常,无论选挡杆位于任何前进挡或倒挡,汽车都不能行驶。

故障诊断与排除:

（1）首先排除汽车其他总成的故障,如制动能否正常解除,有无严重拖滞等。

（2）若故障指示灯闪亮,则应先读取故障代码,再按故障代码的提示排除故障。电控系统主要故障部位为主油路调压电磁阀,若电控系统故障排除后仍不能行驶,则继续下列检查。

（3）检查油面高度和油质。若油面过低或无油,则应检查自动变速器油底壳、散热器、油管等部位有无泄漏,视情况修复并按规定补充自动变速器油。若油液呈乳胶状,则为散热器损坏或混入了发动机冷却液,应维修或更换散热器。若自动变速器油变黑,且油液中含有黑色渣粒,则可能是离合器或制动器烧损。

（4）检查选挡杆与手控阀摇臂之间的连接杆或拉线。如有松脱,应予以修复,并重新调整选挡杆的位置。

（5）进行失速试验。若失速转速过高,则说明离合器或制动器烧损打滑;若失速转速过低,则说明液力变矩器失效而导致动力不足,应更换变矩器。

(6) 检测主油路油压。若主油路没有油压,则可能是油泵不工作。若主油路油压过低,则可能是油泵进油滤网堵塞、油泵损坏、安全阀失效或主油路严重泄漏,应拆检自动变速器,进行相应检修。若主油路油压正常,但变速器油变黑、有渣粒,应拆检自动变速器,检测离合器与制动器间隙、摩擦片的磨损情况及活塞、油路的密封性。

（二）换挡冲击过大

故障现象:

(1) 汽车起步时,由停车挡或空挡挂入倒挡或前进挡时震动较为严重。

(2) 行驶中,在自动变速器升挡的瞬间汽车有较明显的"闯"动。

故障诊断与排除:

(1) 首先排除汽车其他部位的故障,以确定换挡冲击过大是由自动变速器原因所致。在诊断过程中,必须根据故障车的具体故障征兆(如所有挡位升挡时换挡冲击过大,或仅在某一挡位升挡瞬间换挡冲击较大等),检测不同故障的相关故障部位。

(2) 若故障指示灯闪亮,应读取故障代码,按提示检修并排除故障,主要排除调压电磁阀故障。

(3) 检查发动机怠速,若怠速过高,应进行调整。

(4) 若刚刚更换过自动变速器油,应询问或检查油的牌号是否符合规定。

(5) 检查、调整节气门拉线。

(6) 检测油压,并检查升挡瞬间油路压力的变化情况。如有异常,则应拆检阀体,检查蓄压器、相关调压阀等,尤其要注意检查单向节流阀是否错装或漏装,同时要检查密封圈的质量、油道的密封性等。

(7) 若油压正常,应进行时滞试验和路试,检测是否升挡过迟、有无迟滞现象、各换挡执行元件是否打滑等;若有,应拆检自动变速器,检查换挡执行元件的间隙、磨损及元件油路的密封情况,作相应调整,必要时换零件。

（三）汽车加速无力

故障现象:

(1) 起步加速无力:发动机运转正常,选挡杆挂入任何前进挡位,起步困难,加速无力,当车速达到一定值后,汽车在各挡运行正常。

(2) 行驶中加速无力:汽车在行驶中能够正常换挡,但加速无力,或在某个挡位时加速无力,加速时发动机转速明显升高而车速上升缓慢。

故障诊断与排除:

诊断时,应试车确诊是起步加速无力还是行驶加速无力。汽车起步加速无力的主要故障原因为液力变矩器导轮单向离合器打滑,不再具有增扭作用,使液力变矩器变成了耦合器,而行驶中加速无力的主要故障原因是主油路油压过低或换挡执行元件打滑。

(1) 若故障指示灯亮,则提取故障码,并按故障码提示排除相应故障。多为调压电磁阀故障,视情排除。

(2) 检查油面高度,油面高度过低需检查有无漏油之处,密封并按规定加油。若油变黑且有黑色颗粒,则可能是执行元件摩擦片烧损。

(3) 试车,若只是起步加速无力,则可能是变矩器导轮单向离合器打滑,也可能是前进挡执行元件打滑。做失速试验,若失速转速过低,则为液力变矩器导轮单向离合器打滑,应拆检变矩器,检查导轮单向离合器,如果两个方向均能旋转,即可确认单向离合器失效,应更换变矩器;若失速转速过高,则可能是前进挡离合器或制动器打滑。

（4）如果汽车行驶加速无力,要确认是所有挡位加速无力还是仅在某一挡位加速无力。若汽车在所有挡位均加速无力,则可能是主油路油压过低所致。检测主油路油压,油压过低应拆检油泵,清洗滤网,检查主油道的密封性,检修或更换阀体。若汽车仅在某一挡位加速无力,应拆检变速器,检查该挡位离合器或制动器是否磨损过甚,其活塞及油道密封圈有无破损,并视情况维修或换件。

（四）汽车不能升挡

故障现象:

（1）汽车行驶中自动变速器始终保持在一挡,不能升入二挡及高速挡。

（2）行驶中自动变速器可以升入二挡,但不能升入三挡、超速挡或最高挡。

故障诊断与排除:

自动变速器不能升挡的主要原因在于电子控制系统。进行故障诊断时,应试车观察汽车是只有一挡还是在某一挡位不能升挡,根据具体故障现象查找相关的故障原因,检修相关故障部位。

（1）若故障指示灯亮,应先读取故障码并按提示进行检修,可能是车速传感器、节气门位置传感器、强制降挡开关、制动开关、换挡电磁阀、控制单元及线路有故障,应根据检测结果排除相应故障。

（2）若无论节气门开度多大,汽车只能以某一特定挡位运行,则可能是因为电子控制系统出现故障或控制单元存在故障码,使控制系统执行了锁挡,应排除控制系统故障或消除故障码。

（3）按规定重新调整节气门拉线。

（4）若变速器为液控,应测量调速阀油压。如果车速升高后调速阀油压仍为零或很低,则为调速阀有故障或调速阀的油路严重泄漏,应拆检调速阀,视情况维修或更换。

（5）检查油面、油质及主油路油压,若不正常,应拆检阀体或变速器。

（6）清洗滤网,检修油泵;分解阀体,检查相应换挡阀是否卡滞,如不能修复,应更换阀体。

（7）分解自动变速器,检查相关离合器或制动器的磨损情况,并用压缩空气检查其油路或活塞有无泄漏,视情况修复或更换。

（五）自动变速器无超速挡

故障现象:

（1）汽车行驶中,车速已升至超速挡范围,但自动变速器仍不能升入超速挡。

（2）车速达到超速挡工作范围后,采用提前升挡（即松开加速踏板几秒后再踩下）的方法也不能使自动变速器升入超速挡。

故障诊断与排除:

（1）若故障指示灯亮,应首先进行仪器检测或人工读码,按提示查找故障部位,并检修或更换相关电子元件。故障点一般在水温传感器、油温传感器、车速和节气门位置传感器、O/D开关、挡位开关、制动开关或控制单元及其相关线路。

（2）用举升机将汽车举起或悬空驱动轮,运转发动机,让自动变速器在前进挡运行,检查在空载状态下自动变速器的升挡情况。如果在无负荷状态下仍不能升入超速挡,则说明液压控制系统有故障,可能是超速挡(3—4挡)换挡阀卡滞。如果在空载状态下能够升入超速挡,且升挡车速正常,则说明液压控制系统工作正常,不能升挡的原因为超速执行元件打滑。如果能够升入超速挡,但升挡后车速不能提高、发动机转速下降,则说明超速离合器或超速单向离合器卡死,应检修自动变速器。

(3)拆卸并分解阀体,检查3—4挡换挡阀,若不能修复,则应更换阀体。

(4)拆检变速器,检查超速挡单向离合器是否失效,超速离合器、制动器是否磨损过度,其活塞及油道密封圈有无破损漏油,并视情况维修或更换。

(六)自动变速器无倒挡

故障现象:选挡杆在任何前进挡位时汽车均能向前行驶,且能正常换挡,但选挡杆在"R"位时,汽车不能向后行驶。

故障诊断与排除:倒挡时,部分变速器的电子控制系统没有工作,有的变速器的电子控制系统仅进行调压控制。倒挡的液压控制也比较简单:对主调压阀和节气门阀进行调压,液压油不经过换挡阀,由手控制阀控制直接进入倒挡离合器和制动器。因此,无倒挡的主要故障原因是倒挡制动器、离合器烧损或油路油压过低。

(1)检查油质,若变黑,则可能是倒挡离合器或制动器烧损。

(2)检查选挡杆与手控制阀的连接情况,若松动或位置不当,应重新调整。

(3)检查"R"位时的油压,若油压过低,应检查倒挡油道的密封情况。

(4)拆检变速器,检查倒挡离合器、制动器是否烧损或磨损过度,其活塞及油道是否漏油,并更换损坏的摩擦片、压盘或密封圈。

(七)挂挡后发动机怠速易熄火

故障现象:

(1)汽车起步时,踩下制动踏板,将选挡杆由"P"位或"N"位换入任何前进挡或倒挡时发动机易熄火。

(2)在前进挡或倒挡行驶中,踩下制动踏板停车时发动机易熄火。

故障诊断与排除:此故障的主要原因是液力变矩器锁止离合器一直处于接合或半接合状态。

(1)在空挡或停车挡时,检查、调整发动机怠速。

(2)若故障指示灯闪亮,应先读码,并根据提示检修锁止电磁阀、车速传感器、控制单元及线路等。

(3)若电控系统正常,应拆检阀体,检查锁止阀和锁止信号阀,若不能修复,则应更换。

(4)若上述情况均正常,则为变矩器锁止离合器故障。拆卸变速器,将行星齿轮变速器的输入轴插入变矩器,锁住输入轴,转动变矩器壳,若不能转动或转动阻力非常大,则说明锁止离合器不能正常分离,应更换液力变矩器。

(八)锁止离合器无锁止作用

故障现象:汽车行驶中车速、挡位已满足了锁止离合器的锁止条件,在迅速踩下加速踏板时,发动机转速先升高,车速滞后上升,且汽车油耗较大。

故障诊断与排除:

(1)若故障灯亮,则应先读取故障码,并按提示检测锁止电磁阀、强制降挡开关、制动开关、油温传感器、节气门位置传感器、车速传感器、控制单元及有关线路等。

(2)检查并调整节气门拉线。

（3）拆检阀体，检修锁止阀和锁止信号阀，并检查锁止油路有无泄漏，密封圈是否良好。

（4）若控制系统正常，则说明锁止离合器损坏或严重打滑，应更换变矩器。

（九）自动变速器油易变质

故障现象：

（1）更换后的新自动变速器油使用不久即变质。

（2）自动变速器温度太高，从加油口处向外冒烟。

故障诊断与排除：

（1）查问汽车行驶情况。若汽车经常超负荷运行或不正常驾驶，如经常拖车或经常急加速、超速行驶等，则应改变汽车行驶状况，按规定要求行车。

（2）若行驶正常，应检查油面和油质。若油面过低，应按规定补充加油。若油液呈乳胶状，则可能是变速器散热器破裂以致发动机冷却液进入自动变速器冷却系统，对此，应检修或更换散热器。若混有黑色固体颗粒，则为换油不彻底或离合器、制动器烧片所致，对前者，应进行循环换油；对后者，应拆检自动变速器。

（3）若油面高度和油质正常，应检测油温。让汽车以中速行驶 5～10 min，待自动变速器达到正常工作温度后，在发动机运转过程中检查自动变速器散热器的温度。在正常情况下，散热器的温度可达 60 ℃左右。若油温过高，应检查自动变速器冷却系统。拆下进油管，中速运转发动机或自动变速器，若散热器无油流出或流量较小，则说明散热器或管路堵塞，也可能是散热器限压阀（旁通阀）卡滞在常开位置。

（4）若油温正常，应检测主油路油压。若主油路油压过低，应检查调压电磁阀及线路、调整节气门拉线、检修油泵、阀体及相应油路。

（5）若冷却系统正常，则可能是运动件配合间隙过小，使油温升高；也可能是离合器或制动器间隙过小或过大，使压盘和摩擦片经常处于摩擦状态而导致油温过高。对此，应拆检自动变速器，调整各间隙，如有必要，更换相应零部件。

（6）若以上检查均正常，则可能是变矩器损坏，应更换变矩器。

第七单元 技师技术论文撰写与答辩

第一章 技师技术论文的撰写

第一节 技师技术论文的分类、特点和意义

技师技术论文就是运用相关专业知识,将自己在技术工作中遇到的技术问题,获得的技术经验或技术革新、技术改造的成果等,用说理和讨论的方式加以总结和提高,以书面的形式表达出来并上升到理论高度进行综合分析,以便进行技术交流及推广应用的文章。

一、技师技术论文的性质

技师技术论文所表述的内容必须在相关专业技术和业务范围内,它是对技术和业务工作、技术改造和技术革新成果的记录描述和总结。只有那些提供了新的科学技术信息,有着创新内容和独到见解,而不是重复、模仿别人研究成果的文章,才能称之为技师技术论文。

二、技师技术论文的分类

按论文类型可将技师技术论文分为实操型、理论型、报告型、评述型四类。各种不同类别的技师论文其内容结构与撰写要求又有所不同。

实操型:论文应表述作者具体的技术对象,如何运用新原理、新材料、新设备、新工艺,将实际操作性工作引向更高层次的见解。它既是对前人或他人已有的实际操作规律和成果的总结和深化,又是对技术对象的某些更高层次的性质和规律的进一步认识。它要求有理论依据、实际操作方法及过程分析、综合性总结 3 个基本方面。

理论型:在本专业基础理论、专门知识和技能的基础上,从更宽广的范围去论证已有理论的正确性;通过长期的实践和研究,对本工种范围内的某一理论、定理、定律提出修改、补充意见或质疑;进一步拓展本工种专业范围内的某一理论、定理、定律在实践中的具体运用范围;在实验、观察、调查研究的基础上通过分析、综合、抽象、归纳和推理等,提出新的见解和理论。它要求善于发现和提出问题(前人所没有察觉到的问题、前人已有发现但没能恰当把握和准确提出的问题、丰富和发展前人提出的问题);论文表述要规范化。

报告型:它又可以分为技术工作总结报告及课题研究报告两类。可陈述技术工作成果、学术观点和独创性见解;深入、集中地反映本工种某一方面的科研成果或进展情况;对某项科研成果的书面总结。要求叙述事实是核心(注意系统性和完整性,准确反映实际情况)。

评述型:它是对本工种的基本原理、基础知识和国家的各种相关政策或专业技术研究成

果以及科技发展动向进行综合性评述,按内容的深度和广度可分为综合性评述和专业性评述;按评述对象可以分为文献评述和讨论述评。它要求学习专业基础知识和科学信息学知识,作好综合分析(分析方法包括列举法、阶段法、层次法、典型法),可以单独应用或交叉应用,应力求概括面广,论据充分,分析精深。

三、技师技术论文的特点和意义

(一)技师技术论文的特点

(1)专业性:所谓专业性就是论述课题的选定和论点的确立都与相关专业领域当前急需解决或有重要意义的问题密切联系。它要求客观全面,不带有作者个人偏见,不得主观臆造,必须从专业实际出发。技师技术论文的专业性是技术论文的生命。

(2)理论性:理论与实践的统一是技师技术论文的灵魂所在。技师技术论文应以理论联系实际为本,通过摆事实讲道理的方式,将生产实践中的感性认识提升到理性认识的高度,从而得出具有规律性的成果。它要求论文中所征引的事实不是作简单的组合,而是要作富有逻辑关系的排列,经过分析和综合后再给予理论表述,形成正确结论,使论文具有一定的论证性和说服力。

(3)创新性:创新性是衡量技师技术论文价值的核心标准。技师技术论文不论是解答现存的某个问题,还是综合前人或他人的研究成果,都要在原有的基础上提出新的问题和自己的见解,力求有所发现,有所发明,有所创造,有所前进。只有这样,才会对专业技术的发展和进步起到推动作用,才会在相关业界引起反响。

(4)规范性:技师技术论文在体例形式上有着固有的规定性和规范性。国际标准化组织制定了国际标准,我国也曾颁布了科技论文编写格式的国家标准,在撰写技师技术论文时要遵循(GB 7713－87)《科学技术报告、学位论文和学术论文的编写格式》等规定。

(5)可读性:可读性是指技术论文的文字通顺,概念准确,通俗易懂,逻辑性强,具有生动活泼的文风。此外,技师技术论文的结构要篇目合理、顺理成章。论文结构的清晰、有条理是论文可读性的基本要求。论文不仅要做到层次分明、严而有序,还要注意科学是不能有半点虚假的,撰写技师专业论文一定要实事求是。写出的技术论文不仅要让同行、专家能看懂,还应让广大的本专业从业人员甚至让广大的社会人士能看得懂。

(二)撰写技师技术论文的意义

通过对技师技术论文的筹划和撰写,未来的技师们可养成严谨的治学态度和工作作风,强化对技术研究的总结和专业论文写作规范的训练,树立科学思维,发展创造性思维和创新意识,检验综合运用所学基础理论知识、专业知识和基本技能的能力。这些能力主要包括5个方面:

(1)综合运用本专业基本理论知识的能力。

(2)运用实际生产知识和综合技能的能力。

(3)理论联系实际地进行科学分析、解释、推导、论证的能力。

(4)制订调查研究、技术改造、实际操作、实验方案和设计计算、绘制图表的能力。

(5)撰写符合标准规范要求的调查报告、实验报告、技术革新和技术改造报告以及设计说明书的能力。

第二节 技师技术论文的选题方法

一篇好的论文首先要有好的选题。选题的目的就是发现问题,明确论文的主攻方向。

一、技师技术论文的选题原则

(一)什么是选题

选题就是选择论文的论题,它是在研究资料的基础上,经过选择确定所要研究论证的中心问题。一般来说,选题主要包括两个方面内容:一是研究方向的确立,二是研究论题的选择。前者决定了研究者在较长时间内进行科学研究的主攻方向和目标,后者则是在研究方向确立后选定突破口,制订出较为具体的计划,以符合专业培养目标及基本业务要求。

(二)选题原则

选好题、选准题是写好论文的关键。技师论文的选题原则是:

(1)扬长避短,选择本人熟悉或曾经参与实践的课题。应选择那些自己有着浓厚兴趣,或已经有一定的资料积累基础,有强烈的研究欲望,能使自己的才干得到恰当发挥的论题。当然,若能结合用人单位的实际需要和学校的教学要求进行选题,写作时就能够更全面地运用所学专业知识与技能。

(2)选择本人的知识和能力都能胜任的相对单一的课题。长期从事某一专业(工种)的学员,往往具有较强的实际操作技能,而技术分析和综合概括不足。因此,应该选择比较具体的技术问题,便于对问题深入分析,找出解决方案。而一旦选择综合性课题,可能会由于论述面太广而最终达不到解决问题的目的。

(3)选择有一定实用价值的课题,即看论题有无理论价值和应用价值。所谓理论价值是指是否对已有的理论进行了修正、充实或提高,是否提出了新的观点、新的见解,是否建立了新的学说和理论。所谓应用价值是指是否具有实际意义、指导意义,是否具有推广应用的价值。

(4)选择具有一定创意和深度的课题。所谓"创意"是指确立的论题有探索性意义——论述的问题、观点过去从未有过;有发展意义——论证的问题过去虽有过,但未深入;有争鸣性意义——论证的问题观点与别人研究不一致,或所持的观点与别人有不同看法。

二、技师技术论文的选题方法

掌握恰当的选题方法可加快选题节奏并加强选题的准确性,也可为下一步论文写作的素材积累打下良好的基础。具体来说,选题的方法有以下几种:

(一)浏览捕捉法

这种方法就是通常所说的泛读,即对相关文献资料快速地、大略地阅读,阅读过程中注意广泛收集资料并着意寻找自己的研究方向,在资料的比较中确定选题。

(二)追溯验证法

这是通常所说的跟踪验证法,即指先有一种"拟想",然后通过阅读资料加以验证,最终确定论题的方法。这种选题方法的特点是必须先有一定的想法,根据自己平时的积累,初步确定准备研究的方向、题目或选题范围。需要强调的是,这种主观的"拟想"不是"凭空想象"，必须以事实和需要为依据。

（三）调查法

调查法是指在占有一定的资料，进行一定研究基础上，对所要开展研究的对象进行调查、咨询，通过分析综合从而确定课题。具体方式有调查、访问、问卷调查、集体访谈、专家征询等，然后从中加以比较、分析、论证，最后得出合适的课题。

第三节　技师技术论文的构成与写作规范

国家标准 GB 7713－87 规定的科学技术报告、学位论文、学术论文的编写格式，指明了报告与论文由前置部分、主体部分、附录及结尾部分等构成，其中附录及结尾部分只在必要时撰写。

一、技师技术论文的构成

技师技术论文属于论文类，在写作过程中，实际上包含了两大单元、8 个必要的组成部分，它们是：前置部分（题名、论文作者、摘要、关键词）、主体部分（引言、正文、结论、参考文献）。

按照原构成说明，在"结论"与"参考文献"之间应有"致谢"一项，但实际上只有必要时才附上一句或几句致谢方面的言辞，无须强求加入。

二、技师技术论文的写作规范

技师技术论文的撰写一般来说主要包括以下几个方面的内容：标题、论文作者、摘要（内容提要）、关键词、引言、正文、结论、参考文献等。

（一）标题

标题又称题目或题名，它是论文的有机组成部分，也是论文的眼睛，是论文不可缺少的、最显眼的组成部分。标题是对论文思想内容最集中、最鲜明、最精炼、最高度的概括，对于突出论文的主旨，表达思想内容和主要的学术信息有着十分重要的作用。论文标题的基本要求是贴切、醒目、简洁、新颖。

（二）论文作者

一般来说，论文作者一项即在标题下方署上作者名字及单位名称。技术论文的个人署名可用真名，多位作者的署名之间用逗号隔开，作者单位不同时，应在姓名右上角加注数字序号。作者工作单位应写全称，工作单位之间用分号隔开，并在其不同的工作单位名称之前加注与作者姓名序号相同的数字，一级单位与二级单位名称之间要有空格。例如：

浅谈点火开关故障和别克雨刷电机回位的问题

李成[1]，刘中进[1]，王路[2]

（1. 扬州××公司；2. 南京××维修厂）

（三）摘要（内容提要）

撰写较长的论文或正式发表的技术论文时，一般要写出论文的摘要。

《科学技术报告、学术论文和学位论文编写格式》（GB 7713－1987）中规定："摘要应具有独立性和自含性，即不阅读报告、论文的全文，就能获得必要的信息。摘要中有数据，有结论,是一篇完整的短文,可以独立使用,可以引用,可以用于工艺推广。摘要的内容应包含与报告、论文同等量的主要信息,借此读者确定有无必要阅读全文,也供文摘等第二次文献采用。"

摘要不是整个论文的段落大意,摘要应简明扼要地写明本论文研究的目的、方法和结果,便于读者迅速了解全文主题及主要内容,以确定其有无阅读价值。摘要内容一般根据论文篇幅长短控制在 200~300 字。例如《浅谈汽车液压动力转向装置故障的诊断与排除》论文摘要如下:

本文主要介绍一台采用动力转向的载货汽车,由于动力转向系统的车轮最大的偏转角度比原标准少了 20°,动力转向器内的橡胶密封元件早期损坏,导致车辆行驶转向沉重及转向后回复不良的现象,介绍其故障的诊断分析与排除过程。

(四)关键词

关键词也称为说明词或索引术语、主题词,是编制各种索引工具的重要依据。它是最具实质意义的检索语言,它可以从题名、文摘、论文的分组标题、结论中选取。从上述四个部位去选取关键词,可以做到全面、准确。关键词由最能体现文章内容特征、意义和价值的名词、动词或词组组成,诸如物品名称、产品型号等专业术语。每篇论文宜取关键词3~6个,个数太少不利于检索,过多又容易造成所表达的含义偏离主题,使主题含义混乱不清。关键词写在"摘要"的下面(也有的刊物放在上面),词与词之间用分号或空格隔开。例如《论汽油机产生爆震的原因、危害与预防》一文的关键词是:

汽油机爆震　不正常燃烧　环境污染

(五)引言

引言即引论,一般写在正文之前,向读者揭示论文的主题、目的和总纲,是作者自己对文章的价值、学术研究或技术水平的定位。引言的主要内容一般包括四个方面:第一,前人研究的结果与分析;第二,本研究的目的和意义;第三,采用的研究方法和途径;第四,本研究最重要的成果。以上四部分内容可在引言中全部表达,也可选择主要的来阐述。

技术论文的引言首先应介绍技术的应用价值,然后介绍技术发展状况、应用范围,最后引出存在问题,并给出本文解决该问题的技术要点。例如《浅谈电喷发动机爆震传感器故障的诊断与排除》一文引言如下:

本文主要介绍一台皇冠 3.0 轿车,因爆震传感器有微裂纹并进了水,两信号引线间产生了电阻,这一电阻令电脑 ECU 误认为爆震信号,进而推迟了点火提前角,降低了混合比,从而导致汽车启动困难且高速无力,在自诊断系统解读无故障码的情况下,根据系统工作原理,通过对故障现象分析和检查,采用经验诊断和万用表检测的手段找出故障原因并加以排除。

(六)正文

正文又称本论,是论文的核心部分,这部分集中体现了作者的研究成果,是作者研究成果及经验的具体描述,担负着阐明作者观点和主张的任务,体现着论文的研究水平和学术价值。作者在该部分将提出问题并加以详细分析,展开有效论证,最终提出可能解决问题的方案。正文在文章中篇幅最长,一般占全文的 80%~90%。

正文部分写作时须做到论点正确鲜明、论据真实可靠、论证科学恰当,正文部分的写作顺序是提出问题、解决问题、结果与分析。

提出问题,即说明为什么要撰写本文;解决问题,即主要对所提出的问题进行科学的分析并提出解决办法;结果与分析,即主要论述项目实施的效果,是论文必不可少的重要内容之一,是体现论文价值的关键内容。作者提出问题、分析问题和解决问题要符合客观事物的发展规律,符合人们对客观事物的认识规律。从局部来说,对某一问题的分析,某一现象的解释,要体现出较为完整的概念、判断、推理的过程。整篇文章要做到观点和材料有机结合,逻辑严谨,格调统一,紧紧围绕中心论点,进行严密充分的论证。只有这样,才能撰写出一篇好论文。

(七)结论

结论是作者根据正文研究成果经过概括、判断、推理而形成的总观点,是整个研究过程的结晶,是全篇论文的精髓与归宿,也是作者独到见解之所在,是提出问题、分析和解决问题之后的答案。

结论写作的一般要求是:总结全文,突出主题;照应开头,首尾呼应;言简意赅,恰当有力。结论一定要避免3种现象:第一,"草率收兵";第二,"画蛇添足";第三,"空泛笼统"。

技术性论文的结论还应注意留有余地,因为这些研究处于一种探索阶段,往往还不是终点。所以,结论的措辞要注意分寸,逻辑严密,表达中肯、确切,要注意与文章开头相呼应。

(八)参考文献

参考文献是作者在撰写论文或编辑论著时引用的前人或他人的观点、数据、图书报刊资料和电子文献。由于论证的需要,常常需要参考一些文献、专著、资料或引用他人著作(论文)中的观点、材料、数据和研究成果等,这是正常的,但应在自己论文中标注出来,以示作者对别人研究成果的尊重,以防抄袭之嫌,同时也有利于提高论文的可信度,反映研究的水平,并给别人一些启发。

参考文献的著录项目有主要责任者或佚名、题名、出版地、出版者、出版日期(年)卷(期)、起止页码。

第四节　专业技术论文的撰写步骤及格式要求

一、技师技术论文的撰写步骤

技师技术论文的撰写一般包括选题、拟订提纲、撰写论文的正文、完成其他内容的写作、修改成文等步骤。

(一)选题

选题即确立论文的主题。论文的主题是作者在说明问题、发表主张或反映生活现象时,通过对材料的深入分析与研究,孕育形成见解或结论,进而提出的主要观点。这一观点是论文的纲领和灵魂。

论题的选择是一篇论文成败的关键,是撰写前的准备工作。确定论题前,作者总是先大量地接触、收集、整理和研究资料,从对资料的分析、选择中确定自己的研究方向直到定下题目。

(二)拟订提纲

技术论文的选题确定以后,就要着手拟订论文提纲,即拟定论文的结构,它是未来论文的结构形式,也是论文表述的依据。论文的提纲是撰写论文的基本思路,是论文的逻辑骨架。技术论文不同于一般的短篇思想评论,它需要作者根据自己的研究所得,提炼出论文标题及中心论点,然后大致勾勒出围绕中心论点进行论证的不同层次纲目,以及各个层次对材料的运用和编排,这项工作就是拟定写作提纲。

以《电喷汽车的顽固疾病积炭的预防措施》为例,论文的写作提纲拟定如下:

一、引言

1. 提出中心论题

2. 说明写作意图

二、正文

(一)气门、燃烧室积炭产生原因分析

(二)进气管积炭产生原因分析

(三)气门积炭诊断

1. 解体法

2. 内窥镜检查

3. 观察反馈电压变化

(四)减少和预防积炭产生的方法

1. 加注高质量的汽油

2. 不要长时间怠速行驶

3. 多跑高速,尽量提高手动挡车的换挡转速

4. 注意汽车熄火时机

三、结论

每一位驾驶员应重视积炭对发动机性能所产生的影响,在日常维护中采取有效措施预防积炭的产生。

需要注意的是,提纲写好后并不是一成不变的,在写作过程中还可以根据中心论点或主要议题进行必要的调整。

(三)撰写论文的正文

论文正文的撰写过程是学员进行专业技能训练与论文写作的核心环节,是锻炼自己如何从大量的感性材料中发现问题进而深化为理性思考的过程。它要求学生在技能训练与日常实践经验积累过程中对某一观点、某一现象产生浓厚的兴趣后,能够进一步独立地思考或探讨。这一过程也是对自己的观察领悟能力、分析思维能力、综合概括能力、文字表述能力等各方面的实际检验。整个过程包括:根据提纲写出初稿——反复阅读推敲修改——虚心求教——反复补充完善,这些内容将在后面的专题中详细论述。

(四)完成其他内容的写作

按照论文提纲完成其他内容的写作,包括前置部分(题名、论文作者、摘要、关键词)和其他主体部分(引言、结论、参考文献)。写作时应注意与教材对照,补充完善,直至自己满意。

(五)修改成文

论文的修改是论文写作的最后阶段,也是论文写作中一个非常重要的环节,修改功夫的锤炼是培养良好写作能力的一个重要组成要素。一篇好的技术论文往往不是"写"出来的,而是对论文初稿反复推敲修改出来的。反复修改其实是深入研究的过程,是提高论文质量的有效措施,也是作者严谨的科学态度和对读者、对社会高度负责精神的体现。

一般来说,论文的修改应从全局着眼,大处入手,先审视观点及所用的材料,理清论证的

逻辑思路,然后注意局部的调整、语言的锤炼和技术细节等方面的处理。

二、技师技术论文的写作格式要求

虽然技师技术论文内容千差万别,构成形式也是多种多样,但都是利用文字、数字、表格、图形等形式来表达的。撰写技术论文必须注意内容与形式的统一,因此,技术论文的写作必须遵守一定的行文格式与规范。

(一)技术论文行文格式

1. 标题

论文的标题要居中,两边空格要均匀。例如:

浅谈汽车 ABS 系统故障的诊断与排除

论文每部分的分标题或小标题一般可以居中排列,也可以前空两字占行,句子后面不加标点符号。打印稿的标题字号可以写得大些、重些。分标题或小标题的题号后应加上顿号或实心圆点,占一格。例如:

一、●●●●●●●(居中占行或前空两字占行)

(一)●●●●●●(前空两字占行)

1. ●●●●●●(前空两字占行)

(1)●●●●。(前空两字接排正文)

① ●●●●●。(前空两字接排正文)

二、●●●●●●(居中占行或前空两字占行)

(一)●●●●●●(前空两字占行)

1. ●●●●●●(前空两字占行)

(1)●●●●。(前空两字接排正文)

① ●●●●●。(前空两字接排正文)

当然,以上规定不是绝对的,可根据各出版社或各刊物要求编排。

2. 署名与作者信息

论文的署名可放在标题下面,居中单占一行。如果署名与标题之间空一行,下面的摘要或正文前也要空一行。如果署名是两个字的,中间要空一格。如果研究成果为两人或多人共同合作完成的,应该按论文撰写中贡献的大小排定署名顺序,工作量相等的可按姓氏笔画或通过协商安排署名先后。此外,目前有些刊物要求将作者单位、地区、邮政编码等用括号形式写在署名下方,同样居中;也有的刊物将作者介绍放在文章末尾或不作介绍。按照《中国高等学校社会科学学报编排规范》规定的作者署名和有关信息的写作格式,举例如下:

别克车防盗指示灯常亮故障分析

谈文静

南京×××汽车技术服务有限公司,江苏　南京　210005

3. 摘要和关键词

"摘要"也称"内容提要","关键词"也称"主题词"。在文章中可用黑体字表示。常见的格式有:

【摘要】×××××××。【关键词】×××　×××　×××

4. 引文、注释、图表

引文按引用的方式,一般分为原文引、原意引、综合引三种。原文引是指引用原文的文字必须前后加上引号,而且绝对忠实于原文,原文中的每一个字(包括标点符号)都不得更改。原意引是指引用文字前后可不加引号,或者只用冒号,但要注意完整理解作者的原意。综合引是以上两种引法的综合引用,把意引和直引穿插在一起进行,意引部分不加引号,直引部分加上引号。

注释也称注解。为了方便读者对引文的查找和核实,或者对文稿中某些难点加以说明,常常需要采用注释。注释、参考文献一般附在论文后面。

图表包括插图和插表。技术论文中的插图主要有线图、点图、面图、实体图、照片等。插图不宜太大,最大图稿一般不要超过 270 mm×380 mm,最小的图不应小于 50 mm×60 mm。插表又称表格、表解。表格格式的具体要求如下:表头的设计要求简明扼要,尽量不用或少用斜线,表中文字每段最后一句不要句号,计量单位尽量集中体现于表头项目内。如果表格需要转页,转页部分不必写表号和表名,但要重复书写表头,并在表头右上方写明"续表"。表格中相邻参数的数值或文字内容相同时应完整写出,不得使用"同上"、"同左"或其他省略符号及文字。

(二)论文封面的格式要求

技术论文的封面如图 7-1-1 所示,应包含论文的主要信息,一般由以下内容组成。

(1)职业(工种):按照《中华人民共和国职业分类大典》的标准名称。

(2)题目:即技师专业论文题目,必要时可加副题目。

(3)申请者的姓名和身份证号码:身份证按照标准 18 位填写。

(4)申请鉴定考评等级:技师或高级技师。

(5)准考证编号。

(6)单位全称。

(7)鉴定单位。

(8)论文完成的日期。

技师专业技术论文

工　　种:汽车驾驶员

题　　目:×××××××××

姓　　名:×××

身份证号:×××××××××

等　　级:×××

准考证号:×××××××

单位全称:×××××××

鉴定单位:××市×××鉴定所(站)

日　　期:×××年××月××日

图 7-1-1　论文封面格式示例

第二章　科研课题的申报与撰写

第一节　科研课题的申报与立项

所谓课题,就是指所要研究或讨论的主要问题或亟待解决的重大事项,是一种对学术或研究项目的认可和资助形式。具体地说,它通过一定的评审程序确定研究资金的分配,从而使最值得资助的研究项目获得比较充裕的资金和时间等条件的支持,以保证研究能顺利地开展,达到预期的目的。

目前我国尚未根本解决院校、科研所、企业相脱离的现状。企业长期以来满足于以市场换技术、追求眼前效益和快速回报而与外资企业合作、合资,院校和科研所则偏重于学术研究,缺乏面向社会经济主战场的能力。因此,大力推进建立以企业为主体、市场为导向、产学研相结合的技术创新体系是十分必要的。

一项研究课题的完成,一般要经过选题、申报、立项、研究、结题、成果鉴定(评审)等环节。

一、课题的来源与选题原则

(一)课题的来源

课题的来源有多种多样,一般可以从以下不同的角度进行分类:

(1)按课题的来源渠道,可以分为纵向课题、横向课题和自立课题。

(2)按课题的内容,可以分为基础研究项目、软科学研究项目、应用研究项目。

(3)按学科大类,可以分为社会科学研究项目、自然科学研究项目、工程技术及应用研究项目。

(4)从资金资助的角度,可以分为基金资助课题、自筹资金课题。

(二)课题的选题原则

科研课题的选题,除应遵循选题的一般性原则外,还应同所在单位的科研定位、科研方向和自己的专业方向、研究能力、研究兴趣等结合起来。

科研选题的一般原则包括需要性原则、科学性原则、可行性原则、创新性原则。

二、课题申报与立项

科研选题实质上是一项综合性、系统性的研究工作,其结果有恰当、不妥、正确、错误之分。特别是那些意义重大、难度大、代价高的课题,为了确保选题正确无误,需要认真对待。在课题选定之后,正式开题之前尚需对选题做出科学论证和评估,就最佳方案做出决策,也就是课题的申报和立项。

(一)课题申报

课题申报需认真填写课题申报书。课题申报书是专家评审、立项的依据。在填写申报书时,项目负责人一定要根据申报书的要求,认真、规范地填写。

1. 课题申报书的主要内容

包括课题名称和课题来源,研究目的、意义,国内外研究现状,课题的创新性及难度,主要研究方法、措施、步骤、阶段成果及最终达到的目标,研究人员的素质、水平,研究结果的先进性、效益、经费预算等。

2. 课题申报书中相关内容编写的一般要求

(1)课题名称和来源。课题名称代表着课题研究的方向,课题名称要涵盖研究的主要内容,在表达上要准确,标题一般不宜超过23个字。一般可采用"……的研究"或"……的研究与实践"等表述方式,如"江苏省中小汽车维修企业的发展模式研究"、"江苏省南京市区汽车特约维修企业发展战略研究"。课题来源主要有:① 直接在各类规划课题指南中选定;② 在课题指南的基础上,对研究范围、研究内容作相应的修改后确定;② 自选课题。

(2)选题的意义和拟解决的关键问题。选题的意义是指进行本课题研究具有什么样的重要价值,或者说为什么要进行本课题的研究。主要内容有:本课题研究同国内外同类课题研究相比具有哪些方面的突破和创新(理论、方法、技术);本课题研究将解决哪些方面的关键问题;本课题研究成果具有什么样的应用、推广价值或指导作用等。课题研究要解决的关键问题是课题研究的核心内容,是课题研究要达到的主要目标,也是衡量课题价值大小的重要标志。课题研究要解决的关键问题不宜过多,不然就体现不了"关键"二字,一个课题一般以解决2~3个关键问题为好。课题研究的意义和价值应该是本课题研究所独有的,要具有创新性。

(3)课题的国内外研究现状。主要考察研究人员对课题前沿研究动态的了解和掌握程度。这部分要在以下几方面重点阐述:① 国外研究人员对相应课题的研究状况。要阐明国外研究人员的主要观点、重要理论和研究中存在的问题等,对同一研究领域国外主要研究人员所取得的研究成果应进行比较详细的阐述;国内同行对相应课题研究进展程度。② 课题成果同国外研究者之间存在什么差异,是超前还是落后,或是处在同一水平,哪些方面的研究还存在问题需要作进一步深入的研究等;本课题研究同国内外研究相比较,先进性体现在哪里。研究人员平时要关注学科或相关研究领域的发展动态,要注意积累相关领域的研究资料,并对资料进行分析研究、提炼和概括,陈述要简明、扼要,字数一般不超过 2 500 字。

(4)课题研究的基本思路、方法和主要观点。在撰写课题研究思路时,首先,要明确课题的研究类型,是理论研究、实验研究还是问题研究? 只有明确了课题研究类型,才能有针对性地分析研究的基本思路。其次,在明确课题研究类型的基础上阐述课题研究的基本内容,如课题将从哪几个方面开展研究,研究的重点内容是什么,主要观点是什么等。主要观点是指研究者对所研究问题的主要认识和基本评价。对主要观点的阐述要新颖,要进行定性描述。最后,阐述研究所采用的基本方法。

(5)预期价值。预期价值是指课题研究将产生的社会和经济价值,一般用理论创新程度和实际产生价值(应用前景)来描述。对这部分内容的撰写要做到充分体现与同类课题相比所具有的创新价值:理论上的创新、观点上的创新和方法上的创新等;研究成果如能转化为现实的生产力,则要对成果预期产生的经济效益作出比较准确的预测;在描述预期价值时,既不要夸大课题研究的价值,也不要缩小其价值,预期价值要同课题研究的最终成果基本对应。

(6)前期研究成果(或前期准备工作)。前期研究成果是指同本课题相关的已取得的研究成果。通过对前期研究成果的阐述,可以考查课题研究是否已具有相应的研究基础,从而评价课题研究人员对相关课题研究的关注程度。课题组成员已有的研究成果,是对课题研究能力的一种证明。证明材料要附上诸如课题结题证明、所发表的研究成果的复印件、科技成果转化的证明等。

(7) 课题研究相应的保障条件。主要是指时间上的保障、经费上的保障和实验条件的保障等。对保障条件的说明,可使评审专家认为课题组完成课题研究是有保障的,从而提高课题通过评审的概率。

(8) 课题经费预算。课题经费的预算要合理,对各项开支要合理预测。在各项费用中,调研费、资料费、咨询费的预算可以宽裕一点,会议费、劳务费、交际费的预算则不宜过多。课题经费在使用上要精打细算,以确保课题的完成。课题经费应有专门账户,使用中一般以课题负责人签字为准。

(二) 课题的立项

课题申报书编制完成后,必须由专家评审。专家评审是能否立项最关键、最重要的程序和依据。专家评审组主要评审项目申请书,对其进行逐项评议,如有关键性条件不符合要求,即被淘汰。

未被批准的一般是开题条件不成熟、不符合要求的课题,尚需创造条件再次申报。当然也可能出现专家组评议不够充分、领导水平不足、未能真正识别课题价值的情况。如果条件许可,这类课题仍可作为自选课题研究。

课题被专家评审通过后,须报主管部门审批。主管部门审批工作的主要作用是掌握方向、突出重点,也是一项综合平衡合理分配经费的工作。

三、开题与研究

课题立项后即进入开题和研究阶段。课题开题是课题研究的重要组成部分,是一个非常重要的环节。而要做好课题开题工作,关键要写好开题报告(研究方案)。开题报告中有些内容和申报书中是相同的,有些人写开题报告时会简单地将申报书中的内容复制过来。其实,一份科学的开题报告的出炉并不是简单的重复。开题报告和课题申报书虽有相同之处,但又是不完全相同的,因为其目的是不一样的。课题申报书的目的是争取申报课题立项,其内容重点是课题选题的准确度、研究价值的大小、研究的可行性;而课题开题论证的目的不是立项,而是完成课题研究,其内容重点是如何开展课题研究。

开题报告组成部分一般有:

(1) 课题的界定(你研究的课题是什么?)

(2) 课题的提出(为什么要选择这个课题?)

(3) 文献综述(在相关问题上别人已经做了什么,还有什么没有做?)

(4) 理论基础(用什么理论指导课题的研究?)

(5) 研究目标(你的预期目标是什么?)

(6) 研究内容(你打算做什么?)

(7) 研究方法(你打算怎么做?)

(8) 研究步骤(你的工作进度如何安排?)

(9) 研究成果(你的阶段性成果和结题成果是什么?)

(10) 课题研究的组织机构和人员分工(课题研究人员、经费、设备、图书资料等条件分析以及课题的组织管理等。)

开题报告完成并经科研部门批准后,即进入实质性研究阶段。

第二节　科研课题、报告的撰写

课题研究报告是指专门用来描述课题研究与开发成果的文章。其主要任务是对课题研究领域中某种现象、技术或问题进行探索和研究,并以足够的论据来论证、论述科学研究或技术开发结果的说理性文章,是学术论文和技术报告的总称。其他论文的撰写常识已在前面作了阐述,此节专门对研究报告的撰写规范作说明。

一、可行性研究报告的撰写

可行性研究报告是国际上通用的项目决策论证报告形式。它起源于 20 世纪 30 年代的美国,经工业发达国家多年来的总结,现已逐步形成一套较完善的工作方法、工作程序和基本理论。20 世纪 70 年代末期,我国在基本建设工作中仿效了国际上的这种做法,之后在科研工作中也引进了此项内容,目前撰写可行性研究报告已成为一些重要科研项目申请立项必须进行的工作环节之一。

可行性研究报告的特点:政策性、客观性、综合性、时效性。

可行性研究报告的基本内容一般包括概述、正文、结论 3 部分内容。

概述一般应含项目名称、项目或产品简介,项目提出的理由、背景、依据、研究内容和项目的意义和目的,项目承担单位及单位简介。

正文主要包括项目方案的论证和经济效益的评价两部分内容,具体内容有① 市场预测分析,包括需求预测、销售预测、价格竞争能力、进入国际或国内市场的前景分析;② 技术方案,包括项目规模、工艺和技术流程、设备来源及分析、产品质量标准等;③ 方案比较、组织结构、人员数量和培训意见,项目的实施进度,效益评价(现有生产能力估计、投资估算及资金筹措、生产成本、销售收入、年税金、年利润、投资利润率、投资回收期),不确定性分析。

结论是在正文分析和论证的基础上,明确项目的可行性。可行性研究报告根据不同项目类型和需求,写法上有很大差别,可根据项目审批单位的要求在内容上有所选择和侧重。但在书写时要注意:应充分明确该项目可行性研究的目的和意图,以利于抓住关键环节,突出重点。深入调查研究,注意数据资料收集,尊重客观事实,不随意杜撰,不凭空设想,不草率下结论;分析要有说服力,论证要严密。报告要求文字简练,条理清晰,观点明确。

二、课题成果类研究报告的撰写

研究成果类报告是科研工作者对某一科研计划项目的全面总结。其目的一是向上级主管部门或科研项目立项单位汇报科研工作的总体情况;二是通过总结,发现问题,总结经验,对下一步科研工作起指导作用;三是通过研究报告,在一定范围内起学术交流的作用。

研究报告与一般科技论文不同,它的特点是以科学技术的研究作为表述对象,重在报告事实,阐述研究过程及研究所达到的技术指标和数据,其保密性强,一般不公开发表。

(一)任务来源

研究报告的作用是作为该成果立项和申请鉴定(评审)的主要依据,主要说明立项理由(如目的、背景等)、立项的根据(如计划任务书或设计任务书、合同书)等内容。研究报告在写法上可分开说明或综合说明,但不论采用哪种写法,均应写得简要、明确。

(二)研究报告

技术研究报告是申请鉴定(评审)资料中全面说明成果内容的主要部分,是科研成果的学术性和创造性的集中表现,决定着成果的学术和技术水平。通过阅读技术研究报告,参与鉴定(评审)者对该成果有全面的了解和应有的重视。技术研究报告既包括成果的技术理论部分又包括成果的实施部分,一般可按以下几部分进行撰写。

(1)引言。应用较短的篇幅,言简意赅地叙述本成果的由来、依据和内容。

(2)理论部分。重点说明用途、基本原理、技术性能、指标等。

(3)实际研究部分。为实现上述要求和条件的实施过程、制造工艺和技术要求、关键技术及解决办法、措施等。

(4)本成果与同类技术水平的比较。说明达到的行业水平和等级水平(国内、部、省内或行业内等)。

(5)技术经济、社会效益分析。包括产品应用价值、推广前景及产品在安全、环保卫生、降低成本、节能、节材、使用寿命、减轻劳动强度、国产化等诸方面的效益分析。

(6)简述标准化的要求情况。说明本成果按规定要求制定技术标准的情况,如产品的基本性能、测试方法等标准及这些标准从标准化的角度是否符合要求。该部分一般是用文字和附图配合进行说明,文字可分条、项,叙述详细、具体,数字应精确无误,附图合理恰当。

(三)试制报告

试制报告应是研制工作的总结,它体现如何实现或变更、完善技术设计,以逐步达到技术性能指标。试制报告一般分为第一个(批)样机的研制、样机性能试验、初级(小批)产品的制造3个阶段,从涉及设计文件、工艺、工装、材料、加工装备等方面予以阐述,重点说明在各个阶段发现和解决的问题、性能指标兑现及修正等情况。

(四)试验报告

试验报告是用以描述、记录为检验技术研究报告中提出的技术理论、技术方案而进行的试验过程和结果。

在撰写形式上,不必面面俱到地写成文章,只是分条列项,如实地将过程和结果讲清楚即可。有时甚至可以是一种固定的表格及说明。但对于比较复杂的试验报告,则不能是表格型,而必须是文章型。

(五)检测报告

检测报告包括检验(检测)报告和测试报告两部分。

(1)检验(检测)报告。国家或省、部认定的检测单位出具的理化、文字、电气等性能检测报告。

(2)测试报告。研制单位根据企业标准或国家、部标准(技术性能指标),按有关规定逐项进行测试(验收)后提供的报告。

(六)技术经济、社会效益分析报告

这是对产品技术经济和社会效益的全面综合。写好这份报告,对成果通过鉴定具有十分重要的作用。因此,必须做好周密的调查研究,根据产品的性能要求,有所侧重地提出可靠的技术经济和社会效益的预测分析。报告可以从成果技术水平、产品应用价值、推广前景和从产品安全、环保、成本、节能、减轻劳动强度、使用寿命等方面予以分析说明。

第三章　专业技术文献资料的查询

第一节　科技文献资料检索

一、科技文献资料检索途径

文献资料检索，是指将文献信息按一定的方式组织和储存起来，并能根据用户的需要取出所需特定信息的整个过程，它的全名为信息存储与检索。通常所说的信息查询或检索只是名称的后一半或是"狭义"的信息检索，它是指以科学的方法，利用专门的工作系统，从大量积累的文献资料中选取所需要的特定专门文献的过程。

文献的出版形式常见的有图书、报纸、期刊、特种文献（如科技报告、会议文献、学位论文、专利文献、技术标准、产品资料、档案文献）等。

按照检索标示划分，文献检索分为：数据检索——以文献中的数据为对象，如公式、化学分子式等；事实检索——以文献中的事实为对象，如检索某一事物发生的时间、地点或过程；文献检索——以文献为对象，如查找某个课题的有关文献，当检索标识与文献的存储标识匹配时，就得到了"命中文献"。按检索手段划分，可分为手工检索方式和机器检索方式。

（一）文献检索语言

文献检索语言是一种人工语言，用于各种检索工具的编制和使用，并为检索系统提供一种统一的、基准的、用于信息交流的符号化或语词化的专用语言。因其使用的场合不同，检索语言也有不同的称谓，主要有分类语言、主题语言、关键词语言、自然语言。

（二）文献检索途径

文献检索的途径主要有著者途径、篇名途径、分类途径、主题途径、引文途径、序号途径、代码途径、专门项目途径（通过文献信息所包含的或有关的名词术语、地名、人名、机构名、商品名、生物属名、年代等的特定顺序进行检索，可以解决某些特别的问题）。

（三）文献检索方法

检索文献需要采用什么方法，不仅应根据课题性质和研究目的而定，也要根据可否获得检索工具而定，归纳起来，检索文献方法一般有以下几种。

（1）浏览法。通过检索工具搜索文献是科技人员获得文献的主要途径，只要方法得当，往往可以事半功倍，在短时间里获得大量切合课题需要的文献。浏览法是科技人员平时获取信息的重要方法，具体地说就是科技人员对本专业或本学科的核心期刊每到一期便浏览阅读的方法。

（2）直接法。该法又称常用法，是指直接利用检索系统（工具）检索文献信息的方法，即是以主题、分类、著作等途径，通过检索工具获取所需文献的一种方法。这种方法又可分为顺查法、倒查法、抽查法和引文法4种。

（3）追溯法。该法又称为回溯法，是一种传统的查找文献的方法，即当查到一篇参考价值较大的新文献后，便利用文献后面所列的参考文献逐一追查原文（被引用文献），然后从这些原文后所列的参考文献目录逐一扩大文献信息范围，一环扣一环地追查下去的方法。它像滚雪球一样，可以依据文献间的引用关系获得更好的检索结果。

（4）循环法。该法又称为分段法或综合法，是分期分交替使用直接法和追溯法的方法，取长补短，相互配合，获得更好的检索结果。

各种检索方法在使用上各具特色，可根据检索的需要和所具备的条件灵活选用，以便达到较好的检索效果。

（四）文献检索步骤

文献检索是一项实践性很强的活动，它要求检索人员善于思考，并通过经常性的实践逐步掌握文献检索的规律，从而迅速、准确地获得所需文献。一般来说，文献检索可分为以下几个步骤。

（1）课题分析。课题分析是文献检索过程中最重要的环节，课题的内容是什么，主要解决什么问题，这些问题一定要通过认真的分析，才能将它们揭示出来。能否正确地分析课题，将直接影响到检索的质量与效果。课题分析要从以下几个方面进行：

分析主题内容：根据课题的内容，深入分析主题内容的目的是明确课题检索的要求，找出课题需要解决的关键，从而形成反映课题中心问题的主题概念，即拟出关键词。

分析问题类型：分析问题类型的目的在于确定检索工具，仅有检索的学科和主题范围还不够，还要进一步确定文献类型的范围。一般从课题的性质来分析文献的类型。自然科学领域的研究通常分为基础研究、应用研究和开发研究3种。基础研究寻求对自然界的认识，所需文献类型侧重科学专著、学术期刊、学术会议论文及原始性的科学考察、实验和述评等；后两者研究属于解决应用工程技术问题，所需文献侧重于科技图书、技术性期刊、报告、论文、专利、手册、标准、样品和产品目录等。

分析查找年代：分析查找年代的目的在于确定检索的时间范围。分析查找年代，就是分析学科发展的历史背景，如学科发展有初期、高峰期和稳定期，高峰期的文献较多，而早期原始文献中的精华都已综合在后来的图书、专著和述评等文献中了，只要直接查阅图书和近几年的文献检索工具即可。这样做可以节省时间和精力。

（2）选择文献检索工具。检索工具包括：目录、索引、文摘；百科全书；年鉴；手册名录；词典（字典）；表谱、图录；类书、政书。

（3）确定检索途径。确定检索途径时，应根据已知条件，选取最易查获所需文献的途径。例如，若已知文献的著者、号码、分子式和地名等，可利用相应索引查获所需文献，同时还可通过上述途径间接核准确切的分类号或主题词。检索工具一般都有多种检索途径，应根据检索工具的具体情况选择检索途径。若课题的检索泛指性较高，即所需文献范围较广，则选用分类途径较好；反之，课题检索的专指性较强，即所需文献比较专深，则选主题途径为宜。

（4）选择检索方法。选择检索方法的目的在于寻求一种花时少、检索效果好的有效方法。检索方法多种多样，究竟采用哪种方法最合适，主要应根据检索条件、检索要求和学科特点而定。

根据检索工具的条件：在没有检索工具可利用的情况下，可采用追溯法；而在检索工具比较齐全的情况下，可采用常规法和分段法，因为这两种方法的查全性、查准性都较高。

根据检索课题的要求：通常要求检索快、全、准，但三者又难以兼得。若以全、准为主，应采用顺查法。顺查法适合科研主题复杂,研究范围较大,研究时间较长的科学研究。新兴的课题研究以快、准为主,宜用倒查法。

根据学科发展特点:选择检索方法还须考虑课题的学科发展特点。检索课题属于年轻新兴学科,起始年代不太长,一般采用顺查法(也可采用倒查法);课题检索属于较老课题,起始年代较早或无从考查,则可采用倒查法;有的学科在一定的年代里处于兴旺发展时期,文献发表得特别多,则在该时期内采用抽查法检索效果好;进行科学计量学的研究(如引文分析),可选用引文法,用美国《科学引文索引》进行统计分析。

二、网上信息搜索

据发表在《科学》杂志的文章《WEB 信息的可访问性》估计,1999 全球的网页已超过 8 亿,有效数据超过 9 T,并且仍以每 4 个月翻一番的速度增长。用户要在如此浩瀚的信息海洋里寻找信息,很可能会"大海捞针"无功而返。网上搜索信息常见方案有三套。

方案一:使用搜索引擎

在互联网上有大量的搜索引擎,如图 7-3-1 所示,国内读者常用 Google 中文、雅虎中文、搜狐、新浪、网易搜索引擎。这些搜索引擎不仅支持中文,还具有较高的搜索效率——搜索速度快、分类清晰、查询方便。

图 7-3-1　搜索引擎

方案二:使用搜索软件

针对搜索引擎的弱点,现在已经出现了许多专业的搜索软件。这些搜索软件的最大特点就是可以同时启用互联网上的多个搜索引擎进行搜索,能得到更多、更详细的信息。如中华搜索宝(www.chianssb.com)搜索软件的安装和使用都非常简单,无需进行复杂的设置:在"搜索范围"中选择好搜索范围,在"关键词"输入框中输入搜索关键字,再单击"回车"键或者"F12"键,软件即刻进行搜索,并将搜索结果显示在结果列表中。用鼠标在结果列表中双击某一条信息,即可打开系统默认的浏览器进行浏览。在重新搜索前,可以选择菜单"编辑"→"全部清除",以清除结果列表中的内容。

方案三:使用 3721 中文网址

3721 中文网址是一款可以使用中文来访问网站的客户端软件,只需记住网站的中文名称,不用再记忆长长的英文域名。从另一个角度来说,3721 中文网址也相当于一款搜索软件。

三套搜索信息的方案,用户可依使用习惯和信息类型择优而取。如果是有针对性地查询某一信息,建议使用第一套方案;如果经常在网上查询大量的信息,建议使用第二套方案;如果只是为了方便上网,建议使用第三套方案。

第二节　论文数据库与电子图书的选用

一、数据库资源的选择与利用

数据库是指网络上可以共享的某些具有共用存取方式和一定组织方式的相关数据的集

合,是供院校师生和广大科技工作者在教学、科研及学习中进行信息检索和选用的重要论文信息源。

(一)本地院校数据库资源的选择与利用

目前,院校图书馆虽不同程度地引进和自建了多种数据库,其中利用率最高、影响范围最广的中文期刊全文数据库有 3 个,即中国期刊全文数据库(简称为清华库)、中文科技期刊数据库(简称为重庆库)和万方数据——数字化期刊(简称为万方期刊)。清华库和重庆库在收录期刊种类、全文文献的数量上较全,数据的完整率很高;清华库收录的学科的综合性较强,重庆库和万方期刊则对社会科学方面的期刊收录较少。

(二)网上免费数据库资源的选择与利用

互联网上的免费数据库数量巨大、内容丰富,是一笔不容忽视的宝贵财富。有些中小型图书馆由于经费短缺等原因,自建和购买的网络数据库较少,很难满足本校读者大量的科研需求。科研工作者应学会从网上或其他图书馆及信息机构获取免费的数据资源。

(1)从外地院校图书馆获取免费数据库。尽管高校图书馆购买的商业数据库一般只对本校读者使用,但重点高校馆数据库丰富,通过它们的数据库导航往往可以找到免费数据库的网址,使用其免费部分。一些高校图书馆还对免费网络数据库进行整合,建立了免费数据库导航。

(2)常用网上免费数据库。对于报刊、会议论文、学位论文及专利等不同的文献类型,网上有许多可供免费使用的数据库,图书馆信息服务人员应引导读者充分地利用。

免费报刊数据库:如 http://highwire. stanford. edu/;人民网(www. people. com. cn)。

免费会议论文数据库:如上海科技情报所(http://www. library. sh. cn);国家科技图书文献中心 http://(www. nstl. gov. cn);中国科技信息所万方数据中心(http://www. wanfangdata. com. cn)。

免费学位论文数据库:如中国国家图书馆(http://www. nlc. gov. cn);国家科技图书文献中心网页(http://www. nstl. gov. cn);CALIS 联机公共数据库查询系统(http://opac. calis. edu. cn)。

免费专利信息库:如中国专利信息网(http://www. patent. com. cn);中国国家知识产权局中国专利库(http://www. sipo. gov. cn);欧洲专利局世界专利信息库(http://www. european-patent-office. org)。

二、数字图书馆的选用

现在互联网上有许多数字图书馆,院校校园网上常配置有超星数字图书馆、书生之家数字图书馆、方正数字图书馆和中国数字图书馆等图书馆,如图 7-3-2 所示。

超星数字图书馆:清华大学图书馆与超星公司合作,从 2000 年初建构了超星电子图书系统。它包含文学、历史、法律、军事、经济、科学、医药、工程、建筑、交通、计算机和环保等几十个分馆,是国家"863"计划中国数字图书馆示范工程项目。

书生之家数字图书馆:书生之家是由北京书生科技有限公司开发的综合性数字图书馆,2000 年 5 月正式开通。它收录的图书信息完整、书内四级目录导航以及先进的搜索引擎实现海量数据的准确锁定。

方正数字图书馆:由北京大学方正电子有限公司开发,利用独有的激光排版技术,与出版社合作,得到著作人和出版社的直接授权制作电子版图书,2000 年正式开通。

图 7-3-2　数字图书馆

中国数字图书馆(高教版):2001 年 6 月 30 日由国家图书馆组建的"中国数字图书馆有限责任公司"正式挂牌运营,并开通了"中国数字图书馆网站"。

这四大图书馆中超星数字图书馆采用扫描图像方式对信息进行数字化,它是国内最大的在线图书馆。

第三节　作者著作权的保护

著作权是知识产权的一种,是一种特殊且重要的民事权利。著作权主要部分是财产权利,在我国的市场经济体制下建立著作权法律保护制度,维护了公民正当的民事权益,保护了创作者的正当权益,调动了广大作者的创作积极性,有利于优秀作品的广泛传播,有利于促进我国的对外文化交流。

一、著作权的概念与种类

(一)著作权的概念

著作权也称版权,是基于文学、艺术和科学作品而产生的法律,是赋予公民、法人和其他组织等民事主体的一种特殊的民事权利。著作权是指作者对特定的作品依法享有的专有权利,是作者及其他著作权人对文学、艺术、科学作品等所享有的人身权以及全面支配该作品并享受其利益的财产权的总称。

我国著作权法保护的对象包括文字作品、口述作品,音乐、戏剧、曲艺、舞蹈、杂技艺术作品,美术、建筑作品,摄影作品、电影作品和以类似摄制电影的方法创作的作品,工程设计图、产品设计图、地图、示意图等图形作品和模型作品,计算机软件(包括程序和文档)以及其他法定形式创作的文学、艺术和自然科学、社会科学、工程技术作品。

中国公民、法人或者其他组织的作品以及外国人的作品,均可以依照我国著作权法受我国法律保护。同时,我国实行著作权自愿登记制度,著作权人可以依法就计算机软件、各类作品、著作权合同向中国版权保护中心申请著作权登记,取得国家版权局颁发的《著作权登记证书》,作为享有著作权的有效凭证。

(二)著作权的分类

我国《著作权法》第十条规定,著作权包括下列人身权和财产权:发表权、署名权、修改权、保护作品完整权、复制权、发行权、出租权、展览权、表演权、放映权、广播权、信息网络传播权、摄制权、改编权、翻译权、汇编权以及应当由著作权人享有的其他权利。

二、保护著作权的意义

我国民事立法的基本原则,维护了公民正当的民事权益,完善了我国知识产权的法律制度。《著作权法》的实施,标志着文学艺术领域无法可依局面的结束,标志着我国知识产权法律保护制度发展到了一个新的阶段。

建立著作权法律保护制度,保护了创作者的正当权益,调动了广大作者的创作积极性,为繁荣社会主义科学文化事业创造了良好的条件。《著作权法》从法律上确立了作者对其创作的作品享有人身权的财产权,这就为作者进行再创作提供了物质和精神的条件。《著作权法》禁止以剽窃、篡改、假冒等不法行为侵害作品,这为保护作者的正当权益、尊重创作者的创作成果提供了法律上的保障。当作者的创造性劳动受到了法律保护,作者的创作积极性就会被调动起来,就会不断推出更多更好的作品,新的作者也会成批地涌现出来,社会主义的科学文化事业就一定能兴旺发达。

实施《著作权法》对著作权进行法律保护,对于造就尊重知识、尊重人才的社会风气,促进优秀作品的大量产生和传播,促进我国对外文化交流的开展,丰富广大人民群众的精神生活,提高中华民族的科学文化素质,具有极其重要、深远的意义。

三、侵犯著作权的主要表现

以下行为均侵犯了著作权:未经著作权人许可,发表其作品的;未经合作作者许可,将与他人合作创作的作品当作自己单独创作的作品发表的;没有参加创作,为谋取个人名利,在他人作品上署名的;歪曲、篡改他人作品的;剽窃他人作品的;未经著作权人许可,以展览、摄制电影和以类似摄制电影的方法使用作品,或者以改编、翻译、注释等方式使用作品的,《著作权法》另有规定的除外;使用他人作品,应当支付报酬而未支付的;未经电影作品和以类似摄制电影的方法创作的作品、计算机软件、录音录像制品的著作权人或者与著作权有关的权利人许可,出租其作品或者录音录像制品的,《著作权法》另有规定的除外;未经出版者许可,使用其出版的图书、期刊的版式设计的;未经表演者许可,从现场直播或者公开传送其现场表演,或者录制其表演的;其他侵犯著作权以及与著作权有关的权益的行为。

四、著作权侵权的构成要件

(1)所侵害的标的应当在著作权法保护的范围内。《著作权法》所保护的标的,随着科技的发展而逐渐扩张,几乎涉及一切智力劳动的创作成果。为了包容各类创作并适应未来可能发展出的新的传播方式,各国著作权法一般采用概括性的规定与列举式的规定相结合,以灵活运用。

(2)须为著作权法所明文保护的排他性权利。随着著作权保护客体的扩大,著作权的权利的种类也相应增加。

(3)被害人须有著作权。原告提起著作权侵权之诉,首先应当证明其享有著作权。在我国,不采用著作权取得须先经行政机关审查登记的制度,而采用"创作"主义,作品一经创作完成,作者就取得著作权。但在诉讼中,原告仍须证明其著作权的存在。

(4)受害人须证明对方有侵权行为,亦即受害人须证明对方侵害了著作权人受法律保护的几种特别权利。

(5)被告不得以"合理使用"原则为抗辩。《著作权法》既然以公益的保护为重,在某种程度内,即使是未经许可而使用作品,被告尚可以"合理使用"为理由进行免责抗辩。各国法律也都明确规定哪些行为属于合理使用。

五、侵犯著作权赔偿的归责原则

(一)著作权侵权的归责原则

著作权侵权损害赔偿制度是一种具体的著作权民事法律制度,正确处理著作权损害赔偿案件,首先并且最为关键的问题之一就是要掌握著作权侵权损害赔偿的归责原则。归责,是指以何种根据使侵权人承担民事责任,即是以侵权人的过错还是以损害结果或是以公平考虑作为标准,使侵权人承担民事责任。根据民法通则和著作权法的规定,过错责任原则作为著作权侵权案件的归责原则,并且也应是最基本、最主要的归责原则,过错推定原则可作为过错责任原则的特殊表现。

(二)过错原则的适用

过错责任原则是侵权民事责任的最基本的归责原则。过错责任原则,又称过失责任原则,是以行为人过错作为归责的根据和最终要件。对于一般的著作权侵权案件,应当由主观上有过错的一方承担赔偿责任,主观上的过错是损害赔偿责任构成的基本要件之一,缺少这一要件,即使侵权人造成了损害事实,并且其行为与损害结果之间有因果关系,也不承担民事赔偿责任。

(三)过错推定原则

过错推定原则是过错责任原则的一种特殊表现形式,它是指为了保护相对人或受害人的合法权益,法律规定行为人只有在证明自己没有过错的情况下,行为人才可以不承担责任。

适用过错推定原则的意义在于使受害人处于较为有利的地位,切实地保护著作权人的合法权益,加重侵权人的责任,有效地制裁侵权盗版行为。使用过错推定原则,从损害事实中推定侵权行为人有过错,那么就使受害人免除了举证责任而处于有利的地位,而侵权行为人则因担负举证责任而加重了责任,因而更有利于保护著作权人的合法权益。

第四章　专业技术论文的答辩与发表

第一节　专业技术论文的答辩

论文答辩是对技师的论文质量、水平进行鉴定考核的一种方式。一般的考核原则是写什么问什么。因此,学员应该按照"做什么写什么"的原则来确定论文题目和内容。

一、答辩前的准备

(一)编写论文简介

论文答辩时,一般要求学员用 5～10 min 的时间口述论文重点内容。因此,学员应该对论文内容进行浓缩,重点叙述正文的主要内容,即按"提出问题、分析问题、解决问题"3个方面作精练地口头叙述。如果论文的引言写得好,则可以在引言的基础上加以扩充完善。

(二)做好物质准备

如有必要,可事先准备好挂图、表格、相片、多媒体课件、幻灯片等,也可以事先写好论文的标题、主要目录等,制作成小卡片,这样利于参照口述,有据可循,避免慌乱,同时可以加深考评员对论文全面的了解,争取让考评员打上"准备充分"的印象分。

(三)做好知识准备

知识准备是学员在心理上树立自信心、降低焦虑感和临场正常发挥的前提条件。

(1)要尽可能多地了解、掌握与自己论文相关联的知识和材料,对论文中引用的文献资料进行温习,将所引用的知识真正变成自己理解掌握的知识。

(2)反复熟悉自己所写论文的内容,重要内容在论文中的位置要做到心中有数,以利于答辩过程中必须翻阅时能尽快找到所需要的内容。客观地审视全文中的谬误、片面或模糊不清之处,并针对这些薄弱环节做好应答问题的准备。

(3)进一步理解技师专业论文的论点、论据和论证内容,做到真正理解,运用自如。特别对其中的创新观点和创新见解要尽可能地准备充分的论据和论证。

(4)做好上述准备之后,将其写成提纲,变成自己头脑中的东西。

(四)做好心理准备

答辩前,任何学员都难免会产生焦虑情绪,担心通不过答辩这一关。做好上述准备是形成良好心理因素的前提。另外,学员应了解答辩的场景布置及答辩要求,一般考评员是围绕论文内容提问的,首先是了解学员的参与程度,然后针对论文中存在的疑问进行询问和澄清。如果是学员亲身的经历和实践,通过答辩是不难的;如果紧张,就不可能正常发挥。

(五)有必要时做好预讲训练

要做到在介绍论文时流畅、准确且不超过时限,建议先自己预讲或请同事、朋友观摩演练,一则便于自己计算、把握时间,二则锻炼自己的表达能力,且能在预讲中发现不足,征求意见,及时纠正,争取以最佳状态上场。

二、答辩的注意事项

(一)熟悉内容

作为将要参加论文答辩学员,首先且必须对自己所著的论文内容有比较深刻的理解和比较全面的掌握。这是为回答考评员就有关论文的深度及相关知识而可能提出的论文答辩问题做准备。所谓"深刻的理解"是对论文有横向的把握。

(二)图表穿插

任何论文,无论是文科还是理科都可能或多或少地涉及用图表表达论文观点。图表不仅是一种直观的表达观点的方法,更是一种调节论文答辩会气氛的手段,特别是对考评员来讲,长时间地听述难免会产生排斥性,不再对学员论述的内容接纳吸收,这样必然对论文答辩成绩有所影响。因此,应该在论文答辩过程中适当穿插图表或类似图表的其他媒介,以提高论文答辩成绩。

(三)语速适中

进行论文答辩的学员一般都属首次。无数事实证明,学员在论文答辩时说话速度往往越来越快,以致考评员听不清楚,影响了论文答辩成绩。因此,论文答辩学员一定要注意在论文答辩过程中的语流速度,要有急有缓,有轻有重,不能像连珠炮似的轰向听众。

(四)目光移动

学员在论文答辩时一般可脱稿,也可半脱稿,或完全不脱稿。但不管哪种方式,都应注意自己的目光,使目光时常地瞟向考评员及会场上的学员们。这是学员用目光与听众进行心灵的交流,使听众对论题产生兴趣的一种手段。在论文答辩会上,由于听的时间过长,委员们难免会有分神现象,这时目光的投射会很礼貌地将他们的神"拉"回来,使委员们的思路跟着学员的思路走。

(五)体态语辅助

虽然论文答辩通常以口头语言为主,但适当的体态语运用会辅助论文答辩,使论文答辩效果更好,特别是手势语言的恰当运用会显得自信、有力、不容辩驳。相反,如果在论文答辩过程中始终直挺挺地站着,或者始终如一地低头俯视,即使论文结构再合理、主题再新颖,结论再正确,论文答辩效果也会大受影响。所以,在论文答辩时一定要注意使用体态语。

(六)时间控制

一般在比较正规的论文答辩会上,都对辩手有答辩时间要求,因此,论文答辩学员在进行论文答辩时应重视论文答辩时间的掌握。对论文答辩时间的控制要有力度,到该截止的时间立即结束,这样显得有准备,对内容的掌握和控制也轻车熟路,容易给考评员一个良好的印象,故在论文答辩前应该对将要答辩的内容有时间上的估计。当然在论文答辩过程中灵活地减少或增加答辩内容也是对论文答辩时间控制的一种表现,应该重视。

(七)紧扣主题

进行论文答辩时往往辩手较多,因此,对于考评员来说,他们不可能对每一位答辩学员的论文内容有全面的了解,有的甚至连论文题目也不一定熟悉。因此,在整个论文答辩过程中能否围绕主题进行,能否最后扣题就显得非常重要了。另外,委员们一般也容易就论文题目所涉及的问题进行提问,如界能自始至终地以论文题目为中心展开论述,就会使评委思维明朗,对所论述论文给予肯定。

(八)人称使用

在论文答辩过程中必然涉及人称使用问题,建议尽量多地使用第一人称,如"我"、"我们"。即使论文中的材料是引用他人的,也可用"我们引用"了某些数据或材料,要更多使用且是果断地、大胆地使用第一人称"我"和"我们"。这样做会给人留下这样的印象:东西是你的,工作做了不少!

(九)虚心求教

对考评员的提问要正确对待,虚心求教。千万不能因为考评员的提问难以回答就错误地认为是有意刁难,产生逆反心理,影响情绪。正确的态度是虚心求教,耐心了解清楚考评员的要求后作答,经思考后不能回答的,应虚心请教考评员,不要错过一次学习提高的机会。

(十)从容自信

遇到不能作答的问题,需虚心求教,不能错误地认为通过答辩无望而灰心丧气,影响对其他问题的正确回答。有时考评员为了证实学员的技能程度,会提问较高层次的问题,这种问题不一定会作为评判是否合格的标准。

(十一)补充交代

如果学员在答辩的准备过程发现有些问题在论文中没有交代清楚,尤其是存在错误或不足的,应在介绍论文主要内容时主动地补充说明或更正。这样就有可能起到回答问题在先的良好效果,顺利通过答辩。

三、答辩提问的重点

考评员的提问一般不会超出技师专业论文所涉及的领域,它必然在与论文相关的理论、技术范围之内的问题。考评员主要是围绕论文的中心内容来出题,即所谓的"写什么问什么"。答辩的问题通常主要集中在以下3个方面:

(1) 技师专业论文表述中有疑且表述不充分的部分。因此,应将答辩准备的重点放在论文中存在的薄弱环节上,仔细查找论文论述中不够详细、不够全面、不够确切甚至于自相矛盾的部分,做出更详尽、更准确的阐述。

(2) 水平探测题。主要目的是审查学员掌握基础知识的深度和广度,以及运用这些知识分析问题和解决问题的能力。

(3) 对技师专业论文是否为作者本人撰写的真实程度进行检测,即检验真伪。只要作者对自己的论文心中有数,所谓"真金不怕火炼",这类问题不必过分计较。

对于提问所涉及的内容,可参考以下方面去做准备:

(1) 您为什么要选择这一题目,该论文的现实意义是什么?

(2) 该题目的论文在国内外研究的现状如何?曾有哪些人做过哪些研究?他们的成果与主要观点是什么?

(3) 您在该论文的撰写中有何新发现、新体会?提出和解决了什么问题?其意义何在?

(4) 论文的基本观点、主要依据以及论证的思路是什么?

(5) 论文中有哪些应该涉及或解决的问题?因力所不及而未能涉及的问题有哪些?

(6) 论文中的创见和某些关键环节,如何作口头的解释和说明?

(7) 论文中还有哪些尚待解决的问题以及对前景的展望?

以上所涉及问题应根据具体情况做必要的材料准备,不一定面面俱到,但要有备无患,做到胸有成竹,以免临场慌乱。

第二节　专业技术论文的发表

一篇技术论文的产生,是艰苦的脑力和劳力相互综合的结晶,是作者将研究成果以文字形式表达出来的过程。如果技术论文能够发表出来给更多的人看到,对人对己都是有意义的事情。作者将研究成果发表出来,与同行交流,接受评价,可以更好地看清自己专业知识的广狭、文字表达能力的高低、理论素养的厚薄。但并非所有的论文都可以有幸地被编辑赏识发表。论文的发表还要经过一个严谨的审核过程。这里从技术论文发表流程图入手,介绍技术论文从投稿到发表的全过程,如图 7-3-3 所示。

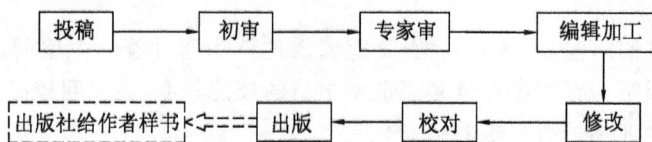

投稿 → 初审 → 专家审 → 编辑加工

出版社给作者样书 ⇠ 出版 ← 校对 ← 修改

图 7-3-3　技术论文发表流程图

一、投稿

要使论文能够顺利发表,作者就必须慎重对待投稿这一环节,看似简单的投稿,其实内藏许多学问。

(一)熟悉拟投稿的刊物

投稿前要认真研究各学术刊物的特点和要求,查看近几期的杂志,摸清它们的选题要求和规范格式。由于各学术刊物办刊宗旨不同,对文章的内容要求、编写格式、组织形式等体例的要求也不一样,若在投稿前有目的地选择刊物,投中率就会高得多。

(二)注意投稿方式

投稿的方式有多种,但无论采用哪种方式,一定要给出作者自己全部的联系方式,如详细的通信地址、电话、手机、E-mail 等。

(1)电子邮件方式投稿:这是目前最常用的一种投稿方式。投稿前要在邮件正文中写明所投稿件的题目,最好附上短柬,再以附件的形式将论文附上发送。

(2)邮寄稿件:即按照刊物编辑部地址将稿件邮寄给相应的编辑部或编辑。

(3)送稿:向当地期刊投稿,可以由作者本人亲自将稿件送到编辑部,这样就可以当面与编辑进行交流,获得一些重要信息,如稿件是否符合所投期刊的办刊宗旨,如果不符合可以请编辑推荐其他刊物;稿件的学术水平是否达到刊物要求的水平,如未达到,差距在哪里,以便于指导后续工作;稿件写作方面是否完善,如不完善,请编辑指出缺陷及不足,修改后再投,增加文章发表的可能性。

(4)荐稿:当稿件达到发表水平,可以请同行专家、熟人推荐发稿,这是最好的投稿方法。

此外,若有可能的话,投稿后最好与期刊编辑部电话联系,交流以下内容:告诉编辑部文章题目,以确定文章是否适合刊载;获得出版周期、录用时限等信息。

二、初审

编辑部接到各类稿件之后,会对所有稿件进行初审,主要审查稿件是否符合办刊宗旨;对稿件先进行初步评价;审查作者的写作态度是否端正,包括文字是否通顺、是否有错别字等。写作态度涉及技术论文写作的严肃性,如果写作中错误百出,那么首先给人的印象是作者态度不严肃,没有充分尊重编辑的劳动,不尊重审稿专家的劳动,编辑也不会将写作质量很差的稿件送给专家进行审稿,所以,投稿时一定要保证稿件的写作质量和稿面上的整齐清洁。

三、专家审

专家受某期刊的委托对稿件进行评审时,主要是对稿件的学术、技术水平进行评价,给出稿件需要进一步完善方面的建议。

四、编辑加工

在这一环节中,编辑会对稿件的文字进行润色,对稿件行文方法、思路提出修改要求,对稿件中没有达到写作目标的写作环节提出修改意见。

五、修改

作者需要根据专家评审意见补充完善文章的学术或技术内容。同时,作者需要根据编辑提出的意见进行文字甚至行文的改动。此阶段,作者要根据所投期刊的格式补充原稿中未完成的内容,还需要根据稿件修改状况写出"修改说明"。在"修改说明"中,说明哪些内容已根据专家或编辑意见做了修改及如何修改的;对专家或编辑的哪些意见未做修改,并说明未做修改的原因。

六、校对

作者在编辑部提供的排版清样上针对排版错误直接用红笔圈改,圈改时要采用国家规范化的校对符号。

七、出版

稿件刊出后,编辑部会寄出稿费,此时作者可索取一定数量的样刊。

第八单元　教育技术能力基本知识

第一章　教育学和心理学基础知识

第一节　教育学基本知识

一、教育学的概念和发展

（一）教育学的概念

教育学是研究教育现象、揭示教育规律的一门科学。教育现象包括教育社会现象和教育认识现象；教育规律是教育内部诸要素之间、教育与其他事物之间的内在必然联系。

研究并揭示教育的规律是教育学的研究任务。教育学是庞大教育科学体系中的基础学科。

（二）教育学的发展概况

教育学的发展大体可以分成萌芽、独立形态、科学化、现代教育理论4个阶段。

二、教育的基本规律

（一）教育与社会发展相互制约的规律

（1）教育与生产力相互制约。

（2）教育与社会政治经济制度相互制约。

（二）教育与人的发展相互制约的规律

（1）影响人的发展的主要因素。

（2）人的发展对教育的制约。

三、教学规律与教学原则

（一）教学的基本规律

（1）间接经验与直接经验相结合的规律。以间接经验为主是教学活动的主要特点，但在教学中必须重视直接经验的作用。贯彻直接经验与间接经验相统一的规律应防止两种倾向：一是只重书本知识的传授；二是只强调学生通过自己探索去发现、积累知识，而忽视书本知识的学习。

（2）教师的主导作用与学生主体作用相统一的规律。教师在教学活动中起主导作用，学生是教学活动的主体。贯彻教师主导与学生主体相统一的教学规律要注意两个问题：既不能只重视教师的作用，又不能只重视学生的作用。

（3）掌握知识和发展智力相统一的规律。传授知识与发展智力两者是相互统一和相互促进的，传授知识与发展智力这两个教学任务统一在同一个教学活动之中，统一在同一个认识主体的认识活动之中；知识是发展智力的基础，知识为智力活动提供了广阔的领域，只有具备了某一方面的知识，才有可能去从事某方面的思维活动；发展智力又是掌握知识的重要条件，可以说，智力既是接受人类已有知识的工具，同时又是开发新知识的工具。掌握知识的速度与质量都依赖于一定的智力。

知识和智力是两个不同的概念：知识是人们对客观世界的认识，智力是人们认识客观事物的基本能力。要使掌握的知识真正促进智力的发展是有条件的。从传授知识的内容上看，传授给学生的知识应是规律性的知识；从传授知识的量来看，在一定时间范围内所学知识的量要适当，不能过多，要给学生留有充分的时间去思考，应采用启发式教学。

贯彻掌握知识和发展智力相统一的规律，要防止两种倾向：一是形式教育论，只强调训练学生的思维形式，忽视知识的传授；二是实质教育论，只向学生传授对实际生活有用的知识，忽视对学生认识能力的训练。

（4）传授知识与思想品德教育相统一的规律（教学的教育性规律）。知识是思想品德形成的基础，学生思想品德的提高又为他们积极地学习知识奠定了基础。贯彻传授知识和思想品德教育相统一的规律时，必须防止两种倾向：一是脱离知识进行思想品德教育；二是只强调传授知识，而忽视思想品德教育。

（二）教学原则

教学原则是有效地进行教学必须遵循的基本要求，主要包括以下几项原则：

（1）科学性与教育性相结合原则。

（2）理论联系实际原则。

（3）直观性原则。

（4）启发性原则。

（5）循序渐进原则。

（6）巩固性原则。

（7）因材施教原则。

教学原则与教学规律的区别与联系：教学规律是教学内部的本质联系，是客观的；教学原则是第二性的，是人们制定的。教学原则是教学规律在教学中的反映，不同的教学体系有不同的教学原则。

四、教学方法与教学手段

（一）教学方法

教学方法是教师和学生为实现教育目的、完成教学任务所采用的手段和一整套工作方式。启发式和注入式是两种根本对立的教学方法。根据不同的划分方式，可将教学方法作以下分类。

（1）以语言传递为主的教学方法：讲授法，其中包括讲述、讲解、讲读、学校讲演等方式；谈话法；讨论法；读书指导法。

（2）以直观感知为主的教学方法：演示法、参观法。

（3）以实际训练为主的教学方法：练习法、实验法、实习作业法、实践活动法。

（4）以探究活动为主的教学方法：发现法。

（5）以情感陶冶（体验）为主的教学方法：欣赏教学法、情境教学法。

（二）教学手段

教学手段是指教师和学生进行教学活动以及相互传递信息的工具、媒体或设备。教学手段是教学过程的构成要素，其功能主要在于把教学内容有效地传递给学生。历史上教学手段的发展大体经历了以下几个阶段：口耳相传—文字教材—直观教具—电教工具—电子计算机—多媒体—网络教学。

（1）现代化教学手段的发展趋势。教学媒体日益自动化、微型化；新的教学媒体不断涌现；教学手段运用的多媒体化、综合化和网络化；现代化教学的服务目标多样化。

（2）现代化教学手段在教学中的作用。现代化教学手段实现了教材建设的突破、教学组织形式的突破、师生关系的突破，提高了教学质量和教学效率并扩大了教学规模。

五、教育目的和培养目标

教育目的规定了把受教育者培养成什么样的人，是培养人的质量规格标准，是对受教育者的一个总的要求。培养目标一般是指教育目的在各级各类教育机构的具体化。教育目的与培养目标的关系是一般与特殊的关系。

（一）我国社会主义教育目的

（1）培养有理想、有道德、有文化、有纪律的劳动者，培养社会主义事业的建设者和接班人，是我国教育目的的本质要求。

（2）使学生德、智、体等方面全面发展，是我国教育目的中对受教育者的素质要求。

（3）教育与生产劳动相结合，是实现我国教育目的的根本途径。

（二）我国的教育方针

（1）我国1957年颁布的教育方针。1957年，毛泽东在《关于正确处理人民内部矛盾的问题》中指出："我们的教育方针，是使受教育者在德育、智育、体育几方面都得到发展，成为有社会主义觉悟的有文化的劳动者。"

（2）我国1958年颁布的教育方针。1958年，中共中央、国务院在《关于教育工作的指示》中规定："党的教育工作方针是教育必须为无产阶级政治服务，必须同生产劳动相结合。"

（3）我国新时期的教育方针。1995年，《中华人民共和国教育法》明确规定了我国新时期的教育方针，即"教育必须为社会主义现代化建设服务，必须与生产劳动相结合，培养德、智、体等方面全面发展的社会主义事业的建设者和接班人"。

六、教师

（一）教师的作用

（1）教师是人类文化知识的传递者，对人类社会的延续和发展起着承前启后的桥梁作用。

（2）教师是人类灵魂的工程师，对青少年一代的成长起关键作用。

（3）教师是教育工作的组织者、领导者，在教育过程中起主导作用。

（二）教师的任务和教师劳动的特点

（1）教师的任务。教师的根本任务是教书育人，具体任务是：教师不仅要教好书，还要做好学生的思想品德教育工作，关怀学生的身体和心理健康，关心学生的生活。

（2）教师劳动的特点。① 复杂性、创造性。教师劳动是一种复杂的劳动，其复杂性表现在以下几方面：一是教育目的的全面性，二是教育任务的多样性，三是劳动对象的差异性。教师劳动的创造性主要表现在教师创造性地运用教育教学规律，具体表现在以下几方面：一是因材施教，二是教学上的不断更新，三是教师的"教育机智"。② 连续性、广延性。连续性是指时间的连续性，广延性是指空间的广延性。③ 长期性、间接性。长期性是指人才培养的周期比较长，教育的影响具有迟效性；间接性是指教师劳动不直接创造物质财富，而是通过学生以后在社会上的实践活动来实现教师劳动的价值。④ 主体性、示范性。主体性是指教师的劳动手段是教师自身；示范性指教师言行举止都会成为学生学习的对象，教师的人品、才能、治学态度等都可成为学生学习的楷模，因此，教师必须以身作则、为人师表。

（三）教师的素养

（1）职业道德素养。教师必须忠诚于人民的教育事业、热爱学生。师爱是学生身心健康成长的重要环境因素，是增强教育效果的重要条件。如何爱学生？教师要做到爱与严结合，爱与尊重、信任结合，全面关怀学生，关爱全体学生，对学生要保持积极、稳定的情绪，集体协作的精神，严格要求自己，为人师表。

（2）知识素养。教师必须具备比较系统的马列主义理论修养，精深的专业知识，广博的文化基础知识和必备的教育科学知识，包括教育学、心理学以及各科教材教法等方面的知识。

（3）能力素养。教师必须具备良好的能力素养有：① 组织教育和教学的能力，语言表达能力。教师的语言表达要准确、简练，具有科学性，清晰、流畅，具有逻辑性，生动、形象，具有启发性，语言和非语言手段巧妙结合。② 组织管理能力。③ 自我调控能力。

七、学生

（一）学生的特点

（1）学生是教育的对象（客体）。从教师方面看，由于教师是教育过程的组织者、领导者，学生是教师教育实践活动的作用对象，是被教育者、被组织者、被领导者；从学生自身特点看，学生具有可塑性、依附性和向师性。学生成为教育的对象表现在，学生明确自己的主要任务是学习，具有愿意接受教育的心理倾向，服从教师的指导，接受教师的帮助，期待从教师那里汲取营养，促进自身的身心发展。

（2）学生是自我教育和发展的主体。首先，学生是具有主观能动性的人；其次，学生在接受教育的过程中，也具有一定的素质，可以进行自我教育。学生主体性表现在 3 个方面：自觉性（也称主动性）、独立性（也称自主性）和创造性（是学生主观能动性的最高表现）。因此，"教师中心论"和"儿童中心论"都是片面的。

（3）学生是发展中的人。学生是发展中的人，生理和心理都不太成熟，这说明学生具有与成人不同的身心发展特点，具有发展的巨大潜在可能性，有获得成人教育关怀的需要。

（二）发展阶段

（1）学生的年龄特征是指青少年学生在一定社会和教育条件下不同年龄阶段所形成的

一般的、典型的、本质的生理和心理上的特征。

（2）青少年学生的年龄分期：婴儿期（又称先学前期，相当于托儿所阶段）——出生至 3 岁；幼儿期（又称学前期，相当于幼儿园阶段）——3 岁至 5、6 岁；童年期（又称学龄初期，相当于小学阶段）——5、6 岁至 11、12 岁；少年期（又称学龄中期，相当于初中阶段）——11、12 岁至 14、15 岁；青年初期（又称学龄晚期，相当于高中阶段）——14、15 岁至 17、18 岁。

我国新型师生关系的特点是：尊师爱生、民主平等、教学相长。

八、课程与教学

课程与教学的关系是教育的内容与途径之间的关系。

（一）课程

广义的课程是指为了实现教育目的而规定的学生应该学习的所有学科与应该从事的所有活动的总和及其有计划的进程。狭义的课程是指学生在学校应该学习的一门学科或应该从事的一种活动的内容及其有计划的进程。

课程的意义：课程是学校教育的核心，是学校培养未来人才的蓝图。课程是教育目的、培养目标的具体化，同时，课程又是教与学的根据。在我国，课程主要由 3 部分组成，即课程计划（教学计划）、学科课程标准（教学大纲）和教材。

（二）教学是师生间传递和掌握社会经验的双边活动

教学是实现教育目的的基本途径。教学的作用主要体现在 3 个方面：一是对社会发展的促进作用；二是对个人全面发展的作用；三是教学在教育活动中的作用。

教学是学校的中心工作，学校工作必须坚持以教学为主、全面安排的原则。

九、教学组织形式

（一）教学的基本组织形式——班级授课制（或课堂教学）

（1）班级授课制的概念。班级授课制又称课堂教学，是把学生按年龄和文化程度分成固定人数的班级，教师根据课程计划和规定的时间表进行教学的一种组织形式。班级授课制首先是由夸美纽斯在《大教学论》中进行理论论证的。1862 年，中国清政府在北京开办的京师同文馆首次采用班级授课制。

（2）班级授课制的意义及存在的问题。班级授课制的基本特征为固定班级，按课教学，固定时间。班级授课制的优缺点：优越性——有利于经济有效地大面积培养人才，有利于发挥教师的主导作用，有利于发挥学生集体的作用，有利于学生多方面的发展。局限性——学生的主体地位或独立性受到一定的限制；实践性不强，学生动手机会少；难以照顾学生的个别差异，强调的是统一，齐步走；教学内容和教学方法的灵活性有限。

（二）课的类型和结构

（1）课的类型。课的类型是指按课的任务将课划分为不同的种类，大致可以分为单一课和综合课两大类。

（2）课的结构。课的结构是指课的组成部分的顺序和时间分配。综合课的结构包括组织教学，复习过渡，讲授新教材，巩固新教材和布置课外作业。

（三）教学的辅助形式——个别教学、分组教学、现场教学

（四）教学的特殊形式——复式教学

十、教学工作的基本环节

教学活动包括 5 个基本环节,即备课、上课、课外作业的布置与批改、课外辅导、学业成绩的检查与评定。

(一)备课

(1)做好 3 方面的工作——钻研教材,了解学生,设计教法。

(2)写好 3 种计划,即学年(或学期)教学进度计划、单元(或课题)计划、课时计划(教案)。

(二)上课

上课是教学工作的中心环节。一节好课的基本要求为教学目的明确,内容正确,结构合理,方法恰当,语言艺术,板书有序,态度从容自如。

(三)课外作业的布置与批改

(四)课外辅导

(五)学业成绩的检查与评定

十一、教学评价

教学评价是指以教学目标为依据,通过一定的标准和手段,对教学活动及其结果给以价值上的判断。

常用的教学评价有以下 3 种。

(1)诊断性评价。它是指教师在教学前进行的评价,目的在于了解学生在教学前是否具有新的教学单元目标所需的基本技能、能力。根据评价结果,教师可确定教学起点,安排教学计划。

(2)形成性评价。它是指在教学过程中实施的教学评价,目的在于了解教学效果,了解学生学习的情况及所存在的问题,从而对教学工作进行调整,使所有学生都能达到教学目标。美国心理学家和教育家布卢姆特别重视这种评价,指出要尽一切努力用它改进教学过程。

(3)终结性评价。它是指在教学结束时进行的教学评价,主要用于评定一学期、一学年或某个学习课题结束时教学目标达到的程度,判断教师的教学方法是否有效,并全面评价学生的学习结果。终结性评价应该成为一个新的教学起点。

十二、德育

德育是教育者培养受教育者品德的活动,它包括思想教育、政治教育、法纪教育和道德品质教育 4 个基本方面。

德育过程是教育者根据一定社会的德育要求和受教育者品德形成发展的规律,把一定社会的品德规范转化为受教育者品德的过程。

思想品德教育过程(简称为德育过程)和思想品德形成过程既相互联系又相互区别。它们之间的主要区别表现在:其一,范畴不同;其二,影响因素不同;其三,结果不同。

(一)德育过程的基本规律

(1)德育过程是对学生知、情、意、行培养提高的过程。知即道德认识,情即道德情感,意即道德意志,行即道德行为。德育具有多端性,须注意知、情、意、行的结合,做到"动之以情,晓之以理,导之以行,持之以恒"。

（2）德育过程是促进学生思想内部矛盾斗争的发展过程。学生思想品德的任何变化都必须依赖于学生个体的心理活动。任何外界的教育和影响都必须通过学生思想状态的变化,经过学生思想内部的矛盾斗争,才能发生作用,最终促使学生品德的真正形成。在德育过程中,学生思想内部的矛盾斗争实质上是对外界教育因素分析、综合的过程。青少年学生的自我教育过程实际上也是他们思想内部矛盾斗争的过程。

（3）德育过程是组织学生活动和交往,统一多方面教育影响的过程。活动和交往是思想品德形成的基础。学生的思想品德是在活动和交往的过程中,接受外界教育影响逐渐形成和发展起来的,并通过活动和交往表现出来。教育性活动和交往是德育过程的基础。学生在活动和交往时必定受到多方面的影响,品德的形成是学生能动地接受多方面教育影响的过程,学校德育应在多方面影响中发挥主导作用。

（4）德育过程是一个长期的、反复的、逐步提高的过程。德育过程是一个长期、反复、渐进的过程。德育过程长期、反复、渐进的特点要求教育者必须长期一贯、耐心细致地教育学生,要善于抓反复、反复抓,引导学生在反复中逐步前进。

（二）德育原则

（1）社会主义方向性原则。

（2）从学生实际出发的原则。

（3）知行统一的原则。

（4）集体教育与个别教育相结合的原则。

（5）正面教育与纪律约束相结合的原则。

（6）依靠积极因素克服消极因素的原则。

（7）尊重信任学生与严格要求学生相结合的原则。

（8）教育影响的一致性和连贯性原则。

（三）德育的途径

德育的主要途径有教学、社会实践活动、课外和校外活动、共青团和少先队组织的活动、校会、班会、周会、晨会、时事政策学习与班主任工作。

（四）德育的方法

（1）常用的德育方法有说服教育、榜样示范、实际锻炼、陶冶教育、指导自我教育与品德评价。

（2）德育方法的选择与应用须依时间、地点、条件而定。选择德育方法的依据是德育目标、德育内容、德育对象的年龄特点和个性差异。

（五）德育工作的新形式

德育工作的新形式有通过开展社区教育、创办业余党校、开展心理健康教育活动和建立德育基地进行德育等。

十三、班主任工作

班主任是全班学生的组织者、教育者和指导者,是学校领导实施教育教学计划的得力助手,对全班学生的健康和谐发展负直接责任。班主任是学校德育工作的主要实施者,不仅是联系各科教师与团队组织的纽带,而且起着沟通学校、社会和家庭的桥梁作用。班主任是年青一代健康成长的引路人,是社会精神文明建设的重要促进力量。

（一）班主任工作的基本任务

带好班级,教好学生。

（二）班主任工作的主要内容

班主任工作的主要内容包括:对学生进行品德教育;教育学生努力学习,完成学习任务;指导学生课余生活,关心学生身体健康;组织学生参加劳动和其他社会活动;指导本班班委会和共青团、少先队的工作;做好家访工作,争取社会有关方面的配合;评定学生操行。

（三）班主任工作的方法

（1）全面了解和研究学生。全面了解和研究学生是有效进行班主任工作的前提和基础。了解和研究学生常用的方法有考核法、观察法、测量法、问卷法、谈话法、实验法、调查法、访问法和书面材料分析法等。

（2）组织和培养班集体。班集体是班主任工作的目的和结果,也是班主任开展工作的有力助手和途径,组织培养班集体是班主任的中心工作。培养班集体的主要方法有:确立班集体的奋斗目标,选择和培养班干部,培养正确的集体舆论和优良的班风,组织多样的教育活动。集体舆论是在集体中占优势的、为大多数人所赞同的言论和意见。集体舆论是集体生活和集体成员意愿的反映,以议论、褒贬等形式肯定或否定集体的动向和集体成员的言行。有无正确的集体舆论是衡量班集体是否形成的重要标志之一。正确的集体舆论是学生自我教育的重要手段,是形成和发展班集体的巨大力量,有利于提高集体成员的思想觉悟,使大家能明辨是非,支持正确的言行,抵制错误的倾向。一个班集体舆论持久地发生作用就形成一种风气,这就是班风。

（3）做好个别教育工作。根据不同类型的学生实际,有针对性地做好个别学生、尤其是后进生的工作(正确对待后进学生,关心热爱后进生;弄清情况,帮助学生分析原因,了解症状,对症下药;培养学生学习兴趣;抓反复,反复抓)。

（4）密切家庭与社会教育,统一各方面的教育力量。

（5）做好班主任工作的计划和总结。班主任计划一般分为学期(或阶段)计划和具体活动计划。班主任工作总结一般分为全面总结和专题总结。

第二节　心理学基本知识

一、基本概念

心理学是研究心理现象及其规律的科学。1879 年,德国心理学家冯特在德国莱比锡大学创建了世界上第一个有影响的心理实验室,这标志着科学心理学的诞生。个体心理可分为认知、动机和情绪、能力和人格等 3 个方面。从外部行为推测内部心理过程是心理学研究的一个基本法则。心理学研究的基本方法有观察法、实验法、调查法、测验法等。人脑是心理的器官,心理是人脑的机能。

二、感觉和知觉

感觉是人脑对直接作用于感觉器官的客观事物个别属性的反应。感觉分为外部感觉和内在感觉两种。外部感觉指视觉、听觉、嗅觉、味觉、皮肤感觉。内部感觉指运动觉、平衡觉、内脏感觉。感觉现象主要有感觉适应、感觉对比和联觉。知觉是人脑对直接作用于感觉器官的客观事物整体属性的综合反应。知觉的种类有空间知觉、时间知觉、运动知觉等。知觉的基本特性是:选择性、整体性、理解性、恒常性。

三、注意

注意是心理活动或意识对一定对象的指向和集中。注意的特点是:指向性、集中性、心理活动的组织特性。注意的功能有:选择功能、保持功能、调节与监督功能。注意的种类有:(1) 不随意注意(无意注意),即事先没有预定目的也不需要付出意志努力的注意;(2) 随意注意(有意注意),即自觉地、有目的的、必要时需要付出一定意志努力的注意;(3) 随意后注意(有以后注意),即有预定的、不需要付出意志努力的注意。

注意的品质特征为:注意的广度、注意的稳定性、注意的分配、注意的转移。影响注意转移的因素有:原有活动吸引注意的程度,新的事物的性质与意义,事先是否具有转移注意的信号。

注意规律在教学中的应用。不随意注意规律的应用:尽量防止分散注意的刺激出现,防止单调死板的教学方法;随意注意规律的应用:明确目标任务,创设问题情境,教师正确组织教学。

四、记忆

记忆是人脑对经验的印留、保持和再现的过程。记忆的基本过程为识记、保持、回忆。从信息加工上来看,即对输入信息的编码、储存和提取的过程。记忆的主要类型:根据内容与对象分为形象记忆、情景记忆、语义记忆、情绪记忆、动作记忆;根据信息加工与记忆阶段分为瞬时记忆($0.25\sim2s$)、短时记忆($5\sim120s$)、长时记忆($1min$ 以上到许多年直至终身)。

遗忘是指对识记过的材料不能再认与回忆,或者表现为错误的再认与回忆。艾滨浩斯遗忘曲线显示:遗忘在学习之后立即开始,遗忘的过程先快后慢。影响遗忘进程的因素有识记材料的性质与数量、学习的程度、事迹材料的系列位置、识记者的态度。遗忘的原因有:衰退说、干扰说、压抑说(前摄抑制和倒摄抑制)、提取失败说等。

复习在记忆中的作用:给信息再加工提供机会,重新考虑与寻找材料之间的关系,增加信息加工的深度。有效的复习方法:及时复习;合理分配复习时间和复习内容;分散复习与集中复习相结合;复习方法多样化;运用多种感官参与复习;尝试回忆与反复阅读相结合。记忆品质的特点为:敏捷性、持久性、准确性、准备性。提高记忆效果的方法:明确记忆目的,增强学习的主动性;理解学习材料的意义;对材料进行精细加工,促进对知识的理解;注意数学方法,防止知识遗忘。

五、思维

思维的特征为:间接性、概括性、问题性。思维的类型:根据思维的发展水平不同划分为知觉动作思维、具体形象思维、抽象逻辑思维;根据逻辑性分为分析思维、知觉思维;根据指向性分为集中思维、发散思维;根据思维的创造程度分为常规思维、创造性思维。概念是人脑反映客观事物共同的、本质的、特征的思维方式。思维的过程:分析与综合、比较、抽象与概括、系统化与具体化。思维的基本形式有:概念、判断、推理。

问题解决的阶段:提出问题(发现矛盾的过程)——明确问题(找出主要矛盾的过程)——提出假设(以假设形式找到解决问题方案)——检验假设(通过理论和实践形式检验假设)。影响问题解决的心理因素:人的知觉特征;定势与功能固着;个体经验水平;情绪与动机;个性因素。影响创造性的因素:酝酿、社会因素。创造性思维的培养:运用启发式教学,激发学生求知欲,调动学生学习的积极性、主动性;培养发散性思维与集中性思维;发展学生的创造性想象力;鼓励学生参加各项创造性活动,正确评价有创造力的学生。

想象的功能包括:预见功能、补充功能、代替功能。想象的种类:根据想象时有无目的意图分为有意想象、无意想象;根据想象活动与现实的关系分为幻想、理想、空想;在有意想象中,根据内容的新颖性和创造性分为再造想象、创造想象、幻想。吉尔福特把思维分为辐合思维和发散思维两种。想象活动的基本特点:形象性、新颖性。

六、情绪与情感

基本情绪的分类为:快乐、悲伤、愤怒、恐惧。情绪按强度和持续时间可分为:心境,指微弱的、持续时间较长的,具有弥散性的情绪状态;激情,指爆发式的、猛烈而时间短暂的情绪状态;应激指在出乎意料的紧迫状态下引起的急速而高度紧张的情绪状态。情感的分类:道德感、理智感、美感。情绪和情感的功能有:适应功能、动机功能、组织功能、信号功能。压力与心理反应有:抑郁、焦虑、恐惧、狂躁。情绪的自我调节与控制:自觉调节自己的情绪状态;学会转移自己的注意;合理宣泄负面情绪。健康情绪的培养:培养积极乐观的人生态度;培养广泛的兴趣爱好;丰富自己的情绪体验;学会自我欣赏与自我接纳;建立良好的人际关系;正确面对和处理负面情绪。意志行动的目的冲突有4种形式:双趋冲突,双避冲突,趋避冲突,多重趋避冲突。意志品质的特征为:自觉性、果断性、自制性和坚韧性。

七、需要与动机

需要是机体内部的一种不平衡状态。马斯洛需要层次理论将需要分为生理的需要、安全的需要、归属和爱的需要、尊重的需要、自我实现的需要。动机是由人的内部需要和外部诱因相结合而产生的。动机的功能有:引发功能、指导功能、维持和调整功能。学习动机的激发:创设问题情境,实施启发式教育;根据作业难度,恰当控制动机水平;充分利用反馈信息,有效进行奖惩;合理设置课堂结构,妥善组织学习竞争;正确指导学习成绩的归因,促使学生继续努力学习;提供成功的学习经验,增强学习的自我效能。

八、能力

能力与知识、技能的关系:知识是认知经验的概括,技能是活动方式的概括。知识、技能是能力形成的基础,并推动能力发展;能力制约知识、技能的掌握水平,影响知识、技能的学习进度;知识、技能的掌握并不必然导致能力的发展,知识、技能的掌握只有达到熟练程度,通过广泛迁移,才能促进能力的发展。能力是掌握知识、技能的前提,又是掌握知识、技能的结果,两者是相互转化、相互促进的关系。

能力的分类:按功能的倾向性分为一般能力、特殊能力;按能力的功能分为认知能力、操作能力和社交能力;按能力参与其中的活动的性质分为模仿能力、创造能力。能力形成的原因与条件:遗传、环境和教育(如产前环境和幼教、学校教育、实践活动、人的主观能动性等)。多元智力理论:由哈佛大学的加德纳教授提出,其观点为:人类的神经系统经过100多万年的演变,已经形成了互不相干的多种智力。智力的内涵是多元的,它由7种相对独立的智力成分所构成。每种智力都是一个单独的功能系统,这些系统可以相互作用,产生外显的智力行为。多元智力理论对教育的启示:传统教育只重视课堂学习,忽视社会实践;单纯依靠用纸笔的标准化考试来区分儿童智力的高低是片面的;标准化考试过分强调语言智能和数学逻辑智能;音乐、美术、体育或其他方面的特长同样是高智商的表现。抽象逻辑思维能力是智力的核心成分,创造力是智力的高级表现形式。美国耶鲁大学心理学家斯滕伯格提出了智力的三元理论,即元成分、操作成分、知识获得成分。

九、气质与性格

气质是表现在人们心理活动和行为方式的典型的、稳定的动力特征。希波克拉底(体液说)将气质分为多血质、胆汁质、粘液质、抑郁质4种。对气质的分类方法还有克雷奇摩——体型说;伯尔曼——激素说;古川竹二——血型说;巴斯——活动特性说;巴普洛夫——高级神经活动类型学说等。性格是指人对现实的态度以及与之相适应的、习惯化的行为方式方面的个性心理特征。性格评定的方法有:行为评定法(包括观察法、谈话法、作品分析法、个案法等)、实验法、测验法等。性格是个性的核心部分。

气质与性格的关系:气质更多地受个体高级神经活动类型的制约,主要是先天的;性格更多地受社会生活条件的制约,主要是后天的。气质无好坏之分;性格在社会评价上有好坏之分。气质可塑性较小,变化极慢;性格可塑性较大,环境对性格的塑造作用较明显。气质可以按自己的动力方式渲染性格,使性格具有独特色彩,气质会影响性格形成与发展的速度;性格对气质有重要的调节作用。

十、态度与行为

印象形成效应包括:刻板效应(归于某个类别);首因效应(陌生人)和近因效应(熟悉的人);晕轮效应(光环效应);投射效应(以己度人)。从众是指个体在群体的压力下,放弃自己的意见而采取与大多数人一致的行为。从众可分为真从众、权宜从众和不从众。从众的原因有:行为参照、偏离恐惧和人际适应。

十一、心理健康教育

心理健康的六条标准为:自我意识正确;人际关系协调;性别角色分化;社会适应良好;情绪积极稳定;人格结构完整。

心理健康教育的意义为:预防精神疾病,保护学生心理健康;提高学生心理素质,促进其人格健全发展;对学校日常教育教学工作的配合与补充。

影响学生行为改变的方法有:强化法、代币奖励法、行为塑造法、示范法、暂时隔离法、自我控制法。青少年异性交往的原则为:自然、适度。

第二章　教学设计

第一节　教学设计的基本要素

一、教学设计的定义

教学设计是隶属于教育科学领域的一门应用性科学,是教育技术学最核心的内容,是连接学习理论、教学理论与教学实践的桥梁。教学设计是以教学过程为研究对象,用系统方法分析和研究教学需要,设计解决教学问题的方法和步骤,并对教学效果作出价值判断的计划过程和操作程序。教学设计是教学活动的计划形式,通过教师的智能活动将教学意图化、教学方式定型化、教学时空结构化,形成施教前的蓝图。简单地说,教学设计就是要解决教什么、怎样教、如何达到效果最优等问题,并确定有操作性的程序。

二、教学设计的层次

按照系统论的观点和各系统大小、任务的不同,教学设计可分为 3 个层次:

（一）以教学系统为对象的层次——教学系统设计

教学系统设计属于宏观设计层次,所涉及的教学系统比较大,如远程教学体系的建立、一个新的专业、一个培训系统或一个学习系统的建立等。

第一步,教学系统设计要根据社会发展对人才的需求,拟定培养目标;第二步,根据培养目标制定课程方案,其中包括课程计划(即通常所说的教学计划)和课程标准(即通常所说的教学大纲)两部分;第三步,设计(选择)教学资源,以保证教学过程的顺利进行;最后一步,在教学实践中,进行教学绩效的评价和修正。

（二）以教学过程为对象的层次——教学过程设计

教学过程设计是对一门课程或一个单元,直至一节课或某个知识点的教学全过程进行的教学设计。我们把对课程或单元的教学设计称为课程教学设计;把在课堂教学环境下,对一节课或某个知识点的教学设计称为课堂教学设计;把在自主学习环境下,对某个知识单元(学习任务)的教学设计称为自主学习教学设计。

课程教学设计根据课程标准规定的总教学目标,对教学内容和教学对象进行认真分析,在此基础上得出每个单元、章节(课)的教学目标和各知识点的学习目标,以及该课程的知识和能力结构框架,形成完整的目标体系,同时对所需教学资源和适合学生自主学习的知识单元提出建议。

课堂教学设计根据上述目标体系,选择教学策略和教学资源,制定课堂教学过程结构方案,并付诸教学实践,然后作出评价和修改。课堂教学设计的基本内容包括教学目标的设计、教学内容的设计、对受教育者的分析、教学媒体的选用设计、教学方法与教学方式的优化组合设计、教学原则的优化组合设计、教学环境设计、教学效果的评价设计等。归纳起来为以下3个方面:期望学生学习什么内容,即确定教学目标;为了达到预期目标,打算如何进行这种学习,即制定教学策略;在进行这种学习时,如何及时反馈信息进行教学评价。在实际教学工作中,进行教学设计时,都应认识这3个方面内容的重要性。

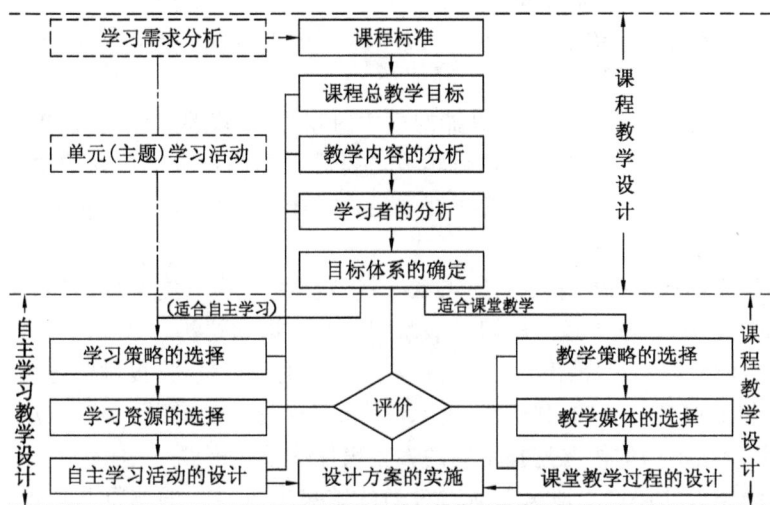

图 8-2-1　教学过程设计

自主学习教学设计根据知识单元(学习任务)的学习目标,在对学习内容和学习主体(学习者)分析的基础上,选择学习策略和学习资源,制订学习过程活动方案,由学习者自主进行学习活动,最后进行评价和修正。

课程教学设计一般由教师或教研组来进行,也可以由相应的教研机构组织教师、学科专家共同进行,以保证课程标准中规定的总教学目标的实现,课堂教学设计和自主学习教学设计由任课教师进行,注意发挥每位教师的主动性、创造性,同样的教学内容可以而且应该有不同的教学设计方案,充分展示教师的个性和教学的多样性。

（三）以教学产品为对象的层次——教学产品设计

教学产品包括网络课程、教学媒体、材料、教学环境以及其他教具、学具等。

教学产品的设计与开发往往是结合在一起的,它根据教学系统设计和教学过程设计所确定的产品使用目标,经过分析、设计、开发、生产、集成和试用6个步骤完成,最后进行评价和修改。

简单的教学产品,如幻灯片、投影片、录音教材和小型课件等,一般由任课教师自己设计、制作;比较复杂的教学产品,如录像教材、大型多媒体课件、网课课程开发以及教学环境的设计和开发,则需要组织专门的开发小组来完成。

对于学科教师来讲,需要关心和掌握的是教学过程设计层次。以下介绍的教学设计模板和教学评价模板,都是在教学过程设计层次上进行的。

三、教学设计的要素

教学设计是教师教学工作中的一个重要环节,它是一项复杂的教学技术。不论哪种学科,不论哪一种教学设计模式,都包含下列5个基本要素:教学目标;教学任务及对象;教学策略;教学过程;教学评价。目标、对象、策略、过程和评价5个基本要素相互联系、相互制约,构成了教学设计的总体框架。

四、课堂教学设计的基本程序

(1) 分析教学任务,阐述教学的预期目标。从学习的需求分析开始,了解教学中存在的问题,学生的实际情况与期望水平之间的差距,这样可以解决"为什么"、"学什么"和"教什么"的问题。

(2) 分析学生特征。教师在分析具体的教学内容时,不仅要考虑课程、单元及课时教学内容的选择和安排,更需考查学生在进行学习之前对于本课程中本单元的学习内容具有什么样的知识和技能,即对学生初始能力进行评定,了解学生的一般特征和对所学内容的兴趣与态度,确定学生的起点状态。

(3) 明确学习目标。分析学生从起点状态过渡到终点状态应掌握的知识、技能或应形成的态度与行为习惯,即学生通过学习应该掌握什么知识和技能。

(4) 确定教学策略。考虑用什么方式和方法给学生呈现教材,提供学习指导;考虑怎样才能实现学习目标或教学目标,并解决"怎么学"和"怎么教"的问题。其中应考虑教学媒体的选择和应用,根据不同的情况选择不同的教学媒体或教学资源。

(5) 进行教学设计评价。考虑如何对教学的结果进行科学的测量与评价;考虑用什么方法引起学生的反应并提供反馈;对学和教的行为作出评价。在行为评价时,一方面要以目标为标准进行评价,另一方面评价提供了关于教学效果的反馈信息,从而对模式中所有步骤作重新审查,特别应检验目标和策略方面的决定。

第二节 教学设计的格式和内容

一、教学设计的格式

(1) 标题:标题要具体、明确。通用格式为"＊＊版＊＊年级＊＊内容的教学设计",一般不用副标题。可以设计一个课时,也可以设计几个课时或系列教学。

(2) 署名:写明单位、姓名、邮编、联系电话、电子信箱。如果署名是教研组或多人合作,应说明谁是执笔人或第一作者。

(3) 正文:包括教学目标(三维目标)、教材与学情分析、设计思路、教学过程设计、教学策略与手段、板书设计、教学反思等。

二、教学设计的内容和要求

(一) 教学目标(三维目标)

教学目标是教学的灵魂,支配着教学的全过程,规定了教与学的方向。教师在教学之前必须弄清楚教学目标问题。制定教学目标要尽可能明确与具体,以便测量和落实。教师还可以根据教学内容的特点,结合自己的认识和理解,确定在一节课中有所侧重地体现某一方面的目标。

教学目标设计要求:既要体现课程标准,又要贴近学生实际。

(1) 力求全面,充分体现课程目标理念。

（2）有针对性，具体、可操作，可观测，有效，可实施。

（3）注意课时目标与终极目标之间的关系。

（4）目标描述要科学，尽可能体现教学目标的四要素（主体、行为、条件、标准，尤其是主体、行为、条件）。

（5）表述时可按下列两种方式进行：融合式，即将三维目标融合在一起描述；分类式，即按知识与技能目标、体验性目标（过程与方法、情感态度与价值观）分别描述。

（二）设计思路

设计思路要求如下：

（1）简要阐明教学设计的整体设想，有一定的理论依据与现实依据。

（2）围绕教学目标，阐明达成目标的途径、方法、教学组织形式及教学策略，例如，如何突破重、难点，强化学生过手的具体思考等。

（3）注重创新，对原教学中的问题有教改意义上的突破。

（三）教材与学情分析

教材分析是教师进行教学设计、编写教案、制订教学计划的基础。只有分析了教材的内容，包括教材的知识结构体系（能准确精练地写出教材的知识结构方框图）、教材的教学目的和要求、教材的特点、教材的重难点和关键，根据教学目的、内容和教学原则，才能更好地按照教学大纲要求，结合学校和学生的实际情况，研究如何优化处理教材，如何突出重点、抓住关键、克服难点，明确教材中培养学生的能力因素，选择恰当的教学方法和教学手段，写出可行的教学方案。教学的起点和归宿是实现以人为本。教师不能把学生当作一张白纸，而要了解学生的知识储备，只有建立在学生已有经验的基础上的教学，才能真正体现以学生为主体，真正达到教学有效的境界。

（1）教材分析要求：分析教学内容在教材中的地位与作用；分析本节教学内容之间内在的相互联系，与前后知识间的联系，与其他学科间的联系；确定重点和难点；挖掘教材内容中的过程、方法、情感态度价值观等因素。

（2）学情分析要求：根据施教班级学生的具体情况对学生学习水平、认知结构及学生已有经验对学习的帮助和干扰作分析；分析学生非智力因素，如学习态度、兴趣、学习习惯等。

（3）教法分析要求：明确针对学情采取何种教学方法；针对本节教学内容，如何运用有效的教学方法开展教学，以达到高效的目的。

（四）重点难点分析

教学重点、难点一定要与三维教学目标相对应，不能缺项。教学重点一般是教师依据教学内容确定的；教学难点一般是根据学生的实际情况确定的，但也可以根据教学过程中的实际情况进行调整。

教材的重点：重点是教材中的核心，学懂了重点内容才能理解其他内容，具有触类旁通的效果。任何学科的教材重点都是从已知的旧知识中引申出的新知识，是需要着重讲解的部分。因此，确定教学重点，首先要找出哪些是已学过的旧知识，或是以旧知识做基础的新知识，这部分知识学生容易接受。然后，找出学生过去没有接触过的，甚至一点也不了解的全新知识，这些全新知识即是教学的重点。

教材难点：教材的难点是指学生学习困难所在。学习上的困难经常表现为对问题不理解。产生难点的原因是教材科学体系与学生接受水平、智力发展之间存在差距。具体表现为：

(1) 难点是与已有的知识不一致的内容,其中一些概念是学生难以接受的。

(2) 难点是与实际经验不一致或难以观察到的。教材中的许多内容是学生生活中没有过的经验体会,学生很难理解。

(3) 难点也与知识水平有直接关系。有时需要经过长时间的练习、体会才能理解和灵活运用。有些难教、难学的内容要在一个教学过程中加以多次处理。

教材的疑点:教学中的疑点有两类。一类是学生在学习过程中碰到疑难不解的问题,构成影响继续学习的障碍,表现为疑问;另一类是教师有意设疑,在习以为常的情况下发问,使学生带着问题学。带着问题学习可以动员学生的情绪和全部智力。教师设疑的有效条件是:(1) 当要形成某一学科的理论知识、概念或原理,要揭示其内在联系时。(2) 当教学内容不是学习新知识,而是在逻辑上继续学习以前学过的知识,学生可以独立探索时。(3) 当学生力所能及解决新课时。

（五）教学过程设计

教学过程设计应紧扣教学目标的实现,设置教学环节。教学过程设计要求总体环节完整,各环节之间呈现逻辑关系;环节内容紧扣教学目标逐步实现,教师活动、学生活动及设计意图与目标之间有一一对应关系;时间分配基本合理。教学过程应着重以下方面设计:

(1) 情境创设。力求真实、生动而又富有启迪性,充分发挥情境的功能及其与教学内容间的对应。注意情景创设的多样性,如实验情境、问题情境、小故事、科学史实、新闻、实物、图片、模型和音像资料等。

(2) 学生活动设计。针对教学环节的具体目标,对学生活动的内容、形式(小组合作、自学等)、方法(探究、讨论、实验等)、手段(利用学案、实验等)及结果作出较为具体的预测、规划及描述。学生活动设计要求可观测,有实效性,能完成对应的教学目标。

(3) 教学评价设计。教学评价设计包括课内及课外两部分。课内评价注重目标达成度的诊断与检测,注重其对应目标的训练价值,强化学生过手,包括知识形成过程中的及时反馈与矫正、强化与诊断。注意课内评价方式的多样性与可观测性,注重驱动性任务设计,如完成学案、定时检测、目标检测等。课外评价要适度控制训练量,突出基础,进一步强化过手,并注意联系生产、生活实际,选择适当的探究性、开放性习题。

（五）教学策略与手段

教学策略的制定就是根据特定的教学目标、教学内容、教学对象以及当地的条件等合理地选择相应的教学顺序、教学方法、教学组织形式以及相应的媒体。教学顺序的确定就是要确定教学内容各组成部分之间的先后顺序;教学方法的选择就是要通过讲授法、演示法、讨论法、练习法、实验法、示范—模仿法等不同方法的选择,来激发并维持学习者的注意和兴趣,传递教学内容;教学组织形式主要有集体授课、小组讨论和个别化自学 3 种形式,各种形式各有所长,须根据具体情况进行相应的选择;各种教学媒体具有各自的特点,须从教学目标、教学内容、教学对象、媒体特性以及实际条件等方面,运用一定的媒体选择模型进行适当的选择。教学策略的制定要根据具体的目标、内容、对象等来确定,要具体问题具体分析,不存在能适用于所有目标、内容、对象的教学策略。

（六）板书设计

板书设计要求注重知识形成的过程性和生成性,着重体现探究环节和学生的思维过程。

（七）教学反思

在施教以后，运用新课程理念，着重从以下几方面进行反思：

（1）教学设计的有效性和可行性。目标是否恰当，重点是否突出，难点是否突破，方法、媒体选择及应用是否恰当，教学组织形式是否有效等。

（2）是否有教改意义上的突破。

（3）根据施教中的问题，提出具体改进的意见。

注：在相应的部分要有"设计意图"。

三、教学设计案编写过程中要注意的 5 个问题

（1）要注重教育教学思想理念下的系统设计。理念是设计的灵魂，如果在教学设计中教学内容缺乏理性的思考，没有理论的指导，那么这种设计只是一个简单的教案。在进行教学设计时，一定要注意理论与实践的紧密结合。

（2）要正确处理好教与学的关系，做到教、学并重。教师在设计教学时，千万不要忘了教学设计是为学生学而设计的，没有以学生为本的教学理念下的教学设计往往只是设计教师如何进行表演。

（3）要注重学情分析基础上的学习目标的确立。学习需要分析，学习内容分析和学习者分析在教学设计中非常重要。

（4）要关注各级目标之间的整合。设计过程中需关注学科目标、单元目标、一堂课目标的内在联系，关注模块整合、整体设计。

（5）要注重情感目标的制定与实施。传统教育的目标主要关注学生知识、技能、方法、能力方面的培养，很少关注他们情感态度与价值观方面的发展，所以在撰写教学目标时应注意知识、技能、情感目标等各方面，尤其是情感目标。

第三节　教学设计结果的评价

教学评价是教学过程的重要组成部分，它以教学目标为依据，制定科学的评价标准，运用一切有效的技术手段，对教与学活动的过程及其结果进行测量，并给以价值判断。

常用的教学评价方式有诊断性评价、形成性评价和总结性评价。诊断性评价在做课程教学设计的同时进行，其结果反映在"学生特征分析"栏中；形成性评价在教学实践过程中进行，随时填入课堂教学设计表中的"形成性评价"栏中，必要时可组织听课评议，进行课堂教学评价；总结性评价则在整门课程结束后进行，根据测试的结果，进行教学效果分析评价。

在自主学习过程中，常用的是学习效果评价。它不仅重视学习结果的评价，更重视学习过程的评价。

教学设计好坏有 3 个维度的内容，即有效性、效率和吸引力。对于有效性而言，最重要的是理论在一定条件下可达到目标的程度以及经过重复尝试达到目标的可靠性。教师对课堂教学的设计要注意体现对各层次学生的适应性和挑战性。设置由浅入深、由易到难的练习题组和题目，让不同层次的学生都能"各取所需"，既保证低层次学生达到学习目的的要求，体会到成功的愉快，又使高层次的学生学有创见，有用武之地。

教学设计的好坏主要依据以下几点来判断：提出学习任务是否明确；学习任务在课堂内实施和完成得怎么样；是否通过活动和任务让学生建构了应该建构的知识；目标是否切实符

合"学生最近发展区"要求;内容是否恰当,能否有助于实现目标和完成任务;过程是否合理,讲、练、放、收是否按需进行;结果是否有效,主要看即时效果和长期效果。

教学设计方案评价表见表 8-2-1。

表 8-2-1 教学设计方案的评价表

单位(学校):   编号:

课程名称			总　　分	
设 计 者			适合年级	

评 价 项 目	权重值	达　到　等　级				备注(得分)
		优(5分)	良(4分)	中(3分)	差(2分)	
教学目标的表述	2.0					
对教学对象(学习者)特征的分析	1.5					
学科知识和能力结构框架的建立	1.5					
各知识点目标体系的结构	1.5					
重点和难点的确定	1.5					
学习资源的积累	1.5					
自主学习活动的安排	1.5					
是否符合课程标准的要求	2.0					
信息技术在课程教学设计中的体现	2.0					
对学生创新思维和创造能力的培养	1.5					
设计方案在教学过程中的实践	1.5					
设计方案的实践效果	2.0					
该设计方案的特点	您认为该设计方案最有价值和最吸引人的方面有哪些?					
对设计方案的改进意见	您认为该设计方案不足之处有哪些?请提出建设性意见。					
对设计方案的评论	您的总体感受和建议。					

评价人: 评价日期: 年   月   日

第三章 教学文件的编制

第一节 (课程)学期授课计划的编写

授课计划是教师对授课进程的基本安排,也是教学管理部门进行教学检查、评价教师课堂教学质量的重要依据。任课教师应在认真查阅专业教学计划,分析课程教学大纲、教材和学生现状的基础上,按学期授课任务书下达的课程总学时数认真编制学期授课计划。

一、授课计划的基本内容

(1) 基本信息:系(部)、教研室、课程名称、课程编码、总学时数、教师姓名、任课班级、选用教材、编制日期。

(2) 授课计划内容:序号、周次、教学时数、授课内容(章节主要内容)、备注。

(3) 其他:教研室主任审核、系主任审核、审核日期。

二、授课计划编制要求

(1) 教师编写学期授课计划前必须认真钻研专业教学计划,清楚本课程在专业教学计划中的地位和作用,明白本课程与专业培养目标的关系。

(2) 教师编写学期授课计划前必须认真钻研教学大纲,明确本课程的性质、任务,把握好知识、技能、态度目标,了解重点和难点,进而设计本课程的教学方案。

(3) 任课教师应根据本门课程所担负的任务和特点,分清主次,突出重点,合理确定本门课程的知识、技能、态度目标,合理设计本门课程的教学方案。

(4) 本课程选用的教材和参考教材应注明教材名称、作者(主编者)姓名、出版单位和出版时间。参考教材系指本门课程在教学全过程中使用较多的主要参考书。

(5) 授课总学时以本课程计划总学时为依据。跨两个学期的课程,应注明上学期已完成或下学期应完成的教学时数。所有教学时数均按单班授课时数填写,不应累计重复班的教学时数。

(6) "周次"栏的填写以周次历和教学进程表为依据。

(7) "序号"系指每周的授课次序,而非全学期授课次数的流水号,也不可将几次课的内容混为一课次来填写。每一次课都应填写其教学内容、重点、难点、课型及作业等内容。实践周的"序号"应明确到每天的实践任务安排。

(8) 课型指理论课、理实课或实践课。

(9) 重点与难点的区分要准确。有的重点即难点,但重点与难点并不可能完全重合。

(10) 作业。着重填写作业的数量,为帮助学生熟练掌握知识与技能,培养学生自学能力,发展独立性和创造性,逐步形成踏实、严谨、自觉、主动和富有自制力等性格特征,作业要有一定的量,并应该优化作业设计,平衡课内教学与课外作业,充分发挥作业的积极作用。

学期授课计划表如表 8-3-1、表 8-3-2 所示。

表 8-3-1 学期授课计划总表

(20 / 20 学年第 学期)

课程名称	××××(楷体小三号)
授课班级	××××(楷体小三号)
课程总学时	(填写教学大纲规定的课时数)
本学期计划学时	(填写本学期实际课时数)
任课教师	×××、××(楷体小三号)
教研室	(楷体小三号)
制订日期	(楷体小三号)

教学大纲制订部门		（依大纲制订或审批部门而定,如教育部、农业部、省教育厅、我院自订的填"××××学院(学校)"）
教材全称 （编者、出版单位、出版时间）		××××(教材名,楷体小四号字体) (××主编、××出版社、××年版)
主要教学参考书 （名称、编者）		（填写教师推荐给学生阅读的参考书,一般应是图书馆现有的书籍或资料）
本学期教学周数		本课程本学期教学实习天数	（此处填写停课实习的天数,且应将实习的具体项目及安排情况在后面的"计划表"上详细列出)(楷体小四号)
本课程周学时数			
总课时数	（以下各项课时分配之和及计划表中各项之和应等于总课时数）		
本学期教学时数分配	讲授		编写说明: (此处应填写① 课程内容应在几个学期内授完; ② 本学期实际课时数与教学大纲规定课时数之间的差异及处理办法;③ 在教学内容、手段、方法上的调整情况及简单理由;④ 实践教学安排的说明;⑤ 其他需要说明的问题,例如:若教材选用的是本科教材或其他类型的教材,应说明理由或原因;平行班级课时不等但又相差不大时使用同一份授课计划,应说明是如何处理的等。(楷体小四号字)
	实验、实习		
	习题课		
	现场教学		
	录像		
	（以下还可自行填写其他类别）		
	复习测验	（一般2~6课时）	
	机动	（不超过4课时）	
教研室主任	系主任		

表 8-3-2　学期授课计划表(样式,供参考)

（××××～××××学年　　　第×学期）

教师姓名:×××　　　　　　课程 :×××　　　　　　班级:×××

周次	顺序	授课章节、主要内容 （含课程实验、实习）	时数	课外作业/备注
一	1	机动一周	4	开学报到
	2			
二 (八)	3	教学要求、课程性质及学习方法介绍 绪　论 课题一　汽车故障诊断的一般流程与分析方法之一～四	2	① 汽车故障、汽车故障诊断的含义是什么? ② 汽车故障如何进行分类? ③ 汽车故障诊断的标准和一般流程是什么?
	4	课题一　汽车故障诊断的一般流程与分析方法 五、汽车故障的诊断方法	2	① 汽车故障诊断方法有哪些? ② 试述数据流分析方法。

周次	顺序	授课章节、主要内容 （含课程实验、实习）	时数	课外作业/备注
三 （九）	5	课题一　汽车故障诊断的一般流程与分析 　　　　方法 五、汽车故障的诊断方法 课题二　汽车故障诊断的 4 个基本原则	2	① 简述波形测试方法 ② 试述排放标准及分析方法 ③ 故障诊断四原则是什么？
	6	单元一　发动机故障案例分析 案例一　发动机不能启动的故障案例分析	2	P34 一、1、 二、1、2
十 （十二）	7	单元一　发动机故障案例分析 案例一　发动机不能启动的故障案例分析	2	P34 一、2、3 三、1、2
	8	单元一　发动机故障案例分析 案例二　启动困难的故障案例分析	2	编制发动机启动困难故障的检修报告
十一 （十三）	9	单元一　发动机故障案例分析 案例三　发动机油耗超标故障案例分析 案例四　发动机异常爆震的故障案例分析 案例五　发动机异响故障案例分析	2	① 列出油耗超标故障诊断步骤 ② 发动机爆震的主要原因分析 ③ 编制发动机异响故障的检修报告
	10	单元一　发动机故障案例分析 案例六　发动机温度异常的故障案例分析 案例七　发动机怠速不稳的故障案例分析	2	① 发动机温度异常原因分析 ② 发动机怠速不稳的故障原因分析
十四	11	机动一周	4	
	12			
十五	13	单元一　发动机故障案例分析 案例八　发动机加速不良的故障案例分析 案例十　发动机加速时抖动的故障案例分析 案例十一　发动机减速滑行抖动故障案例 　　　　　分析	2	① 学习案例八后有何启发？ ② 分析发动机运转不平衡的两大主要 　原因 ③ 为什么喷油器必须成组更换
	14	……	……	……

注：实验内容一般列在授课内容之后；课内安排的实习项目及停课进行的教学实习项目可以列在授课内容之后，也可以在计划表的最后集中列出，但应在"周次"栏注明开出周次或大致时间。

第二节　教案的编写

教案是教师组织教学的必备教学文件，是保证教学质量、提高教学效果的基本保障，是对授课教师的基本教学要求。教案是根据课程教学大纲的规定和要求，结合学生的实际情况，为顺利有效地开展教学活动而编写的具体教学方案，它是教师上课的依据，也是保证教学质量的必要措施。课时计划是课堂教学的具体内容和实施方案，主要包括教学目的（教学目标）、授课的题目、授课的方式、方法和手段、教学的重点与难点、教学的基本内容、作业、讨论、辅导答疑等课后延伸、课后小结、参考资料（含参考书和参考文献）等。

一、教案编写的基本原则

（1）以课题（章）或一次课堂教学（两课时）为教案的基本设计单元。

（2）教案编写应以教学大纲为依据，在深入钻研教材和了解学生实际的基础上，根据自己的学术修养、教学经验，编写符合个人教学风格的个性化教案。

（3）教案的编写必须与授课计划对应，在章节表述、学时安排、授课内容、方式方法等方面与授课计划安排一致。

（4）教学目标应符合学科特点和学生实际，在知识、技能、情感态度与价值观等方面的培养要有很好的体现。

（5）教案内容丰富，信息量大，既要体现传授知识的科学性、系统性，又要体现教学方法的灵活性、多样性，因材施教，注重创新和学生学习方法的培养。

二、教案编写的格式要求

（1）教案首页应具有的基本内容：课程名称，适用专业、年级，学期，任课教师姓名、系部，开始编写时间。

（2）合格的教案每章必须具备如下要素：教学目的要求、重点难点、学时分配、教学内容与过程、参考书目与资料、作业布置与思考题、教学后记。教学目的要求是指通过本次教学应使学生理解、了解哪些基本理论和基本知识，掌握哪些基本技能、技巧，在政治思想方面有哪些提高；重点难点是指本课题的重点、难点各是什么，如何处理重点与难点；学时分配是指本章讲授所需时间，具体是指复习上次课所学知识需要多少时间，讲解问题需要多少时间，学习讨论或演示实验等需要多少时间，本次课小结及布置作业需要多少时间等；教学后记是教师在课后对教学过程需要改进的地方进行分析和追记。

教案标准格式如表 8-3-3 所示。

表 8-3-3　停车、倒车教案

教学项目	课题三　停车、倒车	教学学时	3
教学目标	正确掌握停车、倒车操作方法		
教学内容	（1）停车　（2）倒车		
重点难点	① 换挡时动作的连贯、迅速、准确和换挡时机的掌握 ② 停车、倒车时的安全确认及变速时方向的控制		
教学方法	讲解、示范、模拟练习、教练员指导		
教学手段	模拟器、实车原地操作		
教学场所	模拟教室、教练场地		
教学过程设计			
教学活动	内容	教学指导	
教学要点	（1）停车操作方法 （2）倒车操作方法	教练员结合教材在驾驶模拟器或实车上进行讲解、示范	

示范动作	(1) 停车 ① 停车前开启右转向灯,松抬加速踏板,观察前方和后方道路交通情况确认安全,逐渐将车驶向道路右侧 ② 车速降至 10 km/h,踏下离合器踏板,将车辆平稳而正直地停放在道路右侧预定地点 ③ 拉紧驻车制动器操纵杆,将变速器操纵杆移至空挡位置(上坡停车挂一挡,下坡停车挂倒挡) ④ 关闭转向灯,放松离合器踏板、制动踏板,关闭点火开关 (2) 倒车 ① 倒车与前进相比,看不见的部分(死角盲区)非常多,操作难度大,在任何时候倒车前都应该认真地进行安全确认 ② 注视车后窗倒车时,左手握转向盘上缘,上身向右后转体,下体向右微斜,右手扶住副坐椅靠背上端,两眼通过后窗注视后方目标 ③ 注视后视镜倒车时,通过车内外后视镜选择倒车目标,稳住加速踏板,保持车速缓慢平稳 ④ 倒车应保持较低速度,可不踏加速板,利用离合器的半联动,控制车速慢慢后倒;需要加速或遇到不平的路面,应轻踏加速踏板,保持随时停车控制的速度;当速度过低时,可适量踏下离合器踏板,避免发动机熄火 ⑤ 倒车过程中要对准找好的参照物,低速行驶,发现偏差,及时调整转向盘的方向进行修正,转向盘的转动方向与倒车方向一致	① 教练员在做示范动作时,学员应随车观察 ② 教练员边讲解、边示范;根据学员的理解程度,必要时重复讲解、示范,直至学员完全理解 ③ 学员在理解的基础上,按照教练员的示范动作进行模仿练习 ④ 教练员随车进行指导,及时纠正学员的错误动作 行车制动器使用要领:应先轻踏制动板,再逐渐加重或可适当修正踏板力度,以平顺减速,当车即将停住时稍抬制动踏板,实现平稳停车
指导练习	训练要点: ① 对每个项目单独进行训练 ② 学员逐个进行操作,体会操作要领 ③ 学员掌握操作要领后,进行熟练动作训练 易犯的错误: ① 倒车时找不到目标或转反方向盘 ② 由于操作不当出现发动机熄火、车辆闯动	① 学员练习时,教练员随车指导 ② 教练员对学员出现的错误做好记录
训练讲评	动作完成的基本情况,存在的问题,下一步训练侧重点	强调本次训练的重点

三、教案的管理

(1) 教师每次上课均应有相应的教案,重复课教案应根据学生层次、程度及科技发展的情况,进行一些必要的更新和修改。

(2) 教案编写要有一定的提前时间,一般为 3 周左右。

(3) 课件在教师授课、助教、助学,解决重点、难点问题等各方面巨大作用,课件的质量对教学效果起着举足轻重的作用。教师应根据教学内容的需要,制作 Powerpoint 演示文稿或多媒体课件。

(4) 纸质教案是主体,电子教案是辅助教学媒介。电子教案不能代替纸质教案(Word 文档编制的教案不属于电子教案。电子教案必须是由 Powerpoint 等开发的教学内容演示文稿或其他带有课件的教案)。

(5) 授课计划表和教案一般保存 3 年。

第四章　教学的组织

第一节　教学内容的组织

一、教学内容组织要充分展示知识的形成过程

现代教育不仅要使学生学到知识、形成技能,更重要的是让学生在获取知识的过程中学会分析和解决问题的思想和方法,同时,培养学生的创新意识和创新能力。所以,我们在组织教学内容时就应该考虑学生的学习,要充分展示知识的形成过程,寓教学思想、学习方法于教学内容组织的过程之中。

（一）要领会教材的编写意图,用好教材

好的教材在呈现课时教学内容时,已经注意了知识发生和发展的过程,能从学生实际出发,顺应学生学习知识的心理,使新的知识有序列、有层次地呈现在学生的眼前。老师备课时,应在钻研教材的基础上,深刻领会教材的编写意图,在展示知识形成的过程中有意识地提炼出隐含着的思想方法,使学生受到科学方法、科学态度的熏陶。

（二）要分析教材编排的局限性,创造性地使用教材

教材并不是完美无缺的,有的课时内容由于篇幅的限制,不可能提供详尽的学习材料,也不可能呈现完整的教学过程,当然也就很难反映知识形成的全过程。有些内容过于侧重对于知识的传授、积累及对技能的训练,已滞后于教育的发展。对于这样的教材,教师绝不能照搬照套,不要被它所提供的材料和组织程序束缚住手脚,而应在深入钻研教材的基础上,及时调整"航向",主动驾驭教材。教师需要对学习材料进行重组,以生动的、丰富的、有层次的学习材料,创设既能调动学生主动参与学习的积极性,又寓科学意识、科学态度、科学方法的教育于课堂教学之中。

二、教学内容组织要体现应用性和开放性

（一）学习材料要体现应用性

由于科学技术迅猛发展使相对稳定的教材产生了一定的滞后性,特别反映在学习材料符合时代特征的应用性不够,而且由于教材划一和学生的区域差异,使得教材所提供的学习材料不一定不符合本地区的学生的生活实际。所以,教师就应及时吸收、补充一些富有时代气息、贴近学生生活实际、为学生所喜闻乐见的学习材料,以激发学生的学习兴趣,培养学生的学习意识和应用能力。

（二）教师要善于就地取材,充实学习材料

要培养学生的应用意识,提供贴近学生生活实际的学习材料,就要求老师善于就地

取材。

（三）让学生参与选择、提供学习材料

要把静态的知识内容、知识结构转化为学生头脑中的认知结构，必须使学生积极主动地、有效地参与教学活动，学习材料的选择与提供也不例外。老师应尽可能地创造机会和条件，让学生自己提供、选择学习材料，甚至让学生自己创造，而教师仅仅作为一名参与者、合作者和引导者。

三、教学内容的组织要有利于学生的"再创造"

现行教材中，许多教学内容因采用螺旋上升的编排方式，往往过多地着眼于训练的梯度和密度，把一块知识拆分得很细，一点点"喂"给学生，"小步子"前进，反复训练。这样的内容组织固然有其有利的一面，但因为没有紧紧抓住基本原理、基本方法这条教学主线，培养出来的学生也往往是会"模仿"的多，会"创造"的少。所以，对于这样的教学内容，教师要根据学生已有的知识基础和心理实际，敢于调整教学顺序，重组教材内容，突出基本知识、基本观念、基本方法，培养学生"再创造"的方法和能力。

当然，对于教学内容的处理、重组也要因人而异，不能绝对化。如对于处理教材能力不强的新教师，应该在认真学习课标、深入钻研教材的前提下，努力去领会教材编写意图，把握教学目标，按教材思路组织教学，对教学材料可作一些简单的调整、充实，用好教材。对于教材处理能力较强、具有一定研究能力的教师，则应对教材的不足进行大胆的调整、重组，使教学内容更趋合理，从而有利于学生主动参与知识的发生和发展过程，有利于学生的科学意识、科学态度和科学方法的培养，也有利于学生初步创新能力的培养。

第二节　教学过程的组织

课堂教学是教学工作的基本形式，要使它能充分发挥教师的主导作用，赢得教学的高效率和传授知识的高密度，要使它能让学生在较短的时间内获得较多系统的文化知识，就必须改革传统的课堂教学结构，重视对课堂教学结构的设计，在组织课堂教学结构时，必须遵循如下原则：

一、充分发挥教师的主导作用

目前的课堂教学中，大多是以教师为主体，课堂是教师自我表现的场所。教师往往有一种共同的倾向，即只关心为了教好这门课，自己应做些什么，而忽视了要学好这门课，学生应做些什么，从而导致了一言堂、满堂灌的现象。为改变这种现象，可以从以下3方面着手：

（1）课前设疑。教师可以通过课前预习、提问，让学生产生疑难，带着问题来听课，为课堂学习的生动性、活跃性奠定基础。

（2）利用现代媒体进行课堂激疑。教师可通过现代媒体展示，引起学生思维共鸣，创设具有探索因素的问题性情境，激发和鼓励学生进行探究性的智力活动。

（3）引导学生进行主体表现。教师可充分运用分析、比较、演绎、归纳等方法，引导学生分析和解决课业中的一系列矛盾，在这过程中，学生思维活跃，思维能力得到锻炼和提高。

二、提供清晰明确的知识结构

在以往的课堂教学中,教师的活动常常就是进行知识的罗列,而不能给学生提供一个清晰明确的知识结构,造成学生很难理解完整、系统的知识体系。因此,要求教师在进行课堂教学时,克服单纯的知识罗列,突出重点,解决学生学习中的难点,借助各种媒体给学生提供完整的知识结构。

三、充分发挥学生的主体活动

进行多媒体组合优化教学设计的目的之一,就是要优化课堂教学结构,充分调动学生的学习积极性,让学生有更多的机会积极参与教学活动,真正做到动脑、动口和动手,从而提高学生在教学过程中的主体地位。以往的课堂教学,教师只要让学生"学会"便行了,而现在,学生单单"学会"仍不行,还必须"会学",即要变学生原来的接受式学习为接受、发现式学习并重。

接受学习主要是采用教师讲、学生听的方式,教师将现有的知识详细讲解,引导阅读,进而学生接受,内化为自己的知识;而发现学习则主要是教师呈现学习内容,引导学习方向,让学生自己探索进而发现关系(原理)内化为自己的知识。

传统的课堂教学强调接受学习方式,但根据现代社会对教育提出的要求来看,两种学习方式都是重要的,必不可少的。接受学习有助于学生在单位时间内获得大量的信息,有助于发展学生的听觉能力、注意力、想象力等,为学生学习的其他环节如练习、实验等指明了方向和方法。发现学习提倡让学生自己发现问题,自行解答问题,这种方式能充分发挥学生认识的积极性和主动精神,促进学生学习能力的提高。

四、强调师生双边活动

在组织课堂教学过程结构时,要注意教师与学生的相互作用,活跃课堂双边活动气氛。如可采用教师设疑—学生思考—教师启发,教师提问—学生讨论—教师归纳,或教师总结—学生迁移—教师强化等形式组织课堂教学过程。

第三节 教学效果的评价

一、教学效果评价内容

一节好课不仅要充分考虑知识内容的联系,还要考虑学生的接受能力,因此必须设计好教学环节,让学生能循序渐进地理解和把握知识。

(一)教学效能

有效的教学一定是使学习者有所收获的学习活动,检查学习效能是非常重要的。如前所述,效能检查有 3 项指标,一是问题解决的程度如何;二是解决问题的代价如何,投入产出比例是否恰当;三是看能否引发继续学习的意愿,能否促进发展,具体地说是能不能带来新的问题,能不能启动更深入、更广泛的学习活动。

学习效能评价,要有效益意识,要提倡在减轻课业负担的条件下实现学生发展,要像关心学业一样关心学生的身心健康,尽量做到少而精,做到"低投入,高产出"。

（二）教学活动的氛围

教学活动的氛围是充盈在师生交往与活动中,体现在课堂的物质存在与精神存在中,完全可以被当事双方与观察者感知的客观存在,是一种可以左右课堂教学活动效能的关键因素。积极的教学环境应该是和谐、活跃、民主、平等的,它能让每个参与者身处其中都能感到安全、亲切、有归属感。

（三）教学过程

教学过程应该符合学生知识、能力、情感与价值观的生成发育过程,应该符合学生的身心需要。作为一个群体的学习活动过程,关注点应该放在学生的参与度上,放在学生参与的广度、深度与自觉程度上。要看有多少学生在多大程度上实现有效学习;要看教师重点讨论、重点讲解的问题在多大程度上符合学生的需要,有助于帮助学生解决难点;还要看学生在与教师提问、讨论,及做作业等活动中表现出的精神状态与价值追求,等等。同时要关注教学过程的组织程序与活动节奏,从整体上看是否有合理的顺序与秩序,是否能随时因人因事而灵活调整既定安排,活动节奏是否符合健康与安全的原则,能不能做到张弛有度、融严肃与活泼于一体。对活动程度与活动节奏的观察要围绕有效学习的需要来考查,要关注活动方式、方法的合理性与教育资源利用的适宜程度,要依据学生认知与情意发展的要求来评价活动程序和活动节奏的科学性、合理性。观察教学过程主要是关注教师对学生的人文关怀与对教学任务的全面认识及其落实情况。教学任务与教学目标及其所体现的现代教育理念,不能只停留在宣言层面上,而必须体现在教学活动过程之中,必须转化成为师生具体的活动方式、活动特点与活动氛围,只有这样才会真正对学生发展起促进作用。

（四）教学的任务、目标

每节课总要由师生确定一项或几项具体的教学任务,即要明确大家学什么,学到什么程度,怎么去学。任务或目标应该是具体而科学的,是有意义、有价值的科学命题,是合理的、符合学生发展需要、符合传承人类文明需要的要求。另一方面,这样的任务与目标又应该是有生命力的,即它是适应学生知识能力准备基础的,是学生感兴趣、有挑战性的,而不是简单地重复,也不应距离学生生活经验过分遥远。学习任务、学习目标的科学性与适应性是激发学生有效学习的前提。如果任务目标不合理、无价值,就不会引发学生的兴趣,也不可能实现成功的教学。

总之,教学评价要考虑学生的过去,重视学生的现在,更要着眼于学生的未来,所追求的不是给学生下一个精确的结论,更不是给学生一个等级分数并与他人比较,而要更多地体现对学生的关注和关怀。不但要通过评价促进学生在原有水平上的提高,达到基础教育培养目标的要求,更要发现学生的潜能,发挥学生的特长,了解学生在发展中的需求,帮助学生认识自我、建立自信。

二、课堂教学评价

课堂教学是整个教育过程中最重要、最关键的环节,它的质量决定了整个教学质量的高低。因此,对于课堂教学应经常进行科学的评价,以便肯定优点,发现不足,及时反馈,便于改进。

（一）课堂教学评价表

课堂教学评价指标体系分为两级,一级指标包括教学设计、教学过程和教学效果 3 大项,下设 14 项二级指标、39 项评价期望标准,见表 8-4-1。

表 8-4-1　课堂教学评价表

授课教师：_____　　课程名称：_____　　授课班级：_____　　评价人：_____

编号	评价指标		达到等级				评价期望标准
	一级	二级	优	良	中	差	
A	教学设计（1）	教学目标（11）					① 教学目标明确、具体，符合课程标准（教学大纲）的要求，切合学生实际 ② 各知识点的学习目标层次合理，分类准确，描述语句具有可测量性 ③ 密切结合学科特点，注意情感目标的建立
B		教学内容（12）					① 教学内容的选择符合课程标准（教学大纲）的要求 ② 按照科学的分类，对教学内容进行正确的分析。重点、难点的确定符合学生的当前水平，解决措施有力、切实可行 ③ 根据学科的知识和能力结构确定知识点；各知识点布局合理，衔接自然 ④ 根据学科特点，注意到思想教育的内容
C		教学媒体（13）					① 教学媒体的选择符合优化原则，注意到多媒体组合应用 ② 所选媒体适合表现各自知识点的教学内容，对教学能起到深化作用 ③ 教学媒体的使用目标（在教学中的作用）明确，使用方式有助于学生的学习 ④ 板书设计规范、合理，能紧密结合学科特点，有一定的艺术性
D		教学策略（14）					① 根据学科特点、教学内容和学生特征，选择合适的教学模式 ② 遵照认知规律选择教学方法，注意到多种教学方法的优化组合 ③ 各知识点的教学过程结构类型与所选择的教学方法配套；整节课的教学过程结构自然流畅、组织合理
E		形成性检测（15）					① 形成性练习题覆盖本节课各知识点的所有学习目标层次 ② 形成性练习题数量简洁、文字精练，表达准确、便于检测
F	教学过程（2）	目标实施（21）					① 整节课围绕目标进行教学 ② 在教学过程中，对各知识点的学习目标是否达到，能及时进行检测
G		内容处理（22）					① 在课堂教学中，对各个环节、各知识点占用的时间分配合理，总体掌握准确 ② 分清主次，重点突出；抓住关键，突破难点
H		结构流程（23）					① 按照设计好的流程方案进行教学，做到照办而不呆板、机械，灵活而不打乱安排 ② 教学过程中注重启发、诱导，激发学生的学习动机
I		媒体运用（24）					① 演示实验、应用媒体时，操作熟练、规范、正确，视听效果好 ② 媒体出示时机合适，使用方法得当，取得预期的效果 ③ 板书整齐，字迹清晰，书写规范，无错别字
J		能力培养（25）					① 注意对学生的智力、技能和创造能力的培养 ② 指导学生掌握学习方法，培养学生的自主学习能力
K		课堂调控（26）					① 注意师生的交流，根据学生的反应，及时调整教学进度和教学方法 ② 组织能力强、课堂教学秩序好 ③ 时间掌握准确、教学效率高；能够妥善处理突发事件
L		教师素养（27）					① 仪表整洁、大方，教态端庄、自然、亲切 ② 讲普通话，口齿清楚、发音正确，表达形象生动，富于启发性和感染力 ③ 治学严谨，教书育人，为人师表。 ④ 具有较强的科学研究和信息处理能力，能增强学生学习积极性，拓宽学生的知识面。

编号	评价指标		达到等级				评价期望标准
	一级	二级	优	良	中	差	
M	教学效果（3）	课堂反应（31）					① 以教师为主导、学生为主体的教育思想得以在课堂教学中充分体现 ② 学生注意力集中,学习积极主动,与老师配合默契
N		达标程度（32）					① 形成性测试中,大部分学员反应积极,回答问题踊跃 ② 回答问题正确率高达 90% 以上 ③ 课外作业完成顺利,单元测验合格率在 95% 以上
备　注		优:完全达到;良:大部分达到;中:基本达到;差:部分达到					

（二）课堂教学效果评价

根据总结性测试结果,计算学生整体达标程度、绘出学生整体学习水平及成绩分布曲线,并通过学生与问题关系(S—P)表,分析学生整体学习特征及其稳定程度,填写教学效果分析评价表。对超过警告线的学生与问题进行深入分析,找出原因,以利于改进教学,提高教学质量。

（三）课堂学习效果评价

对自主学习过程的评价不仅重视学习的结果,更重视学习的过程,因此在评价方法上多采用案例、量规、文件夹(档案袋)学习日志、分类表格等形式。

案例评价:由教师根据学习任务给出解决该类问题的典型范例。这些范例可以是由教师或其他人完成的,也可以是以前的学生完成的作品。学生可以参照这些范例中解决问题的思路、方法,对照自己的学习过程和成果进行自我评价,也可以进行互评。

量规评价:为了使学生更清楚地了解学习的要求,教师可以设计一套评价用的指标体系,供学生对照检查。指标体系应简单、明确,便于操作。这种供评价用的指标体系通常称为量规。学生通过使用量规,明确自己在学习过程中应该如何去做,做到什么程度才算合格。

文件夹(档案袋)评价:学生在学习过程中,把有关学习的材料都放入一个文件夹(档案袋)中。这个文件夹(档案袋)包含了学习笔记、作业,收集到的有关资料、自己的电子作品、学习成果,以及电子邮件、参加在线讨论和博客(Blog)学习的记录等。通过该文件夹(档案袋),可以非常清楚地了解学生在整个学习过程中的表现和学习收获,有利于作出公正的评价。

学习日志:学习日志分为两个部分,左侧为学生在课堂教学中或自主学习中所作的听课笔记或学习笔记;而右侧为课后复习或自主学习过程中对问题的思考、评注。通过填写学习日志,可使学生将课堂教学、自主学习结合在一起,形成一个有机的整体。学习日志可以发布到网上,教师通过学习日志可以及时了解学生的情况,指导学习进程。

分类表格:学会对事物进行科学的分类,是解决问题的基础。利用分类表格可以考查学生对事物的理解程度,便于学生通过表层知识对事物的规律、关系作出正确的解释。

第九单元　汽车驾驶技能实训

第一章　场地驾驶

项目一　"曲线"形路线进退

编号	9-1-1		
训练项目	"曲线"形路线进退	训练时间	90 min
图形与说明			
操作要领与说明	(1) 车辆前进:车辆在起点线起步,到达终止线,保险杠距终止线 20 cm 以内停车 (2) 车辆倒车:由后视窗或后视镜观察桩杆,按原前进路线倒车,当车辆保险杠与起点线平齐(倒车 20 cm 以内)时,完成倒车全过程 (3) 操作中,不准碰杆,中途不准停车、熄火,不准使离合器处于半联动状态 (4) 在前进/倒车过程中,车身任何部位不准出线,轮胎不准出线 (5) 操作规范,不准将头、手伸出窗外		
备注	此项目考核时间:从起点线起步开始计时至退到起点线边结束		

项目二　快速压标志点

编号	9-1-2		
训练项目	快速压标志点	训练时间	90 min
图形与说明	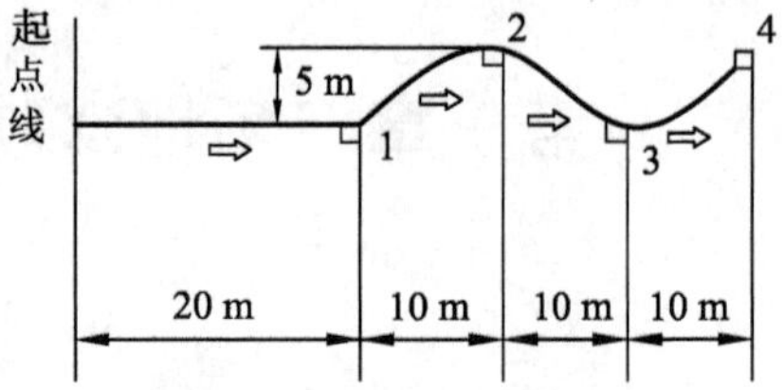 起点线　5 m　2　4　1　3　20 m　10 m　10 m　10 m 1 号点、3 号点为右压点（前轮） 2 号点、4 号点为左压点（前轮）		
操作要领与说明	(1) 车辆起步后,迅速加速、加挡,按图所示,两前轮分别通过可压点 (2) 车辆在前进过程中,可将发动机盖或挡风玻璃某一点作为参照物,碾压标志点 (3) 变速时,操作规范,无齿轮撞击和撑挡现象 (4) 不准将头、手伸出窗外 (5) 本项目要求在 15 s 内完成		
备注	此项目考核时间:从起点线起步开始计时至左前轮压 4 号点结束		

项目三　快速换挡与直角转弯

编号	9-1-3		
训练项目	快速换挡与直角转弯	训练时间	120 min
图形与说明	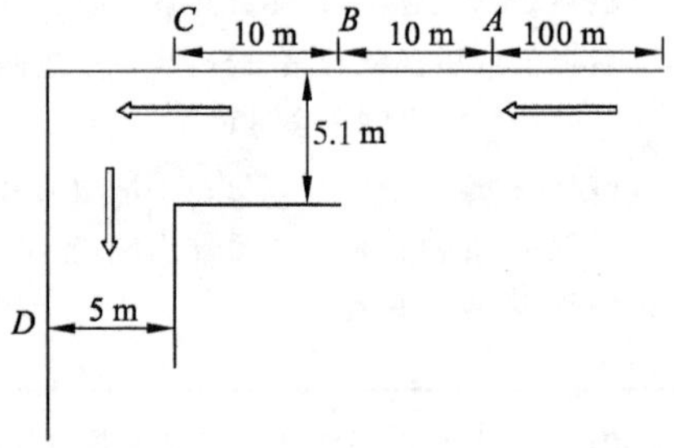 C　10 m　B　10 m　A　100 m　5.1 m　D　5 m		
操作要领与说明	(1) 驾驶大型货车按图中所示路线行驶 (2) 车辆前进:迅速加速,至 A 点时,开始制动;至 B 点时,车应达到 25 km/h;过 B 点以后减速至 5 km/h,换挡到三挡,至二挡,至 C 点,换挡动作全部完成 (3) 保险杠与 C 处平齐,转动转向盘,在规定的桩杆和时间内,完成直角转弯 (4) 操作中,不准碰杆、出线,中途不准停车、熄火,离合器不得长时间处于半联动状态 (5) 操作规范,头、手不得伸出窗外 (6) 本项目要求在 40 s 内完成		
备注	此项目考核时间:从车辆到达 A 点时开始计时至车尾到达 D 点桩杆处结束		

项目四　直角掉头

编号	9-1-4		
训练项目	直角掉头	训练时间	120 min
图形与说明	$A(B)$=车宽+0.7 m D=1.8倍轴距		
操作要领与说明	(1) 驾驶大型货车从入口进入圆形场地,经过三进二退,完成直角掉头,再从出口处驶出(行驶在圆圈内,前后轮胎不准压线) (2) 按操作规程一次启动发动机,起步平稳 (3) 不准原地打转向盘;前进、倒车过程中,不准使用半联动 (4) 直角掉头过程中,头、手不准伸出窗外,车轮不准压线,车辆不许熄火 (5) 本项目要求在90 s内完成		
备注	此项目考核时间:从前轮越过起点线开始计时至车身离开圆形场地结束		

项目五　快速移位长距离倒车

编号	9-1-5		
训练项目	快速移位长距离倒车	训练时间	120 min
图形与说明			

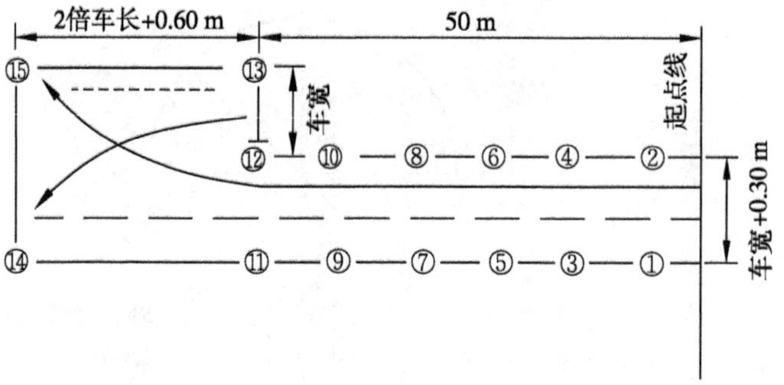

←前进线；　——倒车线；①～⑮为桩杆号；

参数：(桑塔纳轿车)车长:4 546 mm;车宽:1 710 mm

操作要领与说明	(1) 车辆前进:车辆在起点鸣号起步,按图中所示路线行驶至①、②号桩杆 (2) 车辆移位:按图中所示,车辆驶过⑪、⑫号桩杆后,向右转动转向盘,一退一进,将车停正,完成移位 (3) 车辆倒车:按图中所示,车辆从⑫、⑬号桩杆处驶向⑭号桩杆,按原前进路线向①、②号桩杆起点线处倒车,车辆保险杠与起点线平齐时停车,完成倒车全过程 (4) 操作过程中,不准碰杆,压线,熄火 (5) 车辆在停止状态时不准转动方向盘,不准使离合器处于半联动状态,车速要均匀 (6) 本项目要求在 1 min 内完成
备注	此项目考核时间:从前轮越过起点线开始计时至退到起点线边结束

项目六 "S"形路线倒车

编号	9-1-6		
训练项目	"S"形路线倒车（小型车）	训练时间	120 min
图形与说明	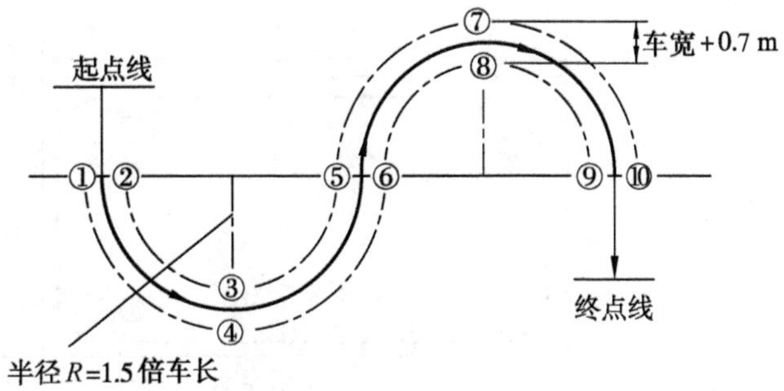 ①～⑩为桩杆号；——→前进线		
操作要领与说明	(1) 车辆前进：车辆在起点线上鸣号起步，按图中所示路线行驶，到达终点线停车 (2) 车辆倒车：由后视窗或后视镜观察桩杆，按原前进路线倒车，当车辆保险杠与起点线平齐时，完成倒车全过程 (3) 操作中不准碰杆，中途不准停车熄火，不准使离合器处于半联动状态 (4) 本项目要求在 2 min 内完成		
备注	此项目考核时间：从前轮越过起点线开始计时至退到起点线边结束		

项目七　稳定性驾驶

编号	9-1-7		
训练项目	稳定性驾驶	训练时间	120 min
图形与说明	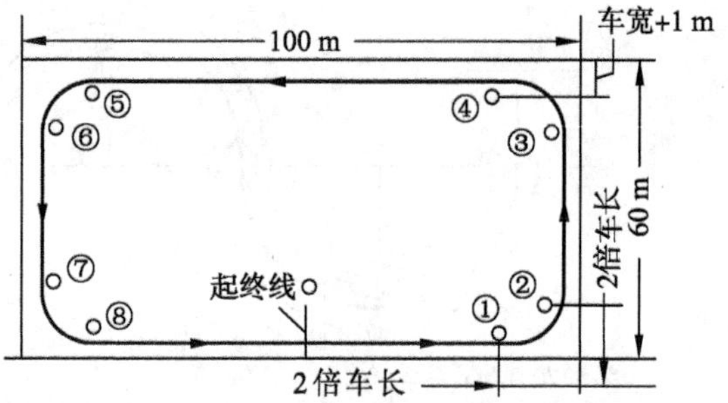 图例：○为标杆桩位,①～⑧为桩杆号；——前进线； 参数：CA1091(CA141)型　车长：7 205 mm；车宽：2 476 mm； 　　　EQ1090(EQ140)型　车长：6 910 mm；车宽：2 470 mm		
操作要领与说明	(1) 在空载的车厢中心,安放一只水桶(直径 0.28 m 或 0.32 m),水桶内盛水高度约为桶高的 7/8 (2) 车厢在起点线,用二挡鸣号起步,按图中所示路线行驶,换三挡、四挡,再换三挡后,到达终点线停车 (3) 起步、换高速挡或低速挡时,加速踏板、离合器、各种操纵配合平衡,变速时,无齿轮撞击声,操作规范 (4) 操作中不准碰杆、压边线、停车、熄火 (5) 停车后,测量水桶内的高度不低于桶高 6/8,允许溢水高度约桶高的 1/8 (6) 本项目要求 1 min 内完成		
备注	此项目考核时间：从前轮越过起点线开始计时到前轮越过终点线结束		

第二章 汽车驾驶技巧

项目一 驾驶技术与节油

编号	9-2-1		
训练项目	驾驶技术与节油	训练时间	150 min
操作要领及要求	汽车消耗在汽车运输成本中约占 25％～30％。影响节油的因素是多方面的,仅驾驶操作这一因素造成的油耗偏差就经常超过 10％,而使车辆的实际油耗与使用说明书上的指标有较大的差异,所以科学地驾驶操作对节约燃料有很大的影响。主要表现为以下几个方面。 (1) 经济车速行驶。试验表明,汽车油耗在经济车速时最低,低速时稍高,高速时随车速的增加而迅速增长。这是因为在低速时,发动机的负荷率低(负荷率是指在某一转速下,节气门部分打开所发出的功率与该转速下节气门全开时最大功率之比),发动机耗油率上升,高速行驶时汽车的行驶阻力(特别是空气阻力)加大,导致油耗增加。不同车型的经济车速不相同,驾驶员行车中应尽量采用经济车速行车。 (2) 合理选择挡位。在一定的道路上,汽车用不同的挡位行驶,油耗是不一样的。在同一道路条件与车速下,虽然发动机发出的功率相同,但挡位越低,后备功率越大,发动机负荷率越低,耗油率也越高。而使用高速挡时情形相反,所以在发动机动力许可的条件下,一般应尽可能地用高速挡行驶。同时要求换挡尽量做到脚轻手快,即脚踩加速踏板要轻,缓慢加油,迅速而准确。 (3) 保持发动机正常温度。发动机的工作温度是否正常,对汽车油耗也有很大的影响。当水温为 40 ℃～50 ℃时,油耗将增加 8％～10％,若发动机温度过高,则容易产生爆燃。使用中应保持正常的发动机温度,对水冷式发动机而言,水温以 80 ℃～90 ℃为宜。 (4) 行车中要做到安全滑行,正确掌握制动,并用快速换挡方法来降低油耗。 (5) 本项目要求在 20 min 内完成。		

项目二 发动机早期磨损分析

编号	9-2-2		
训练项目	发动机早期磨损分析	训练时间	150 min
操作要领及要求	汽车在使用中,各总成运动副的磨损并不是均衡的,其中发动机磨损速度最快,磨损规律具有代表性。汽车发动机早期磨损除制造质量因素外,主要是由于驾驶员不正确使用和不重视维护等因素引起的。 　　其主要因素如下: 　　(1) 使用质量等级低、不符合发动机要求的润滑油(如要求使用 QD 级或 QE 级机油,而实际使用 3QC 级或 QB 级机油)。质量等级低的润滑油,在抗氧化性、抗粘性、清洁分散性方面不能满足发动机的性能要求,易引起高温氧化变质,活塞高温,积炭严重,从而造成拉缸、断活塞环,活塞烧顶等恶性事故。 　　(2) 高压缩比的发动机使用了低辛烷值的汽油(如要求用 93 号汽油而用了 90 号汽油),使发动机工作时产生爆震,发动机温度高,常发生拉缸及不正常磨损。 　　(3) 拆除了节温器或在低温下高速行车。因为发动机温度低(50℃以下),燃料燃烧不完全,稀释和破坏机油的润滑作用,使气缸、活塞环快速磨损。 　　(4) 新车或大修车初期运行时,未按走合期规定执行。 　　① 走合期中,提前拆去限速装置; 　　② 未按规定减速而高速行车; 　　③ 未减载,甚至超载拖挂运行; 　　④ 未按规定进行走合期维护及二级维护。 　　(5) 机油压力不足,未按规定更换机油。		

项目三　轮胎异常磨损分析与防止措施

编号	9-2-3		
训练项目	轮胎异常磨损分析与防止措施	训练时间	150 min

大多数汽车轮胎的异常磨损是因使用和维护不当而造成的,因此研究和掌握轮胎异常磨损的表现特征及产生原因,以采取相应的防范措施,及早防止或消除轮胎的异常磨损是十分必要的。

常见的轮胎异常磨损的表现特征及产生原因如下表所示。

特　征	主要原因
胎冠中部磨损严重而两侧磨损轻微	① 轮胎气压过高;② 轮辋过窄
胎冠两侧胎肩磨损严重而胎冠磨损少	① 轮胎气压过低;② 轮胎超载
前轮胎冠外侧偏磨	① 前轮外倾角过大;② 轮胎换位不及时
前轮胎冠内侧偏磨	① 前轮外倾角过小;② 轮胎换位不及时
两转向轮同时出现由外侧向里侧的锯齿状磨损	① 前轮速过大;② 高速曲线行驶
胎冠呈波浪状或碟边状磨损	① 轮毂轴承松旷; ② 转向系球节松旷; ③ 车辆动平衡不良或轮辋变形; ④ 制动鼓磨损过大失圆; ⑤ 传动轴万向节不等速
胎侧部位周圈磨损	① 并装双胎间距过小;② 轮胎气压过低
胎肩大花纹块呈锯齿形磨损	① 越野花纹轮胎长期在硬质路面上行驶; ② 转向节主销后倾角过小

根据轮胎磨损的原因,汽车在使用、维护过程中,应采取下列基本技术措施:

(1)保持轮胎正常气压。在使用中定期检查轮胎气压,确保气压在本车型规定的标准内。

(2)合理装载,做到不超载、不偏载,避免轮胎超负荷。

(3)正确驾驶车辆。做到起步、停车平稳,避免紧急制动;坚持中速行车,注意选择路面;尽量避免轮胎因不正常的变形、升温和冲击等造成磨损。

(4)合理选配和安装轮胎。同一辆汽车(至少是同一车桥)上要选用规格尺寸、花纹、帘布材料和层数相同的轮胎(子午线轮胎由于其结构特点有不同之处,使用特点也有所区别);安装时,前轮尽量装用质量好的轮胎,后轮双胎在满载时的距离应不小于 20 mm,且人字花纹轮胎要按行进时人字尖端先着地的要求安装。

(5)加强轮胎日常维护工作。在二级维护时,要进行轮胎换位,发现轮胎磨损有异常,应查明原因,并采取相应的技术措施予以消除。

(6)保持汽车底盘机件良好的技术状态。主要是前轮定位要正确,轴距两端要相等,制动间隙、轮毂轴承紧度、轮辋摆差、前轮最大转向角要符合要求,钢板 U 形螺栓和翼子板的安装要正确、牢固,车架不变形,后桥壳无变形、弯曲现象。

操作要领及要求

项目四　恶劣条件下的安全行车

编号	9-2-4		
训练项目	恶劣条件下的安全行车	训练时间	60 min

<table>
<tr><td rowspan="1">操作要领及要求</td><td>

1. 雾天安全行车

（1）雾天行车，开启防雾灯、示宽灯，严格控制车速，根据能见度选择不同的车速和安全行驶距离。

（2）雾天行车，多使用喇叭以引起对方注意；听到对方车辆鸣喇叭时，要及时鸣喇叭回应；发生道路堵塞时，立即停车，并开启紧急信号灯。

（3）会车时，选择宽阔的路段和地点，低速交会；两车交会，关闭防雾灯，适当鸣喇叭提醒对面车辆注意，发现可疑情况，立即停车让行。

（4）跟车行驶时，密切注意前车动态，严格控制车速，适当加大与前车的纵向安全距离，以防与前方车辆距离太近。

（5）雾天严禁超越正在行驶的车辆，发现前方车辆靠右行驶时，不可盲目绕行，要考虑此车是否在避让对面来车。

（6）超越路边停放的车辆，要在确认其没有起步意图而对面确无来车后，适时鸣喇叭，从左侧低速绕过。

（7）进入浓雾区前，靠右侧谨慎行驶，将车速控制在能及时停车的范围内，必要时可开启近光灯从左侧低速绕过。

2. 雨天安全行车

（1）雨中行车，应严格控制车速，发生车辆横滑或侧滑情况，切不可急转方向或紧急制动，应利用发动机牵阻减速。

（2）遇到大暴雨或特大暴雨、能见度很低、刮水器的作用不能满足要求时，不要冒险行驶，应选择安全地点停车，并打开示宽灯，待雨小或雨停后再继续行驶。

（3）雨中遇到行人时，提前减速、鸣喇叭，严禁争道强行，不要从行人身边急速绕过，通过时应与其保持一定的安全距离。

3. 通过泥泞路

（1）泥泞路段上行车，应选用适当挡位（一般可用中低速挡），稳住转向盘和加速踏板，匀速一次性缓缓通过。

（2）车辆发生侧滑时，要冷静清醒，在松抬加速踏板的同时，将转向盘向后轮侧滑方向适当缓转以修正方向，切忌猛打转向盘或紧急制动。

4. 涉水驾驶

（1）车辆涉水前，对涉水路段的深度、水流速度和水底情况进行勘察，不可冒险涉水行驶；涉水时，保持车速均匀平稳且有足够动力，尽量不要中途换挡、停车和急转弯，要"一气"通过涉水路段。

（2）涉水行进中，要目视远处固定目标，不要看水流，以防因视觉上判断错误而导致行驶方向的偏移。

（3）涉水后，擦干被水浸湿的部位，保持低速行驶，并间断轻踩制动踏板，以恢复制动效果。

5. 大风天气驾驶

（1）逆风向行驶时，注意风向突然改变或道路出现较大弯度，风阻突然减少，会使车速猛然增大。

（2）行车中，应预防行人为躲避车辆行驶扬起的尘土而在车辆临近时突然跑向道路的另一边。

（3）大风天夜间行驶时，使用防眩目近光灯，不宜使用远光灯，以免因出现眩目的光幕而影响视线。

（4）风沙特别大时，将车停靠在道路上风处，车头背向风沙，并关闭百叶窗，防止细微沙粒被发动机吸入汽缸而加速机件磨损。

</td></tr>
</table>

编号	9-2-4		
训练项目	恶劣条件下的安全行车	训练时间	60 min
操作要领及要求	6. 高温气候条件下驾驶 （1）行车中，随时注意水温的变化，若发现水温直线上升或冷却水沸腾，应立即停车，待温度适当下降后再补充冷却液。 （2）夏季午后天气炎热，行车中极易瞌睡，当感到视线逐渐变得模糊、反应变得迟钝时，应停车休息。 7. 低温气候条件下驾驶 （1）露天停放的车辆，润滑油黏度大，起步后应低速行驶一段距离，待温度升高时，再逐渐提高车速。 （2）风窗玻璃上易形成冰霜时，应及时进行擦拭，不可勉强行驶。 （3）临时停车，应选择干燥、避风和朝阳处，停留时间较长时，未加防冻液的车辆应间断启动发动机，以防冷却水结冰而冻裂机体、散热器等机件。		

项目五 复杂道路交通环境下的安全行车

编号	9-2-5		
训练项目	复杂道路交通环境下的安全行车	训练时间	60 min

<table>
<tr><td rowspan="1">操作要领及要求</td><td>

1. 城市道路安全行车

（1）车辆在道路上行驶，实行右侧通行的原则，划有中心分道线的路段，在分道线右侧行驶，而没有中心分道线的路段，在道路中间通行。

（2）道路划设专用车道的，在专用车道内只准许规定的车辆通行，其他车辆不得进入专用车道内行驶。

（3）按照交通信号通行，遇交通警察现场指挥时，按照交通警察的指挥通行。

（4）通过狭窄街道，正确判断和估计街道宽度，注意观察交通动态，随时准备避让行人和非机动车。

（5）行经学校门口，提前减速，注意观察学生动态，遇学生列队通过街道时，主动停车礼让。

（6）巷道内行车，尽量在道路中间行驶，随时提防小巷内有车辆或行人横穿。

（7）在机关、学校、居民区等处或有标志规定禁止使用喇叭的时间、路段，禁止使用喇叭。在非禁鸣喇叭的时间、路段，一般一次鸣喇叭时间也不得超过 0.5 s，连续按鸣不得超过 3 次。

2. 山区道路上坡驾驶

（1）上坡行驶前，判断坡道的坡度大小，如果上坡途中无法换挡，为了保持车辆有足够的爬坡动力，提前换入中速挡或低速挡，切不可等到车速过低时再进行换挡。

（2）通过短而陡的坡道，采用加速冲坡的方法，将近坡顶时提前松开加速踏板，利用惯性冲过坡顶，到达坡顶时，适时控制车速，防止对面的视线盲区突然出现车辆而措手不及。

（3）行至较长而陡的坡道，提前减挡，保持发动机动力，在接近坡道时，加速冲坡，当车速开始降低，发动机声音由轻快变得沉闷时，迅速减入低一级挡位行驶，以保证有足够的动力驶上坡顶。

（4）行至上坡道转弯处，提前减速减挡，靠右侧行驶，并注意鸣喇叭；急转弯时，注意提防弯道对面突然出现的车辆，接近弯道时降低车速，靠右侧行，给对面来车留出足够的路面。

（5）下长而陡的坡道，在下坡前将车速降至即将停住，换低速挡下坡，防止因车速太快无法控制而发生危险。

3. 山区危险路段驾驶

（1）急弯狭道、地势险峻的路段行车，要集中精力，降低车速，注意交通标志，谨慎驾驶，及时准确地观察路面，选择道路中间或靠山一侧安全行车。

（2）危险路段会车，做到"礼让三先"，选择安全地点会车，会车地点在弯道、悬崖或溪崖旁地势比较危险时，停车观察路基情况，在确保安全的前提下在靠山一侧缓缓会车，尽量使车辆靠近峭壁。

（3）通过便、险桥前，认真观察便、险桥和桥面状况，必要时停车察看，确认安全，通过时，注意选择行驶路线，提前减速，换入低速挡匀速通过，中途尽量避免停车或紧急制动。

4. 冰雪路驾驶

（1）冰雪路行车，有条件的要安装防滑链，用发动机牵阻控制车速，低速行驶。

（2）积雪覆盖的道路，有时沟壑被积雪掩盖，道路的轮廓难以辨别，行车时应根据道路两旁的树木、电杆等参照物判断行驶路线，控制车速，低速行驶。

（3）行车中，有车辙的路段应循车辙行驶，转向盘不可急打急回，以防车辆侧滑偏出道路。

（4）行车中车辆发生侧滑时，立即缓慢、适当地向后轮侧滑的一方转动转向盘，可连续数次回转转向盘，以便调整车身。

（5）在弯路、坡道及河谷等危险地段行驶时，注意选择好行驶路线，路况稍有可疑应立即停车，待察看清楚确认安全后再继续行驶。

（6）超、会车时，选择比较安全的地段靠右侧慢行，适当增大两车的横向间距，且与路边保持一定距离，可选择较宽的地段停车让行。

</td></tr>
</table>

第十单元 操作技能训练与考核

项目一 气缸测量与鉴定

一、实训目的

学会使用内径百分表检测气缸并对气缸进行鉴定。

二、设备、器材、工具

气缸体、内径百分表、外径千分尺。

三、实训内容

1. 装表头

将表头插入表杆上端孔内,使表杆触头与传动杆接触表针有少量顶动,表头装好后锁紧。

2. 选测杆

选择合适测量接杆固定在活动测杆上,使测杆长度与被测缸径相适应。

3. 校表

将百分表通过外径千分尺校正至气缸的标准尺寸(使测量杆有 1~2 mm 的压缩量),拧紧接杆,在千分尺上转动表盘使表针对准零位。

4. 测量

使内径百分表测量杆与气缸轴线垂直,测量气缸上、中、下 3 个平面的横向、纵向和其他位置。测量时应摆动量缸表,表针指示的最小值即为被测值,并将被测值逐一记录下来。

5. 读表

表头大指针顺时针方向偏离"0"位表示被测工件尺寸小于标准尺寸;逆时针方向偏离"0"位则表示被测工件尺寸大于标准尺寸。

气缸磨损只会使磨缸径越来越大。例如,被测缸径上平面逆时针偏离"0"位 12 个小格,那么 12×0.01 mm 加上标准缸径就是实测数值。在填写气缸磨损表格时,应填写完整数值,再计算气缸磨损的圆度、圆柱度误差。

6. 气缸磨损程度的计算

(1)圆度误差计算:同一截面测得的最大值与最小值差值的一半为该面的圆度误差。将 3 个截面上的最大圆度误差作为该气缸的圆度误差。

(2)圆柱度误差计算:在 3 个截面内所测得的数据中不同平面的最大与最小直径差值的一半即为该气缸的圆柱度误差。

7. 气缸圆度、圆柱度误差的技术标准

(1)汽油机:圆度误差小于或等于 0.05 mm,圆柱度误差小于或等于 0.20 mm。

(2)检查气缸磨损的最大尺寸与标准尺寸的差值是否超过汽车维修手册中的规定(桑

塔纳手册规定为 0.08 mm),磨损超过时要镗缸处理。

8. 鉴定

气缸的镗削应按修理尺寸进行,每 0.25 mm 为一级,最大加到 1.00 mm,所选择的修理尺寸等于最大磨损直径加上搪磨加工余量,加工余量一般取 0.10 mm。

四、考核要求

(1) 正确使用量缸表、外径千分尺。
(2) 同一截面测量点不少于 4 个。
(3) 圆度误差、圆柱度误差计算正确。
(4) 技术标准清楚。
(5) 气缸鉴定正确。
(6) 在规定时间内完成考核项目。

五、考核评分表

项目 1　气缸测量与鉴定

序号	考核内容	考核要点	配分	评分标准	检测结果	扣分	得分
1	装表头	① 表头要与接杆接触 ② 表头要有 1~2 mm 的压缩量 ③ 表头要固定	10	① 表头与接杆不接触,扣 10 分 ② 表头的压缩量不正确,扣 5 分 ③ 表头不固定,扣 5 分			
2	选测杆	① 所选测杆与气缸内径相适应 ② 测杆固定要牢固	10	① 所选测杆与气缸内径不符,扣 5 分 ② 测杆不固定或固定不牢,扣 5 分			
3	校表	① 外径千分尺校零 ② 外径千分尺校至气缸标准直径 ③ 量缸表放置外径千分尺上校零 ④ 量缸表大指针调至零	15	① 外径千分尺不校零,扣 10 分 ② 外径千分尺未校至气缸标准直径,扣 3 分 ③ 量缸表未放置外径千分尺上校零,扣 8 分 ④ 量缸表大指针未调至零,扣 3 分			
4	测量	① 在同一截面内测量纵向、横向和其他方向 ② 在上、中、下 3 个截面测量 ③ 拿出量缸表不要有拖滞动作	25	① 在同一截面内未测量其他方向,扣 5 分 ② 在上、中、下 3 个截面测量,少一个截面,扣 5 分 ③ 拿出量缸表有拖滞动作的,扣 3 分			
5	读表	当量缸表与被测截面垂直时才能读表	10	读表不正确,扣 10 分			
6	圆度、圆柱度误差计算	① 圆度、圆柱度误差计算正确 ② 技术标准清楚	10	① 圆度、圆柱度误差计算不正确,扣 8 分 ② 技术标准不清楚,扣 5 分			
7	气缸鉴定	每 0.25 mm 气缸加大一级	10	气缸鉴定不正确,扣 5 分			
8	整理量具	清洁、整理量具	5	未清洁、整理量具,扣 5 分			
9	其他	量缸表、外径千分尺不能损坏	5	损坏量缸表、外径千分尺,考核不及格			
合　计			100				

评分人:　　年　月　日　　　　核分人:　　　　　年　月　日

项目二 曲轴的测量与鉴定

一、实训目的

学会使用磁性百分表检测曲轴弯曲度和扭曲度。

二、设备、器材、工具

曲轴、磁性百分表、高度尺、V形铁、平板。

三、实训内容

1. 曲轴弯曲度测量

（1）准备好设备、量具。

（2）安装好磁性百分表。

（3）测量：将百分表触头垂直地触及中间一道主轴颈，如图10-2-1所示。慢慢转动曲轴，此时百分表指针所示的最大摆差的一半（径向圆跳动误差）即为曲轴弯曲度。

（4）技术标准：中型货车曲轴弯曲度应不大于0.15 mm、轿车应不大于0.06 mm。

（5）鉴定：根据所测数据，确定该曲轴是否需要校正。

2. 曲轴扭曲度的测量

（1）准备好设备、量具。

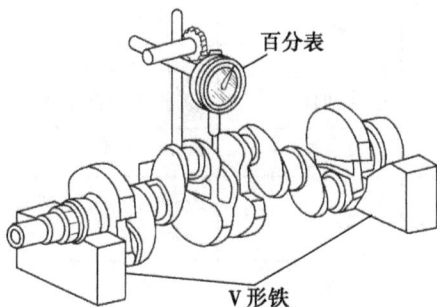

图 10-2-1 曲轴弯曲度测量

（2）测量。用高度尺测量两连杆轴颈（第一道与最后一道）至平板的距离，求得同一方位上两高度差 ΔA。

（3）计算扭曲度。其计算公式为

$$\theta = 360\Delta A/(2\pi R) = 57\Delta A/R$$

式中，R 为曲柄半径。曲轴扭曲角 θ 应不大于 $\pm 30'$。

（4）鉴定。根据所测数据，确定该曲轴是否需要校正。

四、考核要求

（1）正确安装、使用磁性百分表。

（2）正确使用高度游标卡尺。

（3）正确计算弯曲度、扭曲度。

（4）技术标准清楚。

（5）在规定时间内完成考核项目。

五、考核评分表

项目 2　曲轴测量与鉴定

序号	考核内容	考核要点	配分	评分标准	检测结果	扣分	得分
1	安装磁性百分表	① 磁性百分表安装正确 ② 各连接部位牢固可靠	10	① 磁性百分表有一处安装错误,扣 3 分 ② 有一处连接不牢固,扣 3 分			
2	测量曲轴弯曲度	① 百分表表头抵在中间一道主轴颈上 ② 读表正确	20	① 百分表测量位置不当,扣 10 分 ② 读表不当,扣 5 分			
3	测量曲轴扭曲度	① 测量第一道和最后一道连杆轴颈 ② 读数正确	20	① 百分表测量位置不当,扣 10 分 ② 读数不当,扣 5 分			
4	计算曲轴弯曲度	计算结果正确	15	计算结果不正确,扣 8 分			
5	计算曲轴扭曲度	① 计算结果正确 ② 计算公式清楚	15	① 计算结果不正确,扣 8 分 ② 计算公式不清,扣 5 分			
6	鉴定曲轴弯曲度、扭曲度	① 校正方法清楚 ② 技术标准清楚	10	① 校正方法不清楚,扣 5 分 ② 技术标准不清楚,扣 5 分			
7	整理量具	清洁、整理量具	5	未清洁、整理量具,扣 5 分			
8	其他	磁性百分表、高度尺不能损坏	5	损坏磁性百分表、高度尺,考核不及格			
	合　计		100				

评分人：　　　　　　年　月　日　　　　核分人：　　　　　　年　月　日

项目三　发动机不能启动故障的诊断与排除

一、实训目的

掌握发动机不能启动故障的诊断思路、故障排除的步骤,能正确排除发动机不能启动故障。

二、设备、器材、工具

解码仪、数字万用表、LED 测试灯、燃油压力表、气缸压力表、点火正时灯、电控发动机轿车或实验台架、常用检修工具。

三、实训内容

1. 故障现象

接通启动开关,启动时能带动发动机转动,但不能发动,无着车征兆。

2. 故障原因

(1)油箱中无油。

（2）电动汽油泵及控制线路有故障。

（3）喷油器及控制线路有故障。

（4）油路压力过低。

（5）点火系统故障。

（6）转速传感器及控制线路有故障。

（7）电脑及控制线路有故障。

（8）发动机气缸压缩压力过低。

（9）点火正时不正确。

3．故障诊断与排除

（1）检查油箱存油情况。

（2）启动发动机。

（3）用解码仪读取故障码，如有故障码则按故障码排除。

（4）若无故障码，则进行跳火试验。拔下任意一缸高压线，接上火花塞跳火，若有火无油，则查供油系统，包括电动汽油泵及控制线路、喷油器及控制线路、油路油压；若无火，则查点火系统；若无火无油，则查转速传感器及控制线路、电脑及控制线路；若有油有火，则检查气缸压力和点火正时。

四、考核要求

（1）按故障原因中任一项进行考核。

（2）正确选择和使用仪器、仪表及工具、量具。

（3）操作步骤规范，排除故障思路清晰。

（4）操作中不许损坏精密零件。

（5）能在规定时间内排除故障。

五、考核评分表

项目3　发动机不能启动故障诊断与排除

序号	考核内容	考核要点	配分	评分标准	检测结果	扣分	得分
1	仪器的使用	正确使用解码仪、万用表	5	有一仪器使用不当，扣5分			
2	故障现象	启动发动机，判断有无着火征兆	5	发动机允许启动3次，超过一次，扣3分			
3	故障诊断	① 用解码仪读取故障代码 ② 跳火试验 ③ 通过检测确定故障大致范围 ④ 用万用表测量电压或电阻 ⑤ 确定故障点	40	① 未用解码仪读取故障代码，扣3分 ② 未跳火试验，扣10分 ③ 故障范围确定错误，扣10分 ④ 用万用表测量电压时，未打开点火开关，扣5分 ⑤ 用万用表测量电阻时，未关闭点火开关，扣5分 ⑥ 故障点判断不正确，扣20分			
4	故障排除的思路及方法	① 排除故障思路是否正确 ② 排除故障的方法是否规范	20	① 排除故障思路不正确，扣10分 ② 排除故障的方法不规范，扣10分			

序号	考核内容	考核要点	配分	评分标准	检测结果	扣分	得分
5	故障排除的结果	① 故障是否排除 ② 启动发动机,发动机运转正常	20	① 故障不能排除,扣 20 分 ② 未验证发动机运转正常,扣 3 分			
6	整理工具、仪器	清洁、整理工具、仪器	5	未清洁、整理工具、仪器,扣 5 分			
7	其他	线路、零部件、仪器不能损坏	5	损坏线路、零部件、仪器,考核不及格			
	合　计		100				

评分人：　　　　　年　月　日　　　　核分人：　　　　　年　月　日

项目四　怠速不良故障的诊断与排除

一、实训目的

掌握发动机怠速不良故障诊断思路及排除步骤,能正确排除发动机怠速不良故障。

二、设备、器材、工具

数字万用表、解码仪、LED 测试灯、燃油压力表、气缸压力表、真空表、汽车专用示波器、点火正时灯、电控发动机轿车或实验台架、常用检修工具。

三、实训内容

1. 怠速不稳,易熄火

（1）故障现象。

发动机启动正常,但不论冷车或热车,怠速均不稳定,怠速转速过低且易熄火。

（2）故障原因。

① 进气系统漏气。

② 空气滤清器堵塞。

③ 怠速控制阀或附加空气阀工作不良。

④ 空气流量计有故障。

⑤ EGR 阀卡住常开,不能关闭。

⑥ 怠速调整不当。

⑦ 油路压力太低。

⑧ 喷油器雾化不良、漏油或堵塞。

⑨ 火花塞工作不良。

⑩ 高压线漏电或断路。

⑪ 点火正时失准。

⑫ 气缸压缩压力过低。

（3）故障诊断与排除。

① 先进行故障自诊断,检查有无故障码出现。如有故障码,则按所显示的故障码查找故障原因。应特别注意对影响怠速工作的传感器、执行器(如冷却液温度传感器、节气门位置传感器、怠速控制阀等有无故障)进行仔细诊断。

② 检查进气系统各管接头、各真空软管、废气再循环系统和燃油蒸汽回收系统有无漏气。

③ 检查怠速控制阀的工作是否正常。对于脉冲电磁阀式怠速控制阀,可在发动机运转过程中拔下怠速控制阀接线插头。如果发动机转速无变化,说明怠速控制阀或控制电路有故障,应检修电路或更换怠速控制阀。

④ 怠速时逐个拔下各缸高压线,检查发动机转速的下降量是否相等。如果在拔下某缸高压线时,发动机转速基本不变,说明该缸工作不良或不工作。此时应检查该缸火花塞或喷油器有无故障,喷油器控制电路有无短路或断路。

⑤ 检查高压火花,如果火花太弱,则应检查点火系统。

⑥ 拆检各缸火花塞,检查电极有无磨损过甚或积炭,火花塞电极间隙是否正常。

⑦ 检查各缸高压线,如高压线外表有漏电或击穿的痕迹,则用万用表测量高压线。若其电阻大于 25 kΩ,则说明高压线已损坏,应进行更换。

⑧ 检查燃油压力。怠速时燃油压力应为 250 kPa 左右。如燃油压力太低,则应检查油压调节器、电动燃油泵、燃油滤清器。

⑨ 按规定的程序,调整发动机怠速。

⑩ 检查空气流量计。

⑪ 仔细听各缸喷油器在怠速时的工作声音。如果各缸喷油器工作声音不均匀,则说明各缸喷油器喷油不均匀,应拆检、清洗或更换喷油器。

⑫ 检查气缸压缩压力,如果压力低于 0.8 MPa,则应拆检发动机。

如果上述检查均正常,此时可拆检、清洗各缸喷油器。如发现某个喷油器雾化不良或漏油,经清洗后仍不能恢复正常,则应更换该喷油器。

2. 冷车怠速不稳、易熄火

(1) 故障现象。

发动机冷车运转时怠速不稳或过低,易熄火,热车后怠速恢复正常。

(2) 故障原因。

① 附加空气阀故障。

② 怠速控制阀故障。

③ 冷却液温度传感器故障。

④ 喷油器雾化不良或堵塞。

(3) 故障诊断与排除。

① 进行故障自诊断,检查有无故障码。如有故障码,则按显示的故障码查找故障原因。

② 检查附加空气阀。拆下附加空气阀,检查在冷车状态下附加空气阀的阀门是否开启。如有异常,则应更换。

③ 检查怠速控制阀。熄火后拔下怠速控制阀线束插头,待发动机启动后再插上。如果发动机转速没有变化,则说明怠速控制阀不工作,应检查控制电路或拆检怠速控制阀。

④ 测量冷却液温度传感器。

⑤ 拆检、清洗各缸喷油器,并检查清洗后的喷油器工作情况,如有雾化不良、漏油或喷

油量不符合标准情况的,则应更换相应喷油器。

3. 热车怠速不稳或熄火

（1）故障现象。

发动机冷车时怠速正常,热车后怠速不稳,怠速转速过低或熄火。

（2）故障原因。

① 怠速调整过低。

② 冷却液温度传感器有故障。

③ 怠速控制阀有故障。

④ 火花塞或高压线不良。

⑤ 电脑搭铁不良。

⑥ 氧传感器有故障或失效。

（3）故障诊断与排除。

① 故障自诊断。如有故障码,则按所显示的故障码查找故障原因。

② 按正确的程序检查发动机的初始怠速转速。若转速过低,则应按规定程序调整。

③ 检查冷却液温度传感器。

④ 检查怠速控制阀有无工作。

⑤ 检查各缸火花塞情况,视情况更换火花塞或调整火花塞间隙。

⑥ 测量各缸高压线电阻,若阻值大于 25 kΩ,或高压线外表有漏电或击穿的痕迹,则应更换高压线。

⑦ 检查电脑搭铁线及发动机机体是否搭铁良好。可在打开点火开关后,测量电脑搭铁线（或故障诊断座内搭铁线、发动机机体）和电瓶负极之间的电压。若该电压大于 1 V,则说明电脑搭铁线或发动机搭铁不良,此时可检查搭铁线的接地端有无松动或锈蚀,也可重新引一条搭铁线。

四、考核要求

（1）按故障原因中任一项进行考核。
（2）正确选择和使用仪器、仪表及工具、量具。
（3）操作步骤规范,排除故障思路清晰。
（4）操作中不许损坏精密零件。
（5）能在规定时间内排除故障。

五、考核评分表

项目 4　怠速不良故障诊断与排除

序号	考核内容	考核要点	配分	评分标准	检测结果	扣分	得分
1	仪器的使用	正确使用仪器	5	有一仪器使用不当,扣 5 分			
2	故障现象	读出发动机怠速值	5	① 发动机未工作到正常工作温度,扣 5 分 ② 未判断怠速是否正常,扣 10 分			

序号	考核内容	考核要点	配分	评分标准	检测结果	扣分	得分
3	故障诊断	① 用解码仪读取故障代码 ② 用检测仪器检测某些数据 ③ 通过检测确定故障大致范围 ④ 用万用表测量电压或电阻 ⑤ 确定故障点	40	① 未用解码仪读取故障代码,扣3分 ② 未用检测仪器检测,扣5分 ③ 故障范围确定错误,扣10分 ④ 用万用表测量电压时,未打开点火开关,扣5分 ⑤ 用万用表测量电阻时,未关闭点火开关,扣5分 ⑥ 故障点判断不正确,扣20分			
4	故障排除的思路及方法	① 排除故障思路是否正确 ② 排除故障的方法是否规范	20	① 排除故障思路不正确,扣10分 ② 排除故障的方法不规范,扣10分			
5	故障排除的结果	① 故障是否排除 ② 验证怠速正常	20	① 故障不能排除,扣20分 ② 未验证怠速正常,扣3分			
6	整理工具、仪器	清洁、整理工具和仪器	5	未清洁、整理工具和仪器,扣5分			
7	其他	线路、零部件、仪器不能损坏	5	损坏线路、零部件、仪器,考核不及格			
	合　计		100				

评分人:　　　　　　年　月　日　　　　核分人:　　　　　　年　月　日

项目五　ABS系统故障的诊断与排除

一、实训目的

掌握ABS故障诊断的方法与步骤。

二、设备、器材、工具

解码仪、数字式万用表、汽车专用示波器、整车1辆、塞尺、举升器、常用工具。

三、实训内容

1. 初步检查

初步检查是在ABS系统出现明显故障而不能正常工作时首先采用的故障诊断方法。例如,ABS故障指示灯常亮不熄,系统不能工作,应作以下初步检查:

(1) 检查驻车制动器是否完全释放。

(2) 检查制动液液面是否在规定范围之内。

(3) 检查ABS电控单元导线插头、插座的连接是否良好,连接器及导线有无损坏。

(4) 检查压力调节器上的电磁阀体连接器、主控制阀连接器、连接压力警告开关和压力控制开关的连接器、制动液液面指示开关连接器、轮速传感器的连接器、电动泵的连接器(插头与插座)和导线的连接是否良好。

(5) 检查所有的继电器、熔断丝是否完好,插座是否良好。

（6）检查蓄电池容量和电压是否在规定的范围内，蓄电池正负极导线的连接是否牢靠，连接处是否清洁。

（7）检查 ABS 电子控制单元、液压控制装置等的接地端接触是否良好。

（8）检查轮胎胎面纹槽的深度是否符合规定。

如果用上述方法检查仍不能确定故障，可采用故障自诊断方法进行故障分析。

2. ABS 电控系统主要部件的检查

ABS 的电气故障大多不是元件失效，而是连接不良或脏污所致。如果故障码提示传感器故障，应先检查传感器的各个连接点是否良好，有无锈蚀，若有应予以清除。如果传感器安装在变速器中，机油中的铁屑被传感器磁头吸附后也可能导致传感器故障，应清理磁头并更换机油。

（1）轮速传感器检查。

检查轮速传感器时，主要检查传感器线圈电阻、转子齿圈和传感器输出信号。

① 传感器线圈电阻的检查：拆下轮速传感器的连接插头，用万用表 R×100 挡检查每个端子与车身的导通情况，正常时应不导通，否则传感器有搭铁故障。上述检查正常后，应进一步测量传感器线圈阻值，阻值不符合标准时应更换。

② 转子齿圈的检查：检查转子齿圈有无裂纹、缺齿和断齿，齿圈的齿与齿之间是否吸附有铁屑（传感器头部端面与齿圈凸起端面保留约 1 mm 的间隙，可用无磁性的塞尺检查）。

③ 传感器输出信号的检查：将示波器与轮速传感器相接，车辆以 20 km/h 的速度行驶，检查轮速传感器输出波形，它应不少于 0.5 V，否则应调整间隙或更换传感器。

有些轿车其后轮轮速传感器只用一个，且不安装在轮毂上，而是安装在后轴差速器或变速器上。这种传感器传感头的检查方法是：拆下传感器头，并从配线插件上拔下插头，用一个 2～100 kΩ 的电阻器连接。注意不要短接任何一个端子，用螺钉旋紧在轮速传感器头部前后摆动时，检查电压表是否交替显示 2～12 V，否则应更换传感器头。

（2）制动压力调节器检查。

检查制动压力调节器时，主要检查电气部分，机械部分只能采取替换的办法检查。

① 回油泵电动机继电器的检查：回油泵电动机继电器为常开继电器，只有当 ABS 工作时电动机继电器才接通，回油泵电动机才开始运转。该电动机有 4 个接柱，2 个是电磁线圈接柱，另外 2 个是触点接柱。用万用表电阻挡测量接柱导通情况，导通的为电磁线圈接柱，不通的便是触点接柱。如果在电磁线圈接柱上加 12 V 电压，则两触点接柱应导通，否则应更换电动机继电器。

② 主继电器的检查：主继电器的结构及检查方法与回油泵电动机继电器相同。主继电器控制着电磁阀、电动机及电控单元的电源。当打开点火开关时，应能听到主继电器动作声，测量其两触点接柱应导通；断开点火开关，两触点接柱应不通，否则应更换主继电器。

（3）电控单元检查。

电控单元可通过自诊断系统或用高阻抗的万用表测量其插接器上相关插脚的电压来检查，如用同型号的电控单元进行替换检查则更为方便、可靠。电控单元若有故障应进行更换。

四、考核要求

（1）正确使用解码仪、数字式万用表。

（2）正确使用举升器。

（3）ABS 初步检查方法正确。

（4）在规定时间内完成考核项目。

五、考核评分表

项目 5　ABS 系统故障诊断与排除

序号	考核内容	考核要点	配分	评分标准	检测结果	扣分	得分
1	仪器的使用	正确使用仪器	5	有一仪器使用不当，扣 5 分			
2	故障现象	检查故障灯是否常亮	5	未检查故障灯是否常亮，扣 5 分			
3	故障诊断	① 用解码仪读取故障代码 ② 对 ABS 系统进行初步检查 ③ 通过检测确定故障大致范围 ④ 用万用表测量电压或电阻 ⑤ 确定故障点	40	① 未用解码仪读取故障代码，扣 5 分 ② 未对 ABS 系统进行初步检查或检查不到位，扣 10 分 ③ 故障范围确定错误，扣 10 分 ④ 用万用表测量电压时，未打开点火开关，扣 5 分 ⑤ 用万用表测量电阻时，未关闭点火开关，扣 5 分 ⑥ 故障点判断不正确，扣 20 分			
4	故障排除的思路及方法	① 排除故障思路是否正确 ② 排除故障的方法是否规范	20	① 排除故障思路不正确，扣 10 分 ② 排除故障的方法不规范，扣 10 分			
5	故障排除的结果	① 故障是否排除 ② 验证系统正常	20	① 故障不能排除，扣 20 分 ② 未验证系统正常，扣 3 分			
6	整理工具、仪器	清洁、整理工具和仪器	5	未清洁、整理工具和仪器，扣 5 分			
7	其他	线路、零部件、仪器不能损坏	5	损坏线路、零部件、仪器，考核不及格			
	合　计		100				

评分人：　　　　年　月　日　　　　核分人：　　　　年　月　日

项目六　空调系统不制冷故障的诊断与排除

一、实训目的

掌握空调系统不制冷故障诊断、排除方法与步骤，能正确排除空调系统不制冷故障。

二、设备、器材、工具

整车、压力表、检漏设备、冷媒加注机、常用工具。

三、实训内容

1. 风量正常而压缩机不旋转时的分析与排除

（1）电磁离合器的故障与排除。

① 保险丝烧断，予以更换。

② 电路中接线接头折断或脱落,检查并将线路和接头接通。

③ 继电器、开关烧坏,予以更换。

④ 离合器打滑,拆下离合器总成,修理或更换。

⑤ 怠速稳定放大器有故障,拆下修理或更换。

(2) 电磁离合器正常。

① 压缩机皮带断裂或太松,则拉紧或更换皮带。

② 压缩机有故障,拆下压缩机,修理或更换。

2. 风量正常,压缩机旋转时的分析与排除

(1) 膨胀阀卡住不能关(冰堵或脏堵),低压表读数太高,蒸发器流液。此时应清洗细网或更换膨胀阀。

(2) 制冷剂管道破裂或泄漏,高、低压表读数为零。此时应更换管道,进行系统检漏,修理或更换储液干燥器。

(3) 储液器上的可熔塞熔化,此时应更换可熔塞。

(4) 压缩机的进、排阀门损坏,此时应将阀门或阀板拆换。

(5) 储液干燥器或膨胀阀中的细网堵死,软管或管道堵死,通常在限制点起霜,此时应修理或更换储液干燥器。若压缩机轴的密封件损坏,则应更换密封件。

3. 冷风机无风时的分析与排除

冷风机无风时的原因包括:保险丝的熔断、接线脱开或断线;开关或吹风机的电动机不工作。此时应更换保险丝、导线,修理开关或吹风机的电动机。

四、考核要求

(1) 按故障原因中任一项进行考核。

(2) 正确选择和使用仪器、仪表及工具、量具。

(3) 操作步骤规范,排除故障思路清晰。

(4) 操作中不许损坏精密零件。

(5) 能在规定时间内排除故障。

五、考核评分表

项目6　空调系统不制冷故障诊断与排除

序号	考核内容	考核要点	配分	评分标准	检测结果	扣分	得分
1	仪器的使用	正确使用仪器	5	有一仪器使用不当,扣5分			
2	故障现象	送风口无冷气排出	5	未检查有无冷气排出,扣5分			
3	故障诊断	① 启动发动机,打开空调开关 ② 对空调系统有关零部件检查 ③ 通过检测确定故障大致范围 ④ 用万用表测量电压或电阻 ⑤ 确定故障点	40	① 未启动发动机,扣5分 ② 未打开空调开关,扣5分 ③ 未对空调系统进行检查或检查不到位,扣10分 ④ 故障范围确定错误,扣10分 ⑤ 用万用表测量电压时,未打开点火开关,扣5分 ⑥ 用万用表测量电阻时,未关闭点火开关,扣5分 ⑦ 故障点判断不正确,扣20分			

序号	考核内容	考核要点	配分	评分标准	检测结果	扣分	得分
4	故障排除的思路及方法	① 排除故障思路是否正确 ② 排除故障的方法是否规范	20	① 排除故障思路不正确,扣10分 ② 排除故障的方法不规范,扣10分			
5	故障排除的结果	① 故障是否排除 ② 有无验证系统正常	20	① 故障不能排除,扣20分 ② 未验证系统正常,扣3分			
6	整理工具、仪器	清洁、整理工具和仪器	5	未清洁、整理工具和仪器,扣5分			
7	其他	线路、零部件、仪器不能损坏	5	损坏线路、零部件、仪器,考核不及格			
	合　计		100				

评分人：　　　　年　月　日　　　　　核分人：　　　　年　月　日

项目七　空调系统制冷不足故障的诊断与排除

一、实训目的

掌握空调系统制冷不足故障诊断、排除方法与步骤,能正确排除空调系统制冷不足故障。

二、设备、器材、工具

整车、压力表、检漏设备、冷媒加注机、常用工具。

三、实训内容

1. 制冷剂过多造成制冷不足

(1) 原因:制冷剂过多,一般是由维修人员在维修时过量加注制冷剂而造成的。

(2) 检修方法:从干燥罐上方视液镜中观察,如果空调在运转时从视液镜中看不到一点气泡,压缩机停转后也无气泡,就表明制冷剂过多,此时在空调系统低压侧的维修口处慢慢地放出一些制冷剂即可。放出部分制冷剂后使发动机运转,打开空调后从储液罐观察窗中看到制冷剂无气泡,并且出风口空气是冷的,再用岐管压力表测量高低端压力值,若均符合要求,则故障排除。

2. 制冷剂过少造成制冷不足

(1) 原因:造成制冷剂不足的原因大多是系统中的制冷剂微量泄漏。

(2) 检修方法:制冷剂不足也可以从干燥罐上方的视液镜中观察。空调正常运转时,若通过视液镜观察到有连续不断的缓慢的气泡产生,则表明制冷剂不足。若出现明显的气泡翻转的情况,则表示制冷剂严重不足。检查空调正常工作时的高、低压端压力,应该均偏低。

此时在气态下注入制冷剂 R134a 直至高压表上压力指到 1.6 MPa,然后进行气体泄漏检测。在发动机运转过程中,从视液镜观察到制冷剂无气泡,而且出风口空气是冷的,则表明制冷剂量适当,故障已排除。

3. 制冷剂、冷冻机油内含杂质过多、微堵而引起制冷不足

(1) 原因:倘若在整个空调系统中,制冷剂和冷冻机油内脏物过多,必然使过滤器的滤网出现堵塞,导致制冷剂通过能力下降,阻力加大,流向膨胀阀的制冷剂也会相对减少,最终导致制冷不足。

(2) 检修方法:可通过触摸管路的温度进行判断,除了膨胀节流装置两端和空调压缩机两端有明显的温差外,其他的管路或元件两端都不应该有明显的温差。如果管路和除膨胀节流装置和空调压缩机之外的元件两端有明显温差,则可能是出现堵塞情形。拆解清洗管路,甚至更换新的干燥瓶,重新充注制冷剂后即可排除故障。

4. 空调制冷系统中有水分渗入造成制冷不足

(1) 原因:制冷系统中有一个部件是干燥罐(瓶),其主要任务就是吸收制冷剂中的水分,以防制冷剂中水分过多导致膨胀节流装置出现冰堵,造成制冷下降。但当干燥罐内干燥剂处于吸湿饱和状态时,水分就不能再被滤出。当制冷剂通过膨胀阀节流孔时,由于其压力和温度的下降,温度低于水的凝点,冷却剂中的水便会在小孔中产生结冻现象,导致制冷剂流通不顺畅或完全不能流动。

(2) 检修方法:停机一会,待冰融化后,制冷系统又会出现正常的状态,这是确认系统中有无水分的重要方法。为了更好地检测系统中水分含量,有些汽车上使用的干燥剂不含水时的颜色为蓝色,一旦水分过多干燥剂便成红色,这可以从该车干燥罐上的检视液孔上看到。凡是属于制冷剂含水过多的故障,都应更换干燥剂或更换干燥罐。与此同时,重新对系统抽真空,并注入新的适量的制冷剂,之后启动发动机试车,空调运转正常,制冷效果良好,即可排除故障。

5. 空调系统中有空气导致制冷不足

(1) 原因:空调系统中一旦有空气进入,将会造成压缩机负荷加重(空气不可压缩),形成的气阻使制冷剂循环受阻,造成制冷管压力过高,引起制冷不足。此类故障主要是由于制冷系统密封性变差,或者在维修过程中抽真空不彻底而造成的。

(2) 检修方法:制冷剂内空气过多,可以从干燥罐上方检视孔内观察到。空调正常运转时,若检视孔内有连续不断的快速气泡流动,则为系统内空气过多,这时就需要对制冷系统抽真空,再重新加注新的制冷剂,即可排除故障。

6. 其他因素导致空调制冷能力下降

(1) 压缩机驱动带过松导致空调系统制冷能力下降。

空调压缩机驱动带松弛,压缩机工作时会打滑,引起传动效率下降,使压缩机转速下降,输送的制冷剂下降,从而直接使空调系统制冷能力下降。驱动带的检查方法是:在发动机停转时,在驱动带中间位置用手拨动皮带,能转动90°为佳。若转动角度过多,则说明驱动带松弛,应拉紧;若用手翻转不动,则说明驱动带过紧,应稍微再松一点。当然,若紧固无效或驱动带已有裂纹老化等损伤,应更换一条新的驱动带。

(2) 冷凝器散热能力下降导致空调制冷能力下降。

由于汽车工作环境不同,装在汽车发动机前方的冷凝器表面会有油污、泥土或杂物覆盖,从而使其散热能力下降。另外,冷却风扇的故障,诸如驱动带过松,风扇转速下降或风扇无高速等问题,都会导致冷凝器散热能力下降。解决方法:用软毛刷刷除冷凝器表面的脏物,电扇故障也应及时排除。

四、考核要求

（1）按故障原因中任一项进行考核。
（2）正确选择和使用仪器、仪表及工具、量具。
（3）操作步骤规范，排除故障思路清晰。
（4）操作中不许损坏精密零件。
（5）能在规定时间内排除故障。

五、考核评分表

项目 7　空调系统制冷不足故障诊断与排除

序号	考核内容	考核要点	配分	评分标准	检测结果	扣分	得分
1	仪器的使用	正确使用仪器	5	仪器使用不当，扣 5 分			
2	故障现象	送风口冷气不足	5	未检查冷气排出，扣 5 分			
3	故障诊断	① 启动发动机，打开空调开关 ② 对空调系统有关零部件检查 ③ 通过检测确定故障大致范围 ④ 确定故障点	40	① 未启动发动机，扣 5 分 ② 未打开空调开关，扣 5 分 ③ 未对空调系统进行检查或检查不到位，扣 10 分 ④ 故障范围确定错误，扣 10 分 ⑤ 故障点判断不正确，扣 20 分			
4	故障排除的思路及方法	① 排除故障思路是否正确 ② 排除故障的方法是否规范	20	① 排除故障思路不正确，扣 10 分 ② 排除故障的方法不规范，扣 10 分			
5	故障排除的结果	① 故障是否排除 ② 有无验证系统正常	20	① 故障不能排除，扣 20 分 ② 未验证系统正常，扣 3 分			
6	整理工具、仪器	清洁、整理工具和仪器	5	未清洁、整理工具和仪器，扣 5 分			
7	其他	线路、零部件、仪器不能损坏	5	损坏线路、零部件、仪器，考核不及格			
合　计			100				

评分人：　　　　　年　月　日　　　　核分人：　　　　　年　月　日

项目八　用解码仪对发动机主要传感器进行数据流分析

一、实训目的

能正确分析各传感器数据流。

二、设备、器材、工具

解码仪、整车一辆。

三、实训内容

发动机控制系统最常见的数据流见表 10-8-1。

表 10-8-1　发动机控制系统最常见的数据流

数据流项目	单位	数据流项目	单位
空气流量传感器	g/s	长期燃油喷射修正值	$-25\%\sim+25\%$
进气压力传感器	kPa	短期燃油喷射修正值	$-25\%\sim+25\%$
节气门开度	%	氧传感器	$0.1\sim0.9$ V
发动机转速	r/min	混合比传感器	$0\sim5$ V
喷油脉宽	ms	车速	km/h
冷却液温度	℃	离合器开关状态	on 或 off
进气温度	℃	EGR 状态	%

1. 空气流量传感器的数据分析

桑塔纳 2000GSI 空气流量传感器偏离特性时的数据流分析见表 10-8-2。

表 10-8-2　空气流量传感器偏离特性时的数据流分析

检测项目	正常数据	实测值	检测项目	正常数据	实测值
空气流量传感器数值/(g·s^{-1})	$2.8\sim3.8$	4.8	λ 传感器/V	$0.1\sim0.9$	0.8
节气门开度/(°)	$3\sim5$	6	混合比 λ 控制/%	$-10\sim+10$	-25
实际喷油脉宽/ms	$1.65\sim2.1$	2.6			

对照原厂的技术要求,空气流量传感器的值在 $2.8\sim3.8$ g/s 变化(经验值在 3 g/s 左右为最佳),节气门的开度 $3°\sim5°$,喷油脉宽 $1.65\sim2.1$ ms,氧传感器在 $0.1\sim0.9$ V 连续变化,混合比 λ 值在 $-10\%\sim10\%$ 持续变化。如果数据流在上述范围内变化时,基本可以认定系统工作正常。实测值的数据显示,空气流量传感器的值为 4.8 g/s,已经超出了正常的范围。对于正常的发动机,实际的进气量不超过 3 g/s,这样多余的 1.8 g/s 的进气量就会被发动机控制单元计入进气量计算。喷油量的实测值为 2.6 ms,也大于正常值,喷入气缸的燃油多于进入的空气量,这样就导致发动机混合气过浓,由于混合气燃烧不完全,废气中 O_2 原子含量减少,λ 传感器显示的数值就较高。发动机控制单元根据 λ 传感器的反馈信号,进行混合比 λ 控制,也就是说,发动机控制单元要逐步地减少喷油量,使混合气恢复正常范围的目标。由于进气信号偏离正常范围数值过大,发动机控制单元的调整范围只有 $\pm25\%$,这样就出现了混合比 λ 控制值达到控制下限,即达到 -25% 的值。

2. 氧传感器数据分析

氧传感器在理论空燃比 14.7:1 的狭窄范围内发生电压突变,正常工作的氧传感器的电压在 $0.1\sim0.9$ V 变化。氧传感器电压始终低于 0.45 V 时,系统混合气偏稀,氧传感器电压始终高于 0.45 V 时,系统混合气偏浓。

(1) 混合气浓度正常时的氧传感器数据分析。

混合气浓度在正常范围内时,在气缸内的 HC 与 O_2 燃烧比较充分,排气中的氧(O_2)含量在 $1\%\sim2\%$ 范围内,CO_2 为 $13.8\%\sim14.8\%$,λ 值为 $0.97\sim1.04$。正常工作的氧传感器的电压在 $0.1\sim0.9$ V 变化,且 10 s 内应变化 8 次以上。经三元催化器转换后,O_2 原子浓度极小,后氧传感器的电压大于 0.7 V。

(2) 混合气浓对氧传感器数据的影响。

当混合气偏浓时,由于燃烧所用的氧气量不足,排气中含有大量的 HC 及 CO,O_2 含量小于 1%,λ 值小于 1,此时氧传感器的输出电压大于 0.45 V,ECU 依此判断出现混合气过浓的故障,从而会作出减少燃油喷射量的指令,而混合比 λ 控制值或短期燃油修正系数将为负数。

(3) 混合气稀对氧传感器数据的影响。

当混合气偏稀时,排气中含有的 CO 及 CO_2 含量较低,HC 及 O_2 含量高。O_2 含量大于 2%,λ 值大于 1,此时氧传感器的输出电压小于 0.45 V。ECU 依此判断出现混合气稀的故障,从而会作出增加燃油喷射量的指令。混合比 λ 控制值或短期燃油修正系数为正值。

3. 节气门位置传感器开度数据分析

节气门位置传感器开度数据分析见表 10-8-3。

表 10-8-3　节气门位置传感器开度数据分析表

	发动机转速 /(r·min⁻¹)	节气门开度/%	喷油量/ms	长期燃油喷射修正值/%	短期燃油喷射修正值/%
节气门清洗前	650	18	3.1	−24	−10～+10
节气门清洗后	750	14	2.4	2	−10～+10

从第一组数据可以看到,发动机转速只有 650 r/min,其值偏低,而节气门的开度却达到了 18%,燃油喷射量为 3.1 ms,此时长期燃油喷射值达到了 −24%。这说明系统长期处于偏浓的状态,造成喷油量大的原因则是节气门体过脏。第二组数据是清洗完节气门并拆下电瓶负极线后得到的。此时,发动机转速是 750 r/min,节气门的开度恢复到了 14%,喷油量是 2.4 ms,长期燃油修正值为 2,从数据上看,发动机转速恢复到正常转速,而且喷油量下降了。而在清洗完节气门后,在未对电脑进行重新学习之前,节气门开度仍旧是 18% 时,发动机转速达到了 1 800 r/min。

这些数据说明,对于采用电子节气门的发动机,当节气门由于积炭导致发动机进气量减少时,电脑会使节气门阀打开较大的开度,以补偿进气量的不足。这样虽然使发动机勉强可以维持怠速转速运转,但是过大的节气门开度信号破坏了发动机控制单元的控制平衡。在进气量没有增加的前提下,电脑根据节气门开度信号加大了燃油喷射量,这使得整个系统偏浓,因而发动机控制单元依据氧传感器信号始终在减少喷油喷射量,以求达到反馈平衡,表现在长期燃油修正值时,就是始终为负值。由于电脑一直处于减少喷油的过程,随之而来的另一问题是,当发动机加速时加速加浓量不足,瞬间混合气偏稀,使发动机出现加速迟缓的故障。

4. 发动机负荷数据分析

发动机负荷是一个数值参数,单位为 ms 或%,其数值范围为 1.3～4.0 ms(怠速时)或 15%～40%。

发动机负荷是由控制单元根据传感器参数计算出来并由进气压力或喷油量显示,一般观察怠速时的发动机负荷来判断车辆是否存在故障。

发动机负荷的喷射时间、基本喷油量仅与发动机曲轴转速和负荷有关,不包括喷油修正量。正常数值如下:

(1) 怠速时,即负荷为 0 时的正常显示范围为 100～250 ms。

(2) 海拔每升高 1 000 m,发动机负荷(输出功率)降低约 10%。

（3）当外界温度很高时，发动机输出功率也会降低，最大降低幅度可达10%。

（4）当发动机达到最大负荷时（汽车行驶中），在4 000 r/min时，显示值应达到7.5 ms；在6 000 r/min时，显示值应达到6.5 ms。

发动机负荷异常的主要原因为：① 进气系统漏气；② 真空管堵塞；③ 配气正时错误；④ 有额外负荷。

5. 冷却液温度数据分析

发动机水温是一个数值参数，其单位可以通过检测仪选择为℃或℉。在单位为℃时，其变化范围为−40～199 ℃。该参数表示微机根据水温传感器送来的信号计算后得出的水温数值。该参数的数值应能在发动机冷车启动至热车的过程中逐渐升高，在发动机完全热车后怠速运转时的水温应为85～105 ℃。当水温传感器或线路断路时，该参数显示为−40 ℃。若显示的数值超过185 ℃，则说明水温传感器或线路短路。

在有些车型中，发动机水温参数的单位为V，表示这一参数的数值直接来自水温传感器的信号电压。该电压和水温之间的比例关系依控制电路的方式不同而不同，通常成反比例关系，即水温低时电压高，水温高时电压低，但也可能成正比例关系。在水温传感器正常工作时，该参数值的范围为0～5 V。

如果发动机工作时，冷却系统的节温器已完全打开，而冷却液温度不是逐渐上升，而是下降好几摄氏度，这就表明冷却液温度传感器已损坏。冷却液温度传感器损坏引发的故障现象为：① 发动机冒黑烟；② 车辆不易起动；③ 加速不良；④ 怠速不稳，有时熄火。

四、考核要求

（1）正确使用解码仪。

（2）发动机达到正常工作温度。

（3）能正确分析数据流。

（4）在规定时间内完成考核项目。

五、考核评分表

项目8　用解码仪对发动机主要传感器进行数据流分析

序号	考核内容	考核要点	配分	评分标准	检测结果	扣分	得分
1	仪器的使用	正确使用仪器	10	仪器使用不当，扣5分			
2	准备工作	启动发动机，运转至正常工作温度	5	发动机未运转至正常工作温度，扣5分			
3	读取数据	① 正确读取数据流 ② 发动机在低、中、高速运转	35	① 数据流读取不正确，扣20分 ② 数据流读取有误差，扣5分 ③ 发动机未在不同转速下运转，扣3分			
4	分析数据	正确分析数据流	40	① 不进行数据流分析，扣20分 ② 数据流分析不当，扣10分 ③ 数据分析时未说明故障原因，扣5分			
5	整理工具、仪器	清洁、整理工具和仪器	5	未清洁、整理工具和仪器，扣5分			
6	其他	仪器不能损坏	5	损坏仪器，考核不及格			
	合　计		100				

评分人：　　年　月　日　　　　　核分人：　　　　　年　月　日

项目九　利用尾气分析发动机故障

一、实训目的

能分析发动机排放尾气与发动机故障之间关系。

二、设备、器材、工具

尾气分析仪、整车。

三、实训内容

汽车尾气成分与发动机的工况有着密切联系,通过检测发动机不同工况下尾气中不同气体成分的含量,可判断发动机故障所在的部位。在多种排放成分中,HC 是未燃燃料、可燃混合气不完全燃烧或裂解的碳氢化合物及少量的氧化反应的中间产物。CO 主要来自在空气不足的情况下可燃混合气的不完全燃烧,是汽油机尾气中有害成分浓度最大的物质。CO_2 是可燃混合气燃烧的产物,它能够反映出燃烧的效率。

1. 尾气成分异常的原因分析

HC 的读数越高,说明燃油越没有充分燃烧。气缸压力不足、发动机温度过低、油箱中油气蒸发、混合气由燃烧室向曲轴箱泄漏、混合气过浓或过稀、点火正时不准确、点火间歇性不跳火、温度传感器不良、喷油嘴漏油或堵塞、油压过高或过低等,这些因素都将导致 HC 读数过高。

CO 的读数是零或接近零,则说明混合气充分燃烧。CO 的含量过高,表明燃油供给过多,空气供给过少,燃油供给系统和空气供给系统有故障,如喷油嘴漏油、燃油压力过高、空气滤清器不洁净。CO 含量过高还将导致其他问题,如活塞环胶结阻塞、曲轴箱强制通风系统受阻、点火提前角过大或水温传感器有故障等。CO 的含量过低,则表明混合气过稀,故障原因包括燃油油压过低、喷油嘴堵塞、真空泄漏、EGR 阀泄漏等。

CO_2 是可燃混合气燃烧的产物,其含量高低反映出混合气燃烧的好坏,即燃烧效率。可燃混合气燃烧越完全,CO_2 的读数就越高,混合气充分燃烧时尾气中 CO_2 的含量达到峰值($13\%\sim16\%$)。

当发动机混合气出现过浓或过稀时,CO_2 的含量都将降低。当排气管尾部的 CO_2 低于 12% 时,应根据其他排放物的浓度来确定发动机混合气的浓或稀。燃油滤芯太脏、燃油油压低、喷油嘴堵塞、真空泄漏、EGR 阀泄漏等将造成混合气过稀。而空气滤清器阻塞、燃油压力过高,都可能导致混合气过浓。

O_2 的含量是反映混合气空燃比的最好指标,是最有用的诊断数据之一。可燃混合气燃烧越完全,CO_2 的读数就越高;与此相反,燃烧正常时,只有少量未燃烧的 O_2 通过气缸,尾气中 O_2 的含量应为 $1\%\sim2\%$。O_2 的读数小于 1%,说明混合气过浓;O_2 的读数大于 2%,表示混合气太稀。导致混合气过稀的原因有很多,如燃油滤芯太脏、燃油油压低、喷油嘴堵塞、真空泄漏、EGR 阀泄漏等,而空气滤清器阻塞、燃油压力过高等都可能导致混合气过浓。

当 CO 与 HC 浓度高,CO_2 与 O_2 浓度低时,表明发动机混合气很浓。HC 和 O_2 的读数高,则表明点火系统工作不良、混合气过稀,从而引起失火。

2. 电控发动机排放污染物量与发动机故障的关系

电控发动机排放污染物量与发动机故障的关系见表 10-9-1。

表 10-9-1　电控发动机排放污染物量与发动机故障的关系

CO	HC	CO_2	O_2	故障原因
低	很高	低	低	点火系统故障、气缸压力低
很高	很高/高	低	低	混合气浓
很低	很高	低	很高/高	混合气稀
高	低	正常	正常	点火太迟
低	高	正常	正常	点火太早
变化	变化	低	正常	EGR 阀漏气
低	低	低	高	排气管漏气

四、考核要求

(1) 正确使用尾气分析仪。

(2) 正确分析发动机故障。

(3) 在规定时间内完成考核项目。

五、考核评分表

项目 9　利用尾气分析发动机故障

序号	考核内容	考核要点	配分	评分标准	检测结果	扣分	得分
1	仪器的使用	正确使用尾气分析仪	10	尾气分析仪使用不当,扣 10 分			
2	准备工作	启动发动机,运转至正常工作温度	10	发动机未运转至正常工作温度,扣 5 分			
3	读取尾气数据	① 正确读取尾气数据 ② 能读出 NO_x 的数值 ③ 能说出各种尾气的来源	30	① 尾气数据读取不正确,扣 20 分 ② 读取不到 NO_x 数值,扣 10 分 ③ 有一种尾气来源说不出,扣 5 分			
4	分析数据	正确分析尾气数据与发动机故障	40	有一项尾气分析不当,扣 10 分			
5	整理工具、仪器	清洁、整理仪器	5	未清洁、整理仪器,扣 5 分			
6	其他	仪器不能损坏	5	损坏仪器,考核不及格			
	合　计		100				

评分人:　　年　月　日　　　　核分人:　　　　　　年　月　日

项目十　发动机主要传感器的检测

一、实训目的

能使用万用表正确测量各传感器电阻值和电压值。

二、设备、器材、工具

万用表、塞尺、电吹风、温度计、喷油器清洗机、整车。

三、实训内容

1. 空气流量计的检测

以桑塔纳 3000 轿车使用的热膜式空气流量计为例说明。

（1）电阻测试。

① 线束导通性测试：将数字万用表设置在电阻 200 Ω 挡，分别测试空气流量计插接器上 3,4,5 号针脚对应至电控单元 12,11,13 号针脚之间的电阻，如图 10-10-1 所示。所有电阻都应低于 1 Ω。

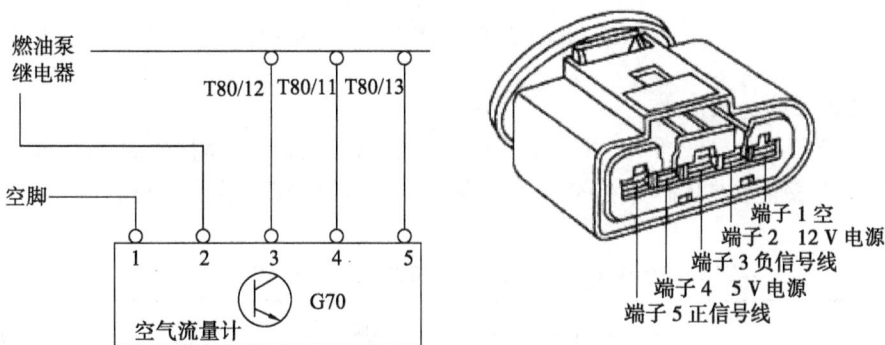

图 10-10-1　热膜式空气流量计电路图及插头

② 线束短路性测试：将数字万用表设置在电阻 200 kΩ 挡，测量空气流量计插接器上针脚 2 与电控单元针脚 11,12,13 之间电阻应为 ∞。

（2）电压测试。

① 电源电压测试：打开点火开关，将数字万用表设置在直流电压 20 V 挡，红色表针置于空气流量计针脚 2，黑色表针置于电瓶负极或发动机进气歧管壳体，启动发动机应显示 12 V；打开点火开关，红色表针置于空气流量计针脚 4，黑色表针置于电瓶负极或发动机进气歧管壳体，应显示 5 V。

② 信号电压测试：分单件测试和就车测试两部分。

单件测试：取一空气流量计总成部件，将 12 V/5 V 变压器 12 V 电压或电瓶电压施加在空气流量计电器插座针脚 2 上，将 5 V 电压施加在空气流量计电器插座针脚 4 上，将数字万用表设置在直流电压 20 V 挡，测量空气流量计电器插座针脚 3 和针脚 5，应有 1.5 V 左右电压；使用吹风机从空气流量计隔栅一端向空气流量计吹入冷空气或加热的空气，测量空气流量计电器插座针脚 3 和针脚 5,电压应瞬时上升至 2.8 V 回落。若不能满足上述条件,可以判定空气流量计有故障。

就车测试:启动发动机至工作温度,将数字万用表设置在直流电压 20 V 挡,测量空气流量计针脚 5 的反馈信号,红色表针置于空气流量计针脚 5,黑色表针置于空气流量计针脚 3、电瓶负极或进气歧管壳体,急速时应显示电压 1.5 V 左右;急踩加速踏板应显示 2.8 V 变化。若不符合上述变化或电压反而下降,在电源电压与参考电压完好的前提下,可以断定空气流量计损坏,必须对其进行更换。

2. 节气门位置传感器

以皇冠 3.0 轿车 2JZ-GE 型发动机用综合式节气门位置传感器为例说明,其电路如图 10-10-2 所示。

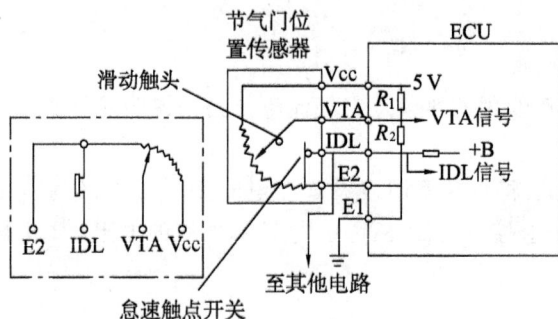

图 10-10-2　节气门位置传感器连接电路

(1) 传感器的电阻检测。

拔下此传感器的导线插头,用塞尺测量节气门限位螺钉与止动杆间的间隙(用手拨动节气门),用欧姆表测量此传感器导线插孔上端子间的电阻,其电阻值应符合表 10-10-1 所示的规定。

表 10-10-1　节气门位置传感器上各端子间电阻值

限位螺钉与止动杆间隙 /mm	端子名称	电阻值 /kΩ	限位螺钉与止动杆间隙 /mm	端子名称	电阻值 /kΩ
0	VTA-E2	0.34 ～ 6.3	节气门全开	VTA-E2	2.4 ～ 11.2
0.45	IDL-E2	0.5 或更小		VC-E2	3.1 ～ 7.2
0.55	IDL-E2	∞			

随着节气门开度的增大,VTA-E2 端子间电阻值成正比增加,而且不应出现中断现象。

(2) 传感器的电压检测。

当点火开关置于"ON"位置时,用电压表测量 VC-E2,IDL-E2,VTA-E2 端子间的电压值应符合表 10-10-2 所示电压值;如不符,则应更换节气门位置传感器。

表 10-10-2　节气门位置传感器各端子电压

端子	条件	标准电压/V	端子	条件	标准电压/V
IDL-E2	节气门开	9 ～ 14	VTA-E2	节气门全闭	0.3 ～ 0.8
VC-E2		4.0 ～ 5.5		节气门全闭	3.2 ～ 4.9

3. 进气温度传感器

在汽车上常采用负温度系数热敏电阻的进气温度传感器，进气温度传感器与 ECU 的连接电路如图 10-10-3 所示。进气温度传感器内的热敏电阻随着进气温度变化时，ECU 通过 THA 端子测得的分压值随之变化，ECU 根据分压值来判断进气温度。

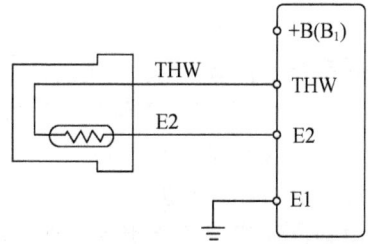

进气温度传感器

图 10-10-3　进气温度传感器电路图

(1) 进气温度传感器的电阻检测。

单件检查时，点火开关置于"OFF"，拔下进气温度传感器导线连接器，并将传感器拆下，用电热吹风器、红外线灯或热水加热进气温度传感器；用万用表电阻挡测量在不同温度下两端子间的电阻值，将测得的电阻值与标准数值进行比较，如果与标准值不符，则应更换。

(2) 进气温度传感器的输出信号电压值检测。

当点火开关置于"ON"位置时，ECU 的 THA 端子与 E2 端子间或进气温度传感器连接器 THA 和 E2 端子间的电压值在 20 ℃时应为 0.5～ 3.4 V。

4. 冷却液温度传感器

冷却液温度传感器内的热敏电阻随着冷却液温度变化时，ECU 通过 THW 端子测得的分压值随之变化，ECU 根据分压值来判断冷却液温度。冷却液温度传感器与 ECU 的连接电路如图 10-10-4 所示。

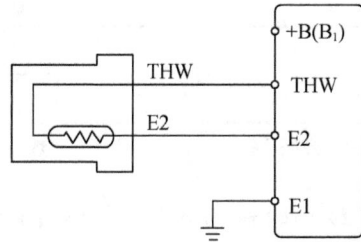

冷却液温度传感器

图 10-10-4　冷却液温度传感器电路图

(1) 冷却液温度传感器的电阻检测。

就车检查：点火开关置于"OFF"位置，拆卸冷却液温度传感器导线连接器，用数字式高阻抗万用表电阻挡，按图 10-10-4 所示测试传感器两端子（丰田皇冠 3.0 为 THW 和 E2）间的电阻值。其电阻值与温度的高低成反比，在热机时应小于 1 kΩ。

单件检查：拔下冷却液温度传感器导线连接器，然后从发动机上拆下传感器；将该传感器置于烧杯内的水中，加热杯中的水，同时用万用表电阻挡测量在不同水温条件下冷却液温度传感器两接线端子间的电阻值，如表 10-10-3 所示。将测得的值与标准值相比较，如果它不符合标准，则应更换冷却液温度传感器。

表 10-10-3　丰田皇冠 3.0 车冷却液温度电阻检测标准

温度/℃	电阻值/ kΩ	温度/℃	电阻值/ kΩ
0	6	60	0.6
20	2.2	80	0.25
40	1.1		

(2) 冷却液温度传感器输出信号电压的检测。

装好冷却液温度传感器，将此传感器的导线连接器插好，当点火开关置于"ON"位置时，从冷却液温度传感器导线连接器"THW"端子（丰田车）或从 ECU 连接器"THW"端子与 E2 间测试传感器输出电压信号。丰田车 THW 与 E2 端子间电压在 80 ℃时应为 0.25～1.0 V。所测得的电压值应随冷却液温度成反比变化。

5. 凸轮轴/曲轴位置传感器

以丰田公司电磁式凸轮轴/曲轴位置传感器为例，其电路图如图 10-10-5 所示。

(1) 凸轮轴/曲轴位置传感器的电阻检查。

点火开关置于"OFF"位置，拔开凸轮轴/曲轴位置传感器的导线连接器，用万用表的电阻挡测量凸轮轴/曲轴位置传感器上各端子间的电阻值，见表 10-10-4。如果阻值不在规定的范围内，必须更换凸轮轴/曲轴位置传感器。

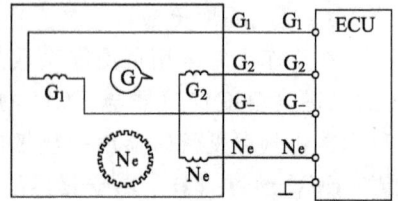

图 10-10-5　凸轮轴/曲轴位置
传感器电路图

表 10-10-4　凸轮轴/曲轴位置传感器的电阻值

端子	条件	电阻值/Ω
$G_1 - G_-$	冷态	$125 \sim 200$
	热态	$160 \sim 235$
$G_2 - G_-$	冷态	$125 \sim 200$
	热态	$160 \sim 235$
$N_e - G_-$	冷态	$155 \sim 250$
	热态	$190 \sim 290$

注："冷态"是指 $-10 \sim 50\ ℃$，"热态"是指 $50 \sim 100\ ℃$

(2) 凸轮轴/曲轴位置传感器输出信号的检查。

拔下凸轮轴/曲轴位置传感器的导线连接器，当发动机转动时，用万用表的电压挡检测凸轮轴/曲轴位置传感器上 $G_1 - G, G_2 - G, N_e - G$ 端子间是否有脉冲电压信号输出。若没有脉冲电压信号输出，则须更换凸轮轴/曲轴位置传感器。

(3) 感应线圈与正时转子的间隙检查。

用厚薄规测量正时转子与感应线圈凸出部分的空气间隙，其间隙应为 $0.2 \sim 0.4$ mm。若间隙不合要求，则须更换分电器壳体总成。

6. 爆震传感器

丰田皇冠 3.0 轿车 2JZ-GE 型发动机爆震传感器与 ECU 的连接如图 10-10-6 所示。

当爆震传感器发生故障时，发动机电控单元能及时检测到，此时它将设置 00527（1 号爆震传感器）或 00540（2 号爆震传感器）号故障码，并将各缸点火提前角推迟约 15°运行。利用进口或国产的故障诊断仪，通过连接诊断插座可以读取此故障的有关信息。

(1) 爆震传感器电阻的检测。

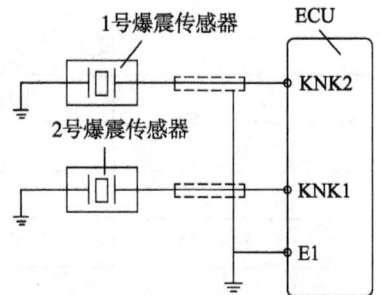

图 10-10-6　爆震传感器电路

点火开关置于"OFF"位置，拔下爆震传感器导线接头，用万用表电阻挡检测爆震传感器的接线端子与外壳间的电阻，应为 ∞（不导通）；若为 0 Ω（导通），则须更换爆震传感器。

（2）爆震传感器输出信号的检查。

拔下爆震传感器的连接插头，在发动机怠速时用万用表电压挡检查爆震传感器的接线端子与搭铁间的电压，应有脉冲电压输出。如没有，应更换爆燃传感器。

7．氧传感器

（1）热型氧传感器加热器的检查。

检测加热器线圈的电阻，如丰田 LS400 在 20 ℃时线圈阻值应为 5.1～6.3 Ω。

（2）氧传感器信号检查。

使发动机高速运转，直到氧传感器的工作温度达到 400 ℃以上再维持怠速运转。然后反复踩动加速踏板，并测量氧传感器输出信号电压，加速时应输出高电压信号（0.75～0.90 V），减速时应输出低电压信号（0.10～0.40 V）。若不符合上述要求，应更换氧传感器。

8．喷油器

（1）喷油器电阻检查。

拆开线束连接器，用万用表测量喷油器两端子之间的电阻。高阻值喷油器电阻为 13～16 Ω，低阻值喷油器电阻为 2～3 Ω，否则应更换。

（2）喷油器滴漏检查。

可在专用设备上进行喷油器滴漏检查。若在 1 min 内喷油器滴油超过 1 滴，应更换喷油器。

（3）喷油量检查。

可在专用设备上进行喷油量检查，喷油器通电后喷油，用量杯检查喷油器的喷油量。每个喷油器应重复检查 2～3 次，各缸的喷油量和均匀度应符合标准，否则应清洗或更换。

低阻喷油器必须串联一个 8～10 Ω 电阻后进行检查。一般喷油量为 50～70 mL/15 s，各缸喷油器的喷油量相差不超过 10%。

四、考核要求

（1）按传感器中任一项进行考核。
（2）正确选择和使用仪器、仪表及工具、量具。
（3）操作步骤规范，检测思路清晰。
（4）操作中不许损坏精密零件。
（5）能在规定时间内排除故障。

五、考核评分表

项目 10　发动机主要传感器的检测

序号	考核内容	考核要点	配分	评分标准	检测结果	扣分	得分
1	仪器的使用	正确使用仪器	10	仪器使用不当，扣 5 分			
2	准备工作	① 启动发动机，运转至正常工作温度 ② 看故障现象	10	① 发动机未运转至正常工作温度，扣 5 分 ② 未说出故障现象，扣 5 分			

序号	考核内容	考核要点	配分	评分标准	检测结果	扣分	得分
3	检测步骤	① 各传感器控制线路的检测 ② 传感器本身的检测 ③ 能看懂线路图	50	① 用万用表测量电压时,未打开点火开关,扣 5 分 ② 用万用表测量电阻时,未关闭点火开关,扣 5 分 ③ 拔或插传感器插头时未关闭点火开关,扣 5 分 ④ 检测方法不当,扣 10 分 ⑤ 检测步骤不正确,扣 10 分			
4	检测结果	① 确定故障点在传感器本身还是在传感器控制线路 ② 启动发动机,验证检测结果	20	① 未确定故障点,扣 20 分 ② 未验证检测结果,扣 5 分			
5	整理工具、仪器	清洁、整理仪器	5	未清洁、整理仪器,扣 5 分			
6	其他	仪器、传感器、控制线路不能损坏	5	损坏仪器、传感器、控制线路,考核不及格			
	合　计		100				

评分人：　　　　年　　月　　日　　　　　　核分人：　　　　　　　　　　年　　月　　日

项目十一　自动变速器油压测试与故障分析

一、实训目的

能正确测试自动变速器油压,并分析自动变速器油压不当所造成的故障。

二、设备、器材、工具

整车、油压测试表、常用工具。

三、实训内容

1. 变速器油压测试条件

(1) 待发动机及自动变速器运转至温度正常后,将汽车驱动轮支起来。

(2) 在要检测的油压螺孔内,安装好油压表,即可测量各部油压值。

2. 变速器油压测试方法与步骤

以现代汽车为例说明。

(1) 减速油压值的测试:将变速手柄分别置于空挡、发动机怠速运转;二挡发动机怠速运转;四挡发动机约在 2 500 r/min 下运转;三挡发动机约在 2 500 r/min 下运转;二挡发动机约在 1 000 r/min 下运转;一挡发动机约在 2 500 r/min 下运转;倒挡发动机约在 1 000 r/min 下运转,其压力值均应为 360～490 kPa。

(2) 强迫降挡制动油压测试:将变速手柄置于二挡,使发动机怠速运转,其油压值应为

100～200 kPa;将 OD 开关接通,手柄挂入四挡,发动机约在 2 500 r/min 下运转;将 OD 开关关闭,手柄挂入三挡,发动机约在 2 500 r/min 运转;将手柄挂入二挡,发动机约在 1 000 r/min下运转,其油压值均应为830～900 kPa。

（3）前端离合器油压测试:将 OD 开关关闭,变速手柄挂入三挡,发动机约在 2 500 r/min 下运转,其油压值应为 830～900 kPa;将变速手柄置入倒挡,发动机均在 2 500 r/min下运转,其油压值应为 1 640～2 240 kPa,发动机约在 1 000 r/min 下运转时,其值应为 1 500 kPa。

（4）终端离合器油压测试:将变速器 OD 开关接通,手柄推入四挡,发动机转速约在 2 500 r/min 下运转,其油压值应为 830～900 kPa;将 OD 开关关闭,手柄置于三挡,发动机约在 2 500 r/min 下运转时,其油压值应为 830～900 kPa。

（5）倒挡制动油压测试:将变速器手柄挂入一挡,发动机约在 2 500 r/min 下运转,其油压值应为 300～420 kPa;将变速手柄挂入倒挡,发动机约在 2 500 r/min 下运转,其油压值应为 1 640～2 240 kPa;将手柄挂入倒挡,发动机约在 1 000 r/min 下运转,其油压值应为 1 500 kPa。

（6）扭力转换器油压测试:将变速器 OD 开关接通,手柄推入四挡,发动机约在 2 500 r/min下运转;将变速器 OD 开关关闭,变速手柄推入三挡,发动机在 2 500 r/min 下运转;将手柄推入二挡,发动机约在 1 000 r/min 下运转;将手柄推入倒挡,发动机约在 2 500 r/min下运转,其油压值均应为 350～450 kPa。

3. 现代轿车自动变速器油压测试故障分析

现代轿车油压不良,其原因见表 10-11-1。

表 10-11-1 现代轿车油压不良故障的原因

油压状态	故障原因
减速油压不良	相关油路堵塞,滤清器堵塞,油压调整不当,减压阀卡住,阀体固定部分松动
强迫降挡制动油压不良	强迫降挡活塞、油封、环片不良,阀门体松动,阀体总成不良,应对症检查排除
前端离合器油压不良	强迫降挡活塞或油封,环片不良,阀门体松动或总成不良,前端离合器活塞或扣环磨损,油封漏油等
终端离合器油压不良	终端离合器油封或环片漏油,阀门体松动,阀门体总成不良
倒挡制动油压不良	阀门体与传动轴间磨损或漏油,阀门体不良,倒挡制动活塞环片不良
扭力转换器油压不良	缓冲离合器电磁阀不良,变速器冷却器或油路泄漏,转入轴油封漏油,扭力转换器不良
离合器、倒挡制动器油压不良	降挡制动等油压均不良,检查滤清器是否堵塞,调压阀油压调整是否不良,调压阀是否卡住,阀门体是否松动,油泵是否不良

四、考核要求

（1）正确安装油压表。

（2）选择任一项目进行测试。

（3）正确分析变速器油压与故障之间的关系。

（4）在规定时间内完成考核项目。

五、考核评分表

项目 11　自动变速器油压测试与故障分析

序号	考核内容	考核要点	配分	评分标准	检测结果	扣分	得分
1	仪器的使用	正确使用油压测试表	10	油压测试表使用不当,扣5分			
2	准备工作	① 启动发动机及自动变速器,运转至正常工作温度 ② 支起驱动车轮	10	① 发动机及自动变速器未运转至正常工作温度,扣5分 ② 未支起驱动车轮,扣5分			
3	油压测试	① 测试减速油压值、强迫降挡制动油压、前端离合器油压、终端离合器油压、倒挡制动油压、扭力转换器油压 ② 置入变速器每个挡位 ③ 记录测量的油压值 ④ 发动机转速适当	40	① 少一个测试项目,扣10分 ② 未置入每个挡位测试,扣5分 ③ 发动机转速不当,扣5分			
4	故障分析	正确分析油压值与自动变速器故障	30	故障分析不当,扣10分			
5	整理工具、仪器	清洁、整理仪器	5	未清洁、整理仪器,扣5分			
6	其他	自动变速器油不能溢到车上或其他地方	5	有自动变速器油不能溢出,扣5分			
	合　　计		100				

评分人：　　年　月　日　　　　核分人：　　　　　　年　月　日

项目十二　自动变速器换挡执行机构检修

一、实训目的

能检修换挡执行机构各零部件。

二、设备、器材、工具

自动变速器、塞尺、打气泵、自动变速器油、磁性百分表、常用工具。

三、实训内容

1. 离合器摩擦片的检修

摩擦片上的沟槽用于存放自动变速器油,沟槽磨平后,自动变速器油就无法进入摩擦片与钢片之间。失去了自动变速器油的保护之后,磨损速度就会急剧加快,沟槽磨平后必须更换。摩擦衬片上有数字记号,记号磨掉后也必须更换。摩擦片出现翘曲变形、摩擦片表面发黑（烧蚀）及摩擦片表面出现剥落、有裂纹、内花键被拉毛（拉毛容易造成卡滞）、内花键齿掉齿等现象的都必须更换。

2. 压盘和从动片的检查

（1）压盘和从动片上的齿要完好，不能拉毛，拉毛易造成卡滞。

（2）压盘和从动片表面如有蓝色过热的斑迹，则应放在平台上用高度尺测量其高度，将两片叠在一起，检查其是否变形。出现变形或表面有裂纹的必须更换。

3. 活塞工作行程的检查

离合器活塞的工作行程也是离合器的工作间隙。离合器工作间隙的大小和作用在离合器上的工作压力有关。通常超速挡离合器和前进挡离合器的工作间隙为 0.8～1.8 mm（具体间隙因车型而异）。高挡、倒挡离合器工作间隙通常为 1.6～1.8 mm。前者使用极限为 2.0 mm，后者使用极限为 2.2 mm。检测工作行程时，需使用空气压缩机、压缩空气枪、百分表和磁力表架。压缩空气保持在 4 kg/cm 的压力，把压缩空气枪对准进油孔并固定好离合器，把百分表抵住外侧压盘。开动压缩空气枪，从百分表摆差看出活塞的工作行程。

4. 单向离合器的检修

单向离合器若在锁止方向上可以转动，即引起自动变速器打滑、无前进挡、无超速挡、异响等故障。

（1）检查单向离合器的锁止方向。它应在一个方向有效锁止，在反方向可自由转动。若在锁止方向打滑或在自由转动方向卡滞，应更换单向离合器。

（2）目测检查有无高温变质、受伤变形、拉伤等情况。

（3）单向离合器沿运动方向旋转时，其转矩必须小于 2.5 N·m，如大于该值就应更换。金属材料的滚柱式单向离合器不仅装配时严禁击打，装配前也应认真检查其上、下平面，如发现有凹坑，必须更换。

5. 制动带的检修

外观上如有缺陷、碎屑，摩擦表面出现不均匀磨损，摩擦材料剥落，摩擦材料上印刷数字涂消，或者有掉色、烧蚀痕迹（外观颜色发黑），只要有上述问题中的任何一项，就必须更换制动带。

6. 行星齿轮的检修

（1）行星齿轮和轴有无烧蚀现象。

行星齿轮和轴出现烧蚀（变黑），说明在工作时严重超载，行星轮架或行星轮轴可能会发生变形。修理时要么更换行星齿轮机构总成（齿轮应成对更换），要么就更换行星轮架和行星轴。若行星轮轴部有旋具刀口时，需用旋具将轴拆下，安装时要用凡士林将轴与套件间的滚针轴承粘好。

（2）行星齿轮变速机构的工作间隙检查。

对行星齿轮式自动变速器，需检查行星轮与行星架间隙、齿轮衬套直径。熟悉 A340E 自动变速器变速齿轮机构的检查方法。行星轮与行星架标准间隙为 0.20～0.60 mm，极限值为 1 mm；齿圈衬套直径最大为 24.08 mm。

各种自动变速器标准数值不一样，可用手转动行星齿轮感觉其与行星架的松紧程度。

四、考核要求

（1）正确拆装自动变速器换挡执行机构。

（2）检查方法正确。

（3）技术标准清楚。

（4）在规定时间内完成考核项目。

五、考核评分表

项目 12　自动变速器换挡执行机构检修

序号	考核内容	考核要点	配分	评分标准	检测结果	扣分	得分
1	工具、量具、仪器的使用	正确使用工具、量具、仪器	10	工具、量具、仪器有一项使用不当，扣 3 分			
2	拆卸	① 拆卸步骤正确 ② 拆卸方法正确	20	① 拆卸步骤不当，扣 5 分 ② 拆卸方法不当，扣 5 分			
3	检修	① 检修离合器摩擦片、压盘和从动片、活塞工作行程、单向离合器、制动带、行星齿轮 ② 技术标准正确	40	① 少检修一项，扣 10 分 ② 技术标准不清，扣 3 分			
4	装配	① 装配步骤正确 ② 装配方法正确	20	① 装配步骤不当，扣 5 分 ② 装配方法不当，扣 5 分 ③ 没有装配好，扣 15 分			
5	整理工具、仪器	清洁、整理工具、量具仪器	5	未清洁、整理工具、量具、仪器，扣 5 分			
6	其他	① 拆卸后清洗零部件 ② 装配中给零部件涂油	5	① 拆卸后未清洗零部件，扣 3 分 ② 装配中未给零部件涂油，扣 3 分			
	合　　计		100				

评分人：　　年　月　日　　　　核分人：　　　　　　　　年　月　日

项目十三　前照灯检测与调整

一、实训目的

能正确检测前照灯光束照射位置和发光强度，正确进行前照灯光束照射位置的调整。

二、设备、器材、工具

整车、前照灯检测仪、常用工具。

三、实训内容

1. 技术标准和要求

（1）近光光束照射位置。

其水平方向位置向左、向右偏均不得大于 100 mm。

（2）远光光束照射位置。

其左灯向左偏不得大于 100 mm,向右偏不得大于 170 mm;右灯向左或向右偏均不得大于 170 mm。

（3）前照灯发光强度。

对于新车,两灯制的发光强度为 15 000 cd;四灯制的发光强度为 12 000 cd。对于在用车,两灯制的发光强度为 12 000 cd;四灯制的发光强度为 10 000 cd。

2. 前照灯的检测

前照灯的检测方法有前照灯检测仪法、屏幕检测法。使用前照灯检测仪检测,因其型号不同,检测发光强度和光轴偏斜量的方法也不完全相同,在此仅仅列出通用的使用方法和步骤:

（1）将被检汽车尽可能地与前照灯检测仪的轨道保持垂直并驶近检测仪,直至前照灯与检测仪受光器之间达到规定的检测距离(3 m,1 m,0.5 m 或 0.3 m)。

（2）用车辆摆正找准器使检测仪与被检汽车对正。

（3）开亮前照灯,用前照灯照准器使检测仪与被检前照灯对正。

（4）检测光束照射位置和发光强度。

① 对于聚光式前照灯检测仪,将"光度·光轴"转换开关旋至光轴一侧,转动上下和左右光轴刻度盘,使上下偏斜指示计和左右偏斜指示计的指示为零。此时,上下光轴刻度盘和左右光轴刻度盘的指示值即为光轴偏斜量,将"光度·光轴"转换开关旋至光度一侧,光度计的指示值即为发光强度。

② 对于屏幕式前照灯检测仪,要使固定屏幕上左右光轴刻度尺的零点与活动屏幕上的基准指针对正。左右和上下移动受光器,使光度计的指示值达到最大。此时,根据受光器上的基准指针所指活动屏幕上的上下刻度值和活动屏幕上的基准指针所指固定屏幕上的左右刻度值,即可得出光轴偏斜量。根据此时光度计上的指示值,即可得出发光强度。

③ 对于投影式前照灯检测仪,要使光轴偏斜指示计的指示值为零,根据投影屏上前照灯影像中心所示的刻度值,即可读出光轴的偏斜量。如果这种检测仪设有光轴刻度盘,则要转动光轴刻度盘,使投影屏上的坐标原点与前照灯影像中心重合,读取此时光轴刻度盘上的指示值即为光轴偏斜量。根据此时光度计上的指示值,即可得出发光强度。

④ 对于自动追踪光轴式前照灯检测仪,只要按下控制盒上的测量开关,受光器立即自动追踪前照灯光轴,根据光轴偏斜指示计和光度计上的指示值,即可获得光轴偏斜量和发光强度。

⑤ 用同样的方法分别检测两只前照灯的近光、远光光束照射位置和发光强度。

⑥ 检测结束,前照灯检测仪沿轨道退回护栏内,汽车驶出。

3. 前照灯的调整

如前照灯光束照射位置不正确,应按厂家规定的方法予以正确调整,使之符合技术标准。调整部位一般分为外侧调整式和内侧调整式两种。

四、考核要求

（1）正确使用前照灯检测仪。

（2）技术标准清楚。

（3）正确调整前照灯光束照射位置。

（4）在规定时间内完成考核项目。

五、考核评分表

项目 13　前照灯检测与调整

序号	考核内容	考核要点	配分	评分标准	检测结果	扣分	得分
1	仪器的使用	正确使用前照灯检测仪	5	前照灯检测仪使用不当,扣5分			
2	技术标准	① 近光光束照射位置 ② 远光光束照射位置 ③ 前照灯发光强度	10	有一项技术标准不清,扣5分			
3	检测	① 前照灯检测的操作步骤 ② 检测前照灯光束照射位置 ③ 检测前照灯发光强度	60	① 前照灯检测的操作步骤不当,扣10分 ② 未检测前照灯光束照射位置,扣20分 ③ 未检测前照灯发光强度,扣15分			
4	调整	① 调整方法正确 ② 调整结果符合要求	20	① 调整方法不当,扣5分 ② 调整结果达不到要求,扣15分			
5	整理仪器、工具	清洁、整理仪器、工具	5	未清洁、整理仪器、工具,扣5分			
	合　　计		100				

评分人：　　　年　月　日　　　　核分人：　　　　　　　　　年　月　日

项目十四　轮胎动平衡试验

一、实训目的

能正确使用轮胎动平衡机,能对轮胎进行动平衡试验。

二、设备、器材、工具

离车式车轮平衡机、轮胎、外径卡尺、轮胎气压表、常用工具。

三、实训内容

车轮动平衡度的检测步骤如下:

(1) 清除被测车轮上的泥土、石子和旧平衡块。

(2) 检查轮胎气压,视必要充至规定值。

(3) 根据轮辋中心孔的大小选择锥体,仔细地装上车轮,用大螺距螺母上紧。

(4) 打开车轮平衡机电源开关,检查指示与控制装置的面板是否指示正确。

(5) 用卡尺测量轮辋宽度 b、轮辋直径 d(也可由胎侧读出),用平衡机上的标尺测量轮辋边缘至机箱距离 a,再用键入或选择器旋钮对准测量值的方法,将 a,b,d 值键入指示与控制装置中去。

(6) 放下车轮防护罩,按下启动键,车轮旋转,平衡测试开始,自动采集数据。

（7）车轮自动停转或听到"嘀"声后，按下停止键并操纵制动装置使车轮停转，从指示装置读取车轮内、外不平衡量和不平衡位置。

（8）抬起车轮防护罩，用手慢慢转动车轮。当指示装置发出指示（音响、指示灯亮、制动、显示点阵或显示检测数据等）时停止转动。在轮辋的内侧或外侧的上部（时钟12点位置）加装指示装置，其显示为该侧平衡块质量。内、外侧须分别进行，平衡块装卡要牢固。

（9）安装平衡块后有可能产生新的不平衡，应重新进行平衡试验，直至不平衡量小于5 g，指示装置显示"00"或"OK"时才能结束。当不平衡量相差10 g左右时，如能沿轮辋边缘前后移动平衡块一定角度，将可获得满意的效果。

（10）测试结束，关闭电源开关。

四、考核要求

（1）严格按照操作规程操作轮胎动平衡机。
（2）轮胎动不平衡量应小于5 g。
（3）注意人身安全。
（4）在规定时间内完成考核项目。

五、考核评分表

项目14　轮胎动平衡试验

序号	考核内容	考核要点	配分	评分标准	检测结果	扣分	得分
1	仪器的使用	正确使用轮胎动平衡机、轮胎气压表、外径卡尺	20	有一项使用不当，扣5分			
2	试验步骤	① 检查轮胎气压 ② 上紧轮胎 ③ 用卡尺测量轮辋宽度、轮辋直径 ④ 读取车轮内、外不平衡量 ⑤ 安装平衡块	50	有一项步骤不当，扣10分			
3	试验结果	轮胎不平衡量应小于5 g	20	达不到要求，扣20分			
4	整理仪器、量具	清洁、整理仪器、量具	5	未清洁、整理仪器、量具，扣5分			
5	其他	使用轮胎动平衡机不能出现安全事故	5	出现安全事故，考核不及格			
合　计			100				

评分人：　　年　月　日　　　　核分人：　　　　　年　月　日

项目十五　车轮定位检测与调整

一、实训目的

能正确使用四轮定位仪，调整部分检测项目。

二、设备、器材、工具

四轮定位仪、卷尺、塞尺、常用工具。

三、实训内容

1. 四轮定位前的检查

（1）检查粘到底盘上的泥土是否过多，卸去整车装备质量以外的大物件（工具箱或机械用具属随车物品，在车轮定位过程中应留在车内）。

（2）将轮胎充气至规定值气压，并注意每只轮胎上是否有异常磨损或损坏，所有的轮胎尺寸及花纹深度应相同，尤其是同一轴左右轮胎的型号及花纹深度应相同。

（3）检查车轮是否有径向跳动。

（4）检查悬架高度，如果尺寸不在规定值内，检查弹簧是否有下陷或损坏，在有扭力杆的悬架上应检查扭力杆的调整情况。

（5）当前轮处于中央位置时，来回转动方向盘以检查转向轴、转向器或转向传动装置的间隙。

（6）检查减振器滑柱、衬套或螺栓是否松动，并察看减振器或撑杆是否渗油。

（7）对 4 个车轮的每一只减振器或滑柱进行摇晃检查。

（8）检查车轮轴承是否有水平移动，所有的车轮轴承必须在定位前调整好，视情况进行清洁、重新装配或其他调整。

（9）检查球铰轴向、径向移动，如果出现过大的位移就需要更换球铰。

（10）检查摆臂是否损坏，摆臂衬套是否磨损。

（11）检查所有的转向传动装置以及转向横拉杆接头，看是否有松动。

（12）检查横向稳定杆固定铰链及衬套是否有磨损。

（13）检查转向器固定螺栓是否松动，安装托架及衬套是否有磨损。

2. 检测

以博世 FWA515 四轮定位仪为例说明。

（1）车型选择：启动博世 FWA515 四轮定位仪，进入主菜单，选择车型子菜单，在子菜单中选择或输入所要调整车辆相对应的标准车型数据，按确定键返回主菜单。

（2）输入客户信息：在主菜单中选择用户信息子菜单，在子菜单中按菜单中的要求输入详细的用户信息后，按确定键返回主菜单。

（3）轮辋补偿：在主菜单中选择测量子菜单进入子菜单后，选择轮辋补偿菜单。为了消除轮胎钢圈端面不平对外倾测量数值的影响，需要对轮辋进行失圆补偿。将车身顶起，使轮胎悬空，将轮胎和挂架一起转动（机头不动），每转动 180°调平传感器，按下上方的蓝色"补偿键"，设定"0"点位置。一旦显示灯"h"灯停止闪烁，上面的蓝色"补偿键"灯点亮，即说明数据保存完毕。发送二次信号后该轮轮辋补偿完成，返回主菜单。

（4）打正方向盘：在主菜单中选择开始子菜单进入，按照箭头指示轻轻转动方向盘直到打正为止。

（5）测量：左右旋转转向盘 20°。

（6）数据显示。

（7）填写工作记录单，打印数据结果，关闭四轮定位仪。

3. 车体调整

根据检测结果、分析数据,做出准确的调整方案。博世 FWA515 具有记忆功能,所以当用二次举升将车身举起时,经过一次调整后基本上可以达到出厂技术要求。具体的调整原则如下:

(1) 先后轮再前轮字幕形式体现。

(2) 先外倾再前束。

(3) 最后调整主销后倾和内倾。

前束调整

前轮前束的调整就是调整转向横拉杆;后轮前束的调整分两种:一种是通过调节偏心螺栓来改变前束值,另一种是通过改变下摆臂的长度来改变前束值。

外倾调整

① 调整减振器上座,例如红旗、奥迪等车型。

② U 形摆臂加减垫片,例如皇冠3.0、三菱帕杰罗等车型。

③ 调整麦弗逊悬架两颗连接螺栓中上面的那颗,例如捷达、夏利、别克等车型。

④ 调整下摆臂球头,例如桑塔纳等车型。

⑤ 调整下摆臂和车身通过偏心螺栓连接,例如金杯、海狮、东南得利卡等车型。

后轮外倾调整

① 调整麦弗逊悬架两颗连接螺栓中上面的那颗,例如夏利、别克等车型。

② 轴头和车身相连部位加减垫片,例如桑塔纳、高尔夫、本田等车型。

主销后倾的调整

通过调整下肢臂上的调节螺母或加减垫片来改变主销后倾角。

四、考核要求

(1) 正确安装和使用四轮定位仪。

(2) 选择任一项目考核。

(3) 技术标准清楚。

(4) 在规定时间内完成考核项目。

五、考核评分表

项目 15　车轮定位检测与调整

序号	考核内容	考核要点	配分	评分标准	检测结果	扣分	得分
1	仪器的使用	正确使用四轮定位仪	10	四轮定位仪使用不当,扣 10 分			
2	四轮定位前的检查	① 将轮胎充气至规定值气压 ② 检查车轮是否有径向跳动 ③ 检查悬架高度 ④ 检查减振器螺栓是否松动 ⑤ 检查车轮轴承是否有水平移动 ⑥ 检查摆臂是否损坏 ⑦ 检查转向传动装置是否有松动	20	漏一项检查,扣 5 分			

序号	考核内容	考核要点	配分	评分标准	检测结果	扣分	得分
3	四轮定位检测步骤	① 车型选择 ② 输入客户信息 ③ 轮辋补偿 ④ 打正方向盘 ⑤ 测量 ⑥ 数据显示 ⑦ 填写工作记录单	40	漏一项操作步骤,扣10分			
4	车体调整	① 前束调整 ② 外倾调整 ③ 后轮外倾调整 ④ 主销后倾的调整	20	任一项调整不当,扣10分			
5	整理仪器	清洁、整理四轮定位仪仪	5	未清洁、整理四轮定位仪,扣5分			
6	其他	不能损坏四轮定位仪	5	造成四轮定位仪损坏,考核不及格			
	合　计		100				

评分人：　年　月　日　　　核分人：　　　　　　年　月　日

项目十六　"S"形路线行驶与倒车

一、实训目的

培养驾驶员对车身空间位置的判断与转向时机的把握,提高驾驶员控制车辆曲线行驶的能力。

二、设备、器材

教学场地、教学车辆、桩杆。

三、实训内容

(1) 车辆起步后使用低速挡行驶,进入弯道后,适时调整转向盘,使右侧车轮尽量靠外侧边线行驶。进入第一弯道时,将车头右前角压住右边线行驶。

(2) 车辆进入第二弯道时,将车头左前角压住左边线行驶,并适时调整转向盘,使左后轮始终沿左侧边缘线内从出口处驶出,车身后保险杠越过终点线即停车。

(3) 车辆挂倒挡起步后,由后视镜或后视窗观察边缘线或桩杆,按原前进路线倒车,当车身前保险杠越过起点线即停车。

四、考核要求

(1) 车辆前进:车辆在起点线上鸣号,起步后按规定路线行驶,到达终点线停车。

(2) 车辆倒车:由后视窗或后视镜观察桩杆,按原前进路线倒车,当车辆保险杠与起点线平齐时,完成倒车全过程。

(3) 操作中不准碰杆、不轧边缘线。

(4) 中途不准停车熄火。

(5) 不准使离合器处于半联动状态。

(6) 在规定时间内完成考核项目。

五、考核评分表

项目16 "S"形路线行驶与倒车评分表

序号	考核内容	考核要点	配分	评分标准	检测结果	扣分	得分
1	汽车启动	① 按操作规程一次启动发动机 ② 启动平稳 ③ 稳定怠速,监视发动机工作,查看仪表,符合起步要求	8	① 一次启动发动机未成功,扣2分 ② 启动不平稳,扣3分 ③ 不符合技术操作规范,此项不得分			
2	汽车起步	① 检查车辆周围行人及障碍物,校正后视镜 ② 鸣号、打开左转向灯,示意平稳起步	12	① 检查、操作每漏一项,扣2分 ② 不鸣号,扣2分 ③ 不打左转向灯,扣3分 ④ 起步不平稳,扣3分 ⑤ 起步时发动机熄火,此项不得分			
3	驾驶操作	① 车辆前进:车辆在起点线上鸣号,起步按图所示路线行驶,到达终点线停车 ② 车辆倒车:由后视窗或后视镜观察桩杆,按原前进路线倒车,当车辆保险杠与起点线平齐时,完成倒车全过程 ③ 操作中不准碰杆、不轧边缘线 ④ 中途不准停车熄火 ⑤ 不准使离合器处于半联动状态	75	① 未按规定路线驾驶,此项不得分 ② 原地打转向盘一次,扣20分 ③ 使用半联动一次,扣10分 ④ 头、手伸出窗外一次,扣5分 ⑤ 行车过程中熄火一次,扣20分 ⑥ 碰杆1次,扣10分 ⑦ 撞倒杆1次,扣20分 ⑧ 车轮轧线,此项不得分			
4	停车熄火	① 停车平稳 ② 按操作规程进行安全停车操作	5	① 停车不平稳,扣3分 ② 不符合技术操作规范,此项不得分			
5	其他	安全文明驾驶		违反道路交通管理条例和安全技术操作规程一次,扣10分			
6	时间	① 准备和检查时间为1 min ② 正式考核时间1.5 min		计时从汽车起步起至完成驾驶操作止,超过考核规定时间停止操作,按规定时间内完成的项目记分			
合　　　计			100				

评分人:　　年　月　日　　　　核分人:　　　　　　　　年　月　日

项目十七　直角掉头

一、实训目的

培养驾驶员在圆形场地内正确操纵转向以及准确判断内外轮差的能力。

二、设备、器材

教学场地、教学车辆。

三、实训内容

(1) 第一进：车辆起步后进入圆形场地内迅速向右转动方向盘，当左前轮与边缘接近时，向左回正转向盘停车。

(2) 第一退：车辆挂倒挡起步后向左转动转向盘，当左后轮与边缘线接近时，向右回正转向盘停车。

(3) 第二进：车辆起步后迅速向右转动方向盘，当左前轮与边缘接近时，向左回正转向盘停车。

(4) 第二退：车辆挂倒挡起步后向左转动转向盘，当左后轮与边缘线接近时，向右回正转向盘停车。

(5) 第三进：车辆起步后向左转动转向盘并及时回正，使车辆尽量保持与出口处边缘线平行时驶出。

四、考核要求

(1) 汽车由入口处进入圆形场地，经三进两退完成直角掉头，再从出口处驶出。

(2) 不许原地打转向盘。

(3) 前进、倒车过程中，不许使用半联动。

(4) 直角掉头过程中驾驶员头、手不许伸出窗外，车轮不许轧线、不许熄火。

(5) 在规定时间内完成考核项目。

五、考核评分表

项目 17　直角掉头评分表

序号	考核内容	考核要点	配分	评分标准	检测结果	扣分	得分
1	汽车启动	① 按操作规程一次启动发动机 ② 启动平稳 ③ 稳定怠速，监视发动机工作，查看仪表，符合起步要求	8	① 一次启动发动机未成功，扣 2 分 ② 启动不平稳，扣 3 分 ③ 不符合技术操作规范，此项不得分			

序号	考核内容	考核要点	配分	评分标准	检测结果	扣分	得分
2	汽车起步	① 检查车辆周围行人及障碍物,校正后视镜 ② 鸣号、打开左转向灯,示意平稳起步	12	① 检查、操作每漏一项,扣2分 ② 不鸣号,扣2分 ③ 不打左转向灯,扣3分 ④ 起步不平稳,扣3分 ⑤ 起步时发动机熄火,此项不得分			
3	驾驶操作	① 汽车由入口处进入圆形场地,经三进两退完成直角掉头,再从出口处驶出 ② 不许原地打转向盘 ③ 前进、倒车过程中,不许使用半联动 ④ 直角掉头过程中驾驶员头、手不许伸出窗外,车轮不许轧线、不许熄火	75	① 未按规定路线驾驶,此项不得分 ② 原地打转向盘一次,扣20分 ③ 使用半联动一次,扣10分 ④ 头、手伸出窗外一次,扣5分 ⑤ 调头过程中熄火一次,扣20分 ⑥ 行驶在圆圈内,前后车轮轧线,此项不得分			
4	停车熄火	① 停车平稳 ② 按操作规程进行安全停车操作	5	① 停车不平稳,扣3分 ② 不符合技术操作规范,此项不得分			
5	其他	安全文明驾驶		违反道路交通管理条例和安全技术操作规程一次,扣10分			
6	时间	① 准备和检查时间为1 min ② 正式考核时间1.5 min		计时从汽车起步起至完成驾驶操作止;超过考核规定时间停止操作,按规定时间内完成的项目记分			
合　　计			100				

评分人:　　年　月　日　　　核分人:　　　　　年　月　日

参考文献

[1] 胡　骅,宋　慧.电动汽车.北京:人民交通出版社,2002.

[2] 李东江,张大成.国产轿车ABS系统检修手册.北京:机械工业出版社,2003.

[3] 屠卫星.汽车底盘构造与维修.北京:人民交通出版社,2001.

[4] 裘玉平.专业论文与科研报告撰写.北京:人民交通出版社,2007.

[5] 李朝禄,刘荣华.汽车制动防抱死装置(ABS)构造与原理.北京:机械工业出版社,2005.

[6] 李海波,邱　霖.汽车ABS的结构与检修.北京:中国广播电视出版社,2010.

[7] 梁家荣.汽车空调.北京:机械工业出版社,2008.

[8] 凌　晨.汽车电气设备构造与维修.天津:天津科学技术出版社,2010.

[9] 郭力伟.汽车防盗及中控门锁系统维修方法与实例.北京:人民邮电出版社,2009.

[10] 凌永成,于京诺.汽车电子控制技术.北京:北京大学出版社,2006.

[11] 麻友良,丁卫东.汽车电器与电子控制系统.北京:机械工业出版社,2002.

[12] 冀旺年.汽车车身电气设备系统及附属电气设备.第二版.北京:电子工业出版社,2008.

[13] 王　扬.汽车底盘构造与维修.天津:天津科学技术出版社,2010.

[14] 于　军,薛　民.上海帕萨特B5轿车维修手册.沈阳:辽宁科学技术出版社,2001.

[15] 李晓华.广州本田雅阁轿车结构与使用维修.北京:金盾出版社,2002.

[16] 尹　力.汽车电子控制技术.北京:中国广播电视出版社,2010.

[17] 孙长禄.发动机构造与维修.北京:中国广播电视出版社,2010.

[18] 尤晓炜,张恩杰,张青喜.现代道路交通工程学.北京:清华大学出版社,北京交通大学出版社,2008.

[19] 陈焕江.汽车运用基础.北京:机械工业出版社,2010.

[20] 扶爱民.汽车运用基础.北京:电子工业出版社,2005.

[21] 王晓林.汽车指导驾驶员培训教材.北京:人民交通出版社,2002.

后 记

　　编写《汽车实习指导驾驶员岗位培训教材》，是全面提升江苏省机关事业单位技术工人队伍综合素质的又一次尝试。汽车驾驶员工作涉及汽车的合理使用、安全使用等关键问题，编写该教材不仅具有较强的现实意义，同时具有很强的实践指导意义。

　　江苏省人力资源和社会保障厅领导对本教材的编写工作一直高度重视，对本教材的整个编写过程进行直接指导。为编好本教材，江苏省人力资源和社会保障厅专门成立了编委会，结合江苏省机关事业单位技术工人队伍现状，组织有关专家、学者进行广泛调研，初稿形成后又分别征求了有关高校、省(市)相关专家、学者以及技术工人培训考核基地的意见，参阅了大量资料。

　　本教材共分为十个单元，重点介绍了特殊条件、复杂道路的驾驶理论和实践操作技能训练，突出了高级工、技师的培训与指导能力，以及技师的论文撰写与答辩能力的培养，加强了对汽车高新配置功能的认识和识别，同时兼顾了驾驶员对汽车主要技术性能及其检测技术的掌握需求。

　　本教材是江苏省机关事业单位汽车驾驶培训考核多年来培训教学的经验总结和结晶。省人社厅厅长谭颖，副厅长、省公务员局局长周广侠对全教材进行了编审，主要撰写者均为江苏汽车技师学院的一线专业教师。其中，张则雷编写第一、七、八单元；尹力编写第二单元；纪元编写第三单元；郑军编写第四单元；王扬、李海波、杨福华编写第五单元；凌晨编写第六单元；姚新编写第九单元；孙长禄编写第十单元。教材由江苏汽车技师学院张则雷和姚新负责统稿。

　　本教材在编写过程中，吕建国、杨小平、杨怀庆、蔡浪等同志对编写策划、内容布局等方面进行了反复酝酿、磋商和研究。鲁植雄老师对编写大纲提出了很好的指导意见。镇江人社局纪检书记杨春华同志给予了积极的指导和支持。本教材在编写中还得到了南京理工大学、江苏大学和江苏省运输管理局等部分专家及教师的指导，在此向他们表示衷心的感谢，对所参考著作和文献的作者表示诚挚的谢意。陈伟、徐俊芳、朱晓峰同志为本书的出版发行做了很多的具体工作，这本书的付梓与以上许多同志的共同努力是分不开的，对大家付出的辛勤劳动以及有关领导给予的关心支持，我们表示衷心感谢。

编　者
2011 年 4 月

图书在版编目(CIP)数据

汽车实习指导驾驶员岗位培训教材 / 谭颖,周广侠
主编;汽车实习指导驾驶员岗位培训教材编委会编.—
镇江:江苏大学出版社,2011.5(2017.6重印)
　ISBN 978-7-81130-226-4

　Ⅰ.①汽… Ⅱ.①谭… ②周… ③汽… Ⅲ.①汽车驾
驶员－技术培训－教材 Ⅳ.①U471.3

　中国版本图书馆 CIP 数据核字(2011)第 072276 号

汽车实习指导驾驶员岗位培训教材

编　　者/汽车实习指导驾驶员岗位培训教材编委会
主　　编/谭　颖　周广侠
责任编辑/段学庆　王亚丽　李菊萍　吴昌兴
出版发行/江苏大学出版社
地　　址/江苏省镇江市梦溪园巷 30 号(邮编:212003)
电　　话/0511-84443089
传　　真/0511-84446464
排　　版/镇江文苑制版印刷有限责任公司
印　　刷/虎彩印艺股份有限公司
开　　本/787 mm×1 092 mm　1/16
印　　张/32
字　　数/819 千字
版　　次/2011 年 5 月第 1 版　2017 年 6 月第 3 次印刷
书　　号/ISBN 978-7-81130-226-4
定　　价/90.00 元

如有印装质量问题请与本社发行部联系(电话:0511-84440882)